赵超 著

中国古代石刻概论

（增订本）

中华书局

图书在版编目（CIP）数据

中国古代石刻概论/赵超著.—增订本.—北京:中华书局，2019.7（2023.10 重印）
ISBN 978-7-101-13931-0

I.中… II.赵… III.石刻-研究-中国-古代 IV.K877.404

中国版本图书馆 CIP 数据核字（2019）第 125223 号

书　　名	中国古代石刻概论(增订本)
著　　者	赵　超
责任编辑	朱兆虎
责任印制	管　斌
出版发行	中华书局
	(北京市丰台区太平桥西里 38 号　100073)
	http://www.zhbc.com.cn
	E-mail:zhbc@zhbc.com.cn
印　　刷	北京新华印刷有限公司
版　　次	2019 年 7 月第 1 版
	2023 年 10 月第 3 次印刷
规　　格	开本/920×1250 毫米　1/32
	印张 25⅛　插页 3　字数 660 千字
印　　数	5501-6300 册
国际书号	ISBN 978-7-101-13931-0
定　　价	128.00 元

作者近影

初版前言

我想首先把这本小书作为一份不尽合格的答卷献给我的导师孙贯文先生。

1979 年 9 月我考取考古研究所的研究生,师从孙贯文先生学习历代铭刻。从此至 1982 年 8 月先生仙逝,三年间朝夕问从,耳濡目染,承受了先生用全部心血倾注的知识,也承受了先生对学术研究能后继有人的殷切希望。孙先生学识渊博,记忆超人,但一生坎坷,历经磨难,未得尽展其才,暮年得到一个授徒的机会,其乐何如。先生每次授业时都旁征博引,将自己一生为学的心得倾囊付出。师生相得之欢,莫过于此。至今我的眼前还能清楚地浮现出先生讲课讲到快意处,仰起白发苍苍的头放声大笑的情景。

孙贯文先生毕生从事石刻研究和古文字研究,从青年时即随陆和九先生钻研金石拓本,造诣极深,有很多独到的见解,可惜未得其时,没有能付诸文字。我和先生相处仅短短三年,也无法将先生的学术成果全部整理出来,至今深以为憾。而先生对我学业上的启蒙与指导,则是我终生享用不尽的。更可贵的是先生为人刚正朴直,忠厚善良,使我深刻地体会到了中国老一代知识分子的优良品质,领悟到做人与做学问的根本准则。先生故去后,俞伟超、高明、阎文儒等北大老师及先生的旧友们和我谈起他时,无一不称赞先生的为人、学识,充满了怀念之情。

有关古代石刻的全面研究,曾是孙先生嘱咐我需要进行的一项工作,并多所教诲。如果能在此书中反映出先生的教诲有了成果,该是对他最好的纪念。

其次,我要深深感谢在写作与出版这本小书的过程中予以我帮助和鼓励的各位师友。

1987年,承高明先生提议,当时北大考古系主任严文明先生邀我为学生开设《中国古代石刻》的课程。一个学期下来,讲稿积了近10万字。后来宿白先生见到我时,建议我把这些讲稿加工充实成一本书。在各位老师的勉励下,我继续补充内容,逐步修改,于1989年完成初稿。当时,文物出版社第一图书编辑部的同志们十分支持,答应纳入出版计划。不巧我因为负责的集体项目正在定稿,未能及时修改书稿,延误了计划。随后出现了学术著作出版难的形势,一拖再拖,未能付梓。

我的老师们一直关心着这本小书。宿白先生曾提出把它送交北京大学出版社出版,并委托马世长兄代为联系。虽然由于计划安排需待以后考虑,当时未得结果,但这份关怀一直使我感到温暖。

至1995年底,在周绍良先生和徐苹芳先生的关心和帮助下,并承文物出版社杨瑾社长和宿白先生、高明先生推荐,傅璇琮先生等领导大力支持,使这本书得到了国家古籍整理规划小组的《中国传统文化研究丛书》出版资助,得以与读者见面。对我这样一个拙于世事、讷于言语、埋首故纸的后学来说,谬承这样多的著名学者、前辈垂顾,实属莫大之幸。中心之感,已非言语所能表达。

高明先生与王去非先生分别审阅过部分书稿,并提出了修改意见。徐苹芳先生代表国务院古籍整理规划小组学术委员会审稿后,也提出了修改意见。文物出版社孙雅荣、孟宪均、许晓东等同志都为本书出版做了大量工作。谨此一并致以衷心的感谢。

赵超

1996年5月

目　录

引　言

　　"刻于金石，以为表经。"

　　　　　　——《秦琅琊台刻石》，见于《史记·秦始皇本纪》

　　这是伟大的西汉历史学家司马迁在《史记》中记载下来的秦始皇刻石文辞。如果把这一记载看作是中国古代对于石刻进行著录与研究的开始，那么，中国古代石刻的有关研究著录事业已经有着2000多年的历史了。2000多年来，历代文人学者对于古代留存的石刻进行了大量调查著录与研究考证工作，留下了数以百计的各种石刻著录。并且由此而形成了中国传统文化中特有的一个重要组成部分——中国金石学。

　　金石学自宋代形成体系以来，包罗万象，几乎就是古代文物学的代称。特别是具有铭文的古代文物，如甲骨、青铜器、砖瓦、简牍、玺印、钱币、石刻等等，都是传统金石学的主要研究对象。近代以来，随着新兴的考古学事业不断发展，出土文物种类与内容大量扩充，历史人文科学的研究日益深入细化。在这种发展中，古代金石学研究范畴中的很多门类，如甲骨文、金文、简牍文字、玺印、钱币等等都不断充实了自己的研究方法与学术体系，引进了新的学术研究方法，发展成了虽然互有关联，但已相对独立的分支学科。由此看来，在中国古代铭刻材料中占有最大比重的历代石刻，自然更有必要加以概括总结，形成自己的研究体系，从而促进中国古代石刻这一重要历史文物门类的保护、研究与利用，从而构建起古代石刻学的学科架构。

　　岩石是与人类发展历史密切相关的自然物质，也是人类最早使用的工具。而后，在人类社会与生产力进化发展的每一个历史阶段，石都以各种不同的形式直接或者间接地为人类服务着。从原始的打制工具到精心磨制的礼器、饰物，从建筑材料到冶炼、化工等工业原料，石与人类的关系是如此密切，甚至可以说没有它就没有今天的人类社会。

不仅如此，岩石还是人类最早用来表达和记录思想意识的载体。当今世界上很多地方仍然保存着大量利用岩石绘制的原始岩画遗迹。例如在法国的科斯凯岩洞中发现不迟于公元前25000年的人类刻画和公元前17000年左右的动物画，诺克斯洞穴中保存有距今1万多年的野牛壁画，在西班牙的平达尔和阿尔塔米拉等洞穴中也发现了石器时代的壁画，在西班牙的奥尔诺·德·拉佩纳岩洞中发现刻划出的马，北非撒哈拉沙漠中发现过新石器文化时期的岩画，南非发现的史前岩画可以确定为距今1万多年的威尔顿文化时期，澳大利亚的库纳尔达洞穴壁画也是这样的原始遗迹。

在中国的广大土地上也有大量古代岩画的发现。从黑龙江、内蒙古、新疆、西藏、甘肃、宁夏、广西、云南等边疆地区直到四川、贵州、河南等内地省份，现在都发现有各种各样的岩画遗存。多处岩画已经被评定为全国重点文物保护单位。这些岩画的制作时代十分长久，大约从新石器时期延续到近代。随着大量新发现问世，现在岩画的研究已经形成了一个专门的研究领域。据研究者认为，中国最早的岩画也可以达到近万年以前。实际上，对于岩画年代的确定现在还没有形成一个很科学的标准。如何利用科技手段将岩画予以准确的年代判定是急需解决的一个问题①。不过从很多岩画的绘画内容中来看，其制作年代还是比较久远的。这些岩画主要表现了古代原始人的狩猎、宗教、战争、生殖等活动场面，反映了古代人对世界的认识。从广义的理

---

① 近年有报道介绍比利时的科学家用热释光测年的技术测定岩画上覆盖的风吹来的堆积物年代，从而判断岩画年代。但是这些堆积物是否曾被扰动，因而所测年代是否可靠，仍是需要判断与解决的问题。

解来看,这些岩画应该算是最早的石刻。(图1)

图 1 中国岩画

经实地分析,国内外各种古代岩画的制作方法多种多样,有些是绘者用手指或其他工具蘸着天然颜料绘制,有些则是绘者用吹管喷涂或者用口含颜料喷涂形成,有些是绘者用指甲或者石片等工具简单刻画的,有些则是绘者用石块或金属工具多次敲打而成。岩画中,还有很多是经过多种制作手段复合完成的,例如先用凿刻或者研磨勾画出物体的外轮廓,然后设色涂描。这些加工岩画的技法,在最初的石刻制作中仍然采用,使岩画成为古代石刻的先声。最早的文字石刻应该就是在这一基础上形成的。

随着社会经济生产的发展,生产工具不断进化,人们开始充分利用石料的坚固性能作为建筑材料,并在此基础上逐渐发展了石材的加工技艺。就现有考古材料来看,石刻的产生几乎与人类文明的发展同步。它可能与人类利用石料做建筑材料有很密切的关系。按照社会发展的基本原理,人类的生产力随着生产工具与生产知识技能的进步而逐渐发展强大,促进经济发展。而与经济发展相应,人们对思想意识、特别是文化艺术方面的需求不断增多,在文化艺术上的表达能力及创造力也日益提高。在石块上雕刻各种图像,刻写铭文,便成为古代人类文明和文化艺术的最早成果之一。

据现在已知的世界考古成果,在大约公元前 8000 年至 7000 年间的西亚耶利斯遗址中已经出现了石材建筑的望楼与城楼;在公元前 3500 年至 3100 年间的西亚乌鲁克文化遗迹中就发现了刻有文字的石板和雕刻有图像的石碑;在北非的古埃及文化遗址中,发现有公元前 3100 年至 2686 年间的埃及早王朝时代遗物——石碑与石质建筑;在公元前 2686 年至 2181 年间的埃及古王国时期,便出现了大量的石质建筑物,如神庙、金字塔、石质坟墓和雄伟的方尖碑等。这些远古时期的遗物,向我们展现了人类利用石刻,制造石刻的悠久历史,其源远流长,可以与人类的文明史并驾齐驱。从远古岩画到石碑,都在告诉我们,古代人类已经把利用石刻表达思想作为一种常用的手段了。

这样,石刻就成为了人类文化的一个重要载体,也是我们今天认识古代社会的一个重要资料来源。广义上讲,凡是雕刻在石材上的图画、纹饰、文字,乃至立体形象,都可以叫作石刻。从考古学研究的需要上看,图画、纹饰、文字,乃至立体形象也都具有同样的研究价值。但是从世界上学术界长期以来学科研究的划分情况来讲,人们习惯于把专门研究石刻文字的学科称作碑铭学(inscription),中国古代则将之归入"金石学"。因而一般所称的石刻研究也就大多仅限于文字石刻材料的研究范畴。我们今天所说的中国古代石刻研究也主要是说古代的文字石刻研究。由于文字石刻在古代石刻中占有较大的比重,同时也一直是学术界研究的重点,有鉴于此,本书所研究的主要内容同样是以古代的文字石刻为主。实际上,如果从广义上看,石刻研究应该包括文字石刻与艺术石刻、建筑石刻等多个组成部分。现在学术界习惯把通过各种雕刻技法制作的大量石刻艺术品、石建筑装饰构件、石刻画像等归入艺术史研究以及古建筑史研究的范畴。因此,对于古代石刻中的图像、纹饰、艺术造型等方面的材料,这里除有关研究涉及的必要内容外,没有作全面的归纳与分析论述,留待专门的艺术石刻研究专著。

由于石材的坚固本质,石刻可以保存较长的时间。这些形制不同、带有丰富文化信息的古代石刻遗留至今,为考古学、历史学、古文字学、美术史学、文学、法学、古代政治经济学、哲学等社会科学以及自然科学某些门类的研究保存了极其丰富可靠的原始资料。不仅如此,很多古代石刻由于制作技艺优良、书刻精美,也是具有高度艺术价值的珍贵文物,甚至是代表中国古代优秀文化的国宝级文物,在文物博物馆学的研究中占有重要的地位。上面已经述及西亚北非古文化中历史悠久的石刻文物。相比起来,中国古代石刻产生的时间没有它们那么早。但是,中国古代石刻的数量极其庞大,文化内涵十分丰富,使用的时间持续长久,几千年来没有间断。而且作为世界四大文明古国之一的中国,具有世界上延续时间最长的使用文字历史,其古代石刻也是以文字铭刻为主,具有独特而重要的文献价值。这是它的突出特点,也是中国古代石刻的研究历来受到世人重视的主要原因。

鉴于中国古代学术研究中长期以来形成的习惯,在文物考古研究中所说的石刻多是指具有铭文的石质器物,在古代金石学中甚至仅限于石材上刻写的铭文和图像,不大关注石刻的物质存在。历来石刻研究的侧重点就在于此。但是,如果从实际定义上讲,广义的石刻应该包括一切经人类凿刻加工过的石质文化艺术产品,传统的石刻研究只是石铭刻研究。由于铭刻学研究的局限,古代大量的造型石雕、石刻画像、石刻纹饰、石建筑物构件与雕饰等没有纳入传统石刻研究的范畴。近代以来,在考古学研究方法的影响下,对古代石刻的研究范围与研究方法也有所改变。对于石刻外部形制与纹饰图像的研究逐渐加入进来,对于石刻断代与真伪鉴别起到了重要作用。同时,古代石刻研究的范畴不断扩大,更增加了石刻研究对象的种类与数量。由于石刻艺术品的研究内容庞大，研究方法与铭文的研究明显不同，有关研究对铭文石刻的研究会予以补充，产生重要的启发与促进作用。本书虽然拘于成例，仍是将论述与研究的范畴限于具有铭文的各种石刻材料，但是对于这些石刻的形制、纹饰图像等以往缺乏讨论的研究内容，从考古学研究方法出发，予以了深入介绍与探讨，希望能通过这些方面的研讨使古代石刻的研究有所深入与创新。

仅就铭文石刻的范围而言，中国古代石刻的分布也十分广泛。从历史坐标上看，远自先秦时期，近到明清民国，石刻文物不绝于书，可以说无一时无石刻。从地理坐标上看，东自海滨碣石，西至天山大漠，北起黑龙江，南到海南诸岛，可以说无一地无石刻。虽然由于历代人为的破坏、废弃、将石刻改作他用以及自然力的毁坏等众多因素使古代石刻受到了巨大的损失，然而幸免于难保存下来的古代石刻数量仍然十分惊人。由于历史上缺乏历代石刻数量的记录，而且现在也仍然没有一个对于全国石刻数量完整的精确统计，我们无法给出目前全国保存的古代石刻总数，仅能根据现有的公开材料作些大致估计。

清代金石学盛行，在众多学者、官员的参与下，搜集整理与收藏古代石刻材料成为一代风气。这时才出现了比较详尽的古代石刻目录。如清代中叶著名学者孙星衍、邢澍编辑《寰宇访碑录》，收录了自秦汉时期到元代的 8000 多种石刻。后代又有人陆续对《寰宇访碑录》一书加以订补。如赵之谦的《补寰宇访碑录》、罗振玉的《再续寰宇访碑录》、刘声木的《续补寰宇访碑录》等，总计起来所收录的石刻可达万余种。此外，罗振玉曾编写清末以来新见墓志的目录《墓志征存目录》一书，记录了当时所见到的墓志 3380 多种。近几十年来，各种石刻拓本主要汇集入一些大型图书馆及博物馆中。就已公布的一些图书馆藏石刻拓本目录来看：国家图书馆（原北京图书馆）所藏石刻拓本总数达 26 万余件（其中包括复本）、1 万 5 千多种。北京大学图书馆所藏拓本有 4 万种以上。上海图书馆所藏的石刻拓片也在 22 万件以上（其中包括复本）。收藏有万件以上拓本的图书馆、博物馆更是数量众多。而这些图书馆、博物馆所收藏的拓本则以 1949 年以前的传世石刻材料为主。1949 年以来,在大规模的建设与文物考古调查保护发掘工作中不断发现新的石刻资料。遗憾的是这些材料没有得到完整的介绍与汇集,所以还没有一个具体的总量数目。不过仅就陕西一省的新出土石刻材料略作估计,就会达到 1 千种以上。又比如北京房山云居寺所藏的历代石经在 20 世纪 50 年代得到了全面的发掘清理与整理汇集,总数达到 14620 种。将这些已知的情况归纳起来,可以推定,现存的中国古代石刻材料,包括原石已佚但尚存有旧拓本的石刻,完全可能达到 5 万种以上①。

　　如此丰富的石刻资料是一个尚未充分利用的文化宝库。它包含了从先秦到清代乃至民国时期近 3000 年间的各种文字资料。从文字书体上看,石刻中有古代篆文(包括王国维所划分的西方古籀与东方六国古文,以及秦以后历代书写的各种篆文形体)、隶书、楷书、行书与草书等。从文字形体上看,除了通行的标准字体外,还有大量不同时代流行过的异体文字。这些宝贵的资料对于中国古文字学与文字学研究,对于文字发展史与书法史的研究都具有重要的价值。从铭文文体上看,石刻铭文中包括有用于歌功颂德的赞、颂,用于哀悼死者的墓碑、墓志、铭诔,官方实用的各种诏敕文牒,用于祭祀盟誓的诅告、盟书,民间的契约、地券、公证、记事,各种经典文集、诗赋杂咏,宗教石刻的题记、刻经,以及地图画像、谱系、楹联、题名、符咒、药方等等。简而言之,古代各个历史时期出现过的各种文体均在石刻材料中有所体现。这使得石刻不仅保存了极其丰富的古代历史资料,也给古典文学研究增添了取之不竭的研究素材。

　　从历史学的研究角度来看,历代石刻中保存下来的史料内容更是

---

① 这里所说的"种",指一种名目下的石刻材料,如一种"石鼓文",包括十件石刻(拓片);一种"鲜于璜碑",包括碑阳、碑阴等多件拓片。"件"则指单独的一件拓片。

可观。正如陆和九在《中国金石学》一书中所指出的:"洪水时代无论,已由石器时代进而为玉器时代,于是乎镂石之法兴。欲考历代种族之区别,疆域之开拓,社会之习尚,文化之变迁,宗教之流传,均宜取资金石以为佐证。"①宋代学者赵明诚在《金石录》序中也曾经指出:"《诗》《书》以后,君臣行事之迹悉载于史,虽是非褒贬出于秉笔者私意,或失其实;然至于善恶大迹,有不可诬,而又传说既久,理当依据。若夫岁月、地理、官爵、世次,以金石刻考之,其牴牾十常三四。盖史牒出于后人之手,不能无失,而刻辞当时所立,可信不疑。"②更加直接地谈到了石刻资料的史料价值与其在历史考据中的实际应用。近代学者在历史研究中已经相当普遍地应用了石刻资料。如王国维、陈垣、陈寅恪、岑仲勉、唐长孺、张政烺等已故史学大家,均采用古代石刻资料开创新的研究途径,取得了很大的成果。至于近代以来对于经济、法律、科学技术等专门史的研究更是特别注重利用石刻资料。近年来,各地汇集出版了大量古代石刻资料的图录与录文集,说明中国学术界以及整个社会都越来越重视古代石刻在中国传统文化研究中的作用。

从考古学的角度来看,古代石刻铭文的研究也是整个考古学研究中的一个重要分支。夏鼐在《金文集成前言》中指出:"(铭刻学的研究)包括认识文字、读通文句、抽绎文例、考证铭文内容(例如考证纪年、族名、邦国人名、地名、官制、礼制和史事等),以及根据字形、文例、考证的研究结果来断定各篇铭文的年代和它们的史料价值。它是以铭文作研究的主要对象。"同时,这些铭刻"又经常是要通过考古发掘才重新被发现出来的。"③所以在有关研究中也必须要运用考古学方法,对它们的形制、类型、出土状况、发展演化等方面予以研究。另一

① 陆和九:《中国金石学》,(台)明文书局,1981年。

② 宋 赵明诚:《金石录》,雅雨堂丛书本。

③ 夏鼐:《金文集成前言》,见《殷周金文集成》,中华书局,2007年。

方面,铭刻资料出土后,对有关考古发掘的年代与性质判定、器物形制研究等方面也会起到无法替代的重要作用。

数量巨大的古代石刻遗存是中华文明古国文物宝库中引人注目的重要组成部分。对石刻的保护与研究,在中国文博工作中占有重要的地位。现在已经公布的七批总计 4291 处全国重点文物保护单位中,属于石刻(包括建筑物中的石阙)范畴的就有 115 处。如果加上石窟寺等有关石刻的文物遗址,可以达到 268 处之多。此外,在属于全国重点文物保护单位的近 2000 处古建筑单位内,还大多包括有附属于古建筑的碑、碣、题记等石刻文物。由此可见古代石刻在现存历史文物中的分量。所以,保护石刻与研究石刻也是文物工作的一项重要任务。

造纸与印刷术是中国古代造福于人类社会发展的重要发明。与之直接有关的石刻拓印技术在中国历史悠久。拓本是保存和介绍石刻图像以及铭文原始形态的得力工具。张政烺指出:“南北朝时已发明了拓墨的方法。萧绎所集碑文大约就是拓本。”[1]说明在大约 1500 年前就有了摹拓石刻铭文的作法。石刻拓本也由此成为中国宝贵的文物遗产。能够保存至今的古代拓本大都是文物珍品。唐、宋时期的石刻拓本自不必言,就是明清时代的拓本,甚至原石已佚的近代石刻拓本都可以列入国家级文物。从而在有关石刻的研究中又增添了对于石刻拓本的鉴定与辨伪这一方面。在文物鉴定中成为独立的拓本鉴定辨伪一门学问。后代对于石刻的研究中不能不涉及这一方面。

由此可见,中国古代石刻的研究与整理保护工作是中国考古学、文物博物馆学、历史学、文字学等学科研究中必须涉及的一个重要方面,是中国古代文化研究中的一项重大课题。就石刻研究的内涵来看,它涉及考古、历史、文物、哲学、文学、法学、艺术、科技、军事等等广泛的知识领域,可以从各个方面去探讨与认识古代社会,堪称博大精

---

[1]　张政烺:《中国考古学史讲义》,《张政烺文史论集》,中华书局,2004 年。

深。对于古代石刻的丰富内容,需要长期深入的钻研与探索。对于古代石刻资料的全面收集整理,更需要大量艰苦细致的基础工作。然而,目前对于古代石刻的研究力量显得相对薄弱,与中国古代石刻的庞大数量及丰富内容相比,极不相称。限于条件,长期以来一直没有进行全国性的系统汇集与整理全部古代石刻资料的工作。因而,目前不仅还没有一部能够科学完整地反映全国现存石刻的总目录,就是分类性的全国目录(如碑目、墓志目录等)也没有。更没有一部比较完善的古代石刻铭文内容汇录。甚至连有关石刻研究的理论著作都很少见。在今日的石刻研究中还不得不经常沿用清代学者乃至宋元学者的金石著录记载。这些状况,都有待于学术环境的改善与石刻研究整理工作的发展去加以改观。

为了推动中国古代石刻的研究,首先需要加强对石刻基本状况的宣传与了解,掌握一定的基础知识;其次需要规范对石刻类型的划分、规范有关石刻的术语名称,通过对石刻内容的分析研究理顺石刻各类型的发展演化过程,完善石刻研究理论。此外,还需要全面了解历来的石刻研究状况,扬长避短,引入新的研究方法与研究理念。简言之,就是要使石刻的研究系统化、科学化,建立起学科研究体系。前人为此已经做过了不少工作。本书希望能够在前人的基础上继续完善,结合考古学研究方法,详细介绍石刻的主要类型与内容,分析其发展源流,充实有关理论,构建石刻学研究的基本架构,并概括介绍历代对石刻的研究汇集状况,以期有助于研究者对石刻资料的了解与运用,为推动古代石刻研究的深入发展略尽绵薄。

第一章　中国古代石刻的
主要类型及其演变

中国最早的古代文字石刻,应该是利用天然石块或山岩雕刻而成。也就是说,开始时并没有专门为了刻铭而对岩石进行形状的加工。现在可以看到的先秦石刻,如中山国守丘刻石、秦石鼓文等大都是依就原石的天然形状,不做外形加工,也没有统一固定的外部形制。秦代以后,使用石刻的场合逐渐增多,这些石刻的外部形制式样,有些来自建筑构件,有些来自实用器物,有些源于宗教礼仪用品,有些甚至可能在其形成中受到了外来文化因素的影响。因此,有相当数量的文字石刻是附属于具有实用功能的石制品的。文字只是为这些石制品的制作时间、用途、参与人物等做一说明。而后,逐渐出现了专门用于刻写文字内容以进行宣传、记述、纪念等信息传播的专用石刻,并依照刻铭的不同目的、刻铭人的身份等级、石刻的不同用途等,而在石刻大家庭中逐渐分化,形成各种具有相对固定外部形制的专用石刻类型。在某一种类型的专用石刻材料外形定型后,它们的形制就相对稳定了,大多被延续使用了一两千年。今天,我们所能看到的古代文字石刻材料,大部分属于专用石刻,都可以归纳入传之有绪的各种具有固定形制的具体类型。

由于石刻大多具有其独特的固定形制类型,我们就可以沿用考古学的类型学研究方法,根据它们的不同形制加以分类,将其划分为若干个基本类型,从而进行比较,了解它的发展过程,进行断代研究。但是需要注意,其他考古遗物所作分类时一般仅依据质地、外形、色彩、纹饰、尺寸等方面的外部特征去分类,而古代石刻除外部形制以外,最主要的是具有大量的铭刻文字,在长期使用的过程中,各类石刻的铭文内容因其用途不同逐渐形成了各自的特点,反映在刻石上面,便有了各类石刻形制上的差异。石刻外形的差异有时与铭文有关,但有时铭文内容又与石刻的外形不存在必然的关联。有些特殊的铭文文体仅限于使用在某一种固定形制的石刻材料上,例如碑铭、墓志铭、佛教经幢铭、造像题记等等,其大部分同类石刻具有独特的相同外形。而有些时候,作用相同、文体相同的一种铭刻又在不同场合或不同地点使用了多种不同的外部形制,例如早期的墓志铭,有着碑形、石板形、盒式墓志形等不同的外部形制,晚期还有过使用瓷器刻写的墓志;佛教刻经,曾采取摩崖刻石、碑石、石板、经幢等多种形制;题名题刻,有附着于摩崖、刻石、碑碣、造像等石刻之上的,也有单独刻立碑石或石柱的。因此,单纯根据外部形状去划分石刻类型或者单独根据文体内容去划分石刻类型都会存在着一些不够妥帖或不很完善的情况。这是造成考古文物学者与文献学者对石刻的分类看法不同的主要原因。

　　自古以来,石刻就包含了十分丰富的内容与形式,因此,学界很早就进行了对石刻的分类定名,如碑、摩崖、墓志、造像等等。这些传统的定名使用时间很长,但是定义并不严格,或者同一种铭刻会被古代文人冠以多种不同的名称。如果以今人的考古类型学观点,完全依据石刻外部形制去划分类型的话,那么由于古代石刻存在和使用的时间跨度很大,从而使得某一种类的石刻形制没有也不可能自始至终绝对固定和完全统一,它会随着时代演进而有所变化。而另一些种类的石刻之间在形制上的差距又不是十分明显,或者同一种形制的石材被用来刻写多种不同的铭刻类型。这些情况也对进行严格的科学分类造成了很大的困难。这些现实问题,造成了前人往往偏重于铭文内容,主要依据铭刻文体与古人所定名称去划分石刻类型的传统情况。

　　这种传统作法造成的结果是:以往对于古代石刻的分类与定名并不十分统一,也并不严格明确。现有的一些由前辈金石学者所作的分类与定名往往存在着具体分歧。例如:叶昌炽《语石》中分类叙述有关石刻情况时就列举了:碑、墓志、塔铭、浮图、经幢、刻经、造像、画像、地图、桥柱、井栏、柱础、石阙、题名、摩崖、买地莂、投龙记、神位题字、食堂题字、医方、书目、吉语、诅盟、符箓、玺押、题榜、楹联、石人题字、石狮子题字、石香炉题字、石盆题字以及石刻杂体等众多类型,而在碑的大类下又介绍了石经、封禅、符牒、书札、格论、典章、谱系、界至、诗文等具体文类①。陆和九《中国金石学》一书中把石刻就统分为四大类②,即碑铭、志铭、石画与刻经。马衡《中国金石学概要》中又把石刻细分为:碣、摩崖、碑、造像、画像、石经、释道石经、医方、格言、书目、文书、墓志、谱系、地图、界至、题咏题名、桥、井、食堂神位、黄肠、石人石兽、器物、石阙、柱、浮图等等③。朱剑心《金石学》中则将石刻分为 10种:刻石、碑碣、墓志、塔铭、浮图、经幢、造像、石阙、摩崖、买地莂。至于其他金石著录中的名称也是众说纷纭,多有出入,甚至同一种石刻在不同的金石著录与研究著作中被冠以不同的名称。

可以看到,上述各位学者所进行的石刻分类之间存在着较大的分歧,所依据进行分类的标准也不统一。如朱剑心即认为:"至于题名、画像,则碑碣、摩崖、幢柱、石室无不有之,亦因所刻而异其制,不得于石刻中别立一名也。"④但是,在朱剑心所作的分类中又把外部形制不同的碑与碣放在同一类里。可见其分类中也没有完全根据形制来确定,同样存在着未臻完善之处。归纳以往金石学者的分类情况,我们认为,前人的分类受中国传统文学理论的文体划分成例影响,往往是出于习惯,沿用古代的名称,进而以石刻的内容、用途为主,参考形制,作为石刻的分类标准,并没有把外部形制作为首要考虑的条件。

① 清 叶昌炽、柯昌泗:《语石 语石异同评》,中华书局,1994 年。以下所引《语石》《语石异同评》均见此书,不再逐一注明。

② 陆和九:《中国金石学》,(台)明文书局,1984 年。

③ 马衡:《凡将斋金石丛稿》,《中国金石学概要》,中华书局,1977 年。

④ 朱剑心:《金石学》,文物出版社,1981 年。

　　这种习惯作法致使目前可见的各种石刻分类往往不够严谨,造成了一些混乱。例如以前的金石著录中常常可见墓阙与神道被混为一谈,而对它们的时代特征和不同形制忽视不论。又如前人划分的石经一类中就包含了四种以上不同的石刻形制:像东汉熹平石经、曹魏正始石经、唐开成石经等石刻儒家经典,根据文献记载和残石复原情况来看,与当时的碑形制相同。可以称作经碑。房山云居寺佛教刻经中,有制作成碑形的,有刻在石板上镶嵌在洞壁上的,最多的是刻在横向的长方形石板上,可以称作经版。泰山经石峪等地的北朝刻经则大多为摩崖石刻。唐末五代常见的佛教陀罗尼经以及唐开元二十六年易州龙兴观道德经等佛道教经典又是刻在八角形或者六角形的石经幢上。将这些不同形制的石刻统一称作石经显然无法表现出它们形制上的区别。

　　在实际运用中,这些不规范的分类往往给石刻研究带来误解与不便。尤其是在对石刻资料确定名称加以著录和汇集上,沿用以往的习惯作法,常会使同一种石刻产生了多种不同的名称,使得同一石刻会以不同名称多次重出,给资料检索造成很大困难。鉴于石刻资料的数量十分庞大,名称上的歧异给查找使用有关资料带来的不便是非常明显。至于传统分类忽视形制上的差异,无法从形制上对一种石刻的演变与时代特征加以研究,自不待赘言。

　　近代以来,随着考古学理论的引进与完善,学术界对石刻的定名和分类研究日益规范化。统一有关分类标准的需求已是十分迫切。为了促进学术研究,规范有关标准,我们在这里也尝试提出一种新的石刻分类方法。它在以往石刻分类的基础上,吸收各方面的优点,尽量兼顾到石刻的外部形制与铭文内容。

　　从文字石刻的角度出发,可以看到古代石刻中存在着专门用于刊刻文字铭文的一些石刻形制类型;以及原本有着实际固定用途,只是在其上面附刻文字铭文的一些石刻类型。因此,我们先将所有具有文字铭刻的石刻划分为专用文字石刻与附属文字石刻两大部分。在每一部分中再具体划分石刻门类。具体划分中,我们将石刻的外部形制作为分类的第一标准,依据它划分大的类型。在分析这种石刻类型的基本形制演变时,对其形成的有关器物形制及分支器形一并加以研究。具体在每一大类中,再根据其表述内容、用途、铭文文体等方面的差异作进一步的分类说明。这种分类与讨论的主要目的是力图通过梳理这些大的石刻类型外部形制的演变过程去揭示一个石刻类型的历史发展脉络,从而勾画出中国古代石刻发展与应用的完整历史面貌。

由于古代石刻应用范围十分广泛,外形式样千变万化,兼以环境习俗的不同造成时有变通之举,所以这种分类可能仍有不够严谨的地方,更不足以将一切石刻材料都予以准确的分类定位。只能作为引玉之砖,提出来与广大的考古界、文博界同仁共同商讨。希望能和大家在实践中不断充实完善。

附属文字石刻所包含的石刻形制十分丰富,但是分属于各种形制的铭文石刻存世数量并不多。我们根据原石刻附着的石制品形制及其用途划分出:器物附属刻铭、建筑物附属刻铭、艺术雕刻附属刻铭等三大类。各大类中还可以包括出现较多并形成固定形式的一些具体石刻类型,如:画像石题记、舍利函铭、塔铭(包括浮图铭及佛塔的附属铭刻)、造像题记、经幢与墓幢、石阙、石人石兽等等。专用文字石刻则根据其基本外部形制划分出主要门类,大致有:一、刻石(包括碣),二、摩崖,三、碑,四、墓志,五、经版及各种佛教刻经,六、买地券及镇墓券、镇墓石。

第一节　器物附属刻铭

使用石材制作一些实用工具与器物,是古代人类很早就掌握了的生产技能。文字产生后,尤其是中国古代官方管理手工业制作时"物勒工名"的律法规定形成后,在石制器物上也会刻写铭文表达一定的意义,如记载制作时间、器形、制作者等。这种情况造成我们在考古发现中所见到的各种石质器物上存在的零星杂刻。例如先秦时期石磬等石制乐器上的刻铭,代表器物为近年在陕西雍城发掘的秦公大墓中出土了相当数量的刻铭石磬。类似有铭石磬在河南洛阳金村的战国墓葬中也有所发现。又如秦汉时期使用石材制作的日晷也有实物存在,见于《陶斋藏石记》的记载。秦代统一度量衡,官方使用的各种度量衡器多附加有官方的诏令铭文,刻有诏令的石权也有多件存世。青海省海晏县文化馆中保存有一件王莽石匮,器物本身近似正方形,通高 2.03 米,宽 1.37 米。器盖上雕刻卧虎,壁上刻写篆文三行,铭文为:"西海郡虎符石匮,始建国元年七月癸巳工河南郭戎造。"这是专门用于礼仪祭祀的用品①。随着建筑装饰技术的发展和礼制的要求,古代建筑中还使用了一些石质雕刻与石质礼仪器物,如历代陵墓、宗祠中使用的石香炉、石礼器、石灯等等,有些器物的上面会刻有铭文,主要是记录人名、年月、制作缘由等简单的文字。

其他如石制钱范、石砚、石制容器等日用品与工具上也可能出现刻铭,但是见于著录的数量不多。这些刻铭的内容均十分简略,以记录人名、日月、器名为主,也有些吉语等文字。佛教寺院建筑中,由于较多地使用石材,具有铭文的石刻也很多,如石材雕刻的香炉、灯台等比较多见,但是时代相对较晚。它们上面经常刻写着供奉信士的姓名籍贯、建造年代和一些简短的发愿文字等。这些刻铭在香炉、灯台上的位置并不固定,字体大小不一,任意性比较强。如《语石》卷五中记载有金代贞元二年崔皋造当阳罗汉石香炉,题铭三面横刻。《语石》卷五还记载有宋辽时期的石盆刻铭,《语石异同评》中也介绍有石日晷、石砧、石砲等器物刻铭。这些情况也告诉我们,古代石刻文字使用的范围是非常广泛的,如果单纯从铭文所属器物类型去分类,可能会造

---

① 青海省文物处、青海省考古研究所:《青海文物》,文物出版社,1994 年。李零:《王莽虎符石匮调查记》,《文物天地》2000 年第 4 期。

成很繁琐的大量类型,而且很多类型中具有铭文的石刻数量不会很多。故而将这些属于器物附属成分的铭刻归纳在一起概括介绍。这些铭刻的定名一般沿用器物的名称。

现存石刻中,除上述的多种零散器物刻铭外,比较多见的有舍利函铭、石棺题铭、石屏风题铭与石床题铭等,它们属于器物附属刻铭并可各自形成单独类型。这些类型的石刻多与古代墓葬有关。

一、舍利函铭

舍利函铭专指刻写在佛教使用的舍利函上的铭文。由此涉及有关舍利塔及塔基的考古发现。"舍利"来自梵文,原释作舍利罗,它本来是指火葬之后的遗骨或身骨。公元前480年,释迦牟尼灭度后,信众对其火葬之后的遗骨礼敬膜拜,这就是佛教舍利信仰的来源。和舍利信仰相关的就是佛塔的崇拜现象。塔实际上是古印度的墓葬形式,是为了安置佛身舍利而建立的。早期佛教并没有佛像崇拜,因此,崇拜舍利和佛塔便成为一种风习,转塔礼拜便会得到莫大的功德。佛教中所说的舍利可以分为两种,一种是佛骨舍利,一种是法舍利。佛骨舍利一般是指释迦牟尼佛的舍利。但是佛经上也说到诸佛舍利。在佛舍利里面包括有佛顶骨、指骨、佛牙、指爪、头发以及火化后的舍利子等。法舍利则是指佛经。唐代高僧在西行求法时,在印度就看到了当地人以香末作成小塔,把佛经放在塔内,称作法舍利。然后再建一个大塔容纳很多这种小塔(法舍利),叫做法舍利塔。

1964年在河北定县出土一个石函,根据镌刻在石函上的文字,可知它原来埋藏在北魏孝文帝太和五年(481)建造的一座五层佛塔的塔基下①。此塔可能是冯太后下令建造的。这可能是现知最早的舍利石函。舍利石函是古代中国佛教界专门用来盛放佛骨舍利的石质容器,具体使用时要在舍利函中安放多重小型的棺椁、玻璃瓶等舍利容

---

① 河北省文化局文物工作队:《河北定县出土北魏石函》,《考古》1966年第5期。

器。舍利石函的外形仿照当时人们日常生活中使用的盒子,一般为长方体盒身,上面安放盝顶形的盒盖。后期也有过使用小型的石棺做最外层的盛放舍利容器,代替舍利石函。在舍利石函的外表面上大多雕刻有与佛教有关的图像,如涅槃图、天王像、天龙、飞天等,还有关于瘗埋舍利的铭文与供养人题名。它的形制比较固定,用途也很单一,从而成为一类单独形制的石刻。

早年僧人是用舍利的奇迹示现来说服帝王信服佛教。如《高僧传》记载三国时康僧会来到建业。孙权认为佛教来自汉明帝的梦,并不可信,便召见康僧会,告诉他如果能得到舍利并且有灵验,就给他建塔立寺,否则就要依法加以惩罚。于是康僧会就在一间静室内祈祷,经过二十一天,竟然有舍利出现在准备好的铜瓶中。这个舍利如何敲击也不能敲碎,所以孙权遵守诺言建塔立寺,称为建初寺①。这是江南的第一座佛寺。在中国古代文献中,要到东晋以后才对舍利的信仰崇拜有较多的记载。

根据佛经,佛骨舍利后来集中到阿育王所建的八万四千座塔中,遍布阎浮提各处。在 4 世纪后,中国就出现了阿育王塔的记载,南朝刘宋宗炳写《明佛论》,就提到山东临淄有阿育王寺的遗址。梁代僧人释慧皎的《高僧传》记载东晋时候有僧人竺慧达,听了他师父的嘱咐到南方寻找阿育王塔像,加以礼拜,用来消除他先世的罪业。慧达到了建业长干寺,发现寺院塔刹放出奇异的光芒,于是他挖掘塔下,发现有三石碑,中央碑下覆有一铁函,里面依次藏银函、金函,内有三个舍利、爪甲和头发。当时人认为这就是阿育王所起的八万四千个塔之一,里面当然是佛舍利,于是在旁边再建一个塔埋藏舍利②。北魏魏收写

---

① 梁 慧皎:《高僧传》卷一译经上、康僧会传,见《高僧传合集》,上海古籍出版社,1991 年。
② 梁 慧皎:《高僧传》卷十三兴福、竺慧达传,见《高僧传合集》,上海古籍出版社,1991 年。

《魏书·释老志》，记载在洛阳、临淄等四个地方有阿育王塔，唐初僧人法琳的《破邪论》说洛阳、临淄、扶风等六处有阿育王塔。唐代僧人道宣著《广弘明集》说各地有阿育王塔十七处，《集神州三宝感通录》记载有十九处阿育王塔。唐代僧人道世所撰《法苑珠林》中增加到二十一所。

中国古代佛教寺院中建立舍利塔的制度源远流长。有学者认为这是在《阿育王经》传入中国后产生的影响，是自南朝兴起的风气。近两千年来，中国各地的佛教寺院很多都建有佛塔。而佛塔建筑作为佛祖陵墓的象征，其中必须有瘗埋舍利的部位，即塔基以及地宫。在大型佛塔的地宫中大都安放有舍利石函。时代变迁，佛塔多有毁废，而其基址往往还能存在。因此，舍利塔基的考古发现也就成为中国考古学研究的一个重要组成部分。近年来，随着佛教考古事业的发展，各地清理了一批古代佛塔的塔基，并且出土了一些精彩的舍利石函。

由于佛塔塔基地宫中往往瘗埋有舍利及信徒捐赠的各种供养品，所以中国古代塔基的考古发掘为佛教考古获得了大量重要的资料。如著名的陕西省扶风县法门寺塔、河南省郑州市开元寺塔等地宫中，都出土了大量华美珍奇的佛教历史文物。并且通过各地不同时代的佛塔塔基发掘，可以基本展示出古代佛塔地宫建筑的发展过程。

自 20 世纪初以来，中国的佛教舍利塔基已经有几十处重要发现。其中建筑年代最早的是在河北省定县发掘的北魏太和五年（481）建成的佛塔塔基。该塔基用夯土筑成，表现出比较原始的早期佛塔建筑迹象。例如它还没有正式的地宫建筑，只是把装有佛舍利等佛教圣物的舍利石函埋设在夯土塔基里面，然后在塔基上面建筑佛塔塔身。这种作法似乎是模仿中国传统的土坑葬形式，表现了佛教进入中国后，在根深蒂固的汉族传统文化影响下吸收了大量的汉地文化因素。而在舍利石函中存放有七宝和金银首饰等器物，则表现出佛教徒传统的供养佛舍利的习俗。这种来自古印度的佛教传统作法在中国土地上以后的舍利瘗埋中一直延续下去。在定县出土的舍利石函模仿当时中原日常器具中的箱、盒式样,上面为盝顶。盝顶上面刻有铭文十二行,记述了在这里建造佛塔的缘起①。这种用铭文记录有关事宜的作法也是汉地文化传统中的习惯,说明自早期中国佛教使用舍利石函起就同时采用了在石函上刻写铭文的作法。

以后的重要发现例如在陕西省耀县发掘的隋代宜州宜君县神德寺塔。它虽然仍旧是在塔基夯土中埋设舍利,但在塔基的清理中发现:在埋设的舍利石函四周又砌了围绕的护石和砖墙,形成了初步的地宫建筑。在这件石函的外表四面上有线刻的舍利佛、迦叶、阿难、大目犍连、四大天王与力士等佛教神祇形象。石函的上口,专门嵌了一件刻在方石板上的舍利塔下铭作为内盖。铭文为:

> 维大隋仁寿四年岁次甲子四月丙寅朔八日癸酉,皇帝普为一切法界幽显生灵,谨于宜州宜君县神德寺奉安舍利,敬造灵塔。愿太祖武元皇帝、元明皇太后、皇帝、献皇后、皇太子、诸王子孙等,并内外群官,爰及民庶,六道三途,人非人等,生生世世,值佛闻法,永离苦因,同升妙果。舍利塔下铭。送舍利大德法师沙门僧晖。②

该舍利函铭说明,这时在石函上刻写文字表明建塔缘起仍然是佛家埋设舍利时必要的内容。类似的隋代舍利塔下铭已经有过众多发现,其内容与字体基本相似,可能是当时官方统一规定的式样。根据《佛祖统纪》《续高僧传》等佛教文献记载,隋文帝在仁寿四年再次下诏命令全国 30 余州建立舍利塔③。根据铭文证明,宜州宜君县神德寺塔是这次建立的舍利塔之一。（图 2）

---

① 河北省文物局文物工作队:《河北定县出土北魏石函》,《考古》1966 年第 5 期。
② 朱捷元等:《陕西长安和耀县发现的波斯萨珊朝银币》,《考古》1974 年第 2 期。
③ 如唐 道宣:《续高僧传》卷二十二释洪遵传:"仁寿四年下诏曰:'今更请大德奉送舍利,各往诸州依前造塔'……又下敕三十余州一时同送。"见《高僧传合集》,上海古籍出版社,1990 年。

图 2　陕西宜君出土唐代舍利函

　　1981 年 11 月,在北京市房山县石经山雷音洞中的佛座后发现了一个埋藏舍利函的地穴,从中出土的全套舍利石函包括三层石函,一层镀金银函和一层白玉函,十分精致。最外边的汉白玉石函是明代万历母后慈圣皇太后把隋代石函中的佛舍利请进宫中供养后制作的,上面刻写铭文 262 字,记录了明代万历二十年(1592)发现舍利的情况。里面一层是隋代石函,上面刻写了"大隋大业十二年岁次丙子四月丁巳朔八日甲子于此函中安置佛舍利三粒,愿住持永劫"的题记①。

　　根据《甘肃省泾川县出土的唐代舍利石函》一文介绍,1964 年在甘肃省泾川县发掘的唐代泾州大云寺塔,在其塔基中已经出现了完整的地宫与金棺银椁。地宫有门可以进入。石函安置在地宫中,四周刻有《舍利石函铭并序》,末尾有建塔官吏与僧众题名。并在石函盖上注明"大周泾州大云寺舍利之函总一十四粒"。石函中放置铜函,金棺、银椁、内装有舍利的玻璃瓶等多重器物②。以后研究佛教塔基与地宫

① 　文物编辑委员会:《文物考古工作十年》,文物出版社,1991 年。
② 　甘肃省文物工作队:《甘肃泾川县出土的唐代舍利石函》,《文物》1966 年第 3 期。

建筑的学者往往引用这条材料,认为这时已经形成了比较完备的中国特色的地宫建筑与地宫瘗埋品模式,并指出地宫的石门和石壁上往往会雕刻绘画天王、神兽等佛教图像纹饰。实际上,根据该舍利石函铭文中的记载,武周延载元年(694)重新埋藏该舍利石函时,是将其"迁于佛殿之下",并称:"广厦清冷,曾轩肃穆。基倕象戴,隧拟龙缄。"可见并非埋在舍利塔基中。所以这件舍利石函属于一个埋藏在佛殿基址中的特例,还不能够用来判断舍利塔基地宫的发展过程。但是这种建筑地宫的方式应该是受到中原建筑墓葬形式的影响,并且对以后塔基地宫的发展有所影响。在西安发掘的隋李静训墓的建筑形式就是在佛殿下修筑的石棺墓。可以与此互为参考。

泾州这件舍利石函铭文是现存舍利石函铭中内容最丰富的一件,

图3　甘肃泾川出土唐代舍利函

刻于舍利石函四周,共达1000余字。撰写者为唐代史书上有所记载的著名文人孟诜。后面附刻了参与舍利供奉活动的地方官员、僧人数十人。说明这是一次非常宏大的佛事活动。(图3)

近年在山西省太原市风峪太山龙泉寺发掘了唐代的宝塔基址,出土了刻有大量信士题名的石函,根据文字可以判断是武周时期的文物。里面出土了木棺、鎏金铜椁、银椁、金棺等多件文物①。但这座塔基中的地宫还比较小,仅可容纳舍利石函。地宫砌有石质的象征性石门,并雕刻有力士天王把守。

1960年,在清理江苏镇江甘露寺铁塔塔基时,在地宫中出土一大型石函。函盖上复有宋《润州甘露寺重瘗舍利塔记》石刻,函内刻宋人题字。函内置放了唐大和三年(829)李德裕重瘗禅众寺舍利题记等多件石刻②。1990年在维修河北省正定县的开元寺时,在钟楼下发现地宫,出土一件唐代汉白玉舍利石函,为方形盝顶盖,函表面四壁浮雕有香炉、狮子、护法神王力士等形象,并加以彩绘。函内套有铜函、木函、金函等多重容具,金函内藏舍利③。有学者认为,该寺钟楼是晚唐建筑,可能在原址先建有佛塔,所以存在地宫,而后佛塔坍塌,在此又重建钟楼,把地宫埋在下面,造成钟楼下面出现地宫的现象。

最早的宋代佛教塔基发现是在河南省郑州市发掘的宋开元寺塔基。这个佛塔已经建筑有完整的方形地宫④。地宫后部砌有棺床。上面放置石棺。石棺前后刻有板门、天王、力士、狮子等图像,两侧刻有弟子痛哭送葬的场面,盖上刻纪年与施主、匠人的姓名。棺座上面刻写施舍的物品名称。与此年代相近的还有河北省定县静志寺、净众

① 龙真等:《太原太山龙泉寺基址发掘调查取得重要成果》,《中国文物报》2009年1月14日。
② 郑金星等:《江苏镇江甘露寺铁塔基发掘记》,《考古》1961年第6期。
③ 刘友恒等:《河北正定开元寺发现初唐地宫》,《文物》1996年第6期。
④ 郑州市博物馆:《郑州开元寺宋代塔基清理简报》,《中原文物》1983年第1期。

院等塔基①。地宫的建筑与棺床、石棺的建造明显是在模仿当时流行的砖室墓建筑模式，表现出佛塔建筑在不断地吸取着当时民间葬俗的因素。这时的塔基地宫内，刻写题名的情况相当普遍。河北省定县静志寺塔的地宫中，四壁上保留有大量的墨写题记。而浙江省金华市的宋万佛寺塔基地宫中则在石壁与室顶上刻写了《陀罗尼经》②。

　　1996年，在山西省临猗县双塔寺的北宋塔基地宫中也出土了石函、银棺、木棺和舍利瓶，石函上有长篇舍利铭③。2003年，江苏省江阴县悟空寺的泗州大圣宝塔塔基得到清理，地宫中仍然是使用石函瘗埋舍利。石函上刻有北宋景德三年（1006）建的字样。石函中有鎏金铜手指等随葬品，并且发现有装在北宋影青普净瓶中的舍利子④。

　　2008年，发掘山东省兖州市的兴隆宝塔塔基，该塔为北宋嘉祐八年（1063）重建。塔基中出土瘗埋舍利使用的石函，里面装有鎏金银棺、舍利金瓶、玻璃瓶等多重瘗埋容器。并且出土宋代的舍利碑，记录了这里瘗埋的是正光大师从印度带回来的佛顶骨真身舍利⑤。同年南京博物馆在清理大报恩寺遗址时发现了宋代长干寺的地宫，出土一件高1.5米，宽0.72米的舍利石函。石函内有一只铁函，高1.3米，是目前国内最大的佛教铁函。铁函内装有一座鎏金嵌宝的阿育王塔。石函北侧刻写《金陵长干寺真身塔藏舍利石函记》长篇铭文。阿育王塔上也錾刻有记述施主、变相名称与吉语的铭文⑥。

　　辽代佛教盛行，在内蒙、辽宁、河北等地保留了大量辽代佛塔，很

①　定县博物馆：《河北定县发现两座宋代塔基》，《文物》1972年第8期。

②　浙江省文物管理委员会：《金华万佛塔出土文物》，文物出版社，1958年。

③　乔正安：《山西临猗双塔寺北宋塔基地宫清理简报》，《文物》1997年第3期。

④　陆建芳等：《江苏江阴发掘北宋泗州大圣宝塔塔基》，《中国文物报》2004年4月30日。

⑤　山东省博物馆等：《兖州兴隆塔北宋地宫发掘简报》，《文物》2009年第11期。

⑥　龚巨平、祁海宁：《〈金陵长干寺真身塔藏舍利石函记〉考释及相关问题》，《东南文化》2012年第1期。

多已经被确定为全国重点文物保护单位。并且曾发现多处辽代塔基，如辽宁省朝阳市清理的辽塔。值得注意的是北京房山北郑村清理的一座辽代十三层密檐实心塔。这座建于辽重熙二十年（1051）的佛塔在地宫中放置盝顶石函，函上刻有彩色花卉图，函内装有释迦牟尼涅槃的石造像。特别是在地宫的石板盖顶上树立了一座辽庆历五年（955）陀罗尼经幢，高 3.12 米①。这是辽代新出现的现象，将陀罗尼经幢也加入了佛塔地宫的建筑之中。

　　由此可见，中国佛舍利塔的建筑经过了漫长的变化与发展过程。在这一过程中不断地添加进了新的建筑成分与有关器物。有关铭文石刻也正是在这一变化中逐渐发展。现在已知的舍利塔中铭文石刻已经十分丰富，包括了石函，塔下铭，舍利塔记碑刻，陀罗尼经幢等多种不同形制、不同类型的佛教石刻。将上面简单介绍的中国古代佛教塔基考古中的一些代表性成果排列下来，已经可以揭示出佛教舍利塔的地宫建筑从无到有，从简单到完善的逐渐发展过程。这些材料同样表现出有关舍利瘗埋的铭文石刻材料也是这样逐渐完善与发展起来的。

　　有关舍利瘗埋的石刻材料中，首先出现的是简单的石函刻铭。这种刻铭只是在石函上面刻写建造舍利塔的缘起，包括建造时间、地点、建造人员的姓名等等，起到一个简单的记事作用。这种文字材料在印度的佛塔中很少出现，是具有中国特色的佛教石刻。寻其来源，可以追溯到当时中国流行的民间习俗与文化传统。第一，应该是受到中国古代埋葬习俗的影响。在中国古代的埋葬习俗中，长期以来就存在着用文字材料来标记墓葬的习惯做法，出现过很多埋在墓中的砖石铭记，例如刑徒砖、墓记、柩铭、墓志等。这种习俗在秦汉时期开始萌芽，通过长期的演变与使用，到了南北朝时期，在墓葬中埋设墓志的作法已经普遍存在，墓志的形制也已经基本确定。在中上层人士的墓葬中

<hr/>

① 　齐心等：《北京市房山县北郑村辽塔清理记》，《考古》1980 年第 2 期。

大多要随葬记录死者生平与埋葬缘由的文字铭记。所以，在建造具有印度特色的坟墓——佛塔时，自然会吸取社会习俗中已经定型的埋葬习惯。在塔基中也埋设标记性的文字。第二，佛教徒瘗埋舍利，建造佛塔是一件莫大的功德，而且往往是一件集各方众人力量的大型社会活动。对于这样的活动，中国古代也经常建立石碑或其他文字铭刻来予以记录。从东汉时期的侍廷里父老僤刻石等材料到南北朝时期的佛教造像题记，都是这类的文字铭记，专门用来记录公众事件的原委，彰显参与的具体人士等。这已经成为古代社会中一种习惯性的纪念方式。在这两种社会习俗的影响下，舍利瘗埋活动也随之采用了刻铭记录。早期的石函铭就是采取了这样的一种记述形式。

　　而后，有关建造舍利塔的记录题铭从石函上脱离出来，形成单独的一件刻石。以往的金石著录中称之为舍利塔下铭。根据现有材料看，这一变化应该是隋文帝在全国大肆建造舍利塔的结果。《隋书·文帝本纪》中记载隋文帝在仁寿元年（601）下诏命令在全国30个主要州内建造舍利塔，供奉舍利。《广弘明集》卷一七《隋国立舍利塔诏》中称："朕归依三宝，重兴圣教。思与四海之内一切人民俱发菩提，共修福业。使当今现在，爰及来世，永作善因，同登妙果。宜请沙门三十人谙解法相兼堪宣导者，各将侍者二人并散官各一人，薰陆香一百二十斤，马五匹，分道送舍利往前件诸州起塔。"①从现在已有的文物来看，这一诏令是得到了完全的执行。

　　以前的金石著录中就记录了一些隋文帝建立的舍利塔铭，如山东益都广福寺出土的仁寿元年（601）青州胜福寺舍利塔下铭，扶风龙光寺出土的仁寿元年（601）岐州舍利塔下铭。其铭文比较简单，如仁寿元年（601）青州胜福寺舍利塔下铭为"舍利塔下铭：维大隋仁寿元年岁次辛酉十月辛亥朔十五日乙丑。皇帝普为一切法界幽显生灵，谨于青州逢山县胜福寺奉安舍利，敬造灵塔。愿太祖武元皇

① 唐 道宣《广弘明集》，《弘明集 广弘明集》，上海古籍出版社，1991年。

帝、元明皇后、皇帝、皇后、皇太子、诸王子孙等,并内外群官,爰及民
庶,六道三途,人非人等,生生世世,值佛闻法,永离苦空,同升妙果。
孟弼书。敕使大德僧智能。侍者昙辩。侍者善才。敕使羽骑尉李
德谌。长史邢祖俊。司马李信则录事参军丘文安。司功参军李
佶。"①这些塔下铭已经脱离了石函,刻成一件单独的方形碑石。很可
能是覆盖在舍利石函上面的。(图4)

图 4 隋青州舍利塔铭

---

① 见清 王昶:《金石萃编》卷四十《青州舍利塔下铭》,扫叶山房石印本,1921 年。

宋代时期,在中原地区的平民墓葬中又出现了一些使用石棺的作法,尤其是一些火葬墓中使用小型石棺存放骨灰。而火葬应该是佛教信徒采用比较多的作法。所以这时有的佛塔瘗埋舍利时也吸取了民间习俗,开始使用石棺。同时在石棺上,棺床上刻写铭文,记录有关舍利瘗埋的事件经过以及供养人的姓名等。这是一种新的舍利容器铭刻形式。说明在古代社会中,佛教石刻与世俗社会紧密结合,互相影响,具有共同的发展变化趋势。

需要注意到,陀罗尼崇拜的思想在唐代以后日益兴盛,并进入世俗葬俗,如墓主附带陀罗尼经卷、盖陀罗尼经被、墓室中刻写陀罗尼经咒等。这种形式也被地宫建筑吸收,如浙江金华的宋万佛寺塔基地宫中就在石壁与室顶上刻写了《陀罗尼经》。可以看出,由于汉族社会生活习俗的影响与佛教不断汉化的倾向,在中国,佛教舍利塔地宫的建造形式、舍利瘗埋的制度与具体内容等始终同世俗社会中的埋葬习俗相关联,并且随着世俗丧葬形式的演变而有所变化。而上溯佛塔建筑的历史,则反映出将舍利塔作为佛祖坟墓圣迹崇拜的思想应该是从南朝梁天监十一年僧伽婆罗翻译《阿育王经》以来,在中国根深蒂固,世代相传的。其中具有关键作用的,是隋文帝大兴佛塔的举动。由此带来舍利石函的发展演变,这对于了解中国佛教历史是具有一定参考价值的。

二、石棺刻铭

上文已经提到利用石棺瘗埋舍利的习俗。此外,在现存文物中,可以看到自从汉代开始,上层人士已经有大量使用石棺的埋葬现象。在一些石棺上也刻有文字题铭。《汉书·薛宣传》记载:"其以府决曹掾书立之枢以显其魂。"在四川省芦山县出土的东汉建安十六年(211)王晖石棺右侧刻写铭文,就反映了汉代的枢铭原状①。四川曾出土相

---

① 迅冰:《四川汉代雕塑艺术》图版 29,中国古典艺术出版社,1959 年。

当数量的汉代石棺。山东、河南等地也有很多石棺椁出土①。（图5）
在这些石棺上，主要雕刻一些图案纹饰进行装饰，也有少量附有文字，
如泸州市石洞镇发现的画像石棺上就刻有"延熹八年"等纪年文字②。
汉代的石棺主要为长方体外形，一般由两侧石、上盖下底与前后两挡
六块石板组成，纹饰多雕刻在两侧与前挡上。晋代的枢铭现在还保存
有实物证明。如晋太康三年（282）十二月三日冯恭石椁题字铭文为：
"晋故太康三年十二月三日己酉，赵国高邑导官令太中大夫冯恭字元
恪。"又如晋元康三年（293）八月十七日乐生之枢铭"阳平乐生之枢"
等。南北朝时期的一些贵族墓葬中有使用石棺椁的现象。在现在见

图5 汉代画像石棺

---

① 高文、高成刚：《中国画像石棺艺术》，山西人民出版社，1996年；罗二虎：《汉
代画像石棺》，巴蜀书社，2002年。
② 邹西丹：《泸州市石洞镇发现东汉"延熹八年"纪年画像石棺》，《四川文物》
2007年第6期。

到的一些北朝石棺上雕刻有大量精细的图像,包括神异动物、墓主人、孝子故事画等,这些图像的中间,按照古代中原艺术绘画的传统作法留有榜题的位置,刻写一些简单的说明及人物名称等,例如现存美国明尼阿波利斯美术馆的北魏元谧石棺。这时的石棺已经变为前高后低,近似后来所见的木棺外形。(图6)

图6　北魏孝子石棺

隋唐时期的一些高等级墓葬中,发现有大型的石椁室与石棺存在,它们外形仿照殿堂建筑,上面雕刻精细的绘画,如侍女、仆从、花鸟、武士等,像隋李静训墓、唐章怀太子墓、唐薛儆墓等,但没有刻写文字题记的现象①。宋代以来,中原仍然有使用石棺的现象存在,但这时的石棺已模仿木棺的外形,体积较小,在石棺上刻写题铭的情形则

---

① 中国社会科学院考古研究所:《唐长安城郊隋唐墓》,文物出版社,1980年;陕西省博物馆、乾县文教局唐墓发掘组:《唐章怀太子墓发掘简报》,《文物》1972年第7期;山西省考古研究所:《唐代薛儆墓发掘报告》,科学出版社,2000年。

不断有所发现。如现存河南省博物院的宋开宝九年（976）石棺①、郑
州文物考古研究院藏宋代石棺等。（图7）这些石棺上铭文刻写的位
置、内容并没有固定的格式，随意性较强。如1992年在河南省洛宁县
大宋村出土的一件石棺，在其前挡刻画的散乐图右侧刻写"大宋国西
京河南府永宁县招化乡大宋村大宋保"，左侧刻写"政和七年五月初一
日殡葬父乐讳重进，儿男四人：大男乐宗义，二男乐志良，三男乐宗友，
四男乐宗曦。"而在石棺两帮与后挡的孝子图像间刻写孝子姓名题榜，
有："刘明达、田真、董永、杨香、鲍山、郯子、姜诗、老莱子、韩伯俞、元

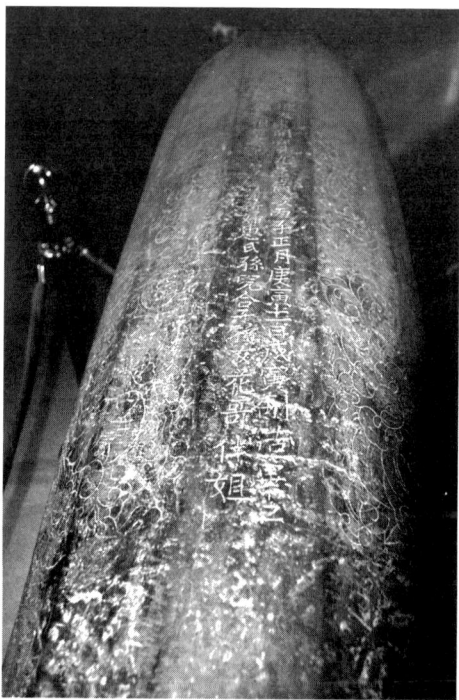

图7　郑州市文物考古研究院存宋代石棺刻铭

---

① 该石棺形制较小，两侧刻有僧徒弟子哭泣等图像，怀疑是起着舍利函作用的
埋葬舍利用品。

觉、陆绩、王祥、郭巨、刘殷、王武子、赵孝宗、曾参、鲁义姑、丁兰、孟宗、曹娥、闵子骞"等①。陕西省华县曾发现明代石棺，棺盖上刻"处士王公之枢"，右侧帮上刻"万历四十四年四月三日巳时故"，左侧帮上刻"万历四十五年十一月十六日午时葬"②。

三、石屏风与石床题铭

石床是一种重要的考古遗存。这类器物最早见于北魏时期的北方墓葬中，以山西大同出土的北魏太和八年（484）司马金龙墓中石床为代表③；下限在北周时期，以在西安附近出土的北周天和六年（571）康业墓④与北周安伽墓中石床⑤为代表。其形制相对较固定，均用石材制作成模仿实用木床的组合型葬具。其长度在 2.2—2.5 米以上，宽度为 1 米以上，高度在 0.5 米左右。一般在正面（即面向墓室门）的床架与床足上雕刻各种纹饰图案，也有在四周床架和床足上均雕刻纹饰的，并已发现有多件石床在纹饰上描彩贴金，制作工艺十分华丽考究。在北朝墓葬中，常与这些石床形成组合的还有由石板材构成的石屏风等。石屏风一般由 4 件横向长的石板材构成，正面 2 件，两侧各 1 件，竖立围在石床的三边。每件屏风构件朝向床内的一面上刻画有图像。隋唐墓葬中没有出现过类似石床及与石棺床相配的石屏风、石阙、石狮等丧葬器物，应该是在使用石葬具的习俗与礼

---

① 李献奇、王丽玲：《河南洛宁北宋乐重进画像石棺》，《文物》1993 年第 5 期

② 陕西省文管会调查研究组：《陕西华县发现明万历时石棺及古代遗址》，《文物参考资料》1954 年第 10 期。

③ 山西省大同市博物馆、山西省文物工作委员会：《山西大同石家寨北魏司马金龙墓》，《文物》1972 年第 3 期。

④ 西安市文物考古保护研究所：《西安北周康业墓发掘简报》，《文物》2008 年第 6 期。

⑤ 陕西省考古研究所：《西安发现的北周安伽墓》，《文物》2001 年第 1 期。

仪制度上已经有了重大的改变。因此,我们将石床及与之配套的石葬具组合确定为北朝时期特有的葬具。根据现有材料,北魏晚期与东魏、北齐、西魏、北周时期使用这种葬具的情况比较多。特别是在近年来发现了多件西域粟特等民族人士使用石床的葬例,可能石床这种葬具经常被外来人士采用。

　　石床的发现与收藏迄今大约近百年。最早人们对它的时代与由来并不明晰,甚至把它叫作曹操床。以往,这类器物仅有零星被盗掘的传世品,经考古发掘出土的材料很少,现在可见的一些雕刻精美的珍品大多流散到海外各大博物馆,如美国华盛顿弗里尔艺术馆、美国波士顿美术馆、德国科隆东方艺术博物馆、法国集美博物馆、日本久保惣艺术馆、日本 Miho 博物馆等均藏有北朝石床组件。国内有关研究也比较少见。近年以来,随着国内北朝考古工作的进展,北朝墓葬中的石床陆续有所发现,如在山西省大同市发掘的北魏太和元年(477)宋绍祖墓中石床,河南省安阳县固岸的南水北调工程考古抢救发掘中出土的东魏武定六年(548)谢氏冯僧晖墓石床及石屏风,都向我们展示了当时石床及石屏风的使用方式。这些石制品上,尤其是石屏风上,常有刻写题铭的情况,其题铭内容及刻写形式与上面所说的北魏石棺基本相似。如 2004 年,中国文物信息咨询中心征集到一件海外回流的石床,入藏首都博物馆。与这件石床相配的石屏风上减地线刻有侍从人物、胡人牵马、牛车出行、墓主夫妇坐像与两幅孝子郭巨故事画,并刻有题榜:"孝子郭钜埋儿天赐金一父(釜)","孝子郭钜埋子府"①。大同、洛阳等地近年来出土多件雕花石床,公私均有收藏。

　　以往发现的石床上大多仅有线刻与浮雕图像,没有出现过题铭。近年在深圳博物馆展出的一件石床正面中央,发现了记载墓主姓名的刻铭"兴和四年七月廿日亡人朱洛石洣冥记"。另一件东魏石屏风中央刻写"胡客翟门生造石床屏风吉利铭记"。(图 8)据滕磊介绍,2000

---

① 　滕磊:《一件海外回流石棺床之我见》,《故宫博物院院刊》2009 年第 4 期。

图 8　东魏石屏风刻铭

年,美国曾拍卖一件北魏孝昌三年的石床,为台湾私人所藏,石床前挡上也有刻铭"田阿赦"、"青州平原人"等①。

第二节　建筑物附属刻铭

在形形色色的世界古代建筑中,中国古代建筑自成体系,具有独特的民族地域特色。尤其是中原地区的传统建筑,从史前时期开始,就一直沿用着以土木结构为主的建筑形式,与西方古建筑相比,完全用石块构建大型宫殿城堡的建筑情况较少见,相对缺乏全部使用石材的大型建筑经验。但是在新石器时期的简单建筑中,中原地区已经采

① 滕磊:《一件海外回流石棺床之我见》,《故宫博物院院刊》2009 年第 4 期。

用石块作柱础或用来固定木柱。以后,石材始终在中国传统建筑中占有一定的位置。只是限于传统建筑中已经习惯将土木结构作为主体,石材大多是用来制作柱础、基石、台阶、门楣等承重、耐磨的建筑部件。在一些特殊场合,也出现过一些完全用石材构建的建筑,如墓室、桥梁、石塔、石祠堂、石阙等。在这些石质建筑材料与雕刻器物上,有时会附刻一些简单的铭文。其中有一些类型的石构件上会出现比较多的铭文,并形成一种通例。这样的一系列石刻也可以单独形成一个石刻类型,例如东汉至南北朝时期的神道柱、石阙等。

这些刻铭,尤其是建筑物构件上的刻铭,追根溯源,应该是史籍中记载的古代手工业管理中一个重要制度——"物勒工名"的体现与孑遗。"物勒工名"的制度起源很早,现有文物资料如战国兵器铭文、秦睡虎地竹简法律书和汉代青铜器铭文等可以证明,至晚在战国时期就有了完备的此种制度。从常见的建筑物构件刻铭中归纳,其铭文一般包括以下几方面的内容:一、器名或者建筑物的名称。二、工匠的姓名、籍贯与职责所任等。三、年、月、日、干支等记时词语。四、石构件的数量或位置编号。五、简单的记事或颂词等。

马衡曾经把这类石刻统称为建筑附刻,认为:"附刻云者,谓其石不为刻文而设,因营造建筑之石材而附刻文字也。"①

实际上,如果按照考古器形学的原则,按铭文所附着的器物形制来划分的话,各种建筑构件均可自成一类。所以以往的金石著录中以及有关研究中大多根据铭文所附刻的器物外部形制给石刻定名。常见的有关石刻有阙、神道柱、黄肠石、石柱、柱础、桥梁、井栏、石门、石门楣、石亭、经幢等等,可以具体划分出十多个类型。但是这些石刻铭文的存世数量都不太多,而且铭文体例与内容都比较接近,因此,我们借鉴马衡的方法,把它们一并归纳在建筑物附属刻铭这一大范围内,并将其中比较多见的一些重要形制分类予以介绍。

---

① 马衡:《凡将斋金石丛稿》,《中国金石学概要》,中华书局,1977 年。

一、石阙

阙是古代建筑中的一个重要组成部分，也就是庄园、宫殿建筑的外大门。现在可知东汉时期已经出现了石质的门阙。尤其是模仿人居建筑的陵园、墓园，使用石阙的情况更多。现在公布的资料表明，全国尚保存有 30 余处汉代石阙的遗迹，主要分布于山东、河南、四川等地。这些石阙受到建筑界与古代建筑史学者的高度重视，是重要的古代建筑资料，其中大多被确定为全国重点文物保护单位。现存石阙根据其原来所属遗址的实际用途，可以划分为庙阙与墓阙两种。庙阙是原祭神庙宇建筑的大门，如河南登封的太室、少室、启母等诸阙。墓阙则是墓葬园域的大门，如四川雅安的高颐阙。庙阙与墓阙的造型基本相同，只是建筑所在地不同而已。（图 9）

图 9　四川存东汉高颐阙

　　现存的汉阙一般高度为 4 至 6 米,造型壮观优美,多为磨制规整、雕刻精美的石块垒砌而成。阙身上经常分层雕刻各种图像。阙分为左右两件,呈中央对称形,中间空缺,很像是一个影壁从中间切割成两半的形状。完整的一侧阙身包括几个部分:内侧(即近空缺一侧)比较高大的部分一般称作正阙,最下面为基座,基座上面的直立部分叫做阙身,再上面是雕刻成仿木结构的单檐式或重檐式阙顶。与正阙相连的外侧低矮部分称作副阙或子阙。它同样有基座、阙身与阙顶三个部分。也有些石阙没有副阙,这样的石阙也比较低矮,例如山东平邑发现的皇圣卿阙,高仅 2.5 米,用一块整石雕刻而成。值得注意的是它仍然在阙身上刻出纵横的石缝,模仿石块垒砌的大型石阙,说明垒砌的大型石阙是这类建筑的基础原型。此外,根据古代文献记载,还曾经有过平面为圆形的圆阙与左右两侧阙顶上用曲阁相连的阙,这些可能是大型的土木建筑。目前在石刻中还没有见到过这样的实物。

　　正阙的阙身上除去刻画图像装饰外,还往往刻写一些铭文。这些铭文刻写的位置并不固定,在左右两阙上均有发现。左右的铭文并不相同,也不必对称。甚至有的阙身几面都刻写有铭文,例如太室阙的西阙南面阙身上篆书有“中岳泰室阳城□……”,北面阙身上刻写“元始五年四月阳城□长左冯翊万年吕常始造作此石阙”。大致这些石阙的铭文都是类似的以记录造作人姓名、建造年月、赞颂词语等为主的记事内容。(图 10)

　　1949 年以来,各地又陆续发掘出一些汉代石阙。如山东省莒南县出土的一件小型墓阙。该阙铭文为:“元和二年正月六日孙仲阳□升物故行□□礼□作石阙贾直万五千。”[1]在北京石景山也清理出来汉代的一件石阙顶[2]。2001 年,重庆市忠县乌杨镇出土一组石阙,推测

①　刘心健、张鸣雪:《山东莒南发现汉代石阙》,《文物》1965 年第 5 期。

②　北京市文物工作队:《北京西郊发现汉代石阙清理简报》,《文物》1964 年第 11 期。

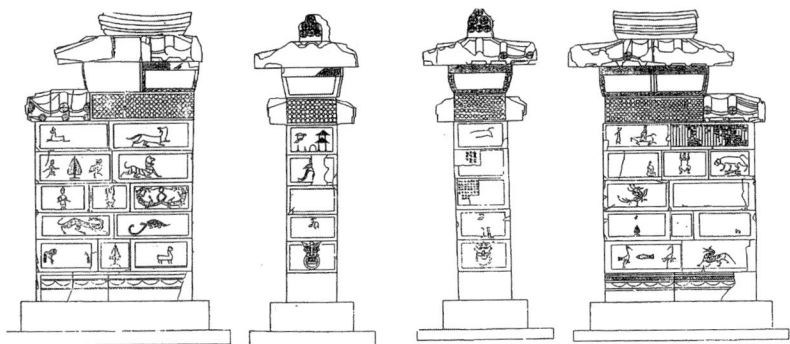

图 10　太室阙线图

可能是汉巴郡太守严颜的墓阙。这是经考古发掘复原的重要古建文物①。

　　石阙建筑完全是模仿实际建筑中土木结构的门阙。从现存石阙普遍采用模仿木制斗拱结构的雕刻阙顶就可以看出这一点。这种木制顶阁、砖石阙身的大型门阙在汉代应该是非常流行的。河南等地汉代墓葬中出土了大量建筑明器,如陶门楼、陶门阙,都是实际建筑的反映,其造型与石阙基本相似。在东汉画像石描绘建筑的图画中,也有汉代门阙的图像,如沂南、肥城出土的汉代画像石上都可以看到高耸的门阙图样。这些不同范畴的文物图像共同表现出汉代建筑的特点,尤其是门阙的特有造型。在汉代建筑组合中,门阙占有很重要的地位。《白虎通义》中记载:"门必有阙者何? 阙者,所以饰门,别尊卑也。"②晋崔豹《古今注》云:"阙,观也。古者每门树两观于其前,所以标表宫门也。其上可居,登之则可远观,故谓之观。人臣将朝,至此则思其所阙多少,故谓之阙。其上皆丹垩,其下则画云气仙灵,奇禽怪

① 李大地等:《重庆市忠县乌杨阙的初步认识》,《四川文物》2012 年第 4 期。
② 清 陈立:《白虎通疏证》,中华书局,1994 年。

兽,以昭示四方焉。"①

由此可见,汉代墓葬和庙堂等建筑中将门阙列为重要组成部分,正是由于它具有装饰大门,区别尊卑的重大礼制意义。

魏晋时期,可能还有一些地方仍旧在墓地使用墓阙,如四川省渠县保存的多件石阙中,就有王家坪无铭阙、赵家村东阙、赵家村西阙等几处被认为可能是西晋时期的建筑②。西晋以下,可能由于社会经济状况相对衰落,丧葬规模减小,耗资巨大的石阙逐渐被废弃。但在宫殿、城池的建筑中应该还存在着土木建筑的大型门阙。而在一些高等级的陵园中,主要保留了汉代流行的另一种墓前石刻标志——神道柱。

二、神道柱

神道柱与墓阙是汉代陵园建筑群中同时存在的两种石刻形式。前辈金石学者由于多未曾目睹实物,仅凭铭文拓本进行著录研究,所以往往将它们混淆为一体,使得以往的金石著录中对于墓阙与神道柱的称呼并不严格,常常造成混乱。例如《隶释》卷一三所载的益州太守杨宗墓道,在《金石录》卷一九中被称作益州太守杨宗墓阙。民国年间朱希祖《六朝陵墓调查报告书》中认为"神道亦谓之阙,……谓墓门神道"的说法也属于误解。马衡也曾经把南朝萧氏诸神道称作阙。

实际上,通过考古调查与发掘中所得到的资料,我们可以很清楚地看到汉代的墓阙与神道柱是两种不同的石刻建筑。与阙的形制不同,神道的主体是一根圆柱,后代使用的华表应该就是源于这类圆柱形的古代建筑。神道柱的上部有长方形的额,刻写铭文。例如在北京西郊出土的东汉幽州书佐秦君之神道。(图11)

称之为神道,应当是根据它竖立在墓葬封土前面神道的两侧,用来标识神道的位置。根据文献记载,西汉时期已经有了神道的称呼。

---

① 晋 崔豹:《古今注》,增订汉魏丛书本。

② 王建伟:《渠县汉阙》,《四川文物》1987 年第 3 期。

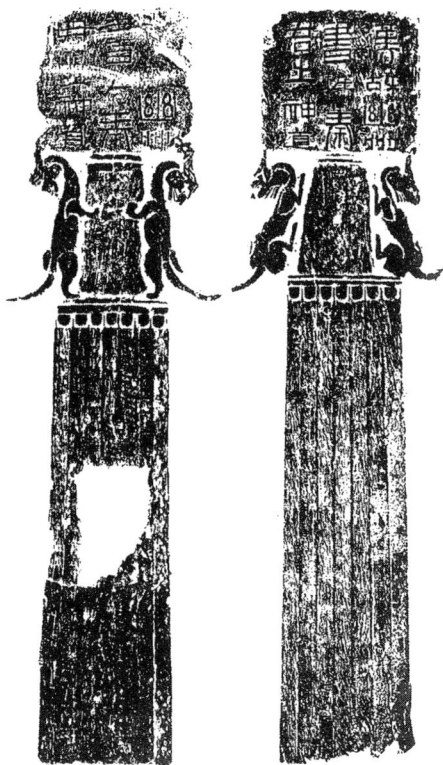

图 11　北京出土东汉幽州书佐神道

《汉书·李广传》:"(李蔡)又盗取神道外壖地一亩葬其中。"①《史记·李将军传》索隐引《三辅黄图》云:"阳陵阙门四出,神道四通。茂陵神道广四十三丈。"神道为陵前通往陵园外的大道,与庄园宅室通向门阙外的大道相类。神道柱则是立于神道两侧的标志(表)。从它的形状和位置可以得知它也应该是从木制的表柱演变而来。根据文献记载,中国古代很早就有了竖木为表的作法。《吕氏春秋·自知》中

<hr>

①　汉 班固:《汉书》,中华书局标点本,1962 年,以下所引二十四史各史均采用中华书局标点本,不再一一注明。

称:"舜有诽谤之木。"①诽谤之木就是传说的竖立在宫门前的表柱。两周时期,在交通要道已经树立木表作为标识。《说文解字·木部》:"桓,亭邮表也。"②《汉书·尹赏传》"瘗寺门桓东"一句,注云:"旧亭传于四角面百步筑土四方,上有屋。屋上有柱出。高丈余。有大板贯柱四出,名曰桓表。县所治夹两边各一桓。"便详细地说明了当时的表柱式样。

汉代宫室、庄园建筑的大门外也会树立华表柱。山东沂南汉画像石墓中,可以找到一幅在建筑门阙外树立表柱的绘画图像。上面的表柱是一根直立的木柱。柱上端横穿有一条短木柱,呈现十字形。在柱子上面还拴有两匹马,显示了它的另一种实用性。这种表柱与上述的四出桓表相比,少了一条横贯木柱的短板。在墓道两侧建立的石质神道柱便是由此类表柱形制转化而来。唐代李贤在给《后汉书·中山简王焉传》"大为修冢墓,开神道"一句所作的注中说:"墓前开道,建石柱以为标,谓之神道。"这个定义是很正确的。

现存的石质神道柱首先建造于汉代晚期,并逐渐成为历代大型陵墓中的一种固定石刻,不但在东汉至南朝的陵墓遗址中都有所发现,在隋唐以后各个时期的帝王陵园建筑中也有遗留。例如在陕西乾县唐乾陵南阙树立的神道柱(或称之华表)、河南巩县北宋王陵中遗存的神道柱(或称之华表)等。其中年代最早的是在北京市石景山出土的汉幽州书佐秦君之神道,建造于东汉元兴元年(105)。其形制为在圆形石柱上方有两只虎形圆雕顶举着的方形题铭石版;在四川省昭觉县发现过一件东汉石表,也是类似的建筑③。洛阳博物馆收藏有西晋的

---

① 秦　吕不韦:《吕氏春秋》,《二十二子》本,上海古籍出版社,1986 年。

② 汉　许慎:《说文解字》,中华书局,1963 年。

③ 北京市文物工作队:《北京西郊发现汉代石阙清理简报》,《文物》1964 年第 11 期;凉山彝族自治州博物馆、昭觉县文物管理所:《四川凉山州昭觉县好谷乡发现的东汉石表》,《四川文物》2007 年第 5 期。

图 12　洛阳博物馆藏西晋韩寿神道

韩寿神道柱,但仅存中间一段,题铭石板的两侧也已经残缺(图12)。故宫博物院藏有一件东晋隆安三年(399)杨阳神道柱,仅存题额,原应在重庆涪陵地区。近年在重庆忠县出土一件宋泰始五年(469)石柱,说明这种石刻形制从东汉到南朝的延续存在①。保存数量最多的是南京、丹阳地区的南朝陵墓神道柱。这些神道柱的基本造型十分相似,应该是有着一种比较固定的传世制作范本。

　　东汉与晋代、南朝时期的神道柱外部形制比较特殊,雕饰得十分精美。从造型来看,它们一般具有底座、柱身、额、柱顶等几个组成部分。其底座大多为方形,上面有盘龙或兽形的圆雕。竖立的柱身上面雕刻出圆弧状直棱纹。柱身上部有方额。柱身顶部为雕刻莲花或其他花饰构成的华盖。有些神道柱的华盖上面还装饰有一座蹲坐的怪

---

① 　孙华:《重庆忠县泰始五年石柱》,《文物》2006年第5期。

兽,如狮子等。(图 13)

　　这种石柱的形制,尤其是柱身纹饰,看上去与古代希腊建筑以及古埃及石雕建筑中的柱身有些相像。所以近代很多研究者,如朱希祖、朱偰、刘敦桢、姚迁等人都认为这种石柱是在西方艺术影响下产生的。有人提出:它实际上是古埃及中期石柱,即后人所称多利亚柱式的孑遗,在希腊、罗马、古代波斯建筑中都曾经大量使用过这种柱式,而后这种建筑式样东传来中国。这一说法对于古代中西文化交流研究无疑是很引人注意的想法,所以在 20 世纪前期曾经流行。

　　近来,何汉南提出了一种新的观点,认为神道柱是中国古人自己创造出来的,与西方柱式并无关系。他提出,神道柱的形制源于一种古代中国的丧礼用品——凶门柏历。这

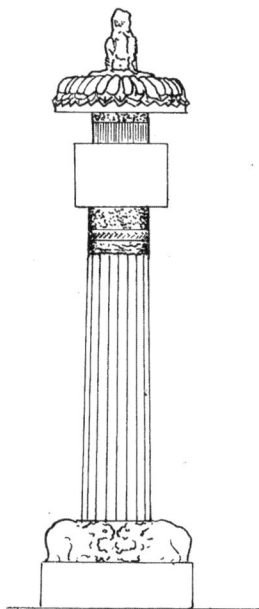

图 13　南朝墓表线图

种丧葬用品存在于晋代或者更早的时期。它是用破开的竹竿捆绑成柱形,树立在丧礼现场。由于竹竿破开后内壁向外捆绑,内壁向内凹进,竖立的两根竹竿相接处就形成了棱纹①。从南朝神道柱上刻有横向绳索纹饰与其圆弧棱纹上半外凸,下半内凹的特点来看,正符合《水经注》卷二三阴沟水条记录晋司马士会冢前石柱"半下为束竹交文"的记载。说明这种说法有所根据,可以解释一些南朝神道石柱的外形雕饰来源。但是,这种外形必须具有两个特点,一是圆弧棱纹上刻有竹节,二是整个柱身上刻出横绕捆绑的多组绳索。从现存实物来看,具有这两个特点的神道柱石刻是存在的,如现存河南省洛阳博物馆的晋韩寿神道柱,就是这样的造型。但是它的圆弧为向外凸起,而不是

―――――――――――

① 　何汉南:《南朝陵墓石柱的来历》,《文博》1992 年第 1 期。

向内凹进。这与何汉南的说法有一定出入。而更早的汉代神道柱，如北京市出土的东汉幽州书佐秦君神道，它的圆弧为向内凹进，而不是向外凸起，形成明显的凸棱，上面也没有竹节与绳索，并且有一个雕刻伏虎纹的柱头。这种形制更近似于上面说过的西方古代建筑中的石柱造型。所以我们还不能绝对排除石柱建筑受到外来文化影响的可能性。

神道柱上方的方额是在原表柱上方横贯柱身的木版基础上发展而来的，成为专门刻写铭文的部位。上面常见的铭文体例为"某某人之神道"。左右两柱上的铭文对称。在南朝的神道柱额上可以看到一种比较特殊的铭刻形式，即一侧神道柱上铭文正刻，是平常见到的字形，而另一侧则反刻，呈现镜像中的反文。例如梁文帝萧顺之建陵的神道石柱就是如此。

三、黄肠石

黄肠石是指汉代构筑大型陵墓中使用的石料。清代学者把它们看做是代替黄肠题凑的墓室建筑用石，所以称之为黄肠石。现代有时仍在沿用这一称呼。近来也有些考古报告中将这一类墓建筑用石称之为塞石。但塞石可能是用于堵塞墓道的大型石块，专用于在山岩中开凿的洞室墓葬。而黄肠石则应用于建筑土坑墓中的墓室。东汉时期帝陵中已经用石块建筑墓室，见《后汉书·礼仪志下》："司空择土造穿，……方石治黄肠题凑便房如礼。"黄肠题凑是汉代早期大型墓葬中的一种特殊葬式，即使用大量柏木枋等木料堆砌墓葬外椁。由于柏木木心为黄色，故称作黄肠。《汉书·霍光传》中记载："光薨，赐……梓宫便房黄肠题凑各一具。"注引苏林曰："以柏木黄心致累棺外，故曰黄肠，木头皆内向，故曰题凑。"在北京丰台区大葆台发掘的西汉燕王墓葬中发现了保存比较完整的黄肠题凑木椁室，可以给汉代黄肠题凑墓葬制度提供可靠的实证。

此后汉代的大型墓葬转而采用在山体中开凿洞室与建筑石室等

形式,在建造墓葬中开凿使用大量石料。由于建筑工程的需要,这些石料上往往有刻写或墨书的文字。内容主要是记录工匠的名字、籍贯,石料的编号、建造时间等。它们的文字内容虽然简略,却对于认识汉代陵墓建筑情况与确定陵墓的时代、主人等重大问题具有宝贵的参考价值。因此,在清代就已经有金石学者注意到它。实际上,早在《水经·济水注》中就记录了北朝时期浚仪渠石门用的石料刻有"建宁四年十一月黄场石也"等字样,可能就是当时出土的黄肠石改制的。清末民初的金石著录中也有黄肠石的记载,如《陶斋藏石记》、《居贞草堂汉晋石影》、《专门名家》等。20世纪中,在一些考古调查与发掘工作中,曾经发现汉代的各种黄肠石刻,并且发掘了多处使用黄肠石构件的大型墓葬。如1923年在洛阳发现过大量有铭石材,大多是东汉永建年间的刻铭。据赵振华统计,现在洛阳发现题铭黄肠石共194块,无字的黄肠石数量更多;开封博物馆藏有铭黄肠石31块;此外在西安碑林博物馆、千唐志斋博物馆、洛阳古代艺术馆、河南省博物院、偃师商城博物馆等处也有东汉有铭黄肠石的收藏[1]。(图14)近年来在洛阳的考古调查发掘中还有新的发现。又如20世纪60年代发掘的河北定县北庄汉墓,据发掘者推测为汉和帝时中山简王刘焉的墓葬。该墓葬中使用了石材4000多块,根据不完全的统计,其中的174块上刻有铭文或书写有墨书文字。这些文字的内容主要为进贡建筑石材的县名和石工的籍贯、姓名与石材尺寸等。例如"北平安国石尹伯通"、"北平石工卫山作"等等。从所刻的地名来看,以中山国所属的县名为多,有卢奴、北平、北新城、唐、安险、望都、苦陉、安国、曲逆、新市、毋极等11处。这为判断墓葬的墓主与时代提供了可靠的证据[2]。

---

[1]　赵振华:《洛阳东汉黄肠石题铭研究》,《洛阳古代铭刻文献研究》,三秦出版社,2009年。

[2]　河北省文化局文物工作队:《河北定县北庄汉墓发掘报告》,《考古学报》1964年第2期。

图 14　洛阳出土汉代黄肠石

　　在陕西咸阳西汉帝陵陵区发掘的西汉济南王刘咸墓，是一座王莽时期的大型积沙石墓。该墓的构筑方法比较罕见，在砖券洞室四周的回廊及其顶部均填以砂石，积石达 400 余块，用以防盗。在已经清理的 207 块大石上，有 170 块写有文字。在洞室墓中的砖壁上也发现有1007 处文字。这些文字以隶书为主，也有部分小篆与行书书体。刻写的比较少，朱砂书写的最多。内容有属于将作大匠的五令丞之简称："左"、"右"、"前"、"后"、"中"以及"中校"、"宫府"、"宫石"等。根据铭文可以知道这些石块由地方官署与个人贡献，地方贡献的来自 15个地点，个人贡献者有 70 余人。采石地点是咸阳附近的槐里（今陕西兴平）。砖文中涉及了制作工匠 50 余人，并记载了他们的制作情况，记载了制砖的作坊多处，并且记录了管理的官署名称。这些铭刻文字，是研究这座墓葬墓主与墓葬建造时间的宝贵材料，也为研究当时的官制情况、行政地理、社会状况等提供了重要的原始资料①。

　　近年在河南永城县芒砀山西汉梁国王陵出土了大量建筑石室墓的石材,其中包括大量铭刻材料,是历来发现汉代墓葬黄肠石中数量最多的一批②。

　　芒砀山西汉梁国王陵区,根据现在的勘察,可以分为三个区域,即保安山陵区、僖山陵区与夫子山陵区。在这些陵区内发现的大量大型洞室墓中,都出土有刻写文字的石料,主要是用于填塞墓道的石块,发掘者称为塞石。例如:被认为是梁孝王墓的保安山一号墓,原已在早年被盗,现在仅存空墓室。从清理斜坡墓道的情况分析,当时墓道中是用每块约 1 吨重的塞石充填,大部分塞石上刻有排列的序号文字。

柿园山一号墓的墓道及甬道全部由石块封填,部分塞石上刻有作工的日期、姓名、长、宽、厚尺寸等。僖山一号墓的墓道后段用 408 块石料封堵,大部分石料上面刻有文字。其内容是石块的方位、编号与工匠的姓名等。西黄土山一号墓墓室是一座较小的竖穴岩坑石墓,内壁的石板上阴刻有多处文字,其中有一些官员的官职与名字,发掘者推测,这座墓可能是某位梁国官员之墓。(图 15)

　　保安山二号墓,是河南省文物考古研究所在 1993 年清理的大型洞窄墓。墓中出土的塞石及石刻文字数量

图 15　河南芒砀山柿园汉墓塞石

①　孙德润:《咸阳清理一座汉代大型积石沙墓》,《中国文物报》1995 年 1 月 18 日。
②　河南省文物考古研究所:《永城西汉梁国王陵与寝园》,中州古籍出版社,1996 年。

极为庞大。这里就以它为例证，将汉代陵墓中使用的黄肠石、塞石铭刻体例详细介绍一下。

保安山二号墓的墓道、甬道、前庭与甬道内各个侧室的门道全都用巨大的塞石来封堵，除去被破坏者以外，还清理出近 3000 块，几乎每块塞石上都有刻文，字面上多发现有朱砂书写的痕迹，有的塞石上还保存有朱砂文字。根据封堵情况与石料上刻写的序号对照，表明当时封堵时预先进行了精心设计与合理安排，使工程按刻写的石料顺序有条不紊地进行，表现了当时建筑中高超的工艺与管理水平。

在这些塞石上发现的文字共有 10000 余个，不同的单字为 100 余个，因为内容限制，主要为数字、干支、尺寸单位与一些人名等。刻字的风格不同，显然是出于多人之手，书体以篆书为主。刻字内容可以大致分为八大类，如：

（1）顺序刻字：主要是顺序字号，在几乎每块石料上都有表示其具体位置的顺序号，如第四廿、第一六十七、第八五十八等等。结合具体封堵的情况分析，顺序号中包括所在层的排号与所在层中的顺序号，如第四廿就是在第四层中的第二十块石料。

（2）塞石的尺度：记录塞石的"长"、"广"（宽）、"厚"尺度，有的"长"用"袤"字代替，但比较少见。也有些只记录了其中的一两项。例如："长五尺、广三尺二寸、厚尺五寸。""厚尺四寸、广三尺二寸、长八尺三寸。""厚二尺、广三尺、袤六尺三寸。""厚二尺、广四尺。""厚尺四寸、长五尺。"等等。这批度量数据，对于了解汉代尺、寸的长度是宝贵的实物证据。将每块塞石的实测数据与上面记录的尺寸相换算，再将这些数值加以平均，可以得出汉尺折合现在公制 22.708—22.724 厘米的结果，与以往学术界根据其他出土实物测算出的结果相近。

（3）干支记时：这类刻字，一部分是仅刻干支，一部分是在干支前加上数字或月份，还有只刻月份的。如："正月"，"癸卯"，"四月丙辰"，"五丙午"等。通过这些记载，有助于了解工程进行的时间安排。

（4）石工的名字：这类刻字不多，有"佐崖工禄"，"佐婴工婴"，"何徒王"，"何徒印"，"佐崖工偃"等。

（5）宫室方位：刻有这类内容的石料一般比较短，比较厚，可能是用于指示墓中各个宫室的位置。如："西宫东北旁第二二，第二北。""东宫东北旁第三一。""东宫东南旁第三一。""西宫西南旁第一，一。"等等。它们虽然简单，却为确定墓葬各部位的名称与相对关系提供了宝贵的证据。这些刻字所指示的宫室位置情况与清理时的结果完全符合。

（6）施工顺序：这类刻字只发现在 2 号甬道的内塞石上面，一共有10 块。根据现场清理，它们都放置在甬道内的南边或靠南边的一排，也有个别的在北方。上面除了刻有顺序号与个别刻有尺寸以外，都刻有"南方"二字，有些还刻作"始施南方"，"二施南方"，"南方三施"，"四施南方"等。可能是在表示先后几次施工的顺序。

（7）墓葬部位的尺度记录：这类内容的石刻只在墓葬的前庭发现一件。上刻"第二一第二广二丈九尺八寸长五丈七尺"。这里记录的应该是前庭的长、宽尺寸。

（8）其他零星刻字：例如："备"、"甲"、"里"、"宋阳"、"猪"等。这些有的可能是石工的名字，有的可能是地名。

在墓室中，还有大量内容与此近同的朱书文字。

通过大量黄肠石与墓葬建筑用石上面的铭文，反映出汉代上层社会大型墓葬的建造制度与有关的官方管理情况，对于认识汉代的墓葬制度、分期与礼仪制度都具有重要的作用。这些铭文虽然简单，但是它们在近代考古研究中的价值却是不可低估的。

近 50 年来，对于大批古代建筑遗址进行了发掘。在发掘工作中，曾经发现了一些刻写在柱础或其他建筑用石上的铭文，表现出当时在施工中对建筑构件普遍加以标记的管理制度，即"物勒工名"。它们对于遗址的断代与有关研究具有重要的参考价值。例如在西安发掘的汉代长安礼制建筑遗址中，遗存的柱础上就有多处刻写或朱砂书写的文字，有些是监工与工徒的名字，有些是吉祥用语，有些是数字、年号、地名等①。还有一些用于标明建筑奠基的石刻,例如在陕西省西安的唐代含元殿遗址中曾经出土了一件方形的石志,上面刻写了"含光殿及毬场等,大唐大和辛亥年乙未月建"。它既标明了建筑的时间与地点,又说明了宫中打马毬的风习,是一件重要的唐代建筑标志②。

民间的建筑上同样有用石刻记录建筑时间的作法。山东曲阜的汉代城墙附近出土了一件石条,长 1.14 米,宽 0.39 米,高 0.185 米。上面刻有"建武廿二年十月作渎新富里"的字样。显然是标志修建水渠的东汉用石③。表现出当时广泛用石刻标记建筑情况的风气。

四、石柱与柱础

除上文介绍的神道柱外,古代建筑中还使用过平面方形或多边形的石柱。在这些石柱上刻写铭文,甚至专门制作石柱用于刊刻铭文的情况就有所出现。《水经·谷水注》记载东汉洛阳建春门石桥柱铭云:"桥首建两石柱。桥之右柱铭云:'阳嘉四年乙酉壬申……使中谒者魏郡清渊马宪,监作石桥梁柱……'"④邺城遗址中曾出土刻有殿堂建筑记录与工官姓名的后赵石柱残件。现存邺城博物馆。而后在唐代出现多件专门用于题名的石柱,如大中十二年尚书省郎官石柱题名,刊刻了历届在尚书省任过郎官的人物姓名,被称作唐代三大缙绅录之一。(图16)在建筑物的石柱上刻写题名的又如河北省正定县的唐开元寺石柱题名,共存八十多段,历经唐乾元元年(758)至大历十二年(777)的二十年间。其他如河南省登封县的嵩阳宫石柱、江苏省吴县

---

① 考古研究所汉城发掘队:《汉长安南郊礼制建筑遗址群发掘简报》,《考古》1960 年第 7 期。

② 中国科学院考古研究所:《唐长安大明宫》,科学出版社,1959 年。

③ 胡涛、孟继新:《东汉新富里刻石在曲阜面世》,《中国文物报》1992 年 39 期。

④ 王国维校:《水经注校》,上海人民出版社,1984 年。

图 16　唐郎官题名石柱

的西竺寺桥柱题字等。

　　南北朝时期,出现有立柱形的纪念铭刻建筑,特别是作为全国重点文物保护单位的河北省易县标异乡义慈惠石柱,建于北齐大宁二年(562)。它的形制分为柱础、柱身与顶饰等三部分,基础为大石基座上面加立覆莲形柱础。柱础上安放一座平面为不等边八角形的长柱身。柱顶为一座石雕四阿顶殿堂形象,殿内圆雕一座坐佛。等于是把一座佛寺安放在了柱顶上。这种构造的石建筑既承袭了汉代石阙和石柱的建筑风格,又吸收了佛教艺术的特点。柱身上分三层刻有 3000 多字的铭文,包括记述民间社邑所作功德的赞颂与大量题名,更为后世经幢刻经的制作开辟了先河。(图 17)

　　五代以后,在一些建筑石柱上还会刻写楹联,特别是用砖石建筑的大门、大殿等处。佛寺中有被称作幡竿的细长石柱建筑,并刻写佛经、题名等文字。

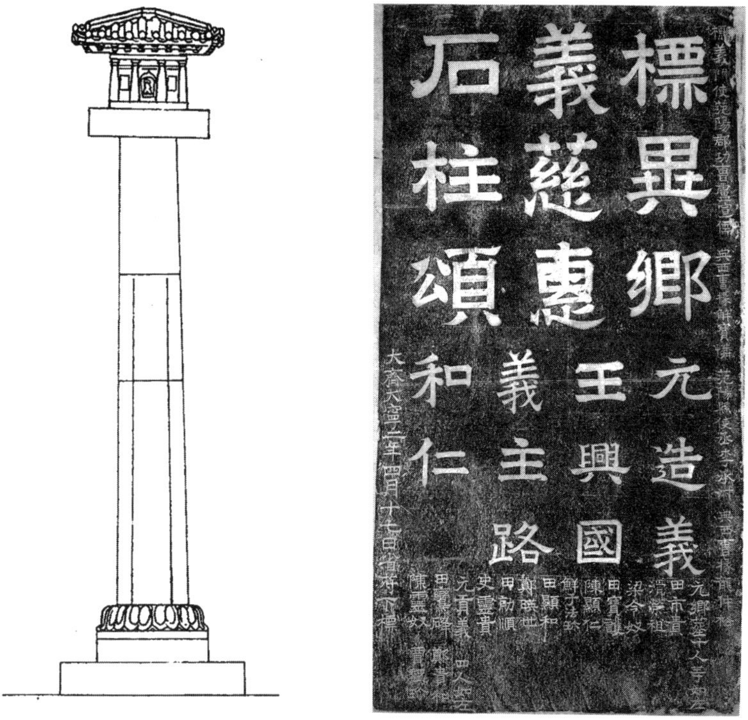

图 17　北魏义孝慈石柱（线图与额题）

　　柱础是中国古代土木建筑中的重要构件。随着雕刻技艺的发展，柱础的形制与装饰纹样逐渐规范化，具有民族特色的多种装饰图案都被柱础采用，如龙凤、狮虎、神怪、乐舞、莲花、缠枝、山水等等，十分丰富多样，细致精美。（图18）在一些柱础上也附刻有铭文。铭文的字体多样，内容以人物题名、佛号、纪年、吉祥词语等为主。上文提到在汉代长安礼制建筑遗址的发掘中发现一些遗存的柱础上有多处刻写或朱砂书写的文字。河南省安阳市曾出土十六国后赵泰武殿猿戏石柱础，刻有"赵建武四年造泰武殿前猨戏绞柱石孔"题记，是现存较早的石柱础题铭之一。

图 18　北魏正始八年石柱础

五、经幢与墓幢

经幢是在唐代初期产生并兴起的一种宗教石刻,以其外形源自佛教供养用品佛幢而得名。由于经幢大多是单独树立的大型石结构建筑,有关古代建筑史的论著研究中也把它看做是一种独立的古代建筑形式。

幢是梵文"驮缚若(Dhvaja)"的译名。它原本是一种由丝帛制作的类似伞盖形状的装饰品。其顶端装有如意宝珠,下面是一根长木杆,丝幢垂挂在木杆周围。佛教信徒把它供奉在佛像前面,作为功德。唐代兴起的石经幢,应该就是模仿丝幢的形状用石材雕刻建造。陆和九《中国金石学》一书中曾经列举了当时所见到的历代经幢,认为最早的经幢是唐(武周)久视元年(700)十月王三娘造经幢。而现在根据文物普查的结果,最早的纪年经幢是陕西省富平县的唐永昌元年(689)八月立佛顶尊胜陀罗尼经幢。在此之前,很可能还有一些更早的没有刻写纪年题记的经幢。所以,现在一般认为经幢是在初唐时期出现的。

　　经幢的形制比较规范,一般可以分为座、身、顶三个部分。各个部分往往是单独雕刻的石构件,然后组合成一体。经幢的主体是一根八面(平面八边形)或四面、六面(平面四边形、六边形)等的石柱,所以在陕西等地又把经幢俗称作石柱、八棱碑等。石经幢的底座大多雕刻为覆莲纹,下面有须弥座。幢顶一般雕刻成仿木结构建筑顶部常用的攒尖顶,顶端托有宝珠。幢身上雕刻经文及佛像。简单的经幢只有一级幢身,复杂的大型经幢幢身则分为若干段,即若干级。逐级收分,形成上小下大的尖塔形状。各级之间往往用宝盖形石雕以及莲座等分隔。在宝盖上雕刻出模仿丝织品的垂幔、飘带、花绳等等。

　　现存的唐代石幢多比较简单,早期一般只有一级幢身,晚期发展到两级以上。宋代的经幢造型则比较复杂,雕刻装饰的技术也十分成熟。由于在五代时期已经出现了三段幢身的经幢,宋代时这种三段式经幢便已十分流行。例如河北赵县的宋宝元元年(1038)经幢,就是国内现存的最大经幢。它高约18米。底部为三层须弥座,最下面的一层边长达6米多,形制庞大。须弥座侧面雕刻有佛像、力士、伎乐、蟠龙、莲花等众多生动精细的浮雕图像。须弥座上面有大型雕刻宝山承托幢身。幢身分为三段,中间以雕刻垂幔、飘带的宝盖分隔。宝盖上面还有莲花座承托上一级幢身。幢顶也分为三层,顶端装有铜质的火焰宝珠。全幢造型秀丽匀称,雕饰精美,远观巍峨雄壮,是古代经幢雕造技术发展到巅峰时期的代表作品。(图19)

图19　赵县宋经幢线图

佛教经幢上大多刻写佛顶尊胜陀罗尼经。该经在唐高宗永淳年间(682)传译入中国。陀罗尼是梵文的音译,义译为"总持",是说佛、菩萨有定力,能够把持神咒的功德。佛教中的陀罗尼分为四种,分别称法陀罗尼、义陀罗尼、咒陀罗尼、忍陀罗尼。一般也用咒陀罗尼代替四种陀罗尼。日本学者赖富本宏认为:《佛顶尊胜陀罗尼经》是中国密教初期后半期输入的经典①。由于《佛顶尊胜陀罗尼经》具有兼济生者与亡灵,并可以破地狱的巨大功能,在其传入中国后便迅速流传,中国密教中期(唐开元以后)更由此发展出一种破地狱的佛教仪轨,即所谓"尊胜法"。《陀罗尼经》中称:"告帝释言,天帝有陀罗尼,名为如来佛顶尊胜,能净一切恶道,能净除一切生死苦恼。……佛告天帝,此佛顶尊胜陀罗尼,若有人闻一经于耳,先世所造一切地狱恶业皆悉消灭。"陀罗尼具有如此巨大的去除罪业功效,使崇信佛教的人们相信,把陀罗尼经写在经幢上,就可以使接触到经幢的人消除罪业苦恼,甚至经幢的影子映到身上,经幢上的尘土落到身上,都可以消除一切罪业,免除打入地狱的痛苦。正如该经文中所宣扬的:"佛告天帝:若有人能书写此陀罗尼,安高幢上,或安高山,或安楼上,乃至安置窣堵波中。天帝若有苾刍、苾刍尼、优婆塞、优婆夷、族姓男、族姓女于幢上或见;或与其相近,其影映身;或风吹陀罗尼上幢等上尘落在身上。天帝,彼等众生所有罪业,应堕恶道、地狱、畜生、阎罗王界、饿鬼界、阿修罗身恶道之苦,皆悉不受。亦不为罪垢染污。"以往中外学者都认为这一说法直接影响了建造佛幢的风气②。在佛教徒心中,建造经幢更应该是莫大的功德。所以在唐代以降,佛教经幢大量出现,甚至取代了祈福供养的小型石塔。而刘淑芬曾认为经幢的性质是一种"法舍利塔",则其兴起仍然是建塔功德的延续。经幢在佛教徒心目中的地位

---

① 　赖富本宏:《大乘经典——中国日本篇·8中国密教》,(日)东京,中央公论社,1988年。
② 　如闫文儒:《石幢》,《文物》1959年第8期。

越来越高,宗教功能也越来越多。刘淑芬曾经根据经幢上镌刻的有关造幢题记,总结出经幢的 9 项功能,即:祭拜供养、刻石传经、拓本流传、超荐亡者、灭罪、镇土地与海眼、禳灾祈福、延寿祈福、报德等①。值得注意的是刻立经幢有一个作用是供信徒拓印经文传播。唐元和八年(813)那罗延所建尊胜经幢上面就说明:"女弟子那罗延建尊胜碑,打本散施,同愿受持。"②可能在古代印刷术的发展过程中,经幢也起过一定的作用。

古代的佛顶尊胜陀罗尼经幢最常树立的地点为寺院、交通要道、乃至信徒家中等。在唐代泾阳县经幢上刻写的张鍊所撰《尊胜陀罗尼宝幢铭并序》中,记述道:"暴慢者闻之肃恭,往来者睹而愕眙。轩骑读过,历险无惊。樵夫诵行,履危不惧。犹是水中鳞甲,过影而生天;郊外零雾,因风而荡尽。则知圣教慈力,广大莫量。"③说明建造经幢具有为众生降福祛灾,感化路人的实用目的。

由以上引用材料及其他大量经幢可以得知,在幢身上,除去必刻的陀罗尼经咒之外,有些众人集资建造的大型经幢上还附刻有长篇铭文赞、记等,以及捐资供养的信徒姓名。如河北省元氏县的宋建隆四年(963)四月八日经幢,为八面棱柱幢身,第一面至第四面上刻写经文,第五面至第八面上题写赞文和题名。有些小型经幢上也会刻写造幢人的发愿文和姓名、年号等等。它们往往刻在经幢上不太显眼的部位,以往的石刻拓片和金石著录中对此常遗漏不取,给有关石刻的断代造成困难。这是需要在今后注意弥补的。

《语石》卷四记载:"唐幢尊胜经之后,所见金刚般若经亦不少,或一石兼刻两经,……金经之后,往往缀以多心经,此外有弥勒上生经,

---

① 详见刘淑芬:《墓幢——经幢研究之三》,《中央研究院历史语言研究所集刊》第七十四本,第四分。
② 清 王昶:《金石萃编》卷六十六,扫叶山房石印本,1921 年。
③ 清 王昶:《金石萃编》卷六十七,扫叶山房石印本,1921 年。

有父母恩重经,湖州天宁寺有大佛顶首楞严经幢(大中十一年凌渭书)。即陀罗尼亦非一种,……辽金元幢,有多至十余种者,其体例益杂,其书亦愈下。然皆在大中以后,若开天盛际,则未闻有此。"

由大量现存的古代经幢资料可以看到:早期经幢上刻写的都是《佛顶尊胜陀罗尼经》,而后随着时代演进,在经幢上刻写其他陀罗尼以及其他佛经的现象也越来越多。例如刻写《般若波罗蜜多心经》、《佛说阿弥陀经》、《六门陀罗尼经》、《妙法莲华经》、《金刚波若波罗蜜经》、《大悲咒》、《佛说大佛顶陀罗尼》、《佛说随求即得大自在陀罗尼神咒》、《大轮金刚陀罗尼》、《佛说观弥勒菩萨上生兜率天经》、《陀罗尼灭罪真言》等。台湾学者刘淑芬曾经详细地分析和记录了古代经幢上刻写的经典、陀罗尼和真言种类①。这些刻写其他佛经的经幢在以往的金石著录中也随着所刻经典的名称被称作某某经幢,如《心经幢》、《金刚经幢》、《大悲陀罗尼幢》等等。

《佛顶尊胜陀罗尼经》传入中国后,由于帝王的提倡与地狱思想的流行,迅速流传开来,并且在唐代就出现了八个不同的译本。但是在经幢上刻写的大多是佛陀波利的译本。唐开成四年(839)王刘赵珍等造陀罗尼经幢赞文中称:"是佛陀波利问大圣于五台,远涉流沙,赍神咒于七载。佛顶尊经者,金果宣以重译,为五部之真宗、千佛之上道。"②说明佛陀波利曾经到五台山访求文殊菩萨,得到菩萨显现神迹,返回印度带来佛顶尊胜陀罗尼经的灵异事迹对于这个译本受到推崇起到了很大作用。此外,还有少量经幢使用了不空的译本。如唐元和八年(813)那罗延造经幢③、宋淳化二年(991)承天寺陀罗尼经幢、宋大中祥符元年(1008)水陆寺陀罗尼经幢、宋天圣三年(1025)承天

---

① 刘淑芬:《经幢的形制、性质和来源——经幢研究之二》,《中央研究院历史语言研究所集刊》第六十八本第三分。

② 清　胡聘之:《山右石刻丛编》卷九,清光绪二十七年刊本。

③ 清　王昶:《金石萃编》卷六十六,扫叶山房石印本,1921 年。

寺陀罗尼经幢、宋天圣三年（1025）桃源宫陀罗尼经幢①、辽大康元年（1075）行满寺尼惠照造陀罗尼经幢、辽大康三年（1077）戒坛寺陀罗尼经幢、辽寿昌五年（1099）大悯忠寺慈智大德经幢②等。我们在古代经幢上还可以找到义净的译本，如唐景龙四年（710）在河北正定县舍利寺内建的陀罗尼经幢③。其他如山东寿光的宁国寺唐咸通十一年（870）经幢上刻写的是《加句灵验佛顶尊胜陀罗尼经》④。

刘淑芬曾指出"从第十世纪后半叶开始，有的经幢上开始出现'陀罗尼启请'。'启请'是密宗在经典或陀罗尼读诵之前奉请的告白。如不空所译的《佛母大金曜孔雀明王经》在经文之前有《读诵佛母大孔雀明王经前启请法》。"这对于经幢的时代判定是一个可贵的证据。她又对在经幢上所见到的《佛顶尊胜陀罗尼启请》7 种版本做了详细的分析介绍，可以参见她的专论《经幢的形制、性质和来源——经幢研究之二》。现在所见到的经幢上《佛顶尊胜陀罗尼启请》都是七言一句的长篇偈文，但不见于各种经典译本中。

经幢的顶端往往附有额题，如唐开成二年（837）杭州龙兴寺经幢篆额为"佛顶尊胜陀罗尼微妙救危济难之宝幢"，有些也以梵文咒语为额。亦有以八字真言"唵哞尼达叭哩吽哄"，或佛号"南无阿弥陀佛"为额者。唐代幢文中往往自称为"宝幢"、"花幢"，而辽金时代则称之为顶幢或尊胜幢子。

唐代开元天宝年间的经幢上雕刻的纹饰造像比较精美，以后制作则比较简略。宋代的经幢雕饰又重新精巧工致起来，而且形制也十分高大。相比之下，辽金元时期的经幢变得越来越粗劣，而且在经幢上刻经者越来越少，往往仅刻咒语或者刻写经文首尾部分而已。辽代以

---

① 以上均见清 冯登府：《闽中金石志》卷三，嘉庆堂刊本。

② 以上均见清 王昶：《金石萃编》卷一五三，扫叶山房石印本，1921 年。

③ 清 沈涛：《常山贞石志》卷十二，清道光二十二年刊本。

④ 民国二十五年《寿光县志·金石志》，青岛宜今印务局印。

下的经幢上,常见有用梵文书写陀罗尼经的现象,或者汉字、梵文并用。而唐代用梵字刻写的经幢则比较少见。

经幢的外形虽然源于模仿丝绸制作的佛幢,但是在它的形成过程中,也由于中国古代石刻工艺的传统与其他石刻形制的影响,产生了一定的变化。

现在看来,经幢的幢顶和幢座与佛塔的塔刹和塔座十分相似。根据佛教徒造塔的通例,造功德塔或者供养佛物的塔中必定会纳入佛舍利子与经颂等圣物。密教传入中原后,多劝喻信徒在佛塔中存置陀罗尼。如《宝箧印陀罗尼经》云:"安置此陀罗尼于塔像中者,我等十方诸佛,随其方处,恒常随逐。"这样,在塔中安放陀罗尼经,甚至在塔身上刻写陀罗尼经,就随着佛教密宗的传入逐渐发展流行开来。这种作法必然与陀罗尼经幢的演化相互融合。佛塔建筑需要大量金钱与劳力,一般不易兴建。如果建造小型的佛塔,由于其塔身比较短,往往不能满足刻写全部经文的需要。这样只能考虑吸收其他石刻形制的有利因素,将用来刻写经文的塔身延长,直至形成石柱,才可以刻写更多的经文。

上文已述,石柱形建筑在中国具有悠久的历史。表,又称作标,是中国古代宫殿、庭院、陵园等大型建筑门前树立的标志性木柱。随着石材越来越多地进入建筑,早在汉代,就出现了用石材制作的表柱。而后有保存在南京等地的南朝诸王陵墓神道柱等,均是石柱形建筑的延续。河北省易县存北齐大宁二年(562)标异乡义慈惠石柱。它的形制与后代的经幢颇有相似之处。柱身上刻有3000多字的颂文,更为后世经幢刻经的制作开辟了先河。

由此可见,唐初期石经幢的产生,并非偶然的独创,而是作为佛教徒供养品的丝幢与塔及石柱等建筑形式的结合。它生动地反映了中国固有文化与外来文化的融合过程。(图20)

佛家制造经幢之风日益盛行,影响到道教刻经也采用了类似的经幢形制。著名的易州龙兴观道德经幢即采用了这一形制。该幢唐开

图 20　唐代经幢

元二十六年(738)立于易州开元观,金大定九年(1169)迁至龙兴观。它也是由幢顶、幢身、幢座三部分构成,幢顶为庑殿顶,下面有仰莲花座托举幢顶,平面八角形幢身,莲花底座。在幢身上刻写了唐开元二十一年(733)唐玄宗亲自注解的《道德经》八十一章。该铭文传说为唐代著名书法家苏灵芝所书。此外,根据历代金石著录,在河北省邢台、江苏省镇江焦山、浙江省杭州玄妙观等处也曾经树立有道德经幢。现存易州龙兴观道德经幢上记载有"望□两京及天下应修官斋等州取尊法物,各于本州一大观造石台刊勒。"说明唐玄宗曾经命令各地建立道德经幢。另外,河南省郑州开元寺唐会昌六年(846)经幢刻写的是另一部道教经典《太上洞玄灵宝无量度人上品妙经》。该幢仅存幢身,无顶无座,高1.46米。甚至基督教也采用经幢刻经。2006年洛阳城郊出土唐元和九年(814)《大秦景教宣元至本经》石幢。上刻十字架、天神像与《大秦景教宣元至本经》、《经幢记》及题记、祝词等铭文①。这件石刻系盗掘所得,现归洛阳博物馆收藏。

　　唐代中期以来,佛门弟子也会在坟墓建筑中使用经幢。后人把这种建筑在墓地或埋在坟墓中的石幢叫作坟幢,现多称之墓幢。例如唐

---

① 张乃翥:《跋河南洛阳新出土的一件唐代景教石刻》,《西域研究》2007年第1期。

咸通辛卯(十二年,871)唐安精舍尼澄素坟幢,后晋天福七年张敬思坟幢等。现存传世的古代经幢中,多数属于这类墓幢。近年在河北省保定市出土的明代弘治十五年(1502)西夏文石幢一对,在第一面刻写了死者的姓名、称号、时间等。二至七面刻写陀罗尼经咒,第八面刻写助缘随喜的信徒姓名。根据发掘情况可知,它们也是竖立在墓前神道两旁的坟幢①。五代辽金时期,墓幢曾十分流行,甚至帝王陵墓前也建有墓幢。如五代时期前蜀高祖王建的永陵前就树立过墓幢,有陆游观后赋诗纪事为证②。辽圣宗与辽兴宗陵墓前的墓幢至 20 世纪上半叶还有遗迹存在③。元代著作《大汉原陵秘葬经》"庶人幢碣仪制"一条中记载:"凡下五品官至庶人,同于祖穴前按石幢,上雕陀罗尼经,石柱上刻祖先姓名并月日。石幢长一丈二尺,按一年十二月也;或九尺,按九宫。……安幢幡法当去穴二步安之,即吉庆吉也。"④说明在墓地建幢可能已经被确定为官方丧葬礼仪制度的组成部分。根据一些墓幢上面的铭记可知,墓幢多立于"墓左",即墓葬前的东南方向,也有立于西南隅的。如金明昌二年(1195)唐兴寺经幢载:"当制佛顶尊胜陀罗尼幢。立吾坟左。"宋景德二年(1005)郭重显等尊胜大悲幢赞载:"特就坟所东南隅建尊胜大悲经幢一所。"唐宝历二年(826)尊胜幢记载:"于茔内西南建佛顶尊胜陀罗尼石幢。"等等⑤。

　　除去在墓前树立墓幢外,现在还可以见到从墓室中发现的墓幢。如 1954 年在陕西省西安市高楼村的唐大中二年(848)高克从墓中就

①　郑绍宗、王静如:《保定出土明代西夏文石幢》,《考古学报》1977 年第 1 期。

②　宋 陆游著,钱仲联校注:《剑南诗稿校注》,上海古籍出版社,1985 年。

③　(日)竹岛卓一、岛田正郎:《中国文化史迹增补》,法藏馆,1976 年。

④　元 张景文:《大汉原陵秘葬经》,见《永乐大典》第 91 册,中华书局影印本,1959 年。

⑤　清 胡聘之:《山右石刻丛编》卷二十二《唐兴寺经幢》,光绪二十七年刻本;清陆增祥:《八琼室金石补正》卷八十二《郭重显等尊胜大悲幢赞》,卷四十七《宝历尊胜幢记》,文物出版社影印本,1985 年。

发现有一座经幢①。这座经幢高 1.61 米，八角形，刻写佛顶尊胜陀罗尼经，并刻有题记"为亡故义昌军监军使通议大夫行内侍省掖庭局令上柱国赐绯鱼袋高克从、夫人戴氏、长男公球、次男公玙，愿亡者领受功德，建造者罪减福生，同沾此福"。此外，1979 年在北京市大兴县发掘的辽马直温夫妻合葬墓中发现有石幢的幢顶②；1980 年在辽宁省朝阳市发掘的辽代龚祥墓中出土一座刻有梵文陀罗尼的八面石幢等③。说明在古代墓葬礼仪中也有在墓中树立小型墓幢的作法。（图 21）

　　现在所见较早的俗人建造墓幢的记载有唐开元二十年（732）安兴宗兄弟三人为去世父母所建的经幢，见其父安孝臣墓志。铭文称："惟灵生母茔内敬造尊胜石幢，高二丈五尺。"④刘淑芬指出："早在北魏时就有佛教徒在墓旁建塔，作为追福之用。……以经幢取代坟茔的塔，和初唐以后地狱思想的流行有关。在河南省洛阳市龙门后山一带，出土了一所武则天长安三年（703）安思泰为其亡父母所造的浮图，塔基……左面刻《南无大慈大悲观世音□愿□□□□顶□□经》，经文中说：'有能诵此一佛二菩萨名者，得离生死苦，永不入地狱，恒遇善知识；有疑有难者，诵经千遍，即得解脱。'⑤可知这时候人们已开始重视死后不入地狱的祈愿。由此看来，其后以强调破地狱的佛顶尊胜陀罗

① 陕西省文管会：《陕西所见的唐代经幢》，《文物》1959 年第 8 期。
② 张先得：《北京市大兴县辽代马直温夫妻合葬墓》，《文物》1980 年第 12 期。
③ 尚晓波：《辽宁省朝阳市发现辽代龚祥墓》，《北方文物》1989 年第 4 期。作者认为墓幢是由于墓顶坍塌落入墓室中的。从出土情况来看，不排除墓幢原置于墓中的可能。
④ 陕西古籍整理办公室编，吴纲主编：《全唐文补遗》第二册，三秦出版社，1994 年。
⑤ 见张乃翥：《跋龙门石窟近藏长安三年、大中六年之幢塔刻石》，《敦煌研究》1998 年第 1 期。

图 21　辽经幢刻陀罗尼经咒拓本

尼经幢,取代墓旁的石浮图,其实是有轨迹可寻的。"①僧人使用墓幢的情况更多。唐元和十三年(818)《龙花寺尼契义尊胜幢记》中记载:"但营小冢,旁植胜幢,诸经秘藏,如来智印,尽在此矣。每幢影映身,尘流点物,能净恶道,俾登菩提。"②说明僧人们把经幢看作了佛教智慧与法力的代表,将其作为墓葬中的必选建筑。

墓幢的形制一般比较小,通高大约在 2 米以下,甚至有小于 1 米的。如河南省洛阳市龙门出土故临坛大德真坚墓幢缺少幢盖与幢座,残高 1.48 米;洛阳市出土北宋范伯鱼兄弟建墓幢高 1.49 米③。1992年在辽宁省朝阳市出土的金墓墓幢全高 2.4 米,已经是比较罕见的了④。墓幢上经常附刻有题记,说明墓主身份、生平,记录墓地位置等。从这一点来看,它又附加上了墓志、墓碑甚至买地券的功能了。例如:唐乾符二年(876)琅琊王氏经幢上两面刻写《唐故琅琊王夫人墓铭》,其余六面刻写《佛顶尊胜陀罗尼咒》⑤;唐咸通七年(866)黄顺仪女尊胜幢上,记载:"女弟子黄氏,号顺仪,为亡女练师廿二娘于茔所建造尊胜陀罗尼幢壹躯。意者赴愿丞此影沾功德,离苦下脱,不堕三途,往生净土。其茔河南县龙门乡午桥村地一亩,东西南北共贰佰肆拾步,东至张家坟,西至薛,南至李,北至薛。"⑥

附带提及经由刻写陀罗尼经咒之风形成的一些有关石刻——如自称为"咒石"的陀罗尼经咒刻石。1983 年,在陕西省高陵县曾经出土一件长方形石板,长 0.4,宽 0.31,厚 0.08 米。正面刻有《佛顶尊胜

---

① 刘淑芬:《墓幢——经幢研究之三》,《中央研究院历史语言研究所集刊》第七十四本,第四分。

② 清 陆增祥:《八琼室金石补正》卷四十七,文物出版社影印本,1985 年。

③ 黄吉君:《洛阳发现佛顶尊胜陀罗尼北宋墓幢》,《中原文物》2002 年第 2 期。

④ 辽宁省朝阳县文物管理所:《辽宁朝阳县联合乡金墓》,《华夏考古》1996 年第 3 期。

⑤ 清 王昶:《金石萃编》卷六十七,扫叶山房石印本,1921 年。

⑥ 清 陆增祥:《八琼室金石补正》卷四十八,文物出版社影印本,1985 年。

陀罗尼咒》,并在首题注明:《京万善寺故大德比丘尼坚固胜神道咒石》,刻写于唐天宝二年(743)十月二十四日①。同时出土的有一个高0.15米的汉白玉雕刻葫芦状物,根据刻铭中"奉为和尚敬崇灵塔"的记载,推测可能是比丘尼坚固胜的骨灰灵塔。说明是僧侣采用刻写咒石与骨灰灵塔同时埋葬的形式。这种刻写咒石的现象后代也有出现,可能被俗家吸收沿用,上面除陀罗尼咒外还刻写多种真言,起到镇压地下鬼怪、保佑亡灵的作用。从这点来看,它与下文中将要涉及的道教信徒使用的镇墓券具有近同的功能,采用的石刻外部形制也基本近同。例如1995年在四川省成都市一座五代墓葬中就出土过这样的咒石,为长方形,长0.317,宽0.112,厚0.075米。上面刻写了《佛顶尊胜陀罗尼咒》与《解冤结真言》、《往生净土真言》、《安土地真言》等②。

随着经幢这种石刻形制的定型普及。类似的八面(或六面等多边形)石柱铭刻还逐渐应用于与刻写陀罗尼经无关的其他佛事活动记录上。唐代后期已经有了多种幢形石刻,如颜真卿书大历七年(772)八关斋会报德记,外形就近似于经幢。其他如后周广顺三年(953)判官堂塑像幢、辽代云居寺续秘藏石经堂记、元代万岁禅院四至牒幢等,都是平面呈八角形的八面石刻。但是它们中间仍有很多是在八面幢身的二、三面上刻写陀罗尼经及真言,表明它们仍然脱胎于经幢。

从现有材料中看,在唐代中后期建造石经幢的风习已经盛行。建造陀罗尼经幢祈福成为佛教信徒们最普遍的功德形式之一。在这种风气的影响下。舍利塔的地宫中也出现了树立陀罗尼经幢的现象。例如上面所说的房山辽代塔基。以及辽宁朝阳等地的佛塔塔基,都发现过石经幢或者经幢的部件。这可以联系到辽金元时期北方一些墓葬中随葬陀罗尼经幢的现象。

---

① 董国柱:《高陵碑石》,三秦出版社,1993年。

② 成都市文物考古工作队:《成都市五代墓出土尊胜陀罗尼石刻》,《四川文物》1999年第3期。

　　此外,还有一些幢形的石刻与佛、道等宗教并无关联或没有直接关系,如唐代开元十一年(723)靳公遗爱颂、元和十二年(817)使院新修石幢记等。这正是石刻中常见的形制与内容不尽统一的现象。说明一种固定的石刻形制并不可能始终被专一的内容与形式所特有。它必然由于世俗社会的好恶而改变其用途,随着社会的需要而逐渐演变,或者兴起,或者消亡。

六、塔与石浮图

　　塔是在汉代随着佛教的传入而产生的一种带有外来文化色彩的宗教建筑。《一切经音义》卷六云:"诸经论中或作数斗波,或作塔婆,或作兜婆,或云偷婆,或言苏偷婆……皆讹略也。正言窣堵波。"《法华文句记》三云:"新云窣堵波,此云高显,方坟,义立也。谓安置身骨处也。"①《说文解字》卷十三下土部新附字中云:"塔,西域浮屠也。"浮屠,又写作浮图,是梵文 stupa 的音译。

　　由此可知,塔与中国的陵墓一样,是古代印度用来埋存死者的骨灰、舍利、头发、牙齿等遗体的纪念性建筑物。根据《涅槃经》中的记载,佛祖曾经嘱咐他的弟子阿难,在他涅槃后将他火化,收取舍利,安置在七宝瓶内,在拘尸那迦城中起塔安放。后来各地为争夺佛祖舍利产生争执,拘尸王等 8 个国家的国王将佛祖的舍利分开,各自取一份回国建塔供养。从此以后,佛塔便成为佛教徒崇拜的对象。这种埋设有佛祖舍利或佛骨、佛牙、佛发等圣物的塔,一般称作舍利塔,是中国佛寺建筑中的重要组成部分。

　　而后,中国古代僧人,特别是地位较高、领有宗派或主持寺院的禅师们,也仿效西域风俗,建塔安葬自己的遗体或骨灰。这些塔的形制比较小,多用砖建成,上面嵌有石板刻写的塔铭。塔铭的意义与世间

---

①　唐　慧琳:《一切经音义》,唐　湛然:《法华文句记》,均见《大正新修大藏经》,1960 年重印本。

通用的墓志近似。这些小型的塔与佛祖的圣物无关，也不是信徒们平时瞻礼的对象，可以称作葬塔。一地僧人的葬塔大多聚集在一起，形成一片僧人的墓地。习惯称作塔林。在各地一些著名的佛教寺院附近会保留着类似的塔林。如著名的河南登封少林寺塔林就是由唐代以下众多僧人的葬塔 220 多座集合而成，其中日本僧人邵元撰书塔铭的元至正二十九年（1369）菊庵和尚塔、明嘉靖四十三年（1564）天竺和尚就公塔等对于中外关系史的研究颇具价值。这些葬塔的建筑式样繁多，是中国古代建筑史研究中十分重要的实物资料。（图 22）

图 22　少林寺僧塔林

我们从印度保存的古代建筑中可以看到：印度古代的塔是一种下部为正方体，上部为半球体的覆钵式形状，多为土石建筑。在覆钵顶上还建有高耸的塔刹。佛教进入中国后，建筑塔的形式结合了中国传统的土木结构式样，有所改变。汉末三国之际，佛教已在江南一带流行。据文献记载，这时已经有了中国式样的佛塔。丹阳郡人笮融"大起浮屠。上累金盘,下为重楼,又堂阁周回,可容三千余人。"①最早的塔应该就是这样利用楼阁建筑变化而成。梁思成《中国建筑史》一书分析汉代墓葬明器中的陶楼时指出:"二层或三层之望楼,殆即望候神人之台。其平面均正方形,各层有檐有平坐。魏晋以后木塔,乃由此式多层建筑蜕变而成,殆无疑义。"②还有一些塔没有多层楼阁,而是小型的单层房屋式样。而后,中国佛塔逐渐变化,形成了亭阁式塔、楼阁式塔、密檐式塔等多种形状的新建筑式样,采用砖、石、木材与夯土建筑,并且加入了大量的佛教艺术装饰,如塔刹、塔身上嵌入的砖石浮雕、石刻线画、彩绘等等。塔的高度也发展到数十米,结构有三层、五层、七层、九层乃至十三层之多,并且出现实心式与空心式两种建筑形式。空心式佛塔会在塔内装饰供奉佛像、刻经等供养内容,内涵更加丰富。唐代以后,密教信仰的流行又给佛塔的建筑带来了新的式样。特别是元代以来,随着西藏、尼泊尔等地建筑师进入内地与密教艺术的影响,又出现了金刚宝座式、覆钵式、花塔等更为复杂的新建筑形式。从平面外形来看,塔从最早的正方形发展到有六角形、八角形、十二角形等多种形制。中国佛塔的普及与发展,极大地丰富了古代建筑技术与建筑艺术。(图23)

图23　嵩山北魏密檐式塔

佛塔的建筑中大多离不开

①　南朝宋　范晔:《后汉书·陶谦传》,中华书局,1965年。

②　梁思成:《中国建筑史》,中国建筑工业出版社,2005年。

石质材料,有些佛塔甚至全部用石材建造。例如在山东省历城县的隋大业七年(611)所建四门塔。这是现存最早的石质佛塔建筑,塔身用大块青石砌成,平面正方形,单层,四面攒尖顶,四面各建一个半圆形拱门,整个外形简洁浑厚,类似当时的房屋建筑。塔檐部位叠涩挑出五层。塔顶也是用石板一层层叠压而成。上面有露盘、山华、蕉叶、相轮等构成的塔刹。全高达 15.04 米。该塔以前曾被认为是东魏建筑,1972 年大修时,发现顶部石板上雕刻有

图 24　四门塔

"大业七年造"的字样,确认为隋代建筑。由此也可以看到古代石刻铭文在考古研究中的重要性。(图 24)

用砖、夯土和木材建筑的佛塔上也使用有大量的石质构件。例如建于唐代的西安慈恩寺大雁塔中就有当时刻制的石门楣、石门柱等,在上面还雕刻了精美的线刻图像,如佛说法像等。嵌在塔身上或者安放在塔内的文字石刻也保存有相当数量,成为中国古代石刻中不可忽视的一批资料。由于使用目的不同,这些石刻的外部形制与铭文文体都有所差别,应该分属于塔铭、碑、建筑浮雕装饰等几种不同的石刻类型。但是也由于它们都与佛塔有关,所以归纳在这里附带介绍,而在具体研究中,里面有些石刻的具体分类与命名还应随着其外部形制归于所属的类型中。

根据考古发现的出土情况与石刻铭文自身所注明的名字,属于塔内安放的石刻有:塔铭、题记、舍利石函、建塔碑(也可能安放在塔外)、经幢等。另外,古代还有一种小型的石塔,上面刻写铭文,雕刻佛像。也称作石浮图(浮屠)。本小节主要介绍的就是这种石浮图。

塔传入中国后，逐步改变成具有中国建筑特征的楼阁式塔。层数也不断增多。在塔身上刻写铭文记事，也是具有中国特色的作法。由于中国古代的塔基本上存在着四种不同的用途，所以刻在塔身上的石刻铭文虽然都叫"浮图铭"（或浮图记、石浮图），但是其文体、内容还是应分为四种不同的形式。塔的四种用途分别是：一、埋藏佛骨舍利。这种塔是高大宏伟的建筑，塔下有地宫埋藏舍利。塔身上或嵌有石板刻写塔铭。后来也有单独另立一块碑石刻写塔铭的情况。这块碑上仍自称为"浮图铭"，但它与塔已经不是同一体了。这种舍利塔有关的石刻属于塔铭或碑。二、造作功德。这种塔形制比较小，一般制作成石质实心的小型建筑，各面雕刻精美的佛像与胁侍、力士、狮子等图案，有些是制作成多层构件后拼合而成。铭文往往刻在塔身上，占有一面或多面。此即我们这里说的浮图铭。这种小型佛塔也称作石浮图。三、供僧人禅定时面对，借以参禅悟道，或者作为信徒供养的功德。这大多是小型的石塔，上面刻有佛像、经文等。在甘肃等地发现的北凉石塔就属于这一类塔。这些石刻的铭文属于在石塔上的刻经以及题记。四、作为高僧的坟塔建筑。这些建筑比较小，多用砖制作，有楼阁式、覆钵式等多种，并且常在大型庙宇的附近形成塔林，如著名的登封少林寺塔林。在僧塔的上面嵌有石板墓志。它上面的铭文往往也自称为塔铭或浮图铭，这种铭刻文字应该属于塔铭（相当于俗家的墓志）一类。

为了区分以上几种不同的铭刻，前人就把上述第二类的功德塔及其铭刻称作石浮图。在南北朝晚期与隋唐时期，这种石浮图是各地佛教徒兴建的主要佛教供养品之一。它与石窟造像、造像碑一样，都是具有高度艺术价值的中国佛教艺术品。

塔铭，一般也把它归入墓志一类，现有的专门收录墓志的著作中也把塔铭一并收入。它的内容文体及作用完全与世俗的墓志相同，甚至有些僧塔铭也自称墓志。如唐贞元十八年（802）唐故东都麟趾寺法华院律大师墓志铭，就是葬塔中的石刻。但是塔铭的形制与墓志明显不同。塔铭只是一块长方形的石板，没有志盖，更没有什么纹饰雕刻。

它被嵌置在葬塔塔身上，或者埋放在葬塔内，主要用于僧人的葬俗中。所以我们还是把它作为单独的一类石刻在这里说明一下。

《语石》卷四云："释氏之葬，起塔而系之铭，犹世法之有墓志也。然不尽埋于土中，或建碑，或树幢。其纳诸圹者，或用横石，修一之，广倍之；或方，径不逾尺。"这里是将葬塔铭的形制与僧人墓葬所用石刻的情况大致介绍了一下。现存塔铭数量较多，著名者如唐开元九年（721）大龙兴寺崇福法师塔铭、唐开元十五年（727）方律师像之铭、唐开成四年（839）三藏大遍觉法师塔铭等。

古代石刻中，塔铭又有塔下铭、灵塔铭、身塔铭、像塔铭、龛铭、塔记、石室铭等多种别称。它们都是古人撰铭时演化出来的名称。如唐贞元九年（793）东都安国寺故临坛大德塔下铭、唐开元十二年（724）龙兴大德大香积寺主净业法师灵塔铭、唐开元二十六年（738）景福寺威仪和上龛塔铭、唐开元二十五年（737）西山广化寺三藏无畏不空法师塔记等等。这些名称各异的石刻，实际上都是葬塔塔铭，主要用于记述僧人的生平事迹，宗派传承等情况，并叙述建塔经过，表达悼念之情。它们的外部形制则基本相同，都是一件长方形的石板。

塔上的题记，包括建塔时刊刻的题记文字和后人的题刻等，内容多与建筑佛塔、游历佛塔有关。属于没有本来固定形制，只是在佛塔石构件上加以雕刻的铭记。从文体上可以归属于题记一类。在北朝时期，还存在有一些有关建塔的题记或造像碑。这类造塔题记或造像碑多采取横向长，纵向短的卧式碑形状。如北魏正光五年（524）刘根等人造塔像记，北魏永熙三年（534）韩显祖造塔像记，北齐天保三年（552）刘子端造塔像记，北齐天保八年（557）法仪兄弟八十人造塔像记等。日本学者松原三郎首先提出这类造像记体现了造塔的意识。张总在《北朝石刻中的天宫问题》一文中则指出北朝造像题记中以天宫造像为名的不少，所说天宫造像实际上是具有中国宫殿建筑特点的佛塔①。而北

---

① 张总：《北朝石刻中的天宫问题》，《艺术史研究》第1辑，中山大学出版社，1999年。

朝极盛时期的造像碑有不少应该是在雕刻成后建天宫塔用。将造像碑与佛塔结合在一起。可见造像碑这种在北朝极为盛行的石刻与佛塔也存在着一定的联系。可能有一些造塔像碑就是嵌在塔身内的装饰石刻。（图25）

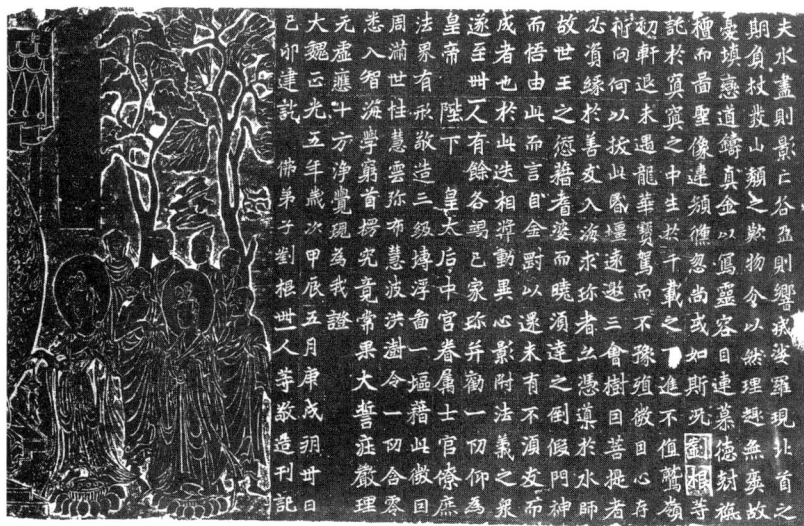

图25　北魏刘根建塔造像记

到了唐代以后，出现了单独树立的建塔碑，形制完全仿照世俗树立的功德碑。在碑文中记载建造佛塔的经过与有关人员等。这种碑有些可能还在地宫中，有些可能已经脱离地宫与塔，树立在地面上，与佛塔比映。例如：唐代李德裕在南京北固山甘露寺重新埋藏梁代阿育王寺塔基中的舍利时，刻立了一座著名的《重瘗长干寺阿育王塔舍利记》碑，它就是一座单独的规模宏大的石碑。碑文流传至今，记载梁武帝在大同三年（537）改建阿育王寺塔，发现地宫石函和舍利，并重建双塔的情况。说明在梁代就已经采用石函瘗埋舍利。在近年南京市发掘甘露寺塔基时，就根据这一碑刻考察塔基出土的舍利容器与舍利情况。类似的建塔碑属于记事碑刻，其形制与其同时代的碑刻完全一致。所以归入碑这一类型，将在以下碑一节中宗教碑刻部分记述。

　　舍利石函虽然属于塔基内出土的石刻，与塔有着密切关系，但是它本身具有固定的形制和文辞内容格式，所以将其单独列为一类，前面已经介绍了有关情况。

　　这里要着重介绍的是石浮图及小型的刻铭石塔。在北朝隋唐时期，流行过小型的刻铭石塔与雕刻佛像的石塔，在隋代与唐代前期发展成石质构件组建成的石浮图（石塔）。

　　现存较早的小型刻铭石塔是近代在新疆与甘肃西部陆续发现的一批北凉小型石塔。它们底层为八角形，中层作圆锥形，顶端刻有佛像和模仿的塔刹，塔身刻写佛经。宿白在《凉州石窟遗迹和凉州模式》一文中曾予以总结归纳，共介绍了10件。文中认为这批石塔与新疆若羌等地的木塔形制相近，可能是新疆中部以东和以南的流行式样。在敦煌以东则从未发现过这类石塔①。而王毅在《北凉石塔》一文中指出：这些石塔大多出土于寺庙遗址所在，可能是和尚禅定时放在面前借以参禅悟道的"观象"塔②。这批石塔塔身上刻写的主要是《增一阿含经》和《佛说十二因缘经》等佛教经文。（图26）

　　在山西还出土过大量雕刻佛像的石塔构件或者小型的多级石佛塔模型。例如原藏山西朔县崇福寺的北魏天安元年（466）曹天度造石塔，共有九级，平面方形，第一层四面开龛，正面龛内雕刻一佛二菩萨，背龛中雕刻释迦多宝并坐像。第二层以上每层雕刻二至四排小坐佛。塔刹为相轮五重，上有摩尼宝珠。底座正面浮雕博山炉、二供养比丘与双狮。两侧各有十名供养人像。底座背后刻有造像题记。1957年，山西沁县南涅水洪教院附近曾经发掘出上千件自北魏至唐代的多级石塔构件、佛造像与造像碑。其中石塔构件占有近三分之二，每个构件均为一级塔身，平面呈四边形。每面开龛，里面雕刻各种佛教造像，

①　宿白：《凉州石窟遗迹和凉州模式》，《考古学报》1986年第4期。

②　王毅：《北凉石塔》，《文物参考资料》第1期。

图 26　甘肃省博物馆藏北凉石塔

如佛、菩萨、弟子、天王、力士、供养天人、伎乐飞天、释迦多宝并坐像、思维菩萨像以及佛传、佛本生故事等。特别是还有一些下颌蓄有长髯的造像，比较罕见，可能是道教天尊。一般由 5 至 7 件塔身构件叠放组成一座石塔，每个构件由而上逐级收分，最下面的塔身边长为 70 至 80 厘米，顶端除少数刻作相轮式圆形或六角形外，大多为边长 30 厘米左右。每座塔的高度可达 3 至 4 米。同出北齐武平元年（570）造像碑碑文中有"造像一区,举高五级"的说法。可知这些石塔是与佛教造像一样的供养对象,由石构件叠垒而成。可能原来就是集中捐赠到寺院中供养的。这些石塔、造像上保存了大量建造时的题记,其纪年自北魏延昌二年(513)至唐咸通九年(868),另有一件刻在北朝断碑上的题记是北宋天圣元年(1026)的。可见在这里曾经有延续了 500 多年的大型寺院建筑存在①。

历代金石著录中都有一些称之为浮图或浮图铭的石刻铭文。它们主要刻写在佛教信徒为祈福做功德而建造的石塔塔身上。内容与造像碑和造像题记中的发愿文有些相似。叶昌炽在《语石》卷四中归纳说:"然石刻中自有石浮图一种,……滥觞于魏,挚乳于隋,至唐开元、天宝间而极盛,然自此戛然竟止。乾元后,遂无著录。窃尝论之,盖与经幢递为盛衰,递为终始。经幢萌芽于唐初,开天之际,益加崇饰,觚棱郁起,雕造精严。经言:尘沾影落,一切业障悉皆消灭。此侫佛之士所以趋之若骛。"叶昌炽认为浮图的衰落与经幢的兴起有关,并且举出唐神龙年间修行寺尼真空造浮图铭为例,指出它的碑铭镌刻有陀罗尼咒,是以后陀罗尼经幢的先声。(图 27)

图 27
北京房山云居寺唐代石浮图

---

① 郭勇:《山西沁县发现了一批石刻造像》,《文物》1959 年第 3 期;郭同德:《山西沁县南涅水的北魏石刻造像》,《文物》1979 年第 3 期。

　　从现有的材料来看，制作浮图较多的就是唐代前期。似乎制作浮图祈福的风气在唐高宗时开始兴盛，逐渐替代了北朝时期盛行的造像碑。这种将舍利塔作为佛祖坟墓圣迹崇拜的思想应该是从南朝梁天监十一年（512）僧伽婆罗翻译《阿育王经》以后，在中国逐渐兴盛起来的。其中具有关键作用的，是隋文帝大兴佛塔的举动。《隋书·文帝本纪》中记载隋文帝在仁寿元年（601）下诏命令在全国30个主要州内建造舍利塔，而后又在更多的州里兴建佛塔供养舍利。其影响必定延至唐代。在盛唐时期，浮图比较普遍地出现。然而随着安史之乱的动荡而不再多见。浮图塔身平面有方形、六边形、八边形等，结构有单层、三层乃至五层、七层、九层等，底层高大，其他各层则多呈现密檐式。一般在底层一面或四面开龛门，龛内雕刻佛像。龛门外有天王或力士造像。没有开龛的塔身上刻写浮图铭。浮图铭在一面上刻不完的，随塔身旋转施刻。有刻三面的，如唐开元十八年（730）孙客奴石浮图记，有刻四面的，如唐天宝十一载（752）李晋浮图，有刻五面的，如唐天宝二年（743）杨瓚造浮图颂等①。（图28）

　　这里以河南浚县浮丘山碧霞宫中收藏的唐陇西尹公浮图为代表加以说明。该塔为石质四面密檐式宝塔，刊立于唐天宝十四载（755）八月二十七日。早在清代嘉庆六年（1801）编写的《浚县志》金石志中就已记录了它的铭文。可见在那时它还完好地保存在地面上，并且得到了人们的重视。原石塔树立在浚县大赉店大八角村，现存浮丘山碧霞宫②。虽然塔上的造像面容均已残泐，并有部分残缺，但整座塔造型仍然匀称优美，雕刻精细美观，具有很高的艺术价值。根据铭文所称，原应为九级，现有塔身六层，但看不到有残缺层级的迹象，可能原来的结构就是如此，那么应该将下面的三层基座也计算在内。塔顶为圆形摩尼珠宝刹。塔身底层两面开龛。正面龛内为一佛二弟子二菩

---

① 　以上三石均参见国家图书馆藏拓。

② 　据浚县文物旅游局编印：《大伾山名胜区石刻选》，中州古籍出版社，2000年。

图28　山东博物馆藏唐代石浮图

萨像,佛为结跏趺坐。龛楣宽厚,上刻有释迦像,两旁为骑青狮的文殊与乘白象的普贤,外侧有天龙盘旋。龛外两侧有戎装天王陪侍。背面龛内有门,无造像,似象征舍利函。龛楣中央刻一神兽面,上面有在莲花座上的舍利宝塔。两侧有天龙缠绕,飞天翱翔。天龙下面有鸟身形象,翅下垂,头部已残缺,可能是迦陵频迦的形象。塔身下为三层须弥座,平面四方形。上层四面束腰部的中央各雕一兽首,面容已漫漶,似为狮首;四角均有雕饰,已残泐。下面叠涩为覆莲瓣纹。中层束腰部四面各有二壶门,内刻一圆雕坐姿天人,面部、手部等处均已残泐,怀疑是奏乐的伎乐天形象。最下层须弥座上四角各刻一力士立像。上面的六层塔身,在每层的四面中央各雕有一尊坐佛。这座塔的造型与雕刻可能是当时的规范式样,反映出盛唐时期的文化昌盛景象,堪称唐代佛教艺术的典型代表作。

这件石塔塔身底层的右侧刻写有浮图铭文，历经沧桑，现在已有部分残缺，存留的文字中也有不少已漫漶不清。现在重新释写铭文如下。（已残漶不清，无法释读的字用□表示。对于已残缺漫漶的部分于[　]中加以注明。对原文中的别字、假借字或虽有残缺但可以根据上下文推定的字，在后面的（　）中附注本字。对不能完全确定的字后面用（？）提示。）

陇西尹公浮图铭并序　汲郡进士辛敖文

惟夫智度至广，圣迹弥深，实想（相）现而功德是萌，无为开而□（涅）槃乃作。故真常□寂而寂用无方，般若智冥而冥□群像。所以道从果起，法逐缘生，童□（龀）发聚沙之因，长老布黄金之迹者也。粤有清信士陇西尹公，字守珪，海量弘达，博涉道门，玄妙无方，何所不应。□□父（？）思礼，瞻迹尘俗，丘园养真，味清白以逍遥，观泡幻而自适。夫人范氏，四德咸备，温贞自恭，献龙女之珠，行超十地；慈韦□（陀）之念，道心三乘。子元祚，□□标举，时□其心。比无尤（？）兮。少有善誉，不幸短寿。春秋廿有九，以□□（天宝）十三载[以下现已残漶]殒我良人。哀百身之不留，痛二亲之若割。严父哭丧明之泪，恩[以下现已缺失]□习内则，贞顺自闲，事舅姑无毫发之愆，敬僧佛有非常之[以下现已缺失]□以般若水洗，清净心知。是病是身，□无生无灭，故□□[以下残缺]男元祚敬造石浮图一所，上干霄汉，旁映丹霞，光掩璧台，势□云□。金[以下现已残漶]窗疑翻花而下听，切（？）磋（？）磨琢，艺游丹青。妙□如在，结心是托。[下漶]为劫□□仙。一愿非一世之心，九层希九族之福。今合门志请，□思觉（？）佑，[以下现已残漶]□土，魄事弥陀，父母之怀，至诚所至。敖遂闻风随募（？）[以下现已残漶]释迦作教，其法惟雄。有为成像，无体不空。既穆（？）[以下现已残漶]烦恼。破暗如灯，偃邪犹草。□□□□

赋象至广，□□文章(?)。载雕载□，乃贞乃坚。九层端□□□□□。翻蒙宝刹，炉绕香烟。道资三界，善积千年。锡彼亡者，永兹福田。天宝十四载八月廿七日书记。

将上面的释文贯通下来，我们就可以大致理解铭文中所叙述的内容。这件浮图铭是唐代浮图铭中文字比较长，文体有所变化的一件例证。其中记录了尹守珪因为儿子尹元祚早丧，悲痛不已，特发愿建塔，为家族与亡子祈福的原委。文辞典雅，并且将尹守珪与夫人、儿子，甚至可能有儿媳等人的道德品行都作了赞颂。类似这样的唐代石浮图例证还有北京房山云居寺中的几座唐代石塔等。一般常见的浮图铭文体仅记录发愿建造浮图经过与发愿人名。有的石浮图铭或刻在一块长方形的石材上，嵌于塔身。下引的北京云居寺石浮图铭就是一般的文体，以记述建浮图者与颂扬佛法为主：

大唐云居寺石浮图铭并叙　太原王大悦撰

叙曰：法所务善，示仪生念。物莫坚石，留形则多。伊童屾之增砂，彼丰家之严宝。不孟不季，非泰非约。建兹浮图于此门右者郑氏，字玄泰，今范阳人也。崇中宜，利用广。盖所以兼仰正法，惠浃多生，俾臧与嘉，不溃惟永。乃竭产充贾，磬工制奇。璞散良效，形都信美。素玙鲜色，皓琼级之峨峨；黄金明辉，烂宝层之擢擢。东旭衔珠而更净，南风动铃而不喧。神仪护门而雄雄威如，圣象端室以穆穆颙若。庶几乎上帝万寿，先人百福，夫蠢之类，凡生之俦，莫不覃兹，利有如是。木皆烬灭，土亦尘散，惟石之永，瞻其有恒。緊法之坚，念兹无替。铭曰：高塔峨峨，示延遐瞩。多生壤壤，动善群触。其一。兹设兹利，无碍无疆。其福丰衍，其资广长。其二。彼石惟坚，我性亦定。永永不灭，视以知正。其三。开元十五年岁次单阏仲春八日建。

而上述尹公浮图铭内容则与之不尽相同，可以作为一种特例予以注意。

开元天宝期间，可以说是唐代社会发展的巅峰时期，经济繁荣，文化昌明，社会安定，所以我们看到的这一时期的艺术品，从壁画、雕刻到金银器、陶俑，无不美轮美奂，或工艺精湛，细巧繁华；或气势宏大，优美壮观。显示出当时社会的富庶与工艺技术的发达。这件陇西尹公浮图也是一个很好的实证。

而在安史之乱后，唐朝经济受到严重的破坏，与外界的交流也明显减少。石刻的技艺表现出极大的衰退。由于经济限制，象开元、天宝年间那样制作精美的功德塔恐怕是一般人难以做到的了。信徒们只能退而改建形制较小，费用较少的经幢。而且经幢刻写佛顶尊胜陀罗尼经，可以起免除一切罪业的作用，也受到艰难时世中平民的欢迎以及帝王的提倡。佛顶尊胜陀罗尼经在唐代早期（高宗永淳元年〔682〕后）才传入中国，有了汉文译本。在神龙年间（705—706）的修行寺尼真空造浮图铭背面，已经刻写了陀罗尼经咒。以后开始出现专门的经幢。至唐代中期，经幢有了充分发展的条件，迅速兴起，可能从而替代了石浮图。这就像石浮图可能促进了造像碑的消失一样。在南北朝时期极为盛行的造像碑到了佛教兴盛的唐代却逐渐减少，渐至消失；随之兴起的有石浮图，而后则是经幢的兴盛期。通过对这些石刻材料的排比，可以看出，由于社会经济的隆替与信仰习俗的变化，而使得这几种不同形制的佛教石刻递相兴衰。佛教艺术石刻的雕刻技艺与纹饰图像也随之形成明显的阶段变化。从造作年代可以得知，陇西尹公浮图是石浮图流行晚期的作品，可以作为一个典型的时代标准。

此外还有各种零星存在的石建筑构件附属刻铭。在中国古代社会中，基层社会内始终存在着各种各样的公众组织，不定期地进行一些公益事业与公众活动。涉及日常生活的造桥、修路、掘井、开渠等公益事业也被人们认为是积德行善、造福社会的表现。因此，集资或独资建造石质的桥梁、道路、水井、牌坊等建筑时，往往会在有关石构件上刻写铭文，用以记录这些建筑的建造年代、捐资者与建造者的姓名籍贯、捐助钱财数量和一些简短的记事文字,以及匾额、楹联等,起到表彰参与公益活动的人物与宣扬善举德行的纪念作用。例如福建福州发现的宋代石桥构件刻铭"巨宋绍兴三年岁次癸丑八月辛酉朔二十六日戊申作。都官干林康、林元均洎诸劝首"、"邵谦、僧光各舍小梁一条,林应儿舍小梁三条,林应郎舍大梁一条"①,就是这样的石桥题铭。类似这样的石桥、石井栏、石路构件等刻铭在以往的金石著录中多有记载,尤其在南方各地的金石著录中收录得比较多,以宋代以降的题铭为主。看来这种公益活动在中世纪以来日益普及,并且更注重附加宣传与纪念的铭记,应该是社会道德意识发展的体现。

第三节　艺术雕刻附属刻铭

古代艺术石雕是利用石材进行建筑装饰的重要成分,例如历代陵墓等建筑中使用的各种大型石人石兽等仪仗石刻。代表文物有西汉霍去病墓前石刻群,南朝陵墓建筑中的天禄辟邪石雕,唐代太宗昭陵、高宗乾陵等处的外国酋长使节石像、各种石兽等。在这些石人石兽的身上也会刻写一些铭文,内容简略,主要用来标志建造石人石兽的人物姓名、官职、乡里、籍贯,以及石人代表的人物名称等。艺术雕刻还直接作为建筑构件使用,如著名的汉代画像石。佛教流行开后,利用石质雕刻佛像作为崇拜对象的风气也造就了大量的艺术雕刻。这些雕刻上同样附属有大量题记刻铭,从而构成了艺术雕刻附属刻铭这样一类石刻文字。(图29)

关于中国古代建造石人的风俗,很可能是受到西北草原地区游牧民族风俗的影响。在新疆等地曾经发现大量石人,根据考占调查研究与对比国外资料,研究者曾将其存在时间确定为自青铜时代(公元前

---

① 福州市文管会、官桂铨:《福州发现"巨宋绍兴"石桥》,《文物》1982年第6期。

图 29 西汉霍去病墓前石刻马踏匈奴

1200—前 700 年）下至相当于公元 11 世纪的漫长历史时期①。较晚一些的部分石人上面还刻有题铭。中原现存的石人，最早可至秦代，如陕西凤翔秦陵中出土有小石俑。四川省都江堰曾经出土过汉代刻立的李冰石像，上面还有刻铭②。（图 30）现在河南省登封中岳庙、山东省曲阜孔庙、山东石刻艺术馆等处都保存有东汉的大型石人。曲阜孔庙保存的一对石人，原在东安太守麃君墓前，左一人高约 2.54 米，刻铭为"汉故乐安太守麃君亭长"，右一人高约 2.2 米，刻铭为"府君之卒"③。山东省邹城、枣庄、兖州等地在 20 世纪以来也发现过多件较小的石人。兖州出土的多件石人身上有北魏时期的刻铭，记录北魏宣

---

① 王博、齐小山：《丝绸之路草原石人研究》，新疆人民出版社，1995 年。

② 四川省灌县文教局：《都江堰出土东汉李冰石像》，《文物》1974 年第 7 期。四川省博物馆、灌县工农兵文化站：《都江堰又出土一躯东汉石像》，《文物》1975 年第 8 期。

③ 宫衍兴：《济宁全汉碑》，齐鲁书社，1990 年。

图 30　四川都江堰出土汉代石人李冰像刻铭

武帝延昌三年(514)兖州刺史元匡疏浚洙水的事件①,可能是用于镇压水患的方术用品。这类用于水利建筑的石人或兼有记事铭文刻写功能。《水经注·谷水》记载:"(五龙渠)渠上立堨,堨之东首,立一石人。石人腹上刻勒云:'太和五年二月八日庚戌,造筑此堨,……是故部立石人以记之'云尔。"还载有石人两胁刻文,记录了建筑用功等内容②。此外,还有用于镇墓作用的石人,如 1999 年 7 月在山东省烟台市牟平

---

① 王思礼:《山东邹城东匡庄的古代石人》,《文物参考资料》1956 年第 10 期。郑建芳:《邹城发现汉代石雕人像》,《文物》2000 年第 7 期。李锦山:《枣庄市近年发现的一批古代石人》,《文物》1983 年第 5 期。樊英民:《山东兖州金口坝出土南北朝石人》,《文物》1995 年第 9 期。

② 王国维校:《水经注校》,上海人民出版社,1984 年。

发现一座汉墓，出土三件石人，身上均刻有东汉建和元年（147）的镇墓铭文①。应该就是埋在墓中用于镇墓方术的，与镇墓券的作用类似。

《水经注》中曾经记录了大量汉代陵园建筑的情况，里面包括众多陵墓石兽，如狮子、羊、虎、马以及石人等，如汉中常侍州苞（辅）墓"人有掘出一兽，……左膊上刻作辟邪字。"又如《后汉书·灵帝纪》有李贤注云："今邓州南阳县北有宗资碑，旁有两石兽，镌其膊，一曰天禄，一曰辟邪。"这类石兽铭刻现在仍有实物可证，洛阳文管会发现、现存洛阳博物馆的北朝时期石天禄辟邪，在其颈部就刻写了"猴氏蒿聚成奴作"的字样②。（图31）《语石异同评》卷五曾列举具有铭文题刻的

图31　洛阳博物馆藏汉代辟邪

---

① 　张凌波：《牟平出土刻镇墓文石人》，《中国文物报》2000年3月19日。

② 　《河南洛阳发现的南北朝石刻辟邪及其题记》，《文物参考资料》1954年第10期封底图片。

山东临淄汉代石狮子、河南汲县晋石狮子、山东沂水汉代石羊等传世品。现存西安碑林博物馆的大夏真兴六年石马，是唯一可以确定的大夏石雕，在马前腿之间刻有隶书铭文，证明它是造于"大夏真兴六年岁在甲子夏五月辛酉朔□三日。"①陕西省乾县唐高宗乾陵内的各国使节及民族酋长石像上也有他们的国名、族名与姓名等铭刻文字。表明这种习惯沿袭至唐代仍然存在。（图32）以下介绍两类附刻铭文较为多见的艺术石刻。

图32　唐乾陵墓前石人

一、画像石

除墓葬、建筑物等使用的石雕之外，汉代流行的画像石也是一种重要的古代艺术雕刻，而画像石题记则是附着于画像石上面的文字铭刻。严格说起来，画像石应该属于艺术石刻，而且是具有中国传统文化特色的一种石刻艺术品，对于它的研究已经成为专门的考古学与艺术学研究课题，有关研究成果十分丰富，涉及墓葬形制、葬俗、艺术史、

---

① 李明、张彦：《大夏真兴六年石马散记》，《文博》2014年第2期。

工艺技术、社会风貌、历史文化等广泛范畴。限于本书范围，不能在此逐一详细论述。但是为了讨论画像石上存在的铭刻文字材料，我们也需要在这里先简要地对画像石整体情况加以介绍。（图33）

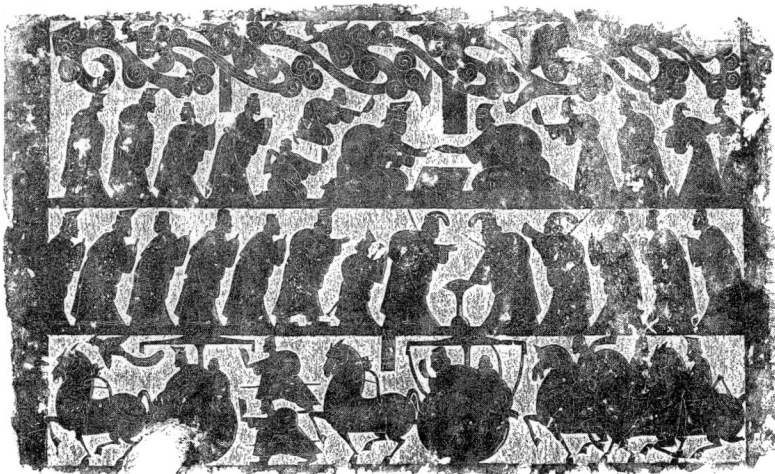

图33　山东嘉祥东汉武氏石室画像石

画像石的外部形制不一，一般是利用长方形的石板或梁、柱等建筑石材，在加工后的石材平面上用减地浅浮雕、线刻、浮雕或透雕等加工手法雕刻出各种图画与纹饰，形成一件精美的艺术雕刻。根据出土情况来看，古代画像石脱胎于壁画等古代绘画艺术。很多画像石要在雕刻出的画面上涂加彩绘，以模仿绘画效果。汉代画像石的雕刻技法是中国传统图像雕刻的代表，对此李发林曾作了分析研究。他在《略谈汉画像石的雕刻技法及其分期》一文中将汉代画像石的刻法分为八种类型，即：阴线刻、平面浅浮雕、弧面浅浮雕、凹入平面雕、凹入雕、高浮雕、透雕、阳线雕等①。而杨伯达则对山东汉画像石的雕刻方法做了不同的分类，将之归纳为：阴线刻、凹像刻、阳线刻、平凸刻、隐起刻、

---

① 李发林：《略谈汉画像石的雕刻技法及其分期》，《考古》1965年4期。

起突刻和透突刻七大种技法①。实际上,这两种分类并没有十分明显的重大分歧,除杨文所指的凹像刻中包括了李文所指的凹入平面雕和凹入雕两类技法外,其他相对各类所包含的雕刻技法特征大致相似,仅两种定名不同而已。阴线刻,应该是指在平面的石材上刻画凹下的线条表现出的图像,其拓片像是黑白翻转的绘画。平面浅浮雕与弧面浅浮雕都是在石面上略显凸起的表面图像,只是平面浅浮雕表现为平面的图像轮廓,没有立体层次,而弧面浅浮雕则略有立体层次。凹入平面雕与凹入雕则都是在平面石材上向下刻掉空白的地方,留出图像,凹入平面雕图像为平面轮廓,凹入雕则为具有立体感的浮雕图像。现在一般均称之为减地浅浮雕。高浮雕则是近乎表现出完全正、侧面的立体雕刻。透雕是将石材雕透,留下立体图像的刻法。阳线雕类似后世的印刷用雕版,普遍减地,只留下凸起的线条来表现图像,类似绘画。其实最早滕固在《南阳汉画像石刻之历史及风格的考察》一文中做过更为概括的说明,认为汉画像石的艺术表现手法大致为两种,其一是拟浮雕的,其二是拟绘画的②。实际上,这种概括也正抓住了汉代画像石的艺术特点及其在雕刻艺术的两个分支上对后世的重大影响。由于中国古代绘画中常见书写题榜的作法,即在画面上加注文字说明,所以模仿绘画的画像石也会在空隙处附刻铭文,或者在图像中刻写标明人名、故事名称等说明文字的题榜。这些附加的文字,我们统称之为画像石题记。

中国古代的画像石主要流行于汉代,被广泛应用于各种建筑装饰,特别是墓室装饰中。而在汉代以后,虽仍然有所沿用,但多被艺术界称作石刻线画或石浮雕,应用于建筑装饰的情况也明显减少。现在所见,汉代以后,石刻线画大多出现在佛教的造像、造像碑及塔身装饰

---

① 　杨伯达:《试论山东画像石的刻法》,《故宫博物院院刊》1987 年 4 期。

② 　滕固:《南阳汉画像石刻之历史及风格的考察》,《张菊生先生七十生日纪念论文集》。

上,或者单独刻碑,成为下面将要述及的书画碑刻。此外,也还有一些应用于墓葬建筑中和葬具上的画像雕刻。有鉴于考古文物界一般所称的画像石多限于汉代画像石,故这里讨论的画像石也主要是汉代的文物遗存。根据现有材料,它在西汉末年兴起,至东汉末年衰落,是现存文物中突出反映了汉代艺术成就与汉代社会面貌的重要研究资料。(图34)

图34　河南南阳东汉画像石

　　需要说明,汉代画像石并不仅是单独的艺术雕刻,也是建筑物的附着部分,起着装饰、宣传与宗教方术等方面的作用。王建中曾经把汉代画像石的来源总结为十个方面:一、画像石椁墓,二、画像石墓,三、画像石碑,四、画像石祠,五、画像石阙,六、画像崖墓,七、画像石棺,八、画像石垣,九、画像石器,十、孔望山摩崖画像①。而现在见到的汉代画像石主要来源于三类汉代建筑,即石阙(包括门阙、庙阙、墓阙)、墓葬建筑与石祠堂建筑(汉代或称食堂)。石椁、石棺与崖墓都可以归纳入墓葬建筑的附属物。画像石碑与画像石垣的材料相对较

---

①　王建中:《汉代画像石通论》,紫禁城出版社,2001年。

少。孔望山摩崖画像与一般所说的画像石在形制、使用场所与雕刻方法等方面都有较大差距，似可单独附着于摩崖艺术雕刻中。所以我们主要介绍的仍是石阙、墓葬建筑与石祠堂建筑这三类画像石，如果依据其附着建筑的外部形制来看，应该更明确地称为石阙画像、墓葬画像与祠堂画像三类，但是由于这些画像表现的方式与内容基本相同，附刻铭文的方式一致，所以这里仍仍按照习惯称呼统称为汉代画像石。

　　汉代画像石的主要分布区域为河南、山东、江苏北部、安徽北部、陕西北部、山西西北部、四川等地，近年在浙江也有发现。各地区的画像石雕刻风格与主要的构图、造型等艺术表现形式有所不同。研究者曾经根据各地汉画像石的不同艺术风格与制作工艺而将其划分为5个主要的流行区域，即：河南中部与北部，河南南阳地区，山东与江苏、安徽北部，四川，陕西北部与山西西北部等。由于考古工作的发展，近代以来，汉代画像石大量出土，总数已达数千件。国内已建有多所专门的汉代画像石博物馆，有些藏石达到千件以上，如河南省南阳汉画像石馆、江苏省徐州汉画像石馆、山东省滕州汉画像石馆等；另外还有众多地方博物馆与文物保管所收藏有汉代画像石，如山东博物馆、河南博物院、四川博物院、西安碑林博物馆、山东省曲阜孔庙、山东省邹县文物局、山东省微山县文物保管所、山东省嘉祥武氏祠文物保管所、陕西省榆林市文物管理委员会等。（图35）

图35　陕北东汉画像石

　　在画像石上，不断发现重要的文字题刻。仅据王建中《汉代画像石通论》中的归纳，就达到111件之多。而近年来又有一些新的画像石铭刻发现。具有代表性的铭刻如1957年在山东省肥城县出土的东汉建初八年（83）张文思建墓题记，1965 年在山东省莒南县出土的元和二年（85）孙仲阳石阙题记，在陕西省绥德县出土的永元八年（96）杨孟元题记、永元十二年（100）王得元题记、永元十五年（103）郭稚文题记，在陕西省米脂县出土的永初元年（107）牛文明题记，1980 年在江苏省徐州邳县出土的元嘉元年（151）缪宇题记，1973 年出土于山东省苍山县的元嘉元年（151）画像石题记，1980 年出土于山东省嘉祥县的永寿三年（157）安国题记，1973 年出土于河南省浚县的延熹三年（160）画像石题记，1973 年出土于河南省南阳市的建宁三年（170）许阿瞿画像石题记，1986 年出土于江苏省徐州市铜山县的光和三年（180）二月七日题记等①。这些题记主要刻写在墓室中的画像石上，少的有几十字，多者可达数百字。1978 年 12 月，在四川郫县发现一座砖室墓，出土石刻墓门两扇，根据其形制判断为东汉晚期遗物。这两扇墓门上均刻有铺首、车马出行图等画像。中央空有一段，右门扇上在这里刻写了隶书铭文 13 行，共 53 字。左扇空白未刻。从铭文中来看，墓主为"故县侯守丞杨卿耿伯"。这类墓门石刻过去多有发现，但是极少刻写文字。这

---

① 　王思礼:《山东肥城汉画像石墓调查》,《文物参考资料》1958 年第 4 期;刘心健、张鸣雪:《山东莒南发现汉代石阙》,《文物》1965 年第 5 期;绥德县博物馆:《陕西绥德汉画像石墓》,《文物》1983 年第 5 期;陕西省博物馆、陕西省文物管理委员会:《陕北东汉画像石选集》,文物出版社,1959 年;陕西省博物馆、陕西省文管会:《米脂汉画像石墓发掘简报》,《文物》1972 年第 3 期;南京博物院、邳县文化馆:《东汉彭城相缪宇墓》,《文物》1984 年第 8 期;山东省博物馆、苍山县文化馆:《山东苍山元嘉元年画像石墓》,《考古》1975 年第 2 期;济宁地区文物组、嘉祥县文管所:《山东嘉祥宋山 1980 年出土的汉画像石》,《文物》1982 年第 5 期;高同根:《简述浚县东汉画像石的雕像艺术》,《中原文物》1986 年第 1 期;南阳市博物馆:《南阳发现东汉许阿瞿墓志画像石》,《文物》1974 年第 8 期;徐州博物馆:《徐州发现东汉光和三年画像石》,《文物》1990 年第 9 期。

次是罕见的发现,值得重视①。以上这些画像石题记对于考察画像内容,研究汉代墓葬情况,确定墓葬年代等研究课题具有重要价值。

上文已述,汉代画像石主要来源于三个方面,即石阙、墓葬建筑、石祠堂建筑。其中大部分来自于墓葬建筑,是汉代墓葬的重要组成部分,在汉代墓葬考古学研究中占有重要位置。此外,画像石所表现的图像内容十分丰富,通过它不仅可以看到汉代社会日常生活方方面面的具体影像,还可以了解到西汉至东汉末年期间社会上流行的厚葬风气、有关礼仪制度、宗教方术思想,以及以儒家孝义思想为主的社会意识形态,是汉代社会生活直观形象的生动体现。(图36)

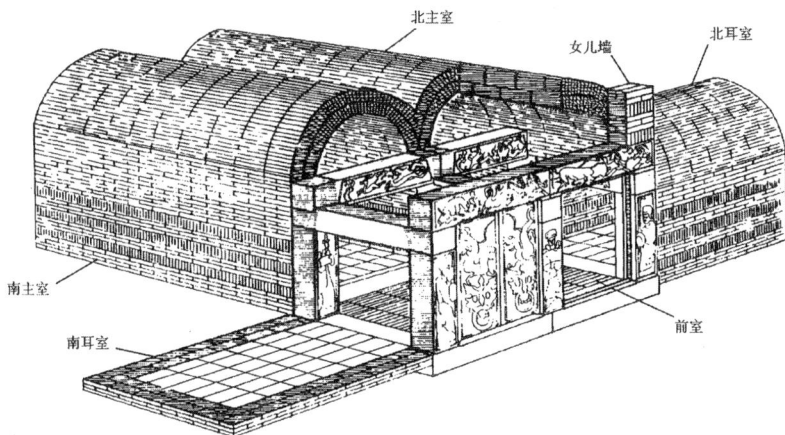

图36 南阳东汉画像石墓线图

石阙的有关情况已在建筑物附属刻铭一节中予以介绍。墓室中的画像石则基本上分为三大类。一种是石棺、石椁上面的图案纹饰,如青龙、白虎、铺首等辟邪镇墓作用的图像。第二种是墓室立柱、散斗、门楣等边角部位刻绘的装饰性图画纹饰。第三种是画像石中的主体,构成墓室梁架、墙壁、门扉、顶盖等,为大幅的长方形石刻图像。有

①　梁文骏:《四川郫县东汉墓门石刻》,《文物》1983年第5期。

些画像石还被分作几层图画或分割成连续多幅画面。这些画像大致包含表现以下几个方面的内容。

(1)以云气、星象、神仙、奇禽、怪兽、灵瑞图像等构筑的宇宙空间,即天界与仙界。同时它也在表现墓室中的天穹与上下四方等空间概念。这些图像大多位于墓室顶部以及四壁的上部。

(2)墓主及有关人物组合成的各种现实生活画面,如墓主的饮宴、出行、拜谒、仕宦经历、庄园生产、舞乐射猎以及亭台楼阁等等。它一般位于墓室四壁或横梁上面,位置偏下。

(3)由历史人物故事画构成的历史人文环境。它同时象征着社会流行的伦理、法律、道德观念与文化教育意识,也可能还存在着一定的辟邪驱恶方术意义。常见的有舜、曾子、董永、齐孝女等孝义人物,神农、黄帝、管仲、赵盾等古代名贤,以及周公辅成王、孔子见老子、泗水捞鼎、七女复仇等众多古代历史故事。这些图像经常位于墓室四壁、立柱等处,位置居中。

(4)装饰性的图案纹样,穿插于以上画面之间或填补石材空白。如菱形纹、云气纹、圆弧纹、绚纹、三角纹、树木纹、穿璧纹等。

画像石上面的题榜文字大多安排在历史人物故事画中,起到说明作用。也有一些画像石题记是单独成篇的长篇刻铭。近年以来,在考古发掘中陆续发现了一些带有较长题铭文字的汉代画像石。例如河南唐河县出土的郁平大尹冯君孺人画像石题记、山东苍山县出土的元嘉元年(151)八月二十四日画像石题记、山东嘉祥县出土的永寿三年十二月二十六日(158年)画像石题记等,都是比较重要的材料。嘉祥县出土的永寿三年十二月二十六日画像石题记一共有 462 字。而 2013 年在山东省邹城市发现的一件汉代画像石上刻写了 605 字的题铭,记录墓祠主人的家庭成员姓名等情况,是已发表的画像石题铭中最长的一篇[1]。

---

[1] 胡广跃:《山东邹城新出土"汉安元年文通祠堂"画像石》,《碑林集刊》第 20 辑,三秦出版社,2015 年。

　　山东苍山县出土的元嘉元年(151)八月二十四日画像石题记的内容对于了解汉代画像石墓的文化内涵颇为重要。它主要记录建造墓室时刻画的画像内容,题记中称:

> 　　后当朱雀,对游栗仙人,中行白虎,后凤皇。中直柱,双结龙,主守中雷辟邪。央室上央五子舆,僮女随后驾鲤鱼。前有白虎、青龙车,后即被轮雷公君。从者推车,狐狸鹪雏。上卫桥尉车马。前者功曹后主簿,亭长、骑佐、胡使弩。下有深水多鱼者,从儿刺舟渡诸母。使坐上,小车軿,驱驰相随到都亭,游徼候见谢自便。后有羊车像其槽,上即圣鸟乘浮云。其中画像家亲。玉女执尊、杯、案、盘,局束稳杭好弱貌。堂央外,君出游,车马导从骑吏留。都督在前后贼曹。上有虎龙衔利来,百鸟共持至钱财。其央内,有倡家。笙竽相合偕吹芦。龙雀除央鹤啄鱼。堂三柱:中□□龙□非祥,左有玉女与仙人,右柱□□请丞卿。新妇主侍给水浆。堂盖总好,中瓜叶,上□包,末有盰。①

　　这些记载文辞不甚通顺,或有误字,但基本有韵,抑扬顿挫,便于吟诵,可能是当时工匠用于记忆雕刻构图的口诀或歌谣。它反映了整个墓室建筑中各部位的绘图内容安排,给今人了解画像石图像的内容与定名提供了重要的根据。对于我们分析画像石墓中的画像布局情况,复原残墓,研究画像石墓的礼仪宗教意义都具有可贵的价值。而铭文本身在研究汉代的语言文字方面也是值得重视的材料。

　　山东省嘉祥县的永寿三年(157)安国题记与上述一石不同。它主要记录了死者安国患病死去的经过,记录了父母兄弟为之营葬,招募石工刻绘画像石建造墓葬的情况,并且祈福发愿。由此可以看到,这

---

① 　参见山东省博物馆,苍山县文化馆:《山东苍山元嘉元年画像石墓》,《考古》1975 年第 2 期。此处释文为笔者所作,与原简报释文有所不同。原文中的假借字均改正为正字。

篇题记的文体内容与墓志、墓碑已经非常一致了。同时,这样的题记也开始包含有可资研究的历史资料,里面就记载了"泰山有剧贼",即《后汉书·桓帝纪》中记载的"泰山贼公孙举等寇青、兖、徐三州"。在汉代石刻中,这件题记是《曹全碑》后又一件记录汉代农民起义斗争的宝贵石刻资料。

此外,由于汉代画像石墓建筑用的画像石都是在地面上雕刻好后再放入墓坑中装配起来的,所以有些画像石的边沿部位会刻上石工的题记。这些题记比较简单,都是注明石构件的方位、序号等,供装配时使用。

石祠堂(或称食堂)外形模仿木制房屋建筑,只是体积较小,全部用石件构成,雕刻有瓦垄、门窗等。它一般安放在墓地里,有时甚至放置在墓葬的封土上,供后人祭祀使用。宋代以来,也有人称之为石室。传世材料颇多,如著名的山东嘉祥武梁祠、山东长清孝堂山孝子石室等。这些石祠堂的画像与题记,在历代金石著录,如《隶续》、《两汉金石记》、《山左金石志》、《金石索》、《金石萃编》、《汉代画像全集》、《汉武梁祠画像考》、《汉武梁祠画像图录和考释》等著录中都有所收集与研究。(图37)

图37 山东长清孝子石室东汉画像祠堂

　　石祠堂的画像雕刻在石室内的四壁与屋顶上,大多为与墓主人有关的生活画像与故事画。其内容与布局安排同上述画像石墓中的情况大体一致。正对门口的后壁上往往刻画墓主的宴坐图像,可能为达到祭祀供养的目的。画像上的题记大多采用附加在画面里的题榜形式,在画像中单独留出一块长方形的部位刻写铭文。例如山东嘉祥武氏石室画像中伏羲像旁的题榜:"伏戏仓精,初造王业,画卦结绳,以理海内。"这是中国传统绘画惯用的表现方式。在近五十年间考古发现的河北望都汉墓壁画、内蒙古和林格尔新店子汉墓壁画以及大同北魏司马金龙墓中出土漆画等画面上都表现出这种题榜形式。由此也可以说明石祠堂画像的原型来源于壁画这一事实。

　　石祠堂的画像石题记由于画面限制,字数不会太多。一般只是对画面上人物身份或者所画故事场面的简要说明,个别的添加一些表现感慨、赞颂和劝戒的词语。例如武氏石室神农画像题记:"神农氏因宜教田,辟土种谷,以振万民。"武氏石室中的曾子母亲图像题榜为"谗言三至,慈母投杼",左上角题榜为"曾子质孝,以通神明,贯感神祇,著于来方,后世凯式,仁□为纲"。出现较多的是只附注人名的简单题铭,如武氏石室画像中的"要离"、"王庆忌"等。这些题榜主要有助于我们了解画像内容与汉代社会思想意识。除部分文字异体写法需要考证辨识以外,内容一般不难理解。由于汉画像石的铭文题刻多为石匠直接刻写,限于文化水平,文句中脱字、写错字、别字以及假借字的现象经常出现,释读时需要注意。(图38)

图38　汉代画像石题记

具有中国传统艺术特色的画像石制作技法在中国古代石刻中长期保留下来，自汉代以后直至清代，在石材上采用线刻或减地浅浮雕加线刻来雕刻的绘画作品数量还有不少。这种源于汉代画像石的装饰技法始终是石刻艺术中的重要组成部分。而在石刻线画等雕刻艺术品上附加题榜的作法也长期存在。上文已述，北朝时期的一些石棺、石屏风等丧葬用品上就在装饰的雕刻中附加有多种题榜。比较常见的是在描绘孝子故事画的雕刻中加注说明文字。如现藏美国纳尔逊—阿特肯斯美术馆的北魏孝子画像石棺上就有"子舜"、"孝孙原谷"等多处题榜。这明显是汉代画像石制作形式的遗风，表现出中国古代民间世代沿传，从不间断的汉文化礼仪传统。

二、造像题记

另一大类型的艺术石雕附属刻铭来自众多的佛教艺术石刻，即造像题记。上面已经说过，佛教传入中国后兴起了建造各种佛像顶礼膜拜的风气。可以说佛教的传入直接促进了古代中亚及西域地区的佛教石刻艺术进入中原地区，并且极大地推动了中原石刻技艺的发展，使石刻的应用更加深入民间。石质佛教造像也随之成为中国古代石刻中极其重要的一个门类。现有材料表现出，在两晋南北朝时期，随着佛教日益广泛的传播，制作各种佛教艺术品的风习迅速蔓延开来。首先出现了佛与菩萨的小型造像、佛塔，接着开始开凿石窟，雕塑佛像。除帝王、官僚、豪富们建造石窟寺与佛寺殿堂中的大型佛像及造像碑之外，还有广大信众私人供养或捐赠的各种中小型佛像。制作它们的材料也多种多样，如金铜、玉、木、陶、石、夹纻漆、泥塑、刺绣等等。限于本书研究范围，这里只对石质的佛像及有关铭刻题记加以讨论。

从整个佛教历史来看，南北朝时期应该是中国佛教发展史上的第一个高潮时期。表现佛教在汉代开始进入中国的零散现象暂且不谈。早在十六国时期，众多来自西域的僧人就从凉州进入中原，走向东方，到处宣传佛教，并且带来了大量佛教经典与佛教艺术品。如佛图澄等名僧,由于得到当时君王(如石虎等人)的尊崇,对于佛教的流布建功颇多。

　　与此同时,刊刻佛像的风气也随着佛教东渐而来。首先,有著名的凉州石窟(即今甘肃炳灵寺等一系列石窟)的兴造。而后在北魏初年,北魏太武帝西征北凉,将凉州僧徒 3000 人迁至平城,使"沙门佛事皆俱东,象教弥增"[①]。北魏文成帝时,便开始兴造著名的大同云岗石窟。在此前后,又有大量大小不等的石窟寺在各地建成,形成了一个遍布中原的佛教石窟体系,如甘肃的敦煌、麦积山、炳灵寺、天梯山、庆阳南北等石窟,河南的龙门、巩县、安阳宝山等石窟,河北的邯郸响堂山石窟,辽宁义县万佛堂石窟,山西的云冈、天龙山石窟等。在佛教信仰广泛普及的形势下,笃信佛陀的民众们纷纷捐资造像,为石刻绘画雕刻艺术提供了前所未有的发展天地,造就了在世界文化史上也享有盛名的北朝佛教石刻艺术。(图 39)

图 39　龙门石窟内景

---

①　北齐　魏收:《魏书·释老志》,中华书局,1974 年。

　　北朝佛教石刻艺术的突出代表是一些著名的大型佛教石窟，如上述位于统治中心附近的云岗石窟、龙门石窟等处，其恢弘的建筑布局与精美绝伦的佛像雕刻已为世人所熟知。但是这些石窟雕刻的技艺中比较多地体现出了源于西方的佛教艺术风格。佛像以圆雕为主，写实因素比较强，对于肌肉与人体比例等解剖知识掌握得比较好，反映出这些技艺来源于西方的犍陀罗等佛教艺术。当然，在雕像形象上与细部的处理上已经逐渐有了汉化的改变。在这些大型石窟中，相对比较能够反映出中原传统绘画风格与汉代画像石雕刻艺术影响的，应该是造像的龛楣、背光中的纹饰、佛座装饰等辅助雕刻。例如龙门石窟中的宾阳洞、古阳洞内四壁雕造的北朝小型佛龛装饰，就能表现出一定的汉代传统艺术色彩，大多采用线刻或减地浅浮雕的手法刻绘人物、神怪等纹饰。汉字书写的题记、题榜等也夹杂其中，自然地成为整个造像的一部分。石窟的建造格局一般是在窟室内正面与两侧壁上雕刻立体的多尊佛像和菩萨像，形成一组组表现佛教信仰的佛像群雕。现习惯将一组佛像称作一铺造像。很多石窟由于受印度佛教石窟建筑形式的影响，在石窟中央开凿有方形的中心柱，在中心柱四边雕刻佛像。在石窟四壁的空隙处往往雕刻信徒发愿刊刻的小型佛像，大多采用小型佛龛的形式。佛龛里面雕刻各种组合的佛像，如一佛二菩萨、一佛二菩萨二弟子、一佛二菩萨二弟子二天王、二菩萨并坐、三世佛并坐等等，借以体现不同的供养对象。

　　石窟之外，还有一些在山崖上开龛雕刻的摩崖造像。其组合与表现形式与石窟造像基本相同。

　　在民间广泛刊刻的各类小型佛教造像，与上述那些帝王、官僚、豪富兴造的大型石窟造像风格不尽相同。这些小型佛像基本上为单独的一铺或一座佛像。其雕刻的式样也十分丰富，除单身佛立像、坐像外，还有各种组合的佛像群，如一佛二菩萨、一佛二菩萨二弟子、一佛二菩萨二弟子二天王、二菩萨并坐、三世佛并坐等等。大小不等，从数米高到几十厘米高均有发现。在当时，它们大多作为祈福、造作功德的成果供奉在各地寺庙中。有些研究者也把它们称作"单体造像"。其神像造型与衣着纹饰等细部雕刻在各个历史时期逐渐产生变化，形成时代差别以及地域性的差别，可以协助考古学研究中的断代判定。

佛教造像在中国古代是十分重要的一项佛教崇拜功德物，也是主要的佛教艺术品，具有普遍的民间性。它的制作时间延续很久，自北朝至明清时期的一千多年中都有所造作。现在传世与新出土的佛教石造像中，以南北朝隋唐时期的遗物最多。近几十年来，在河北、河南、山东、山西、四川、陕西、甘肃等地多次出土了大量南北朝隋唐时期的石质佛造像与造像碑。例如河北省曲阳县的修德寺造像、山东省博兴县的龙华寺造像、山东省青州市的龙兴寺造像、四川省成都市的万佛寺造像、河北省临漳县的北吴庄造像窖藏等。值得注意的是，在这些造像与同时的造像碑中，显示出了一些以汉代画像石技法为代表的中国古代传统艺术特色，如以线条为主的阴线刻、平面浅浮雕技法，更注重神似而不是形似的表现手法，简练概括的风格，加有题榜文字说明等。在一些比较偏远的地区，可能是由于当地工匠较少接触到外来的佛教造像范本，用传统手法臆造的成分较多，这些地区的佛教造像就更朴拙，更富有民族特色。如陕西省北部耀县、宜君、洛川、延安等地发现的北朝造像。

在上述的石窟、摩崖造像与单座造像中，有相当一部分附刻有文字题记。造像题记主要为捐资建造佛教造像的供养人服务，记录他们造像的情况与祈福的誓愿。铭文内容比较简单，常用语句格式化。由于往往是石工自行书写题记，限于文化水平，书写的字体大多比较草劣，文字异体纷呈，给释读造成一定困难。但也是研究这一时期异体文字变化情况的重要资料。

石窟中的造像题记大多是附着在供养人捐造的佛造像龛下方或旁侧，有些还单独在窟壁上雕刻出一块碑形的平面刻写铭文，例如洛阳龙门石窟老君洞中的北魏景明三年（502）孙秋生造像记。（图40）

图40　北魏孙秋生等造像题记

造像题记数量最多的为洛阳龙门石窟,现存 2875 件以上,以北朝题记为多。有些窟中的题记由下至上,密密麻麻,几乎达到窟顶。例如洛阳龙门石窟中的宾阳中洞、古阳洞等。由于造像时间、造像名目、捐资数量等方面的区别,佛像大小不一,题记也长短不同。在这些题记中,最大量的是比较简短的一般性题记。它们大多仅有造像主的姓名、造像佛名和造像日期等内容,并且往往随处而刻,没有固定的形制。有些比较长篇的题记,则用大段骈文赞颂佛教的功德,叙述造像的缘由,并表达供养人们为国为家祈福的愿望。多人集社供养的造像题记还会详细列举供养人的姓名官职与亲属关系等。以下摘引两个比较有代表性的龙门石窟造像题记文例:

> 孙秋生等造像记为:"大魏太和七年新城县功曹孙秋生、新城县功曹刘起祖二百人等敬造石像一区。愿国祚永隆,三宝弥显。有愿弟子等荣茂春菀,庭槐独秀,兰条鼓馥于昌年,金晖诞照于圣岁;现世眷属,万福云归,洙轮叠驾;元世父母及弟子等来身神腾九空,迹登十地。五道群生,咸同此愿。孟广达文。萧显庆书。(以下列举诸维那姓名,此略)景明三年岁在壬午五月戊子朔廿七日造讫。"①

> 丘穆陵亮夫人尉迟造像铭为:"太和十九年十一月使持节司空公长乐王丘穆陵亮夫人尉迟为亡息牛橛请工镂石造此弥勒像一区。愿牛橛舍于分段之乡,腾游无碍之境。若存托生,生于天上诸佛之所。若生世界,妙乐自在之处。若有苦累,即令解脱。三途恶道,永绝因趣。一切众生,咸蒙斯福。"②

尽管造像题记内容简略,但它往往是石窟造作年代的可靠证据,对于石窟断代起着重要的作用。如云冈十一窟的北魏太和七年(483)

---

① 清　王昶:《金石萃编》卷二十七,扫叶山房石印本,1921 年。

② 清　陆增祥:《八琼室金石补正》卷十二,文物出版社影印本,1985 年。

造像题记，是云冈石窟中年代最早的石刻造像题记，有助于了解云冈石窟的开凿年代，具有重要的历史价值。又如龙门石窟中最早开掘的古阳洞，壁上有北魏太和二十二年（498）比丘慧成造像题记，它对于判断龙门石窟的开凿时间也是一个重要的依据。由于清末以来兴起对北朝书法的关注学习之风，龙门造像题记也成为书法界重视的范本。从中精选的龙门二十品等多种题记选集，作为墨帖广泛流传。

1962年在整修甘肃炳灵寺石窟时发现了169号窟中的西秦建弘元年（420）墨书题记，它是目前发现的年代最早的石窟题记。引起石窟考古学者的高度重视。它和其他石窟中的墨书题记一样同属于造像题记，具有考古学断代与历史考证的重要价值，因此虽然不是石刻，在这里也一并提及，以说明其重要性。

单座造像一般是供养人捐资雕刻后送到寺庙中供养的佛像。作为佛教信徒的功德，自然要向佛祖与众多信徒们彰显供养者的名分与虔诚祝愿，所以往往在造像的底座上刻写简单的造像题记，记载供养人的姓名与供奉的佛像名称，以及造像时间等。由众多供养人集体捐资建造的佛像还会刻写所有供养人的姓名，特别要注明专门捐资雕刻某些佛像的造像主姓名与祈福的词语等。造像题记的位置不固定，除了常利用造像座的空隙外，有些较长的造像题记会刻写在造像的背光后面，还有些供养人的题名会插刻在佛像龛外或供养人像的旁边，类似汉代画像石中的题榜，这也是中国古代传统绘画艺术中特有的一种形式。（图41）

单座造像的题记文体和常见格式与上述石窟造像题记大体相近。例如（图42）：

> 北魏正光六年（525）曹望憘造像题记：“大魏正光六年岁次乙巳三月乙巳朔廿日甲子。夫法道初兴，则十方趣一；释迦启建，则含生归伏。然神潜涅槃，入于空境，形坐玄宫，使愚迷后轨。襄威将军柏仁令齐州魏郡魏县曹望憘是以仰思三宝之踪，恨未逢如来

图 41　北魏骆子宽造像

图 42　北魏曹望憘造像题记

之际，减己家珍，玄心独拔，敬造弥勒下生石像一躯。愿以建立之功，使津通之益。仰为家国己身眷属，永断苦因，常与佛会。七世先亡，神升净境。亲表内外，齐沐法泽。一切等类，共沾惠液。堂堂福林，荡荡难名。知财非己，竭家精成。佛潜已久，今方现形。匪直普润，六合扬名。"①

　　限于体积较小，很多单座造像上仅有简单的造像人题名及纪年等文字铭刻。一般的造像题记中主要记录有大量的供养人姓名、籍贯、祈福原因等内容。这些重要的历史资料对于研究当时的社会风俗、民

---

① （日）大村西崖：《支那美术史雕塑篇》，佛书刊行会图像部，1915 年。

族状况、官职制度、地理区划等热点课题都有宝贵的参考价值。马长寿就曾利用关中地区的北朝造像对于当时这一地区的民族分布迁徙状况进行过精辟的分析研究①。

　　另外还有专门刊刻的记录造佛像或造佛塔事件的造像碑、造塔碑等，其形制与当时的碑类石刻相同，在碑、塔等有关小节中说明。还要提及，古代造像并不仅限于佛教，在佛教大举造像的影响下，道教也有制造石质道教天尊像的现象。但其造像形式与铭文的刻法都模仿佛教造像，只是天尊的形象有所不同。在一些道教造像的铭文中明确称之为"造太上老君像"，可予以证明。

第四节　专用文字石刻

　　本节介绍的内容与上面所介绍的各种石刻类型明显不同。它们都应该是专门制作出来供记录与展示文字内容的石刻，仅起到宣传、记述、纪念与传播信息等意识形态上的作用。也就是历代学者所限定与研究的石刻主体。故我们在这里统称之为专用文字石刻。

一、刻石和碣

　　迄今为止，考古发掘中尚未见到先秦时期的具有相同固定形制的专用文字石刻材料②。这里还是沿用前人的看法，即先秦时期的铭文石刻都是在未作大量加工的天然石块上镌刻而成的。时人称之为"刻石"。《史记·秦始皇本纪》记载："二十八年，始皇东行郡县，上邹峄山，立石。与鲁诸儒生议，刻石颂秦德。……禅梁父，刻所立石。"著名的琅琊刻石铭中记载："（诸臣议于海上，曰：）古之帝者，地不过千里，

① 马长寿：《碑铭所见前秦至隋初的关中部族》，中华书局，1985 年。
② 先秦时期的盟书，如侯马盟书，虽然多具有圭形、简形等相同形制，但多为书写，应与石刻有所区别，暂不列入。

诸侯各守其封域，或朝或否，相侵暴乱，残伐不止，犹刻金石，以自为纪。……今皇帝并一海内，以为郡县，天下和平，……群臣相与颂皇帝功德，刻于金石，以为表经。"正说明了当时刻石的目的与刻石情况。如上述记载不存在附会的问题，那么，它正可以反映出在先秦时期已经有刻石纪功的作法了。

　　能说明先秦时期存在着刻石纪功形式的实例主要是著名的秦石鼓文与中山国守丘刻石等传世石刻。（图43）

图43　河北平山出土战国守丘刻石

　　秦始皇巡游各地，到处刻石，是为了"表垂于常式"，彰明其文治武功，法令制度。而反抗暴秦的黔首，同样利用刻石的方法进行宣传。据《史记·秦始皇本纪》记载："（始皇）三十六年，荧惑守心，有坠星下东郡，至地为石。黔首或刻其石曰：'始皇帝死而地分。'"陨石的硬度一般都比较高。能够在陨石上面刻写铭文进行宣传，表明当时的刻石技术与工具已经十分先进，石刻的方法也比较普及了。（图44）

图 44　秦琅琊刻石

　　秦代以后,使用天然石块外形略作加工后就刻写铭文的作法仍然存在,特别是在著名风景区以及边远地区多有使用。也就是后人习惯称作的"碣"。

　　《说文解字·石部》称:"碣,特立之石。东海有碣石山。"[1]表明碣的本意实来源于秦始皇东巡所至的海边碣石。今人在考古发掘的基础上判定现在山海关以北,海水之中的"姜女坟"一地为秦始皇曾经抵达的碣石遗址。而这"姜女坟"正是孤立于大海之中的一块蚀柱形巨石。恰恰与《说文解字》的注释相吻合。因此,古人也将在单独矗立的大型石块上刻写的铭刻文字叫做碣。

　　到了唐代,人们已经不甚了解古代碣的本来意义。如《后汉书·窦宪传》"封神丘兮建隆碣"一句,唐人李贤注曰:"方者谓之碑,圆者谓之碣。碣亦碑也。"柳宗元在叙述唐代葬令时称:"凡五品以上为碑,龟趺螭首,降五品为碣,方趺圆首。"已经将碑、碣并列,甚至认为碑、碣是同一类型,仅装饰不同而已。迄今仍有类似看法存在。这就完全混

----

[1]　汉　许慎:《说文解字》,中华书局影印大徐本,1963 年。

淆了碑、碣的界限，也就无法表明碣的产生远远早于碑这一前后关系了。

马衡在考察碣的形制时说："《山左金石志》纪琅琊台刻石之尺寸曰：'石高工部营造尺丈五尺，下宽六尺，中宽五尺，上半宽三尺，顶宽二尺三寸，南北厚二尺五寸。'又纪泰山顶上无字石曰：'碑之高广厚一如琅琊台，所差不过分寸。'《云麓漫钞》纪国山刻石（天玺元年）之形状曰：'土人目曰囤碑，以石圆八出如米廪云。'《国山碑考》亦云：'碑高八尺，围一丈，其形微圜而椭，东西二面广，南北狭四之一。'《两浙金石志》纪禹陵窆石（篆书，无年月，阮元定为吴孙皓刻）曰：'高六尺，周广四尺，顶上有穿，状如秤锤。'综合诸石观之，其形当在方圆之间，上小下大。"①这些论述已经将秦汉以降的一些典型碣石的形制做了综合分析。马衡还在《石刻》一文中引述曾经亲眼目睹过秦琅琊刻石人士的描述，指出琅琊刻石的外形也与馒头相似②，即与著名的先秦石鼓文外形相似。可以表明，先秦石鼓就是古代碣的典型代表。秦代刻石多属于碣这一类石刻。而今日西安碑林博物馆所藏的后人徐铉摹刻本琅琊刻石，已经改成了碑形，失之原貌了。

现存的秦代以前的石碣，有用以歌功颂德，记录帝王活动的，如石鼓与琅琊、泰山、峄山等秦始皇刻石；有用以标示陵园茔域的，如中山国守丘刻石。这些用途不一的碣，似乎表示在先秦时期树立石碣刻写铭文的风气已经形成。这种石刻文字普遍应用的状况，为后代石刻的发展奠定了基础。

这种在天然石块上刻写的碣，降至两汉三国时期还常有使用。现存新疆巴里坤一带的东汉永元元年（89）任尚碑、永和五年（140）焕彩沟碑等石刻，虽然被旧金石著录习称作碑，但是根据实地考察，它们也是刻在天然石块上的碣。马雍《新疆巴里坤、哈密汉唐石刻丛考》一文

---

① 马衡：《凡将斋金石丛稿》，《中国金石学概要》，中华书局，1977 年。

② 马衡：《石刻》，《考古通讯》1956 年第 1 期。

中记述:"(任尚碑)刻于天然岩石上。石高 1.40 米、宽 0.65 米、厚 0.42 米。……石面稍加打磨,仍极粗糙。""(焕彩沟碑)也是一块天然的大岩石,未经人工造型,形状略如馒头,横卧地上,高不足 2 米,南北长约 3 米多,东西长约 1 米多。"①

两汉三国以后,在大量使用的纪念性石刻中就很少见到碣这一类型的石刻了。除边远地区还偶尔有碣出现外,后代的碣主要是在山野

图45 吉林集安高句丽好大王碑

---

① 马雍:《西域史地文物丛考》,文物出版社,1990 年。

名胜、园林建筑中刊刻树立，用于题名、题诗、书写题记等。比较典型的碣如著名的高句丽好大王碑。至今保留在吉林省集安市东北的好大王碑是一块方柱形的天然巨石，石面未加整治，四面刻文。它是我国目前可以见到的最大的早期碣石。（图45）而在南北朝以降，碣原来具有的用于纪功记事的主要功能已经完全转移到有固定形制的碑上。正如马衡所言：“盖自碑盛行以后，而碣之制遂渐废。”

二、摩崖

马衡在其《中国金石学概要》一文中曾经指出：“刻石之特立者谓之碣，天然者谓之摩崖。”①所谓天然者，即利用自然形成的岩石断面。在山崖的竖立平面上，不做外形加工或略作加工后直接刻写文字或图像，这就是一般所说的摩崖。

在山崖上直接刻写的摩崖是最原始的石刻之一。它的制作方式与原始时代就存在的岩画十分相似，应该说是一脉相传下来的。以往金石著录中收录的所谓夏商周石刻，如传说为夏禹时期的岣嵝碑、商代的红崖刻石等，其年代虽然都属于前人的附会之言，但它们应该是古代生活在南方的民族、部族遗留下来的摩崖石刻这一点，则出入不会太大。制作摩崖，除了对地理条件的要求外，相对比较简易。所以后代仍然常常使用。例如有学者认为在秦始皇的诸多刻石中就有摩崖存在。马衡就提出：“秦刻石中惟碣石一刻曰刻碣石门，不云立石，疑即摩崖。”②

最早的摩崖一般是选择一片比较平直的石壁，在上面直接刻铭。到了东汉，就已经出现了对天然石壁加以修整后雕刻铭文的作法。甚至有在石壁上雕刻出一个仿照碑形的平面刻写铭文的情况。等于是把一个平面的碑移到了山崖之上。东汉时期遗留下来的这类摩崖很

---

① 马衡：《凡将斋金石丛稿》，《中国金石学概要》，中华书局，1977年。

② 马衡：《凡将斋金石丛稿》，《中国金石学概要》，中华书局，1977年。

多。像著名的永平六年（63）汉中太守鄐君开褒斜道记、建和二年（148）司隶校尉杨孟文石门颂、永寿元年（155）汉右扶风丞李禹表刻石、建宁五年（172）李翕析里桥郙阁颂等。（图46）汉代的这些摩崖，大多为长篇铭颂，其文体内容与作用和当时同时存在的碑完全一致。所以，有些摩崖也被后人讹称作碑。如熹平三年（174）武都太守耿勋碑。它实际上是一件摩崖石刻，原石在甘肃省成县天成山。但是以往的金石著录中却都把它称作碑。追寻其原因，主要是以往的金石学研究中对外形形制没有认真严格的区分，仅依就铭文文体内容去随意定名，从而造成石刻名称上的混乱。

图46　东汉西峡颂

　　汉代以后,摩崖仍然是一种常见的石刻形式。其中仍有一些长篇铭颂,如北齐河清三年(564)郑述祖重登云峰山记、山东掖县云峰山北朝郑道昭等题刻、唐开元十四年(726)唐玄宗纪泰山铭、大中六年(852)大唐中兴颂等著名的大型摩崖石刻。(图47)这些摩崖的体积

图47　山东唐代纪泰山铭

庞大,气势宏伟,书体雄劲,一直受到人们的珍视。中华民族具有高度重视历史和热爱自然的传统。在中华大地上散布的众多风景奇美的自然名胜与重要的历史古迹,历代以来就受到文人雅士的青睐。登山留记,临水吟咏,摩崖是最便利的留下铭刻的方式。因此,在全国各地名山胜景的山崖巨石上,处处都有各种各样的摩崖题刻。(图48)这类摩崖完全依据自然山石,刻制出来的形制也是多种多样,有些就是直接在石面上刻写,有些在山崖上琢磨出一块平面后刻写铭文,还有的在山崖上凿刻出碑形后刻写铭文。这些摩崖的内容形式也不尽一致,除长篇颂赞、诗歌游记之外,主要是各种题字、题记、题名。尤其是在宋代以来,文风日盛,文人过客在各地题记题名的情况十分普及。这些题记、题名内容比较简单,但是能够保留下大量历代著名人物的名字,补证历史。此外,它们还包含有一定的史料,有些史料甚至颇为

图48　山东平度北魏郑道昭摩崖题记

珍贵。例如在福建南安县九日山上所刻写的关于当时海商祈风的题记①,涉及海外交通商贸的情况;涪陵等地长江中的石鱼题刻,是关于历代长江水文情况的重要实证②;以及四川万源对早期茶叶种植情况的题记等③。

至今仍然保存有大量摩崖题刻的名胜之地主要有:山东省泰安市泰山、广西壮族自治区桂林市、湖南省祁阳县浯溪、浙江省青田县石门洞、福建省泉州市九日山、重庆市三峡瞿塘峡、湖北省宜昌市三游洞、陕西省华县华山、山西省浑源县恒山等等。(图49)

图49　桂林摩崖

---

① 吴文良:《泉州九日山摩崖石刻》,《文物》1962年第11期。

② 龚廷万:《四川涪陵"石鱼"题刻文字的调查》,《文物》1963年第7期。

③ 胡平生:《北宋大观三年摩崖石刻"紫云坪植茗灵园记"考》,《文物》1991年第4期。

　　特别要提及,从佛教传入中国以来,用于宗教方面的摩崖石刻数量越来越多,在全部摩崖中占有相当大的比重。除遍布南北的摩崖造像、摩崖龛窟和造像题记之外,摩崖刻经也颇具影响。尤以北朝时期在河北、山东、河南等地山寺周围刊刻的大型摩崖刻经引人注目,受到学术界、书法界的珍视。这些摩崖字体宏大,占地广阔,有些就在不加雕饰修理的大片天然石面上雕刻,例如山东省泰山经石峪的摩崖金刚经、山东省邹县岗山铁山等地的四山摩崖刻经、山东省东平的安道一摩崖刻经等。(图50)有些则是将石崖修整出平面,甚至划出界格,工整书刻。有的摩崖刻经还对刻错的字作了嵌贴石面的修补,显得严谨

图50　山东邹城铁山摩崖北齐刻经

端庄，表现出对于刻经高度认真恭敬的程度。如河北省涉县娲皇宫的摩崖法华经等。四川重庆等地则有唐宋时期的大量摩崖刻经。近年来，德国海德堡大学学术院与有关地区文博部门合作，对山东、四川等多处古代摩崖刻经进行了三维扫描、立体勘测等多方面的资料收集与研究①，从而为世人提供更为完整科学的摩崖刻经原始资料。

三、碑

碑是现代最为常见的一种石刻形式。甚至常见有人用碑这一名称来代替文字石刻整体。在中国古代的石刻发展历程中，碑出现得比较晚。但是碑作为一种具有自己典型外部形制的石刻，在中国的古代历史中运用的时间十分长久，至少从西汉末年起一直延续使用到当今社会，并且没有形制上的重大改变，这在古代器物中是不大多见的。

值得注意的是，碑这种石刻形制在西汉末年才有出现，在东汉时期突然勃起，开始大量运用，而且自其在中国古代社会中一出现，它的形制就已经比较完善，没有其他古代器物发展过程中那些早期的不定型状态与漫长的演变阶段。这是一个至今尚待探讨与解释的考古现象。

如果梳理一下西汉初期到东汉之间的现存石刻情况，我们可以看到：虽然在西汉的陵墓建筑中已经出现了多种建筑石材与石雕，如陕西咸阳汉武帝茂陵陪葬墓——霍去病墓前排布有大型石雕马踏匈奴、卧马、虎等，显示出当时已经具备了熟练的石作技术与坚硬的雕刻工具，但是遗存至今的西汉石刻文字却少得可怜。20世纪60年代，徐森玉统计有11种西汉文字石刻。近50年间，在内蒙、江苏等地又有一些新发现的西汉石刻，但总数仍未超过20种。这些文字石刻中，属于西汉早中期的石刻主要用来表明人物姓名、年月、建筑材料的尺寸方

---

① 海德堡学术院、山东石刻艺术馆：《中国佛教石经》，中国美术学院出版社，2014年。

位等内容,应该还是古代法律对手工业产品要求"物勒工名"的孑遗。西汉中期以后,出现了用于标识地界、记录符契等用途的实用石刻。而在西汉晚期至新莽时期,则产生了坟坛、祠堂神位等供丧葬礼仪使用的石刻。这一变化过程大体反映了西汉石刻仍处于刚刚开始被社会利用,正在以实用价值走向民间。还属于古代石刻发展史上的初期阶段。以前曾有人认为没有西汉石刻存世的原因是王莽下令天下禁毁碑刻。这种说法未免失之片面。试看现存西汉晚期的麃孝禹刻石、新莽莱子侯刻石等,虽然其形制已经与后来东汉的碑颇为近似,但是体积较小,并且仍然在石面上刻画出竖行界格,仿效实用文书中简牍材料的形制格式。这种借鉴或模仿其他实用器物形制的作法应该是表现出一种器物的原始性。由此推测,在西汉晚期碑这种石刻仍然处于初具雏形的萌芽状态,并未大量出现。考古发现中很少见到西汉时期碑石的现状与这一推测是比较吻合的。

就现有资料来看,东汉时期制作的文字石刻数量已经相当可观,进入了中国古代石刻发展的第一个高潮期。碑这种主要的石刻形制在此时脱颖而出。在古代文献记载中也出现了大量的东汉碑刻。北魏地理名著《水经注》中曾经记录了当时可以见到的100多座汉碑,主要是东汉碑刻。宋代金石著作《隶释》中收录了汉代碑文115件。近人统计,目前可见到的有明确纪年的东汉碑刻可达160余种。这些东汉碑刻大都具有相近的固定形制,经过精工修整,铭文体例规范,为后代碑石制作确立了一个可供沿循的标准模式。例如现存东汉碑刻中刊立时间较早的永元四年(92)袁安碑,由残存部分看,它原来是长方形碑身,中部有穿,已经是典型的汉碑形制了。

碑的外部形制独特,是专门用于铭刻文字以及图像等人类文化信息的古代遗存材料。在中国古代,碑在其最早出现的西汉晚期尚属原始粗放,而至东汉早期就已经完全定型普及。这之间不到百年光阴。一种影响久远的重要石刻形制能在如此短暂的时间内快速地突然完善,其中必然有着促使它迅速定型并流行开来的社会、文化等诸方面特殊因素。因此,有必要对碑这种石刻的渊源,演变和定型过程作一些探索与梳理。

如果我们把有关碑的古代信息归纳一下,可以看到,中国古代"碑"的起源会追溯到近3000年前的商周时期。对于中国古代碑的来源,有过多种不同的解说。以往一般是把它与中国古代文献中所说的宗庙碑、丧葬用碑联系起来。前人言及碑的由来时,往往引用古代经书中的《仪礼》等文献资料。《仪礼·聘礼》云:"东面北上,上当碑南。"是说去宗庙祭祀时要站在碑的南面。东汉学者郑玄注解说:"宫必有碑,所以识日景,引阴阳也。凡碑引物者。宗庙则丽牲焉,以取毛血。其材,宫、庙以石,窆用木。"①这是说:古代的宗庙中一定要有碑。用它来看太阳的影子,来确定阴阳方向。普通的碑是用来牵引物品的。宗庙里就用它来拴牲牲,以便在祭祀时取毛血。宫殿、宗庙是用石块做碑,下葬时用木材做碑。《礼记·祭义》也记载:"既入庙门,丽于碑。"孔颖达疏云:"君牵牲入庙门,系著中庭碑也。"这些文献记载,都是把古代标示日影、拴系牺牲的立柱称作"碑"。所以中国早期的碑上,都在中央凿出圆形的洞孔,古人叫作"穿"。除用于安装辘轳外,它或许也有供缚系牺牲使用的用途。

这种说法是比较传统的观点。现在还有人在这一基础上强调中国文字碑的由来主要是来源于宫庙的石碑,这种石碑原始的作用是通过看日影来确定时间。也就是相当于日晷的作用。同时它也起到标志方向的作用。中国古代居住在中原一带的人,在新石器时期就已经进入了农耕社会,由于农业生产具有特殊的季节性与时间性,而对于季节与时间的认识主要依靠太阳的运转情况来确定。所以利用太阳标志时间的日晷产生得很早。同时人们出行确定方向也要依靠太阳。居室建筑的朝向也要决定于太阳的照射方向,进而城市的建设也要考

---

① 汉 郑玄,唐 贾公彦:《仪礼注疏》,《十三经注疏》,中华书局影印本,1979年。以下有关十三经引文均据此本,不一一注明。

虑方向。这样,在城市中心和宗庙里树立表柱或石碑,起到上述作用,就成为古代建筑布局中必要的一个组成部分。

　　这方面有一个考古发现的例子。1997 年在河南新郑战国都城的发掘中,出土过一件圭形的石碑,高 3.25 米,宽 0.45 米,圭首的两侧带有翼耳,中部有圆穿。它正位于该都城的宗庙遗址中心,正好说明了古代都城建筑中存在石碑的建筑规律①。(图 51)

图 51　河南新郑出土战国碑

---

①　郝本性:《从新郑故城韩国宗庙碑说起》,见《黄帝故里故都在新郑》,中州古籍出版社,2005 年。

　　后来的《释名·释典艺》云："碑，被也。此本王莽时所设也，施辘轳以绳被其上，以引棺也。臣子追述君父之功美，以书其上，后人因焉。无故建于道陌之头，显见之处，名其文就，谓之碑也。"①则又把下葬用的辘轳架称作碑，与上文中所引《仪礼·聘礼》的郑玄注解部分相似。这样来看，古代人所说的碑，实际上还包括辘轳的架子，最早是用来在下葬时牵引绳索，放下棺木的。这一点在近年来的考古发掘中已经有所证明。1986 年，在陕西凤翔南指挥村发掘的秦公一号大墓中，曾于墓道里出土了四座木制的碑柱。证明古代确实存在着下葬用的碑。这是符合中国古代文献中记载的。《礼记·檀弓下》记载："季康子之母死，公输若方小，敛。般请以机封，将从之。公肩假曰：不可，夫鲁有初，公室视丰碑，三家视桓楹。"这一段话记录了春秋时期贵族丧葬的制度。机封是指要在墓中设置防备盗墓的机关装置，是葬礼比较奢华、等级也很高的表现，应属于一种僭越的行为。所以公肩假说鲁国当初的制度是：王公的墓葬中只用大碑下葬，而大夫的墓葬中只能用木架下葬。东汉的郑玄注释这一段话时，详细解释了丰碑和桓楹。他说："丰碑，斫大木为之，形如石碑。于椁前后四角树之，穿中，于间为鹿卢，下棺以绋绕。天子六绋四碑，前后各重鹿卢也。桓楹，斫之形如大楹耳。四植谓之桓。诸侯四绋二碑。碑如桓矣。"这种说法虽然用了一些后来的形式去解释前代事物，但是大体上相差不远。而后来宗庙、宫室中用的碑，就是来源于下葬用的碑这个名称。

　　早期的汉碑石中多凿有圆穿，也可以协助说明碑的由来。马衡先生指出："汉碑之制，首多有穿，穿之外或有晕者，乃墓碑施鹿卢之遗制。其初盖因墓所引棺之碑而利用之，以述德纪事于其上，其后沿习成风，碑遂为刻辞而设。"②这样，它就把原型辘轳上的洞孔保留了下来。正说明了它来源于辘轳柱的发展过程。有人认为这个孔具有供

---

①　汉 刘熙：《释名》，《四部丛刊》影印明刻本。

②　马衡：《凡将斋金石丛稿》，《中国金石学概要》，中华书局，1977 年。

阳光穿过,以指示时间的作用。可能不大符合古代的事实。因为这个孔比较小,碑身又厚,太阳位置高的时候阳光是无法穿过的。

从以上文献记载与实物证据来看,墓碑的产生乃至碑这一名称的产生都受到墓葬中木制碑的影响,似无疑义。但是,这只是表现出中国古代从用于下葬的木碑到建筑中使用的石碑之间,有这样一个发展过程。而文字铭刻是如何来到这种材料上面,使实用器变成了纪念标志。其中的起因还无法用上面分析的这一过程来解释。特别是无法用它来解释在中国考古发现中揭示出来的一种现象——碑以及其它石刻是在西汉晚期和东汉时期突然大量出现,而且有关石刻的形制自出现之时起就是非常完备的。从现有的考古发掘情况来看,远自春秋时期,木碑就已经有所使用。为何直到东汉初期才改行石碑? 为何石碑的形制、置放位置等都与先秦墓葬中的木碑存在着相当大的差距? 这些明显存在的问题,上引文献与前人的论说均未能予以解答。由此可见,东汉时期出现的定型石碑与先秦的木碑之间并非一脉相承的直系关系。在这其间可能经过漫长的演变,经过多种文化因素的综合作用。

我们认为,促成东汉时期石碑大量产生和定型的原因是多方面的。其中最主要的,可能是:在汉代,标示墓葬的习惯逐渐普及成风;厚葬之风大肆盛行;歌功颂德扬名传世的思想与儒家思想日益深入人心;随着开通西域,西亚北非等地西方文化的影响逐渐传入等。这些内外因素的共同作用造就了在中国古代社会流行开来的重要石刻——碑。

《礼记·檀弓上》中记载:"(孔子)曰:'吾闻之,古也墓而不坟。'"不起坟冢,不立标记,曾经是上古时期流行的葬俗。而就考古发现来看,在殷商时期就可能产生了在墓葬地面上修盖祭庙的作法。安阳殷墟发掘的商代后妃妇好墓的墓口上,曾经发掘出一座房屋基址①。考古工作者认为它可能就是当时修建的妇好享堂。两周时期的享堂遗

---

① 中国社会科学院考古研究所:《殷墟妇好墓》,文物出版社,1985 年。

址目前还没有发现。但是在汉代,修建享堂的作法十分盛行。信立祥《论汉代的墓上祠堂及其画像》一文中指出:"西汉早期已出现墓上祠堂。汉代的墓上祠堂制度,当源于惠帝所创始的汉高祖长陵寝庙制度,武帝以后普及于社会中下层。"①在国家重点文物保护单位中,现存的著名汉代文物武梁祠、孝堂山石室等都是这种建筑在墓地的墓上祠堂,它们应该反映出汉代人世间普遍存在着标示墓葬,显示陵域的社会意识。

在西汉时期,社会上可能还存在过一种木质的墓表。它也是用来标识墓葬地域的。例如《汉书·淮南厉王刘长传》记载:刘长谋杀士伍开章后,将其葬之肥陵,又另外造了一个假坟,"树表其上曰:'开章死,葬此下。'"颜师古注云:"表者,竖木为之,若柱形也。"《汉书·尹赏传》载:"楬著其姓名。"颜师古注云:"楬,杙也。椓杙于瘗处而书死者名也。"杙就是短的木桩。这种木桩可以说是木制的早期墓碑。它的最早出现可能上推到先秦时期。《周礼·秋官·蜡氏》记载:"若有死于道路者,则令埋而置楬焉。"由于木制品难于长期保存,迄今在考古调查与发掘中尚未见到木楬的遗存。表,即标。在汉代壁画与汉代画像石描绘的当时庄园、城堡建筑中都有树立在大门前的木表图像。说明"表"是专门用来标示大门和通道的标识物。延续使用到今日的"华表"就是它的孑遗。在墓地树立墓表,应该也是沿用了这种标识的意义。从文献记载来看,在西汉,使用木柱、木桩来标识墓葬的作法还是很流行的。石刻形式流行开来后,木质的墓表可能逐渐改为石质,并且与墓碑合为一体。现在所见的东汉墓碑中,仍有一部分自称为墓表,如东汉元初元年(114)谒者景君墓表、熹平二年(173)司隶校尉杨淮表纪等。墓表的使用,应该反映出汉代社会中标识墓葬的风气日益兴起。

根据历史文献记载,西汉晚期以来,随着社会生产的发展与财富的增加,特别是随着土地财产兼并集中的趋势日益加大,整个社会追

---

① 南阳汉代画像石学术讨论会办公室:《汉代画像石研究》,文物出版社,1987年。

求厚葬,大力兴建墓葬的风气越演越烈。如《盐铁论·散不足》云:"今厚资多藏,启用如生人。""死以奢靡相高,……厚葬重币者则称为孝。显名立于世,光荣著于俗。故黎民慕效,至于发屋卖业。"[1]厚葬曾经是汉代社会中重要的社会问题。《汉书·成帝纪》中记载永始四年诏书云:"车服嫁娶葬埋过制,吏民慕效,浸以成俗。"《后汉书·光武帝纪》中记载建武七年诏书云:"世以厚葬为德,薄终为鄙,至于富者奢僭,贫者单财,法令不能禁,礼义不能止。"都是表明了中央政府对于全社会厚葬之风的忧虑与反对,也从反面证明了汉代的厚葬风气有多么严重。汉代考古发掘的大量成果也表明,自西汉中晚期以降,砖室墓、石室墓等耗资巨大,制作考究的墓葬形式大量出现,从社会上层扩展到社会中下层。在东汉时期,甚至发展到拥有众多墓室的大中型画像石墓这样需要大量财力人力的豪华墓葬。

从大量中国古代墓葬的发掘中,学者们已经归纳出了中国古代墓葬制度大致的演变过程。在先秦时期,墓葬基本上采用土坑木椁的形式。而从西汉起,出现了开凿山洞作为墓葬的现象。例如河北满城汉中山王墓、徐州狮子山汉楚王墓、小龟山汉楚王墓、河南芒砀山汉梁王墓等。这些大型的山洞墓葬,大多是王侯的陵寝。一般贵族官员虽然不可能建造这样大规模的山陵墓葬,但是也在仿效上层葬俗,建造砖室墓、石室墓等考究的墓葬,模仿生人的宫室。就是中下层人士的墓葬,也出现了用雕刻花纹的石椁构成棺室的小型墓葬。石材与治石技艺在墓葬中的使用,达到了空前的盛况。这是中原葬制的一个根本性变化。

汉代墓葬的这种变化,应该有着多方面的原因。如社会生产力的发展,生产技术的进步,社会财富的兼并集中等,都是深层次的因素。更直接的影响则来自社会上日益严重的厚葬之风。它造成了用以标志墓葬的墓碑出现与使用。此外,我们推测,石刻的大量使用与文字碑石的出现还可能与汉武帝通西域后西亚北非一带的文化因素传入

---

① 汉 桓宽:《盐铁论》,上海人民出版社,1974年。

中国有一定关系。

在著名的四大文明古国中,中国使用文字石刻的时间可能是最晚的。而在西方的古代埃及、苏美尔、巴比伦等早期文明中,却可以见到大量运用石质建筑和石刻、树立碑石的现象。远在公元前 2600—前 2200 年左右的埃及古王国时代(埃及第 3 至第 6 王朝),已经制作出逼真的石雕作品。到了公元前 1500 年以降的新王国时代(埃及第 18 至第 20 王朝),埃及人已经建造出了大量的墓碑、方尖碑等纪念性石刻。最大的方尖碑可以达到上千吨重。(图 52)公元前 18 世纪至前 12 世纪的古巴比伦文明遗址中,曾出土带有浮雕的石界碑等石刻,其

图 52 古埃及方尖碑

图53　汉穆拉比法典碑

中尤以著名的汉穆拉比法典碑为典型代表。该碑石近似圆锥形,高达 2.25 米,经过精细修整的圆首,在顶部刻有人物浮雕,下面刻有铭文。(图53)古亚述文化中,遗存有公元前8世纪的石刻沙尔马尼瑟尔三世方尖碑等。古代波斯帝王大流士一世在位期间镌刻的贝希斯顿铭文,是在石崖上修整出来多幅长方形的碑面,共刻写1200行之多的长篇铭文。这些在世界史上十分重要的古代碑刻都远远早于中国古代文字石刻产生的年代。它们反映出在中国以西直到北非的一系列重要古代文明中都曾经广泛使用石刻,而且制作工艺发达,雕刻精美,势必会对东方的古代文明产生影响。

现在中国考古学的研究中,日益注重考察中原文明与周边各民族文明之间的交往,特别是注重了解与西方各古代重要文明的交流和相互影响,并且在考古工作中获得了许多可以证明这一交往的成果。众多迹象表明,远在上古时期,西方古代文明的一些因素已经通过多条陆路传播到中原地区。商周时期的文化遗存中,也反映出大量来自西方与北方草原的外来文化因素。到了汉代,从西汉武帝派遣张骞出使西域以来,中华文明与西方文明的接触和交流日益增多。《史记·大宛传》中记载:"骞身所至者大宛、大月氏、大夏、康居。骞因分遣副使使大宛、康居、大月氏、大夏、身毒、于阗、扜罙及诸旁国。……其后岁余,骞所使通大夏之属者皆颇与其人俱来。于是西北国始通于汉矣。""诸使外国一辈大者数百,少者百余人。……汉率一岁中使多者十余,少者五六辈,远者八九岁,近者数岁而反。……其吏卒亦辄复盛推外国所有,言大者予节,言小者为副。"在这些亲身经历异域旅行,接触了中亚乃至西亚地区各国文化习俗的使节返回后,必然大力宣扬西方古文明的新鲜事物。外国来使赠送的礼品与外来商旅交换的商品,也把西方的特产与工艺品传入了中原。《汉书·西域传》记载:"明珠、文甲、通犀、翠羽之珍盈于后宫,蒲稍、龙文、鱼目汗血之马充于黄门,巨象、师子、猛犬、大雀之群食于外囿。殊方异物,四面而至。"便反映了当时外国珍异物品大量流入,皇宫中充斥着西域海外文化风貌的景象。

在西域交通道路开拓后,与汉朝交往频繁的国家中,多有擅长岩石雕刻加工,具有悠久利用石刻历史的西亚、中亚各国。《汉书·西域传》中提到:当时交往的国家中,有"罽宾,……其民巧,雕文刻镂,治宫室。……自武帝始通罽宾。""安息,……土地风气,物类所有,民俗与乌弋、罽宾通。……武帝始遣使至安息,……因发使随汉使者来观汉地。"据近人考证,汉代时的罽宾在喀布尔河中下游①,即今阿富汗与巴基斯坦北部一带,是早期佛教雕刻艺术的流行地。乌弋在今阿富汗一带。安息为古代波斯的一部分,在今伊朗地区。这一带丛山密布,石材丰富,很早就有使用石刻的风习。上文中提到的著名古波斯石刻贝希斯顿铭文以及著名的巴比扬大佛等早期佛教石刻即反映了这一带悠久的石刻历史与高度的石工技术。《汉书》中的记载,说明当时的人已经注意到了中亚一带的石刻技艺。这种利用石刻进行纪念与宣传的文化方式可能也随着中西交通而传入了中国。

中国古代的建筑与西方的古代埃及、苏美尔(亚述)、罗马等文化时期的建筑不同。这些西方建筑(主要指王室与公共使用的大型建筑)大量使用石料,甚至有全部结构都是石质的大型建筑。而中国古代建筑长期以来以土木材料为主。在新石器时期与商周时期的房址

---

① 余太山:《两汉魏晋南北朝正史西域传研究》,中华书局,2003年。

中,顶多是用一些石块作为柱础。这与孕育与发展中国古文明的中心区域是广阔的黄土地区有关。黄河流域的淤积平原远离山区,相对缺少石材来源,相对而言,用夯土与木材建筑房屋更为方便。早期的建筑自然很少使用石料。治石的技术也相对落后。这就限制了中国古代石刻的发展。我们在中国秦汉以前的文物遗迹中,可以看到只有柱础和散水等建筑部分使用了石材。很少见到其他用于建筑物的专门石构件,也很少见到文字石刻。

　　这一点,可能关注到中国古代石刻的人都会看出来。李零在他的《读丝绸之路草原石人研究——兼谈欧洲石人》一文中也提过类似的疑问。他认为:"中国艺术大量使用石材,这件事来得太突然,新石器时代和商代西周,几乎没有什么发现。建筑上不用,零散的作品也少。春秋、战国和秦代有一点,但主要是秦石鼓、秦刻石,还有中山国的守丘刻石。石刻的大量出现,还是到西汉,特别是东汉。……这些都使我们不能不考虑,它们的突然出现很可能是受了外来影响。因为中国最早的石刻是出在秦地,而秦多戎胡,又当西域往来的东端。汉承秦制,最初也是以这一地区为核心。还有,汉武帝伐匈奴,同样是继承秦始皇。中国的墓前石刻首先是出在汉征匈奴的大将霍去病墓前。当时,不光是石刻,或一点两点,有些偶然的发现,其实从整个文化的气氛,我们都能感受到四面来风。特别是西边和北边。……正如大家知道的情况,在中国之外,使用石头为建筑材料,装饰雕刻,墓前石刻与大型神像,以旧大陆而论,年代最早也最高大雄伟还属西亚和北非。其次是受其影响的地中海沿岸。以及伊朗高原和伊朗高原东边的阿富汗(佛教艺术传播是经过阿富汗与中亚传入)。在中国的北方,还有很大一块是欧亚草原。那里的居民,他们对石头也是情有独钟,不仅喜欢用石头建造城堡和房屋,修祭祀用的祭坛,石冢和石棺,在山岩上作画,还有在墓前立石的传统。年代很长,分布很广。特别是,如果我们考虑到中国的石刻艺术传统,其早期主要还是表现在陵墓建筑上,这一点就更值得注意。"①

　　而在西汉晚期和东汉时期,石刻开始大量出现,并且日益普及,雕刻技艺也非常成熟。促成这一变化的应该是多方面的文化因素。就目前所见,石刻运用最广泛的场合,还是在标榜功德的纪念性石刻以及丧葬建筑之中。墓葬建筑的发展,石室墓,尤其是画像石墓的流行,应该直接促进了用于墓葬的碑石产生与广泛应用。

　　所以,中国封建社会大一统的政治格局形成后,在思想意识方面提倡儒家道德体系,加强宣传教化,以及在此基础上进行了中国古代丧葬制度变化。这些变化可能是石刻在古代中国风行开来的一个根本因素。而这一变化在秦代甚至在战国晚期的秦国就已经有所表现了。陈平曾经认为在秦穆王征西戎,扩大秦的西部领土时就迎来了中国石刻的第一个高潮②。

　　特别耐人寻味的是:迄今为止,在汉代以前的各种出土器物中,很少能见到与东汉碑石形制相似的器物。比如汉碑独有的圭首、圆首形状,碑上部用图案装饰的方式,碑表面精工磨制等特点,都找不到与之类似的旁证。现存先秦与西汉的石刻中,除了保持原石形状的刻石以外,只有一些没有固定形制的实用刻石,如鲁北陛刻石、杨量买山记、祝其卿神坛等。但是,上面提到的这些形制特点,却全都可以在远远早于汉代的北非、西亚、中亚一带的古代碑刻上面看到。这些形制在东汉突然出现,在中国文化中又没有先源或逐渐演进的痕迹。这种突变就使得我们倾向于把西汉晚期至东汉时期碑石外形的定型归结于外来文化的影响。

　　同时在汉代盛行的另一种石刻——神道柱,也曾经引起学者的注意,认为它的造型中具有外来文化因素。上面在神道柱一小节中已谈

① 李零:《读丝绸之路草原石人研究——兼谈欧洲石人》,《入山与出塞》,文物出版社,2004年。
② 陈平:《关陇文化与嬴秦文明》,江苏教育出版社,2005年。

过这一问题。即虽然存在着神道柱形制源自中国传统丧仪中的凶门柏历这一可能，但也不能绝对否认西方的文化影响因素。

以上是从墓碑来源这一角度做出的分析。如果从东汉碑刻中存在的多种类型碑石出发综合分析，考虑到功德庙碑和记事碑等其他用途的碑石占有相当比例，而且在汉代，用于铭功记事的碑刻要早于墓碑出现。如西汉晚期的莱子侯刻石、东汉的永平六年(63)汉中太守钜鹿鄐君开通褒斜道摩崖、永和二年(97)裴岑纪功碑等，又如现存东汉早期碑刻中的元初四年(117)祀三公山碑就是专门用于庙祀的，这类碑铭铭文的文体成熟得较早，势必影响到墓碑的文体定型。而根据上引《仪礼·聘礼》记载，这类铭功记事碑刻的外部形制是来源于在庙前树立的石碑(或木柱)。这种建筑设计在西亚的神庙遗址中也可以见到，如黎巴嫩的比布鲁斯遗址中发现的腓尼基神殿(约公元前2800—前2100年)前面就树立有方尖碑。在古埃及的神庙建筑中，碑也是必要的因素。这种理念会不会影响到古代中国，也是可以考虑的问题。

由于上述多种因素的共同作用，中国的碑在东汉时期正式定型。这种大型石刻形式一旦定型，就被社会各界所广泛采用，成为公认的纪念性石刻。并且由于社会上政治经济乃至礼仪文化的实用需要，赋予了碑多种多样的用途。碑石开始竖立在宫室、庙宇、通衢、陵墓，乃至名胜古迹等场所，成为最重要的石刻类型，并一直流传使用至今。

我们今天所看到的碑石，基本上都可以分为碑首、碑身与碑座三个部分。它的形制主要是一件凿磨加工成长方形的竖立长石，即碑身，下部另接碑座。早期没有另加的单独碑首，而是将碑身顶部制作成半圆形、三角形或者平直形状，中国金石学中习惯称之为：圆首、圭首和平首(或称齐首)。以后在碑首增加了雕刻装饰，如刻旋纹，或刻有盘龙纹饰，逐渐形成一种以螭龙身躯为外轮廓的固定外形，习惯叫做螭首。以后随着碑石体积的增大，由蟠龙缠绕组成的螭首多雕刻成一件单独的碑首石，放置在碑身上面，与碑身明显地区分开来。由于负重增大，要求基座面积随之扩大，以保证碑石树立稳固，所以碑座也

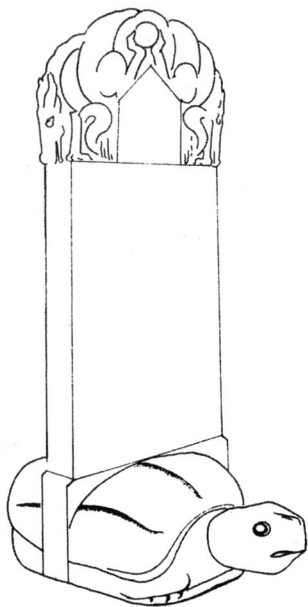

图54 碑形制线图

由长方形的石座演变成龟趺形、须弥座形等体积较大、雕刻精美的形状,现在所见历代大型碑石的碑座大多采用龟趺。(图54)

例如在河北省武清县出土的东汉延熹八年(165)鲜于璜碑。其"碑座为长方覆斗形,长1.20米,宽0.73米,高0.25米,表面上刻画有三角形折带纹和斜线平行纹。座顶雕作一长条形碑凹槽。"①而隋开皇六年(586)建造的龙藏寺碑则已经具有蟠龙纹的碑额。全高达3.24米,宽0.905米。该碑原来是长方形碑座,1987年在清理基础时,发现这个长方形碑座并非原来的碑座,在其下面发掘出的原碑座是一大型龟趺。可见类似的形制在南北朝晚期与隋代已经流行开来。降至清代,众多大型碑石仍然采用这种形制,如清帝陵中的多件巨碑,其螭龙首与龟趺的雕刻十分精致。于是,中国的碑形成了由螭首、碑身和碑座三部分组成的典型民族文化造型。这是中国碑石特有的外形,与西亚北非等地区的碑石明显不同。这也是从唐代一直到明清延续使用,特别是被帝王贵族广泛使用的样式。

唐代以来,还有采用庑殿顶等其他造型碑首的碑石,如现存河南省登封的唐天宝三载(744)嵩阳观纪圣德感应颂,就具有雕刻得极其精美繁复的庑殿顶式碑首,碑首顶部为宝珠,宝珠下面是四角攒尖形式的屋顶瓦垄,屋顶下面的收分表面雕刻着大量云朵装饰。类似碑首的大型碑刻多有存世,甚至远在西藏自治区琼结县的吐蕃王陵碑刻也

① 天津市文物管理处考古队:《武清东汉鲜于璜墓》,《考古学报》1982年第3期。

采用类似碑首。（图55）

图55　河南登封唐代嵩阳观碑

自汉代以降，2000多年来流传下来的历代石碑，大小各异，装饰和附属成分也各不相同。大者可达10米以上，如明成祖朱棣为朱元璋凿刻的纪功碑碑材（即著名的阳山碑材）碑身即有49.4米，全长近90米。如此巨大的碑石可能因无法运输与树立而被放弃。一般树立的碑石高度在2至6米之间，不超过10米。最小的碑石不过高数十厘米。但它们的主要部分都是一块加工为长方体的石块。这也是刻写碑文的主体部分。

早期碑石的碑身与碑首往往合为一体。碑首的中央部分在古代金石著作中习称为碑额。碑额部分一般刻写碑名、吉祥语等铭文，称作额题。额题的书体多样，富于艺术性。叶昌炽曾在《语石》卷三中归纳："题额篆书为多，分书次之，有真书（北张猛龙、南葛祚为始），有行书（张从申铜井镇福兴寺碑），有籀文（唐开元处士王庆墓幢、宋越王楼记)、缪篆(凝禅寺三级浮图)，……唐宋御制碑多似飞白题额，如唐太宗晋祠铭、汜水纪功颂、孝敬皇帝睿德纪、升仙太子碑诸额，……草书绝少。"以后单独雕刻碑首时，也延续了在其中央刻写碑额的方式。

汉碑的一个特点是往往在碑中凿有圆孔，叫作穿。穿的四周刻有一圈圈的晕纹。《语石》卷三引王芑孙(惕甫)《碑版广例》云："汉碑穿外有晕，其晕缭绕。或即自穿中出，或别从穿外起，尚存古制引绋之意。其碑文有居穿下者，有因当穿而废其数字者，其碑首或刻螭虎龙雀以为饰，或直为圭首，方锐圆椭不一其制，额书亦不必皆在正中，偏左偏右皆有之。"我们从《隶续》卷五摹刻当时所存的东汉费凤碑、陈球碑、中部碑、夏承碑等碑图、山东省济宁市汉碑亭所藏汉碑以及曲阜市现存的孔彪碑等实物中可以看到上文所描述的各种汉碑外形特点。

图 56　汉韩仁碑(线图)

从现有的汉碑晕纹形状来看，大多为不均匀的分布，一侧多而另一侧少，如韩仁铭、中部碑等。值得注意的是从费凤碑、高颐碑等汉碑碑额上可以看到，晕纹多的一侧又刻画成多条螭龙的纹饰，所以这种晕纹也可能是简化的螭龙象征。至于前人认为晕纹是源自辘轳绳索摩擦的痕迹，这种说法尚待他证。(图 56)

东汉的碑额上已经雕刻有各种纹饰，包括仙人、瑞兆、祥兽、四灵等图案。如东汉光和六年白石神君碑，在其圭首上左右两侧分刻两只神兽，中间有一个人用两臂推挡兽腹，很像当时画像石中常见的斗兽图。又如东汉延熹八年(165)鲜于璜碑，在圭首上正面线刻青龙白虎，背面刻朱雀。《隶续》碑图中的柳敏碑、是邦雄桀碑(均阙年)，则上首为朱雀，碑身下部雕刻玄武。可见用四灵装饰碑石或者在碑石中隐含四灵的意义是汉代流行的意识。这可以在汉代建筑中大量使用四灵图案的作法中得到佐证。《三辅黄图》卷三记载："汉宫：苍龙、白虎、朱雀、玄武，天之四灵，以正四方。王者制宫阙殿阁取法焉。"①《水经·谷水注》卷一六记载："谷水又东径魏将作大匠毋丘兴盛墓东南，二碑存焉。俭（毋丘俭）文也。《管辂外传》曰：辂尝随军西征，过其墓而叹，谓士友曰：'林木虽茂，无形可久，碑诔虽美，无后可守。玄武藏头，青龙无足，白虎衔尸，朱雀悲哭。四危已备，法当灭族。'果如其言。"②此说又见于《三国志·魏书·方技传》。它通过碑石上四灵造像的不足之处说明观象的方术结果，正表现出当时碑石上也使用四灵图像装饰。

这使我们想到，鲜于璜碑上的图像包含了四灵中的三种，只有玄武缺失，而玄武为北方，从水，图像中一般把它安放在下方，该碑则可能是用碑座代替了玄武的位置。而碑座的外形在魏晋时期以后逐渐采用模仿巨龟的式样，是否就是直接采用玄武的象征。汉代开始经常出现在瓦当等建筑装饰中的玄武图像，就是一只身上缠绕着长蛇的巨龟。

在古代文献中，龟形碑座多称作龟趺。后人将之也称作赑屃，如明代学者杨慎在其《升庵集》卷八十一中记载："俗传龙生九子，……曰赑屃，形似龟，好负重，今石碑下龟趺是也。"③但是这种说法产生的年代较晚，远迟于龟趺出现的时间。宋《营造法式》卷三幡竿类："造赑屃鳌座碑之制，其首为赑屃盘龙，下施鳌坐于土。"④则赑屃应为龙像，指碑首。杨慎误指碑龟趺。后人沿袭此误解。宋人将龟趺看作鳌。而早在西汉初年就大量出现了玄武的图像，如瓦当、墓葬壁画、陶明器等。它们都是一只龟与其身上缠绕的蛇，也有仅用一只龟表现的。如上文所述，结合碑身上四灵的装饰情况，用玄武来解释龟趺的

①　何清谷：《三辅黄图校注》，三秦出版社，1998年。
②　王国维校：《水经注校》，上海人民出版社，1984年。
③　明　杨慎：《升庵集》，上海古籍出版社，1993年。
④　宋　李诫：《营造法式》，中华书局影印本，1992年。

缘起应该是比较合理的。

汉代晚期的碑石中对碑首的装饰已经比较普遍。东汉建安十年(205)樊敏碑、建安十四年(209)高颐碑等碑石的碑首上已经雕刻了蟠龙纹饰。两晋南北朝时期,这种蟠龙纹饰比较多见,并且演变成对称性的交龙纹。它可能也是由四灵中的青龙纹饰转化来的。《语石》卷三云:"王兰泉纪爨龙颜碑,穿上蟠龙,穿左右日月。"是描述了刘宋时期的碑石外貌。南朝碑刻形制多与此相类。作为南朝碑石突出代表的梁代诸王墓碑,至今保存基本完好,如现在南京甘家巷的萧憺墓前东侧碑石,为圆首,有穿,碑额顶部雕刻交龙纹饰。就现有的南朝碑刻情况来看,这种形制与雕饰已经成为南朝帝王贵族表明身份的礼仪制度标识。在南朝石刻中,有一件梁朝的临川靖惠王萧宏墓碑十分值得注意。在其碑身右侧自上而下浮雕有八幅连续的方形图案,图像内容包括仙人、神兽、珍禽等。说明这时随着经济的发达、礼仪制度的完备,对碑石的装饰艺术也日益重视,使碑石已经成为一件集绘画、雕刻、书法与文学艺术于一身的精美艺术品。碑侧雕刻对称精美的纹饰,是历代一些大型碑石采用的装饰手法。唐代碑的形制宏大壮观,如薛嵩碑。(图57)

图 57　山西唐薛嵩碑

在中国古代石刻中,碑是应用最广泛的石刻形制,具有最突出的彰显作用与纪念意义。它可以单独树立,也可以与其他石刻一起组成一组纪念性石刻群,如帝王陵墓神道石刻群等。碑除了被普遍用来标识冢墓陵域,颂扬功德政绩外,还被应用于宣传诏书法令,记录重大事件,刻写经典、药方、书目、记录氏族谱系、地图画像等等。因此,为了文史研究方面的需要与对不同内容碑石形制的考察,我们又可以根据碑的各种铭文内容与应用范围进一步将碑划分出若干具体的种类。必须说明,这种分类与从考古学角度所作的外部形制分类无关,只是在铭文内容与使用场合上的区别。它是鉴于铭文石刻本身的文字材料特点所作的文体划分。

《语石》一书中对于立碑的内容和体例做了一个分类:"综而论之,立碑之例,厥有四端,一曰述德,崇圣嘉贤,表忠旌孝,稚子石阙,鲜于里门以逮郡邑长吏之德政碑是也。一曰铭功,东巡刻石,登岱勒崇,述圣、纪功、中兴、睿德以逮边庭诸将之纪功碑是也。一曰纪事,灵台经始,斯干落成,自庙学营缮以逮二氏之宫是也。一曰纂言,官私文书,古今格论,自朝廷涣号以逮词人之作是也。"

《语石》中对碑类的这几种区分,现在看来还是不够完全。如它按照习惯看法把秦刻石也归入碑的大类型中,对墓碑根本没有提及,缺乏地图、图像、经典等碑石内容……需要予以补充与修正。因此,我们把碑的内容进一步加以归纳,根据文体、用途、内容特点等方面的具体区别,大致可以将碑这类形制的石刻划分出以下一些主要的种类。这一分类也仅是笔者从考古文物研究角度出发的一孔之见,不同学科的研究者可以随着对碑铭内容的不同分析角度有所变化与补充。

1. 墓碑(包括神道碑)

墓碑是中国古代陵墓建筑的重要组成部分。它竖立在死者墓前,标识墓葬的主人。从历代墓葬调查发掘情况来看,墓碑一般置放在墓葬封土前正中央,大多南向,正对神道。在唐代以来的各种正史《礼仪志》中,对于各等级官员及平民的墓碑规格与形制都有明确的规定,表现出封建社会尊卑上下分明的严格等级制度。例如《大唐六典》卷四

图58　东汉曹全碑

礼部员外郎条下记载："碑碣之制，五品以上立碑，螭首龟趺，趺上高不过九尺。七品以上立碑（按应为碣），圭首方趺，趺以上不过四尺。若隐沦道素孝义著闻，虽不仕，亦立碣。"①由此可见，一般的墓碑都不太高大。但就现在所见，也有不少逾制的作法。（图58）

在东汉至南北朝之间，有些大型陵墓中曾经存在过树立神道碑的作法。神道碑的规制可能来源于神道柱的演变。神道柱应该是模仿庄园宅院建筑中竖立在大门前的表柱。表柱原来由木材制成，起标识门阙道路的作用。神道也是模仿生人宅院的门阙道路，同样需要予以标识。所以要在神道两边树立神道柱。东汉时大型陵墓的神道柱使用石材制作，形成类似多棱形圆柱，上端有长方形石板刻铭的独特形制。而后，逐渐增加了神道碑，也是树立在神道两边，左右对称，形制则与通行的碑一般无二。

《水经·颍水注》中记载北魏时所见的东汉张伯雅墓冢建筑情况是："茔四周垒石为垣，……庚门表二石阙，夹对石兽于阙下，冢前有石庙，列植三碑。……碑侧树两石人，有数石柱及诸石兽（按宋本《水经注》作石兽）矣。"《水经·阴沟水注》中所记录的东汉晚期曹嵩墓建筑情况也与此大致相同②。参照汉代墓葬考古中墓葬石刻材料的出土情况，如天津武清鲜于璜墓碑、北京石景山幽州书佐秦君石阙等，我们

---

① （日）广池千九郎训点《大唐六典》，广池学园事业部刊行，1974年。
② 王国维校：《水经注校》卷二十二、卷二十三，上海人民出版社，1984年。

可以推测，东汉墓葬的地面建筑石刻应该普遍存在着一定的组合形式，即：享堂一座、墓碑一座、石人石兽数对、墓阙一对、神道柱一对（有些墓葬附有神道碑一对）。这种组合建筑形式还可以从南京、丹阳等地遗存的南朝帝王陵墓石刻中得到映证。这些南朝陵墓石刻的组合形式一般为石兽一对、神道柱一对、神道碑一对或两对。如南京现存的梁临川靖惠王萧宏墓、梁安成康王萧秀墓前就保留有左右对称的神道碑。（图59）

图59　南朝萧宏神道碑

　　南朝以后，神道碑左右对称树立的作法不多见了。神道碑与墓碑也渐渐合为一体。隋唐时期，冢墓前大多只树立一座碑石，但有些碑铭中却自称神道碑，如唐景云元年（710）许公苏瓌神道碑。这可能表明当时的人们已经不去分辨墓碑与神道碑的区别了。

　　墓碑的铭文往往为鸿篇巨制，早在汉代就成为古代文体中的一种重要形式，有众多知名文人撰写的墓碑流传下来。它结合了各个时代流行的散文、骈文、诗赋、谱牒等多种文体的特点，叙述详尽条理，文辞典雅华丽。但是其目的出于讨好亡者及其家人，尽力歌功颂德，往往夸张失实，后人称之为谀墓之文。早在东汉末年，著名的文学家蔡邕就承认："吾为碑铭多矣，皆有惭德，惟郭有道无惭色耳。"[1]可见当时的墓碑铭文中虚夸溢美成分之多。由于东汉厚葬奢侈之风盛极一时，豪门名士的墓碑多请著名文人执笔，所作碑文也会流传开来，引发世间的一般文人在撰写碑文时纷纷仿效，使得墓碑铭文逐渐僵化，形成固定的格式。现在所见到的墓碑大多是公式化的套文，缺乏真挚的情感表达。碑文首先进行对死者姓名、籍贯、祖先世系与官职情况，乃至死者一生履历的大致介绍；其中穿插大量赞扬死者才能德行、事业功绩的颂词，表示哀悼；然后写明卒年、葬地和家属情况；最后附以四言或五言、七言的韵文来歌颂死者，寄托哀思。有些墓碑还在碑侧和碑阴等处刻写集资刻碑的门人、弟子、属吏、亲友等姓名官职及捐资数目。唐代以后的墓碑文体有所改变，散文体的叙事增多。

2. 功德碑

功德碑的形制与同时期的墓碑基本相同。但是主要树立在城邑通衢、官署宗庙与礼制建筑等处所。造碑者身份多样，从皇帝、官方到地方士绅、平民百姓。其内容以歌功颂德、礼拜祈祷为主，是封建社会礼仪思想的重要宣传工具。根据立碑的对象与颂词内容可以看到，功德碑主要包括以下方面的用途：

赞颂古代贤圣以及前朝帝王的功德。例如东魏武定八年（550）太公吕望表、唐乾封元年（666）赠太师鲁国孔宣公碑、宋开宝六年（973）新修周武王庙碑、新修唐太宗庙碑等。这些碑刻往往是伴随着国家或地方对于这些历史人物的祭祀崇奉礼典而刊刻的，树立在有关宗庙、祠堂、遗址等纪念地。主要是为宣扬与巩固封建统治的目的服务，属

---

[1] 南朝宋 范晔：《后汉书·郭太传》，中华书局，1965年。

于封建礼制的一个组成部分。东魏武定八年（550）太公吕望表中说："金以为太公功施于民，以劳定国。国之典祀，所宜不替。"就说明了立碑颂德的原因。碑文多夸饰溢美之词，但也可以通过这些碑刻了解历代礼制与行政的有关情况。

赞颂神明的灵异与恩泽，祈求护佑。例如东汉光和四年（181）祀三公山碑、东汉阙年仙人唐公房碑、唐开元年间述圣颂等。多为地方官员和百姓树立，记录自然神的威力灵异，希望神灵保佑农业丰收、生民平安。东汉光和四年（181）祀三公山碑中记载："甘雨屡降，报如景响。国界大丰，谷斗三钱。民无疾苦，永保其年。"（图60）唐开元年间述圣颂中称："国之大事在祀，神之所歆在德。"可见这些地方对自然神的祭祀也是纳入了国家礼仪祭祀系统的。由于历史上始终存在着民间"淫祀"的问题，是专制政府防范的对象，所以对神灵的祭祀要经过政府批准，由礼仪管理机构备案。这种赞颂神明的碑刻也不是可以随便树立的。因此，这种碑刻大多形

图60　东汉三公山碑

制巨大，雕刻精美。如河南偃师保存的唐（武周）圣历二年（699）升仙太子碑，就是由女帝武则天亲笔书写，著名书法家钟绍京监刻。其碑额飞白书是罕见的特殊书体实证。这些碑刻是了解古代宗教思想与民间崇拜的重要资料。而且由于这些碑刻基本上都竖立在有关祠庙等名胜之地，后代游人多在上面附加题名题刻。如唐开元九年（721）

北岳府君碑,在其碑阴与左右侧刻写了唐、宋时期游人的十多条题诗、题名,也具有一定的历史史料价值。

彰扬古代忠臣良将的功业,表达对他们的崇敬与怀念之情。例如唐(武周)长安二年(702)汉忠烈纪信碑、唐元和四年(809)蜀诸葛武侯祠堂碑等。这些碑刻往往是地方官吏或民众出于感佩古代人物的功绩,祈求他们的英灵保佑地方等心理,自发集资刊立。而且多是与这些人物的祠堂陵墓等同在一处。唐(武周)长安二年(702)汉忠烈纪信碑中记录立碑经过为:"长安元年乡人白孔府君,请为纪公建立碑表。"就代表了这类碑刻的一般刊立经过。唐元和四年(809)蜀诸葛武侯祠堂碑中称:"庶此都之人存必拜之感。"说明立碑的用意,也是希望这种活动起到彰显地方名人,改善地方风化的作用。

铭刻当时帝王将相们的重大功绩。例如东汉永和二年(137)裴岑纪功碑、唐显庆四年(659)唐高宗纪功颂、唐显庆五年(660)平百济国碑、唐永泰二年(766)李宝臣纪功碑等。这些碑刻大多为当时的帝王将相下令刊刻,形制巨大,是当时国家的重大宣传活动。但是制作出自官方,撰书命于词臣,极力赞颂,文辞溢美,或与史实相悖。如唐永泰二年(766)李宝臣纪功碑内容是给地方藩镇李宝臣颂德,明代学者王世贞在《弇州山人四部稿》中就评论说:"宝臣降虏,与田承嗣辈创藩镇之祸,其人本不足道,碑辞胁下为谀,馁谫不文。"①

纪念任职地方官员的德政。这一类内容的功德碑数量最多。在碑铭的额题中又有德政碑、美政颂、清德颂、遗爱颂等多种名称。例如东魏武定二年(544)济州刺史关宝贤颂德碑、唐永徽元年(650)廮陶县令李府君清德颂、唐开元十年(722)莱州刺史唐贞休德政碑、唐开元二十九年(741)安公美政颂等。总之,都是对于地方任职主管官员廉洁奉公、政治清明,造福地方的德行政绩予以赞颂。如唐开元十年(722)莱州刺史唐贞休德政碑中称:"贪官黠吏,委以澄清。……下车

---

① 明 王世贞:《弇州四部稿》(外六种),上海古籍出版社,1983年。

敷化,风动神行。"又称:"遽闻迁牧,贪彼何亲,夺我何速。弃子怀恋,卧途兴哭。"清吴荣光《筠清馆金石记》按云:"盖贞休既去,莱人思之。"[1]这也是从汉代开始就存在的套语,无非是要表现官员的德行和恩惠,借以宣扬其官声。封建专制体制下,百姓处于任由官员驱使盘剥的地位,只能寄希望于官员个人的德行,期盼所谓清官。德政碑一类的碑刻缘起当出于这种民间心理。大抵当时世风形成了这样的立碑习惯。于是下属官员为讨长官欢心,纷纷立碑奉迎,如同后世地方为离任官员送万民伞一样,成为一种官场通例。至于其人是否真有德政,则需另加考证。这类碑文中经常采用一些千篇一律的套语与用典,文辞浮华。当然,也还有一些功德碑中记录了可资研究的宝贵历史资料。(图61)

图61　唐田琬德政碑

表彰孝子、节妇、烈士等封建道德典范。忠、孝、节、义等道德规范是封建社会中大力提倡的,维护封建社会统治思想体系的重要意识形

---

[1]　清 陆增祥:《八琼室金石补正》,文物出版社,1985 年。

态。古代的孝子列女故事被历代统治者大力宣扬，从而影响民间风气。这样的碑刻往往具有向社会上宣传教化的政治意义，多由地方官员士绅出面刊立。例如北齐武平元年（570）陇东王感孝颂（刻写于汉代的孝堂山石室侧壁上）、宋元祐八年（1093）重刻后汉会稽孝女曹娥碑等。

功德碑大多由地方各界或下级官属集资建造，所以在这类碑刻中，常可以见到在碑文末尾以及碑阴、碑侧等处刻写上大量臣子、部属、有关执事人员和捐资人的姓名、钱数等。这对于研究有关历史人物，了解当时地方上社会组织的运作构成以及经济状况等都是可供参考的历史资料。

3. 纪事碑

墓碑与功德碑的内容及适用范围都比较狭窄。其碑文大多属于古代文论中予以固定类型的几种文体，即墓碑文和颂、赞等。但是，碑这种形制的石刻在中国古代曾被各界广泛应用，可以说是进行文字信息传播的一种常用载体。它被应用于各种记录事件、传播信息的实用场合。随着应用场合的不同，可以使用各种各样的文体。在墓碑与功德碑之外存在的众多内容各异、但都在表现记事功能的碑刻可以统称为纪事碑。如果大致划分一下，还可以根据刊立者的身份将这些纪事碑划分为官刻与私刻两类。

官刻内容包括有圣旨、诏书敕文、官方来往文书，对官员的训诫、符牒、札子、告身等各种官司文书，以及记录官方重大活动的碑刻等。例如：魏黄初元年（220）受禅碑、晋咸宁四年（278）大晋龙兴皇帝三临辟雍碑、唐开元十一年（723）少林寺柏谷坞碑、少林寺赐田敕、宋景祐二年（1035）中书札子、宋崇宁三年（1104）元祐党籍碑、元太宗十年（1238）长春观圣旨碑等。（图62）

图 62　西晋三临辟雍碑

　　私刻在民间应用得十分广泛,民间的重大社会活动,如修桥建寺、祈福求雨、设醮备斋、游幸赏玩、宴乐唱和、民事裁判、地界租约、里社组织,乃至于私人信札、诗文策论、典章谱系等等,均可以立碑形式传流下来。

　　例如,汉三老讳字忌日记、晋当利里社残碑、北齐天保五年(554)清河王高岳造西门豹祠碑、隋大业二年(606)唐高祖为子祈疾疏、唐(武周)天授二年(691)金台观主马元贞斋醮记、唐(武周)延载元年(694)王义和敬德修桥碑、唐开元十五年(727)端州石室记、唐天宝六载(747)宴济渎序、唐永泰元年(765)周山奴施山田记、宋嘉祐七年(1062)石林亭倡和诗、宋崇宁二年(1103)褒城县学记、金大定十一年(1171)唐裴氏家谱序等等。(图63)

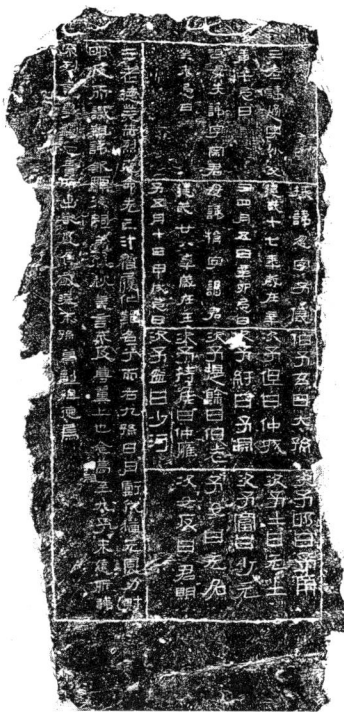

图63　东汉三老讳字忌日记

　　纪事碑内容丰富,体例多样,记载了历代社会中政治、经济、文化等各方面的大量史料,是历史研究及其他社会科学研究的重要资料来源。

4. 经典及其他书籍刻碑

　　马衡曾经指出:"记事刻石者,纪当时之事实,刻石以表章之也。经典刻石者,古人之论著,藉刻石以流传之也。自有刻石以来,几莫非纪事文字。自熹平石经以后,始有经典之刻。"[1]

---

①　马衡:《凡将斋金石丛稿》,《中国金石学概要》,中华书局,1977 年。

东汉末年熹平石经的出现,是石刻历史上的一件大事。从当时的政治与学术形势来看,官方刻立石经,主要是由于当时儒家今、古文学派之争,影响到国家统治。而刻立石经的目的也很明确,就是要把刻写在石碑上的儒家经典著作作为一个标准的正字本,供给士子学人读书使用,进而平弭今古文之争,同时可以彰显国家在文化教育上的专权。以后的一些医方、书目、字书等等,大多是出于广泛传播的实用目的,也有一些是作为行善积德的作为。这些刻碑出现后,抄录摹写之人不绝于踵,推动了摹拓技术的产生,从而也对印刷术的产生起到了一定的先导作用。佛教传入中国后,信徒们普遍把抄录刻写经文作为一种功德。隋唐以降,释子惧于佛教末世之说,慑于北朝灭佛之厄,多有发愿刻经藏之深山,以保存佛典不至灭绝。这种刻经的目的与中国传统的儒家经典刻碑又不可同日而语了。

儒家经典的石刻,大多采用碑式。而佛教、道教等经典刻石形制则比较纷乱,往往因内容、所在环境与存放地点等外部条件变换石刻外形,现可见到的有摩崖、刻石、碑、石板、经幢、塔等刻经。这里讨论的只是碑式的经典书籍石刻,其他形制的石刻经典则分别在各有关类型内介绍。

中国最早的刻经是东汉末年在洛阳太学刊立的儒家经典,后人称之为汉石经,又根据刊立年代称为熹平石经。它在东汉熹平四年(175)由汉灵帝下令制作,至光和六年(183)全部完成。上文已述,刻立石经缘起于汉代学界的今古文之争。今古文学派各自传承的经典,由于原本不同,兼以历代传抄,形成了大量的文字异体与语词差异,这是造成与加剧学派争议的主要原因。因此,汉灵帝诏令诸儒合议,选定正本,由著名学者蔡邕、李巡等人主持订正文字,书写上石,竖立在太学中。王国维《魏石经考》中考证:汉一字石经为《周易》、《尚书》、《诗》、《仪礼》、《春秋》、《公羊传》、《论语》七种。除《论语》不在经数、不立博士外,"余皆立于学官之经,经博士之所讲授者也。且汉石经后各校记,盖尽列学官所立诸家异同。"①王国维所说的一字石经,即汉熹平石经,由于它只用隶书一种书体刻写,所以前人或称一字石经,以与曹魏用三种书体刻写的正始石经(又称三体石经)区别。根据文献记载,石经刻成之后,各地群儒争相前往校对、抄录,太学之前车马盈途②。可见当时石经的刻立对于学术界具有多么重大的影响。(图64)

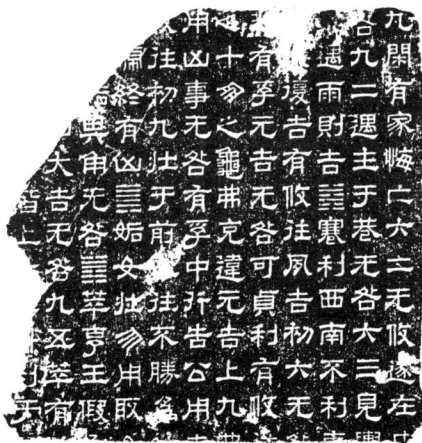

图 64 汉熹平石经残石

熹平石经全部刻写在碑形的巨石上,既沿循当时流行的碑石外形,又开创了以后官方刻写石经的形制体例。所有经石均有序排列。由于悉遭破坏,总数说法不一。王国维《魏石经考》云:"(汉石经)石数则《西征记》(《太平御览》卷五八九引)云四十枚,《洛阳记》云四十六枚,《洛阳伽蓝记》云四十八碑,……《北齐书·文宣帝纪》云五十二枚,……石数莫确于《洛阳记》。《记》云:太学在洛阳城南开阳门外。讲堂长十丈,广二丈。堂前石经四部,本碑四十六枚。西行……十六

---

① 王国维:《观堂集林》,中华书局,1959 年。

② 参见《后汉书·蔡邕传》。

碑存,十二碑毁。南行《礼记》十五碑悉崩坏。东行《论语》三碑,二碑毁。""又据《洛阳记》载朱超石与兄书:石经高丈许,广四尺。……今以一碑卅五行,行七十五字计,则每碑得二千六百二十五字。又汉魏石经皆表里刻字,则每碑得五千二百五十字。"

熹平石经的书写者,因《后汉书·蔡邕传》云:"邕乃自书丹于碑,使工镌刻",后世多据此归功于蔡邕。有人认为蔡邕虽擅书法,但以一人之力在几年内完成二十余万字也不太可能。《隶释》所录熹平石经残字中有"堂溪典"、"马日磾"等人姓名,洪适按云:"今所存诸经字体各不同,虽邕能分善隶,兼备众体,但文字之多,恐非一人可办……其间必有同时挥毫者。"①马衡《汉石经集存》中据传世文献和汉石经残石,考证出参与此事者,列成一表,凡二十六人(含刻工陈兴)。近年出土的熹平石经后记残石亦有"臣赐"、"臣宽"等人名,说明当时朝廷调动了一批善书者共同完成写经。

立石地点东汉太学,据文献记载大致位于汉洛阳城南郊,北魏洛阳城劝学里。在今河南省偃师市佃庄镇。20 世纪 50 年代以来,中国社会科学院考古研究所等单位对汉洛阳南郊太学遗址一带进行调查与发掘,确认了东汉太学遗址。

汉石经建立后不久,东汉政权灭亡。洛阳一带战乱频繁,城市残毁。汉石经可能也遭到一定程度的破坏,但是主体应该还存在。因为《三国志·魏书·王肃传》中"自魏初征士敦煌周生烈,明帝时大司农弘农董遇等,亦历注经传,颇传于世"一句注云:"至黄初元年之后,新主乃复始扫除太学之灰炭,补旧石碑之缺坏。"②可知汉石经确曾在东汉末年受破坏,但是能够补救,应该是主体碑石仍得到保存。这些经石与曹魏新刻的正始石经一同存留到北魏时期。北魏之初,冯熙、常伯夫先后为洛州刺史,二人皆笃信佛教,曾废毁石经,用建寺

---

① 宋 洪适:《隶释》,洪氏晦木斋刻本,中华书局影印本,1985 年。
② 晋 陈寿:《三国志·魏书·王肃传》,中华书局,1959 年。

庙,石经至此残毁不少。北魏迁都洛阳后曾有保护石经之举。如神龟元年(518)崔光曾经建议修补汉魏石经而未果。推测此时石经应当尚存大半,方可有修补之说。《洛阳伽蓝记》卷三报德寺条下云:"开阳门御道东,有汉国子学堂。堂前有三种字石经二十五碑,表里刻之,写《春秋》、《尚书》二部,作篆、科斗、隶三种字,汉右中郎将蔡邕笔之遗迹也。犹有十八碑,余皆残毁。复有石碑四十八枚,亦表里隶书,写《周易》、《尚书》、《公羊》、《礼记》四部。又赞学碑一所,并在堂前。魏文帝作《典论》六碑,至太和十七年,犹有四存。"①这些记载中除将三体石经误认为是汉代蔡邕所书之外,其他的应该是反映了北魏时期的实际情况。东魏武定四年(546),高氏将都城与百官迁至邺城,也把这批石经移向邺城,运至河阳时,遇到河岸崩塌,将近一半碑石落入水中②。残余的石经运到邺城后,保存到北齐灭亡。北周大象元年(579),统一北方后的北周政权又把这些石经运回洛阳。隋开皇六年(586),定都关中后,剩余的石经被再次迁移到长安③。看来这时已经把石经看作是标志王权统治和掌有最高教育权力的一种象征。隋末的动乱中,可能这些石经被废弃,甚至改作柱础等建筑用材。所以,在唐代初期魏征加以收集时,已经很少有完整的碑石存在了。

至今能够见到的汉石经全部是一些残石。最大的上面也不过残存几百字。小的碎石上只有几个字甚至一些笔画。近代学者曾经就现存材料对汉石经做了大量的复原考证工作。马衡曾经复原了各碑的排列次序与所在位置,并指出了各件残石在原碑石上的大致位置。这些工作都汇集在他所作的《汉石经集存》一书中。20世纪70年代,

---

① 东魏 杨衒之著,杨勇校笺:《洛阳伽蓝记校笺》,中华书局,2006年。

② 见唐 魏征、令狐德棻:《隋书·经籍志》,中华书局,1973年。《北齐书·文宣帝纪》云天保元年尚存五十二枚。

③ 见唐 魏征、令狐德棻:《隋书·刘焯传》,中华书局,1973年。

中国社会科学院考古研究所对洛阳南郊太学遗址的发掘中出土了大量的残碎石经,这些碎块上一般只能看到一两个字,应该是在石经废弃后被打碎作为建筑基石使用的①。

汉熹平石经的刊立,使得石经成为各种儒家经典版本中的最高表现形式,也具有了在文化教育方面代表中央政权专权所在的象征性意义。所以,东汉以后的诸多朝代统治者,也陆续有过刻立儒家经典石经的举动。其动机不外乎标榜通过儒家思想来治理国家,笼络知识阶层。首先就是在东汉灭亡后统一北方的曹魏。曹魏建都原在邺城,后迁至洛阳,复建都城,恢复太学,先补刻修复了汉石经,而后在正始年间刻立了新的石经。后人称之为正始石经或魏石经,由于它用隶书、篆书与古文三种书体(字形)书写,所以也被称作三体石经。有趣的是,由于石经刻写中前后书写者不同的缘故,同一部石经中出现了两种不同的书写格式。一种是三种书体上下一行排列,另一种是三种书体一上两下成品字形排列。可见当时对于刻写石经的工作管理得也不是非常严格认真。现在习惯把这两种不同格式的正始石经分别称作"一字式"和"品字式"。近年有人提出"品字式"石经为伪刻的说法,尚待确证。正始石经的书者,各家记载不同,北魏江式以为邯郸淳所书,然而晋卫恒《四体书势》曰:"魏初传古文者,出于邯郸淳。恒祖敬侯写淳《尚书》,后以示淳,而淳不别。至正始中立三字石经,转失淳法。因科斗之名,遂效其形。"②晋去魏未远,卫恒所言,或非臆断。杨守敬则考为卫恒祖父卫𫷷书。马衡认为,其书者断非一人,三体各自不同,品字式的古文书者与一字式的古文书者又不同。(图65)

---

① 许景元:《新出熹平石经〈尚书〉残石考略》,《考古学报》1981年第2期。
② 唐　房玄龄:《晋书·卫恒传》,中华书局,1974年。

图 65　曹魏正始石经

　　三体石经使用三种书体(字形)书写的特点,在历代石经中是独一无二的。可贵的是它们保留了相当数量的战国古文字形体,在古文字学的研究中曾经起到重要的参考作用。在汉代以后传流的古文字书中,如《汗简》、《古文四声韵》等,三体石经的古文字形也是主要的组成部分。

正始石经包含的儒家经典数量比较少,仅刻写了《尚书》与《春秋》二种。但是由于采用三种字形书写,所使用的碑石并不少。对于正始石经的碑石数量也有多种说法。《水经·谷水注》中记载为 48碑,《西征记》记载为 35 碑,《洛阳伽蓝记》中记载为 25 碑。王国维在《魏石经考》中认为 35 碑的说法最准确,并且怀疑:由于《春秋左氏传》的篇幅比较大,正始石经中仅刻写了《春秋左氏传》中鲁隐公、桓公记事的一部分①。近人或认为 25 碑的数目比较接近。马衡认为有28 碑。正始石经与熹平石经放置在一起,均在太学讲堂周围,命运也相同。清代以来在洛阳等地陆续发现过正始石经的残石。最大的一块可达千字,后被断裂为三。马衡曾统计当时所存正始石经残字数量,共有 2576 字,是对上世纪 50 年代前所有出土品与传世品所保存字数的总结。现国家图书馆收藏的汉魏石经数量最丰,有残石和拓本两类。汉石经残石凡 189 块,魏石经残石 147 块,拓本有据馆藏拓本装订的《熹平石经残字集拓》两册和魏石经残石拓本两册。

晋代以降 500 多年间,一直没有再次系统刊刻儒家经典。直至中唐以后,才屡次出现官方刊刻儒家经典的大型文化工程。这些石经大多刊刻在碑形的巨石上,形成一组统一的石刻群。唐代刻写的石经又称开成石经,刊刻于唐文宗大和七年(833)至开成二年(837)间。它一共刻写了 12 种儒家经典,即《周易》、《尚书》、《诗经》、《周礼》、《仪礼》、《礼记》、《春秋左氏传》、《春秋公羊传》、《春秋谷梁传》、《论语》、《孝经》、《尔雅》,并且附有《五经文字》、《九经字样》两种字书②。全部用楷书上石。总计立碑 114 石。全部石碑两面均刻写经文,连续成文。(图 66)据路远考证,唐代大历十年(775),先在国子监内的墙壁

---

① 　王国维:《观堂集林》,中华书局,1959 年。

② 　《五经字样》、《九经字样》均为释读儒家经典中别字的字书。"五经"指《书》、《易》、《诗》、《礼》、《春秋》。"九经"是将《礼》分为《周礼》、《仪礼》、《礼记》,将《春秋》分为《左传》、《公羊传》、《谷梁传》,故而称"九经"。

图 66　唐开成石经

上书写过儒家经典,而后在大和年间(827—835)又曾用木板做壁,在上面书写诸经①。刻写石经,是沿习了在木板上书写经典的成例,模仿汉石经的盛举。开成石经是历代石经中保存较好的,虽然曾经几度搬迁,但没有缺失。现在全部保存在陕西西安碑林博物馆。(图67)但是由于印刷技术的发展与书籍流行日益广泛,唐代以后的儒家石经应该没有太明显的标准本校对作用,更是一种政治上的文化集权象征了。

图67 唐开成石经碑图

五代时期,蜀国偏安一隅,经济比较发达。丞相毋昭裔钟情儒术,自己捐款,鼓动后蜀国主孟昶主持,刻写了十种儒家经典,包括《周

---

① 路远:《唐国学五经壁本考》,见《碑林语石》,三秦出版社,2010年。

易》、《尚书》、《毛诗》、《周礼》、《仪礼》、《礼记》、《春秋左氏传》、《论语》、《孝经》、《尔雅》。该项工程始于蜀广政元年（938），在广政十四年（952）终止，故又称为"广政石经"。宋代统一后，蜀地官员又继续补刻了未刻完的《春秋左氏传》，以及《春秋公羊传》、《春秋谷梁传》、《孟子》三种经书，使儒家十三经首次全部刻成石经。可能孟蜀石经中的《尚书》存在问题，宋代又刻写了《尚书》。全部石经刻成的时间传说不一，有北宋皇祐元年（1049）、宣和六年（1124）、南宋乾道六年（1170）等几种说法。在历代石经中，孟蜀石经是连同全部注疏一起刻写上石，极大地增加了刻写的篇幅，从而成为历代石经中数量最庞大的一种。据说一共用了上千块碑石。可惜的是这些碑石已经全部遗失，不存于世。20 世纪 30 年代曾经在成都老南门外发现过零星残石，包括《仪礼》与《毛诗》，现在分别收藏在四川省博物院与重庆博物馆。以前有人推测孟蜀石经可能是在明代修筑城墙时被用作基石，压在成都老城的城墙下。但是随着近年城市改建，成都老城墙已经不存在，而没有发现过孟蜀石经的残石。孟蜀石经的去向还是一个有待解决的谜。

北宋提倡文治，宋仁宗时也曾经刻写过 9 种儒家经典，即：《周易》、《尚书》、《诗经》、《周礼》、《礼记》、《春秋》、《论语》、《孟子》与《孝经》。它的特点是采用篆书与楷书两种字形书写，后人称之为"二体石经"。北宋石经全部刻写完成于嘉祐六年（1061），所以也被称作"嘉祐石经"。北宋石经原树立在北宋首都汴梁（今开封），现在已基本亡佚，罕见全石。有前代金石学者认为它像石鼓文一样，在金国攻入汴梁，灭北宋后被搬运到燕京。有人则怀疑它仍留在开封，由于黄河多次泛滥，致使石经被厚厚的淤泥所掩埋。宋人周密《癸辛杂识》别集上"汴梁杂事"条记载："汴学曰文庙、武庙，即昔时太学、武学旧址。文庙居汴水南……九经石版，堆积如山，一行篆字，一行真字。又有大金登科题名……"①说明直到金代末年,开封仍保存着大量北宋石经。清人曾经在开封观音堂记碑阴发现北宋石经文字,可见北宋石经后来曾被改刻为其他碑刻。现在在开封还保留有一些北宋石经的残石。它们大多是近代陆续在开封附近出土的。例如 20 世纪 50 年代曾经在开封市北门外发现了北宋石经《礼记》的一块残石。当地传说,曾经有过一座清代碑刻,记录了在明代黄河决口时官方搜集城中的碑石运到北门外筑堤防洪的史事。这一发现为所说清代碑刻的记载提供了一定的证据。或许今后能在开封附近地层的深入发掘中得到更多的北宋石经碑石。1982 年,在开封市陈留公社农机修造厂的基建工程中又发现了一块刻有《周礼》内容的北宋石经碑石。这件北宋二体石经碑石高 1.75 米,宽 0.85 米,厚 0.2 米,仅有部分损伤。碑阳刻写《周礼》"天官冢宰"一节的文字,碑阴刻写《周礼》"春官宗伯"一节的文字,每面分为三段书写,每段 30 行,每行 10 字。这对于复原北宋石经的全貌,了解它的刻写方法、排列顺序都是极可宝贵的材料②。(图 68)

　　南宋迁都建安(今杭州)。政局安定后,宋高宗于绍兴十三年(1143)刻写《周易》、《尚书》、《诗经》、《春秋左氏传》、《论语》、《孟子》与《礼记》7 部经典,其中《礼记》只刻写了五篇。共使用 131 块碑石,张国淦《历代石经考》中认为现存 87 石,包括有《周易》2 石、《尚书》7 石、《诗经》10 石、《春秋左氏传》48 石、《论语》7 石、《孟子》11 石与《礼记》中庸 1 石。南宋石经是由宋高宗和其皇后书写。据说是权相秦桧阿谀上意,将宋高宗平时练字的写经纸本取来上石。宋淳熙四年(1177),宋孝宗建光尧石经之阁存放石经,所以后人也称之为光尧石经。南宋以后,这些石经也多次遭到破坏。明正德十三年(1518),巡按浙江监察御史宋廷佐将残余的石经移至当时的府学中予以保护,

---

①　宋 周密《癸辛杂识》,中华书局,1988 年。
②　张子英:《河南开封陈留发现北宋二体石经一件》,《文物》1985 年第 1 期。

图 68　北宋嘉祐石经

图 69　南宋石经碑图

现存 87 石,收藏在杭州孔庙中,外形均为长方形碑版。(图 69)

《玉海》中曾经记载南宋时有过诏书命令各州也刻立石经,但是无法确认各地是否一律遵行。据《湖北金石志》等南方金石志载录,近代仅存湖北兴国州学刻立的一件地方石经残石。

保存最完好,也最完整的儒家石经是清代在北京国子监树立的清石经。它将十三经全部上石,正楷书写,依次排列。总共使用碑石 190件。其中经文使用 189 件,另有一件刻写皇帝谕旨与告成碑铭。这批石经现仍保存在北京国子监旧址。此外,《南齐书·魏虏传》记载北魏曾在平城刻石经,但尚无实证。

现知还有散布在全国各地的单篇零散刻经,尤以《孝经》为多。最著名的要数保存在陕西西安碑林博物馆中的唐代《孝经》。它刊刻于唐天宝四载(745),是唐玄宗亲笔手书自己批注的《孝经》全书。书体为隶书,颇具独特风韵。由于它将四块碑面环绕建成一个方柱形,顶

图70　唐石台孝经

上有平台护盖。所以通常被称作"石台孝经"。（图70）

也有利用碑的形制刻写其他书籍的。例如陕西梓潼保存的翻刻唐颜元孙《干禄字书》，宋代梦英刻写的《说文解字字原》等。

其他宗教经典为了宣传或保存，也有采用碑式的石刻。佛教经典自不必言，早在北朝时期就开始用石碑刻写《法华经》《维摩经》《华严经》等经典的部分经文。在中国乃至世界上最大的佛教刻经工程——房山石经的刻石中，也有使用碑式的刻经。这些经碑主要是唐代的刻经，有些还具有雕刻精美的螭首，是标准的唐代碑石形制。道教也有碑式的刻经，以《道德经》为主。此外道教的刻经还有《黄帝阴符经》《常清静经》《消灾护命经》《升天得道经》《北方真武经》《九幽拔罪心印妙经》《升玄经》《日用妙经》《洞玄经》等等。唐代欧阳询、褚遂良等著名书法家书写的《黄帝阴符经》作为书法精品，最为著名。

5. 造像碑

大约在汉代，佛教传入中原后，就开始了使用石刻宣传佛教神祇和经典的活动。近年来对于江苏连云港孔望山东汉石刻的研究曾经引人注目。有学者认为这里的摩崖雕刻中包括大量具有佛教文化因素的图像，如涅槃图、白象等。其他一些在东汉墓葬石刻中出现的佛教图像，如山东沂南汉画像石墓中的佛像、四川乐山麻浩崖墓中的坐佛像等也表明了佛教艺术在汉代民间的影响。佛教在传入中国的早期曾经被称作"象教",说明当时它以佛教艺术图像作为崇拜对象与宣传手段的文化特点。因此,在两晋南北朝时期,随着佛教在中原日益广泛的传播,制作各种佛教艺术品的风习也蔓延开来。首先出现了佛与菩萨的小型造像、佛塔,接着开始开凿石窟,雕塑佛像。佛教的传入,直接促进了中亚西域地区的石刻艺术进入中原地区,并且极大地推动了中原石刻技艺的发展,使石刻的应用更加深入民间。石质佛教造像也由此成为中国古代石刻中极其重要的一个门类。

　　造像是以形象表现为主的艺术雕刻。佛教造像质地多样,包括石、金铜、木、漆、泥塑、刺绣等。而本书仅讨论石质造像。除去整体的石窟造像外,石质的造像根据其外部形制与表现形式,可以划分为圆雕单座造像、线刻造像、造像碑和四面方柱形造像等类型。建造时,一般会在造像底座和造像碑碑身上刻写有关的铭文。文字数量以造像碑上的发愿文及供养人题名为多。这里仅涉及制作成碑形的佛、道教造像,即一般所称之造像碑。其他形制的石造像及题记已在上面造像题记条下介绍。

　　建造佛像,为南北朝以来佛教日益昌炽,影响遍及社会各界的结果。造像碑是北朝时期兴起的一种宗教徒崇拜用品,作为重要的功德活动成果,表达信徒们的祈福心理。就现有材料,制作造像碑的风气在北魏晚期达到极盛,隋代开始有所衰减,唐代仍有一些大型的精美制作,唐代以后至宋元时期还有所出现,只是数量明显减少,制作也不如唐代精美。现知最早的造像碑是《金石录》中记载的前赵光初五年(322)浮图澄造释迦像碑。

　　造像碑大多应该树立在当时的寺庙内外,以及通衢之处,以起到宣传彰扬、供养礼拜的作用。从它的整个形制来看,应该是摩崖造像与石窟造像的进一步简化。但是它所要表现的意义与摩崖造像、石窟造像以及寺庙内殿堂的造像并无二致,同样是要表现佛教(道教)中诸佛(诸天尊)所在的天国景象与佛(道)教经义,使信徒们得以崇敬礼拜。四面方柱式造像及有些四面雕刻的造像碑图像，与一些早期石窟中的中心柱雕刻十分相似，可能具有一定的渊源关系。也就是说，由石窟中心柱雕刻转化成单独的四面方柱式造像，又进一步发展成造像碑。我们注意到造像碑流行的地区大多属于平原、城市。也可能是由于平原地区无法建造石窟而采用了这样的碑刻形式。（图71）

造像碑的雕刻艺术与形制特点，反映出浓郁的中国传统文化特色，也是佛教艺术进一步汉化的结果。在东汉石碑中，已经出现了具有中国文化特色的各种纹样装饰，特别是交龙碑首的产生，影响了以下一千多年的碑刻形制。在雕刻手法上，与西方石刻大量采用圆雕和浮雕的作法不同，汉代石刻中大多采用浅浮雕和平面线刻，具有模仿绘画效果的特点。在汉代以后的晋当利里社残碑上还可以见到沿袭汉代画风的各位里正、邑老线刻像，说明这种艺术形式在古代中国民间长期流传下来。

汉代以后，阴线刻等模拟绘画的手段则发展为大量的石刻线画。出现在碑、墓志、造像碑、石棺以及其他建筑装饰中。它与中国古代绘画的线描技术紧密结合，充分发挥了中国传统绘画中线条的表现能力。而种种浮雕技法则在造像、石塔、经幢、动物与人物雕塑等石刻类型中大放异彩。至于北朝造像，可以说是将这两者结合得最完美的例子。

造像碑尤其能够体现汉画像石的特色。刘兴珍曾经认为："实际上造像碑取代了汉代的画像石，从构图上看也有汉代画像石的遗风。（造像）碑的通体构图及雕刻均相当出色，而其章法布局与汉代画像石的构图章法一样。"①

这里以现存陕西耀县药王山石刻博物馆的北魏魏文朗佛道造像

---

① 刘兴珍：《漫谈汉画像石的继承与发展》，《中原文物》1993 年 2 期。

图 71　北魏姚伯多造像碑

碑为例。这是现存的年代较早的北朝造像碑①。碑座上的刻饰简朴粗放，明显是出自当地工匠之手。

北魏魏文朗佛道造像碑为四面造像，高127厘米。四面均在碑石的上部中央开凿凹入的佛龛，龛内有圆雕造像。除此之外，其他纹饰都是采用阴线刻的手法雕成。拿碑阳来说，龛楣上的交龙，两侧的执花供养飞天、禅室内修禅的比丘、奔鹿、龛下跪拜的僧人、信士、供养人，以及博山炉、牛车、马匹等纹饰都是用粗犷的阴刻线条构成。画面分层描绘了不同主题，采用散点透视。除去在人物的衣着、车马式样等具体形象上面体现了北朝的时尚以外，可以说与河南等地的早期汉代画像石造型手法没有多大的区别②。

又例如现存北京故宫博物院的北魏平等寺造像碑，是北魏末年佛教繁盛时期的石雕艺术精品。其右侧上半部采用减地浅浮雕加线刻的手法刻绘了佛传故事、比丘与护法雄狮等。碑中央的弥勒菩萨，采用浅浮雕手法刻成，精巧华丽。最值得注意的是碑的下部雕刻了佛寺建筑，完全采用精细的阴线雕刻，手法与汉代画像石中的宫阙建筑刻法相似。不同的只是出现了正确的透视关系。这大概是佛教艺术以及随之东来的西方科学技术的影响。由此可以看出，汉代画像石艺术与外来艺术相结合后，在中国古代艺术传统中形成的进步与发展。

山东南部等地的汉代画像石，如武梁祠画像石等，具有独特的雕刻绘画技法，即结合阴线刻的减地平面浅浮雕。这种技法在陕北画像

---

① 魏文朗佛道造像碑，以往被认为造于北魏始光元年(424)，近年日本学者石松日奈子提出怀疑，认为原石所刻始光元年四字中，光以下三字均残泐不清，第二字更像是"道"，发愿文起首纪年的作法也不合成例。后罗宏才、张燕等人也认为该碑从风格上看应该是正始年间的碑刻。虽尚无定论，但也不宜认定为始光元年刻造。

② 陕西省考古研究院、陕西省铜川市药王山管理局：《陕西药王山碑刻艺术总集》，上海辞书出版社，2014年。以下引用药王山所藏造像均参见此书。

石中表现得十分突出,具有独特的艺术效果,很类似至今尚存的民间剪纸。它在平面的方整石材上采用减地工艺勾画出物体的外轮廓,然后用阴线刻出细部。有时甚至只有大的轮廓,影象分明,造形优美。当然,参照近来一些保存较好的汉代画像石墓出土情况来看,可能当时是在石雕上面用颜色笔墨画出细部。这种技法与外来的佛教艺术造型技法具有明显的不同。我们可以看到,这种独特的技法在北朝时期的陕西北部至关中一带的佛教造像中仍然频繁出现。例如在陕西兴平出土,现存陕西省碑林博物馆的北魏皇兴五年(471)造像,它的佛背光阴面中便刻画了一组具有典型陕西汉代画像石艺术风格的佛教故事画。整个背光阴面由上至下被分为七层,依次刻出了九龙灌顶、释迦宣称"天上地下惟我独尊"、乘象入胎、太子诞生、诸天劝说释迦出家修行、释迦前生为孺童时的故事等,以及释迦修道后收目犍连、舍利弗等弟子的情景。整组画面的布局匀称、外轮廓线条优美,减地分明,很好地反映了传统的汉代画像石风格。这种连环画式的叙事风格,也是汉文化的特色。敦煌等石窟中的类似佛传故事画,可能与此一脉相承。

采用类似雕刻手法创作的作品在北朝造像中还有很多,例如美国纽约大都会博物馆藏河南淇县封崇寺东魏武定元年(543)李道赞等五百人造像碑,虽然它的雕刻减地较深,但仍以平面线刻作为主要的表现手段,唯其技法比汉代画像石更加精湛,表现出时代与艺术造诣的进步。可以说,北朝石雕工匠们是沿用中原汉族传统石刻中的外部形制、格式、布局、绘画与雕刻手法,结合了外来的佛教艺术内容,将印度、西域艺术中的一些典型造型予以表现,从而产生了流行于北朝至隋唐的造像碑一类碑刻。

造像碑的外部形制与上述各种碑刻大致相同。长方形碑身,长宽一般为三比二至三比一以上。侧面扁平,附有趺座,大多卜部雕刻螭首,也有圆首、方首等形状出现。但是在表现内容上突出宗教色彩与造像的特点。例如,造像碑一般没有文字碑额,而在书写文字碑额的地方代以佛龛造像。部分造像碑采用两面或四面雕刻,即在碑阴、左右碑侧也雕刻佛龛造像及刻写铭文。常见的造像碑正面（或两面、四面）上部雕刻凹进去的佛龛。佛龛内浮雕或圆雕佛像。作为造像碑的主体。根据造像对象的不同，可以上下雕刻多座佛龛。佛龛内多采用一佛二菩萨或一佛二弟子二菩萨的雕像组合，也有二菩萨对坐、三佛并列等组合。较大的造像碑还会在佛龛下方雕刻香炉、狮子、夜叉、天王等形象，多为浅浮雕或线刻。部分造像碑在佛龛下雕刻规模较大的礼佛图、施主出行图、佛传故事画和供养人画像等，这些图像则以线刻为主。碑身下方往往刻写造像题记与供养人姓名。有些碑身遍刻小千佛的造像碑，则往往不留空隙刻铭。造像碑的大小似无定制，小的仅数十厘米高，大者可达 2 至 3 米，可能完全根据造像者的愿心与财力而定。（图 72）

图 72　北魏造像碑

　　常见的造像碑范本可以山西省新绛县的东魏武定二年（544）释迦多宝造像碑为例。它的碑首上部为弯曲缠绕的双龙形象，碑额中部是一尊立佛像。碑身上部开龛，龛内圆雕一佛二菩萨像，龛下面刻写造像铭文。碑侧的上部开龛，内雕佛像，龛下刻有三排供养人像并在人像旁边附刻人名等榜题。

　　另外一类没有碑额的造像碑，其碑首为圆弧形或方形，与碑身合为一体，直接开龛造像。例如甘肃天水麦积山石窟麦察133窟内的10号造像碑。它分为三段进行雕刻，上、中两段中间为主龛，刻有释迦、多宝二佛并坐像。龛的外侧刻画佛传故事。佛龛龛楣的尖端雕刻七尊化佛。下段的中间开龛，龛内雕刻一佛二菩萨像。龛外两侧雕刻力士与狮子像。碑首为圆弧形。又如北齐董洪达等造像铭。（图73）

　　附带要谈到另外一些四面方柱形的造像石刻。它们的造像内容与造像碑基本一致，有些还在柱顶部安装有模仿建筑物屋顶的碑首。以往金石学者一般也把它们归入造像碑的范畴，但如果严格按照形制来讲，则单独分成四面方柱造像一类更为适合。（图74）例如河南浚县的北齐武平三年（572）造像，下面有座，造像主体为四面方形石柱，四面均刻有三层佛龛，龛内雕刻佛像，碑首雕刻成仿砖木建筑的九脊单檐歇山式屋顶，十分壮观。

　　作为文字石刻的研究对象，造像碑上刻写的铭文比较有特色，也比较简单。主要有发愿文与供养人姓名两部分。发愿文记载造像活动的缘起，主办人士的姓名、籍贯、官职，造像祈福的愿望，造像时间与参加人士等；还有些发愿文中用佛经的语言赞颂佛教的神异恩德，表达信徒的虔诚。发愿文的内容常形成一种格套，互相抄袭沿用。例如东魏武定七年（549）二月八日张保洛造像记，起首叙述造像人官职姓名等，然后发愿：

　　　仰愿先王、娄太妃、大将军、令公兄弟等亡者升天，托生西方
　　无量寿佛国。现在眷属，四大康和，辅相魏朝，永隆不绝。复愿所

图 73　北齐董洪达等造像碑铭拓本

图 74　东魏四面方柱造像

生父母乃及七世皆生佛土,体解□道,□□妻子,无□延年,长享
福禄,在在处处,[所]善知识。又使兵□不兴,关陇自平,普天丰
乐,灾害不起。乃至一切有形众生,蠢动之[辈],皆发菩提道心,
[一时]成佛。

这件造像碑发愿文的祈愿比较完备,其他造像碑中的祈愿大多类
似,但一般比较简略。

发愿文一般刻在碑面上比较显著的位置,如碑身正面下方的中央
部位。供养人姓名大多刻在碑阳的边侧部位以及碑侧、碑阴等处。有
些造像碑上刻画出供养人的形象,其姓名就刻写在画像旁边。文字书
体比较朴拙简率,异体写法较多,反映当时民间的文化水平。

造像碑的内容题材、佛像雕刻技法、装饰纹样与文字书体等具有
较明显的阶段性时代特征,大多与同时期的石窟寺造像艺术特征相
近。由于佛教艺术考古研究中对石窟寺造像分期有着比较明确的判
断,所以可以参照石窟寺造像研究对没有纪年的造像碑制作年代与造

像风格加以考证断代。而具有明确纪年的造像碑也可以提供该年代段的造像特征与供养人形象特征，对石窟寺造像的断代予以佐证。

　　造像碑的制作水平因造像主的身份、财力与石匠的技术高下不同而表现出多种差别。造成这种差别的原因还有地区因素。位于政治文化中心和经济发达地区的造像碑一般制作得比较精美，佛与菩萨等造像形象比较符合佛教艺术的造像规范。相对边远地区的造像碑则显得粗糙简劣，佛、菩萨像也不合规范，甚至有工匠自行创造的形象。大量造像碑是民间集资制作，在制作工艺、文字内容等方面都表现出极度虔诚淳朴的平民心理，甚至能反映出浓郁的民间文化特色。现在可见有多种宗教信仰汇于一石之上。例如在陕西关中地区发现的佛道教合一的造像碑。它们将佛教诸佛与道教天尊共同刻在同一块造像碑上。如孝昌三年（527）庞氏造像碑碑阳主尊题刻为"太上老君"，北周保定二年（562）李昙信造像碑碑铭中也公开记载："敬造释迦、太上老君诸其菩萨石像一区。"在陕西耀县药王山造像碑群、临潼县博物馆等地收藏有数十种佛道教混合的造像碑。道教造像的开龛、造像姿势与其他装饰都与佛教造像相似，应该是模仿佛教造像的格套模式。只是在道教天尊的形象上有所区别，大多头上戴冠，面上有须髯，手中握麈尾、羽扇等。例如陕西耀县药王山所藏北魏魏文朗造像碑、荔非周欢造像碑、夏侯僧□佛道造像碑、临潼文管所藏孝昌三年（527）庞氏造像碑等。这些造像碑四面或两面开龛造像，一面主尊为佛像，另一面则为道教天尊像。有些造像的发愿文及题名中也反映出佛道同碑的事实，如魏文朗佛道造像碑造像记中称"为男女造佛道碑一区"①。

　　造像碑在陕西、河南、河北、山西、山东、甘肃等地均有传世保存与出土发现，其中尤以陕西、河南、山东等地为多。一些制作精美，内容丰富的造像碑被列入国家重点文物保护单位与国家级珍贵文物，例如

---

① 陕西省考古研究院、陕西省铜川市药王山管理局：《陕西药王山碑刻艺术总集》，上海辞书出版社，2014年。

陕西耀县药王山造像碑群、河南登封刘碑寺碑等。

近来李淞、罗宏才等人对造像碑进行了深入的研究。如罗宏才称要"廓清造像碑源流、定名、分类、分期、分区、模式、样式、面序、位序、旋行、融合等基本概念",从而"正确理解造像碑的宗教理念、雕造意匠、构图规律、定名准则、释读路径、类型特征、集聚模式、地域样式、旋行根底,重新审视其宗教性质、信仰群体、信仰方式、信仰变迁、生活祈求以及佛道科仪、社会影响。"并做了一些具体的尝试。本书限于内容体例与篇幅,无法涉及如此广泛的内容。读者可以参看有关专著,如《中国佛道造像碑研究——以关中地区为考察中心》①。只是罗宏才在该书中把四面方柱造像也认定为造像碑,与我们这里仅把外形扁平的碑式造像定为造像碑有所不同。

6.题名碑

题名碑是在碑形石材上面刻写大量人物姓名的专用石刻。

古人刻石题名留念或表示彰显、存录等意义。这种风气历史悠久,始于汉代而盛于唐宋以降。在汉碑中,我们已经可以看到大量排列有序的立碑人姓名。这些姓名是记录参与立碑纪念的门生故吏等人物,表现参与一件公众活动的有关人士。但是这仍然属于原来的功德碑或墓碑铭刻的组成部分。而后人旅行各地,游历所至,动辄于前人碑碣以及摩崖等处留题自己姓名,山河佳胜之地的石壁上也多不能免。这些题记内容简单,仅仅是姓名籍贯年月等文字。由于它们多为附刻在其他定型的石刻上,所以没有一个独立的外部形制类型。刻写在摩崖、石块上的题名,我们已在摩崖、刻石类型中介绍过。附刻在碑石上的题名,我们就放在有关碑石中介绍。以往的金石著录中,一般把附刻在碑石上的题名也附记在原碑石条目下,不单立条目。例如在

---

① 罗宏才:《中国佛道造像碑研究——以关中地区为考察中心》,上海人学出版社,2008年。

东汉永寿二年（156）的韩敕碑阴上就刻写了汉熹平年间（172—177）的项伯修题名。（图75）有人认为在汉仓颉庙碑额上面的题名也是汉代人留下的。而在山东长清的东汉孝堂山石室画像石上刻有"平原漯阴邵善君以永建四年四月廿四日来过此堂，叩头谢贤明"，"泰山高令明永康元年十月廿一日敬来观记之"等东汉题名，已经开游人题名风气之先河。

北朝以来，题名石刻往往独立存在，或专门立石，或摩崖凿刻，甚

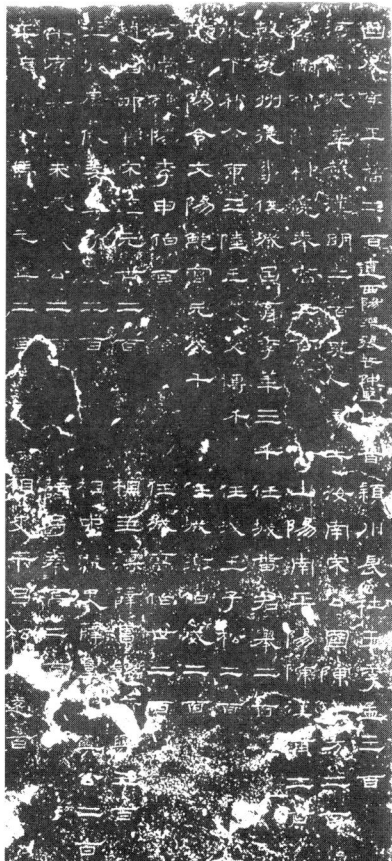

图75 汉代韩敕碑题名

至在同一石上发现有多处题名,包括前后数代游人。但游人留刻题名的风习已形成,使得有些著名碑刻上面也不免此厄。

而从唐代开始,就出现了专门记录人物姓名的题名碑刻,现在可见的这类题名碑刻大多由官方制作。例如著名的唐开元十一年(723)大唐御史台精舍碑,该碑的碑阴与左右侧、碑额及碑文中均是记载历任御史的姓名。(图76)又如河南开封博物馆所藏宋开封府题名记碑,记录历任开封府尹的姓名,在碑铭中记录了从北宋建隆元年(960)到崇宁四年(1105)之间一共183位曾任开封府尹的人物姓名。同藏于开封博物馆的金正大元年(1224)女真进士题名碑,是关内仅存的一块女真小字碑刻,记录了金代末期考中进士的人物姓名。原碑碑阳刻写汉文,碑阴刻写女真文,内容应该是相同的。但是在明宣宗时期,地方为建碑纪功,利用此碑,将碑阳磨平改刻修顺河庙碑。所幸碑阴尚存,留下了珍贵的民族文字历史资料。

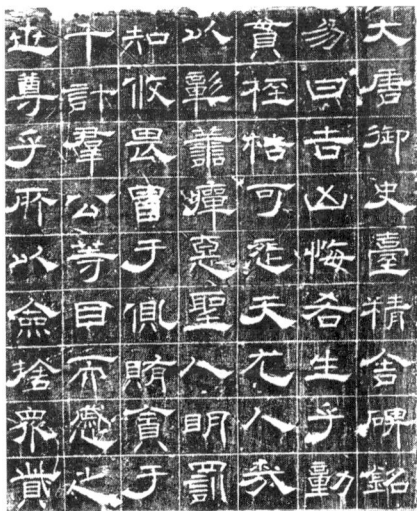

图 76　唐代御史台精舍碑

"金榜题名时"被古人看做人生最快意的时刻,自然值得炫耀。进士题名的习惯,当始于唐代雁塔题名之风。据古代文献记载,唐代中央政府开科取士，兴起科举之风，每次科举选定进士后，除赐宴、游观等官方组织的活动外，还有进士本人在著名的长安城中大雁塔题名留念。但是今日已经没有唐代雁塔题名存世。现在可以见到的进士题名碑刻主要是宋代以下的遗物，这种传统形成后，连金国选士后也要用汉字与女真文刻写进士题名碑刻。明清时期的进士、乡举题名碑刻比较多，例如北京市石刻艺术馆保存的多种进士题名碑。在记录民间各种公益活动以及宗教功德活动的记事碑上，往往也记录很多参与者的姓名。有些就成为专门的题名碑，专门记录参与公益或集社活动的人名、商号名等。类似的记录参与者姓名、捐资者姓名的题名碑还常常出现在寺庙、会所、公众建筑、道路桥梁等场所。这种记事碑上，除记录人物姓名、官职、籍贯以及商店铺号名称等之外，有些还记录捐资数目等有关内容。北京一些庙宇中还保留有这样的题名碑石，可参见《北京内城寺庙碑刻志》等著录①。

　　附带提及著名的唐郎官题名石柱。这也是一件专门记录人名的石刻。但是它的形制与碑有所不同，是一件七面的棱形石柱，直径约70厘米，分为上下两截，以榫卯相连。上截高135厘米，下截高115厘米，刻有文字的7个侧面各宽31—33厘米。路远认为："石柱的形制很可能与当时的经幢相似，还有底座和顶盖，那么其最初的高度便不止于此。石柱7个侧面从上至下各分为4栏，总计28栏，刻尚书省左司及所属吏部、户部、礼部十二司郎官姓名。……第一面之上两栏应为记文，可惜已漫漶磨灭。""现存石柱只刻左司及吏、户、礼三部郎官姓名，毫无疑问，右司及兵、刑、工三部肯定另有一柱。"②这件题名石刻是研究唐代官制与历史人物的重要史料，被岑仲勉称作唐代三大缙绅录之一。由于它以题名为主，虽然其形制与碑不同，但也附记于此。

---

① 董晓萍、吕敏：《北京内城寺庙碑刻志》，国家图书馆出版社，2010年。

② 路远：《唐尚书省郎官题名石柱之初刻与改刻》，见《碑林语石》，三秦出版社，2010年。

另有记述郎官题名情况的记、序等碑刻,如张昶所书《尚书省郎官石记序》,原石已佚,董其昌《戏鸿堂帖》中有原拓本翻刻。

此外,还有专门立碑书写建筑物或景观名称的,也可以列入题名碑一类。如北宋蔡京书写的"州学"二字碑。

7. 宗教碑

历史上,儒、佛、道三教均曾利用石碑形制来保存和传播经典书籍,佛教、道教还曾经使用碑的形制来刊刻佛、道造像,这些在上文提及的经典及其他书籍刻碑与造像碑部分中已经简要介绍。而在这里再次分析出来的宗教碑,主要是指除去石刻经典碑刻与造像碑之外,由宗教人士制作或者涉及宗教方面内容的历代碑刻。众所周知,中国古代社会是一个世界上罕见的对外来宗教十分宽容的社会,除土生土长的儒、道二教和很大程度上汉化了的佛教外,还有很多外来的宗教流派传入并存在过。例如北方民族中的萨满教、南北朝隋唐时期及后来存在过的祆教、摩尼教、景教(基督教聂士脱利教派)、犹太教、清真教(伊斯兰教)、天主教等等。很多外来宗教在其传播的过程中,也曾经利用石刻形式进行宣传与记事等。另外,还有各国教徒使用各种外来文字书写的墓碑。按照前面的分类,宗教碑的这些碑石应该分别归入记事碑和墓碑的类型,似乎不可再单独分成一类。但是随着近代社会科学研究中宗教研究的重要性日益显现,关注宗教学的学者日益增多,有关宗教的古代石刻资料也越来越得到学术界的重视。不少学者专门搜集汇编涉及宗教的石刻材料,单独成书,并进行研究,例如陈垣的重要著作《道家金石略》[1]、近年来中法学者合作编写的《北京内城寺庙碑刻志》[2]、中加学者合编的《福建宗教碑铭汇编(泉州卷)》[3]、吴

---

[1]　陈垣:《道家金石略》,文物出版社,1988年。

[2]　董晓萍、(法)吕敏主编:《北京内城寺庙碑刻志》,国家图书馆出版社,2011年。

[3]　(加)丁荷生、郑振满《福建宗教碑铭汇编(泉州卷)》,福建人民出版社,2003年。

亚魁编集的《江南道教碑记资料集》①等。有鉴于此,这里特地从碑刻用途与所在地出发把有关宗教的碑刻单独列举出来提请关注,可能与前边的分类情况有些重合或抵牾。鉴于石刻内容之繁杂,事难两全,姑且暂时单列,以俟高明。

宗教碑中,与佛教有关的碑刻自然为数最多。它们对于佛教历史的研究极其重要,是与历代僧传、灯录、寺志可以互为补充,共同奠定佛教史的宝贵实证。一些著名寺院的碑刻保存数量较多,历史价值也较高,如河南登封少林寺、北京法源寺、河北正定隆兴寺、山东长清灵岩寺等,都有数十件至上百件的历代碑刻传世。并已经有所编集出版,如《中国少林寺碑刻》②、《法源寺贞石图录》③、《北岳庙碑刻选注》④等。但更足珍惜的是其他外来宗教遗留下来的一些极为重要的宗教碑刻,它们对于了解古代中外交流史,考察中西交通、宗教传播与教派流传等热门课题具有无可替代的作用。

值得注意的是,不仅闻名国内,而且在世界宗教研究中也具有重要影响的古代碑刻材料不在少数。例如著名的唐建中二年(781)大秦景教流行中国碑。它现在还完好地保存在陕西西安碑林博物馆中。(图77)据记载,该碑在明代天启五年(1625)于西安地区出土。当时,地方当局把它安放在西安西郊外的金胜寺,并没有引起国人的多少注意,却使当年已经进入中国传教的外国传教士如获至宝。首先,曾与著名耶稣会传教士利玛窦有过交往的岐阳举人张赓虞得到景教碑的一个拓本,将它送给自己的一位至友李之藻。而李之藻是利玛窦的第一个中国信徒。他得到拓本后,写了一篇文章《读景教碑书后》,指出景教应该就是耶稣教。不久,法国神甫金尼阁来到陕西,成为第一个

---

① 吴亚奎:《江南道教碑记资料集》,上海辞书出版社,2007年。

② 释永信主编:《中国少林寺碑刻》,中华书局,2003年。

③ 一诚:《法源寺贞石图录》,五洲传播出版社,2006年。

④ 韩成武等:《北岳庙碑刻选注》,中国文联出版社,2003年。

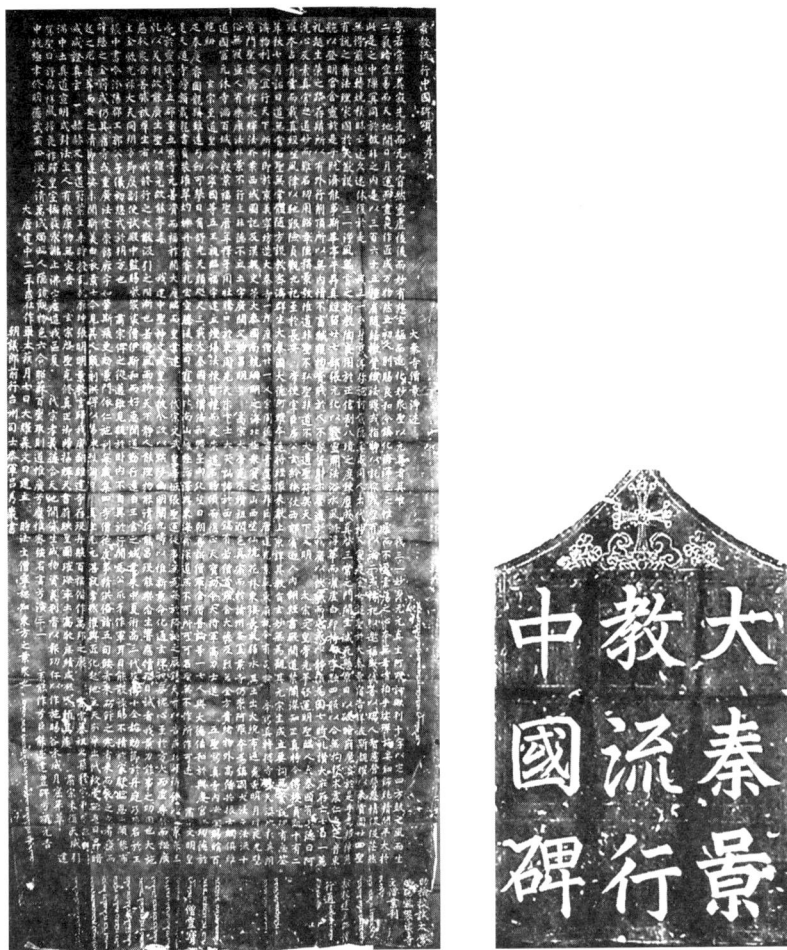

图 77　唐代景教碑额与景教碑

见到景教碑的外国人,并将碑文译成拉丁文寄往欧洲。三年后,另一位传教士鲁德昭也到西安开设教堂,并对景教碑进行了详细的考察。仅仅在景教碑出土几年后,欧洲就知道了它的存在。

　　1907 年,丹麦记者何尔谟(Frits Holm)来到了西安,他在所著《我为景教碑在中国进行的探险》一文中介绍,他认为景教碑是世界上四大著名石刻之一。这四大石刻是1799年发现，现存大英博物馆的古埃及罗塞塔石碑；1868年在死海以东发现，现存罗浮宫的古膜拜国（即摩押国）摩押碑（又称米沙碑）；现存墨西哥国家博物馆的古阿兹特克授时石刻与景教碑。因此，将这件碑运到西方，就成了他此行的目的。为了将景教碑偷运走，他竟雇人用同样的石料仿造一件，准备将真品运走，以仿制品留在原地。但是在他的计划进行中，幸得民间极力抗议，奋起保护，官府得知消息，将景教碑运入碑林保管，使这件珍贵的石刻得以保存下来①。

大秦，是中国古代对东罗马帝国的称呼。景教，据近代学者的考证，就是古代基督教中的聂士脱利教派，原在今叙利亚等地有大量信徒，后来向东传播，进入波斯等地，唐代初年进入中原。大秦景教流行中国碑就是它在中国早期历史的宝贵证据。这座碑上刻写了大秦国教士阿罗本在贞观九年（635）来到长安。唐太宗接见他后，允许他在长安传教，并且在京城义宁坊给他造大秦寺一所，度僧廿一人。同时刻写了唐高宗以下历代皇帝支持景教传播的历史。

又如在河南开封博物馆保存的三方犹太教碑，即明弘治二年（1489）重修清真寺记，正德七年（1512）尊崇道经寺记和清康熙十八年（1679）祠堂述古碑记，其中明弘治二年（1489）重修清真寺记与正德七年（1512）尊崇道经寺记是刻于同一碑石的正反两面上。另外还有一件清康熙二年（1663）刻的碑石，已经遗失，但罗马教廷还保存着它的拓本。这里所说的清真寺，实际上是犹太教堂，由于中原人士不清楚回教与犹太教的区别，又见他们都不食用猪肉，所以统称为清真。而犹太移民也就迁就了这种汉语的称呼。这些碑文中记载了信仰犹太教的中东人士来到中国定居的宗支源流以及犹太教的教义，极富历史价值，并引起了国际上、特别是犹太学者的重视。如弘治二年（1489）重修清真寺记云："噫，教道相传，授受有自来矣。出自天竺，奉

---

① 参见江文汉：《中国古代基督教及开封犹太人》，知识出版社，1982年。

命而来。有李、俺、艾、高、穆、赵、金、周、张、石、黄、李、聂、金、张、左、白七十姓等。进贡西洋布于宋。帝曰:归我中华,遵守祖风,留遗汴梁。宋孝隆兴元年癸未,列微五思达领掌其教。俺都喇始建寺焉。"①根据这些记载,在宋代孝宗隆兴元年(1163),开封就建立了犹太教礼拜寺。寺中保存的犹太经卷,虽然经历多次水、火灾害与人为破坏,但仍有一些遗存到清末。根据清代末年外国传教士的调查,直至十九世纪初,开封还有数百名犹太人后裔,他们仍然保持着犹太民族的习俗,信奉犹太教②。1926 年,法国人普瑞浮曾发表了他在洛阳得到的三块希伯来文碑志照片,表明在洛阳也曾有过犹太人居住③。(图 78)

伊斯兰教在中国有比较普遍的影响,聚居信奉伊斯兰教的回族、维吾尔族等民族地区都建有清真寺院。一些历史悠久的清真寺中保留有元代以来的各种中文、阿拉伯文和民族文字的碑刻,对于研究伊斯兰教的传播历史颇具价值。例如在北京牛街清真寺中保存的明代弘治九年敕赐礼拜寺记碑,就是用中文与阿拉伯文两种文字书写的。福建泉州清净寺中也存有元、明时代的中文与阿拉伯文碑刻,记述了伊斯兰教在泉州建寺与流传的历史,由于泉州在宋代、元代是与西方进行海上交通的重要港口,曾经居住过大量来自中亚、西亚地区的商贾与移民。他们及其后代是这里伊斯兰教发展的根本原因。这些碑刻也是反映中外交通、研究中外文化交流的重要证据。

在泉州发现的古代石刻主要是宋、元时期的遗存。其中包括各种宗教建筑的装饰石刻、墓碑、墓葬建筑石刻、宗教造像等。根据吴文良《泉州宗教石刻》一书收集的材料分析,这些石刻中有基督教(景教)、

---

① 潘光旦:《中国境内犹太人的若干问题——卅封犹太人》,北京大学出版社,1983 年。

② 江文汉:《中国古代基督教及开封犹人人》,知识出版社,1982 年。

③ W. C. White:《Chinese Jews》,University of Toronto Press,1966。

图 78　开封存犹太教碑

印度教、摩尼教、佛教以及伊斯兰教的各种宗教石刻①，尤其以信仰伊斯兰教居民的碑刻为多，说明在中世纪，泉州最多的外来商贾是来自西亚、波斯等阿拉伯地区的穆斯林。他们独特的生活习惯与宗教习俗，给泉州留下了丰富的遗迹。

泉州发现的宗教石刻中，摩尼教、印度教、佛教等石刻主要是建筑用石刻与雕像等，景教石刻还有墓碑，上面则装饰有十字架和天使等图像。具有文字的主要是伊斯兰教石刻。伊斯兰教石刻又主要分为两种，一类是宗教场所的建筑石刻，如艾苏哈卜寺的门楼、围墙、壁龛等处嵌入的大型阿拉伯文石刻，包括元代纳希德重修寺碑、明代永乐五年（1407）五月十一日敕谕碑、正德丁卯（1507）重建清净寺碑等。另一类是墓葬的建筑石刻，大致可以分为四种形式，有墓碑、塔式石墓盖、祭坛式墓葬石刻和拱北（即波斯语圆屋顶意）式陵墓建筑石刻等。这一节以介绍碑为主，所以其他类型的宗教石刻只能附带提及，具体内容可参阅《泉州宗教石刻》等专著。

墓葬石刻中主要是墓碑。这些墓碑的形状与中国传统的墓碑外形不同，一般比较小，顶部呈多重弯曲的尖形，很多还刻出边缘，上面横向刻写阿拉伯文字铭文，有些还附有汉字铭文。铭文内容大多为穆斯林的祈祷语以及死者姓名的记录。有些铭文中包含了重要的信息，如1984年发现的元大德十年（1306）兴明寺也里可温碑，说明当时泉州存在基督教聂斯脱利派寺院与教徒。又如元代至治二年（1323）七月立石的艾哈玛德墓碑，有阿拉伯文、波斯文与汉文的三种铭文，证明泉州在中世纪已经以"刺桐"闻名，而墓主艾哈玛德这样的外来居民也已经数代居住泉州，与中国人通婚，并且熟悉了汉族的语言文字，接受了中国的风俗习惯。典型证据为这件波斯文碑文中仍详细记载死者的出生年月与卒年，泉州出土的大量伊斯兰墓碑中都不记载死者的年龄与出生时间，由此来看，这一家族受汉族文化的影响是很深的。这

① 吴文良：《泉州宗教石刻》，科学出版社，1957年。

里还有元代的天主教主教安德肋墓碑和泰米尔文的创建湿婆庙记。

在明代北京城西墙外，曾经有一处专门安葬西方传教士的墓地。这里保存了大量明清时期西方传教士的墓碑，如著名的利玛窦等人。这些墓碑的外形与中国传统碑刻一致，但是在碑额都刻有十字架等天主教、基督教的图案，并且有法文、葡萄牙文等外国铭文。它们是西方宗教进入中国并在官方监管下存在的实证。北京石刻艺术博物馆现藏有 36 件明清以来的外国传教士墓碑，如法国教士张诚、蒋友仁等墓碑。均出土于海淀区正福寺墓地。（图 79）

图 79　北京基督教传教士碑

散布在全国各地的道教碑刻为数不少。有些道教圣地甚至成为道教碑刻的聚集地。如陕西户县的祖庵碑林。这里原来曾是道教全真教创始人王重阳的故居，元代称重阳宫，建成关中道教的大型寺院，遗存有赵孟頫手书的敕藏御服碑、孙真人道行碑、万寿宫图石刻以及八思巴文碑等三十多种道教石刻。陕西周至县内的楼观台也是一处著名的道教胜地,同样保存有一批历代的碑刻与文人题咏等石刻。湖北武当山自唐代以来就有大量著名道家人物在这里修行,明代曾建立了拥有八宫、二观、三十六庵堂、七十二岩庙、三十九桥、十二亭的庞大道教建筑群。现存的玉虚宫、五龙宫、玉虚岩、华阳岩等处都保存有元代以来的道教碑刻。又如北京白云观、东岳庙等寺院中的道教碑刻也很有名。东岳庙中存有元代赵孟頫所书张天师神道碑,具有很高的书法艺术价值,历来受到书法界的重视。东岳庙中的数十件道教碑刻,已经有专书汇录,整理出版。

有关佛教的碑刻数量最多,上文已经简要提及。从其所包括的内容来看,有关寺院佛事活动与产业方面的记载较多,像修建庙宇、造佛塔、办法事道场等大型功德、寺庙房地产及其他收入的记录等。还有记录宗派传锡、师徒谱系的图表碑文,以及佛图、诏令、官方文书等。不仅涉及广泛,而且这些碑刻中还保存有一些各民族文字的历史资料,如藏文、梵文、西夏文、蒙文、回鹘文等。像现存甘肃武威的西夏天佑民安五年(1094)凉州重修护国寺感应塔碑铭就是重要的西夏文字材料。(图80)

8. 地图、天文图、礼图等图碑

中国是世界上比较早就进行了地图测绘的国家。在近代考古发掘中,我们已经看到了战国时期与汉代人绘制的地图。例如河北平山中山王墓出土的战国时期铜板兆域图、甘肃天水出土的秦国木板地图、湖南长沙马王堆汉墓出土的西汉初期绢绘军用地图等。但是在石质碑材上刻绘地图等各种图形还仅限于唐代以后。宋代王象之所著《舆地纪胜》列举了当时的各州碑目后,均附以图经若干卷,由此似可推测唐、宋时期已经普遍有过石刻地图。可惜多未能流传下来。

现在可以见到的最古老的碑刻地图是陕西省博物馆所藏宋元丰三年(1080)吕大防刻立的唐长安城图与兴庆宫图残石。另有西安碑林所藏伪齐阜昌七年(1136)华夷图、禹迹图(图81),四川博物院藏宋宣和三年(1121)九域守令图和江苏苏州碑刻博物馆藏南宋绍定二年

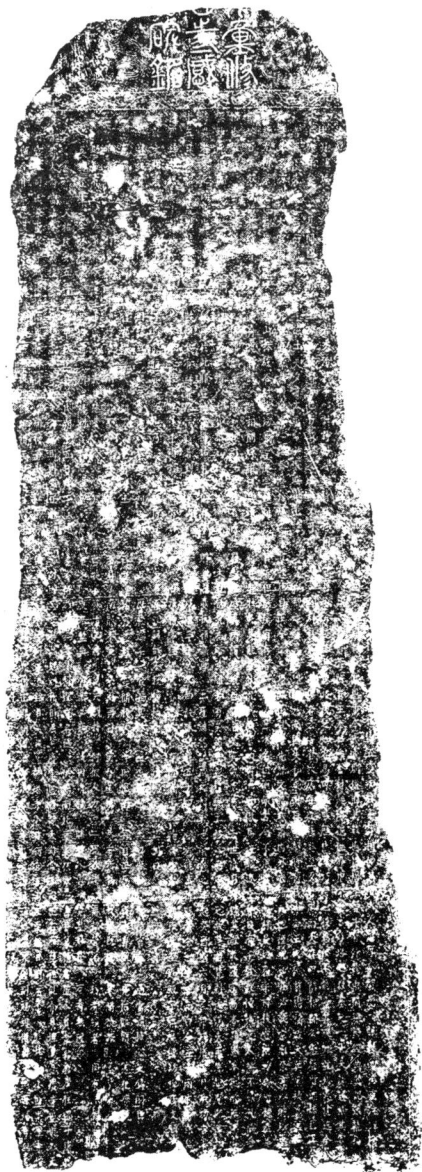

图 80　凉州护国寺感应塔碑

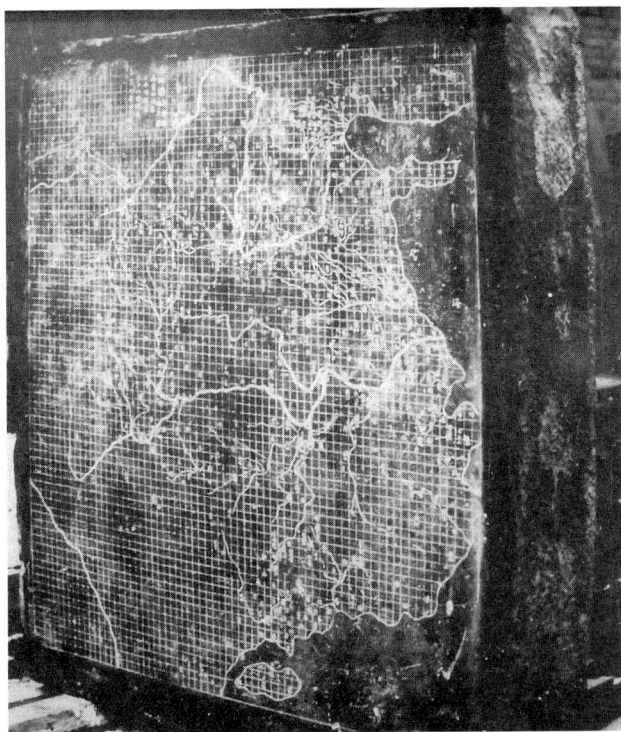

图81 宋代华夷图碑

（1229）平江图、淳祐七年（1247）地理图等。南宋淳祐七年地理图上有题跋，记载了刻立原始。它的原本是南宋官员黄裳在绍熙六年（1195）进献给宋光宗的八种图表之一，淳祐七年由浙西路提刑王致远在苏州按照原图上石。碑刻分为上图、下文两部分，图中详细绘制了国境内的山脉、江河、湖海、森林、长城以及各路、军、府、州的地理位置。文中则记述了自夏禹时期至宋代的历代版图变迁情况。该图包括地域广阔，绘制精确，标注丰富，有较高的史料价值。南宋绍定二年平江图是目前我国最完整的古代城市平面图，它是南宋绍定二年郡守李寿朋重新整治城内坊市以后刊刻的图碑。（图82）图中将苏州城市的布局、主要建筑物分布与地形情况等全部详细绘出，是对于古代城

图82　宋代平江图碑

市研究的重要资料。特别是宋代位于中国城市发展历史上废除里坊分隔制度的重要转折点,这份图对于研究这一变化后的城市建筑规划格局极其宝贵。伪齐阜昌七年刻制的华夷图、禹迹图与上述地理图的内容相近似,同样是表现全国地形、政区的地理分布图,但是较为简略。此外,还有一些地方性的地图石刻,如南宋咸淳八年(1272)静江府城防图,雕刻在广西桂林市鹦鹉山崖壁上。它刻绘了南宋宝祐六年(1258)以来前后4次修建抵御蒙古军队入侵的城防工事平面图,并记录了修筑经过与所用费用工料等。金代天会十五年(1137)刻绘的汾阴后土庙图碑,是保留了北宋庙宇建筑全貌的古代建筑平面图,现存山西万荣县后土庙内。它是了解宋代祭祀性建筑布局的实证,在古代建筑史的研究中具有重要参考价值。江苏省苏州市保存的清代嘉庆元年(1796)苏郡城三横四直图碑,绘制了当时的城市平面图,详细记录了当时苏州城的河道、桥梁、城墙及主要建筑的情况,并且记录了河道的深度与宽度,是研究古代城市发展的重要史料。曹婉如等人编集的《中国古代地图集》中收录了上述资料及大量明、清时代的图刻,并有多篇相关考证①。

在汉代至辽代的一些墓葬墓室顶部,以及汉代画像石中,曾经发现过各种类型的天文图与星象图。表现了古人的天文知识与宇宙观念。但是刻画在碑上的天文图则以江苏苏州碑刻博物馆所藏南宋淳祐七年(1247)天文图为最早。它是世界上公认的最古老的东方星象测绘图之一,具有较高的科学价值。该碑以北极为中心,刻有1440颗星,位置准确,显示了宋元丰年间的天文观测成果。它也是黄裳进献给宋光宗的八图之一,同样由王致远在淳祐七年上石。国际天文界对于这块图碑所表现出来的中国古代天文成就给予很高评价,很多国家曾经专门介绍了这一图碑。

此外,儒家教育成为官方教育主体后,各地设立学校辟雍,讲授经典。为了协助讲授,也曾刻绘一些图表碑刻,协助说明礼仪制度。如《语石》中记载清代桂林府学保存有《师奠位序仪式图》、《牲币器服图》等。它们对于研究儒家经典与了解古代文物礼仪制度有着一定的参考意义。

9. 书画碑

碑刻具有重要的宣传彰示作用,所以古人对它的装饰与书体都十分重视,应该是表现了各个时期最好的书法水平。上述各类型的碑刻中,虽然有大量碑文是由历代的著名书法家书写,从而成为被后人珍

---

① 曹婉如等:《中国古代地图集》,文物出版社,1990年。

视的书法佳作,但是它们本来有具体的实用目的,不是作为书法艺术品上石的。随着文化艺术水平的提高,降及唐宋时期,开始出现了专门为了供人们欣赏书法艺术而刻制的石碑。后人沿袭此风,将名人墨迹、画卷等艺术品翻刻上石,形成了一种专门的艺术性碑刻。例如唐咸亨三年(672)怀仁集字圣教序便是专门选用王羲之墨迹中的单字聚合成一篇碑文上石,此碑保存了书圣王羲之的书法风貌,颇受书法界重视。(图 83)在一些集中保存古代石刻的地点或名胜古迹中往往存有这样的书画碑刻。现在尚可见到的传为唐代吴道子所绘的孔子像、宋代苏轼所画梅花、宋代崔白所绘布袋和尚等,均为此类专门的书画碑刻。《语石》卷五中曾介绍:"宣圣像,吴道子画者三,李公麟画者一。绍圣二年按几坐像,刻于曲阜,当为吴道子真笔。(曲阜别有元刻立像。)大观元年米芾一石,河南鲁山县兴定五年一刻,皆重开本也。……历代名贤如唐之狄梁公、颜鲁公(在大荔)、宋之范文正公(在吾郡范氏义庄中)、文潞公、司马温公(夏县温公祠有其合像)皆有

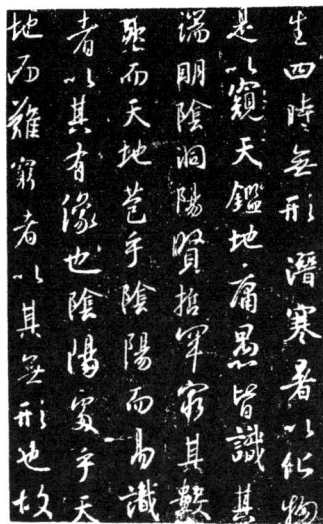

图 83　唐代怀仁集圣教序

遗像,藏于家庙,亦往往有拓本传于世。吴道子画观音像,长安有二本(元祐六年吕中赞),甘肃成县有一本(光绪癸卯按试甘南新访得)。……登封又有达摩面壁像、弥勒像……"在一些著名的山水胜境,还有用传统中国山水画法刻绘的山水图碑,如阳关图、北岳图、辋川图等等。宋元以来,书画碑制作得比较多,雕刻精美,表现了较高的工艺水平。它们的拓本也是很好的美术书法作品,在照相印刷术诞生之前,它们也起到了传播美术作品的作用。(图84)

附带提及有关书法的专门石刻——帖。它是后代文人为了保存与传播前代著名书法家作品而摹刻的石刻。一般用书法家的墨迹摹写上石。后来也有翻刻前人雕刻的各种帖,这样的翻刻有些雕工较差,会使原迹变形。早期的帖往往是摹刻个人的单篇书法,以后有了把多位书法家的多篇作品挑选出来汇合成一组上石,称作丛帖。现在所见的丛帖最早者为宋太宗刊刻的淳化阁帖。据宋代汪逵《阁帖辨记》记载"其本乃木刻,计一百八十四板"。可知原来是采用雕版印刷的形式制作木版,而后被多次翻刻成石刻。可能是受到木板形制的限制或影响,丛帖的石刻也采用小型的石板雕刻。一组丛帖的石板大小一致,多可达上百块。以后的丛帖就大多采用石刻,如著名的宋代绛帖、宋代大观帖、宋代汝帖、宋代宝晋斋帖、明代真赏斋帖、明代停云馆帖、明代快雪堂帖等等,它们主要是用于对书法艺术的欣赏与学习。

四、墓志

墓志是中国古代墓葬中的一种重要祔葬品,在历代墓葬的考古发掘中比较多见,尤其是在社会地位比较高的人士墓葬中多有出土。由于历代盗掘猖狂,大量墓志曾流散到社会上,有过多处公私收藏,传世保存较多。因此,墓志是存世数量巨大的一类重要文物,在古代石刻中占有较大的比重。

现存的历代墓志大多为平面正方形或长方形的石制品,此外还有部分砖质、陶瓷质乃至铜铁制作的墓志,但现存数量较少,不属墓志主

图 84　元代线刻孔子像

流。历代石质墓志的边长自 0.2 米至 1 米以上不等,个别极大者可达
边长 2 米以上。最多见的石墓志形制为盝顶形盒式,由盝顶形的志盖
与扁方形的志身两部分组成一盒,平面为正方形。也有一些盒式墓志

志盖采取立方体而不做成盝顶形。部分志盖与志侧雕刻有纹饰。(图85)做成平面长方形的石墓志则大多没有志盖。还有一些墓志做成竖立的小碑形状,取圆首或方首,有趺座。此外,可能是出于丧葬方术的概念,出现过一些特殊形制的墓志,如北魏延昌二年(513)元显儁墓志、隋大业三年(607)浩喆墓志、唐贞观四年(630)李寿墓志等就制作成模仿龟形的立体雕刻。龟背可以分开,作为志盖。龟身平面刻写志铭。砖质墓志多为长方形,很少有志盖。陶瓷墓志形制多样,有长方形的瓷牌,也有刻写在瓷盘碟上的。它们的文体、作用与石质墓志铭近似,这里就不单独讨论了。

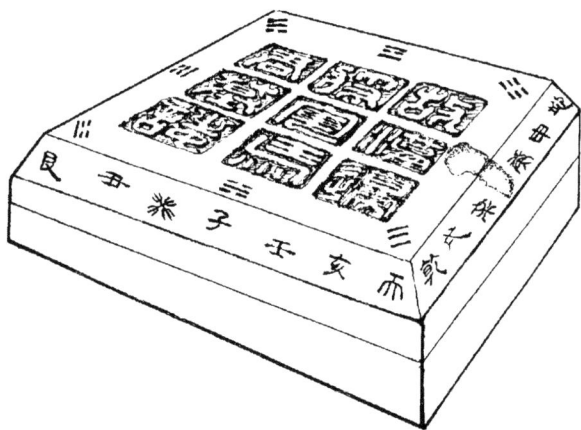

图 85　墓志线图

根据历代墓葬的考古发掘情况来看,入葬时,一般把墓志安放在墓室中接近墓门的位置,也有安放在墓门口或甬道中的,使之在墓葬中位于十分明显的位置,应该是具有标志墓葬主人身份的实用意义。

大体说来,墓志在古代社会中具有明显的等级标志。依照封建等级礼仪制度,身份地位较高的墓主会拥有形制较大、制作较精美的墓志。我们在一些朝代的墓志材料中,如北魏、唐代的墓志中,都可以总结出比较清楚的墓志形制等级。但是这只是一个总体上的规范,实际上常有僭越现象或与实际官职身份等级不符的现象。历代墓志文体繁简不等，大多表现得明显程式化，形成固定的格套。铭文最少的只有几十字，多的可以达到一两千字。早期墓志的字数较少，如魏晋南北朝时期的墓志，很少超过 500 字。越往后，上层社会人士墓志的铭文字数越多，甚至可达数千字的长篇巨制。

墓志是重要的考古资料，在墓葬年代与墓主人身份的判断上具有宝贵的实证价值。它的形制、纹饰等信息有助于历史时期考古中的类型学研究。同时，墓志还是历史研究中不可替代的宝贵史料，记录了丰富的古代历史人文信息。因此，有学者对墓志材料在历史研究中的价值给予高度评价，反映了历史学者对出土墓志材料的重视[1]。墓志的字体多样，异体写法多见，是古代文字学研究的重要资料。除汉字外，墓志中还出现过多种古代少数民族文字，如契丹文、女真文、蒙文、藏文等，甚至有用婆罗钵文书写的古波斯语等外国文字，对于有关民族文字的研究极为重要。墓志还是古代的一种重要文体，很多墓志出于一代著名文人之手，文辞优美，感情真挚，声韵和谐，对后代写作起到了重要的范本作用，在古代文学史上占有一定的地位。因此，墓志在今天的考古学、历史学、文字学与古典文学等学科领域中都具有十分重要的研究价值。

墓志在古代社会的丧葬习俗中非常盛行。隋唐时期，墓志的书法、文体、雕饰艺术等方面都达到了它的艺术高峰。上自王公官宦，下及庶民百姓，普遍在墓中埋设墓志。降及宋、元、明、清，官僚望族、文人士子仍然采用它来记述死者的家世与生平事迹。其主要形制与文体长期以来基本上没有什么根本性的改变。作为重要考古材料的墓志，其通用历史之悠久，保存史料之繁多，形制文体之相对稳定，都是

---

① 韩理洲：《新出土墓碑墓志的唐代文史研究方面的学术价值》，《西北大学学报（哲社版）》26 卷 3 期；牛致功：《墓志研究和史学的发展》，《陕西历史博物馆馆刊》第 11 辑等。

其他一些考古文字资料所难以相比的。

现存的传世墓志材料与近代出土的墓志材料总计起来,数量十分庞大。近年来,在各地陆续汇集编纂出版的石刻资料著录中,有关墓志的总数已经接近万件。由于尚未公布发表和未知的墓志材料不在少数,估计全国现存古代墓志的总数在 15000 件以上,应该不会过分。

1. 墓志的起源与演变

作为中国古代封建社会埋葬制度重要内容之一的墓志是在什么时候产生的? 这是研究墓志时首先会遇到的一个问题,也是前人说法不一,没有公认结论的一个问题。我们曾经总结过历史上一些有代表性的观点,主要有:

① 通过在秦始皇陵西侧发现的秦代刑徒墓中陶文认为我国最早的墓志出现在秦代①。

② 根据古代文献中的有关记载认为墓志首先出现在西汉时期。如清代学者叶昌炽《语石》一书中判断:"王氏《萃编》(按:指《金石萃编》)曰:《西京杂记》称前汉杜子春,临终作文刻石,埋于墓前。《博物志》载西京时,南宫寝殿有醇儒王史威长之葬铭,此实志铭之始。"

③ 根据出土发现的古代石刻认为墓志首先出现在东汉时期。例如罗振玉《辽居稿·延平元年贾武仲妻马姜墓记跋》云:"汉人墓记前人所未见,此为墓志之滥觞。"马衡《中国金石学概要》一书中说:"(墓志之制)始于东汉,《隶释》载张宾公妻穿中文,即圹中之刻。"赵万里《汉魏南北朝墓志集释》卷一(晋太康三年)冯基石椁题字按云:"近年陕北出土郭仲理石椁,亦皆有铭。或以砖,砖之有字者尤多。……稍后以志铭代椁铭,与前世风尚殊矣。"

---

① 始皇陵秦俑坑考古发掘队:《秦始皇陵西侧赵背户村秦刑徒墓》,《文物》1982 年第 3 期。

④ 通过对历史风尚及有关制度的考证认为在魏晋时期产生墓志。如日人日比野丈夫《关于墓志的起源》一文称："由于魏晋时代严禁在墓前立碑，迫不得已，在墓中埋下小型的石碑来代替墓碑，这被看作是墓志的起源。"在我国也有学者持同样看法。

⑤ 清代学者根据当时可以见到的古代石刻与文献记载认为墓志出现在南朝。如顾炎武《金石文字记》卷二《大业三年荥泽令常丑奴墓志跋》云："墓之有志，始自南朝。《南齐书》云：宋元嘉中颜延之作王球石志，素族无碑策，故以纪德，自尔以来，王公已下，咸共遵用。"端方《陶斋藏石记》卷五云："刘怀民志作于大明七年，适承元嘉之后，此志铭文字导源之时代也。"

由此归纳，我们可以看到以往判断中国古代墓志产生时间的主要依据，往往是局限于所见到的出土墓中铭刻材料。现在，在考古发掘中不断发现新的有墓主姓名等文字的铭刻材料，而且这些材料的时代不断提前，因此，研究者们判断的中国墓志产生的时间也不断前推。这种作法中一个关键的问题，就是造成墓志本身概念的模糊不清。也就是说：今人往往将一些并不是专门作为墓志使用的铭刻材料划归入墓志里面了。这样，具体哪些出土铭刻可以称为墓志，哪些又不适宜称为墓志，又成了一个看法不一的问题。实际上影响了对墓志起源的判断。

应该说：古代任何一种器物的产生、发展、定型与任何一种典章制度的形成都有一个逐渐演化的过程，像墓志这样影响深远，使用广泛的重要器物更是如此。不去考察这个演化过程，仅局限于几种新材料或凭个别文献记载就下结论，是很难全面准确地反映出墓志这种重要器物的发展历史的。

我们曾经一再强调，应该把作为考古学上一类专门器物的墓志与标志墓葬这一社会礼制风俗区分开来。墓志作为一种器物类型，或者说作为一种专门文体，都应该具有自己的特征。这些特征应该是：埋设在墓葬中，专门起到标志墓主的作用；有相对固定的外形形制；有较为固定的铭文文体。不具有以上特征的器物,尽管也是在墓中出土的铭刻,也不应该称作墓志。

墓志的作用,首先应该说是为了标志出这一座墓葬的主人是谁。因此,墓志的产生,也是在有了需要标志墓葬主人的实际要求这种社会观念以后才正式起步的。

标志墓葬,可能是在原始社会中就已经存在的作法。近年,陈星灿提出一个很有意义的想法,他说:"远在数千年前的裴李岗时代,人类的墓葬就已排列有序,秩序井然。""那么,史前的人又是靠什么标志,使得相隔多年的墓葬,彼此排列有序互不相扰的呢? 我猜想除了用石头等坚固的物体树立在墓坑的四角之外,最大的可能是在墓上搭建起简易的木棚或竹棚,既为墓标,也可做祭祀或其他宗教方面的运用。"①通过现代科学发掘的新石器时代聚落的墓葬排列情况,确实应该得出当时人们是在有意识地在地面上标志出墓葬所在的结论。孔子说过:"吾闻之,古者墓而不坟。"②既然远古时代不在墓葬地表堆起坟头,那么标志墓葬,只能靠人为的其他标志。这时标志墓葬所在的目的,除供子孙祭祀以外,更主要的原因可能是使以后再埋葬时不致打破旧墓,并能让氏族或家族内部的各种亲属关系得到表现,使尊卑上下的地位分别有序。也就是说,这时标志墓葬主要是为生人服务。

以后,随着文化的演进,标志墓葬的方法也有了形形色色的改变。例如在墓葬上建筑祠堂,树立墓表,在墓中放入标志墓主身份的器物等等。考古工作者曾经在殷墟小屯的商代重要墓葬妇好墓的墓口上发掘出一座房屋基址,并认为它是妇好的享堂,即用于祭祀的房屋③。它在有商一代存在时,应该是起着标志墓葬的作用的。而商周时期各类贵族墓葬中陪葬的有铭青铜器,其铭文也起到了说明墓主身份的作

---

① 陈星灿:《墓上建筑始于何时》,《中国文物报》1998 年第 39 期。
② 唐孔颖达等:《礼记正义·檀弓上》,《十三经注疏》,中华书局,1980 年。
③ 中国社会科学院考古研究所:《殷墟妇好墓》,文物出版社,1985 年。

用。当然,当时的人们在埋设这些青铜器的时候,只是将它们作为日用品与礼仪用品埋入墓中,供墓主带到阴间使用,并没有用它们标志墓葬的意思。除此之外,在商周时期的墓葬中尚没有发现明确用于说明墓主姓名身份的铭刻。可能在这时,人们还没有想到必须在墓葬中专门设置一些可以说明墓主身份的器物。也就是说,没有在墓中标志墓主的社会习俗。

而修建享堂的风俗可能一直流传下来,至少在汉代的考古遗迹中有大量实物发现,说明这种作法在汉代十分流行。信立祥《论汉代的墓上祠堂及其画像》一文指出:"西汉早期已出现墓上祠堂。汉代的墓上祠堂制度,当源于惠帝所创始的汉高祖长陵寝庙制度,武帝以后普及于社会中下层。"①虽然根据考古发现,墓地内或墓冢上建造祠堂一类建筑的作法应该追溯到先秦乃至商周以前,而并非源于惠帝所创始的汉高祖长陵寝庙制度。但汉武帝以后墓上祠堂普及于社会中下层的意见是可信的。东汉文物中著名的武梁祠、孝堂山石室等,都是这种建筑在墓上的祭祀祠堂。它们都反映出当时丧葬习俗中要标志墓葬,显示陵域的意识。

另一方面,在秦汉时期,则开始出现了越来越多的可以起到标志墓葬作用的墓中铭刻。近代的考古发掘中,发现了大量这类铭刻材料,通过对它们的分析,可以使我们更加清楚地了解中国墓志的起源。首先需要谈到的是 1979 年 12 月陕西省秦俑坑考古发掘队在秦始皇陵西侧的临潼县赵背户村发掘修建始皇陵的秦代刑徒墓地时,在很多墓中出土了刻在残瓦上的秦代陶文,总共有 18 件,其中 16 件刻写在残板瓦的内侧,另两件刻在残筒瓦的内外两侧,其主要内容是死者的姓名籍贯身份等,(图 86)根据文字内容成分,大致可以分为以下几种类型:

---

① 南阳汉画像石学术讨论办公室编:《汉代画像石研究》,文物出版社,1987 年。

图 86　秦刑徒墓砖铭

① 仅刻地名与人名,如:"东武罗"、"博昌去疾"等。

② 刻写地名与身份人名,如:"邹上造姜"、"东武不更所赀"。

③ 刻写地名、刑名、身份与姓,如:"[杨]民居赀武德公士契必"、"平阴居赀北游公士滕"。

④ 刻写地名、刑名、身份与人名,如:"东武居赀上造庆忌"、"阑陵居赀便里不更牙"①。

发掘者在简报中认为这些陶文是中国发现最早的墓志②。如果从它们的内容与用法来看,它们已经具备了标志墓中死者的性质,可以说已经为后代正式定型的墓志开创了先导。但是它们并没有固定的程式,推测只是在埋葬时利用建筑工地上的残破瓦片随手刻写,放入墓中。特别值得注意的是:在这一处工徒墓地共发掘了 110 座墓葬,其中绝大多数是没有陶文随葬的。有人曾经认为"这似与(死者)

---

① 袁仲一:《秦代陶文》,三秦出版社,1987 年。

② 始皇陵秦俑坑考古发掘队:《秦始皇陵西侧赵背户村秦刑徒墓》,《文物》1982 年第 3 期。

身份的高低有关"。但是我们可以看到,这18件陶文中有8个人没有写上爵位,所以,无法说有无陶文随葬是由死者身份决定的,也不应把这些陶文与墓志等同起来。

但是,这些陶文给了我们一个十分有益的启示,那就是:标志墓主,可能有用于后人迁葬时便于识别尸骨的目的。这些秦代陶文上刻的死者籍贯,都是山东(原六国)各个郡县的人士,不是秦国关中的居民。这是否说明了刻写铭文放在墓中具有利于迁葬的意义。在后来的墓志中,也有注明祖先家族坟茔所在地的情况,显然用于移葬曾经是设置墓志的一个重要用途。

近年来,出土了一些争议较大的古代陶文材料,其中有些牵扯到墓志的起源问题。1987年,山东邹城张庄邾国故城址内发现一座已经残毁的砖室墓,墓中出土两方刻字砖,大小略同,各长25厘米,宽12厘米,厚5厘米。一件正反两面刻字,另一件只在一面刻字,文字内容基本相同。李学勤释读为"□□之母之籔(偃)尸,丌(其)子才(在)丌(其)北。"意为墓中埋的是某某的母亲,某某本人埋在她的北边。报告作者根据铭文书体与出土地点,将这些刻字砖定为战国早期的物品,进而认为这是目前国内发现的最早墓志①。黄展岳对此说法提出异议,认为:"定此二砖为战国早期疑窦甚多。按条砖最早出现于陕西扶风,岐山周原遗址(见罗西章:《扶风云塘发现西周砖》,《考古与文物》1980年第2期;《周原出土的陶制建筑材料》,《考古与文物》1987年第2期),属西周晚期,在砖上刻写文字和利用条砖砌建墓室均始见于战国晚期关中地区。西汉中期以后,砖室墓开始在中原地区流行。山东地区用条砖铺砌墓底,砌造砖椁始见于青州戴家楼西汉墓(发掘材料存山东省文物考古研究所),完整的砖室墓要到西汉晚期以后才出现。由此可以确定,邹城刻字砖绝非战国砖。砖文草率,无法度,显

---

① 郑建芳:《最早的墓志——战国刻铭墓砖》,《中国文物报》1994年6月19日;李学勤:《也谈邹城张庄的砖文》,《中国文物报》1994年8月14日。

系信手刻划,文字损泐过甚,不可通读,即使文字似金文,也可以是后人仿刻,这在考古资料中并不罕见。因此,我怀疑这两方刻字砖可能出自东汉砖室墓,砖文属于制砖工匠的'随笔'砖。"①我们认为,这种看法是很有道理的。

东汉刑徒墓砖铭是沿袭秦代刑徒墓陶文标志墓葬形式的最好实例。东汉刑徒砖铭大多出土于当时的首都洛阳附近。最早见于金石著录是在清代晚期。端方曾经收藏有 100 多件,在他自编的《陶斋藏砖记》中有所著录。罗振玉后来收集到洛阳地区出土的东汉刑徒墓砖 200 余种,编辑入《恒农冢墓遗文》、《恒农砖录》等书。1949 年以来,在洛阳地区的基建工程与考古发掘中曾经大量出土了东汉刑徒墓砖铭。如《考古通讯》1958 年第 6 期《汉魏洛阳城刑徒坟场调查记》与《考古》1972 年第 4 期《东汉洛阳城南郊的刑徒墓地》等报告中所介绍的出土材料。五十年代中,张政烺就对这些刑徒砖作了研究,他在《秦汉刑徒的考古资料》一文中谈到:"今日所见这类刑徒志砖皆厚重坚实,字划系后刻,疑即以建筑用砖为之。"②上述报告中记录的墓砖大小正与出土的当时建筑用砖相近,一般长约 30 至 40 厘米,宽 20 至 25 厘米,厚 10 厘米左右。墓砖的出土情况,据《东汉洛阳城南郊的刑徒墓地》一文中介绍:"墓砖放置的位置,以放置两块墓砖为例,大体上是一块放在骨架的上身,一块放在骨架的下身。估计是把棺材下于墓坑后,即将墓砖扔置于棺上。"(图 87)

东汉刑徒墓砖铭文的行文格式与临潼出土的秦代陶文很相似,但有些较长的铭文增加了一些新的内容。大致可以分成 8 种类型。例如:

① 仅记死者的姓名,如:"卫奴","龚伯"。

② 记录死者身份与姓名,如:"无任谢郎","五任冯少"。

---

① 黄展岳:《早期墓志的一些问题》,《文物》1995 年第 12 期。

② 张政烺:《秦汉刑徒的考古资料》,《北京大学学报》人文科学版 1958 年第 3 期。

图 87　东汉刑徒砖

③ 记录死者籍贯地名与姓名,如:"汝南成甫戴路","南阳宛陈便"。

④ 记录死者籍贯,刑名与姓名,如:"梁国下邑髡钳赵仲"。

⑤ 记录死者的身份,籍贯,刑名与姓名,如:"无任河南洛阳髡钳金陵"。

⑥ 记录死者的身份,籍贯,刑名与姓名以外,还注明死者的死亡年月,如:"无任河南洛阳髡钳陈巨元初六年闰月四日物故死"。

⑦ 记录死者的身份,籍贯,刑名与姓名,注明死亡年月,并说明"(尸体)在此下",如:"无任南阳武阴完城旦捐祖永初元年七月九日物故死在此下"。

⑧ 最为完善,除记录死者的身份,籍贯,刑名与姓名,注明死亡年月以外,还说明死因,有些说明"官不负"。如:"右部无任勉刑颍川颍阴鬼新范雍不能去留官　致医永初元年六月廿五日物故死在此下","右部无任沛国舆秋司寇周捐永初元年六月十一日物故死在此下官不负"。

从目前的出土情况来看,刑徒砖主要出土于东汉首都洛阳附近,而在西汉首都长安附近发掘的西汉刑徒墓中尚未发现有类似的器物,据此推测,可能在西汉还没有形成这种制度。这些刑徒砖虽然与后来定型的墓志还有很大距离,但是它的埋设目的与墓志基本相同,对墓志的产生与普遍使用有直接的影响。

但是,我们应该注意到,在秦汉时期的官吏及平民百姓的墓中几乎没有发现过与刑徒墓砖铭类似的铭刻。这里说几乎,是在东汉中期以前的墓葬中,根本没有这样的器物,东汉中期以下,现在也仅发现了缪宇墓志等有限的几件墓中石刻。至于砖刻,只有 1990 年在河南偃师城关北圵村东汉墓中出土的一件墓砖铭,它出土于墓的前室入口处,方形,正面磨光,每边长 40 厘米,厚 5 厘米。砖面上阴刻隶书 6 行,每行 6—8 字。出土时原砖断裂,后半部漫漶严重,铭文可以释读为:"永平十六年四月廿二日姚孝经买槁伟家地约亩出□有名者以券书从事□□□中弟□□周文功□。"这件砖刻也被发现者定为墓志,并且说这是中国目前已知的年代最早的墓志①。但是从它的铭文中提到"买""以券书从事"等内容来看,它更可能是一件墓主购置墓地的买地券书,而不是墓志。

这样,我们就会产生疑问,是不是除了刑徒之外,其他人的墓中都不使用文字来标记墓葬呢?如果我们把这一时期的墓中随葬器物汇集起来加以分析,就会发现,在秦汉时期的墓葬中,有很多带文字的器物可以起到标志墓主身份的作用,例如:死者身上佩带的官私印章;随葬的宗教用品,像告地状,解除陶瓶,铅券等;又如覆盖在棺柩上的铭旌,刻在石棺柩上的柩铭,以及画像石墓中的题刻等等。它们都可以起到标志墓主身份姓名的作用,从而说明当时已经有意无意地在丧葬仪式中给墓主作了标志。通过它们,可以推断当时已经出现有在墓中标志墓主的社会习俗。

如果从随葬官私印章的习俗去看,可以上推到春秋战国时期。曹锦炎《古玺通论》一书中引用大量古代文献与出土实物考证,认为"对

---

① 偃师商城博物馆:《河南偃师东汉姚孝经墓》,《考古》1992 年第 3 期。

春秋时玺印的普遍使用,已不用怀疑"①。当时人们把印章作为重要的凭信,随身携带,既用于日常的文书符契上,又可以用它证明自己的身份。死后,就将印章系在腰带上随同下葬。所以在这一时期的墓葬中出土了相当数量的官私名印。自然,它可以表明墓主的身份姓名。在汉代,墓葬中出土印章的现象更为普遍,如长沙地区西汉墓葬中,广州南越王墓中,徐州汉墓中,都发现过大量官私名印。

而从秦汉墓葬中出土的宗教用品中,我们可以看到另一种标志墓葬主人的动机,那就是向地下的神祇申报墓主姓名。

丧葬是人类生命的终点,也是宗教与人类未知世界的起点。对死亡的恐惧与对死后的种种幻想,是造成人类原始宗教产生的一个重要起因。所以在古代的丧葬过程中都充满着宗教色彩,古代原始宗教的多神崇拜,在汉代的丧葬过程中表现得最为明显。例如,在西汉的早期墓葬中,我们就见到一些书写在木制简牍上的文书——告地状。像在湖北江陵凤凰山 168 号西汉墓中出土的一件木简,简文为:"十三年五月庚辰江陵丞敢告地下丞,市阳五大夫燧少言,与大奴良等廿八人,大婢益等十八人,轺车二乘,牛车一辆,骀马四匹,騩马二匹,骑马四匹。可令吏以从事,敢告主。"②根据墓中出土器物与墓葬形制,结合简中的"十三年",可以判定它是西汉文帝时期的遗物。又如江苏邗江胡场 5 号汉墓出土的一件木简告地状,简文为:"卌七年十二月丙子朔辛卯,广陵官司空前丞[龙?]敢告土主。广陵石里男子王奉世有狱事。事已复,故。郡乡里遣自移诣穴。卌八年狱计承书从事,如律令。"③根据当地的墓葬形制特点与出土器物,可以断定它是西汉前期的墓葬。

从这些简文中,我们可以看出它们是写给地下的鬼神(如土主,地

① 曹锦炎:《古玺通论》,上海书画出版社,1995 年版。

② 舒之梅:《从江陵凤凰山 168 号墓看汉初法家路线》,《考古》1976 年第 1 期。

③ 扬州博物馆等:《江苏邗江胡场五号汉墓》,《文物》1981 年第 11 期。

下丞)的。其性质是一种由墓主随身携带的从阳间到阴世去的通行证。虽属虚妄的宗教迷信用品,但是它行文的目的十分明确,态度也是非常虔诚的,反映出当时把人死后归去的阴间看成具有如阳世一样社会结构的宗教观念。阴间在统辖社会的神——土伯的下面,同样设有各级官吏管辖死者。死者身带告地状,表示将死者的户籍与随葬器物移交给地下官吏。这套手续完全是从阳间世界套用的概念,告地状的行文也完全仿效阳间的官方文书。我们试将出土的秦汉时期官司符传、文书与这些告地状比较一下,就可以看出这种明显的仿效特点。请看以下几个实例:

湖北江陵睡虎地出土的秦代竹简中有一批当时的官府文书底本,其行文格式如《语书》:"廿年四月丙戌朔丁亥,南郡守腾谓县、道啬夫……以次传,别书江陵布,以邮行。"①甘肃居延汉代烽燧遗址曾经出土大量汉代简牍。其中一件符传的文体是"永光四年正月己酉,橐他延寿燧长孙时符。妻大女昭武万岁里□□,年卅二。子大男辅,年十九岁。子小男广宗,年十二岁。子小女足,年九岁。辅妻南来,年十五岁,皆黑色。……"②对比之下,可以看出:告地状的文书格式、内容与一些常用的词语,都与实用的官司文书基本相同。只是把官司文书中的阳间官府各级官员改换成了宗教崇拜中的"土主"、"地下丞"、"主藏郎中"等地下官吏。这种严格仿照实用文书制作随葬品的作法,应该说明这种随葬品还是处于刚刚产生的原始阶段。例如在汉代出现的买地券,早期完全仿效社会上实用的买地券约,发展到以后就逐渐变成了完全虚拟的丧葬专用品,文体和内容都与实用的券约不一样了。告地状目前仅见于西汉的墓葬中,从它的原始性可以推测,它大概就是在秦汉时期才开始出现的。

当然,告地状属于宗教用品,在形制与内容上同墓志没有直接的

---

① 睡虎地秦墓竹简整理组编著:《睡虎地秦墓竹简》,文物出版社,1978年。

② 劳干:《居延汉简考释》卷一,商务印书馆,1949年。

联系。这里特别提到这一类型器物，是要通过它说明：汉代已经存在有这样一种习俗，即在墓中放入一些说明墓主身份姓名的文字铭刻，向地下神祇通报，或者说是向地下神祇转交户籍。这种习俗也需要在墓中标志墓主。那么，这种要求也必然会影响到墓志的产生。

此外，在汉代的葬俗中，还发现了其他一些由丧葬礼仪决定的墓中文字铭刻。如东汉时期的墓葬中曾经出土有覆盖在棺椁上的铭旌。20世纪50年代末期，甘肃武威磨嘴子汉墓中发现了几件麻质铭旌，上面书写有文字，如：

22号墓出土的铭旌上写着："姑臧渠门里张□□之柩。"

23号墓出土的铭旌上写着："平陵敬事里张伯升之柩，过所毋哭。"

图 88　甘肃武威磨嘴子汉墓铭旌

1957年在磨嘴子清理的汉墓中还发现过一件铭旌，上面的铭文是："姑臧北里闾道里壶子梁之［柩］。"①

这些墓葬的主人大多是普通的平民，这种在墓中放置铭旌的作法可能是当时一般人丧葬礼仪中常有的事。只是由于布质的铭旌不易保存，在考古发掘中发现得不多。《仪礼·士丧礼》中记载："为铭各为其物，亡则以缁长半幅，赪长终幅，广三寸。书铭于末曰：某氏某之柩。"武威磨嘴子汉墓出土的铭旌正与《仪礼》记载的内容相同，说明这正是当时通行的礼俗。（图88）

在埋葬前的奠祭仪式中，这种记录死者籍贯姓名的铭旌树立在死者棺椁前，棺椁入墓时把它取下来覆盖在棺上，随从死者埋入墓中。如《仪礼·士丧礼》中记载："祝取铭置于茵。"疏云："释

---

① 甘肃省博物馆：《甘肃武威磨嘴子汉墓发掘》，《考古》1960年第9期。

曰:初死为铭,置于重。启殡,祝取铭置于重。祖庙,又置于重。今将行,置于茵者。重不葬,拟埋于庙门左。茵是入圹之物,故置于茵也。"说明铭是要在葬礼后埋入墓中的。此种礼仪的历史可能早到先秦时期。湖南长沙马王堆一号汉墓中出土过一件覆盖在棺上的 T 型长帛画,遣册中称为"非衣",它的用途可能与此相同,也是一种铭旌,但是它整个画面里面的宗教色彩更浓,有墓主的像、日月与各种神怪形象,表达了祈求死者升入天堂的愿望。以前在长沙等地还发现过类似的战国帛画。"非衣"上面没有文字,以图画为主,它转变成用文字表达以后,更加突出了标志死者身份的意义。

　　在西汉末年兴起的画像石墓葬形式,是在帝王专用的黄肠石墓形制基础上产生的较为普遍的石室墓葬。它为石质葬具进入社会葬俗打开了道路。首先是在画像石墓中的石件上出现了刻有墓主官职姓名与葬年等字样的题记。例如河南唐河出土的新莽始建国天凤五年(18)十月十七日冯孺人画像石题记:"郁平大尹冯君孺人始建国天凤五年十月十七日癸巳葬。千岁不发。"它刻于墓中主室的中央石柱上①。又如陕西绥德出土的东汉"永元十二年四月八日王得元室宅"画像石题记,刻于墓中主室后壁立石上等②。这些题记作为画像石的附属题铭出现,并不是主要作为墓志使用,也不是很普遍的现象,但是它却是在墓中较早出现的成篇石刻铭文,开创了在墓葬中使用石质文字铭刻的先例。

　　根据在山东邹城、滕州等地的汉代石棺椁出土情况,在西汉中晚期已经大量使用石棺椁了。古代文献中记录有汉代使用柩铭的事例,杨树达《汉代婚丧礼俗考》二章五节"棺已盛尸为柩,柩上书死者之官

---

① 　南阳地区文物工作队等:《唐河汉郁平大尹冯君孺人画像石墓》,《考古学报》
　　1980 年第 2 期。
② 　陕西省博物馆、陕西省文物管理委员会:《陕北东汉画像石刻选集》,文物出版
　　社,1958 年。

职姓名"一句下引《汉书·薛宣传》云："其以府决曹掾书立之柩以显其魂。"《庄子·则阳》记载："（卫灵公死）卜葬于沙丘而吉。掘之数仞，得石椁焉。洗而视之，有铭焉，曰'不冯其子，灵公夺而里之'。"《太平御览》卷五五二引《博物志》云："汉滕公薨，公卿送至东都门。四马悲鸣，掊地不行。于蹄下得石椁，有铭曰：'佳城郁郁，三千年，见白日，吁嗟滕公居此室。'"又《太平御览》卷五五一引《异苑》云："海陵如皋县东城村边海岸崩，坏一古墓，有方头漆棺，以朱题其上云：百七年堕水，元嘉二十载三月坠于悬瀛。"这些南北朝以前的文献记载，虽然搀杂有神异迷信的成分，但是仍然可以反映出在汉代已经有了在棺柩上刻写柩铭的习惯，从《庄子》的记载来看，甚至可以说在战国时期就有了这种习俗。现存实物中有在四川芦山出土的东汉建安十六年（211）王晖石棺，棺首刻有妇人掩门的画像，右侧刻写铭文，就反映了汉代的柩铭原状①。《隶续》卷二十中还记载了汉永初七年（113）延年益寿椁题字，这些可能也是石棺柩上的刻铭。晋代的柩铭现在还保存有实物证明，如晋太康三年（282）十二月三日冯恭石椁题字，刻在石椁外部的铭文为："晋故太康三年十二月三日己酉，赵国高邑导官令太中大夫冯恭字元恪。"又如晋元康三年（293）八月十七日乐生之柩铭"阳平乐生之柩"等。

　　需要注意的是，虽然柩铭与墓志是两种不同类型的器物，但是晋代的一些柩铭却改变了自己的形制，不再刻在石棺柩之上，而是刻成一块单独的小型碑石，虽然它的铭文中仍然是称作"某某人之柩"，可是它与棺柩并没有什么直接关系，外形也向墓碑与墓志靠拢。以至在以前的金石著录中，人们也将它们作为墓志一类看待。例如晋元康六年（296）贾充妻郭槐柩铭，外形像一座圭首的小型立碑，高 0.76 米，宽 0.312 米，与同时期的另一件晋永平元年（291）二月十九日徐君夫人

① 　迅冰：《四川汉代雕塑艺术》图版 29，中国古典艺术出版社，1959 年。

管氏墓碑相似①。这件徐君夫人管氏墓碑虽然自铭为墓碑,但却出土于墓中,应该也是作为墓志使用的。又如安徽寿县出土的晋元康元年(291)六月十四日蒋之神柩,同样是刻成小碑形②。洛阳古代艺术馆收藏的晋元康三年(293)十月十一日裴祗柩铭也是一件单独的刻石。此外,晋元康八年(298)魏雏柩铭是一件附有两个小石柱的砖铭,高0.455米,宽0.21米。它们都与后来的墓志十分近似,或者就可以认为是墓志一类的器物了。

除此之外,在东汉时期埋设在墓中的石刻文字还有些自称为墓门、封记等,其内容也比较复杂。马衡《中国金石学概要》第四章中考证:"墓门刻字者少而画象者多,传世一石,中刻一鹿,左有题字三行,曰:'汉廿八将佐命功苗东藩琴亭国李夫人灵第之门。'灵第即墓也。"③他还在《石刻》一文中介绍了一件西汉左表墓门,并且认为"前面说的左表墓门把死者官职姓名和年月详细记载,就是墓志的用意。"④这些墓门应该是指砖室墓或者画像石墓的石制墓门。在上面刻字的现象并不是很多见,可能还没有形成风气。这些例证只是可以证明当时存在着标志墓葬的风俗习惯。

而在东汉时还有用砖刻写的墓门题字,如《广仓砖录》二册中收录有一件砖铭,文字是:"汉议郎赵相刘君之墓门,中平四年三月东平使作。"这块砖体积较小,不可能作为一整个墓门使用,很可能是用来砌筑墓门的。它的铭刻目的只是标志墓主,与安徽亳县东汉末年曹操宗族墓葬出土的墓砖刻铭有相似之处。

墓记(又称封记)则和墓砖铭一样,是与墓志相近的石刻。金石著

① 北京图书馆金石组:《北京图书馆藏中国历代石刻拓片汇编》,中州古籍出版社,1988年。
② 吴兴汉:《寿县东门外发现西汉水井及西晋墓》,《文物》1963年第7期。
③ 这件石刻疑为伪刻。
④ 马衡:《石刻》,《考古通讯》1956年第1期。

录中记载的传世品有东汉延平元年(106)九月十日贾武仲妻马姜墓记等。这些墓记用近似正方形的石版或砖刻写而成,如1929年在洛阳北郊王窑村出土的贾武仲妻马姜墓记,刻于红砂岩上,据郭玉堂当时所见,"似黄肠石,字刻石端"。收购者"剖取其刻字一端,而弃其余。"①现存石长0.46米,宽0.585米,石面经琢磨,仍存凿痕。黄展岳指出:"王窑村一带系东汉帝陵区,曾多次发现黄肠石和黄肠石刻,马姜墓石为黄肠石无疑,马姜墓应是黄肠石墓。此墓石原来很可能是嵌在墓室壁的明显部位。"②该石铭文共15行,约200字。它具有文体较为完备的铭文,专门为标志墓主制作,全文为:

> 惟永平七年七月廿一日,汉左将军特进胶东侯第五子贾武仲卒,时年廿九。夫人马姜,伏波将军新息忠成侯之女,明德皇后之姊也。生四女,年廿三而贾君卒。夫人深守高节,劬劳历载,育成幼媛,光□祖先。遂升二女为显□节园贵人,其次适亭侯朱氏,其次适阳皋侯刘氏。朱紫缤纷,宠禄盈门,皆□夫人。夫人以母仪之德,为宗族之覆。春秋七十三,延平元年七月□□□□□。皇上□悼,两宫□□,赐秘器以礼。□□□九月十日葬于芒门旧茔。(下残)子孙惧不能章明,故刻石纪留(下残)

这件墓记铭文首先记载死者丈夫的卒年,然后叙述死者的出身家世与子女情况,其中不乏赞美之辞,最后记载马夫人的卒年,葬地,并且特别说明是子孙害怕后世不知道这是夫人的墓,不了解夫人的德行,所以刻石记录,表明了专门用于纪念的礼仪作用。这些文章体例与内容,与后代正式定型的墓志十分相似。所以这些墓记可能就是最早的墓志,只不过当时不称作墓志罢了。(图89)

---

① 郭玉堂:《洛阳出土石刻时地记》,大华书报供应社,1941年。

② 黄展岳:《早期墓志的一些问题》,《文物》1995年第12期。

图 89　东汉马姜墓记

　　另一件 1898 年在山东峄县马槽村出土的汉延熹六年(163)二月卅日□通封记,也具有长篇铭文,由于漫漶严重,释读中存在一定困难,该封记高 53 厘米,宽 49 厘米,共近 400 字。黄展岳曾认为它"开头标明是'[刊]石立碑'。碑文亦多作四字句韵文,从末尾'直□万七千,二月卅日毕成'等字句看,也有可能是祠堂题记,但决不是埋置在墓中的墓志"。由于该石的出土情况与同出器物都没有记载,我们只能凭铭文本身对它的性质加以推测。在铭文中,有以下几处涉及原石用途的词语:"故□石立碑","进念父恩,不可称陈,□作□丘封。曰存祖夫,适□□祠,蒸尝魂灵","□为父作封□□□度博望□□时工宪工□,功夫费凡并直□万七千。"虽然缺字较多,不易通读,但是我们还是大致可以看出这是记述整个建造墓葬的工程,包括封(坟墓)与祠(祠堂)。而"碑",则是指本件刻石,这可能只是一种习惯的称呼,因为从它的形制与大小来看，都与东汉碑的一般情况相差甚远。黄展岳称它是祠堂题记，是有道理的。但是，由于它也提到了"封"，因此也有可能置放在墓室之中。该石被马子云认为是伪刻，现多认为真品。

类似的标志墓葬的长篇铭文在近年来发现的东汉时期墓葬中屡有出土，只是它们所刻写的位置不同，有些是单独的刻石，有的刻写在画像石上，有的刻在砖面上，说明当时可能还没有一种固定的石刻形制用于标志墓葬，而是随意为之。1982年，在江苏邳县青龙山发现了一件东汉元嘉元年（151）三月廿日的缪宇墓志，它刻写在墓后室石门上方画像石的画像旁边，铭文为：

> 故彭城相行长史事吕长缪宇字叔异。岩岩缪君，礼性纯淑，信心坚明，□□□□备。循京氏易经□□□　　恭俭礼让，思惠□□，□□告□，远近敬□。少秉里□□府召退辟□□□执念闾巷。□相□□，□贤知命，复遇坐席，要舞黑绯。君以和平元年七月七日物故，元嘉元年三月廿日葬。①

可以看出，这件铭文与上面的贾武仲妻马姜墓记一样，都具有比较完备的文体，将死者的官职、姓名、籍贯与卒年都清楚地记载下来，而且还对死者的生平事迹作了介绍与赞颂。这些与墓志是十分近似的，发现者把它们称作墓志也是有道理的。

1982年，江苏邳县青龙山的缪宇墓东南约120米处，发掘了另一座东汉合葬墓，还出土了一件延熹八年（165）□红夫妇墓记。这件题记刻写在墓后室石门的门楣上，隶书17行，共240多字。铭文中记载了死者的姓名，官职，家世与夫人的卒年，葬年，葬地等，与贾武仲妻马姜墓记近似。说明当时这种标志墓葬的文体已经基本定型。1973年，在山东高密市田庄乡住王村的一座画像石墓中出土了

---

① 南京博物院、邳县文化馆：《东汉彭城相缪宇墓》，《文物》1984年第8期。

一件小碑形状的墓记,据目击者叙述,墓记出土时平置在墓室石门内约1米半处,圭首朝向墓门。铭文为:"青州从事北海高密孙仲隐,故主簿、督邮、五官掾、功曹、守长,年卅,以熹平三年七月十二日被病卒,其四年二月廿一日戊午葬于此。"①这些铭文的内容格式与石刻的放置情况都与后来的墓志十分相近,可以说它们是墓志的先声。

在这里我们需要再提一下汉代的画像石祠堂题记。河南南阳出土的东汉建宁三年(170年)三月许阿瞿画像石题记:"惟汉建宁,号政三年,三月戊午,甲寅中旬,痛哉可哀,许阿瞿□年甫五岁,去离世荣。"②以往被人误认为画像石墓中出土,定为较早的墓志。黄展岳分析,它出土于三国时期的砖室墓,是后人移做它用的,原来应该是祠堂的石件。类似的祠堂题记还有山东嘉祥宋山安国石祠题记、苍山元嘉元年(151)石祠题记等,这些题记的铭文体例与上述的缪宇墓记很近似。在东汉末年的画像石墓中还发现有刻在画像石上的简单墓记,例如江苏泗阳打鼓墩发掘的樊氏画像石墓,在墓中一件画像石边缘就刻写了"樊氏之墓"的题记③。如果把它们联系起来,应该得出一条由墓上祠堂画像石题记到墓中画像石题记或墓室题记,再到墓记的演变脉络。如果此推测不误,那么,祠堂画像石题记对墓志的形成也应该起过一定的作用。

1991年,河南偃师南蔡庄的一座多室砖墓中出土了一件东汉建宁二年(169)肥致墓碑。这件墓碑出土于墓内的南侧室,晕首,高0.98

---

① 李储森等:《山东发现东汉墓志一方》,《文物》1998年第6期。又见于令庵:《山东近年出土之东汉碑刻》,《书法》1988年第4期。山东省平度市博物馆官云程同志曾告知该碑高0.87米,宽0.33米,厚0.08米。

② 南阳市博物馆:《南阳发现东汉许阿瞿画像石》,《文物》1974年第8期。

③ 淮阴市博物馆、泗阳县图书馆:《江苏泗阳打鼓墩樊氏画像石墓》,《考古》1992年第9期。

米，宽 0.48 米，厚 0.095 米，隶书 19 行，满行 29 字，全文共 484 个字。碑下有长方形的碑座，碑座前面刻出三个并排的圆盘，每个圆盘中刻了一个耳杯，象征祭祀的供品。碑额处刻写有："孝章皇帝，孝和皇帝"，旁边的晕纹间刻有："孝章皇帝太岁在丙子册，孝和皇帝太岁在己丑册。"下面的碑文为：

> 河南梁东安乐肥君之碑　汉故掖庭待诏君讳致字苌华，梁县人也。其少体自然之姿，长有殊俗之操，常隐居养老。君常舍之枣树上，三年不下，与道逍遥。行成名立，声布海内。群士钦仰，来集如云。时有赤气著钟连天，及公卿百辽（僚）以下无能消者。诏闻梁枣树上有道人，遣使者以礼聘君。君忠以卫上，翔然来臻，应时发算，除去灾变。拜掖庭待诏，赐钱千万。君让不受诏。以十一月中旬上思生葵，君却入室，须臾之顷，抱两束葵出。上问君于何所得之，对曰：从蜀郡太守取之。即驿马问郡。郡上报曰：以十一月十五日平旦，赤车使者来发生葵两束。君神明之验，讥彻玄妙，出窈入冥，变化难识。行数万里，不移日时，浮游八极，休息仙庭。君师魏郡张吴，齐晏子，海上黄渊，赤松子，与为友生。号曰真人，世无及者。功臣五大夫雒阳东乡许幼，仙师事肥君，恭敬烝烝，解止幼舍。幼从君得度世而去。幼子男建，字孝苌，心慈性孝，常思想神灵。建宁二年太岁在己酉五月十五日丙午直建，孝苌为君设便坐，朝莫（暮）举门恂恂，不敢解（懈）殆（怠），敬进肥君啜顺，四时所有。神仙退泰，穆若潜龙。虽欲拜见，道径无从。谨立斯石，以畅虔恭。表述前列（烈），启劝童蒙。其辞曰：赫赫休哉，故神君皇，又有鸿称，升遐见纪。子孙企予，慕仰靡恃。故刊兹石，达情理。愿时仿佛，赐其嘉祉。
>
> 土仙者，大伍公，见西王母昆仑之虚，受仙道。大伍公从弟子五人：田伛、全［云？］中、宋直忌、公毕先风、许先生，皆食石脂，仙

而去。①

从发掘者的简报到后来的众多研究者都认为这件石刻是早期的墓志，这样，就等于说东汉中期已经有了定型的墓志。然而我们如果深入考察一下碑文，结合发掘情况分析，就可以看出这不是墓志，而是一件类似神座的祭祀用碑。

首先，立碑人是肥致弟子许幼的儿子许建，他建造这座墓应该是为埋葬他的父亲许幼使用。墓主是许幼，这座碑却全部是叙述肥致的生平事迹，自然就不是为标志墓主所做，也就不存在着作为墓志的根本作用。

其次，碑立于墓中南侧室。按照汉代多室墓的一般情况，墓主应该安放在后室或主室中。侧室象征着墓主在生宅院的旁屋，用作厨房、储藏室、妾侍及仆从的住室等。碑文中也明确说出："孝苌为君设便坐。"《汉书·张禹传》"禹见之于便坐"注云："便坐，谓非正寝，在于旁侧，可以延宾也。"很明显，许建正是把肥致的神位置放在墓中表示接待宾客的侧室中，即"设便坐"，表示他父亲对仙师的敬重，也表现他们对神仙的崇敬，希望得到仙人的保佑。这件碑与其说是墓碑，不如说是功德碑更为恰当。虽然墓中各侧室都出土了人骨，显示这是一座多人合葬墓。但在没有更多的证据说明肥致确实埋葬在这座墓中以前，我们不能轻易认定这座墓中埋有肥致以及他的多个弟子，也就不能轻易认定这座碑是早期的墓志。这样看来，汉代墓中最接近墓志的铭刻还是有限的几件墓记石刻。

综合以上介绍的各种秦汉时期墓中铭刻器物的情况，我们可以看出，在秦汉时期的丧葬礼仪中，存在着用不同形式标志出墓主的习俗。这种标志墓葬的习俗与墓葬形制的改变，促使人们不断改进标志墓葬

---

① 河南省偃师县文物管理委员会：《偃师县南蔡庄乡汉肥致墓发掘简报》，《文物》1992 年第 9 期。

的器物，使之更加坚固持久，更加富有纪念性。墓志就是在这样的改进中逐渐形成的。只是它在汉代的墓葬中还没有形成统一的一种固定形制，所以才出现了名目众多，形制各异的枢铭、墓门、封记、墓记等多种石制品与砖制品。这是正式定型的墓志出现的前声。我们曾经把存在着多种标志墓葬形式的秦汉这个时期，特别是东汉时期，叫作墓志发展史上的"滥觞期"①。

下面需要就当时与墓葬有关的地上铭刻材料探讨一下造成墓志的另外两种因素：封建社会中官僚贵族礼仪制度的需要与追求名誉、歌功颂德之风的影响。

上文已经谈到，古代很早以来就存在着在墓上建立享堂的习俗，这种享堂应该就是古代礼仪制度的实际表现。很明显，不是任何人都可以建筑享堂的。只有掌握一定权力与财力的上层人物，才可能在自己家人的墓葬上兴建享堂，而且享堂的规模大小也受到权力与财力大小的约束，从而显示出一定的等级制度。这种建立在中国古代宗法制度基础上的等级制度在居住、饮食、衣冠、车马、婚姻、朝会、丧葬等等方面的具体表现，被古代儒家综合成一套完整的礼法。汉代，这种礼法已经十分完备，并由它规范着人们的社会行为。它在丧葬礼仪制度上的表现，除了帝王的陵寝制度，官吏贵族修建享堂与墓园的制度外，还产生了在墓地树立墓碑、神道柱等石刻的制度。而墓碑的产生则对墓志文体与墓志制度的形成具有重大的影响。

西汉中晚期以来，随着生产力的发展，民间财富有所增加，而社会上的兼并之风，使得一批官僚贵族与大地主大商人手中聚集了大量财富。在"事死如生"与"厚葬为孝"的社会思潮影响下，大量财富被投入丧葬中，造成厚葬之风越演越烈。汉代考古发掘的成果也表明，自西汉中晚期以来，以往以土坑墓为主的墓葬形式逐渐改变，砖室墓、石室墓等耗资巨大的考究墓葬形式大量出现，并且演化成画像石墓这样

---

① 赵超：《墓志溯源》，《文史》第二十一辑。

的大型石质墓葬。在地面上,则出现了相对应的丰碑巨碣。上文已引《水经注·颍水》对东汉张伯雅墓地的记载,将汉代大型墓葬地面石刻的组合与布局介绍得很清楚了。这些墓地石刻,通过近代以来的考古发现已经基本上得到了证实。像天津市武清县东汉鲜于璜墓葬的发掘,北京市西郊石景山东汉幽州书佐石阙的发现等①,都帮助我们了解了汉代的墓上石刻情况。

碑本身的最初作用就是歌功颂德。最早的石刻之一——秦始皇刻石就是用来赞颂秦始皇的赫赫功绩的。《琅琊台刻石》中也写道:"群臣相与颂皇帝功德,刻于金石,以为表经。"中国现存的石刻中,用于纪功颂德的碑记要早于墓碑出现。墓碑铭文当然会受到影响,大力宣扬墓主的功德品行。现存较早的汉代墓碑铭文就已以歌颂功德为主。如东汉汉安二年(143 年,卒年)北海相景君铭中称:"伏惟明府,受质自天,孝弟渊懿,帅礼蹈仁,根道该艺,抱淑守真,晶白清方,克己治身,实柔实刚,乃武乃文。"②

也有一些碑刻主要叙述死者的生平履历,例如永元四年(92)闰月庚午司徒袁安碑,铭文为:

> 司徒公汝南汝阳袁安召公授□孟氏。永平三年二月庚午以孝廉除郎中,四□十一月庚午除给事谒者,五年四月乙□迁东海阴平长,十年二月辛巳迁东平□城令,十三年十二月丙辰拜楚郡□守,十七年八月庚申征拜河南尹。□初八年六月丙申拜太仆。元和三年五□丙子拜司空,四年六月己卯拜司徒。孝和皇帝加元

---

① 天津市文物管理处考古队:《武清东汉鲜于璜墓》,《考古学报》1982 年第 3 期;北京市文物工作队:《北京西郊发现汉代石阙清理简报》,《文物》1964 年第 11 期。

② 宋 洪适:《隶释》卷六,洪氏晦木斋刻本,中华书局影印本,1985 年。

服,诏公为宾。永元四年□月癸丑薨,闰月庚午葬。①

比较完整的汉代墓碑铭文,包括了这两部分,又附有韵文的铭。例见延熹三年(160年)十一月樊安碑②。

这种宣扬墓主功德品行的碑文在汉代逐渐形成了一种专门的文体。可以看出,它源于哀悼死者,表达纪念心情的诔文,又受到用叙述死者姓名籍贯履历的铭刻去标志墓葬这种社会习俗的影响。当它发展完善,成为定型的文体后,就被纳入礼仪制度的范围,成为上层社会经常使用的丧葬用品。在汉代以来的礼仪制度中,都对碑的使用制度有具体的详细规定,说明墓碑已经成为社会等级的一种标志。这种用石刻来表示等级制度,体现身份高下的观念一旦形成,便长期没有改变。墓志的产生,与这些观念有密不可分的直接联系。特别是墓志的文体,直接承受了墓碑的文体形式。

东汉晚期,在墓地树立墓碑的风气在官僚士大夫阶层十分流行。有些文人甚至以擅长撰写墓碑铭文著名于世,如蔡邕就自称:"吾为碑铭多矣"③,这种耗费财物的做法在战乱频繁,生计凋敝的东汉末年与魏晋时期自然会受到严重打击。根据文献记载,魏晋之际,官方废除厚葬,严禁立碑。《宋书·礼志二》记载:"汉以后,天下送死奢靡,多作石室石兽碑铭等物。建安十年,魏武帝以天下凋敝,下令不得厚葬,又禁立碑。"晋武帝咸宁四年(278)又下诏曰:"此石兽碑表,既私褒美,兴长虚伪,伤财害人,莫大于此,一禁断之。其犯者虽会赦令,皆当毁坏。"在这样严厉的行政命令下,盛行一时的墓碑只得从地面上消失了。我们今日极少能见到魏晋时期的私人墓碑,说明当时这些官方命令是被严格执行了。

---

① 北京图书馆金石组:《北京图书馆藏中国历代石刻拓片汇编》第一册,中州古籍出版社,1988年。以下石刻未注出处者均见此书。

② 宋 洪适:《隶释》卷六,洪氏晦木斋刻本,中华书局影印本,1985年。

③ 南朝宋 范晔:《后汉书·郭有道传》,中华书局,1965年。

　　墓碑不能兴建,但是在社会上已经形成了一套世代相传的丧葬习俗,形成了根深蒂固的用铭刻来标志墓葬的观念,这是不可能在短时期内改变的。于是,人们就更多地采用变通的方法,把文字铭刻转入地下。汉代偶尔见到的做成小碑形式的墓记,这时较多地出现在墓室中。现在可以见到的一些考古发掘出土的魏晋时代墓中铭刻,大多做成缩小了的碑形,竖立着安放在墓室内。例如晋太康八年(287)王□墓志,原石制成小碑形①;晋元康九年(299)二月五日美人徐氏之铭,制成长方形碑形②;晋太宁元年(323)十一月廿八日谢鲲墓志,制成圆首小碑形,碑额有穿,下有覆斗形碑座③等等。

　　直至十六国时期,这种墓中的碑形墓志仍然流行。1975 年,甘肃武威赵家磨村出土了一件比较罕见的前凉墓志。原石作碑形,高 0.37 米,宽 0.265 米,厚 0.05 米,圆首,碑额处题为“墓表”,是建元十二年(376)十一月三十日梁舒与妻宋华墓表。梁舒的官职为“中郎中督护公国中尉晋昌太守”④。近年来,陕西咸阳市渭城区密店镇东北原又出土了一件十六国时期的后秦弘始四年(402)十二月二十七日吕他墓表,原石形状也是带碑座的圆首小碑型,通高 0.65 米,原来树立在墓室中。碑额中央刻写着两个字“墓表”。根据墓表铭文可知,吕他生前曾为幽州刺史,是地位较高的官吏⑤。

　　通过这些实例,起码可以说明十六国时期西北地区的一些官员中存在着这样一种丧葬礼俗,即在墓中安放小碑形状的墓表。对照晋代墓葬中的情况,很明显,这种习俗应该是沿袭了晋代的丧葬制度。由

---

① 河南省文化局文物工作队二队:《洛阳晋墓的发掘》,《考古学报》1957 年第 1 期。

② 同上。

③ 南京市博物馆编:《南京出土六朝墓志》,文物出版社,1980 年。

④ 钟长发、宁笃学:《武威金沙公社出土前秦建元十二年墓表》,《文物》1981 年第 2 期。

⑤ 李朝阳:《吕他墓表考述》,《文物》1997 年第 19 期。

此可见,晋代时,在地位较高的官员墓中树立小碑的做法基本上形成了一定的制度,并且往往把这种小碑称作墓表。墓志这种称呼在当时还没有出现。

传世文物中同样表现出这一变化倾向。罗振玉《石交录》卷二云:"晋人墓志皆为小碑,直立圹中,与后世墓志平放者不同,故无盖而有额。若徐君夫人管氏,若处士成君,若晋沛国张朗三石,额并经署某某之碑,其状圆首,与汉碑形制正同,惟小大异耳。"①根据郭玉堂《洛阳出土石刻时地记》的记载,上述管洛碑(墓志),1930 年出土于洛阳北门外后坑村,成晃墓志 1925 年出土于洛阳东北 18 里左寨西北。

这种仿照碑式的墓志形制在南北朝时期还有所遗存。《石交录》卷三云:"晋人志墓之文皆植立藏中,至六朝始平放。然仍间有植立者,若魏延昌四年之皇甫璘,孝昌二年之李谋,普泰元年之贾谨诸志,仍是植立如碑式。至元氏诸志中若永平四年元侔志亦然。……隋刘猛进,徐智竦,宁赟诸志尚是植立,唐志亦间有之。"此外,北魏太和二十三年(499)韩显宗墓志也是小型圭首碑状,可能原来也是植立在墓中。又太和二十二年(498)元偃墓志,赵万里《汉魏南北朝墓志集释》中按云:"志形长方,近下端处不镌一字,疑葬时直立圹中,如小碑之式。"②正始四年奚智墓志,罗振玉《丙寅稿》中按云:"此志如小碑之式,……乃植立圹中者。"③

墓碑转入地下,自然要受到墓室狭小空间的限制,不可能再制作得像地面上的墓碑那样巨大。而且由于墓中铭刻的意义主要在于标志墓葬与表示某些宗教含义,不是像墓碑那样主要用于向世人昭示死者的功德品行,也就没有必要把文字刻写得很大,更不必写入过多的赞颂词语。所以,开始转入地下的碑式墓志内容都比较简

---

① 罗振玉:《石交录》,《贞松老人遗稿甲集》,上虞罗氏印本,1941 年。

② 赵万里:《汉魏南北朝墓志集释》,科学出版社,1958 年。

③ 罗振玉:《丙寅稿》,上虞罗氏印本,1927 年。

单。但是,墓碑的影响毕竟不可忽视,它在文体、刻制工艺、铭文内容等方面的特点都直接进入了墓志,对墓志的正式定型起到了关键性的作用。

这里需要提到 1965 年在辽宁朝阳市城北西上台发掘的北魏刘贤墓志,该志作小碑形,高 1.03 米,宽 0.304 米,厚 0.12 米,螭首,碑额刻写"刘贤墓志"四字,下有龟座。铭文中没有刻写年月,只是称:"魏太武皇帝开定中原,并有秦陇,移秦大姓,散入燕齐。君先至营土,因遂家焉。"由此看来,刘贤墓志可能是北魏早期的石刻①。他的墓志使用碑形,应该是沿袭中原在晋代已经形成的丧葬习俗,但是又在碑额上写明是墓志,使墓志这一名称的出现可能比以前见到的刘宋刘怀民墓

图 90　北魏刘贤墓志

① 曹汛:《北魏刘贤墓志》,《考古》1984 年第 7 期。

志还要早，标志着进入墓中的小碑已经正式称作墓志了，也说明了碑与墓志有着文化上的密切联系。（图90）

从正式出现的名义上来说，我们从现有材料中可以梳理出：墓记——墓表——墓志这样三个不同的古代墓中铭刻的名称。这也可以说是代表了墓志在墓碑的影响下正式定型的三个步骤吧。

由于立碑形式不适于在墓中使用，所以，墓志很快就采取了类似墓砖铭、墓记那样的长方形及方形形状，平放在墓中或立置在墓壁旁。如洛阳出土的晋永宁二年（302）九月丙申傅宣故命妇墓志①，现存较早出现"墓志"这一名称的刘宋大明八年（464）正月甲申刘怀民墓志就是这样的方形石志。（图91）

图91　刘宋刘怀民墓志

① 中国科学院考古所洛阳发掘队：《洛阳晋墓的发掘》，《考古学报》1957年第1期。

在南京地区以及江南的东晋砖室墓中,墓志主要采用墓砖刻写。这些墓砖铭使用的砖有些是专门制作的,有些可能就是使用砌制墓室的砖。例如在南京出土的东晋升平三年(359)九月三十日王丹虎墓志,尺寸较大,长 48 厘米,宽 24.8 厘米①。而宋永初二年(421)七月十七日谢珫墓志则长 33 厘米、宽 17 厘米②,与砌制墓室墙壁的砖基本一致②。这些情况说明当时还没有正式定型的墓志形制。这些墓砖铭应该是墓志正式定型并正式定名前的一个过渡形态。

刘怀民墓志与大致同一时期(北魏承平至和平年间,452—465)的刘贤墓志,标志着墓志这一名称的正式形成。在此之后,墓志的形状逐步向统一规范化发展。由单一的一块志石,加上了志盖,发展成脱胎于"式",吸收了覆斗形盒子外形特点的成盒墓志,而这种覆斗形的志盖,又具有象征天穹四方的意义,丰富了墓志的宗教方术内涵。

就现有墓志材料来看,有盖的石制墓志大约出现在北魏孝文帝迁洛以后。现知最早的有盖墓志如北魏正始二年(505)二月十七日寇臻墓志,志盖上书:"幽郢二州寇使君墓志盖",说明当时已经形成了有志盖有志身的固定形制。这种形制在墓志中占了主要地位,做成碑形的墓志虽然还时有出现,但已经不能代表墓志的主流了。墓志的文体这时候也基本定型,在当时的文学作品中成为一类专门的实用文体。从而使墓志成为主要的墓中铭刻,取代了其他的各种墓中铭刻类型,从这时起,柩铭、墓门、封记、黄肠石刻等等墓中铭刻就基本上消失了。近 1500 年来,墓志的主要形制没有什么根本性的改变,可以说是中国古代文物中使用时间最长、最稳定的一大类型。

随着时代变迁,语言发展,墓志也有过多种别称。如唐代墓志铭文中或有自称:墓碣、墓记、墓版文、玄堂文、玄堂志、阴堂文、灵舍铭

---

① 南京市文物保管委员会:《南京象山东晋王丹虎墓和二、四号墓发掘简报》,《文物》1965 年第 10 期。

② 南京市博物馆、雨花区文化局:《南京南郊六朝谢珫墓》,《文物》1998 年第 5 期。

等名义。但是它们只是名称上的改变,形制、文体与使用方式等并无变化。例见唐开元十五年(727)闰九月十七日"先府君(高宪)玄堂刻石记"、唐天宝三年(744)十一月三日"杨(令晖)府君墓记"、燕圣武二年(757)十月十七日"长孙氏夫人阴堂文"、唐永贞元年(805)十二月二十五日"大唐故昭武校尉守左骁骑将军上柱国陈(义)公墓版文"、唐元和十五年(820)五月一日"唐故朝散大夫秘书省著作郎致仕京兆韦(端)公玄堂志"等。宋元时期的墓志又有称作:埋铭、圹志、圹刻等,如宋汪懋昌墓志盖上就篆刻为"圹志"。

2. 墓志的形制与纹饰

墓志盖是墓志的重要组成部分。但是现在很多博物馆保存的传世墓志材料中往往仅保存了志身,志盖却已残缺遗失。这可能与以往金石收藏者过分注重铭文内容,忽视形制考察有关。墓志盖上除了刻写墓志名称外,还经常雕刻有精美的花纹。身份等级高的死者,其墓志志盖的装饰也越发考究华美。不过仅有墓志名称的素面志盖也不在少数。

墓志盖上的铭文字体与纹饰雕刻有助于对墓志本身时代与真伪的判断。各个朝代以及一个朝代的不同时期,都会产生不同的流行纹饰与不同的字体、书体特点。

墓志具有纹饰装饰的部位主要是志盖上表面,另外部分墓志在志盖的四个侧面与志身的四个侧面也雕刻有纹饰,或者仅在志身的四个侧面雕刻纹饰。盝顶形的志盖中央是正方形的平面,用于刻写铭文,标志墓志名称,而四周形成四个中央高,四边低的梯形斜坡,习惯叫作四杀,用于雕刻装饰花纹。

北朝时期的墓志纹饰还不太多见,但也有一些已经雕刻得十分精美,具有时代特色,可以反映出当时对于墓志的纹饰已经有了一定的装饰程式。由于现在可以见到的材料较少,使总结当时的纹饰特征与变化规律具有一定困难,我们仅能作一些初步的归纳。先看一下志盖的情况：

现存北朝墓志的志盖装饰一般分为四种，第一种是在磨光的素面上用楷书刻写墓志的名称，例如：北魏正光元年（520）十月二十一日赵光墓志，在盖上竖行刻写楷书"魏故元氏赵夫人墓志铭"①。这种形式的志盖在东魏、西魏时期就比较少见了。

第二种是在磨光的素面上刻出方形的格子，在格子内镂刻出阳文的篆书志名，在志盖上还往往装有四个铁环（四角各一）或一个铁环（位于中央）。例如：北魏孝昌元年（525）十一月八日元焕墓志，志盖上分隔成 25 个方格，每个方格中阳刻一个篆书文字。这种志盖显得庄重典雅，符合身份较高的人物，在北朝使用得比较广泛。如孝昌元年十二月三日元宝月墓志，孝昌二年十月十九日杨乾墓志，孝昌三年二月二十七日和邃墓志，永安二年（529）八月十二日元继墓志，永熙二年（533）八月二十八日张宁墓志等。东魏、北齐时期的这种志盖有时采用两个铁环，左右各一。如东魏兴和三年（541）十二月二十三日元季聪墓志，北齐河清三年（564）三月二十四日阎炫墓志等，可能这种铁环数目上的差异也是一种等级区别。西魏、北周的墓志盖大多也采用了这种装饰形式，如：北周建德四年（575）三月五日叱罗协墓志②，建德五年十月二十七日王德衡墓志等。

第三种是在平面志盖上减地刻出一个长方形，类似碑额，在这个长方形中用篆书刻写阳文志名。例如洛阳出土的元公墓志盖、元简妻常妃墓志盖等。

第四种志盖具有线刻花纹或采用减地凸刻结合线刻手法刻成的花纹作为装饰。这种志盖最为豪华精美，有些雕刻可以称为罕见的艺术珍品，引起国际艺术界的关注。这种志盖的刻饰一般采取以志名为中心，四边对称分布的均匀布局。中央的志名仍采用刻出方格，在方

---

① 赵力光：《鸳鸯七志斋藏石》，三秦出版社，1995 年，以下未另行注明者同此。

② 员安志：《中国北周珍贵文物》，陕西人民美术出版社，1992 年。

格内刻写阳文篆书的形式;也有的志盖上没有文字志名,而是全部由纹饰装饰。志名四周雕刻的花纹内容变化较多,全部是纹饰的志盖就更加丰富多彩。如北魏正光三年(522)十月二十五日冯邕妻元氏墓志,志盖中央刻有一朵莲花,莲花的周围缠绕着一条蟠龙,衬有云气纹,四角上刻有四个兽足鹰爪、形象怪异的神物,志侧也刻了十四个类似的神物。它的四杀上每一面的中央有大朵花卉,两侧各有两头野兽奔驰。志盖的侧面刻有连续的变形忍冬纹(一说为云纹)①。(图 92)又如北魏孝昌二年(526)十月十八日侯刚墓志,志盖上志名四周用线划分成八部分。四角为四个正方形,减地刻云纹,上面安装了四个铁环。四边为四个长方形,各刻一组飞腾的神怪。北魏永安二年(529)四月三日笱景墓志,志盖中央刻志名,志名外侧制成斜坡形的四杀,四角安有铁环,四杀上衬有云纹,刻着神怪、异兽、千秋万岁、莲花、火焰祭坛等图案。永安二年十一月七日尔朱袭墓志,志名的四周刻有青龙、白虎、朱雀、玄武四象,四象上还乘坐着仙人,背景衬有云气、树木等纹样。这些形象与后衬的云纹纹饰都十分精细生动。仅存志盖的魏故司徒范阳王墓志,出土于洛阳张羊村,雕刻得十分细致优美。它的四杀分为上下两层,上层减地刻变形云纹,下层减地刻有莲花、怪面、神鸟神兽等图案。这种分层的繁缛纹饰,一直流传到唐代前期,是高级官员墓志的重要装饰。

在现有的北魏墓志中,纹饰变化较多,不像以后的唐代墓志纹饰那样程式化。在这些墓志纹饰中,反映出内涵丰富的北朝上层社会信仰的种种宗教思想,其中有中国传统的道家方术,有佛教的天国崇拜,也可能还有袄教(拜火教)的天神思想。其中尤其突出的是表现了佛教文化的艺术影响,除去以佛教常用的莲花作为志盖的装饰以外,从墓志纹饰中的云朵、花草等图案造型及雕刻技法上都可以反映出它与当时的佛教造象艺术有着密切的联系。

---

① 赵万里:《汉魏南北朝墓志集释》,科学出版社,1958 年。

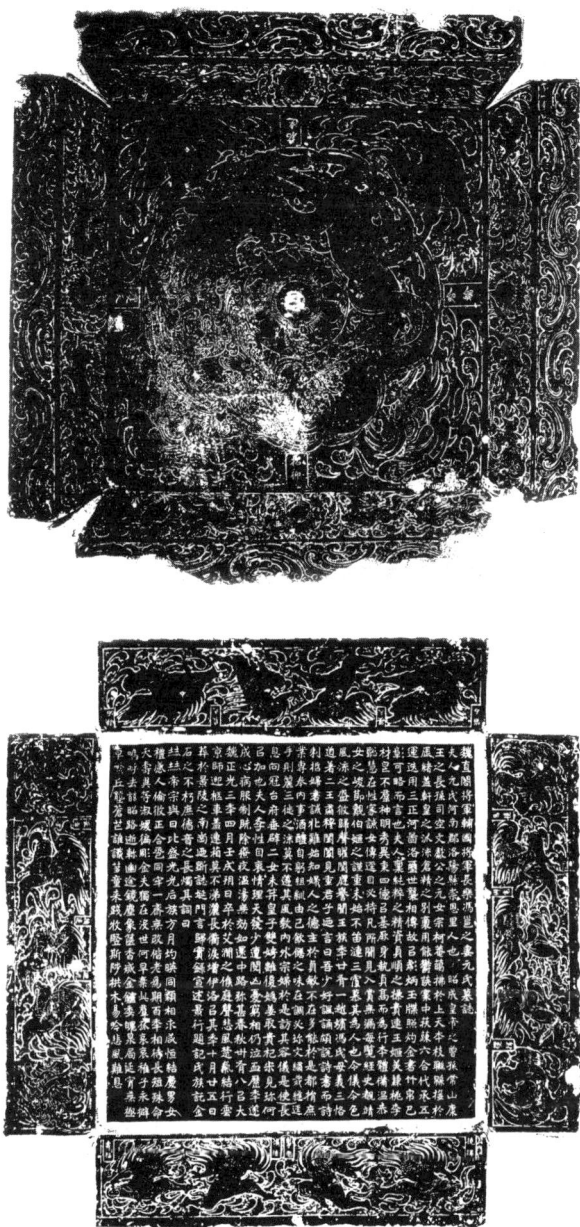

图92　北魏冯邕妻元氏墓志纹饰

志侧的纹饰大多是蔓草纹、缠枝忍冬纹、变形忍冬纹以及奔兽等。神龟三年(520)三月十日元晖墓志的志侧刻有四象,但是与一般四象构图不同,每侧均刻有相对的两个同样的神灵,如两个青龙、两个白虎等。白虎的中央刻了一枝莲花与忍冬。在刻着玄武的一侧,两个玄武外边还各刻有一只神兽,它们的造型是羊首、狮身、羊蹄、狮尾,身上有飞翼,头上有独角,似乎是麒麟①。(图93)

图93 北魏元晖墓志纹饰

少数东魏、北齐的墓志延续了北魏后期的墓志装饰手法,如河北磁县出土的东魏武定五年(547)尧荣妻赵胡仁墓志,志盖为盝顶,上面有篆书志名,四角残留有铁环的痕迹,四杀上刻有四神纹饰与莲花忍冬纹。

---

① 武伯纶:《西安碑林述略》,《文物》1965年第10期。

北周时期的墓志盖纹饰,有些显得比较粗略,但是装饰意味仍十分浓厚,图案的处理上也有了新的创造。如北周宣政元年(578)四月十二日若干云墓志,志盖的四杀刻有莲花与朱雀(可能是鸳鸯)组成的卷曲纹样,每边四组,每组有一只朱雀(鸳鸯)和一朵莲花。志盖的四侧刻有蔓草花纹,花瓣肥大,可能也是莲花。这些花纹均以单线刻成,显得比较草率①。类似的纹饰还有北周宣政元年十月二十日独孤藏墓志,只是其志盖侧的纹饰中加入了朱雀(鸳鸯),卷草纹变得更像云纹了。北周大成元年(579)十月十四日独孤运墓志的志盖装饰比较新颖,四杀采用减地刻忍冬花纹,细致匀称,志名的外面还加刻了一圈单线蔓草纹,与若干云墓志盖侧的纹饰相近。

由此可以看到:北朝墓志的装饰,尤其是加以花纹装饰的作法,可能仅限于高层人士之间。当时,墓志使用纹饰装饰虽然还不是十分普遍,没有形成十分统一固定的格式,但是在使用纹饰的北朝墓志中,已经形成了利用墓志装饰表现天地宇宙宗教概念的设计思想,包含了主要的墓志装饰方法,开创了隋唐时期墓志装饰的先河。其雕饰技艺与构图、形象等方面都具有其时代的特征,如纹饰清秀修长、布局精细繁缛等,在艺术风格上与隋唐时期以及其他时代的纹饰有着明显的不同,表现出独特的北朝艺术风貌。

隋代墓志以纹饰加以装饰的作法更加普遍。其常见的纹饰沿续于北朝墓志,如卷草、莲花、四象、十二辰,以及云气、动物等线刻。值得注意的是在隋代墓志中还出现了山水画面、联珠纹、盘龙纹等图案,并开始在四象、十二辰等图像外围加刻壶门。这些新的纹样与装饰在唐代墓志中得以继承。这时的墓志装饰比较随意,曾经有一些较为罕见的装饰手法,如传世品开皇四年(584)杨居墓志,在志盖上圆雕凸起的兔子形状,可能是借用兔属阴的意义。这种装饰在长治地区出土的唐代墓志上也有发现。又如甘肃新出土的开皇二十年张荫墓志,在志

---

① 　员安志:《中国北周珍贵文物》,陕西人民美术出版社,1992年,下同。

盖中央减地浮雕团龙纹①。

　　与其他朝代的墓志相对比，唐代墓志具有明显的艺术特征，一般很容易与其他朝代的墓志区分开来。主要是由于大部分唐代墓志的志盖与志侧上的花纹装饰相当丰富，尤其是唐代早期的墓志纹饰，雕刻精细，种类繁多，具有较高的艺术水平。在考古学上具有更重要意义的是：随着唐代社会的发展变动，墓志的纹饰也在不断变化，反映出不同的社会文化背景，而且具有明显的阶段性变化，可以予以明确的分期。就现有材料所见，唐代前后近 300 年间，墓志的纹饰出现了多次重大的变化，这些变化与唐代其他艺术品上装饰纹样的变化，如纺织品、金银器、绘画等上面的装饰纹样变化具有大体相同的规律，可以相互映证，也可以反映出唐代文化艺术发展的不同阶段与造成这种变化的社会条件。此外，唐代文化中吸收的外来文化因子在墓志纹饰中也可以得到一定的体现。限于本书内容，尚无法对墓志纹饰的丰富内涵一一深入考证，仅能就一些具体例证，先介绍一下唐代墓志纹饰中常见的主要纹样，然后探讨一下唐代墓志纹饰的分期变化情况。

　　综合起来，唐代墓志装饰中常见的主要纹样有以下几种：

　　① 忍冬纹：这是在北朝石刻中就已经出现的传统纹样，在当时的佛教石窟造像与造像碑上多有所出现。追溯其来源，忍冬纹是在中亚、西亚古代艺术中广泛使用的一种纹饰，出现时期较早，大约在北朝时随着佛教艺术的东渐经由西域传入中原地区。忍冬为多年生常绿缠绕灌木，卵形对生叶。石刻纹样多表现为 S 形的曲线主纹，作为忍冬的蔓茎，从茎上向两侧伸展出卷曲的叶片，叶片边缘呈圆弧形。例如：显庆三年（658）十一月五日段文政墓志志侧，主纹枝蔓为波纹形曲线，在枝蔓上伸出肥厚的卷曲叶片，叶片边缘作圆弧形，很像传统的云朵画法。显庆年间这种纹样有时变得叶片脱离枝蔓，很容易误认为一

① 见王其祎、周晓薇：《片石千秋》引用资料，科学出版社，2014 年。

种云纹装饰。例如显庆元年昭容韦尼子墓志,显庆二年十一月十八日张士贵墓志,显庆三年正月十四日元万子墓志的志侧等。而另一些墓志的纹饰比较接近实际的花叶,如龙朔二年(662)七月十九日王植墓志等①。(图94)

图94　唐代墓志忍冬纹饰(卢氏墓志)

②　缠枝蔓草纹:这是在忍冬纹基础上加以改动的连续纹样,仍以S形的曲线枝蔓作为主纹,叶片变得细窄,卷曲缠绕,显得繁缛而华丽。这一纹样的变化较大,可以分成几个类型。

A型,是上述的基本型。例如麟德元年(664)十一月二十八日张楚贤妻王氏墓志志侧,从中央分成两个相对的S形,由S形的主蔓上向两侧伸出卷曲的细长叶片,填充满两侧的空间,叶片层次重叠,刻画精细。在有些叶簇的顶部与两S形的交会处,还有小型的花蕾。类似边饰有乾封元年(666)十一月十日田仁汪墓志,咸亨三年(672)二月

①　见《隋唐五代墓志汇编》,以下在有关纹饰的介绍中引用的隋唐墓志均见于此书与洛阳文物工作队二队《洛阳新获墓志》(文物出版社,1993年)、张鸿修主编《唐代墓志纹饰选编》(陕西人民美术出版社,1992年)等著录,不一一注明。

十日牛弘满墓志等。

B 型，具体纹饰的画法与 A 型相似，但采取两条相对的缠枝蔓草纹，作为上下两组，形成一系列的花结，例如龙朔二年（662）四月二日赵顺墓志，乾封元年（666）七月九日刘孝节墓志等。

C 型，蔓草的叶片显得更加细密而且繁缛，在枝叶间添加花蕾或初绽的花朵，而且往往多采用阳刻，使纹饰显得华丽高贵。例如咸亨二年（671）十二月二十七日李福墓志，咸亨二年十二月二十七日越国太妃燕氏墓志、万岁通天二年（697）一月二十四日王婉墓志等。

D 型，其缠枝蔓草纹的主体仍是形成 S 形或者波纹形的枝蔓，但是在叶片与花蕾的处理上具有多种变化，形成了多种变体。本型在纹饰带中心装饰大型花簇，即结合了宝相花的纹样，像乾封二年（667）五月十日桓表墓志志侧，乾封二年十一月五日曹钦墓志志侧等。（图95、96、97）

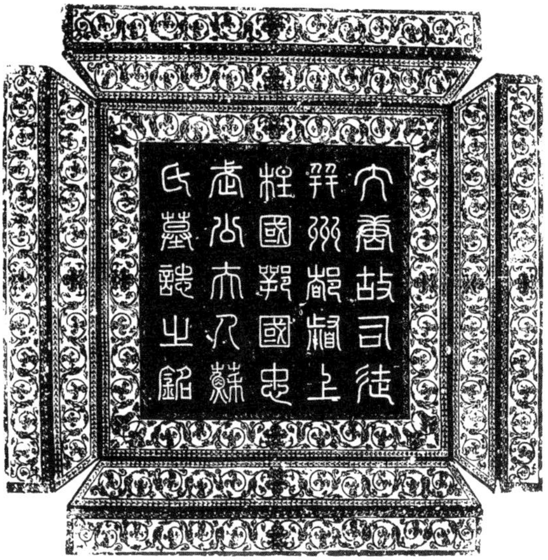

图 95　唐代墓志缠枝蔓草纹与几何折线纹饰（苏妩墓志盖）

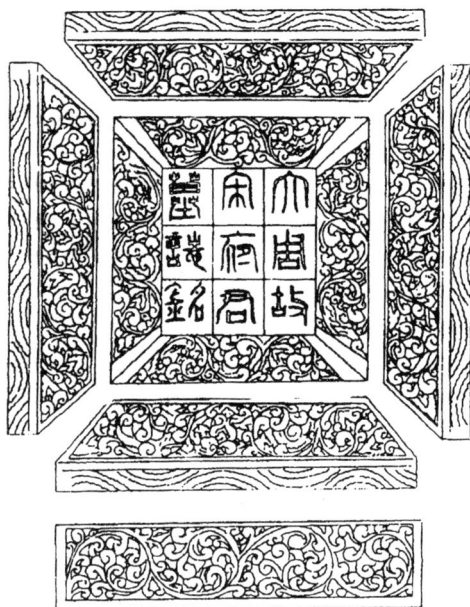

图 96　唐代墓志缠枝蔓草纹（宋思真墓志）

图 97　唐代墓志缠枝蔓草纹（阿史那忠墓志）

③ 缠枝卷叶大花纹：其主纹仍然是以 S 型为主的卷曲枝蔓,但是叶片变得短小,在图案中不再占据主要地位,枝蔓上连接的大朵花卉占有显著的地位。这种纹样可能是在缠枝蔓草纹的基础上演变而成。如长寿二年(693)八月十五日成节墓志,开元九年(721)二月二十五日契苾夫人墓志,开元十二年二月十二日刘惟正墓志等。(图98)

图 98　唐代墓志缠枝卷叶大花纹(李询墓志)

以上三种纹样,变化较多,以往考古界对它们的称呼也不尽一致,并没有认真深入地予以区分,往往泛泛地统称为卷草纹,或蔓草纹、缠枝花纹等,有时又将其中一些属于缠枝蔓草纹的纹样称作忍冬纹。实际上,我们从墓志边饰中可以看出,这三种纹样之间应该是存在着一脉相通的演变关系的。其变化是在主纹基本不变的基础上,逐渐加大花朵所占的纹饰空间比例。同样的纹饰在唐代其他艺术品,尤其是金银器上十分常见,说明它们在唐代是非常流行的花纹装饰,其出现的时间也有较明确的先后差别。将它们尽可能地区分开来,有助于唐代墓志、金银器、绘画等艺术品的断代工作。所以,这里参照陈英英《隋唐金银器研究》[①]中对金银器纹饰的命名,将一般报告中所说的卷草纹(蔓草纹、忍冬纹、缠枝纹)等做了初步的分类。

---

① 　陈英英:《隋唐金银器研究》,北京大学考古系硕士论文,1982 年。

④ 海石榴纹:是在缠枝花纹中加有石榴花与海石榴的一种花纹,其与各种缠枝花纹的区别是具有明显的石榴纹样。例如:圣历二年(699)十月二十八日梁元珍墓志①。对于这种纹样的判断也往往不太明确,有些报告中把复杂一些的缠枝大花纹也称作海石榴纹,我们以是否有石榴图案作为判断的根据,希望能将这种纹样的判断规范一些。(图99)

图99　唐代墓志海石榴纹饰(郝闰墓志)

⑤ 宝相花纹:应该是指平面俯视的多重花序纹样。(图100)详见下文。

图100　唐代墓志宝相花纹饰(李正本墓志)

⑥ 团花牡丹纹:墓志上的团花牡丹纹饰兴起于武后晚期,延续使用到中、晚唐时期。它是由单独一朵大型的重瓣牡丹花构成的纹饰,往往位于墓志盖的四杀上,四面构图基本相同,采用阴线刻。牡丹花

---

① 宁夏回族自治区固原博物馆、罗丰:《固原南郊隋唐墓地》,文物出版社,1996年。

瓣重叠，两侧有时衬以宽大的多齿叶片，有时还在两侧各附加一些装饰图案，如花朵、云纹等。例如：天宝四年（745）二月十四日骞晏妻韦氏墓志，贞元十一年（795）八月十二日萧季江墓志，元和三年（808）朱庭玘墓志等。（图 101）

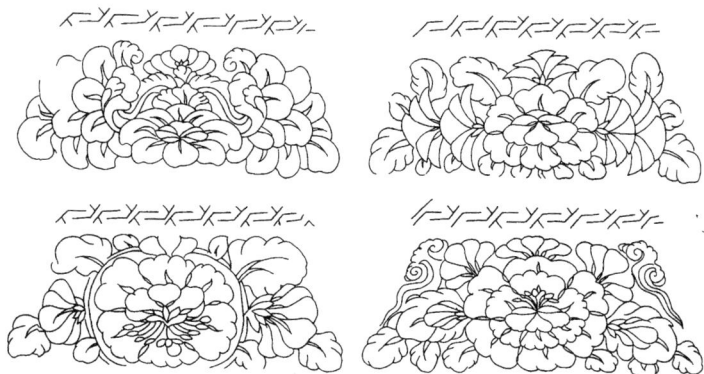

图 101　唐代墓志团花牡丹纹饰（郑炅墓志）

⑦ 联珠纹：这是来源于西域的一种纹饰，究其渊源，可能来自中亚、西亚乃至南欧地区。有学者曾经考证隋唐时期艺术品上使用的联珠纹情况，认为其来源于萨珊波斯文化，是通过中亚的粟特工匠传入中原的。它由一长串单个的小圆环组成，像连成一串的珠子①。早在北朝时期就有这种纹样出现，而在墓志中，这种纹饰比较少见，往往与其他纹饰结合使用，多见于唐代早期。如：唐贞观五年（631）十二月十一日李寿墓志盖的志名四周用两重联珠纹形成方形外框装饰，永徽六年（655）二月九日王君愕夫人张廉穆墓志与咸亨二年（671）十二月二十七日李福墓志的志盖顶部四周饰有一圈联珠纹，永徽六年七月五日索谦墓志与龙朔三年（663）八月二十一日王方大墓志的志侧上端都刻

① 姜伯勤：《莫高窟隋说法图中龙王与象王的图像学研究》，《敦煌吐鲁番研究》第一卷，北京大学出版社，1995 年；薄小莹：《吐鲁番地区发现的联珠纹织物》，《纪念北京大学考古专业三十周年论文集》，文物出版社，1990 年。

有一圈联珠纹饰等。(图102)

图102 唐代墓志联珠纹饰(李寿墓志)

⑧ 四象纹:这是中国传统的装饰纹样,具有明显的宗教意义。四象是指用四种动物形象代表的四方神祇,即东方青龙,西方白虎,南方朱雀,北方玄武。由于它们又代表四方的星座天空,合起来就代表了宇宙的概念,在古代中国宗教中它们还具有神祇驱邪的力量。就现有材料所见,四象纹饰在秦汉时期就已经大量使用,其源头可能上溯到战国时期。在汉代的墓葬壁画中就已经出现了四象的装饰,有些墓碑上也刻出青龙、白虎、朱雀等图像,说明四象在中国古代墓葬中所具有的重要方术作用。墓志中的四象纹饰主要刻于四杀之上,它和墓志的盝顶结合,应该具有象征天穹的意义与驱逐邪恶的作用。所以这种纹饰在隋唐时期的墓志中比较多见,使用时期也比较长。除朱雀的形象有正视与侧视等变化以外,其他形象基本上没有什么变化。如:延载元年(694)十月十一日于武斌夫人左氏墓志,元和五年(810)八月十六日崔慎思墓志,大和五年(831)八月十九日李春墓志等。(图103)

⑨ 十二生肖纹:这也是中国传统的宗教纹饰,是用十二种动物代表十二地支。由于十二地支又用来记录一天中的十二个时辰,古人将它与四象配合起来,表示时间与方位。刻画在墓志上,应该具有表现宇宙空间、时间与象征神将、驱除邪恶的功用。墓志中早期的十二生肖纹饰是刻画动物的本来形象,如:永徽六年(655)二月九日王君愕夫人张廉穆墓志志侧,显庆四年(659)四月十四日尉迟敬德夫人苏娬墓志志侧,开元九年(721)二月二十五日契苾夫人墓志志文四周等。(图104)后来出现了身着袍服、头部是动物形象的人身生肖头纹饰,如:大

图103　唐代墓志四象纹饰(李春墓志)

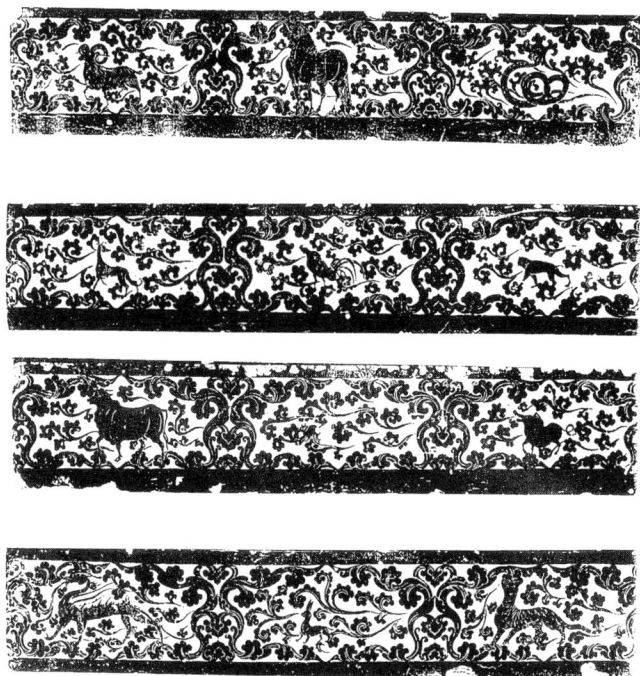

图104　唐代墓志十二生肖纹饰(苏妼墓志)

宝十五载(756)三月二日高元圭墓志志侧,咸通十二年(871)十月七日卢韬墓志志侧等。又有全部人形,身着袍服,只用双手捧着生肖动物的纹饰与在人物冠帽上装饰生肖动物等多种纹饰表现手法。在纹饰处理上,有另行刻制壸门,将生肖图案安排在壸门中的(或称作开光式);也有不刻壸门,直接将生肖纹每边三个排列在墓志志侧的。个别例证将十二生肖排布在志侧三面,另一面刻绘神兽或花草等,如天宝九载郑琇墓志①。(图105)

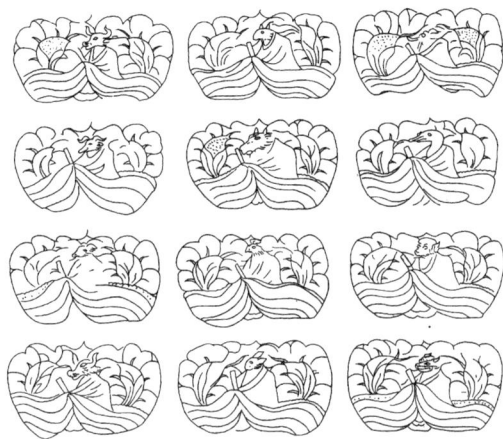

图105　唐代墓志十二生肖纹饰(李春墓志)

⑩ 野兽纹:描绘各种奔跑的野兽,有狮子、山羊、鹿、野猪等等。这些动物的形象刻画得都比较生动逼真,动态感极强,一般刻在志侧。例如:武周延载元年(694)九月三日宋懿墓志,唐开元二十四年(736)十月三日李夫人墓志等。这是沿续了隋代流行的一些墓志纹饰,在唐代中晚期就很少见到了。(图106)

---

① 徐殿魁:《洛阳地区唐代墓志花纹的内涵与分期》,《唐研究》第四卷,北京大学出版社,1998年。

图 106　唐代墓志野兽纹饰(李正本墓志)

⑪ 神兽纹：表现各种宗教神话中存在的动物,如天马、辟邪、天禄、飞廉、凤凰等,这些神兽往往是在现实动物的形象上添加神话中描述表现神兽的一些特征,如独角、飞翼、芝状角、蹄足等,多衬有云纹或花草纹地。如上引天宝九载(750)郑琇墓志等。它主要流行于盛唐时期,其原型形成的时间较早,可以上溯到北朝的石刻、壁画乃至秦汉时期。(图 107)

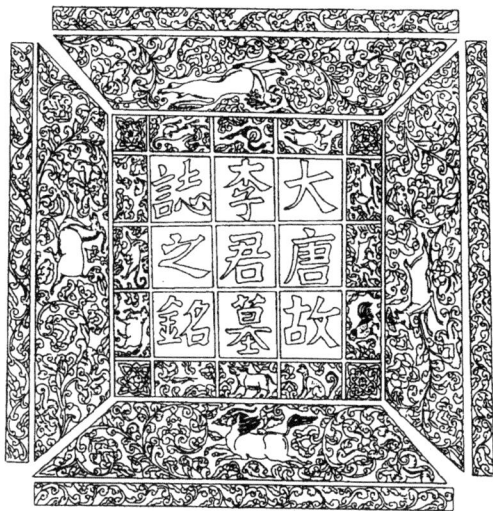

图 107　唐代墓志神兽纹饰(李延祯墓志)

⑫ 飞鸟纹：描绘各种飞翔着的鸟类,有鸿雁、野鸭、鸳鸯等,它们一般也是刻在志侧,形象逼真生动。例如：唐先天二年(713)九月二十四日李多祚墓志,天宝十一载(752)十二月十八日李夫人张常精进墓

志,天宝十三载闰十一月十一日崔夫人卢氏墓志等。(图 108、109)

图 108　唐代墓志飞鸟纹饰(张常精进墓志)

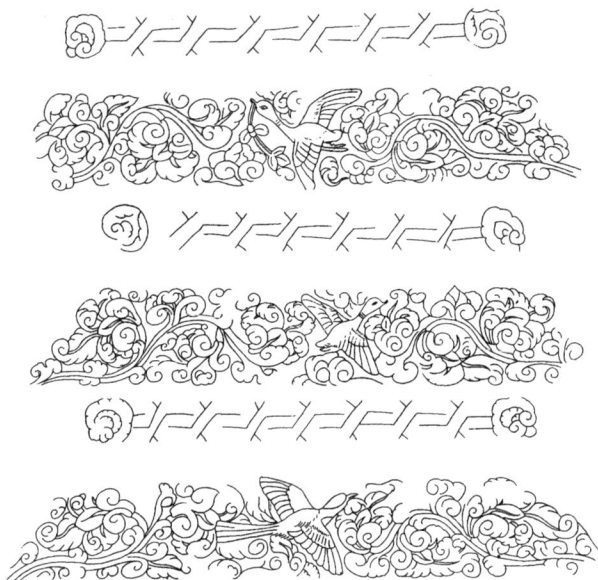

图 109　唐代墓志飞鸟纹饰(李多祚墓志)

⑬ 几何形折线纹:为连续的长带形几何图案,一般装饰在志侧或墓志铭文的四周。例如:唐天宝十四载(755)十一月十七日王楚玉墓志。

⑭ 云纹:一般是用线描画的卷曲形云朵,多用于纹饰中的底纹装饰。(图 110)

图 110　唐代墓志云纹(李杼墓志)

⑮ 莲花纹:现在所见可以确定为莲花的纹饰例证不多,较为明显者有景云二年(711)李贤墓志盖上四杀图案中的莲花,有明显的莲叶衬托。

以上归纳的只是唐代墓志中主要的纹饰类型,其他还有不少在这些主要类型基础上的变形纹饰,以及一些较少见的纹饰,如网状纹、蝴蝶纹、仙人纹等。由于出现得较少,辨识也比较容易,就不一一列举了。

对于唐代墓志纹饰,贺梓城与徐殿魁等都做过深入的探讨,长期在洛阳主持发掘的徐殿魁就洛阳地区唐代墓志纹饰所作的分类与分期更是详细与系统。鉴于我们的看法与其有一些具体不同之处,谨将徐殿魁《洛阳地区唐代墓志花纹的内涵与分期》一文中的一些见解附录于此,以供参考。

徐殿魁将唐代墓志纹饰归纳为五大类,即花卉类、缠枝类、仙人鸾兽类、云气纹类与几何纹类。其中花卉类可以分为:宝相花、海石榴、莲花、牡丹花、茶花、折枝花以及两种变形花卉纹样。

这里对宝相花的看法值得注意。即:"宝相花,一种多层次、富丽而又抽象的多瓣花卉图案,也是目前学术界对它的认识争议较多的一种花形。参考石窟寺佛教装饰艺术及唐代金银器装饰中对宝相花的研究,我们以为宝相花大致应包含以下四个要素:(1)从整体花形上看,似更近似尖瓣莲花;(2)每一尖瓣是用两片对卷的忍冬叶组成;(3)花心局部融进中国传统的云气纹样和勾卷云朵纹;(4)某些写实部分更近于石榴花、牡丹花。""由于墓志四杀及志边形状窄长,繁复的宝相花花形不易展开,所以往往图案被简化,或仅刻宝相花局部。"由于宝相花的具体图案没有过明确的界定,主要参考唐代金银器上的纹饰,所以这些看法可以为判断石刻中的宝相花提供一个依据。但是,我们更倾向于把宝相花看作是平面俯视的多重对称花序,而不是侧视的花形,这样比较容易与其他花纹区别开来。

另外需要提及,徐文所举茶花的例证不是很明显,其与牡丹花的区别尚需具体探讨。

徐文中的缠枝纹类,可以区分为:缠枝忍冬纹、缠枝蔓草纹、缠枝宝相花纹和变形蔓草等几种形式。其中缠枝宝相花纹一类,我们归入缠枝卷叶大花纹,主要是为了与宝相花纹加以区分。

徐文中的几何纹类中,包括四方连续的几何形云雷纹、网状纹、菱形纹、麦穗状几何纹、水涡纹等。这里所举麦穗状几何纹的例子为大和三年(829)韦河墓志,我们怀疑它不是在表现麦穗,而是对称的叶片,由牡丹纹饰的外围纹样变化而来。由于仅此一例,似乎不宜贸然确定为一个纹饰类型。

唐代墓志中存在过的这些纹饰类型并不是同时出现的。随着唐代社会的演变,墓志纹饰也同其他工艺品装饰一样,在不断地变化。有些纹饰具有明显的流行时间界限,从而也就具有了一定的断代意义。以下大致归纳一下唐代墓志纹饰中的变化规律,并将它们划分成几个主要的时期。

从根本上讲,唐代的艺术纹饰与画风可以划分成两个基本阶段,即以安史之乱为界,划分成前后两个阶段。这前后两个阶段的风格明显不同,具有鲜明的时代性,是反映社会面貌变化的极好例证。

在安史之乱以前,墓志的纹饰种类丰富,刻画得十分精美,表现出较高的艺术水平与雕刻工艺,反映出社会上文化、经济的高度发达状况。如果细分,大致可以划分为四期。

第一期:唐代初年至高宗时期。这时存在着大量缠枝忍冬纹、缠枝蔓草纹、云纹、以及联珠纹、十二生肖纹等。缠枝忍冬纹、云纹等构图较为简单,主线条为波浪形,枝蔓肥大,花叶与云朵大多作单层三瓣。例如显庆三年(658)正月二十三日高达墓志盖饰①、麟德元年(664)十二月十一日王君墓志盖饰、麟德二年正月十八日刘宝墓志盖饰等。尤其突出的代表是显庆四年十一月十四日尉迟敬德墓志的盖饰与侧饰,上面缠枝纹的枝蔓粗壮,成波浪形连续,花朵为三瓣,单层分布。整个纹饰显得明快清晰,布局匀整,丝毫没有繁缛重复的感觉②。

第二期:武后及中宗、睿宗时期。这时在石刻上出现了花鸟、野兽等新的纹饰,忍冬、缠枝大花等纹饰上的花瓣和云纹都变成多重或者多出形状,花朵加大,变成纹饰的主体。各种花草纹饰明显地变得繁缛重复,层次较多,枝叶纤细曲折,布局充满。缠枝花饰的主枝变成多组连续的 S 型,各组接续处常形成花结。例如垂拱元年(68)正月二十六日孟仁墓志侧饰、载初元年(689)五月九日徐登墓志盖饰、神功二年(698)五月十日独孤思墓志盖饰与侧饰③、圣历二年(699)二月二十四

① 北京图书馆金石组:《北京图书馆藏中国历代石刻拓片汇编》,中州古籍出版社,1988 年。以下未另行注明出处者均从此书。

② 昭陵博物馆、张沛:《昭陵碑石》,三秦出版社,1993 年。

③ 中国社会科学院考古研究所:《唐长安城郊隋唐墓》,文物出版社,1980 年。

日赵慧墓志盖饰与侧饰等。

第三期:玄宗开元年间。墓志纹饰中的缠枝纹又转向波浪纹的连续图案,出现了以花朵为主的多重花结。这时四象纹饰与十二生肖纹饰经常出现,而且产生了衣袍人身生肖头的生肖纹饰。飞鸟纹、野兽纹也是这时常见的纹饰。例如开元二年(714)十二月七日戴令言墓志盖饰、开元四年八月二十九日独孤氏墓志盖饰、开元十五年九月三日杨执一墓志盖饰等。

第四期:玄宗天宝年间。这一时期内,墓志纹饰以肥厚丰硕的缠枝大花纹为多。团花牡丹纹也是在这时大量出现。野兽纹、飞鸟纹、四象纹、十二生肖纹等依然存在,刻画技法也有所变化。例如天宝七载(748)正月十一日宋遥墓志盖饰、天宝十二载十月六日裴处琎墓志盖饰①等

安史之乱以后,墓志上的纹饰减少,而且变得简单草率,程式化明显。常见纹饰中,墓志的盖饰大多采用团花纹、叶片宽大的缠枝纹、四象纹等,志侧多采用壶门式的十二生肖纹饰。十二生肖由纯动物形象变为主要是穿着衣袍的人身生肖头形象。根据具体的刻画手法与布局方式还可以进一步划分为两期:

第五期:肃宗至宪宗前后。这一时期墓志中还有一些比较精细的纹饰出现,如大朵团花附加对称的卷曲叶片,连续的花簇、叶簇带状纹饰,壶门式十二生肖等。墓志盖上四象纹与团花纹较多见。例如大历十一年(776)十月一日瞿昙譔墓志侧纹、大历十三年四月八日崔沔墓志盖、建中元年(780)十一月二十四日崔祐甫墓志盖、建中四年四月二十七日宋俨墓志盖、元和二年(807)四月十六日董楶墓志盖②等。但是比起安史之乱以前来,艺术水平明显不同,很少有纯熟流利的刻绘技艺表现,纹饰多显得拘谨板滞,技法生涩。

---

① 北京大学图书馆藏拓。

② 中国社会科学院考古研究所:《唐长安城郊隋唐墓》,文物出版社,1980 年。

第六期:穆宗前后至哀帝。这一时期的墓志刻饰比较粗略,大多以一朵大花作为图案中心,周围加饰一些花瓣与叶片。四象纹与几何形回线纹比较常见,但刻画得十分草率,艺术水平较低,风格程式化,呆板粗俗,显示出唐代末年的衰败气象。例如大和九年(835)十一月八日解君墓志盖、大中四年(850)十一月二十八日何溢墓志盖饰与侧饰①、大中十一年史兴墓志盖、乾符四年(877)十月二十四日郑逢墓志盖②等。

以上对隋唐墓志的纹饰及其分期简要地做了一些介绍,具体材料中还可能遇到一些零星的纹饰图案,没有包括在上述纹饰中,有待于进一步深入地予以专门探讨③。

宋代的墓志装饰比较简单,以折线纹、云纹为主。志盖上大多只刻写名称,字体也由北朝、唐代以篆书为主发展到包括楷书、隶书、美术体篆书等。仍有一些身份较高的人物墓志在使用四象、十二辰的纹样装饰,但是刻工则显得板滞,造型也在唐代纹样的基础上稍有变化。宋代已经出现在铭文周边刻画装饰纹的模式,如折线纹等。辽代的墓志常有沿袭唐代墓志装饰纹样的情况,如在志盖及志侧刻画十二生肖、牡丹纹、八卦图样等。明清时期在铭文周边刻画装饰纹的模式仍有延续,增加有云龙纹、回字形纹等,尤其是龙纹,在志文外边每一侧线刻一条完整的飞龙,极具时代特征,但在志侧装饰纹饰已很罕见。

墓志的形制大小基本上由官职地位高下来决定,在北朝隋唐时期

---

① 北京大学图书馆藏拓。

② 以上二志为河南省文物研究所藏拓。

③ 徐殿魁在《洛阳地区唐代墓志花纹的内涵与分期》一文中所作的分期与此有所不同,他将洛阳唐代墓志纹饰的演变过程分为四期。第一期为初唐,至高宗永淳二年(683);第二期为盛唐,至玄宗开元元年(713);第三期为中唐,至德宗贞元二十年(804);第四期为晚唐,至唐代末年。见《唐研究》第四卷,北京大学出版社,1998年。

应该有着官方礼仪制度的具体规定。我们曾根据大量具体墓志形制的分析排列出一个北魏官员墓志的等级标准：

三公：墓志边长为北朝尺三尺。（即0.8米左右）

一品二品官员：墓志边长为北朝尺二尺四寸以上。

三品官员：墓志边长为北朝尺二尺以上。

四品以下官员：墓志边长在北朝尺一尺至一尺八寸之间，随等级高下分为一尺八寸、一尺六寸、一尺四寸、一尺二寸、一尺等。

嫔妃女官的墓志根据其品秩低于同等品秩的男性官员一级。

隋代墓志的等级情况与此大略近似。唐代墓志的尺寸则均有所增大，高级官员的等级表现特别明显。一般三品以上官员的墓志边长在0.8米（即唐尺二尺六寸）以上，予以特殊埋葬待遇的王子、公主和功勋卓著的一、二品高官墓志边长可以达到1米以上，即唐尺三尺二寸以上；五品以上官员的墓志边长应该规定在0.54或0.6米以上，即唐尺一尺八寸或二尺以上；九品以上官员的墓志边长应该规定在0.42或0.48米以上，即唐尺一尺四寸或一尺六寸以上。

虽然在决定墓志大小时墓主官职品秩的高低起着一定作用，但是由于多种原因影响，在同一范围内，也不乏逾越官品等级的例子和较高级官员使用较小墓志的例子。庶民使用的墓志边长一般在0.4米左右，也有少数平民的墓志达0.6米以上。我们认为，由于唐代社会经济发达，丧葬仪式也变成一种经商的行业，尤其是在大城市中，设有专门的凶肆经营丧事①，使得在埋葬礼仪中，财富的力量可以冲击礼制的等级规定，有一定经济力的人物可以购置较大、较精美的墓志，反映出唐代社会经济、文化的新走向。但是就现有材料来看，平民的墓志不可能超越上述的五品以上官员一级。这说明官方礼制的限制与社会上等级观念的约束还是十分明显的。

从现存宋代墓志情况来看，宋代，尤其是北宋时期，半民很少使用

---

① 唐代凶肆多见于唐人笔记、小说，如白行简《李娃传》："徙之于凶肆之中。"

墓志,在近年发掘的大量平民墓葬中,只发现过少量的简劣砖石墓志材料、镇墓券与买地券以及一些书写在墓室中的墓记。现有的宋代墓志主人基本上都是高中级官员与皇族等,似乎当时墓志多限于官员贵族等社会上层人物使用,但是我们还没有在文献中看到有关的礼仪制度规定。南宋时期,南方可以见到一些平民也使用了较简单的墓志。但是一般中下层人士的墓葬中更多见的是使用买地券、镇墓券等文字铭刻,只不过是有些地券中附有墓主身世籍贯等履历记载,起到简单墓志的作用。现在见到的宋代以下墓志中,大多数的内容篇幅有所增加,常可见到千字以上的长篇墓志铭文,记录墓主身世履历与家庭情况比较详细。志石形制往往比较大,但仍然以沿用盝顶盒式的外部形制为主。志盖与志侧的纹饰则明显减少。而辽代的墓志多沿承唐代墓志的形制与纹饰,尤以方术性的纹饰,如八卦、星座、生肖等为多见,(图111)与宋墓志区别较明显。以往金石学著录的收集范围多限于元代以上,宋代以来的墓志材料,近代出土数量不断增加,并已开始注

图 111　辽代墓志纹饰

意加以收集,如辽金元时期的新出土墓志多有详细的介绍与研究。明清时期的墓志材料虽然很多,但是汇集整理得较少,尤其缺乏比较系统的汇总编排与有关研究,新出土材料发表得也比较少。这方面的工作有待于继续深入。

五、经版及各种佛教刻经

就现在所见,古代用石材刻制的各种经典文字中,以佛教经典的数量为最多。佛教经典刻造的工程可以说是年代悠久,规模宏大,堪称人类文化的一项重大成就。石质佛教经典的刻写方式比较多样,有利用摩崖形式的,利用碑式的,利用刻石形式的,还有刻写在佛塔、地宫中或舍利石棺上等多种形式,而在佛教刻经中数量最多的是采用长方形的石版形制,我们称之为"经版"。这里以它为主,介绍一下有关佛教刻经的情况。

佛教经典源自古印度次大陆,经由海陆两途被西方僧人与去往西方取经的中原僧人陆续带入中国,并不断被翻译成汉文,进而在中原流传。经过长期的不懈努力,形成了包含数千种经典的佛藏文献。这些文献曾被大量抄写,以供信徒收藏与传播。在敦煌藏经洞发现的历代写本中就包含着大量佛教经典的抄卷。而将佛经刻写成石铭,则具有更深刻的历史背景与文化意义。

以往历代的金石著录研究著作中,大多认为佛教刻经之举始于北齐。但是在清末民初的收藏家缪荃孙编写的《艺风堂金石文字目》中已经收录了北魏熙平二年(517)法润等造不增不减经颂和东魏天平四年(537)造经等佛教刻经。《语石异同评》卷四称"后魏鲍燕造浮图记曰:造兹石浮图大涅槃经一部。此经是否刻石,抑为写经,今石已残,不可得知。然沮渠安周时有造佛说十二因缘经刻石,与此时代相前后,是已有刻经者矣。"可见早在北魏初年已经开始了刻写石质佛教经典的活动。只是现存的北齐佛教刻经更多,也更有名,例如著名的山东泰山经石峪金刚经、山东徂徕山般若经、山西风峪华严经、河北涉县中皇山佛经等。但是这些刻经与后来的云居寺石经等佛教经版的式样及刻写内容、刻经形式都有所不同，以摩崖石刻等形制为主，属于佛教刻经的先声。

如果把总数达上万件的房山云居寺石经仅作为佛教刻经中的一种来计算，那么古代金石著录中记载的古代佛教刻经数量就相当稀少了。大致统计，见于历代金石著录中属于北朝时期的刻经不过30余种。然而这也正是我们多年来了解与研究的北朝刻经主体。赖非在《北朝刻经的起源、发展和分布》一文中曾归纳了现在所知的北朝刻经情况①，里面除近年在邯郸、东平等地新发现的少数北朝刻经外，主要还是在历代金石著录中所记载的材料。由于以往研究中对于这些刻经材料的著录情况与经文来源等问题还没有全面的说明与核对，而且有些著录记载中的刻经名称与有关说法并不一致，造成一些疑问，所以先将这些金石著录中的刻经材料归纳于下并加以考察核对。

见于以往金石著录的北朝刻经（包括佛名石刻）资料有：

① 阿弥陀佛，见于《江苏金石记（江苏通志稿）》卷三，称："魏阿弥陀佛，在铜山云龙山，拓本四纸高广各一尺，正书"，"盖当时太武以铁筆画是字。"②

② 金刚经碑，见于《新疆访古录》卷一，出新疆吐鲁番厅木头沟，"光绪三十四年土人掘地得之。碑高二尺余，宽二尺五寸，厚一尺，共二十二行，行二十三字。书法秀逸，的是北魏时笔意。同知曹炳熿移庋厅署中。"王树枏认为属北魏。碑文内容没有记载。

③ 东魏天平四年（537）元月天平造经，仅见于《艺风堂金石文字

---

① 赖非：《北朝刻经的起源、发展和分布》，《北朝摩崖刻经研究》（三），内蒙古人民出版社，2006年。

② 《江苏金石记（江苏通志稿）》，（台）新文丰出版公司《石刻史料新编》第一辑。以下引金石著录除单注者外均见《石刻史料新编》一至三辑，不一一注明。

目》,内容不详。

④ 河内东魏《金刚经》,《金石续编》二称:"高八尺六寸,广三尺五寸,正书,三十四行。字数剥蚀难辨,在河南河内县。"又一金刚般若波罗蜜经,"经文不录。按书经刻经人及岁月皆不可辨,以字体定之,附于东魏之后。"

⑤ 北齐天保二年(551)风峪华严经石柱,在太原县,见于《山右金石录》,跋尾云:"竹垞有记,载《曝书亭集》。近人拓得三十余纸,无书者姓名,惟卷卅七之末有佛弟子许智通妻宋十娘、许五娘、女许三娘等字。往在并州,与王幼海兵备缘竹垞之意议欲移植晋祠,后兵备左迁,遂不果。"无录文。查北京图书馆藏《山右金石存略目录摘要》抄本中亦仅有目录记载。疑为唐风峪刻经之误判。

⑥ 山西辽州(左权县)北齐天保三年(552)《华严经》,见于《山西通志》卷九十七和《语石异同评》卷一。马忠理在《邯郸北朝摩崖佛经时代考》一文中已经详细论证了这个记载是错误的,所指应该就是在河北涉县中皇山刻写的摩崖佛经①。

⑦ 北齐天保十年(559)《妙法莲花经》碑,在河南辉县通玄寺,见于顾燮光《河朔金石目》卷五,内容不详。

⑧ 北齐乾明元年(560)方法师镂石班经记,见于《安阳县金石录》卷二、《宜禄堂收藏金石记》卷十三,以及《八琼室金石补正》卷二十一。《八琼室金石补正》记载:"镂石班经记,高二尺,广七尺,记十五行,行七字,经四十二行,行五字至四十字不等,字径一寸六分,分书,在安阳善应村洹水北崖。'大齐天保元年,灵山寺僧方法师、故云阳公子林等率诸邑人刊此岩窟,仿像真容。至六年中,国师大德稠禅师重莹修成,相好斯备,方欲刊记金言,光流末季。伹运感将移,暨乾明元年岁次庚辰于云门帝寺奄从迁化。众等仰惟先师,依准观

---

① 马忠理:《邯郸北朝摩崖佛经时代考》,《北朝摩崖刻经研究》(三),内蒙古人民出版社,2006 年。

法,遂镂石班经,传之不朽.'华严经偈赞,第一行五字,二至九行七字,十行、十一行、十二行十二字,十三行五字,十六、十七行十四字。大般涅槃经圣行品,经廿七行,行四十字,末行七字。"《安阳县金石录》与《宜禄堂收藏金石记》录有经文。又见于《艺风堂金石文字目》,说明在清末民初有拓片传世,艺风堂所藏拓片现主要被北京大学图书馆收藏。

⑨ 维摩经,刻于北齐皇建元年(560)隽敬碑碑阳,原在山东泗水天明寺,碑阴刻隽敬功德颂文。见于《山左金石志》卷十、《平津读碑记》、《金石续编》、《八琼室金石补正》卷二十一、《宜禄堂收藏金石记》卷十四等,其中仅《宜禄堂收藏金石记》录有经文。《八琼室金石补正》记载:"乡老举孝义隽敬碑并维摩经刻,连额高三尺六寸,广一尺七寸,一面经刻十一行,行廿三字,方界格,字径一寸余。一面记十七行,行廿一二字,下截题名四列,亦十七行,凡六十五人,字并径七分,额题大齐乡老举孝义隽修罗之碑十二字,均正书。在泗水。维摩经见阿门佛品第十二①。经文不录。"敬字修罗,所以有些金石著作中又称隽修罗碑。《宜禄堂收藏金石记》录该碑经文,题为:"维摩经见阿门佛品第十二。"经对比,所录经文为鸠摩罗什译本,但是有个别文字不同,并有衍字及漏字。如:今大正藏本《维摩经》"汝欲见如来为以何等观如来乎"碑刻则无"汝"、"以"二字,且"乎"作"于",等等。又见于《艺风堂金石文字目》。

⑩ 观世音经,刻于北齐皇建元年山东东平海檀寺重修海檀寺碑碑阴,在东平州城北塔山下(赖非《北朝刻经的起源、发展和分布》一文中称现仍在原处,碑阳刻经文,碑阴刻题记,两侧刻供养人名)。见《艺风堂金石文字目》卷二。

⑪ 北齐河清二年(563)二月抹疾经颂,《宝刻丛编》卷二十引金

---

① "门",《维摩经》作"閦",是。《八琼室金石补正》与《宜禄堂收藏金石记》作"门",误。

石录,仅存目,无录文,其内容不可得知。亦不见于后来著录。

⑫ 北齐河清三年(564)七月八日石经寺佛经碑,在山东巨野,见于《山左金石志》卷十、《铁桥金石跋》卷一、《山左碑目》卷三等,《铁桥金石跋》仅称"在巨野,正面佛经不知何时所刻。"无录文。《山左金石志》的记载比较详细,云:"河清□年立,八分书,侧正书,碑高七尺,广二尺六寸五分,厚五寸五分,在巨野县石佛寺,正面刻经文八行,行二十五字,径三寸。经句未了,似非止一石。"又见于《艺风堂金石文目》。近年周建军等介绍了现存巨野县文物管理所的该碑情况,称:旧址在巨野大义镇小徐营村西石佛寺遗址,解放初,石佛寺被拆,该碑仍丢弃在原址,1989 年在文物普查中被发现,已经断为二截,但文字与纹饰保存尚好。刻写华严经,自"伽叶菩萨长跪合掌曲躬恭敬而白佛言……"至"如此众事皆当有苦。"①

⑬《山右金石志略》记载"佛经石刻,河清三年,正书,藏绛州洪宅。"②该书仅是一个目录,没有记载石刻内容,从藏绛州洪宅一语推测这件佛经石刻很可能只是一种拓片,我们怀疑它就是山东巨野的北齐河清三年七月八日石经寺佛经碑拓片。

⑭ 北齐天统四年(568)六月造石经并记,《宝刻丛编》卷二十引《金石录》,仅存目,无录文,其内容不可得知。亦不见于后来著录。

⑮ 北齐武平元年(570)徂徕山题刻,包括佛号摩崖,大般若经摩崖等,在山东泰安。见于《山左金石志》卷十、《八琼室金石补正》卷二十二、《金石萃编》卷三十四。《山左金石志》记载:"徂徕山佛号摩崖,武平元年刻,八分书,崖高四尺四寸,广六尺二寸,在泰安县徂徕山大

---

① 赖非:《北朝刻经的起源、发展和分布》,《北朝摩崖刻经研究》(三),内蒙古人民出版社,2006 年;马忠理:《邯郸北朝摩崖佛经时代考》,《北朝摩崖刻经研究》(三),内蒙古人民出版社,2006 年;周建军等:《山东巨野石佛寺北齐造像刊经碑》,《文物》1997 年第 3 期。

② 清 王炜:《山右金石志略》,见孙衍贵:《山西金石记略》,稿本。

般若经东面。徂徕山佛号摩崖,武平元年刻,八分书,崖高四尺六寸,广一丈余,在泰安县徂徕山大悲庵东南二里映佛岩下。文殊师利云云,凡十四行,行七字。徂徕山大般若经摩崖,无年月,八分书,崖高六尺四寸,广四尺四寸,在泰安县徂徕山光华寺东南里许巨石上。石刻经文八行,行六字,径七寸。后王子椿等题名五行。"《八琼室金石补正》记载:"徂来山王子椿等经刻,高四尺五寸,高六尺八寸,八行,行七字,后五行行字不一,字径五寸,分书,在泰安。大般若经曰:经文不录。冠军将军梁父县令王子椿造像,息道升、道昂、道昱、道恂、修真共造。王世贵。……在泰安县徂徕山光化寺东南里许。……昂字引笔特长,与佛号摩崖佛字同。"《金石萃编》称"映佛岩摩崖,摩崖横广一丈四尺,高六尺,又横广四尺四寸,字径六寸,行七字,得十四行,又一行七字,又一行十一字,又一行四字,一行五字,一行二字,一行四字,又三行,一行三字,两行四字,并正书,在泰安县徂来山映佛岩。"描述有所不同,但实际上是同一处石刻。《十二砚斋金石过眼录》卷七仅记载冠军将军梁父县令王子椿造像,不记刻经。《潜研堂金石文字跋尾》卷三记载所见拓片有武平元年般若波罗蜜经与武平元年大般若经残字及佛名两种,无录文,仅称:"吾友聂剑光游徂徕山始访得之,手拓寄予都下,题王子椿字。"可知钱大昕记录的也是这两件徂徕山题刻。又见于《艺风堂金石文字目》。《金石萃编》记载有经文与"般若波罗蜜经主"等题名,据经文当为梁曼陀罗仙译《文殊师利所说摩诃般若波罗蜜经》卷下节录。

⑯ 北齐武平三年(572)唐邕写经,在河北邯郸北响堂山,该地原称鼓山石窟,见于《金石存》卷十一、《集古录目》、《宝刻丛编》卷二十、《九钟精舍金石跋尾甲编》、《八琼室金石补正》卷二十二,据该处唐邕写经碑文称写维摩诘经一部,胜鬘经一部,孛经一部,弥勒成佛经一部,分布在北响堂刻经洞的前廊六面石壁上。又《八琼室金石补正》记载:"无量义经,二纸各高四尺一寸,广三尺三寸,共卅五行,行三句,每句七字。……十二部经名,高二尺一寸,广二尺八寸,八行,行八字,字

径三寸,分书。佛号刻石,高三尺,广二尺七寸,三行,行三字,字径七寸五分,分书。弥勒佛、师子佛、明炎佛。"马忠理介绍为《无量义经》、《佛说佛名经》、《现在贤劫千佛名经·三佛名》,在刻经洞前面与顶部的石壁、石柱上①。

⑰ 娄睿造华严经碑,见于《八琼室金石补正》卷二十一,《八琼室金石补正》云:"司徒公娄睿华严经碑,高五尺一寸,广二尺九寸,卅八行,行六十六字,字径六分,正书。方界格。大方广佛华严经菩萨明难品第六。"又《安阳县金石录》卷二称"大方广佛华严经碑明难品第六,在治西宝山。"未录经文。根据所在地与经文名,应该就是此娄睿造华严经碑。又见于《艺风堂金石文字目》。

⑱ 北齐武平六年(575)尖山摩崖,见于《山左金石志》卷十(称尖山摩崖十种)、《十二砚斋金石过眼录》卷七记载尖山摩崖三种,但均为题名,没有刻经。《石泉书屋金石题跋》卷六,《山东通志·艺文志第十》记录两种尖山刻经"文殊般若经摩崖"、"波罗蜜经摩崖",又有"文殊般若"、"大空王佛"两条,应该也在尖山摩崖刻经之内。又见于《艺风堂金石文字目》,藏七段。

⑲ 水牛山佛经碑,见于《山左金石志》卷十载:"无年月,在宁阳县水牛山洞中,经文十行,行三十字,字径寸五分,碑额中刻佛像,左右刻文殊□□般若四字,阴题名十五行。"《山东通志·艺文志第十》则称:"北齐文殊碑,在宁阳县水牛山顶。碑并额高五尺六七寸,广二尺弱,楷隶十行,行三十字,字径一寸五六分,额刻佛像。像右刻文殊二字,像左刻般若二字。字径六寸。此文殊般若经与徂徕山王子椿写经同,后段文同,字迹亦同。此碑矗立山头,砖砌其三面。"二说略有不同,但所指应为同一经碑。《平津读碑续记》记载有文殊般若经碑,无录文,但根据《寰宇访碑记》归入北齐末年。《十二砚斋金石过眼录》

① 赖非:《北朝刻经的起源、发展和分布》,《北朝摩崖刻经研究》(三),内蒙古人民出版社,2006年。

卷七记录经文，自"尔时文殊师利白佛言"至"无念无作故"。当为梁曼陀罗仙译《文殊师利所说摩诃般若波罗蜜经》卷下节录。

上引《山左金石志》、《山东通志》二书中又记载有水牛山摩崖，刻有"舍利弗"等五十二字。《八琼室金石补正》卷二十二记载："高八尺二寸，广六尺二寸，六行，行九字，末行七字，字径尺许，分书，在宁阳。舍利弗（云云）是名观佛。"根据经文可知，这件摩崖刻写的是梁曼陀罗仙译《文殊师利所说摩诃般若波罗蜜经》卷上节录。《十二砚斋金石过眼录》卷七也记载了这件摩崖。

⑳ 北周大象二年(580)七月冈山摩崖五段，在山东省邹城市，见于《山左金石志》卷十记载冈山佛经四种、《十二砚斋金石过眼录》卷七记录一种、《石泉书屋金石题跋》卷十记载十三段、《山东通志·艺文志第十》记载十三段与一批单字，应摘自《入楞伽经》卷一诸佛品，如"之与大比丘……"、"现皆是……"、"日月光辉……"、"园香树皆宝香林……"等段，又有"大空王佛"等佛名；另有冈山鸡爪石写经三段，"如是我闻一时佛在王舍城……"与"掌恭敬向耆阇崛山……"二段，可以相连，应摘自《佛说观无量寿佛经》，第三段为"三昧比丘惠晖比丘尼法会……"，属于刻经者题名。

《八琼室金石补正》卷二十三根据所收拓片将上述刻经一并记载："冈山比丘惠晖等题名，高五尺，广五尺六寸，九行，行字高低大小多寡均不一，分书。在邹县城北岗山大石北面。二郎，比丘惠晖、比丘尼法会，大象二年七月日比丘道成、僧岸、唐章，象主翰（朝？）思和、韦传珍、□石经释迦文佛、弥勒尊佛、阿弥陀佛"，"经文，高八尺二寸五分，广五尺一寸，十行，行十四字。惟末行十一字，字径四寸，分书，在大石东面。"铭文为"如是我闻，一时佛在王舍城，(至)漱口毕已合。""又高四尺，广三尺五寸五分、五行，随石左斜，首行七字。次三行八字，四行六字，五行四字，字径五寸许。分书，在大石南面。"铭文为"掌恭敬(至)授我八戒。"上文已记述这两段可以相连，应摘自《佛说观无量寿佛经》。又"高四尺三寸五分，广三尺八寸，五行，行三字，字径尺余。正书,在后面。"铭文为"神通之力奋迅游化善于五性自性识"。又"高二尺二寸,广三尺五寸,三行,行一二字,字径九寸许,正书。"铭文为"法得道之处(此与前段字迹相似)"。又"高五尺五寸,广五尺八寸,六行,行字不一,字径八寸许,正书。"铭文为"与大比丘僧及大菩萨众从他方佛土俱来集会,是诸菩萨俱是无量自在三昧"。又"高三尺六寸,广六尺八寸,四行,行二字,字径一尺余,分书,双线方界格。"铭文为"大比丘僧及大菩萨"。又"高三尺,广三尺四寸,二行,行二字,字径一尺余,分书,有双线方界格,在西面。"铭文为"众皆从种"。又"高五尺一寸,广五尺八寸,三行,行三字,字径一尺二三寸,分书,双线方界格。"铭文为"琨(按应为现字)皆是古昔诸仙贤圣"。以上三段疑是一种。各段均应摘自《入楞伽经》。又记载有残字:重、俱、音、种、常、间。又见于《艺风堂金石文字目》)。

㉑ 北周大象二年葛山摩崖,见于《山左金石志》卷十、《石泉书屋金石题跋》卷十一,与冈山摩崖类似。在山东省邹城市,保存基本良好。

㉒ 小铁山佛经摩崖,见《石泉书屋金石题跋》卷九,《山左金石志》卷十记录小铁山摩崖残字八种,《十二砚斋金石过眼录》卷七记录四种。均不完整。该摩崖在山东省邹城市,为一完整崖壁,大字刻有《大集经》经文900多字,以及记录刻经情况的《石颂》(北周建德元年匡喆刻经颂)和题名等。主持刻经者为匡喆,书写者为北齐僧人安道壹。碑文中称"写大集经众等□□九百廿字"。见于《山左金石志》卷十、《山东通志·艺文志第十》①。又见于《艺风堂金石文字目》卷二。

㉓ 河南卫辉市齐香泉寺华严经摩崖碑,见《缀学堂河朔碑刻跋尾》,云:"此摩崖刻亦未全,中间有韵语四言曰:经涉乱流,冯陵叠嶂,始达幽源,而观妙象。……《一统志》:香泉寺在汲县西北三十五里霖落山。"但未记载经文。又见于《艺风堂金石文字目》)。

---

① 清 张曜等修:宣统《山东通志》,商务印书馆影印本,1934年。

㉔ 董珍陀经题字，附有经文。见《八琼室金石补正》卷二十二，"高六尺七寸，广八尺，四行，首行十一字，字径六寸余，经文七行，行八字，字径八寸余，分书，在山东。"铭文为："斛律太保家客邑主董珍陀。文殊师利白佛言世……波罗蜜佛言般若波……无名无相非思量无……犯无福无晦无明如……亦无限数是名般若……薛摩诃薛行处非行……一乘名非行处何以。"应摘自《文殊师利所说摩诃般若波罗蜜经》，每行下部残缺。陆增祥怀疑石在尖山。

㉕ 佛会说发愿文及大乘妙偈碑并阴侧，见《八琼室金石补正》卷二十二，"连额高六尺，广二尺八寸，卅五行，上层十一字，下层四十八字，字径七分。左侧小字一行，行十一字，字径七分。下接大字廿五字。又四行，行卅五字，字径一寸二分。阴上层卅六行，行十一字，字径六分。下层廿行，行廿八字，字径寸许。篆额六行，题'佛□心□大乘妙偈刊石千记怖见闻益法住'十八字，阳文。右侧五行，行卅五字，字径一寸二分。并分书，方界格，在安阳灵泉寺。第一会□□□□普贤说（九行），第二会普光□文殊师李硕（九行），第三□胜妙殿法慧说（九行），第四会夜摩天功德林说（八行），以上上层，又一行在左侧。第五会□□天金刚□说（九行），□□□□□□在天□□□□（九行），第七□□□□□□普贤说（九行），□□□□□□舍善才说（九行），以上碑阴上层。发愿文，在碑阳下层。"

㉖ 龙华菩提佛经残碑，见于《陶斋藏石记》卷十三，未录经文。只有原石尺寸，"横式，斜广约三尺四寸"，可见应为端方私人藏石，来源及现所在地不明。

㉗ 维摩经碑，见《绩语堂碑录》已。但所在地不详。

㉘ 维摩诘佛经残碑，见于《陶斋藏石记》卷十三，存二石，未录经文。应为端方私人藏石，来源及现所在地不明。

㉙ 山西阳曲刻经，见《山右访碑记》，残刻，无详细记载。

㉚ 新郑卧佛寺《妙法莲花经幢》，见乾隆四十一年《新郑县志》卷二十九《金石志》，"妙法莲华经石幢，幢在卧佛寺山门内东。二面为

风雨剥蚀，余四面可辨。字体甚古，未知何代人书，其风格总在唐以前。"但没有记载经文。具体情况不可考。但是现在所知经幢一般为唐代出现，这件经幢是否属于北朝刻经，现无法确认。或者原定名不确，当是刻经石柱。

此外还有两种大型的北朝摩崖刻经，字体较大，所刻经文篇幅较长，是耗工巨大的刻经工程，即：石经峪金刚经，见于《山左金石志》卷十，称："无年月，八分书，在泰山经石峪。"又见于《艺风堂金石文字目》卷二。以及涉县佛经，见于《循园金石文字跋尾》下，无录文，称"在县西北二十里唐王峻娲皇庙，分刻三洞内外崖壁，计十余万言。……不知为何人所刻。……定为北齐唐邕所镌……亦齐刻也。"又见于《艺风堂金石文字目》卷二。涉县刻经在 20 世纪 80 年代以来由邯郸市博物馆马忠理等学者进行了实地调查与介绍，并且予以重点保护。现统计涉县中皇山佛经可达 13 万余字，但是金石著录中对它们的记载却比较少。

常见的与刻经有关的石刻还有北齐武平六年刻的邹县尖山韦子深刻经记一则。

有学者曾认为洛阳龙门石窟中有北朝刻经，如莲花洞刻般若波罗蜜多心经与陀罗尼经等。但是近来龙门石窟研究院王振国等人的考察研究中已经找出龙门石窟中有 19 处刻经，并确定这些刻经基本上是唐代的作品[1]。所以如《艺风堂金石文字目》记载龙门多心经[2]归入北朝，北京图书馆等处所藏心经拓片也定为北朝石刻，就是错误的了。

统计以上北朝刻经的经文，可得以下几种：维摩经、观世音经、般若经、无量义经、华严经、金刚经、观无量寿经、入楞伽经、文殊师利所

---

[1]　王振国：《龙门石窟刻经》，《龙门石窟与洛阳佛教文化》，中州古籍出版社，2006 年。

[2]　原书作"多心经"，误。《般若波罗蜜多心经》可简称《心经》。"波罗蜜多"为梵语，义为"到达彼岸"。

说摩诃般若波罗蜜经、涅槃经、胜鬘经、弥勒上生经、孛经与十二部经名、佛号等。而将这些经文按大正藏的分类情况大致分一下类，又可以看出它们分属于：般若部，包括般若经、金刚经、文殊师利所说摩诃般若波罗蜜经；法华部，包括观世音经、无量义经；华严部，包括华严经；宝积部，包括胜鬘经、观无量寿经；涅槃部，包括涅槃经；经集部，包括维摩经、弥勒上生经、入楞伽经、孛经以及佛名经。也就是说，佛教大乘经典中主要的各部经典都有所反映。从刻经分布上来看，山东地区的刻经中以般若经典为主，而安阳附近地区的刻经则以法华、华严、宝积与经集类经典为多。

以上刻经中出现较多的经典，应该与当时佛教僧众讲研佛教的主流学派有着密切的关系。如：《入楞伽经》，全称《楞伽阿跋多罗宝经》，该经为法相宗所依六经之一，宣说世界万有由心所造，对"如来藏和阿赖耶识问题有重点论述"。传本有北魏菩提流支译《入楞伽经》十卷。菩提流支，义译道希、觉希等，据《续高僧传》卷一、《历代三宝记》卷九记载，他是北天竺僧人，遍通三藏，北魏宣武帝永平元年（508）来洛阳，敕住永宁寺。与勒那摩提、佛陀扇多共译世亲的《十地经论》，四年方成，以后至邺城译经，共译经 39 部 121 卷，有记载的译经活动进行至东魏孝静帝天平二年（535）。他被尊为地论师相州北派之祖，卒年不详。《中国佛教史》卷三称其共传无著世亲的瑜伽行派论著，共传唯识法相之学，形成北朝引人注目的译经活动。《入楞伽经》又有南朝宋求那跋陀罗译本。唯识法相之学应是当时北方一个主要的佛学流派。《佛说观无量寿佛经》，西域三藏畺良耶舍译。据《高僧传》卷三等载，畺良耶舍在南朝宋文帝元嘉元年（424）至建康，文帝深加敬重，请住钟山道林精舍，应沙门僧含所请，译《观无量寿经》、《观药王药上二菩萨经》各一卷。畺良耶舍卒于元嘉十九年（442）以后，年六十。

其它如《观世音经》、《无量义经》、《维摩经》、《华严经》等所代表的也都是北朝末期流行的主要佛学流派。汤用彤《汉魏两晋南北朝佛教史》第二十章中指出："判教之事,不但与宗派之成立至有关系,而研究判教之内容,亦可知时代流行之学说,研究之经典为何。盖判教者之所采取,必为当时盛行之经典与学说,故实其时佛学情形之反影也。隋唐章疏均述北方之四宗说,此说称为地论师所立,亦谓为光统(慧光)之说。""释慧光者,地论宗之元匠,亦四分律宗之大师,且亦禅学之名僧也。""四宗者谓因缘、假名、不真、真。初谓《毗昙》,二谓《成实》,三谓《般若》四论,四谓《涅槃》、《华严》及《地论》,四者除《般若》四论外,均为北方之显学。"从有关北朝佛教的记载中来看,当时慧光所专精的佛经正涉及《涅槃》、《华严》、《般若》三大体系。他研究与讲授的这些经卷当时在北方流传得相当普及,是北朝佛学的重点所在,应该是反映了东魏、北齐佛教的主流,也就是以讲求佛学的义理教义为主。这一点已经被近代以来的佛教史研究者所认同,而在金石著作中记载的当时石刻佛经也正反映了这一点。

　　李静杰在《北朝隋时期主流佛教图像反映的信仰情况》一文中提出："北魏中晚期至东、西魏时期,佛教图像的构成基本由法华经支配,北齐、北周至隋代,法华经的支配力逐渐减弱。维摩诘经图像大体包含在法华经图像之中,原为小乘佛教美术主体的本生、因缘、佛传图像,传播到中原北方地区之后被大乘化了。北齐、北周至隋代,华严经成为支配佛教图像的另一重要经典。与此同时,西方净土信仰对佛教图像的影响力日益加强,出现法华经、华严经、西方净土信仰交会融合,共同影响佛教图像的情况。"[1]而从上述刻经情况,主要是北齐、北周的刻经情况来看,当时佛教宣传中占主要地位的应该是般若、华严与涅槃类经典,以及反映西方净土思想的弥勒上生经、观无量寿经等,这与李静杰的观点不尽相同。

　　尤其是山东地区流行般若经典,且使用的是南朝齐、梁时期新

①　李静杰:《北朝隋时期主流佛教图像反映的信仰情况》,见李振刚主编《2004年龙门石窟国际学术研讨会文集》,河南人民出版社,2006年。

译的译本,反映着南朝佛教流派对北方的影响。代表者如《文殊师利所说摩诃般若波罗蜜经》,梁曼陀罗仙译。据《续高僧传》卷一僧伽婆罗传记载,曼陀罗仙是扶南国人,梁天监二年(503)扶南国王阇耶跋摩派遣其带梵文经与珊瑚像等赠与中国,梁武帝命与僧家婆罗共译《宝云经》、《法界体形无分别经》、《文殊师利所说摩诃般若波罗蜜经》。梁武帝曾亲讲般若,极大地推动了般若之学的重兴。山东地区这些《文殊师利所说摩诃般若波罗蜜经》、《金刚般若经》的刊刻,应该是反映了当时北方山东地区与南朝之间比较密切的文化交流情况,这与其他考古发现,如山东地区北朝晚期墓葬壁画中反映出的南朝艺术影响,北方陶俑、瓷器等出土器物上的南朝文化影响等是一致的。

从以上的归纳中,也可以表明,就刻经形制来讲,应该是先有经碑,而后发展到大型摩崖与石柱等形式。刻经碑应该与造像碑同出一源,先在平原与政治经济中心地区的寺院中产生。随着佛教宣传的扩大与寺庙向山中的推进,形制越来越大、内容越来越丰富的摩崖刻经才逐渐发展开来。

从金石著作中记载的刻经情况可以看到,早期的这些北朝刻经里面,绝大多数只是摘录某一经典中的一个段落或表示佛教教义精髓的一两个句子,而且多有重复,另外还较多地刻写佛名、偈语等,这就应该表明它们是当时僧人的一种宣传手段,类似后代的书写宣传口号一样,将自己所精心研习佛经的心得,自己认为佛法精义所在的语句广泛宣扬给世人。它不仅反映了当时佛子研读的主要佛经情况与僧人宗派开始形成的状况,也使我们对以往的一种传统说法产生了疑惑。以往多认为古人刻写石经主要是出于对末法时代的畏惧,为了防备灭佛情况的再次出现,从而产生用石刻保存佛经的做法。与这种传统说法明显不符的现象就是北朝刻经。现在所见到的北朝刻经基本都是佛经的只言片语,这显然不能达到保存佛经的目的。因此,它更应该是当时僧人宣传佛教与世人造作功德的结果。直至涉县中皇山与北响堂山唐邕的刻经出现,才具备了保存佛教经典的性质。

　　河北邯郸北响堂寺石窟中保存有北齐天统四年(568)刻写的涅槃经等石经,并且树立着武平三年(572)唐邕写经铭碑。(图112、113)说明这时正式开始刻写成部的完整佛教经典。对于这处石窟与刻经的情况,早在1914年起,就有顾燮光的《河朔古迹志》一书予以记录。以后日本学者常盘大定与关野贞在1922年首次进行考古调查,并在《支那佛教史迹评解》一书中发表了他们的调查结果。1935年,徐旭生组织人员对响堂山石窟进行了全面的资料收集与整理,出版了《南北响堂寺及其附近石刻目录》。1936年,刘敦桢、日本学者水野清一和长广敏雄先后对南北响堂寺进行考察。水野清一和长广敏雄据此

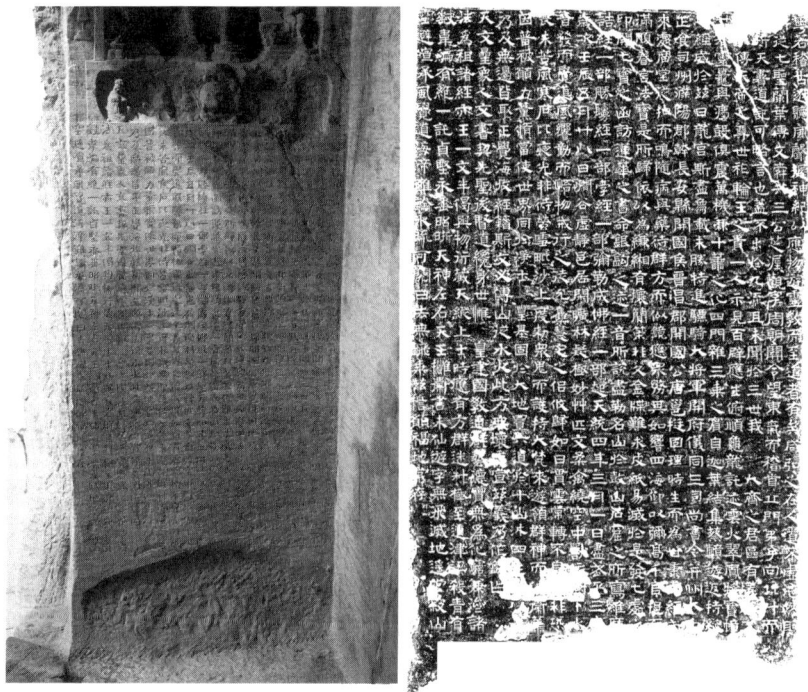

图112　河北邯郸北齐唐邕刻经碑

图 113
河北邯郸响堂寺摩崖刻经

考察成果编写了《响堂山石窟》。近 50 年来，又有大量中外学者对响堂山石窟进行了广泛深入的研究，发表了大量研究成果。新近出版的中美合作研究成果《北响堂石窟藏经洞》以文字、图像、拓本、测绘与电脑复原等形式提供了该洞窟的全面考古资料，归纳出这里石窟内外所刻写的佛经等铭文共有：《无量义经·德行品》赞佛偈、《维摩诘经》全文、《胜鬘经》、《孛经》、《弥勒成佛经》、《无量寿经论》愿生偈、《大涅槃经》节文以及大量佛名题刻①。

与北响堂山刻经大约同时期刻写的涉县中皇山佛经，位于中皇山娲皇宫侧的山崖绝壁上，它的书体与北响堂山刻经相似，端正秀美，保存较好。（图 114）

但是这些刻经还都属于摩崖刻经的形式，即在山崖上修整出一片平整的石面，进行刻经。字体也比较大。有些属于语录与佛名性质的刻经文字甚至达到字径 1 米以上。类似摩崖刻经在唐代、五代、宋辽时期乃至后来都有所出现。如四川、重庆等地保存的历代摩崖刻经。盛唐以来刊刻的四川省安岳县卧佛院刻经有数十部。现存山西省太原市晋祠内的风峪石经则大多是利用长方形未加雕琢的石材刻写经文，每件石柱高 1 米以上，属于刻石类型。但其中也有少量的五面、八面棱形石柱。这批刻经共有 160 件以上，完整刻写了武周时期翻译的八十卷《华严经》。（图 115）在四川省都江堰还出土过刻写在石板上

① 峰峰矿区文物保管所、芝加哥大学东亚艺术中心：《北响堂石窟刻经洞——南区 1、2、3 号窟考古报告》，文物出版社，2013 年。

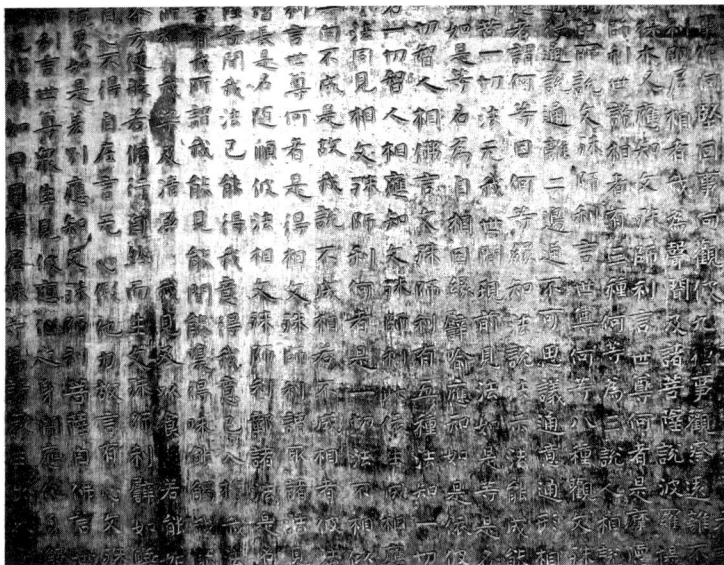

图 114　河北涉县北齐刻经

图 115　山西风峪刻经

的佛经。由于环境条件的限制,这些刻经的经典种类与内容都不是太多。而一般常说的佛教石经,则指的是主要利用石版形式刻写的房山云居寺石经。

保存在北京房山云居寺的云居寺石经是积聚了近千年持续努力的历史文化成果。它基本完整地刻写了佛教藏经,并且是世界上仅有的两处具有完整内容的石刻佛教经典之一。除此之外,另一处石刻佛经是现存缅甸的小乘佛教经典,用巴利文刻写。近来有人将青海省泽库县的和日寺藏文刻经加入,并列为三种大型刻经。该批刻经包括三座经墙与一座经墩,刻写《甘珠尔》、《檀多》等佛经。但规模与内容逊于上述二处刻经。时代也晚至清末以降。房山云居寺石经则用汉字刻写,包括了大乘佛教大藏经的主要经典。20 世纪 50 年代对房山石经进行发掘清理后,整理出 14620 块经版,另外还有刻经残石 420 件,各种碑铭 82 件。所刻经典共计 1100 多种,3500 多卷。①

由于刻经时代悠长,经历了隋、唐、辽、金、元、明等众多朝代,所刻石经的形制不尽相同。现在可以见到云居寺石经中采用了刻在石洞四壁和石柱上的经文、存放在石洞和地穴中的长方形经版以及竖立的经碑等多种形式。(图 116)其中以存放在石洞与地穴中的长方形经版数量最多。这些经版整齐地叠放在石经山上开凿的 9 个石洞和云居寺南塔下的一个地穴中。每个石洞以及地穴装满后就加以封闭。显然这些石经是随着岁月流逝陆续刻写完成陆续存放的。这些埋藏的石经在 20 世纪 50 年代曾开挖出来加以整理,近年又重新装入新修建的地下库房中密闭保存。

房山云居寺石经的刻写工程开始于隋代。根据唐代初年文人唐临的《冥报记》中记载,"幽州沙门释智苑,精练有学识,隋大业中,发心造石经藏之,以备法灭。既而于幽州北山凿石为室,即磨四壁而以写经,又取方石别更磨写,藏诸室内。每一室满,即以石塞门,以铁锢

---

① 中国佛教协会:《房山云居寺石经》,文物出版社,1978 年。

图 116　房山云居寺石窟刻经

之。时隋炀帝幸涿郡,内史侍郎萧瑀,皇后之同母弟也,性笃信佛法。以其事白后,后施绢千匹及余财物以助成之,瑀亦施绢五百匹,朝野闻之,争共舍施,故苑得遂其功。……以贞观十三年卒。弟子犹继其功。"①智苑,应即静琬。根据前人记载,他是北齐时期天台宗二祖南岳慧思大师的弟子。可能是为了完成慧思的遗愿,静琬立志刻写石经,开创了延续一千多年的宏伟刻经事业。明代《帝京景物略》中记载:"北齐南岳慧思大师,虑东土藏经有毁灭时,发愿刻石藏闾封岩壑中。座下静琬法师承师傅嘱,自隋大业迄唐贞观,《大涅槃经》成。"②由此可见,静琬开始刻写石经,完全是一种预防佛法毁灭的措施。佛

①　唐　唐临:《冥报记》,中华书局,1992 年。

②　明　刘侗、丁奕正:《帝京景物略》,上海古籍出版社,2001 年。所称"自隋大业迄唐贞观,《大涅槃经》成"有误。又明僧达观称:"予闻石经山,自北齐慧思尊者,镌大藏于石,以寿佛慧命。隋静琬继之,至元慧月终焉。"见《紫柏尊者全集》卷十四《房山县天开骨香庵记》,据(日)《大正藏》本。

教经典中把佛教的发展演变分为三个阶段，末法是第三个阶段，这时佛法走向衰落，遭遇劫难。鉴于北魏太平真君年间（440—450）太武帝灭法毁经和北周建德年间（572—577）武帝灭佛的两次"法难"，使佛教徒认为当时已经进入末法阶段。为了保存佛法，建造石经埋藏起来，使之流传后代，可能是当时僧人所能想到的最好的方法。正如房山云居寺所存静琬贞观八年题刻残碑中所说："此经为未来佛法难时拟充经本。世若有经，愿勿辄开。"现在房山石经山雷音洞中仍嵌有静琬最初刻写的经版146件。自静琬以下，在唐代一直有其门人及地方信徒持续进行刻写石经的工程。从现存刻经上的题名可以看出，历代大量佛教信徒捐钱集社支持了这一工程，尤以开元天宝年间（713—755）为盛。唐金仙公主等皇族、唐末地方藩镇，以及辽代皇室与官僚等也曾大量捐钱修造。

现在可见的经版多采用长方形石板，横向竖行阴文刻写，类似纸质写经或后代的版刻经书。（图117）

图117　北京房山石经

在中国古代石刻佛经的发现中,房山云居寺石经是包含资料内容最多,刻制时间延续最长的一处。除去利用这些刻经校对佛教经典并了解历代佛典的传流情况,协助佛教史的研究之外,这些刻经还有其他方面的研究价值。例如在这些石刻佛经的经版上还附着有大量历代刻写经文时捐助资金的供养人题记。我们由此也可以说房山云居寺石经是历代参与人士最多的一处刻经工程。这些题记的可贵之处在于:通过它们可以深入了解当时刻经的捐助组织情况与当时幽州一带的社会状况,同时还可以提供一些有关刻经的历史事实。北京图书馆编辑的《房山石经题记汇编》一书曾将这些题记专门摘录出来,给研究工作提供了很好的基础①。台湾学者也编写了《新编补正房山石经题记汇编》②,就上一书进行了补充与订正,使之更为可靠。现就其中唐代的有关题记(主要是唐代所刻《大般若波罗密多经》中的有关题记)加以分析,并讨论一下其中所反映出的几个有关历史问题。

1. 有关唐代刻经供养人的身份状况

除过一些专门的造经发愿题记碑之外,一般的造经题记内容都是比较简单的。大多只书写供养人的社邑组织名称、社邑管事人员姓名或供养人官职、姓名,以及造经的时间与所捐助的刻经件(题记中称"条")数。在这些刻经题记中,我们可以看到,当时到寺中捐赠钱财刻写佛经,主要通过两种形式,一是出资数量大的官员与个人,可以独自捐资,指定刻写一座(题记中称作一条)或若干碑石。但更多的是由一批人结成社邑,每人捐资若干,共同刻写一座或若干座碑石。由此可见,当时刻写一条碑石的捐款应该是固定的。这个数量可能是寺院中主持刻经的僧人予以确定,所以题记中都不写具体的钱数。

这种社邑为公众性的佛教徒组织,有些可能是临时组成,有些则

---

① 北京图书馆:《房山石经题记汇编》,书目文献出版社,1989 年。

② 陈燕珠:《新编补正房山石经题记汇编》,(台)景苑出版社,1995 年。

可能延续存在于较长的时期,负责人相继传承。如《唐云居寺韩烈等藏经记》中记载:"□□□翼殁世而以邑务授予傅长老。至元和初,傅长老婴疾,谓韩烈□□□□传,无人□废。自后韩烈等敬而行之,罔敢胥替,于今五年矣。"①就说明了这种长期存在的社邑组织情况。又例如幽州城内的绢行、彩帛行等社邑,多年供奉刻经,并且社中的负责人(邑主、平正等)为同一人。这可能与行业集中经营,交流较多,同时具有愿意主持佛事的带头人物等情况有关。从题记中现存的唐代造经人姓名与社邑记录来看,当时参与佛教活动,捐资造经的主要有以下几类人物:首先是蓟州城市内的各种商业、手工业者,包括小彩行、白米行、绢行、生铁行、炭行、五熟行、杂行、幞头行、磨行、新货行、椒笋行、屠行、油行等等。例如:《大般若波罗密多经》卷十三条三十四"小彩行"(7.18)、卷二十一条五十六"郡市白米行"(8.182)、卷二十二条五十七"绢行"、卷三十一条八十二"生铁行"(7.152)、卷三十七条九十八"大彩帛行"(7.24)、卷一百零七条二百八十七"幞头行"(3.114)、卷一百三十六条三百五十四"屠行"(4.62)、卷一百七十七条四百五十六"杂行"(3.89)、卷二百六十条六百三十七"涿州果子行"、卷二百八十一条六百七十"涿州椒笋行"(1.915)……②

这些行业名称,表现出当时蓟州城内十分兴旺的商业、手工业状况。在从天宝元年(742)前开始刊刻,持续至唐代末年的大般若经上,天宝年间的供养人中近一半是各个行业社邑的成员。例如在天宝三年刻写的28条石经中,具有明确行业社邑题记的就有11条之多。虽然每个社邑的成员没有一一列名,但是从几个记录有社邑人数的题记中,可以看到早期的社邑一般为一二十人不等,规模并不很大。如:卷

① 据溥儒辑:《白带山志》卷六,民国三十七年刊本。
② 本文所引题记均出自北京图书馆编辑的《房山石经题记汇编》,书目文献出版社,1989年;陈燕珠:《新编补正房山石经题记汇编》,(台)景苑出版社,1995年。以下不一一注明。括弧内为出土时编号。

二十条五十二"小彩行社官冯大娘等廿人每年造经二条,天宝二年四月八日上"(8.169)。以此力量而能经常性地捐助刻经,应该反映了当时蓟州工商的一定经济实力与佛教在这些人士中的影响力。

值得注意的是,从中唐以下,商业与手工业人士组成社邑造经的数量就明显减少了,转而以民间社邑、主要是附近各县的供养人为主要捐助刻经者。这样的题记详细记录参与捐助的信徒姓名,并且记载供养人所居住的乡里村庄,在全部题记中占有很大的数量。如:"固安县政和乡程村","新城县孝悌乡李村","归义县通口乡卢家庄"等。这些供养人主要应该是散居农村的地主与农民,其中妇女占有相当数量。

那么,商业与手工业社邑造经的数量明显减少这一现象,是否反映出当时幽州地区的经济结构有所变化呢?虽然由于唐代文献中缺乏这一方面的资料,使我们不好就此作出绝对结论,但是从唐代前后时期幽州地区不同的政治情况来说,这种可能性也是存在的。在唐代前期,幽州是中原与东北地区各民族的交流中心与商贸中心,《旧唐书·安禄山传》中记载他"及长,解六蕃语,为互市郎",《旧唐书·史思明传》也说:"又解六蕃语,与禄山同为互市郎",反映了当时幽州一带兴盛的互市情况。安史之乱后,幽州地区长期为藩镇所统治,南面又有魏博镇等藩镇割据,与中原、南方的交往明显减少,商业与手工业所受影响可能是不小的。中唐以后,刻经供养人转为以农村人士为主,应该是这种变化的产物。

一些地方官员也是造经的大施主。中晚唐时期,多名军将加入到供养人中。在晚唐刻经数量减少的情况下,这些官员、将领的捐助占有相当大的比重,甚至有幽州地方军队的统帅,如元和年间,节度使刘济就曾经多次捐助刻经,晚唐的刺史李载宁、史再新、张允伸等人也是主要的捐助人,反映出中晚唐时期幽州军队在当时社会中所占有的重要地位。

另外一个稳定的造经社邑群,是由附近各地寺院中的僧尼出面组

织的,成员则多为僧尼所在地居民,题记中表现出这些社邑都由僧尼
担任主要的负责人。类似题记在现有题记中也占有相当的比例,例
如:卷一百七十三条四百四十五"石经邑邑主惠昭、平正大慈、录事修
德……"(3.57),卷一百三十二条三百四十五"昌平县石经邑主真空
寺上座僧实际……"(4.45)等。这些僧人组织的社邑在造经人与巡礼
人中也占有一定的比例。

由此可以看到:房山云居寺石经的兴造在很大程度上得到了城市
工商业者的支持,同时有地方官员的参与与提倡,附近的寺院也积极
组织施主组成社邑,形成了一个以幽州城市为中心,以各地寺院为结
合点,遍及幽燕地区各县农村,分布广泛的网络结构。这一网络所及,
也就是幽州佛教影响所及之处。

附带提及,有些手工业的兴衰情况也可以从这些题记中看出一些
端倪。例如在天宝年间的题记中,出现了幞头行的名称,表现了这种
在唐代兴起的头衣在当时幽州的流行情况,以至于出现了专门加工制
作与销售幞头的行业。这与现存的这一时期壁画、陶俑中人物多戴固
定成型的幞头正可以互为证据。

2. 造经社邑的分布组织情况

经汇集整理,在唐代《大般若经》等题记中记载的供养人所在地名
称主要有以下一些:

范阳郡、范阳县、露(潞)县、蓟县、昌平县、固安县、良乡县、永清
县、归化县、顺义郡、宾义县、归义州(县)、归德郡、幽都县、新城县、易
州(上谷郡)、易县、遂城县、涞水县、容城县、板城县、瀛州(河间郡)、
河间县、高阳县、文安郡(莫州)、莫县、长丰县、清苑县、任丘县、清河
郡、□清县(疑为临清县)、郦(历)亭县、弓高县、名(洺)州、临名(洺)
县、安平县、平原郡、德州迢(蓨)县、魏郡、元城县等。

此外,还有几处属于河东道与河南道的人士,但是所占比例很少,
如属河东的绛郡、沁州、文水县、太浴(谷)县。《旧唐书·地理志二》:

"北京太原府……天宝元年,改北都为北京。旧领县十四。…… 太谷……文水。"还有属河南的陈留郡封丘县等。这些人士可能是流寓幽州一带,而不是从远地专门来捐助刻经的。

关于以上供养人居住地域的分布情况,可以看到,这些供养人主要居住在幽州及其以南的各郡县中,基本上属于今日河北省中、南部地区。说明房山云居寺的唐代石刻佛经工程主要是河北地区民间的地方性佛教功德活动,其影响也仅限于这一地区。同时,从这些供养人社邑一直分布到河北道南部州县的情况来看,虽然河北地区在中晚唐时被几个不同的藩镇,如卢龙、魏博等军镇所割据,但是卢龙、魏博与横海等军镇所辖地区民间造经的供养活动尚没有受到这种割据形式的阻碍。值得注意的是,处于在河北道西部的恒州、定州、赵州、邢州等地区却没有供养人造经的活动,特别是与幽州距离不远的定州、恒州地区,没有这里的造经人题记,这可能是受到占据这一带的成德军与幽州卢龙军始终交恶的影响①。

3. 历年造经数量的分析

为了统计唐代云居寺石经《大般若经》的刻写情况,我们曾将历年刻经题记中具有每年最早一则纪年题记的经石摘录加以排列,划定各年刻经的范围。通过这一归纳统计,可以反映很多唐代刻经的具体情况。从题记与条数、卷数分析,《大般若经》在天宝元年(742)已刻至第九卷,那么可能是在开元末年开始动工的,

观察这一数量统计,我们显然可以发现造经数量变化的一定规律。首先,造经数量的变化与当地的政治、经济、军事情况是密切相连的。例如,天宝年间的刻经数量比较多而且每年造经数量大体相等,比较稳定,说明当时社会上还是相对安定而且经济比较发达的。安史

---

① 宋 欧阳修、宋祁《新唐书·方镇表》:"宝应元年,置成德军节度使,领恒、定、易、赵、深五州,治恒州。"

之乱爆发前的两年,刻经数量更为增多,可能是民间对于即将爆发的叛乱灾难有所预感,大力祈求佛祖保佑的结果。文献记载,安史之乱前,民间有种种预言、征兆,如《新唐书·五行志二》载"天宝中……禄山未反时,……时幽州又有谣曰:'旧来夸戴竿,今日不堪看,但看五月里,清水河边见契丹。'"又《资治通鉴》唐纪三三载:"天宝十三载,赦天下。……(禄山)除将军者五百余人,中郎将者二千余人。禄山欲反,故先以此收众心也。……由是人皆知其将反,无敢言者。……夏四月,安禄山奏击奚,破之,虏其王李日越。"①这里刻经数量的增多应该出于同样的形势背景。

在安史之乱爆发后,造经数量有了明显的减少,而且在唐肃宗、代宗期间始终没有恢复,有些年甚至没有刻经的题记,说明这里当时的军镇内战对社会造成了极大的破坏。从《新唐书》各篇帝纪中所记载的幽州地区在晚唐时期发生的大事中,可以看出,当时幽州地区军镇参与的地区战争与军队内部的兵变是经常发生的。这种形势下,当地的士民显然无力顾及刻经。而佛经刊刻直至大历末年才稍有恢复的迹象。

在贞元、元和年间刻经数量又逐渐恢复,应该是刘济掌管幽州军政后相对稳定的体现。贞元十一年(795)刻经的急剧增多,更应该与边疆军事有着直接的联系。《旧唐书·德宗纪》:"贞元十一年,……丙寅,幽州刘济大破奚王啜剌等六万众。"《资治通鉴》卷二三五唐纪五一"贞元十一年春二月乙巳册拜嵩邻为忽汗州都督勃海王。""丙寅,幽州奏破奚王啜利等六万余众。"这是边疆战争中的一件大事。造经祈福随之增多,两者之间关系是很明显的。

元和四年造经数量的最后一次增多,可能是刘济准备向朝廷献诚而大作功德的结果。元和四年的《涿鹿山石经堂记》中记载:"(刘)济遂以俸钱奉为圣上刊造《大般若经》,以今年四月功就。亲自率励,与

---

① 宋 司马光:《资治通鉴》卷二一七,中华书局 2013 年。

道俗齐会于石经峰下。……或祝兹圣寿,寿愿高于崇山;缄彼石经,经愿延于沙界。鸿祚景福,与天无垠,圣寿无疆。幕府众君子同称赞之。时元和四年四月八日记。"①正是有关证明。但是在此后不久,刘济被其子毒死,造经事业也随之明显衰落下去。

刘济死后至唐代晚期,河北地区的战乱仍未见减少。在这种纷乱的形势下,幽州地区造经的活动必然要受到影响。因此我们看到当地刻经的数量也有了明显的变化。每年的刻经数量一般不超过十条,大部分年度中不超过五条,甚至很多年内只有一二条,乃至有些年内没有刻经的记载。刻经数量的减少,应该是晚唐时期政治、经济形势逐渐恶化的直接表现。而有些学者提出的《大般若经》主要靠中晚唐时幽州藩镇刻成的意见②,在以上刻经数量分析后,也就勿庸置辩了。

值得注意的是,在云居寺藏石经中出现了一些晚唐时期单独刻写的短篇佛经,每件单独成一碑石,形制与长方形的《大般若经》版不同,多有碑额,并刻写大量的供养人姓名。如《金刚般若波罗密经》、《佛说弥勒成佛经》、《佛说父母恩重经》、《佛说鸯掘摩经》等。这样的单独刻经虽然在盛唐时期也有存在,但是数量较少,主要的刻经工程集中在《大般若经》上。而在中晚唐时期,这种单独的短篇刻经却兴盛起来,每年刻造的数量相当于或超过了《大般若经》的刻石。在元和十一年(816)以后,几乎每年都有多件这种刻经,最多可达 7 件,如咸通三年(862)张允伸所刻。其中有些是小乘经典与伪经,如《佛说父母恩重经》、《佛说鸯掘摩经》等。但是它们非常切合晚唐时期动乱的社会局面,符合这种形式下人们希望平定凶杀动乱,祈求父母子女平安的心理需求,也是当时社会状况的间接反映。

---

① 陈燕珠:《新编补正房山石经题记汇编》引(口)《东方学报》京都第五册副刊 132 页录文,(台)景苑出版社,1995 年。

② 云音:《房山石刻大藏经纪略》,《大藏经研究汇编(下)》,(台)大乘文化出版社,1977 年。

　　幽州的地方军事长官是这种刻经的主要捐助人。所以，其借经文为自己祈福，寻求平安长寿，消除罪业的目的非常明确，具有强烈的实用性质。从所选择的经文中就可以表现出来。如：《金光明最胜经》、《金光明经忏悔灭罪传》、《佛说长寿王经》、《佛说十吉祥经》、《佛说十二佛名除障灭罪经》等。相形之下，意在保存经典、预防佛难的《大般若经》就没有太多的实用意义，也就不能得到更多的捐助了。

　　这些单篇刻经的碑石与前一时期《大般若经》刻写的形制不同。《大般若经》是仿照经典书籍的抄写方式，在长方形的碑石上从左到右竖行刻写经文，版式类似后来木板刻印的书页。没有碑额、边饰。题名也是横向刻写在底部的空隙处。而这些单篇的刻经则恢复到一般碑石的标准形制，呈梯形的碑首，有碑额，额题两侧有佛像、菩萨像等纹饰。题名也刻写在经文旁边，似乎是结合了造像碑与刻经两种石刻类型的产物。特别是这些刻经的供养人数量有了极大的增加，一般达百人以上。这样平均每人的捐资数量可以比较少，在晚唐经济衰退的环境中，这样扩大供养人的组织，可能是对每个供养人来说更经济的供养祈福形式，得以勉强将刻经祈福的活动持续下去。

　　可能是这种形式的出现，使得《大般若经》的刻造在晚唐时更加艰难。这也可以解释它在这一时期数量锐减的原因。直至辽代，在官府的重新重视下，《大般若经》才有了比较大量的续刻、补刻经文出现，使之得以完成。辽王朝是一个非常崇尚佛教的国家。辽代皇帝对于刻写石经也很热衷，给予了大量资助，使得房山石经的刊刻工程在辽代一直延续下来，刻写了相当大量的佛经经版。据云居寺保存的《大辽涿州涿鹿山云居寺续秘藏石经塔记》记载："道宗皇帝所办石经大碑一百八十片，通理大师所办石经小碑四千八十片，皆藏瘗地穴之内，上筑台砌砖，建石塔一座。"[①]金代又增刻了宋代以来新翻译的经典，特

---

①　北京图书馆金石组：《北京图书馆藏中国历代石刻拓本汇编》第45册，中州古籍出版社，1989年。

别是密教经典。这是研究宋代译经情况时极富价值的参考资料。金代末年至元代,刻经的工作陷入停顿荒废。到了明代,房山石经的刊刻已经进入尾声,仅做了一些修缮工作,还补刻了十几部小部头的石经。有关历代刻写石经的具体情况与经典内容,可以参见中国佛教协会所编写的《房山云居寺石经》和《房山石经》等专著。这些专著完整地收录了房山石经的全部经版、经碑拓片。

类似房山石经经版这样的刻写石经,唐宋以来各地也有部分出现,多安放在佛塔之中,如河南省开封市繁塔、浙江省杭州市六和塔、江苏省句容县圆照寺塔等处,都藏有宋代刻写的佛经经版。只是篇幅有限,仅刻了《金刚经》、《四十二章经》、《观世音经》等一些常见的经文。

六、买地券与镇墓券、镇墓石

就现在所见材料,至少在东汉时期就已经存在有一种用于标志(或者象征性地标志)土地财产所有权的铭刻材料。这种铭刻主要应用于丧葬礼仪中,埋设在墓室内或者茔域之内,有时甚至可以在同一座墓葬中出土几枚刻有同样铭文的铭刻,文物考古界习惯将这类铭刻称作"买地券"。以前也有称之为"买地莂"、"地券"、"墓券"的。它主要是记录墓主购买土地的合同券约,在墓葬中具有一定的宗教方术作用。中国古代墓葬中使用买地券随葬的时间较长,就现在考古出土情况来看,从汉代直至明清时期都有所发现。由于铅在古代方术中具有辟邪意义,所以现在所见的汉代买地券多为铅质,或有铁质,而后逐渐转变为石质或砖质铭刻。

在汉代,我们还可以见到另一种墓中铭刻材料,即镇墓券。这是具有明显古代方术解适作用的宗教铭刻,其内容主要为驱逐鬼怪邪祟,保佑墓主安宁与生者平安的诅咒镇压术语。这种方术手段源于当时人们信仰的多鬼神论原始宗教思想。由于人们对死后的未知世界充满了疑惑与恐惧,所以自然会在万物有灵论的思想基础上,认为在

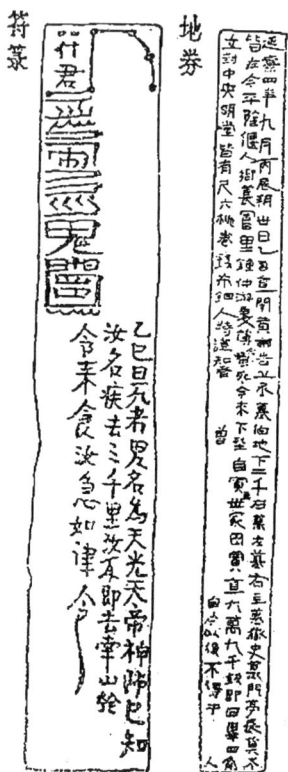

图118 汉代买地铅券

墓葬地下有着能危害死者灵魂乃至危及生者的各种恶鬼,并采取方术手段去镇压它们,以求平安。这种方术思想可以从 20 世纪末期以来出土的多种秦汉简牍《日书》中清楚地了解到。

镇墓券的作用及意义与买地券在很大程度上是一致的。镇墓券也是有铅质、砖质与石质等材质之分。从西汉墓葬中出土的竹木简牍"告地状"一类的宗教用品来看,这种汉代的镇墓习俗应该起源甚早,最早可能使用的还是竹木质简牍。从铅镇墓券的早期形制模仿竹简就可以证明这一点。汉代墓葬中发现的镇墓习俗比较普及。考古发掘中还获得过一种书写在陶罐、陶瓶上的镇墓文,考古界或称这种陶瓶为镇墓神瓶、解除神瓶。它上面用墨或朱砂书写驱邪解除的方术文字以及符箓图像,其铭文内容及使用目的和当时使用的镇墓券基本相同。汉代以后的镇墓券多采用石质,形制一般为正方形或长方形石板材。(图 118)

买地券与镇墓券作为一大类古代墓葬的常见随葬品,材质多样,虽不仅限于石刻,但是其中使用石刻的数量较多,石刻买地券与镇墓券的外部形制则基本相似,各自内容大多类同,并且这两种券文内容有近似之处,甚至有同时具有买地与镇墓两部分内容的铭刻。所以我们在这里把它作为石刻的一种大类型来加以介绍。由于是从整体源流上加以梳理,所以将早期的铅券、陶瓶、砖券等也一并予以讨论,对所引用材料不再从质地上具体细分。

　　首先看一下镇墓券以及有关的镇墓铭刻。在汉代墓葬中曾经出土过大量用于镇墓、解除巫术的铭刻材料，如镇墓陶瓶、铅券等。仅书写有解除文、道符等文字的陶器，据王育成初步统计就有 100 件以上①。这些陶器，以前多被称作镇墓陶瓶，自吴荣曾在《镇墓文中所见到的东汉道巫关系》一文中提出上面的文字是用于解除以后②，研究者亦将类似铭刻称为"解除文"。（图 119）比较典型的有：

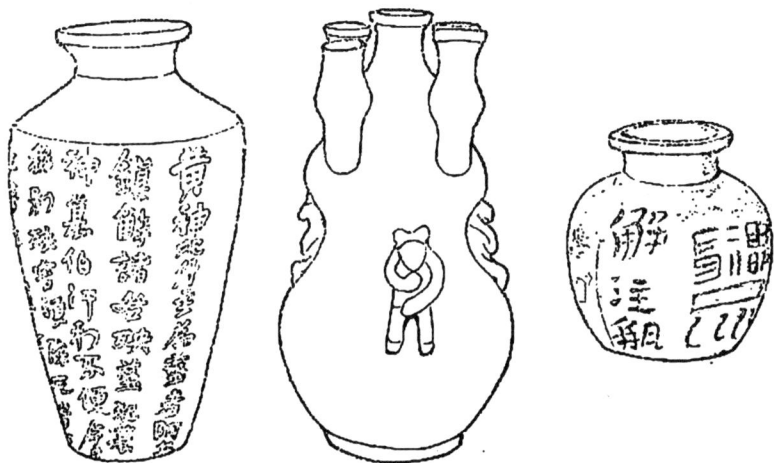

图 119　汉代镇墓神瓶

　　在河南省洛阳邙山出土的东汉延光元年（122）朱书陶罐③，陕西户县出土的东汉阳嘉二年（133）曹氏陶瓶④，陕西宝鸡铲车厂出土的

①　王育成：《南李王陶瓶朱书与相关宗教文化问题研究》，《考古与文物》1996 年第 2 期。

②　吴荣曾：《镇墓文中所见到的东汉道巫关系》，《文物》1981 年第 3 期。

③　中国社会科学院考古研究所洛阳唐城队：《1984 至 1986 年洛阳市区汉晋墓发掘简报》，《考古学集刊》第 7 期。

④　禚振西：《陕西户县的两座汉墓》，《考古与文物》1980 第 1 期。

朱书陶瓶①，陕西长安县南李王村出土的朱书陶瓶②，以及见于《古明器图录》、《贞松堂集古遗文》、《居贞草堂汉晋石影》等著录的多种传世器物铭刻。王育成对汉代镇墓陶文做了专门研究，发表在《东汉道符释例》、《洛阳延光元年朱书陶罐考释》等论文中③，可参看。

"解除"一词，在出土的汉代镇墓铅券中又写作"解适"。如："以铅人金玉，为死者解适，生人除罪过。"④吴荣曾认为：解适，即解谪。《汉书·陈胜传》："适戍之众"，颜注："适读为谪，谓罪罚而行也。"⑤解谪是解除对罪行的处罚，在墓中就是为死者解除触犯地界的罪过。汉代学者王充在《论衡·解除篇》提及当时流行的解除习俗，云："世信祭祀，谓祭祀必有福；又然解除，谓解除必去凶。解除初礼，先设祭祀，……已，驱以刃杖。""解除之法，缘古逐疫之礼也。昔颛顼氏有子三人，生而皆亡。一居江水为虐鬼，一居若水为魍魉，一居欧隅之间主疫病人。故岁终事毕，驱逐疫鬼，因以送陈、迎新、内吉也。世相仿效，故有解除。"⑥这些记载，已经把汉代的解除习俗说得很清楚了。

考古发现与文献记载都表明：秦汉时期，民间普遍相信鬼神，认为灾祸、病患、忧愁、苦闷等等都是由于鬼怪作祟。这一点在出土的多种秦简《日书》中反映得十分清楚，如睡虎地秦简《日书》甲种中有"诘咎，鬼害民罔行，为民不羊（祥）"的说法，以及刺鬼、丘鬼等71种鬼怪

① 宝鸡市博物馆：《宝鸡市铲车厂汉墓——兼谈 M1 出土的行楷体朱书陶瓶》，《文物》1981 年第 3 期。

② 员安志、马志军：《长安县南李王村汉墓发掘简报》，《考古与文物》1990 年第 4 期。

③ 王育成：《东汉道符释例》，《考古学报》1991 年第 1 期；《洛阳延光元年朱书陶罐考释》，《中原文物》1993 年第 1 期。

④ 见罗振玉：《贞松堂集古遗文》卷十五所收录汉代镇墓券。

⑤ 汉 班固：《汉书》，中华书局标点本，1962 年。

⑥ 汉 王充：《论衡》，上海人民出版社，1974 年。

妖祥,并详述驱逐鬼怪解除灾祸的方术①。因此,在当时的日常生活中产生了多种多样的解除方术。在葬俗中,汉代人认为修筑坟墓会得罪土神,而且普遍认为人死后会归于地下的世界,由地下的鬼神统治。如《礼记·祭法》云:"大凡生于天地之间者皆曰命,其万物死者皆曰折,人死曰鬼,此五代之所不变也。"《礼记·祭义》云:"众生必死,死必归土,此之谓鬼。"所以在建墓时往往要进行解除仪式,使用方术来驱逐恶鬼,为死者及其在世家属消灾解难。研究者们普遍认为:当时一种常见的方法,就是用镇墓铅券、镇墓陶瓶置于墓中,借助上面的文字、符咒来告助神力,并通过铅、白石等人们认为有驱鬼法力的物质达到解除目的。

在墓葬中使用白石乃至五色石块进行解除镇墓方术的作法与有关宗教概念可能在汉代已经形成。据说在安徽寿县汉代刘氏墓中曾出土过三件刻石,其一称西岳神符,并刻有符篆,另一件刻有铭文的石圭,或称镇石,徐乃昌在《安徽金石志稿》中有所记录。张勋燎、白彬在《中国道教考古》一书中对其铭文作了新的释文,为:"曰天帝告除居巢刘君冢恶气。告东方青帝,主除黄气之凶。告南方赤帝,主除西方白气之凶。告西方白帝,主除青[气]之凶。告北方黑帝,主除赤气之凶。告中央黄帝,主除北方黑气之凶。……"②这就已经明确地表现了镇墓方术用石刻来祛除五方凶气的目的。罗振玉的《石交录》中也曾收录一件东汉熹平二年(173)的镇墓石,上面同样刻有五方五帝等铭文③。1998 年,在河南省三门峡市南交口发现了一座东汉时期的墓葬(编号 M17),在该墓葬的墓室底部铺砖下面清理出 5 个陶瓶,瓶中装有 5 种矿石,并按照东、南、西、北、中五方方位埋设。在陶瓶腹壁上书写有朱砂镇墓文字,并绘有北斗七星图案。陶瓶上的铭文内容为:

---

① 睡虎地秦简整理小组:《睡虎地秦墓竹简》,文物出版社,1990 年。
② 张勋燎、白彬:《中国道教考古》,线装书局,2006 年。
③ 罗振玉:《石交录》卷一,罗氏自刻本。

〔东方瓶〕东方,甲乙,神青龙。曾青九两,制中央。令母守子,祸不起,从今日始。如律令。〔南方瓶〕南方,丙丁,神朱爵(雀)。丹沙(砂)七两,制西方。令母守子,祸不起,从今日始。如律令。〔中央瓶〕中央,戊己,神如(勾)陈。雄黄女(七)两,制北方。令母守子,祸不起,从今日始。如律令。〔西方瓶〕西方,庚辛,神白虎。礜石八两。祸不起,从今日始。如律令。〔北方瓶〕北方,壬癸,慈(磁)石六两,制南方。令母守子,祸不起,从今日始。如律令。①

这5个陶瓶上的5条铭文中有些误字,此外基本句式是完全相同的。它的发现,更有力地表明了在汉代墓葬中使用五色石来镇压凶气妖祸已经成为一种比较固定的丧葬方术程仪。

在陕西省潼关的东汉杨氏墓群2号墓中也出土过5个陶瓶,瓶面上书写有"中央雄黄,利子孙,安土"的铭文。在陕西西安和平门外4号墓出土的汉献帝初平四年(193)陶瓶上朱书文字138个,有"和以五石之精,安冢莫(墓),利子孙,故以神瓶震(镇)郭(椁)门"等文句,并且在瓶中装有一块白石。这些都是在墓中使用五石解除、镇压的方术用具。

汉代镇墓陶瓶与镇墓券上出现过方术所用的符箓图像。这种符箓被后来的道教术士,如曾广泛流行的天师道等继续采用,并在道教方术中形成一套完整的体系。在隋唐五代以及宋元明清时期的镇墓铭刻中,都出现过类似的符箓图像。

中国古代道教大量使用的符箓来源于从先秦就广泛流行的方士术数之学。这一点学术界已有共识。明代学者顾炎武在他的《日知录》卷三中引用罗整庵《困知记》云:"所谓经咒、符箓大抵皆秦汉间方

---

① 郝本性、魏星涛:《三门峡南交口东汉墓镇墓瓶朱书文考略》,《文物》2009年第3期。

士所为。"①这和当代道教史研究者把秦汉方士视作道教的源头之一是相符的。现代的学者也都赞同这一见解。至于符咒的形体来源,汤用彤曾经指出:"道教之符,来源有二,一为复文,二为符印。"②从考古发现得到的实证中,我们所能见到最完整的早期古代符咒应该是东汉时期墓葬中出土的陶瓶(解除神瓶)上面书写的符文,现在所存例证有数十件之多。王育成在解读这些道符时,提出了"这个符是由文字堆砌而成"的观点,认为"制作道符的人是把组符的字作为表示符意的符号或缩写来使用的"③。组成道符的除了文字符号以外,还有图像。例如陕西户县出土的东汉阳嘉二年(133)曹氏解除瓶上的符篆。王育成认为"此即所谓'太一锋',即以代表太一的天极星与天一星合画在一起的星图"④。这些古代形成的图像符号与古文字(包括变形的文字)就是方士使用来组成符咒的基本成分。中国文字在古人的心目中一直具有神奇的含义,受到崇敬。《淮南子·本经训》中记述:"昔者,仓颉作书,而天雨粟,鬼夜哭。"注云:"鬼恐为书文所劾,故夜哭也。"⑤可见以文字为主去驱除鬼魅的方术应该源远流长,甚至可以追溯到在占卜的甲骨上刻写文字的商代。而用图形符号来表示驱鬼方术的历史应该更早于文字符咒出现的历史。虽然现在考古发现中还没有更早的确切实例,但是在湖南长沙马王堆出土的西汉初年帛书中有一件绘制太一星图与神灵形象的帛画,可能就是当时的符咒。

---

①　清　顾炎武:《日知录集释》,武昌局刻本。

②　王明《论太平经钞甲部之伪》引文,见氏著《道家与道教思想研究》,中国社会科学出版社,1984年。

③　王育成:《东汉道符释例》,《考古学报》1991年第1期。王育成把这些符咒称为"道符",但是实际上在东汉中期还没有形成完整的道教体系,这些符咒应该还是民间方士制作使用的禁咒解除手段,不应称为道符。这里因为引用,暂时沿用王育成的说法。

④　王育成:《东汉道符释例》,《考古学报》1991年第1期。

⑤　汉　刘向:《淮南子》,见《二十二子》影印本,上海古籍出版社,1986年。

　　中国古代的道教经典中存在着大量来源于先秦文字的"秘篆文"，用它来书写经咒与符箓，在敦煌卷子中曾经发现一批抄写的古代《灵宝经》文，里面就有书写符箓的"秘篆文"。王承文在《敦煌古灵宝经与晋唐道教》一书中详尽地研究了这批资料，指出："古灵宝经是指东晋末年在江南产生的一批早期灵宝经典。""古灵宝经中这些诡谲神秘的文字……应该是秦始皇统一中国文字之前的大篆，或更早的篆、籀、虫书、古文异体等文字，而且是可以释读的。"①北周时期的僧人道安曾经写作《二教论》，指出："灵宝创自张陵，吴赤乌之年始出。上清肇自葛玄，宋齐之间乃行。圣人设教，本为招劝，天文大字，何所诠谈？始自古文大小两篆。"②正说明，从汉代的原始符咒到南朝时大量形成的各种"秘篆文"符箓，都是按照一定的宗教意义用源于文字的符号造成的。道教形成后，这些符箓还要经过道教仪式被赋予一定的神力，用于辟邪除鬼、祈福去病等宗教活动，从而普遍流行于社会。例如南朝初年陆修静所著《太上洞玄灵宝众简文》、唐代的《太上洞玄灵宝赤书玉诀妙经》等，都是现在可见的比较早的道家经典，也是比较早的收有符咒等"秘篆文"的古籍。

　　符咒在道教活动与其影响到的民间方术活动中占有极其重要的地位，实用性极强。大约在晚唐形成的《洞神八帝元变经·服符见鬼第五》称："故道家以灵文太版、真文大字及都箓鬼符，并是役神之秘书，阶仙之典诰。真人隐要，莫不因符能效。诸符之力也，或致天神地祇，或辟精魅，或服之长生不死，或佩之致位显达。"《太上洞玄灵宝素灵真符》卷上称："凡一切符文，皆有文字，但人不解识之。若解读符字者，可以录召万灵，役使百鬼，无所不通也。"③

---

① 　王承文：《敦煌古灵宝经与晋唐道教》，中华书局，2002年版。

② 　北周 道安：《二教论》，见唐 道宣编：《广弘明集》，（日）《大正新编大藏经》。

③ 　以上道教文献均见《道藏》，文物出版社、上海书店、天津古籍出版社影印，1988年。

正因为这种思想在中国古代影响极大,所以使用方术文咒对墓葬进行解除法术的作法在中国古代长期存在。经考古发现,历代墓葬中都曾出土过多种不同时代的具有镇墓方术性质的器物,其内容与形制也逐渐统一规范化。汉代通行的使用陶瓶镇墓习俗,在两晋南北朝时期仍有所存在。在青海省西宁上孙家寨的汉晋墓葬中、甘肃省敦煌酒泉一带的魏晋十六国墓葬中、河南省洛阳一带的北魏墓葬中都有所发现①。或因上面绘有北斗七星而称之为"斗瓶"。在陶瓶上书写的镇墓方术文字大体仍继承着汉代镇墓文的体例,说明由方士(道士)进行镇墓仪式已经成为丧葬礼仪中的重要组成部分。由于南北朝时期道教的迅速发展与其方术仪轨的普及,在隋唐时期已经出现形制较统一的镇墓石刻,上面刻写显示比较规范道教经典形式的镇墓文。现在公开发表的唐代镇墓铭刻材料已经相当可观。

最先单独著录唐代镇墓石刻的是叶昌炽的《语石》一书,其中记录了出自顺天皇后考鄷王墓与金仙公主墓等处的四方镇墓石刻。(图120)所谓顺天皇后考鄷王一石,应为唐中宗韦皇后之父鄷王王妃崔氏的镇墓石,原石在1952年由张伯英捐赠给西安碑林。金仙公主墓一石现藏陕西省蒲城县博物馆②。端方的《匋斋藏石记》一书中也记录了2种他私人收藏的唐代镇墓石。大约在1943年,在陕西省蒲城县桥陵御道旁曾发现一方唐睿宗窦皇后的镇墓石,1974年又在桥陵西门外的北侧石狮身后发现另一方唐睿宗窦皇后的镇墓石,现在它们都收藏在蒲城县博物馆中。唐睿宗窦皇后的第3件镇墓石近年被发现后,

---

① 如甘肃省文物考古研究所:《敦煌祁家湾——西晋十六国墓葬发掘报告》,文物出版社,1994年;中国社会科学院考古研究所河南二队:《河南偃师县杏园村的四座北魏墓》,《考古》1991年第9期等报告。

② 见尹夏清、呼林贵:《陕西发现的唐代镇墓石初步探索》,《碑林集刊》第11辑。

图 120　唐代金仙公主镇墓石

由私人收藏者捐赠给西安博物院①。

20 世纪中曾在陕西省西安南郊的唐寿王第六女清源县主墓葬与咸阳的武三思墓葬等处出土了唐代镇墓石,上面书写摘自《太上灵宝洞玄灭度五炼生尸经》的文句,并且有符箓文②。该经又见于敦煌写本中的《灵宝经目》。在陕西省西安附近还陆续出土了唐代韦氏墓中的几方镇墓石、唐咸通十三年(872)曹用之墓中的 5 方镇墓石、唐中宗

① 　见王世和、楼宇栋:《唐桥陵勘查记》,《考古与文物》1980 年第 4 期;惠毅:《西安新发现大唐睿宗黄天真文镇墓刻石》,《西北大学学报》2008 年第 1 期。

② 　陕西省文物管理委员会:《西安南郊庞留村的唐墓》,《文物参考资料》1958 年第 10 期;李子春:《唐武三思之镇墓石》,《人文杂志》1958 年第 2 期。《太上灵宝洞玄灭度五炼生尸经》,《道藏》又作《太上灵宝洞玄灭度五炼生尸妙经》。

李旦的 2 件镇墓石、鄅王妃崔氏墓中的 1 件镇墓石、唐玄宗女儿普康公主墓中的 1 件镇墓石，以及在长安县出土的 5 件唐李义圭镇墓石等①。河南洛阳等地也有几件唐代镇墓石的发现，如洛阳女道士李氏墓中镇墓石 1 件②。据说在民间还有多件未曾公布的唐代镇墓石刻。

这些唐代镇墓石的内容形制大体相似。现以完整成套的 5 件唐李义圭镇墓石为例予以说明。

这套镇墓石共 5 件，分为东西南北中五方，每方 1 件。每件镇墓石均为平面方形，类似墓志石。上面分两个区域刻写镇墓文，外周四边环绕刻写楷书汉字，内区分行顺序刻写道教符箓秘篆文字。或四行，每行四字；或八行，每行八字。秘篆文字，可以与道教经典中的有关记载（如杜光庭《太上黄箓斋仪》、敦煌写本《太上洞玄灵宝无量度人上品妙经》等）相对应，从而得到释文。

5 件唐李义圭镇墓石的铭文如下：

（东方）外区：东方九炁青天承元始符命告下东方无极世界土府神乡诸灵官：今有京兆府长安县东明观上清三洞三景弟子李义圭，灭度五仙，托尸太阴。今于京兆府长安县务道乡马祖元界，安宫立室，庇形后土。明承正法，安慰抚恤。青灵哺饴，九炁朝华。精光充溢，练饬形骸。骨芳肉香，亿劫不灰。东岳太山明开长夜九幽之府，出义圭魂神，沐浴冠带，迁上南宫，供给衣食，长在光明，魔无干犯。一切神灵，侍卫安镇。悉如元始明真旧典女青之文。

---

① 参见张宏杰：《咸阳碑石》，三秦出版社，1990 年；姜捷：《关于定陵陵制的几个新因素》，《考古与文物》2003 年第 1 期；张达宏、王自力：《西安东郊田家湾唐墓》，《中国考古学年鉴 1993》，文物出版社，1997 年；王建荣：《唐女青文五岳镇墓刻石考释》，《碑林集刊》第 15 辑，三秦出版社，2009 年等。

② 参见《隋唐五代墓志汇编·河南卷》，天津古籍出版社，1991 年；赵君平：《邙洛碑志三百种》，中华书局，2004 年。

内区:亶娄阿荟,无惢观音。须荙明首,法览菩昙。稼那阿弈,忽诃流吟。华都曲丽,鲜苔育臻。答落大梵,散烟庆云。飞洒玉都,明魔龙罗。无行上首,回蹀流玄。阿陀阿罗,四象吁员。

(南方)外区:南方三炁丹元承元始符命告下南方无极世界土府神乡诸灵官:今有京兆府长安县东明观上清三洞三景弟子李义圭,灭度五仙,托尸太阴。今于京兆府长安县务道乡马祖原界,安宫立室,庇形后土。明承正法,安慰抚恤。赤灵哺饴,三炁丹池。精光充溢,练饬形骸。骨芳肉香,亿劫不灰。南岳霍山明开长夜九幽之府,出义圭魂神,沐浴冠带,迁上南宫,供给衣食,长在光明,魔无干犯。一切神灵,侍卫安镇。悉如明真旧典女青之文。

内区:南爓洞浮,玉眸诜诜。梵形落空,九灵推前。泽落菩台,绿罗大千。眇莽九丑,韶谣缘亶。云上九都,飞生自骞。那育都馥,摩罗法轮。霊持无镜,览资运容。馥朗廓弈,神缨自宫。

(中央)外区:中央黄天承元始符命告下中央九垒土府洞极神乡四统诸灵官:今有东明观上清三洞三景弟子李义圭,灭度五仙,托尸太阴。今于京兆府长安县务道乡马祖原界,安宫立室,庇形后土。明承正法,安慰抚恤。黄元哺饴,流注澧渌。练饬形骸。骨芳肉香,亿劫不灰。中岳嵩山明开长夜九幽之府,出义圭魂神,沐浴冠带,迁上南宫,供给衣食,长在光明,魔无干犯。一切神灵,侍卫安镇。悉如元始明真旧典女青文。

内区:黄中总气,统摄无穷。镇星吐辉,流炼神宫。

(西方)外区:西方七炁素天承元始符命告下西方无极世界土府神乡诸灵官:今有东明观上清三洞三景弟子李义圭,灭度五仙,托尸太阴。今于京兆府长安县务道乡马祖界原,安宫立室,庇形后土。明承正法,安慰抚恤。素灵哺饴,七炁青华。精光充溢,练饬形骸。骨芳肉香,亿劫不灰。西岳华山明开长夜九幽之府,出义圭魂神,沐浴冠带,迁上南宫,供给衣食,长在光明,魔无干犯。一切神灵,侍卫安镇。悉如明真旧典女青文。

内区:刀利禅猷,婆泥各通。宛薮涤色,大眇之堂。流罗梵萌,景蔚萧嵎。易邈无寂,宛首少都。阿滥郁竺,华汉莛由。九开自辩,阿那品首。无量扶盖,浮罗合神。玉诞长桑,柏空度仙。

(北方)外区:北方玄天承元始符命告下北方无极世界土府神乡诸灵官:今有东明观上清三洞三景弟子李义圭,灭度五仙,托尸太阴。今于京兆府长安县务道乡马祖原界,安宫立室,庇形后土。明承正法,安慰抚恤。玄灵哺饴,五炁玉滋。精光充溢,练饬形骸。骨芳肉香,亿劫不灰。北岳恒山明开长夜九幽之府,出义圭魂神,沐浴冠带,迁上南宫,供给衣食,长在光明,魔无干犯。一切神灵,侍卫安镇。悉如明真旧典女青文。

内区:玃无自育,九日导乾。坤母束覆,形摄上玄。陀罗育邈,眇炁合云。飞天大丑,总监上天。沙陀劫量,龙汉瑛仙。碧落浮黎,空歌保珍。恶弃无品,洞妙自真。元梵恢漠,幽寂度人。①

刘屹在研究唐代的镇墓石铭文时,曾认为镇墓石之所以在唐代成为一种独具特色且应用范围较广的镇墓方式,主要因为六朝道教对于汉魏传统的五方镇墓观念进行了重要的改造。即将镇墓的最高神由天帝改成了元始天尊,并赋予死者一个新的期盼——五炼生尸。通过对比,可以看到唐代镇墓石铭刻内容的理论和文本依据都来自于六朝时期形成的道教经典——《太上洞玄灵宝灭度五炼生尸经》。该经典还记录了在使用五方镇墓石时,需要有一套完整的道教仪式,说明在唐代丧葬礼仪中存在着大量道教法师介入的现象。

唐代镇墓石经道教思想的影响而定型后,成为社会上流行的一种丧葬方术用品,从而将其形制文体在社会上传承沿袭下去,五代与宋以来各代都有所采用,北宋时期更由官方确定了在帝陵中使用镇墓石

---

① 参照刘屹:《唐代的灵宝五方镇墓石研究》,《唐研究》第十七卷,北京大学出版社,2011年。笔者对个别标点及释字作了修改。

的方法。《宋会要辑稿》礼二九之二五载："（乾兴元年六月）二十五日，内降镇墓法，五精石镇墓法。"在这些时期的考古发现中不乏实例，例如在四川、江西等地的宋代墓葬中，曾出土了大量的镇墓券、真文券等，形制、内容都与唐代镇墓石一脉相承，上面刻有众多符箓文字，有些还有汉字与符箓文作一对照。所谓真文券，应该是指单纯书写秘篆文而没有汉字咒文的镇墓石。例如现存成都文物考古研究所的北宋田世中镇墓真文券等。（图121）在四川省成都市东郊发现的北宋张确夫妇墓，墓中出土4件石刻，1件为买地券，另3件是刻写秘篆文的镇墓石，上面还刻有与秘篆文字对应的楷书汉字释文。对于认识这些秘篆文的来源与本意颇具价值①。上文已述，唐代还发现过自称为"咒石"的陀罗尼经咒刻石，应该是佛教徒用于安定墓葬的，其作用与源自道教的镇墓券相似。

图 121　宋代真文镇墓券

① 翁善良、罗伟先：《成都东郊北宋张确夫妇墓》，《文物》1990 年第 3 期。

　　考古发现所获汉代买地券与镇墓券一样,有过多种形制。南北朝以后主要使用砖质与石质材料。材质不同,但是内容基本相同。这种砖石并用的情况一直延续下去,直至明清时期仍有相当数量的买地券、镇墓券存在。

　　以往学者根据现存买地券铭文的内容分析,把早期的买地券分为两大类型。例如罗振玉曾将汉代铅券分为说明土地购买自别人的买地券与说明土地购买自鬼神的镇墓券①。后多沿习其说。吴天颖《汉代买地券考》一文中进一步把买地券划分为两类②:

　　第一类买地券的文字模仿古代真实的土地契约。例如东汉熹平五年(176)刘元台买地砖券。铭文为:"熹平五年七月庚寅朔十四日癸卯,广□乡乐成里刘元台从同县刘文平妻□□代夷里冢地一处,贾钱二万,即日钱毕。南至官道,西尽坟渎,东与房亲,北与刘景□为冢。时临知者刘元泥、枕安居,共为券书平誓。不当卖而卖,辛(幸)为左右所禁固平□为是正。如律令。"③

　　第二种买地券则在第一种买地券的文字基础上加入了具有镇墓解适作用的文字。或者以汉代同时流行的镇墓券铭文作为基础,加入了虚拟夸张的土地价格,成为不具实际文书作用的宗教方术专用品。例如在《贞松堂集古遗文》卷一五记录的东汉延熹四年(161)买地券。"延熹四年九月丙辰朔卅日乙酉直闭,黄帝告丘丞、墓伯、地下两千石、墓左、墓右、主墓狱吏、墓门亭长,莫不皆在。今平阳偃人乡苌富里钟仲游妻薄命早死,今来下葬。自买万世冢田,贾直九万九千,银即日毕。四角立封,中央明堂,皆有尺六桃券、钱布、铟人,时证知者先□曾王父母□□□氏知也。自今以后,不得干扰生人。有天帝教,如律

---

①　罗振玉:《贞松堂集古遗文》卷十五,石印本,1931年。

②　吴天颖:《汉代买地券考》,《考古学报》1982年第1期。

③　蒋华:《扬州甘泉山出土东汉刘元台买地砖券》,《文物》1980年第6期。

令。"①对照一件在镇墓神瓶上书写的汉代典型镇墓文,就可以看到它们之间的相承关系。如王氏陶瓶文:"初平四年十二月己卯朔十八日丙申直危,天帝使者谨为王氏之家后死黄母当归旧阅,慈告丘丞、墓伯、地下两千石、蒿里君、墓黄、墓主、墓故夫人、决曹、尚书令。王氏冢中先人无惊无恐,安稳如故。今后增益财,千秋万岁无有殃咎。谨奉黄金千斤两,用镇冢门。地下死籍削除,无他殃咎。转要道中人,和以五石之精,安冢墓,利子孙。故以神瓶镇郭门。如律令。"②

　　第一类地券完全仿效了日常生活中的民事契约,有时甚至就是原来买地文书的复写件。我们可以看到在文书中记录了买卖双方姓名、地价、地块所在范围四至以及中人等具体内容,是一份当时标准格式的契约文书,表现了完整的法律程序,可以有效地证明土地所有权的转移。这种模仿不仅说明了这一类买地券的原始性,也反映出在当时普遍存在着树立刻石(或用砖、木等物质)来标识土地所有权的风习。这类石刻在金石著录与考古发现中都有记载。例如清代金石著录中介绍,道光年间在四川巴县出土有西汉地节二年(68)杨量买山刻石。据《八琼室金石补正》卷二记载,该石高一尺九寸三分,广二尺,五行,行五至六字。所刻铭文为:"地节二年□月,巴州民杨量买山,直钱千百。作业□子孙永保,其毋替。"③这是单独制作树立的地界石。原石已佚,赵之谦曾怀疑其为伪刻。又如浙江会稽出土的东汉建初元年(76)昆弟六人买山地记,据杜春生《越中金石记》记载:"其石高不及二寻,迤逦围十余丈,色黝然而黑。土人云:有字在石趾,剔除苔藓谛视,乃东汉人题记。"铭文云:"昆弟六人共买山地,大吉。建初元年造此冢地。直三万钱。"④这是刻写在山石上的铭记。近年在江苏连云

① 罗振玉:《贞松堂集古遗文》卷十五,石印本,1931年。
② 唐金裕:《汉初平四年王氏朱书陶瓶》,《文物》1980年第1期。
③ 清 陆增祥:《八琼室金石补正》,文物出版社影印本,1985年。
④ 清 杜春生:《越中金石记》,道光十年詹波馆自刻本。

港的东西连岛,曾先后发现了两件在山崖上刻写的西汉界石,它们用隶书书写,一件可读 30 余字,另一件存 60 字,记录了新莽时期琅琊郡的郡界四至。有人认为,这是我国最早的界域刻石①。

以上这些石刻大都是标志土地所有权的买地刻石,相当于后代的地界石,它们和埋在墓中的买地券同样来源于确定土地所有权的法律文书,即将现实生活中的实用文书契约改用石材或砖块刊刻出来。马衡《中国金石学概要》中将它们称作"真券纪实者"。他列举的这类地券有:东汉建初六年(81)汉武孟子男靡婴墓券、建宁元年(168)潘延寿墓莂、建宁二年(169)王君卿买地券、建宁四年(171)孙成墓券等。鲁西奇统计,现可见汉代买地券共 13 种。

以上两种类型的买地券都一直延续下去,直至明清时期仍在使用。其中第二种类型的买地券使用得比较多,其内容也越来越荒诞不经。以下列举一些历代的买地券文字内容。

《越中金石记》载浙江出土的晋太康五年(284)杨绍买地莂,铭文为:"大男杨绍从土公买冢地一邱。东极阙泽,西极黄滕,南极山背,北极于湖。直钱四百万,即日交毕。日月为证,四时为任。泰康五年九月廿九日对共破莂。民有私约,如律令。"

《考古》1964 年第 6 期《桂林发现南齐墓》介绍墓中石地券,长 17.5 厘米,宽 11 厘米,厚 0.5 厘米。铭文为:"齐永明五年太岁丁卯十二月壬子朔九日庚申,湖州始安郡始安县都乡都唐里男民秦僧猛薄命终归豪里。今买得本郡县乡里福乐坑□□纵广五亩地立冢一丘。雇钱万万九千九百九十文。四域之内生根之 属 尽属死人。即日毕了。时政知李定度、张坚固。以钱半百,分券为明。如律令。"

---

① 刘洪:《连云港东西连岛发现我国最早的隶书界域刻石》,《中国文物报》1991 年第 18 期;连云港市文管会办公室、连云港市博物馆:《连云港市东连岛东海琅玡郡界域刻石调查报告》,《文物》2001 年第 8 期;滕昭宗:《连云港始建国界域刻石浅论》,《文物》2001 年第 8 期。

　　这种套语沿用时间很长。在江西出土的宋代地券上还有李定度、张坚固等一类虚拟人名。《语石》中记载的唐大中年间刘氏、南汉二十四娘、伪齐朱近等地券均与此类同。这种虚拟土地价格的地券直至明清时期仍然很流行。清代学者钱大昕的《十驾斋养新录》卷一五中曾转引周密的《癸辛杂识》云："今人造墓，必用买地券，以梓木为之。朱书云：用钱九万九千九百九十文，买到某地云云。此村巫风俗如此。"又称"元遗山《续夷坚志》载曲阳燕川青阳坝有人起墓，得铁券，刻金字云：敕葬忠臣王处存，赐钱九万九千九百九十九文。此唐哀宗之时，然则此事由来久矣。"①

　　由于买地券也具有方术驱邪的作用，所以除中国传统的道教方术语言之外，其铭文中还会夹杂进一些反映其他宗教意识的词语，如反映佛教影响的词语"南瞻部洲"、"谓佛彩花（为佛采花）"等。在安徽合肥出土的五代与宋代买地券中就出现了这样的词语②。在江西、海南等地的北宋买地券中也出现过类似语句，如海口发现的北宋大观元年谭三娘买地券称："因随大云寺僧息澈□往南山采花，道迷路而不返。"③这些内容上的变化，表明在古代丧葬习俗中会逐渐增添世俗流行的各种宗教意识，从而使古人对冥界与神灵的概念越来越丰富多样，也使有关的石刻材料内容更加复杂。

　　对于前人的分类情况，近来鲁西奇提出了这两类买地券并无本质区别，它们上面所记述的人物与土地价格均属虚构的观点。他还认为汉代买地券在墓葬发掘中出土比例较少，不能认为是当时的普遍习俗④。

---

① 　钱大昕：《十驾斋养新录》卷一五，上海书店影印本。
② 　汪炜等：《安徽合肥出土的买地券述略》，《文物春秋》2005年第3期；袁维玉：《安徽合肥出土买地券中的佛教因素》，《文物春秋》2014年第1期。
③ 　高文杰：《海南出土宋代买地券考》，《中原文物》2011年第2期。
④ 　鲁西奇：《汉代买地券丛考》，见郑振满主编《碑铭研究》，社会科学文献出版社，2014年。

但我们从铭文内容及其发展顺序来看,划分出这样两个类型还是有意义的。至于汉代买地券出土较少的情况,由于存在着用简牍书写地券的现象,而简牍的保存相对比较困难,所以还不能由此断言使用买地券不是汉代的普遍习俗,只能说汉代使用石质买地券相对较少。

地券与传统宗教、方术迷信有着十分密切的关系。早在三国时期,就有证据表明道教与制作地券的关联。武昌任家湾的一座墓葬中出土了吴黄武七年(228)铅券,同墓中还出土了书写有"道士郑丑再拜"字样的木简①。说明墓主与信奉道教人士之间存在着交往,应该也是道教的信徒。下葬中使用道教解除方术应该是很自然的。东汉时期多使用铅制作镇墓券、买地券,后代用朱砂书写地券,都是表现了古代方士与道教方术的惯用辟邪手段。《文物》1959 年第 1 期《无极甄氏诸墓的发现及有关问题》一文中介绍的出土品砖买地券,即使用朱砂书写铭文。后来的地券上还往往刻有符箓,例如六朝时期以下的地券上就附有道教符箓文。这些道教符箓的字形奇特,表现出明显的镇压解除方术意义。有些地券上还线刻有日月云纹及星座图像等。出于道教方术的特殊作法,地券的铭文在书写形式上也会有一些奇特的现象。例如将铭文一行正写,一行倒写,或者由内向外旋转着排列书写,类似盘香形式。这样的地券在五代以后的出土实物中有所发现。

从现在已经发表的古代地券材料中,大致可以归纳出其铭文内容由简略逐渐增繁的一个变化过程。汉代至南北朝时期的地券数量较少,但是不排除这时或者存在着用竹木简牍制作的地券,没有能保存下来。这时的地券铭文字数较少,意义也很简单,只是表现向地下神祇说明墓地所有状况,而且没有单独书写出首题及额题之类的标题性文字。"在刘宋以后增添了人神沟通,成神成仙的内容……这是天师

---

① 　武汉市文物管理委员会:《武昌任家湾六朝初期墓葬清理简报》,《文物参考资料》1955 年第 12 期。

道的重要特征。"①唐代仍然延续着类似的形式,只是逐渐增加有符篆、道教经文等辅助的方术内容。宋、元时期以来,地券的字数增多,内容更加复杂,甚至有些地券加入了对墓主身份履历的叙述,与墓志相近。在当代考古发掘中,这时的出土地券材料明显增多,反映出在社会中下层墓葬中使用地券的丧葬习俗已经形成风气,尤其是在南方一些地区,如江西、四川等地地券比较普及,近年以来出土较多。(图122)

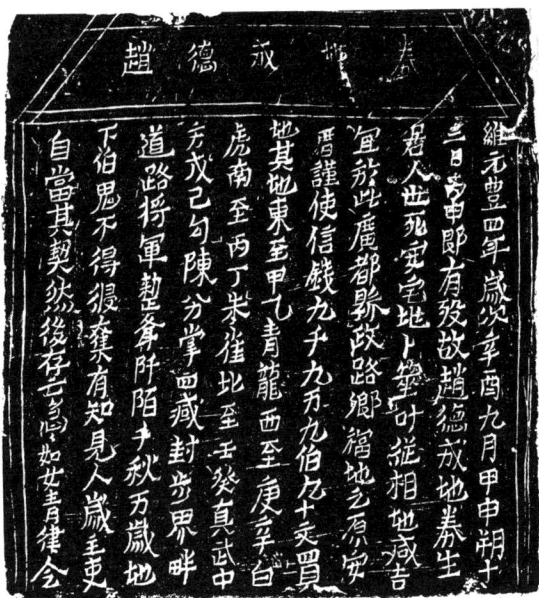

图 122　宋代买地券

上面说过,地券与镇墓券由铅质发展到砖、石质地。此外,还应该有过大量木制的地券,只是因为其容易腐朽而大多没有保存下来。现已知有过多次木制地券的出土,如在江西南昌唐墓中发现的木质地券。上面书写内容为:"维大唐□□庚戌九月甲申朔十三日丙申,洪州

---

①　韦正:《魏晋南北朝考古》,北京大学出版社,2013 年。

南昌县敬德坊殁亡故人熊氏十七娘□□□□□命已终,别无余犯。今用铜钱玖万玖千玖百玖拾玖贯百百就蒿里父老□都承武夷王贾得此地。……"可以看出它的文体格式和内容与砖、石地券完全一致。湖北省武汉市也在五代墓葬中发现过木制的"吴随氏娘子买地券"和木俑等。①

买地券或镇墓券还可能使用过铁质。近年来在隋唐墓葬中曾多次发现长 0.2—0.3 米,宽 0.1—0.2 米的铁片。在甘肃省平凉出土的唐大中五年(851)刘自政墓中还发现有铭刻"铁券函"的石盒,内盛铁券②。这些铁券应具有买地券或镇墓券的作用。

南方还发现过陶制的地券,例如湖北省博物馆《武汉地区四座南朝纪年墓》一文中就介绍了一件南齐永明三年的陶地券。明清时期南方陶瓷业十分发达,也有烧制的瓷板地券发现,如江西省博物馆收藏的多种瓷地券③。这些铅、木、陶瓷等质地的地券虽然不是石刻材料,但是其内容与用途完全一致,互有关联,所以在此一并提及。可以推测,在唐代以后的低等级墓葬中,木、砖、石、陶等质地的地券是一种比较普遍的丧葬用品。

① 江西省博物馆:《江西南昌唐墓》,《考古》1977 年第 6 期;湖北省文物考古研究所、武汉市博物馆:《湖北剧场扩建工程中的墓葬和遗迹清理简报》,《江汉考古》2000 年第 4 期。

② 刘玉林:《唐刘自政墓清理记》,《考古与文物》1983 年第 5 期。

③ 湖北省博物馆:《武汉地区四座南朝纪年墓》,《考古》1965 年第 4 期;彭明翰主编:《江西省博物馆文物精华》,文物出版社,2007 年。

第二章 中国古代石刻的存留与发现

在上一章里,我们已经看到了极为繁多的中国古代石刻种类。中国古代石刻使用得如此普遍,分布范围也十分广泛。在九千六百万平方公里的广阔国土上,自从产生文字以来,经历了延续几千年的各族人民生存与生产活动,也一直在进行着对石材的开采利用。留有人类雕刻铭文的石刻材料数量肯定是非常庞大的,远远超过现存的中国古代石刻材料总数。然而,可以想见,几千年以来,古代石刻所遭受的破坏也是非常严重的。就现在所见所知,中国古代早期的文字石刻材料,如大型碑刻等,经常被后代人转用作建筑石材,或者遭到烧毁、凿损、打碎等各种破坏,兼以风雨剥泐,桑海变幻,致使古代石刻在现代可能十不留一。所以,至今还无法对古代曾经有过的文字石刻总量做出一个科学可靠的估算。由于分布广泛,缺乏统一管理,致使至今全国现存的石刻材料也还没有一个确切的统计数字。我们仅能根据现有的石刻与石刻拓本收藏数量,参照历代金石著录的记载,做一个大致的估计,即上一章中所提出的,估计现有石刻数量可达 50000 件以上。特别需要指出的是,由于以往石刻收藏与调查的对象多局限于元代以前,明清时期的石刻基本上没有完善的收录。而在民间,明清时期的石刻留存数量要大于元代以前的石刻材料。因此,随着各地收集石刻材料工作的进展,新发现的明清石刻数量会不断增加,兼以考古发掘中历代墓志的出土发现,以上所估计的数字也会有所增大,发现古代文字石刻的地区也会越来越多。

下面,我们仅就现有材料,将中国古代文字石刻的制作、存留与近代的考古发现情况分几个重要历史时期简略地加以介绍,希望通过它梳理出中国古代各种文字石刻产生、发展和演变的大致脉络,帮助我们形成一个对中国古代石刻的完整印象,看到中国古代石刻兴衰的全过程。

第一节　先秦石刻

在世界几大古代文明中心内,中华古代文明具有自己独特的文化色彩。与埃及、西亚等地的古代文化不同,在灿烂的中国古代商周文化中,很少或者可以说基本没有看到文字石刻的遗存。而在埃及、西亚与古希腊罗马等地的古代文化遗址中,则可以看到自公元前二、三千年至公元后数百年间的大量建筑艺术石刻与文字石刻。这是一个十分有趣也尚待解释的历史现象。从殷墟、周原等地出土的大量玉雕来看,当时的琢玉技艺已经十分高超熟练,按理说,由此而产生一定的石刻文字应该是不太困难的。但是,至今我们仍然未曾见到这一时期专门制作的固定形制的纪念性文字石刻,即使是实用型的文字石刻也十分罕见。究其原因,我们推测,这与石材在商周时代人们生活中的使用情况有一定关系。在考古发掘出的新石器时期和夏商周先秦时期的建筑遗址中就可以看出,我国古代建筑中长期以土木材料为主,除一些柱础基石、散水外很少使用石料。这一习惯可能影响了建筑石刻与文字石刻的产生和发展。此外,商周时期的宗教、风俗、礼制等社会意识的局限,雕刻工具与雕刻技艺的不完善等等也可能成为阻挠石刻发展的因素。当然,也不排除可能由于时代久远,破坏严重,而致使我们还没有发现这一时期的石刻。这有待于今后考古发现的情况给予进一步的证明。近年新发现的陕西石峁遗址石雕就是一个重要的启示。

我们先以秦代作为一个分水岭。归纳一下现在可以看到的先秦时期的文字石刻。

首先,我们要把在石制器物与石材上面刻写的文字与形成具体形制的纪念性、实用性铭文石刻加以区别。众所周知,考古发现的中国古代文字铭刻最早出现在陶器上,而后有甲骨契刻、青铜器铭文、以及竹木简牍等等。而石刻的出现则明显偏晚。现知最早的中国古代石刻文字材料,应该是出现在商代,与我们熟知的甲骨文同时出现。但严格地说起来,商代的文字石刻只是一种器物上的题刻,并没有形成专门的纪念性石刻类型。例如在 1935 年,中央研究院历史语言研究所对河南安阳殷墟遗址进行的考古发掘中,曾经获得一件残破的石簋。即在发掘安阳侯家庄 1003 号大墓时,于该墓西墓道的北部发现了一个打破墓道的长方形小坑,坑中出土了一些殷商时期的遗物。据参加发掘的高去寻说,这些遗物可能是后来的盗掘者临时埋在这里的,也可能是一个被盗掘的小墓残存的遗迹。这些遗物中包括了三件石簋的残片。有一件簋耳的残片上刻写有铭文,共两行,存十六个字。有趣的是,在 1003 号墓东南方约 140 米的一处标号为 3082 的探坑中也发现了一块石簋的残件,可以与那三块残片拼合,属于同一个石簋,由此得到了十分难得的一件商代文字石刻。

这件石簋耳部刻铭的文字形体,整个文体的句式,以及小臣这两个字写成合文的写法都与殷商的甲骨刻铭情况相同。高去寻曾经对这件石刻的文辞和年代等问题加以考证。结合石簋的形制与出土情况、地层等方面的证据,认为它是属于殷后期,就是在祖甲、廪辛、康丁、帝乙、帝辛这五个商王的一段时期,距今三千多年。这件器物不大,可能是用于祭祀的①。《中国考古报告集之三:侯家庄第四本》中记录,这件有铭文的石簋耳部残存为 87 毫米高,22 至 26 毫米宽。这样,刻的字就很小了。刻字的刀法与甲骨上的契刻刀法相同。我们知道在殷墟发掘中发现过刻写甲骨的青铜小刀。看来这些石刻也是用青铜刀象刻甲骨文一样直接刻写的。

现存铭文释文为:"辛丑,小臣[系]入禽,俎。在[专],以簋。"(括号内的文字原有漫漶)(图 123)

---

① 高去寻:《小臣(系)石簋的残片和铭文》,《中央研究院历史语言研究所集刊》28 本下册。

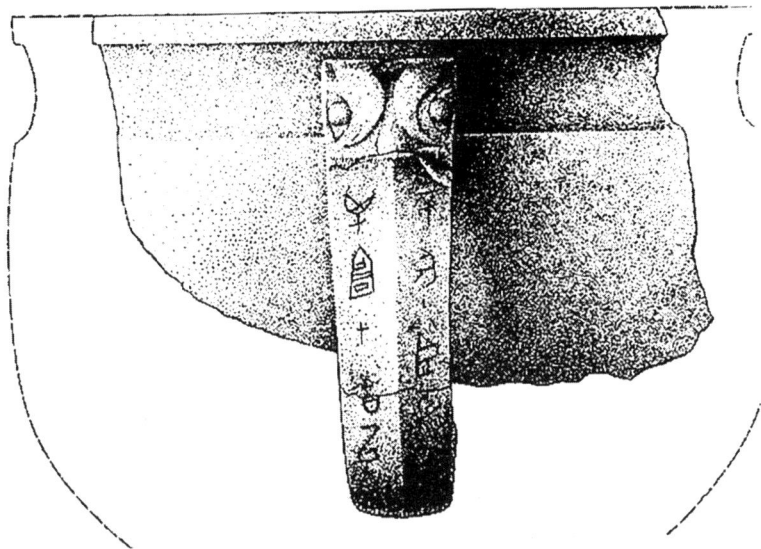

图 123　殷墟石簋铭

　　1976 年,在殷墟妇好墓的发掘中,也发现有一件鸱鸮纹小型石磬上面刻有文字,是"妊冉入石"四个字①。应该在记载这件石磬是由叫做妊冉的人进献的。这两个例子,说明在商代已经有了在器物上刻写题铭的习惯做法。石质器物上的刻铭可以称为早期的石刻文字。同样刻写题记的石磬还出现在东周时期的曾侯乙墓中。据发掘报告记录,在曾侯乙墓中出土石磬 32 枚,上面大多都有刻写的文字或墨书文字。这些石磬铭文的内容都是记录音律和音阶的名词或者编号②。这和在凤翔南指挥村秦公一号大墓中出土的刻有铭文的石磬属于相近似的作法③。都表现着利用器物刻写题铭来表达实用意义的习俗。

---

① 　中国社会科学院考古研究所:《殷墟妇好墓》,文物出版社,1980 年。

② 　湖北省博物馆等:《曾侯乙墓》,文物出版社,1989 年。

③ 　王辉、焦南峰、马振智:《秦公大墓石磬残铭考释》,《中央研究院历史语言研究所集刊》67 本 2 册。

　　根据对殷墟历年考古发掘情况的总结,在殷墟发现过约5500件石器,其中87%是工具,另外包括大量石制器皿,有礼器、兵器、乐器、装饰品和石雕艺术品等。反映了当时成熟的石器制作技术。但是这些器物的形制都比较小,制作的工艺可能还是与玉器制作一样,多采取琢磨而不是凿刻的方式。

　　中国古代琢磨玉器的历史十分悠久。加工出来的纹饰非常精细。这种玉器加工的琢磨手段也影响到在玉器上雕刻文字的形式。近年,在列入全国重大考古发现的陕西韩城梁带村芮国墓地,曾出土大量古代玉器,并发现了一些玉器上琢有文字。如出土玉戚上有"小臣兹(系)用①"的字样,它应该是通过琢磨而不是凿刻制成的②。然而,石材质地不如玉石坚硬,在雕刻工具不断发展的情况下,凿刻技艺会越来越多地使用在制作石刻文字上,并最后完全取代了琢磨技艺。

　　由此可见,在商代到春秋战国时期的一千多年间,虽然已经有了在石器、玉器等人工制品上刻写文字铭记的情况,但是这种作法是很不普遍的。可能只是受到在青铜器、陶器等器物上题写铭记或制作记录的社会习俗影响。至于专门的纪念性石刻(除去石鼓文外)却一直没有发现过。

　　铭文石刻的出现,需要生产技术的支持。即需要开采石材、使用石材的社会生产能力。而中国上古时代使用石材不够普遍,加工石材的技术也不够发达。这可能影响着铭文石刻的利用。这从中国古代建筑中使用石材的情况中或许能反映出来。与西方不同,中国早期文明、乃至后来几千年的建筑大多采用土木结构。除柱础、散水、台阶外,石料使用得很少。现在从商周时期考古发掘中见到的一些迹象有:

---

① 释文中圆括号内的字为释读的本字,下同
② 陕西省考古研究院等:《陕西韩城梁带村遗址 M26 发掘简报》,《文物》2008年第1期。该简报中释文作"小臣奚□"。

　　陕西扶风召陈西周中期建筑遗址发现用卵石作柱础,铺散水。在台阶前铺有石子路面。这时屋顶有瓦。但石料为天然卵石,未加工。陕西扶风云塘的一处制骨遗址中发现有两处石板路面和一处石砌台阶、石砌墙基。石料加工与否不明。

　　西周时期使用石材的现象还不多见,等到了春秋战国时期,尤其是战国时期,石料加工制作的规模就逐渐加大。如河南永成姚家岗的春秋建筑宫殿遗址有卵石散水,河北平山中山国故城的建筑遗址中发现有大型柱础石,以及制石作坊等。在已调查的一些春秋战国古城址中都发现过专门的石器作坊。如邯郸大北城,东周王城的西北部,发现有石环。石片等装饰物的半成品。

　　除去春秋战国时期的建筑使用较多的石料外,在这一时期的墓葬中也开始使用石料,可能是为了保护墓葬,防止盗掘。在很多这一时期的大型墓葬中都发现了积石。如河南陕县后川 M2040 墓的填土中就有大量石块。20 世纪 50 年代发掘的河南辉县固围村魏国国君墓葬,椁室周围堆积沙与石块。地上享堂出石础、瓦当等。1957 年发掘的河南洛阳东郊 M1 墓圹下部有积石积碳现象。棺西侧出土一件墨书"天子"的石圭。

　　山西长治分水岭韩国墓地发现大型的积石积碳墓 10 多处。其中 M14 号墓中出土 9 鼎 4 簋与 10 件编钟,22 件石磬。是规格很高,相当于国君的墓葬。山东临淄也发现过战国时期的积石墓。1990 年发掘的山东章丘女郎山 M1 墓出土有积石,石编磬等,属于战国中期的大型墓葬。①

　　这些发现表现出古代石加工技艺的发展,也说明随着生产的发展,两周以来,人们在建筑、墓葬以及日常生活中越来越多地使用石材。这就为石刻文字更多的出现奠定了基础。相对关东六国而言,在

---

①　以上参见中国社会科学院考古研究所:《中国考古学·两周卷》,中国社会科学出版社,2004 年。

西部的秦国及秦代遗址中曾经发现了更多的,可以表现早期石刻各种类型的石刻材料。

从现有材料来看,秦国可能比较早地应用石材,并且较早地产生了纪念性的专门文字石刻。值得注意的是在古代历史传说中也反映出秦国是最早利用石材的地区。《史记·秦本纪》记载:"蜚廉生恶来。……周武王之伐纣,并杀恶来。是时蜚廉为纣石北方。还,无所报。为坛霍太山而报,得石棺。铭曰:帝令处父,不与殷乱,赐尔石棺以华氏。死,遂葬于霍太山。"这应该是现有历史文献中最早的使用石棺与刻铭的记录。中原地区的新石器时期墓葬中,以石为棺或积石为墓的现象较少见,而东北、西北地区的早期墓葬中则不乏石室墓、石棺的发现。如近代的考古调查中发现在新疆等西部地区的原始民族中存在着石人、石棺葬的风习,并且可能从新石器时期延续至中世纪。应该早于中原地区对石葬具的使用。

秦国利用石材较早,除地质矿产条件外,可能与其所处地区与西北游牧部族紧邻,并且容易接受到西方传来的一些风俗与技术有关。我们曾经提出汉代石刻的突然大发展可能与汉武帝通西域有一定联系。而这种影响的苗头可能在两周时期的秦国就有所传递了。

在春秋时期,中原各国一直把秦看做边鄙戎夷之国。秦的祖先也和西方的戎族保持着通婚等密切的关系。如《史记·秦本纪》记载,秦国的先祖非子,曾经被"(周孝王)使主马于汧渭之间,马大蕃息。"又"申侯乃言孝王曰:昔我先郦山之女,为戎胥轩妻,生中潏,以亲故归周,保西垂,西垂以其故和睦。今我复与大骆妻,生嫡子成。申骆重婚,西戎皆服。所以为王。"说明秦不仅与西方、北方的众多游牧民族活动区域接壤,而且俨然是西北戎族的领袖,自然会首先接受西方传来的文化影响。

秦人与西方戎族的关系记载如:

《史记·秦本纪》:"穆公二十二年,公与晋自瓜洲迁陆浑之戎于伊川,允姓之戎于渭汭。"

　　《史记·秦本纪》:"穆公三十七年,用由余谋,伐戎王,益国十二①。开地千里②,遂霸西戎。天子使召公过贺公以金鼓。"

　　《史记·秦本纪》:"秦孝公二十年,诸侯毕贺。秦使公子少官率师会诸侯逢泽,朝天子。"《后汉书·西羌传》称"使太子驯率戎狄九十二国朝周显王。"

　　秦先祖善于养马。而近来国际考古学界的一种看法是:中亚地区(今伊朗一带)是马的一个重要起源地。人类最早驯化马的地方可能是在中亚地区。当地的考古材料表明,大约距今 5000 年前,居住在中亚地区的原始部族就已经畜养马供食用。在伊朗中南部的泰里伊比利斯遗址发现了马的骨骼,这些马生活在大约公元前 4000 年。特别是从伊朗马莲遗址出土的马牙标本上还发现了金属的磨痕,有的学者认为这说明这些马已经使用了马衔。这一遗址的存在时代是公元前2100—前 1800 年左右。那么可能在公元前 2000 年前后伊朗地区就有了驯养的家马。

　　中国古代的马是从中亚地区传入的。现在西方学术界日益重视北方草原之路对东西文化交流所起的作用。而马匹则是早期东西交流中重要的一环。秦人养马的活动,是不是说明他们与西域乃至西方文明有着更便捷的接触与交往呢?

　　结合近来发现的越来越多的秦石刻材料,可以说秦在使用石材,利用石刻上面是走在其他诸侯国前面的。现有材料越来越多地表现出,这很可能是受到了西北草原文化乃至中亚、西亚等古国文化的影响。

----

①　"益国十二",《韩非子》同,《史记·匈奴传》作"八国服秦",《李斯传》作"并国二十",《文选·上始皇帝书)作"并国三十",《汉书·韩安国传》作"并国十四"。

②　"开地千里",《汉书·韩安国传》:"陇西、北地是也。"

例如在建筑用石方面,秦雍都遗址的发掘中就多次发现大面积的石子散水,如马家庄一号宫殿建筑遗址、四号建筑遗址、姚家岗宫殿遗址等。在姚家岗发掘的凌阴遗址还使用了片岩铺设地面。秦公陵园中也发现有大片的石散水。说明这时石材普遍进入秦国的土木建筑中。①

近来报道,秦始皇陵的考古工作中出土了大量有石刻文字的器物,以及多种石建筑材料。例如在内外城之间东部陪葬坑(K9801)中出土石甲胄。报告有 87 领石甲和 43 顶石胄,其中有些甲片上面刻有文字、数字、符号等。同出的还有石质的马缰构件等②。

经考古调查发掘,秦始皇陵区内发现过石料加工厂的遗址,出土过石下水管道、渗井盖、石门础等。近来发掘的秦始皇陵园内陵寝遗址中,殿址的台阶用青石版铺成。地面有线雕菱纹的石块。甚至在二号建筑的门道壁面上贴砌了青石版。秦始皇地宫夯制宫墙内侧也发现石质宫墙。这些情况表现出秦国石材加工技艺的发展与石建筑材料的广泛应用。③

而石建筑的普遍应用与石雕技艺的发达,正是西亚北非与地中海诸多古文明的代表性成就,如古埃及的金字塔、神庙,古亚述、巴比伦、波斯等地的大型宫殿,古希腊、罗马的神庙、雕塑等。近者则有新疆草

①　参见雍城考古队:《凤翔马家庄春秋秦一号建筑遗址第一次发掘简报》,《考古与文物》1982 年第 5 期;陕西省雍城考古队:《凤翔马家庄一号建筑群遗址发掘简报》,《文物》1985 年第 2 期;韩伟焦南峰:《秦都雍城考古综述》,《考古与文物》1988 年第 5、6 期等。

②　张占民:《秦陵铠甲坑发现记》,《文博》1999 年第 5 期。

③　陕西省考古研究所、秦始皇兵马俑博物馆:《秦始皇帝陵园考古报告(1999)》,科学出版社,2000 年。陕西省考古研究所、秦始皇兵马俑博物馆:《秦始皇帝陵园考古报告(2000)》,文物出版社,2006 年。陕西省考古研究院、秦始皇兵马俑博物馆:《秦始皇帝陵园考古报告(2001——2003)》,文物出版社,2007 年。

原上的石人等纪念性石雕。文字石刻也随之而大量产生。就现有考古资料可知,在公元前约8000至7000年间的西亚耶利哥遗址中已经发现了用石头建筑的望楼与城楼,公元前3500年至3100年之间的西亚乌鲁克文化中便出现了刻有文字的石板和雕刻有图象的石碑。在公元前3100年至2686年之间的古埃及早王朝时期中也有了石碑和石建筑。在公元前2686年至2181年之间的古埃及古王国时代中就出现了大量宏伟的石质神庙、金字塔和高大的方尖碑。到了公元前1500年以降的新王国时代(埃及第18至第20王朝),埃及人已经建造出了大量的墓碑、方尖碑等纪念性石刻。最大的方尖碑可以达到上千吨重。公元前18世纪至前12世纪的古巴比伦文明遗址中,曾出土带有浮雕的石界碑等石刻,其中尤以著名的汉穆拉比法典碑为典型代表。该碑石近似圆锥形,高达2.25米,经过精细修整的圆首,在顶部刻有人物浮雕,下面刻有铭文。古亚述文化中,遗存有公元前8世纪的石刻沙尔马尼瑟尔三世方尖碑等。古代波斯帝王大流士一世在位期间镌刻的贝希斯顿铭文,是在石崖上修整出来多幅长方形的碑面,共刻写1200行之多的长篇铭文。这些在世界史上十分重要的古代碑刻都远远早于中国古代文字石刻产生的年代。它们反映出在中国以西直到北非的一系列重要古代文明中都曾经广泛使用石刻,而且制作工艺发达,雕刻精美,势必会对东方的古代文明产生影响。这些文化习俗如果沿着陆路向东方传播,秦国应当首当其冲。

现在发现的考古资料可以证明秦国也是较早地在石料上制作了文字铭刻。如:比起通常认为的中国最早纪念性文字石刻——石鼓文来说,秦公一号大墓中出土的刻有文字的石编磬应该是制作时间更早,年代更确切的秦国石刻文字。该墓葬于20世纪80年代在陕西省凤翔南指挥村发掘。由于大墓以往曾被盗掘过,这些编磬多有残损遗失。王辉等人推测原有三套以上的编磬,经过缀合,找出26条可读的铭文。这些在石磬上刻写的文字字体规整精美,足以与青铜器铭文媲美。现在统计保存的文字共206字(包括6个重文)。由于残缺不全,无法了解全部文意,但是它应该是一篇通过舞乐赞颂国君的颂词。铭文文体与一些词语同著名的秦国铜器秦公钟等铭文相似。王辉、焦南峰等有《秦公大墓石磬残铭考释》一文,发表在《中央研究院历史语言研究所集刊》67集2册上,对这些铭文做了详细可靠的考释解读,并且深入讨论了有关的问题。(图124)

图124　秦公大墓石磬铭

其中缀合最长的一条是:"汤汤厥商,百乐咸奏。允乐孔煌,鉏鋙载入,有几载漾。天子匽喜,龚桓是嗣。高阳有灵,四方以宓平。"根据铭文中有"天子匽喜,龚桓是嗣"的语词,王辉等人指出这个在铭文中宣称自己得到天子欢喜,继承了共公、桓公大业的秦公应该就是共公之孙、桓公之子秦景公。王辉等人还总结了推测秦公一号大墓为秦景公之墓的三个理由：1. 石磬铭文中反映的时代背景最接近秦景公时代，如 85 凤南 1：495—549—517 一条铭文："绍天命，曰：肇敷蛮夏，亟事于秦，即服……"提到诸夏也向秦国服事示好，表明秦国这时国力强大，可以与中原抗衡。正与秦景公时期秦的国力相符。2. 石磬文的文学体例与字体具有春秋晚期的特点，与秦景公时期的青铜器铭文十分接近。3. 石磬铭文中有"惟四年八月初吉甲申"的记载，与现在推算的当时历法符合。李学勤也在《夏商周年代学札记》里《秦公编磬的缀联及其历日》一文中推算"秦景公四年即鲁成公十八年的八月壬午朔，石磬铭甲申为初三"属于初吉的范围①。台湾学者陈昭容把石磬文字与秦公簋等铭文上的文字做了详细的比较。认为"它们的字体风格极为相似，部分几可说是出于一人手笔。相对于太公庙秦公钟镈铭文的随意活泼，簋铭与石磬铭的整饬，显示了春秋晚期秦文字的特点。"②

　　王辉等人认为铭文中写的四年，应该是秦景公行冠礼之年。石磬就是在这一年制作的。而用它随葬则可能是由于秦景公晚年政局不稳，需要通过这些早期的礼乐用品来表明他执政的合法性。

　　我们可以看到这些石磬文字刻写得非常规整，刻字的技艺十分纯熟。表现出很高的文化素质。显然这是宫中专门制作器物的手工技师来刻写的。从它与当时的青铜器铭文极为相似这一点来看，很可能刻写这些石磬铭文的人也是刻写青铜器模范上铭文的专门技师。说明这时石刻还没有单独形成一种专门的雕刻制作技艺。因此，秦公大墓的石磬文字仍然属于附刻于其他器物上的铭刻，而不是专门制作的纪念性石刻。

---

① 李学勤：《秦公编磬的缀联及其历日》，见氏著《夏商周年代学札记》，辽宁大学出版社。"初吉"所指时日，现在学术界认识不一。有人说是月初的吉日。陈梦家和刘启益认为初吉指月亮刚有亮光的日子，即每月初二或初三。

② 陈昭容：《秦系文字研究》，中央研究院历史语言所，2003 年。

　　这样,我们还得说有关秦国石刻最重要的发现就是在凤翔出土的具有纪念性的专门石刻——石鼓文,以及其他几种用于祭祀祈神的专用石刻——华山玉版和诅楚文等。这些专门制作的铭文石刻,使石刻脱离作为其他器物附属品的地位,成为独立的,具有重要纪念意义的新器物。这表明在中国古代石刻发展的过程中,秦地以及秦文化可能具有非常关键的作用。因为我们在上面提及的商周石刻文字材料基本上都不是单独的专用石刻,而大多数都是附着于一件其他的实用器物上,如祭器、乐器、装饰品、兵器、建筑器件等。大多是属于制作者的加工记录。所以,我们说它们都不是单独的石刻。这里说的石刻,应该是我们现在概念中认为的那种作为一个独立的,具有宣传、纪念、艺术表现等文化意义或者实用意义的专用物质。而石鼓文的出现,标志着专门的纪念性石刻在古代中国的产生,也就开创了中国石刻发展的历史。(图 125)

图 125　秦石鼓文

在中国古代石刻中,独立出来成为专用石刻形制的刻石与碑,其本身的最初作用就是歌功颂德。现知古代最早的石刻群——秦始皇刻石就是用来赞颂秦始皇的赫赫功绩的。中国现存的石刻中,用于纪功颂德的碑记要早于墓碑出现。正表明石刻最早独立出来,就是由于它能历时久远,具有明显的纪念性意义。

从石鼓本身的外部形状来看,也表现出了这种石刻的原始性。早期的石刻,或者是在一块独立的天然大石上刻字,或者将是将天然的石块略加表面处理后进行雕刻。西亚北非的一些古代石刻多采取这样的形制,例如著名的两河流域发现的汉谟拉比法典碑。中国古代将这样的石刻叫做"碣"。石鼓就是这样,所以有的古代学者也把石鼓文称作"猎碣"。

从概观的角度来看,中国古代石刻早期的产生和发展过程与西方古代文明中的这一过程是很相似的,早期也是尽量利用原始形态的石材。这一阶段比较漫长,而秦国利用石材与发展石刻的情况就是具体而明显的证明。直至秦始皇统一中国以后,他在巡行之处大量树立刻石,纪功载德,仍然采用的是类似石鼓形制的大型刻石。这也反映出当时类似"碑"这样的纪念石刻外部形制还没有流行。由此我们推测,这时秦国在使用石刻方面接受的还主要是西北草原地区以及中亚一带的影响。西亚北非以及希腊罗马的文化影响还没有过多地进入中国。因为现在所见的碑这种形制在西亚北非出现得很早,可达公元前3000多年,而且建碑之风主要兴盛于这一带。古波斯乃至中亚地区则很少使用碑,而更多采用刻石与摩崖的形式。从东西交通的历史来看,在以后的西汉时期,中国对西方的交通往来进一步拓展。同时罗马帝国在这时的东征,将其疆域扩展到今阿富汗一带,也缩短了中国接触来自更远的西亚、北非、地中海古文明的距离,从而使制作碑石这样的文化意识与石工技艺得以传入中国,便出现了新的专用石刻类型,如汉代流行开来的"碑"与大型艺术石雕。

石鼓文是现存最早的纪念性石刻,这一点问题不大。但由于石鼓文铭刻内容中没有明确的纪年,出土时间又极早,且对其出土情况只有一些传闻性的记载,原所在地不确切,无法进行有关的考古年代学分析。致使一千多年来历代学者对石鼓文的年代讨论不断,众说纷纭。但是至今仍没有一个能够被大家都赞同的确定结论。自从唐代,石鼓文被介绍出来后,就被时人认为是西周宣王时期出游的纪念物,是史籀所书。所谓根据也就是《说文解字》叙中说:宣王太史籀著大篆。如贞观年间的苏勖在《记打本石鼓》卷首说:"世咸言笔迹存者李斯最古,不知史籀之迹近在关中。"韦应物所作的《石鼓歌》中就认为"周宣大猎兮岐之阳,刻石表功兮炜煌煌。"①这种说法很有市场,从唐代的张怀瓘、韩愈直到清代的钱大昕、孙星衍等人全都赞同这个说法。甚至后代常把石鼓称作"宣王猎碣"。而宋代程大昌认为这是周成王时候的作品。认为"(《左传昭公四年》载)成王时有岐阳之蒐。"杜预注曰:"成王归自奄,大狩于岐山之阳。"而石鼓即出土于陈仓,上面又有与畋猎有关的诗句,于是便以为石鼓记载的畋猎之事与成王大狩之事相合,从而得此看法②。董逌《广川书跋》、沈梧《石鼓文定本》等也采取这一看法。以上这些说法只是依据古文献中的只言片语做出的主观臆断,缺乏全面的考察与具体的证据,何况石鼓文的字体与我们现在所见到的西周铜器铭文字体风格也不相符,是不能成立的。

以后又有金代的马定国说它是北周时期的石刻③。清初学者顾炎武曾认为石鼓文是北朝的刻石,万斯同也持此说④。清代人俞正燮根据《魏书》里面记录的李彪上表中有"礼田岐阳,先皇之义"的记载,

---

① 见《全唐诗》卷一九四,中华书局,1960 年。
② 宋 程大昌:《雍录》,中华书局,2005 年。
③ 见元 脱脱:《金史·马定国传》,中华书局,1973 年。
④ 清 顾炎武:《金石文字记》卷一,亭林遗书本。清万斯同:《石园文集》卷六,见《四明丛书》张氏约园刊本。

提出它是北魏的刻石①。但这些看法认可的人不多。

而早在宋代，郑樵就提出石鼓文是秦国的器物。他说："此十篇是秦篆。以也为殹，见于秦斤；以丞为丞，见于秦权。"又说："其文有曰嗣王，有曰天子，天子可谓帝，亦可为王。故知此则惠文之后，始皇之前所做。"②清代学者震均有《石鼓文集注》和《天咫偶闻》之作。认为石鼓为秦文公东猎后制作。他说："考《史记·秦本纪》文公三年以兵七百人东猎，四年至汧渭之会，此即'汧殹沔沔'是也。""一鼓之中，天子与公杂见，……则天子，周王也，公，秦文也。"③如采此说，则石鼓立于秦文公四年，为公元前762年。

1923年，马衡发表《石鼓文为秦刻石考》一文，认为石鼓作于秦穆王时，他说："夫秦穆公有功王室，得岐西之地而列为诸侯，至缪公始霸西戎，天子致贺。鼓文纪田渔之事，兼及其车徒之盛，又有颂扬天子之语，证明秦公敦之字体及烈烈桓桓之文，则此鼓之作，当与同时。缪公时居雍城，雍城在今凤翔县之南雍水。《元和郡县志》所记出土之地，正为雍城故址。"④这时，认为石鼓是秦器的观点占了主流。秦穆公在位的时间是公元前659—621年。

1933年，郭沫若在日本见到三井购去的安国本石鼓文拓本后，作《石鼓文研究》，认为它作于秦襄王时期。"石鼓既在三畤原上，则与三畤之一之建立必有攸关。揆其用意，实犹后世神祠佛阁之建立碑碣也。三畤之作，据《史记·十二诸侯年表》，西畤作于襄公八年，当周平王元年；鄜畤作于文公十年，当平王十五年。"后来他在《再论石鼓文之年代》一文中强调："平王东迁，襄公出师送之，凯旋时所作。事在襄公

①　清　俞正燮：《癸巳类稿》，商务印书馆，1957年。
②　宋　郑樵：《石刻音序》，见《宝刻丛编》，十万卷楼丛书本。
③　清　震均：《天咫偶闻》，北京古籍出版社，1982年；《石鼓文集注》，清光绪三十九年刻本。
④　马衡：《凡将斋金石丛稿》，中华书局，1977年。

八年。""今考《而师》一石有'天子□来,嗣王始□,故我来□.'……为新王始立之意,固甚明白。与此关系相合者,仅襄公作西畤一事而已。"①秦襄公八年为公元前770年。

对秦襄公说,王辉曾用四条史实理由证明了它的不合理。即:一、周平王在犬戎的攻击下不会来西边的汧水与秦王会猎。二、秦襄公时并没有占据汧水流域。三、襄公所作西畤在西垂(今陕西礼县),不在三畤原。四、石鼓中用"吾",属于晚期特点,如果石鼓是后人所刻,也应该像秦公钟镈那样将"公"改作"先祖""皇祖"等②。

此后1947年,唐兰作《石鼓文刻于秦灵公三年考》,是根据灵公三年作上下畤的记载确定的。秦灵公三年为公元前422年。十年后,他又作《石鼓文年代考》,将其时代继续下推,定在秦献公十一年,即公元前374年。唐兰认为石鼓文就其书体而言,应该在秦公簋之后,诅楚文之前。他指出石鼓文中四字不写作四横,第一人称代词用吾不用朕,也写作畞,都是较晚的写法。石鼓的写法比秦公簋方正匀称,布局紧密板滞,也显得比较晚。定为秦献公十一年是由于这一年,周太史儋去见秦献公。这一年是周烈王二年,周王"还可以称嗣王"③。

1961年,段飏提出石鼓文是秦德公时期的遗物,认为秦德公元年,即公元前677年,周僖王崩,周惠王嗣立,符合"天子""嗣王"的说法④。1981年,李仲操提出秦宣王说,认为秦宣公三年,即公元前673年,周天子在郑国与虢君的援助下复国,几个月后,秦宣公即来陈仓北

① 郭沫若:《石鼓文研究》,人民出版社,1955年。

② 王辉:《由"天子""嗣王""公"三种称谓说到石鼓文的年代》,《中国文字》新20期。

③ 唐兰:《石鼓文刻于秦灵公三年考》,《申报·文史周刊》第2期,1947年;《石鼓文年代考》,《故宫博物院院刊》1958年第1期。

④ 段飏:《论石鼓乃秦德公时遗物及其他——读郭沫若同志〈石鼓文研究〉后》,《学术月刊》1961年第9期。

坂作密畤。与"天子□来，嗣王□□，故我来□"相符①。韩伟则根据凤翔高庄秦墓地出土陶缶上的"北园王氏缶"等陶文，结合《诗经·秦风·驷驖》中"游于北园"的诗句，认为北园所在应该是三畤原上，是在秦宪公迁都后开辟的。北园包括了部分西虢领地，应该是在秦武公十一年，即公元前687年，灭小虢后开辟的。石鼓与《诗经·秦风·驷驖》"均可能是武公时代的产物。"②1982年，黄奇逸提出石鼓作于秦武王元年（公元前310年）到秦昭王三年（公元前304年）之间的说法，他认为"天子"与"嗣王"不是一个人，天子是周王，嗣王是新继位的秦王。公是随秦王出猎的大夫，古代，大夫是可以称公的。惠文王是在执政十三年后称王的。算不得嗣王。所以应该是武王或昭王③。

以上诸多认为石鼓文属于秦石刻的说法说明学界对于石鼓文是秦国的石刻这一点已经接近共识，但是对具体年代却始终无法统一意见。近来又有很多人根据对石鼓文中部分文字内容的释读与分析，得出了秦哀公等多种说法。这些意见都是根据石鼓文中的内容与历史相对比，由于仅侧重于个别文句词语及不同的史实，得出了多种多样的结论，同时也产生很多无法自圆其说的疑问，也就都缺乏令人信服的说服力。上引王辉批评郭沫若之说即是一个典型例证，其他对石鼓文年代的说法也同样遭受过类似从史实与文字形体方面提出的质疑。须知这批石鼓一共十件，而每件石鼓所刻诗句的内容都不相同，且泛言于渔猎、车马、出游、山水之间，既无确切的纪年与人物名称，又无明显的历史大事。要想把它们记述的事件与历史文献记载套上，并且都确定在同一个年代中，恐怕是不可能的。

台湾学者陈昭容对此做过很好的讨论，她在1993年发表的《秦公簋的时代问题——兼论石鼓文相对年代》一文中说："大部分考订石鼓

① 李仲操：《石鼓最初所在地及其刻石年代》，《考古与文物》1981年第2期。
② 韩伟：《北园地望及石鼓诗之年代小议》，《考古与文物》1981年第4期。
③ 黄奇逸：《石鼓文年代及相关诸问题》，《古文字研究论文集》，四川大学出版社。

年代的方法，都是从文献资料中找出某位秦公在位时有某一特殊事件，与石鼓所叙相合，以此订其具体年代。然而，渔猎，修道，植树，何代没有？用历史事件来订具体年代，可以是方法之一，但不是唯一的方法。"她认为"其具体年代宜在春秋晚期到战国早期之间，距秦公簋近些，离诅楚文远些。"①实际上也就是婉转地认为石鼓文的绝对年代无法判定，只能确定在一个时间段之中，用石鼓文文辞中的特征与有限的史料去进行历史时代的考证，显然是没有什么把握的。

　　而且在对石鼓文年代的讨论中，始终有一个问题无法很好解决。就是内容与文字形体时代的无法统一。从石鼓文内容中有"天子，嗣王"等内容来看，似乎在刻石时应该有周天子的存在，而且周王刚继位不久。这样则从内容上应判断为春秋早、中期的产物。郭沫若就是由此把它定为送周平王东迁的秦襄公八年所刻。但是其文字又表现出时代较晚的特点。很多学者认为文字属于春秋晚期的。

　　裘锡圭认为："关于石鼓文的年代，直到目前还没有出现一种既能很好照顾到内容，又能很好照顾到其字体的说法，为了解决内容与字体的矛盾，有必要强调指出罗君惕关于石鼓文时代的意见里的一个合理因素。……他提出的石鼓所刻之诗是早于刻石年代的作品的想法，却十分具有启发性。""春秋晚或战国早期的秦统治者为了宣扬秦的受命之君襄公的业绩，完全有可能在雍都南郊祭上帝的地方，把襄公时所作的纪功、纪游之诗刻在石碣上。"②

　　这样一来，等于说我们从石鼓文本身的内容中去寻找可资断代的历史证据是没有什么用处的。也就是说，我们只能去根据文字形体的特点断代，但由于不少学者还坚持认为石鼓文的内容与刻石时期史实有关。如王辉在讨论时，就认为裘锡圭提倡的石鼓的诗篇与刻石不是同

①　陈昭容：《秦公簋的时代问题——兼论石鼓文相对年代》，《中央研究院历史语言研究所集刊》第 66 份 1 册。

②　裘锡圭：《关于石鼓文的时代问题》，《传统文化与现代化》1995 年第 1 期。

时所作这一观点是不能成立的。所以,迄今为止,研究石鼓文的学者们仍然不放弃史料分析的作法,继续着从字里行间寻找断代证据的努力。

如近年来,徐宝贵所作《石鼓文整理研究》一书,比较详尽地汇集了有关石鼓文研究的资料和历代学者的研究,他在对石鼓文年代的考察中,从三个方面讨论。即一、文字形体的特点,二、与《诗经》的语言关系。三、内容所反映的史实。得出的结论是石鼓作于秦景公时期①。这一观点得到裘锡圭的赞同。实际上,我们如果细看他们的论述与结论,其观点主要还是认为:根据石鼓文的字形来看,与可以确定为秦景公时期的秦公钟、簋,秦公一号大墓出土石磬十分相似。这一点,早在 1997 年,王辉讨论石鼓年代时,根据凤翔秦公一号大墓出土石磬文字,就提出石鼓文是秦景公时制作的意见。王辉曾经对秦公大墓石磬的文字与石鼓文做了详尽的对比,认为二者"文字结构,安排布局,甚至运笔方法几乎全同,如出一人手笔。"纵观众多观点的论述中,出自文字形体的判断是根本,其他论据只是陪衬而已。

文字形体的比较断代,无疑是比单纯使用史料去确定年代更为可靠的方法。但是要利用文字形体去断代,我们就需要有一系列比较完备的不同年代文字形体变化资料作为标准,特别是需要有一些具有时代特征以资断代的典型字例。可是需要看到,春秋战国时期秦文字的变化并不是十分明显,而且我们能够掌握的秦文字材料也不是很多,不可能给秦文字画出很明确的时代变化系列。现有的自西周以后到秦统一之前这一时期的秦国文字资料,除秦公钟、镈等一些秦国青铜器与秦公大墓出土石磬外,常用的只有秦兵器刻铭、砖瓦刻铭、陶文、诅楚文、华山玉版与几件秦虎符等。这里面兵器、砖瓦等刻铭又是简略粗糙的民间实用铭刻,无法与石鼓文这样庄重规范的书体相比较。而且即使从所有这些铭刻中去排列比较,也不容易找出秦文字形体上明显的时代变化规律。李学勤虽然也认为石鼓文的文字可能是在"春

---

① 　徐宝贵:《石鼓文整理研究》,中华书局,2008 年。

秋中期后段到晚期。"但在《石鼓文解读》一书的序言中也说过："秦文字在春秋后几百年中，比其他列国文字更稳定与规范，前后变化小。年代确定不了。"①

特别是目前学界对秦系文字变化的比较出现异议。通过对同样的秦文字资料进行排比，却得出不同的意见。如上述王辉、徐宝贵等人的比较，认为石鼓文的字体特点与秦公大墓石磬、秦公钟等相似。陈昭容的比较字形，也得出类似的结论。而赖炳炜也对同样的秦文字资料比较后，却认为石鼓文的字体风格与商鞅量、秦封邑瓦书等相似，从而把石鼓文的时代定在秦惠文王称王之年②。罗君惕《秦刻十碣考释》也早就表达了类似的观点。高明近年在整理秦小篆的基础上，认为："如果将春秋时期的金文、与石鼓文及李斯省改的小篆作一较为全面的比较。我们就不难发现，石鼓文与秦篆的形体是多么的接近，而石鼓文的年代也大致可以判定了。"③从而结合其他论据，将石鼓文定为秦惠文王所作。同样的文字材料，却得出如此歧异的看法，可见秦系文字在春秋战国期间的变化不是很明显，时代特征不多。学者们对字体时代的判定中主观感性成分较多。由此可见，秦文字形体的比较是有一定参考作用的，但是完全依靠它去确定绝对年代也并不可行。

因此，我们非常赞同陈昭容早就提出的一个观点，即就现有资料而言，石鼓文的绝对时代恐怕无法得出令人普遍信服的结论，最好也就是判断一个相对的时间段。所以试在以上习惯考证思路外，从石刻本身的发展情况来看石鼓文的时代。即通过讨论石鼓文的形制与树立地点以及讨论中国古代纪念性石刻出现的大致时代，来给石鼓文的时代推测一个大致范围。

回顾历来对于石鼓文的考证研究，就徐宝贵广泛收集的有关论著

① 王美盛：《石鼓文解读》，齐鲁书社，2006年。
② 赖炳炜：《石鼓文年代再讨论》，《古文字研究》第二十六辑。
③ 高明：《石鼓文新证》，《考古学报》2010年第3期。

目录来看,已有 1000 多种论文与专著问世。但是其中很少讨论石鼓这种石刻的形制与其原来的用途。

有人曾经提出,石鼓可能是宫殿的柱础石。但是从这十件石鼓顶部浑圆不平,大小尺寸与外形并不完全一致来看,不大可能是柱础。而且从现在了解到的秦国宫殿建筑遗址发掘中还没有发现大型的柱础石存在。所以,参照西方古代石刻的早期形态,如西亚北非的一些古代石刻多采取类似石鼓这样的圆锥形石块,著名的两河流域发现的汉谟拉比法典碑与其他大量亚述、巴比伦石刻均是如此。我们认为这十件石鼓应该是早期的纪念性石刻,专门用于刻写纪念文辞。所以它保存了原石的大致形态。郭沫若曾认为:"揆其用意,实犹后世神祠佛阁之建立碑碣也。"虽然有些附会,没有考虑秦时祭天的用途与石鼓歌颂帝王的内容不相符之处,但也是注意到了它的纪念性作用。

关于石鼓的出土地点,现在的讨论大多认为它出土于秦雍城地区,可是由于郭沫若力主石鼓是出自秦国所立的"畤",后来似乎没有什么明显的不同意见,多将其认作是附属于某一秦"畤"的石刻。但是"畤"是用于祭祀上帝,祈求神灵护佑的祭坛,与之有关的建筑与刻石应该都是表达对上帝的虔敬与祈祝。而石鼓文的全部内容都是表达人间的田猎游乐,记述帝王的行迹,与祭祀天神看不出丝毫关连。将其归属到"畤"中实属牵强。与之相比,在雍城地区已经发掘出大量宫殿、宗庙建筑与陵墓,如在凤翔县城南郊发现的马家庄一、二、三、四号建筑遗址,姚家岗宫殿区遗址,铁沟、高王寺宫殿区遗址,在凤翔县城以西的蕲年宫、棫阳宫、年宫等遗址①,以及雍城南郊三畤原上包括数

---

① 参见陕西省考古研究所雍城考古工作队:《1982 年凤翔雍城秦汉遗址调查简报》,《考古与文物》1984 年第 2 期;陕西省考古研究所雍城考古工作队:《凤翔马家庄一号建筑群遗址发掘简报》,《文物》1985 年第 2 期;马振智、焦南峰:《蕲年、棫阳、年宫考》,《陕西省考古学会第一届年会论文集》《考古与文物丛刊》第三号等。

十座大墓的秦公陵园等。据近年来的考古调查勘探，雍城陵区已经发现十四座秦公陵园①。而这些大型建筑群中，特别是宗庙建筑与陵园中，都有可能树立石鼓文这样的纪念性石刻。从其内容、意义与传说的出土地点来看，我们认为：石鼓诸石树立在秦国王侯陵墓之前的可能性应该更大一点。高明也曾提出"有可能在秦惠文王死后，臣子们将歌颂他事迹的十只鼓形石刻安放在他陵墓前的神庙里。"②只是从石鼓出土凤翔的情况看，不大可能是出自惠文王陵，焦南峰等已经确定秦惠文王葬于咸阳附近。

　　如果石鼓文原来是建立在某一位秦国王公陵墓之前的纪念性石刻的话，那么，它很可能像后世在神道两边树立的神道石刻一样，分两列排列在神道两旁。这也正可以说明它的总数必然为双数。从现在能见到的石鼓文字体来看，它们十件铭文的字体书法都很相近，尤其是保存得较好的"车工"、"汧沔"、"霝雨"等石。所以以往都是把这批石鼓看作同时一起刊刻的。但我们试在此提出一个设想，如果把它们看作树立在陵墓前的神道石刻的话，它们会不会分属于不同的陵墓，而不是同时刊刻的呢？如果是那样，也就表明从某一时期起，秦国陵墓前已经形成了树立纪念性神道石刻的习俗，并延续被多位王公采用。这比仅在某位秦王（公）时期突兀地产生这样一批既无前兆，也无后续的石刻要合理得多。当然，由于资料证据缺乏，这也仅是一个推测。但唐兰有一段话说得很有道理："如果说石鼓要放在公元前8—前7世纪，即春秋前期，那么这样十个一组的石刻，仅仅是昙花一现，要远隔三四百年后才有《诅楚文》的出现，将是不可理解的。"③因此，唐兰就指出诅楚文和始皇刻石皆晚出，认为石鼓应在前四世纪（献公时）。Gilbert L Mattos（马几道）在研究秦石鼓时也认为刻石的风气在

---

① 焦南峰、孙伟刚、杜林渊：《秦人的十个陵区》，《文物》2014年第6期。

② 高明：《石鼓文新证》，《考古学报》2010年第3期。

③ 唐兰：《石鼓文刻于秦灵公三年考》，《申报·文史周刊》第2期，1947年。

中国出现较晚,所以石鼓应该是前五世纪的作品①。这些看法,已经不仅局限在对石鼓文内容与字体的考证上,而是从历史发展的角度去分析了。须知历史上任何事物,均有一个产生、发展的逐渐过程。理顺这一过程,才利于得出合理的结论。

石鼓文的出现,标志着专门的记功性石刻在古代中国的产生,也就开创了中国石刻发展的历史。因此,它自然会涉及到中国古代思想史的发展与宣扬功德,立石纪念的思想是在什么时候开始出现的这一问题。

司马迁在《史记·秦始皇本纪》中记载的《琅琊台刻石》铭文中有:"群臣相与颂皇帝功德,刻于金石,以为表经"的句子。说明在秦始皇统一天下后,企图把统治延至久远,同时把自己的功德也永远传流下去的思想已经成为施政的主要理念。而这种思想应该是随着秦国力强大,野心也日益扩大的过程逐渐形成的,特别是为专制独裁的大一统政治思想所需要,所服务的。几千年的历史告诉我们,歌功颂德,并不仅仅是佞臣奴才的阿谀之道,而是专制政体维护权威,巩固统治的重要手段。

在中国古代石刻中,碑本身的最初作用就是歌功颂德。最早的大型石刻群体工程——秦始皇刻石就是用来赞颂秦始皇的赫赫功绩的。中国现存的石刻中,用于纪功颂德的碑记要早于墓碑出现。正表明石刻最早独立出来,得以应用,就是由于它能历时久远,具有明显的纪念性意义。从而得到统治者的青睐与采纳。

巫鸿在他对中国古代纪念性建筑的研究中,特别强调了这一点。巫鸿《中国古代艺术与建筑中的纪念碑性》一书中曾总结西方学者的看法,认为"一座有功能的纪念碑,不管它的形状和质地如何,总要承担保存记忆、构造历史的功能,总力图使某位人物、某个事件或某种制

---

① Gilbert L Mattos:《The Stone Drums of Ch'ın》,Nettetal Steyler Verlag-Wort und Werk.

度不朽,总要巩固某种社会关系或某个共同体的纽带,总要成为界定某个政治活动或礼制活动的中心,总要实现生者与死者的交通,或是现在与未来的联系。""中国艺术和建筑的三个主要传统——宗庙和礼器,都城和宫殿,墓葬和随葬品,均具有重要的宗教和政治内涵。这些建筑和艺术形式都有资格被称为纪念碑或是纪念碑群体的组成部分。"①

　　巫鸿还认为:在统治者野心蓬勃高涨的东周时期,丧葬建筑的宏伟程度迅速增加,诸侯们把高大的陵墓看成是个人的纪念碑。建台成为时尚,台越高,个人越觉得强大。我们从文献记载中可以了解到当时的众多大台,如魏王建中天台、齐景公建大台、卫灵公建重华台、晋灵公建九层台等。秦穆公给由余看宫室积聚,由余称"使鬼为之,则劳神矣。"可见秦国的宫殿之巍峨奢华。而后商鞅建冀阙,体现皇权,也是新型的纪念碑。他认为咸阳宫殿中有三组纪念碑,即:仿六国宫殿,十二金人、阿房宫。墓葬在东周末期也加大,向高发展,形成金字塔式的纪念碑建筑物。石碑在中国出现相当晚,原因是在这一特定时期,纪念碑式建筑才成为适当的宗教艺术形式。

　　以上说法虽不尽完善,但反映了当时政治思想发展的一定规律。需要进一步分析的是:春秋与战国时期的诸侯国关系及政治思想并不相同。作为宗周天子下属的诸侯国,春秋时期的各国公侯们主要目的是争霸,所谓"挟天子以令诸侯"。这时还残留着西周的传统贵族政治,还没有形成专制独裁的寡头统治。诸侯给自己大唱赞歌,宣扬功德,从而巩固个人统治地位的作法还没有条件流行。起码上面还有个名义上的周天子在。楚子发兵中原,观兵于周疆,问鼎轻重,便遭到周大夫王孙满的严厉驳斥,称:"天祚明德,有所底止。成王定鼎于郏鄏,卜世三十,卜年七百,天所命也。周德虽衰,天命未改。鼎之轻重,未

① 巫鸿:《中国古代艺术与建筑中的纪念碑性》,上海人民出版社,2009 年。

可问也。"①即其一例。

只有到了战国时期,随着七雄分立的强势,各国纷纷称王,不臣之心,并吞之意日益彰明。诸侯们争相显示实力,强化统治,企图统一天下。专制制度逐渐完善。这时,歌功颂德,大兴纪念的风气才有了合适的环境,并且逐渐出现了高台、大墓、金人、巨阙、刻石等具有纪念性的各种实体物质。

正如在上面介绍的巫鸿意见,树立纪念碑的思想应该是比较晚出现的。特别在秦国,应该是在秦孝公变法,国力强大后,诸侯敬畏,权位日尊,才会逐渐产生歌功颂德,传至久远的思想意识。《史记·秦本纪》中记载"(孝公)十九年,天子致伯,二十年,诸侯毕贺。"表明当时产生了可以扬威后世的强国成就,如果像其他从石鼓内容中去考查断代的作法那样,这一记载也可解释石鼓中关于"天子"、"嗣王"的说法。《史记·秦本纪》中还特别强调了在秦孝公十二年"作为咸阳,筑冀阙。"《史记正义》云:"刘伯庄云:'冀犹记事,阙即象魏也。'"《史记·商君列传》亦云:"于是以鞅为大良造。……居三年,作为筑冀阙宫庭于咸阳",《史记索隐》云:"冀,记也。出列教令,当记于此门阙。"象魏在古代文献中被明确定义为悬挂法令公告的门阙,如《周礼·天官·太宰》称:"乃县治象之法于象魏。"可见商鞅在秦国建筑这样的纪念性、公告性建筑是当时的一件重大事件,也应该是首次建立这样的纪念性、公告性建筑。由此,国家宣扬帝王威严、政权强力,树立纪念性标志与宣传物的作法会不断产生,而到秦始皇时则达到在各地刻石纪功的顶点。石鼓的产生因此也不会太早。将之看作秦孝公或秦惠文王以下时间段的产物或许是比较合理的。

石鼓除立丁陵墓前之外,或许还有可能立在苑囿所在,以纪念帝王的游览射猎活动。在雍城一带分布有秦国苑囿,如上述"北园"。从

---

① 周　左丘明等:《春秋左传正义》宣公三年,《十三经注疏》,中华书局,1980年。

史载及古代文赋记载可知,帝王射猎常是值得纪念的重大活动。汉代司马相如《子虚赋》、《上林赋》,扬雄《羽猎赋》等都歌颂了类似活动。赋中表现当时苑囿中建有离宫高台。石鼓也可能附属于离宫建筑。那么,它相应的时代也可能更为宽泛。当然,这也需要结合对秦苑囿遗址的进一步考察来加以佐证。

尽管确切的制作时间尚不得知,石鼓文也仍然是目前所知最早的专门纪念性石刻。它共有10件刻石,都是将铭文环刻在上圆下平,外形像馒头一样的石块上。每件上刻写一首四言诗歌,与《诗经》中的很多诗歌格律风格相似。按照我们上面的分类,这种石刻可以称作"碣",归入刻石一类。明代的郭宗昌首先将其更名为"石碣"。但是因为它的外形有些象鼓,被最早介绍它的唐代文人叫作"石鼓",流行开来,至今仍然被人们习称为"石鼓文"。

石鼓的出土发现时间现在已经不能确知了。唐代的《元和郡县图志》卷二天兴县条下记载:"石鼓文在县南二十里许,……贞观中,吏部侍郎苏勖记其事。"可见它是在唐代初年已经被人们发现介绍了。后来中唐时期的著名文人韦应物、韩愈等人分别作《石鼓歌》予以宣传,才使它被世人熟知。唐贞元年间,郑余庆在当地任官时将它们移置到凤翔夫子庙中保存。但是在五代时期战乱频繁,石鼓散落民间,无人过问,有的甚至被改凿成石臼使用。北宋时期,司马池就任凤翔府尹时,大力搜寻,才陆续找到9件,重新移放到府学中收藏。皇祐四年(1052),向传师找到缺少的最后1件,补足了10件原石。由于北宋文风大炽,皇室酷爱金石收藏,下令将石鼓运送到首都汴梁。大观年间(1107—1110),石鼓送到东京汴梁,先安放在国子辟雍,后又移入皇宫保和殿中。宋徽宗还专门命人用黄金填入字中,表示珍视,同时也说明不再复拓。因此,北宋拓本就十分罕见了。可是不久之后,金国攻入汴梁,将石鼓与北宋皇宫中的其他珍宝一起运到金国的燕京(今北京),并且剔掉字中的黄金,致使文字残损。以后历经元、明、清各个朝代,石鼓一直被保存在北京皇宫中。以后在抗日战争中石鼓与故宫珍宝一起流徙南方多地，保存完好，抗战胜利后运回北京故宫，现存故宫博物院。

由于历代捶拓，兼以风化，今日的石鼓文字已经残泐十分严重。第8鼓上已经无字可寻。据统计现在一共存有272字。所以，了解研究石鼓文的原貌必须依靠原石的早期拓本。其中最完善的是明代安国所藏北宋拓本三种，被后人分别称作："先锋"、"中权"、"后劲"本。用这3种拓本互相补充，一共可以看到501字。可见它是比较早的拓本。但近年也有人提出这3种拓本并非宋拓。北宋欧阳修撰写《集古录》时候所根据的拓本也只有465字。到了元代潘迪编写《石鼓文音训》时所能见到的拓本就只保存有386字了。现存石鼓文的拓本中，宋拓本有：天一阁本，藏浙江嘉兴天一阁，清咸丰十年（1860）毁于兵火。在此之前，乾隆年间（1736—1795），张燕昌摹刻天一阁本。阮元曾于嘉庆二年（1797）在杭州府学翻刻了天一阁本，后于嘉庆十一年（1806）在扬州府学翻刻了天一阁本。此外，徐渭仁，杨守敬，姚觐元等都翻刻过这个本子。十鼓斋本，即安国本，包括先锋、中权、后劲三种不同的拓本。道光年间，安国的后人分家，把这些拓本卖给天香堂。由沈梧收藏，民国初年卖给秦文锦。曾被艺苑真赏斋影印。后来秦文锦将这些拓本卖给日人三井的代理河井荃庐。

石鼓文的明代初年拓本，原为临清徐坊藏，民国初年卖到日本，有日本博文堂影印本，又有明代中后期拓本，又称黄帛未损本。原项氏天籁阁旧藏，后归刘鹗，以后也被卖给了日人中村不折。另有多种清代拓本。

石鼓文的存世翻刻本和仿造刻石很多。如宋代薛尚功《历代钟鼎彝器款识法帖》摹刻本、明代嘉靖年间杨慎的木刻本（函海本）、原在耀县文庙的明崇祯年间左佩玄刻木。最离奇的是清代乾隆御府重刻，不仅文字变形，而且做成鼓的外形，完全变样。另外，道光五年（1825），何绍业又用砖翻刻石鼓文，有310字。郭沫若在20世纪30年代曾根据安国拓本的照片撰写成《石鼓文研究》一书，并翻拍了拓本照片。郭氏所见照片据说是用刘体智藏甲骨拓本与三井的学术顾问河井氏交换阅读时拍摄。这批安国拓本现在仍保存在日本书道博物馆。

先秦时期的传世石刻中，讨论较多的还有3件诅楚文。（图126）

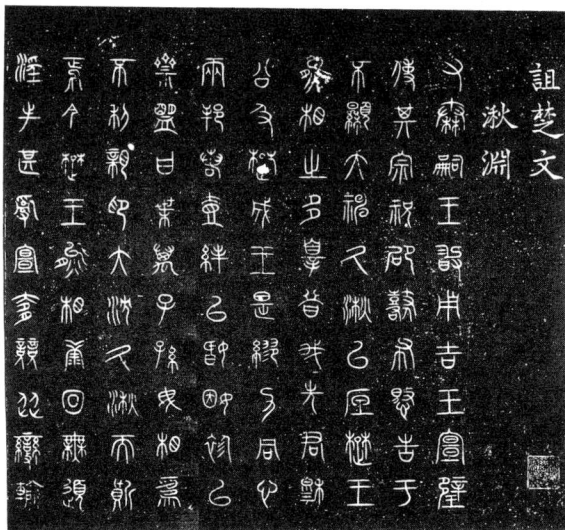

图126　秦诅楚文

诅楚文是秦王命令宗祝向神灵祷告，说明自己的正义赤诚，请求大神降祸于楚国军队的诅咒仪式用品。现在知道的3种诅咒文内容相同，只是神灵的名称不同，是向几个不同的山川神灵同时祈祷。根据文献记载，北宋时期，在陕西等地先后出土了《告巫咸文》，《大沈久（厥）湫文》（又称《祀朝那湫文》）和《亚驼文》3种石刻。但是这几件石刻原石在南宋时期都不知去向，只有根据当时拓本制作的翻刻本流传下来。3种石刻中，最先见于记载的是《告巫咸文》，在苏轼所作的《凤翔八观诗》中有《诅楚文》一诗，诗叙中记载："碑获于开元寺土下，今在太守便厅，秦穆公葬于雍橐泉祈年观下，今墓在开元寺之东南数十步，则寺岂祈年之故基邪？"诗中称："旧筑扫成空，古碑埋不烂，诅书虽可读,字法嗟久换。……质之于巫咸,万叶期不叛。"①当即《巫咸文》。从其称之为碑来看,我们怀疑苏轼所见已经不是先秦时期祈祷诅咒使用的石版形状了。说它与秦穆公墓有关也不对。所以苏轼所见是否是翻刻的碑石,尚待研究。以后,欧阳修的《集古录跋尾》、欧阳棐的《集古录目》、赵明诚的《金石录》等金石书中对《告巫咸文》都有所记载。赵明诚说它在大观年间被宋徽宗收入御府。《告巫咸文》全文326字,其中34字已经漫灭不存。《大沈久(厥)湫文》也见于欧阳修的《集古录跋尾》、欧阳棐的《集古录目》、赵明诚的《金石录》等金石书记载。《宝刻丛编》中记载叶梦得的有关记载说:"治平中,渭之耕者得之于朝那湫旁。熙宁初,蔡挺子正为渭帅,乃徙置郡廨。""厥湫"系指湫渊。《史记·封禅书》中记载秦代祭祀天地名山大川鬼神时提到"湫渊,祠朝那。"集解注云:"苏林曰:湫渊在安定朝那县,方四十里。"《大沈久(厥)湫文》现存318字。而姚宽的《西溪丛语》记载:"秦誓文有三本传于世,岐阳告巫咸,朝那告大沈,要册告亚驼。岐阳之石在凤翔府署,朝那之石在南京蔡挺家,亚驼之石在洛阳刘忱家。"要册是甘肃正宁县东的一个地名。《新唐书·地理志》宁州彭原郡真宁县有"要册湫"。裘锡圭曾经考证要册出土的《亚驼文》。认为:"亚驼"应读为"虖池",即滹沱。但所指并非晋之虖池。汉代以前,在今甘肃泾川到正宁一带,应该有一条河流也叫虖池。西汉末年改为安民县的呼池苑即因此得名。亚驼应该就是这条河的水神。②《亚驼文》现存325字。郭沫若在《诅楚文考释》中则认为《亚驼文》是宋人根据《巫咸文》和《大沈久(厥)湫文》伪造的。

由于这三件刻石的原石在南宋后不知去向。现在只有一些翻刻本拓本存世。如汝帖、绛帖等。常用的比较好的本子是元代至正年间的刊本,1944年吴公望将其影印为《秦诅楚文》一书。郭沫若认为这

---

① 宋 苏轼:《苏东坡全集》前集卷一,中国书店,1986年。
② 裘锡圭:《诅楚文"亚驼"考》,《文物》1998年第4期。

个刊本应该是根据拓本翻刻,而"原拓本可知当是宋拓,但也不是原石原拓,而是摹刻的拓本",只是"文字完整且没有十分脱掉原样"①。

关于诅楚文的时代,宋代欧阳修等人认为是作于秦惠文王时。主要是从文中所说"背十八世之诅盟。"一句去推算。楚怀王十六年(前313),楚怀王受到秦使张仪欺骗,与齐国断交,但当楚国派使节去接收秦国答应给楚国的土地时,秦国背约不给。楚怀王发兵攻打秦国,秦惠文王后元十三年,即楚怀王十七年春天(前312),在丹阳被打败。楚怀王大怒,动员全国军队去攻打秦国。使秦国十分恐惧,诅楚文当作于此时。这个说法比较合理。存在异议的主要是对十八世的计算上。欧阳修以及董逌,元代周伯琦,清代叶奕苞等曾从楚国世系计算,认为是楚国的顷襄王时。但宋代的姚宽就指出,这时楚国国力已弱,连首都郢城都被秦国占领,秦国怎么会惧怕楚国,求神护佑呢?

唐兰从秦世系计算,认为是秦武王元年(前310)。说"惠文即位时不称王,不得称嗣王。从穆公到惠文十七世,和文中十八世也不合。"②而郭沫若曾引《礼记·曲礼》"践阼临祭祀,内事曰孝王某,外事曰嗣王某。"认为当时"惠文王已称王,(称王于前元十三年,前325年)有事告上帝鬼神而称嗣王,正合古例。"③陈伟等人也举例说明古代可以把当时的国君也算作一世。④

姜亮夫则认为当朝的国君不算,所以认为是秦昭襄王时。但是他的推算却脱漏了秦武王,所以并不合理。⑤

孙常叙在1978年发表了《秦公及王姬钟镈铭文考释》,涉及诅楚文的年代问题。他提出把公和世看做是两个不同的序列。公是计算

① 郭沫若:《诅楚文考释》,科学出版社1982年。
② 唐兰:《石鼓年代考》,《故宫博物院院刊》1958年第1期。
③ 郭沫若:《诅楚文考释》,科学出版社,1982年。
④ 陈伟:《诅楚文时代新证》,《江汉考古》1988年第3期。
⑤ 姜亮夫:《秦诅楚文考释》,《楚辞学论文集》,上海古籍出版社,1984年

先公的谱系,如秦公钟把不享国的静公也列入先公谱系中。而《史记
十二诸侯年表》论世系时,就不计入不享国的静公和夷公。"这是因为
论公与论世是两个体系。先公谱是称公者必录,世系是即位为君才能
算数。"①陈昭容认为"这是近代对诅楚文时代的问题最具突破性的看
法。"有力地支持了诅楚文作于秦惠文王时代的论点。

　　这类专门用于祈祷祭祀的石质器物,是值得注意的宗教性实用石
刻。在秦国地域内,近年还发现了两件《华山玉版》。李零定名为《秦
骃祷病玉版》,王辉定名为《秦曾孙骃告华太山明神文》。这两件器物
没有明确的出土记录。属于私人收藏。原物曾经请中国历史博物馆
史树青、北京大学考古系高明和故宫博物院金运昌审看。三位先生还
做了初步的释文。高明又介绍李零看了这件器物,并且由李零做了专
门的考释,发表在《国学研究》第六卷上。以后,王辉也有专门考释文
章,发表在《考古学报》2001 年第 2 期上。学者们的普遍意见认为这
两件器物是秦国的实物。根据审看者的记录,两件玉版都是用墨玉制
成,玉质属于蛇纹岩。一件完整,另一件自上方三分之一处断折。完
好的一件,为长方形,长 23.2 厘米,宽 4 厘米,厚 0.5—0.7 厘米。板
材切割不尽整齐,上薄下厚,左右边缘大体平直,左上、右上两角都被
切去。版面留有红、黑两种痕迹,红的可能是朱砂,可能是先书写后再
刻写,也可能是由于另一块玉版的叠压而粘附的。黑斑是粘附的物
质。正反两面都有铭文。正面是刻铭,背面是朱书,字迹被一层水垢
覆盖,不能清晰释读。断裂的一件,形制与完整的一件相同,但全部是
朱书,可以释读。两版的文字内容相同,合并两种铭文,一共有 287
字,重文 7 字,合文 4 字。

　　由于《诅楚文》原石早已经遗失。这两件祭华山玉版是当前唯一
的秦国祭祀祈祷时使用的实物。它正说明了在秦国时曾经流行过在
祭祀山川神祇时要使用石刻(或者写在石板上的)祈祷盟誓铭文的习

---

① 　孙常叙:《秦公及王姬钟镈铭文考释》,《吉林师大学报》1978 年第 4 期。

俗。把它埋在山上或者投入水中,作为向神祇通报的专用文书。这类
石刻的形制应该是一件长方形的石板,或者圭首形的长板。模仿日常
使用的简牍以及玉圭。与之相近似的祭祀用品,在考古发掘中还有过
多次重大发现。例如在山西侯马出土的大量盟书,在河南温县发现的
大量盟书,都是春秋战国时期诸侯大夫们进行盟誓祭祀时埋下的祭祀
用品。1965 年出土的侯马盟书,是春秋末年的晋大夫盟誓用品。里面
有赵、中行等晋大夫的姓氏。大约有 5000 多件。分为石质,玉质两
种,用朱砂和墨书写。形状有多种,以圭形,半圭形最多,也有用不规
则的废玉料书写的,最大的可到 32 厘米长,一般是 18 厘米左右。① 根
据考古发掘,盟誓埋坎,挖掘的坑大小约在 1 米以下,一般 30—50 公
分长。除埋有盟书之外,还随葬有玉器等。(图 127)

图 127　侯马盟书

---

①　山西省文物管理委员会:《侯马盟书》,文物出版社,1976 年。

　　温县盟书 1979 年在河南温县的考古发掘中出土,至今还没有整理完毕。它也是春秋末年的晋大夫盟誓用品。有 10000 多片。在 1949 年前当地也出土过类似的物品。旧称沁阳盟书①。从侯马盟书和温县盟书大多采用朱砂书写的情况来看,这时还没有普遍采取刻写文字的作法。可能是书写比较便利,或者使用朱砂具有诅咒方术的意义。也许当时石刻技术还不是很普及。另一种看法就是中国古代对石材的加工使用技术源于玉加工技术,更多地采用琢磨,而不是雕刻。大量盟书的形制就采用了玉器的外形。可能受到当时雕刻工具的硬度限制,不宜在玉石上刻写,所以没有普遍使用雕刻文字。

　　附带提及,古人祭告山川,有以玉质版书写祝文的传统,延续持久。祭祀玉版有些的形制类似木简,有些类似木牍,有的仅一枚,有的将多件玉简编成玉册。现在可知者有历代封禅所用玉册,如《史记·封禅书》和《续汉书·祭祀志上》等文献中记载的封禅用品。史载,古代帝王中曾有六人进行过封禅大典。现存的有关文物只有台北故宫博物院所收藏的 1931 年在山东泰安蒿里山出土的唐玄宗和宋真宗禅地使用的玉册。册出五色祭坛中,编以金绳,盛以玉匮,封以玉检。唐册为 15 枚,刻字填金,白色大理石制。宋册为 16 枚,刻字填金,用白色闪玉制成。这些玉册长度都是当时的一尺,约 30 厘米长。其形制与近百年来考古发掘中出土的古代帝王哀册相似,如陕西临潼唐惠昭太子墓,北京丰台史思明墓,江苏江宁南唐钦陵等墓葬中出土的玉质哀册。另一种是与道教仪式有关的投龙简。质地有金、玉等,同时使用的还有金龙、玉璧等。沉埋于高山大川。现在发现的有在嵩山发现的武则天祈天金简,存河南博物院。

　　华山玉简的铭文字体比较草率,但是文字的结构与我们已经见到

---

① 　河南省文物考古研究所:《河南温县东周盟誓遗址一号坎发掘简报》,《文物》1983 年第 3 期;李学勤:《侯马温县盟书历朔的再考察》,《华学》第三辑,紫禁城出版社,1998 年。

的其他秦文字相同，没有特殊的变化。铭文基本可以通读，文义也比较明了。文中用韵，转折跌宕，具有自《诗经》至《石鼓文》以来的文体传统。文字形体中虽然还保留一些秦籀的写法，但是已经很接近现在可以见到的秦代文字，如睡虎地秦简、放马滩秦简等。所以从现在发表的释文来看，在释读上问题不太大。只是在部分文字的解读上存在着一些不同看法。这里以李零的释文为主，个别字的释文做了改动。

> 有秦曾孙小子骃曰：孟冬十月，厥气败凋。余身遭病，为我戚忧。辗转反侧，无间无瘳。众人弗知，余亦弗知。而靡有息休。吾穷而奈之何，咏叹忧愁。周世既没，典法散亡。惴惴小子，欲事天地、四极、三光、山川、神祇、五祀、先祖，而不得厥方。牺牷既美，玉帛既精，余嗣子厥惑西东若蠢。东方有土姓，为刑法氏，其名曰陉。洁可以为法，□可以为正。吾敢告之，余无罪也。使明神知吾情。若明神不□其行，则无罪□宥刑。坚坚烝民之事明神，孰敢不敬。

> 小子骃敢以介圭，吉璧吉钮，以告于华太山。太山有赐。八月己巳，腹心以下至于足骨之病，能自复如故。□□用牛牺贰，其齿七；饮七卮，及羊、豢、路车四马，三人壹家，壹璧先之。□□用贰牺、羊、豢，壹璧先之。而祠华太山之阴阳，以通攸畚。攸畚□□，其□□里。世万子孙，以此为尚。后令小子骃之病自复。故告大壹，大将军，人壹□，□王室相如。①（图 128）

有人曾认为秦骃是秦惠文王。根据《史记·周本纪》的记载，"（周赧王五十九年）周君、王赧卒。……后七岁，秦庄襄王灭东周，东西周皆入于秦，周既不祀。"这样，如果用周赧王去世作为周世灭亡的标准，则这件铭文应作于秦昭襄王五十二年（周赧王五十九年，前255）以后。如果以东周国灭亡作为标准，则这件铭文只能作于秦庄襄

① 李零：《秦骃祷病玉版的研究》，《国学研究》第六期。1999年。

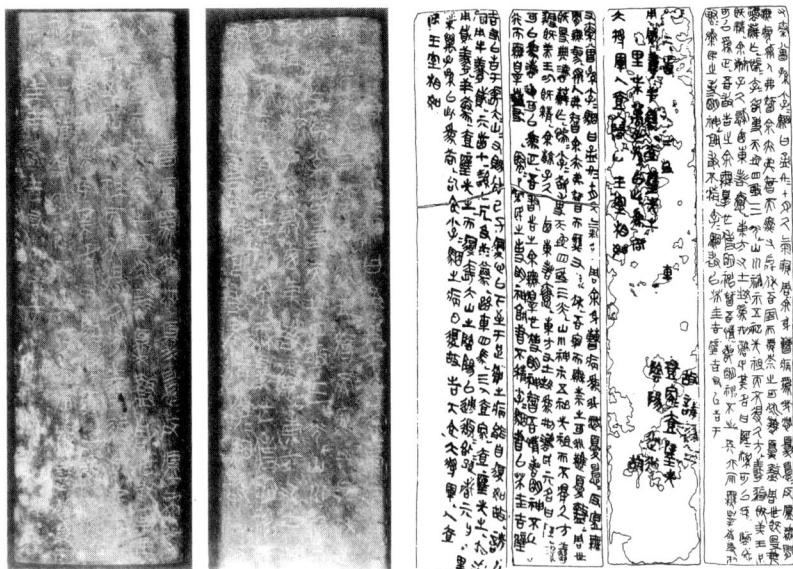

图 128　华山玉版

王元年(前 249)以后了。不论那一种标准,与秦惠文王都没有关系。那么,可不可能"周世既没"是指西周王朝的灭亡呢? 似无可能,西周、东周只是后代的划分。周室东迁后,各诸侯国仍然以周室为天子,周王朝的名义一直延续下来。而且华山一带,原为晋国,后来为魏国的属地。虽然秦曾进军至华山,见《史记·秦本纪》:"武公元年,伐彭戏氏,至于华山下"。但直至秦惠文王六年(前 332)"魏纳阴晋,阴晋更名宁秦"①以后,华山才纳入秦国的领土。在此之前,秦人恐怕无缘去祭祀华山。

　《山海经·西山经》对于华山的记述颇可参考,云:"凡西经之首,自钱来之山至于騩山,凡十九山,二千九百五十七里。华山冢也。其祠之礼:太牢,羭山神也,祠之用烛,斋百日,以百牺,瘗用百瑜,汤其酒

---

① 见汉　司马迁:《史记·秦本纪》,中华书局,1959 年。

百樽，婴以百圭百璧。其余十七山之属，皆毛牷以一羊祠之。"①由此可见，华山在西北诸山中的地位是非常高的，在秦占有这个地方以前，用太牢去祭祀华山似乎已是一种定例。

这件铭文中记录小子骃祭祀华山以求辟除疾病时，使用了二太牢。其说与文献记载相近。"路车、驷马"当亦用于祭祀。《史记·封禅书》云："自华以西，名山七，名川四，曰华山、薄山……亦春秋泮涸祷塞，如东方名山川，而牲牛犊牢具圭币各异。……陈宝节来祠，其河加有尝醪。此皆在雍州之域，近天子之都，故加车一乘，駵驹四。"可见汉代形成制度的祭祀用品是在秦代以及先秦的传统基础上确定的。

李零认为铭文中"东方有土封"一段，是指杜伯神。土读作杜，文意可通。然而在地理位置上不好解释。《史记·封禅书》云："而雍菅庙亦有杜主。杜主，故周之右将军，其在秦中，最小鬼之神者。"索隐云："案，《地理志》杜陵，故杜伯国，有杜主祠四。《墨子》云：周宣王杀杜伯不以罪，后宣王出于圃，见杜伯执弓矢射，宣王伏弢而死也。"正义云："《括地志》云：杜祠，雍州长安县西南二十五里。"关于杜伯的记载比较清楚，他是封国在西周国都附近的小臣。周室东迁，这个地区归属秦国，所以称，其在秦中，应该是秦地历史悠久的地方神。秦人对其应有明晰的认识。而这里说的是祭祀东方的华山地区神，似与杜伯无关。

如前所述，这件玉版的制作时间应该是秦昭襄王五十二年（前255）以后。根据铭文描述的整个祭祀情况来看，秦小子骃的身份很高，口气类似帝王。而可供选择的秦王只有三人，即秦昭襄王、秦孝文王、秦庄襄王。但是他们的名字据《史记·秦本纪》索隐中记载，依次为：则（一名稷），柱与子楚，却都与骃不符。虽然《史记》及索隐等文献记载的先秦人物名字多不可确证，有些与出土文物上的记录不符，

---

① 袁珂：《山海经校注》，上海古籍出版社，1980年。

如楚国诸王姓熊而楚器上皆作酓,山西曲村出土晋国铜器上的王名与
《史记·晋本纪》等记载亦不相符……。但是我们也没有更多的证据
可证实骊为哪一个秦王。从其经历推测,孝文王仅在位一年,“十月己
亥即位,三月辛丑卒。”与铭文中前一年十月患病,次年八月痊愈的记
录不符,如非其即位前的活动,似可排除是孝文王在位时所作。也可
能小子骊是王子或皇族身份。但王子是否能以如此规模去祭祀华山,
也是一个尚待确认的问题。限于材料,小子骊的确切身份现在只好阙
如了。

　　关于这两件玉版的时代,研究者们的意见出入不大,大都认为是
秦昭襄王灭西周公(昭襄王52年,前255)至秦始皇统一前。李零更
确定为前256至246年秦始皇即位前的十年里。其根据自然是铭文
中“周世既亡”的记载。《史记·秦本纪》(昭襄王)“五十二年,周民东
亡。其器九鼎入秦。周初亡。”

　　王辉根据文字的一些写法,如“罪”,以及称民不称黔首,不避正字
讳的情况判定它不会晚于秦统一后①。这一年代是可以确定的。但
这里称民的说法不能为据,因为黔首只是对平民的称呼。贵族不会自
称黔首。何况是对上天的自称。

　　除上述石刻材料之外,还有一些传世石刻被历代金石著录作为先
秦石刻收录。常见的有:岣嵝碑、坛山吉日癸巳刻石、比干墓字、吴季
子墓碑、红崖刻石、锦山摩崖等等。这些石刻的情况比较复杂,其中有
后代的铭刻,有岩画遗迹,还有的尚待考证与确识。

　　岣嵝碑是比较著名的石刻,据说原石在湖南衡山岣嵝峰,共计77
字。原石已佚。现在陕西西安碑林、浙江绍兴、河南开封禹王台等很
多地方都有它的摹刻本。但是它被著录的时间较晚,宋代的《金石
录》、《集古录》等书中都没有著录。直至明代杨慎、郎瑛、沈溢等人才
做有释文传录,并认为它是大禹留下的刻铭。其实这种说法与其释文

---

① 　王辉:《秦曾孙骊告华大山明神文考释》,《考古学报》2001年第2期。

均不可信，毫无根据。查夏禹刻石一说，出自唐代诗人韩愈、刘长卿等人的诗句，亦属附会。如韩愈诗云："岣嵝山尖神禹碑，字青石赤形模奇。"但是他又说："道人独上偶见之，我来咨嗟涕涟洏。千搜万索何处有？森森绿树猿猱悲。"①可见韩愈也并未亲自看到原石。叶昌炽在《语石》中已经提出岣嵝碑"实道家之秘文。"从现有摹刻本中看来，它上面的所谓文字形状大小不一，极其像图画象形的变形，也有些地方像唐宋道家书写的符箓。根据近年在西南等地发现的岩画遗存以及巴蜀兵器、青铜器等器物上的巴蜀文字符号来对照，这些图形文字很像是古代岩画遗存或者巴蜀先人留下的文字刻记。（图129）

图 129 岣嵝碑

曹锦炎曾经在综合比较各种拓本与有关古文字材料的基础上对岣嵝碑文做出了新的解释。他认为岣嵝碑是越王朱勾为王太子时刻写在衡山碧云峰的。刻石时间为公元前456年，刻石内容为祭祀南岳衡山②。虽然由于缺乏原石拓本，只能根据后代变形了的摹刻加以推

① 见《全唐诗》卷三三八，中华书局，1960年。
② 曹锦炎：《岣嵝碑研究》，《文物研究》1988年第5期。

论,从而使得一些释读的证据略显不足。但是这种考释方法确实是一种具有突破性的创见。如能确立,将会对越国历史的研究产生重大的影响。

坛山刻石"吉日癸巳"四字,原来刻在河北赞皇县坛山上。宋代嘉祐四年秋被发现。欧阳修在《集古录》中引用《穆天子传》的记载将其判断为周穆王时期的刻石。而北宋末年的赵明诚就对这种说法表示怀疑。从现存拓本来看,它的字体应该在篆隶之间,属于秦汉时期的遗物,与周穆王并无干系。

比干墓字,原载《隶释》。根据《水经注》记载:"殷大夫比干冢前有石,隶题:殷大夫比干之墓。传为孔子书。"根据北京大学图书馆所藏该石拓本,可见其字形为方形隶书体,属于比较晚的汉晋隶书,显然不是孔子时期的字体。应该是时人附会之词。宋代娄机在其《汉隶字源》一书中已辨其谬。(图130)

图130　比干墓字

吴季子残碑本在江苏江阴县,原石久佚。唐代开元中(713—741)唐玄宗敕令殷仲容摹刻,以后在唐大历十四年(779)和宋崇宁元年(1102)又两次重刻。但是现在均已不存。拓本存全文为:"乌乎有吴延陵君子之墓"根据拓本来看,其字形也不是春秋时期流行的六国古文,而接近于汉唐时的古文写法。应该不是春秋时期的刻石。

红崖刻石发现于明代初年。它位于贵州关岭县南龙爪树后的晒甲山上，占有宽达 10 米，高 6 米的一片山崖，共有 40 多个字（或者图形）。文字参差不齐，大小不一。最大者有 1 米以上，最小者仅 20 多厘米。最为奇怪的是近前观察并无斧凿痕迹。所以它到底是什么内容至今尚无定论。明代嘉靖年间（1522—1566）邵元善在《红岩》一诗中首先介绍了它的存在。但是直到清代中期才有人认真捶拓了它的拓片，而后清嘉庆年间（1796—1820）翁方纲又做了缩小的摹刻。张介侯把它看作殷商时期殷高宗伐鬼方的遗迹，所以称之为"伐鬼方刻词。"有人又称之为"三危禹迹"、"苗文古书"、"诸葛南征刻图"等。近来较多的人认为它是诸葛亮南征时的石刻，还有人认为是明代建文帝太子的刻铭。但是这些说法多属附会，没有多少可靠的证据与合理的释文。这件石刻甚至引起外国学者的兴趣，如法国人柏茹雷等就认为它"含有绝对之神秘性"。但是也有人否定这件刻石是人工制品，认为是天然生成的石花。而从现存缩刻本的拓片上看，它很可能也是岩画的遗存。

朝鲜锦山摩崖为清末发现传世。时人认为它是商代箕子东渡后留下的遗文，恐怕亦属附会之言。

第二节　秦代与西汉的石刻

秦代统一后，开创了前所未有的高度专制集权大帝国。从此，宣扬帝王的至高无上权威与伟大功绩，并且力图将其专制统治传至千秋万代，就成为帝王的首要任务，并将之宣传为整个社会的普遍愿望。为此目的，当时人们会把对神灵的崇拜与对帝王的崇拜相结合，给全民印下"天赋君权"的意念。具体的物化表现就是在全国各地树立刻石。秦始皇巡游各地，祭天封禅，是树立帝王的至高无上权威，稳定政权的重大措施。树立刻石则是将这一努力通过神人合一的宗教与政治宣传手段落实下去的最好手段。秦刻石便在这种形势下诞生。

　　现知的秦代石刻，主要是秦始皇巡游天下时所立的刻石，包括峄山、泰山、之罘、东观、琅琊、碣石、会稽等 7 处。各石的铭文内容及立石经过，在《史记·秦始皇本纪》以及《史记·封禅书》中有详细记录。在秦始皇二十八年（前 219），秦始皇出巡东方，登上峄山（今山东省峄县境内），树立峄山刻石，然后登泰山，立泰山刻石。再东去海边琅琊（今山东省胶南县境内），立琅琊台刻石。以后还立有山东境内的芝罘、东观，北方的碣石与南方的会稽等处刻石。除去峄山刻石外，其他六件刻石的铭文都被司马迁记录在《史记·秦始皇本纪》里。但据容庚核对，认为史记中的记载有些与原刻石不完全一致，如琅琊台与碣石刻石。有人认为秦二世也曾经立石题记，而根据《史记·秦始皇本纪》"二世东行郡县，李斯从，到碣石并南海，至会稽，而尽刻始皇所立刻石。石旁著大臣从者名，以章先帝成功盛德焉"的记载来看，可能二世只是在始皇所立刻石上加刻文字，并未再立新石。

　　经过历代风雨，秦代刻石现在几乎全部损毁，得以保存残片的仅有泰山刻石（基本是秦二世元年的补刻）、琅琊台刻石等。这 7 件刻石的传留情况如下：

　　峄山刻石在唐代已经有枣木翻刻本，但是原石早就被毁坏。宋代淳化四年（993）八月，郑文宝根据南唐文字学家徐铉的摹本重新刻石。现在这件石刻还保存在西安碑林。并有多种翻刻本。（图 131）

　　据《泰山志》等文献记载，泰山刻石也很早就残毁了。宋代大观年间（1107—1110）刘岐做了拓本，据说当时的拓本存有 223 字，虽然刻石有残毁，但是铭文首尾完整。刘岐的《泰山秦篆谱》中记载："今以大观二年春登泰山。……徘徊碑下，其石埋植土中，高不过四五尺。形制似方而非方。四方广狭不等。因其自然，不加磨礱。……盖四面皆有刻字。总廿二行。行十字。从西南起，以北东南为次。"①董逌

---

① 见明　汪子卿《泰山志》，原国立北平图书馆四库善本丛书 396 册，国家图书馆出版社，2013 年。

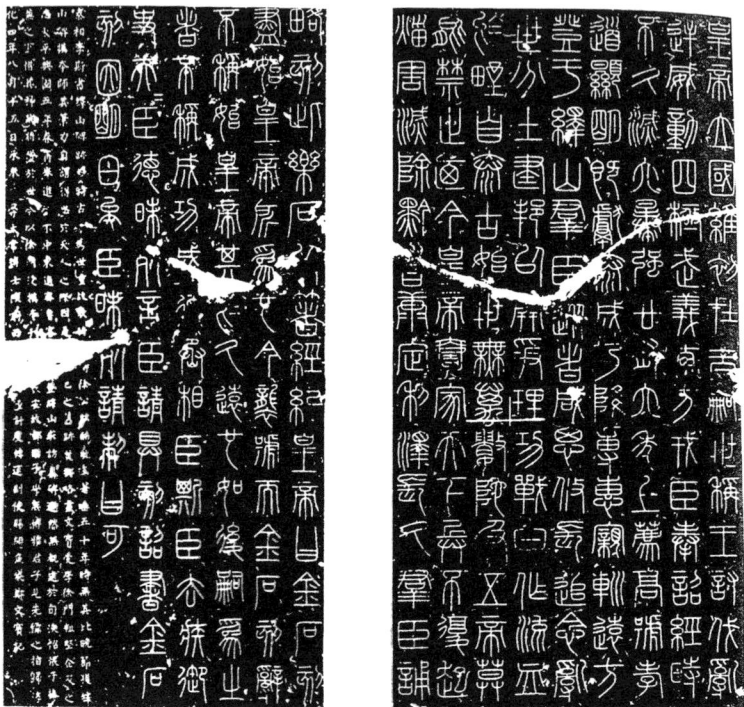

图 131　秦峄山刻石（宋代复制本）

《广川书跋》中记载："余至泰山，视其石，高才八九尺，方面二尺余。"①
容庚则结合拓本情况认为：始皇诏自东面起，南、西，二世诏在北②。
而后刻石的情况就不太明确了，这件拓本以后也遗失了。直到明代万
历年间（1573—1619），许延年在泰山上重新发现部分断石。主体已经
遗失，只保存了四行，29 字。这件残石当时保存在泰山顶上的碧霞宫。
乾隆五年（1740），碧霞宫火灾，这件刻石也不明去向。直到嘉庆二十
年（1815），蒋因培等人在泰山玉女池寻访到两片泰山刻石的碎石，上

---

① 宋 董逌：《广川书跋》，津逮秘书本。
② 容庚：《秦始皇刻石考》，《燕京学报》第 17 期。

面只有 10 字,就保存在东岳庙的宝斯亭。道光二十年(1840),庙墙与亭子倒塌。道人刘传业将这些碎石移到山下的道院,其间又损坏了一个字,就是现在见到的"泰山九字"。现存泰安岱庙内。现存宋代拓本两种,均在日本。一本为中村不折在 1940 年购买去。还有明末清初的拓本,清代拓本和翻刻本多种。

琅琊台刻石,《山左金石志》载:"台上有神祠,祠垣南隅此石在焉。以工部营造尺,下宽六尺,中宽五尺,上宽三尺,顶宽二尺三寸,南北厚二尺五寸。成圭角形。"①这件刻石在明代已经开裂,清代初年裂缝加大,当时的拓本尚存十三行,86 字。嘉庆年间,宫懋让用铁箍保护。至光绪年间,因无人照管,铁箍锈烂,刻石散裂丢失。直至民国十年,山东省教育局保护古物,命县视学王培裕去搜寻,找到部分碎石,第二年又得到其余碎石,拼合后保存在山东教育局古物保存所。1959 年由中国历史博物馆收藏。现存十三行,86 字。有明末清初拓本,以及清代不同时期的拓本多种。实际上,唐代封演的《封氏闻见记》中记载:"邑人不堪供命,野火焚之。……有县宰取旧文勒于石碑之上,凡成数片。征之须即拓取。"②如果这些记载属实,那么这一刻石已经是唐代的复制品了。

之罘、东观、碣石三件刻石早已遗失,也没有拓本。会稽刻石则尚有清代翻刻本。

容庚在总结了有关秦刻石的材料后,得出过几条结论:刻石文押韵已四声分用。琅琊台刻石只史记记载的第一段铭文以及从臣十人的姓名。惟秦王以下二十字与议于海上曰以下一段为刻石未有。史记的碣石颂文前缺少一段,应该是缺三十六字。今本的碣石刻石是钱泳伪作。泰山刻石的二十九字是翻刻本。③ 以上意见可供研究了解

① 清 毕沅、阮元:《山左金石志》,小琅嬛仙馆自刻本。
② 唐 封演:《封氏闻见记》,中华书局,1994 年。
③ 容庚:《秦始皇刻石考》,《燕京学报》第 17 期。

秦刻石时参考。

秦刻石的众多摹本书体与秦人原刻相差甚远,缺乏秦篆韵味。明代杨士奇评价当时所见峄山刻石的摹刻本,认为长安第一、绍兴第二、浦江郑氏第三、应天府学第四、青社第五、蜀中第六、邹县第七。现见长安摹本的笔画尚且软弱无力、过度规整,其余各本可想而知。

长安翻刻本的峄山刻石铭文为:

> 皇帝立国,维初在昔,嗣世称王。讨伐乱逆,威动四极,武义直方。戎臣奉诏,经时不久,灭六暴强。廿有六年,上荐高号,孝道显明。既献泰成,乃降専惠,亲巡远方。登于峄山,群臣从者,咸思悠长。追念乱世,分土建邦,以开争理。攻战日作,流血于野,自泰古始。世无万数,陀及五帝,莫能禁止。廼今皇帝,壹家天下,兵不复起。灾害灭除,黔首康定,利泽长久。群臣颂略,刻此乐石,以著经纪。
>
> 皇帝曰:金石刻尽始皇帝所为也。今袭号。而金石刻辞不称始皇帝,其于久远也。如后嗣为之者,不称成功盛德。丞相臣斯、臣去疾、御史大夫臣德昧死言:臣请具刻诏书金石刻。因明白矣。臣昧死请。制曰:可。

其他的刻石内容与此有些出入,但大致相似。同样是歌颂秦始皇统一的功绩。

对秦代石刻的研究,主要集中在秦始皇统一后巡游各地及其政治措施的历史研究与秦代文字形体研究等方面。尤其是秦代石刻文字,在中国古文字演变的过程中具有承上启下的珍贵参考资料价值,表明了从篆书、古文向隶书转变这一重要阶段。

秦代以后,使用石刻的现象越来越多,文字石刻开始进入到建筑石材与日常实用等方面。西汉时期的文物遗存中,艺术石雕与文字石刻都有所显现,从而开创了古代中国大量使用石刻的历史。

现存陕西省茂陵的西汉霍去病墓前石雕群是罕见的西汉大型艺

术石刻,从中可以看出当时人们的石雕技艺已经达到了很高的水平。如马踏匈奴、石虎、石象等大型雕刻,表现出了高度概括的艺术造型能力,并且能纯熟地运用圆雕、浅浮雕、线刻等多种加工表现手段。这些艺术成就在西汉的瓦当、砖画、陶俑等出土文物中也能看到。但是,在西汉仍然没有较多的形成定式的文字石刻出现,甚至连石鼓文、秦刻石那样的石刻也没有发现。欧阳修曾认为:"至后汉以后始有碑文。欲求前汉时碑碣,卒不可得。"他编集的《集古录跋尾》中就没有收入任何西汉石刻文字。稍后的赵明诚《金石录》中也仅收入上谷府卿坟坛、祝其卿坟坛等几种西汉石刻,而且其中建元三年郑三益阙文一石刻还很难确定为西汉之物。针对此石,叶昌炽在《语石》中指出:"刘聪、苻坚皆以建元纪年,未必为汉石也。"历代金石著录中收集的西汉石刻均十分稀少。后来的考古发现也比较罕见。

至 20 世纪 70 年代止,可以确定为西汉时期(包括新莽)的石刻仅有 10 余种,其中大多为传世品,包括有:1957 年在陕西省兴平县茂陵发现的霍去病墓前石雕刻文"左司空"、"平原乐陵宿伯牙霍巨孟"2种,文字雕刻在艺术石雕上,可能是当时建筑陵墓雕刻石像的有关官吏或工匠的刻名。

在今河北省永年县水合乡吴庄朱山上发现的西汉文帝后元六年时(赵王刘遂廿二年,158)的石刻"赵廿二年八月丙寅群臣上寿此石北",是一件长方形条石,像是建筑物的构件,清代道光年间(1821—1850)由时任广平太守杨兆璜寻访发现。以前有人认为它属于十六国后赵或战国时期赵国的刻石,但从字体来看均难以成立。1942 年在山东省曲阜县汉灵光殿遗址出土的西汉鲁国石刻"鲁六年九月所造北陛"、"六五乙"2 种,刻于建筑石料块石上。清代嘉庆十一年(1806)阮元在江苏省江都甘泉山发现的西汉广陵国石刻"中殿第廿八"、"第百□□"2 种,同样刻于块石上。清代学者如阮元、江藩等多认为此石是西汉广陵厉王刘胥的宫殿建筑用石。

相传清代道光年间(1821—1850)在四川省巴县出土的石刻"地节

二年正月巴州民杨量买山值钱千百作业示子孙永保其毋替。"原石已佚。有人，如赵之谦在《补寰宇访碑录》中认为它是伪刻。但是其字体与西汉时期简牍等文字材料中的隶书写法相似，应该不假。金代明昌二年（1191）重修曲阜孔庙时在鲁灵光殿基遗址西南30步太子钓鱼池发现的石刻"五凤二年鲁□□四年六月四日成"，刻于长方形石件上。（图132）清代同治九年（1870）在山东发现的石刻"河平三年八月丁亥平邑□里麃孝禹，"为长方形圆首小碑形，正面分三行，左右两行书写铭文。由此形制与铭文推测，它可能属于坟坛或神位一类的纪念石刻，甚至可以把它看做是东汉时期盛行的墓碑先声。该石原所在地不详，宫本昂刻跋说得自平邑。徐森玉怀疑其出自山东费县的平邑集。现藏山东博物馆。（图133）类似的还有相传原在孔子墓前的西汉石刻："祝其卿坟坛居摄二年二月造"、"上谷府卿坟坛居摄二年二月造"，为长方形石件。这是最早介绍的两件西汉石刻文字，首见于北宋《金石录》。现存曲阜孔庙。清代嘉庆二十二年（1817）在山东省邹县峄山西南10多公里的卧虎山发现一件新莽石刻。铭文为"始建国天

图132　西汉五凤刻石

图 133 西汉麃孝禹刻石

凤三年二月十三日莱子侯为支人为封使者子食等用百余人后子孙毋坏败",外形为长方形、上端微圆。这是一件记录莱子侯为宗支亲属们设立封域的记录。(图 134)前人多认为它是封墓的刻石。我们认为它可能是将土地财产分割后设立地界——"封"的标记。《周礼·地官·封人》"为畿封而树之"疏云:"畿上皆为沟堑。其土在外面为封,又树木而为阻固"。"汉时界上有封树"。显然当时封是地界的专用名词。文中"后子孙毋坏败"的套语也与巴州民杨量买山刻石中"子孙永保其毋替"的套语相似,可见它们是形制相近同的一类石刻。作用类似后来的地界石。①

——————————

① 参见徐森玉:《西汉石刻文字初探》,《文物》1964 年第 5 期。

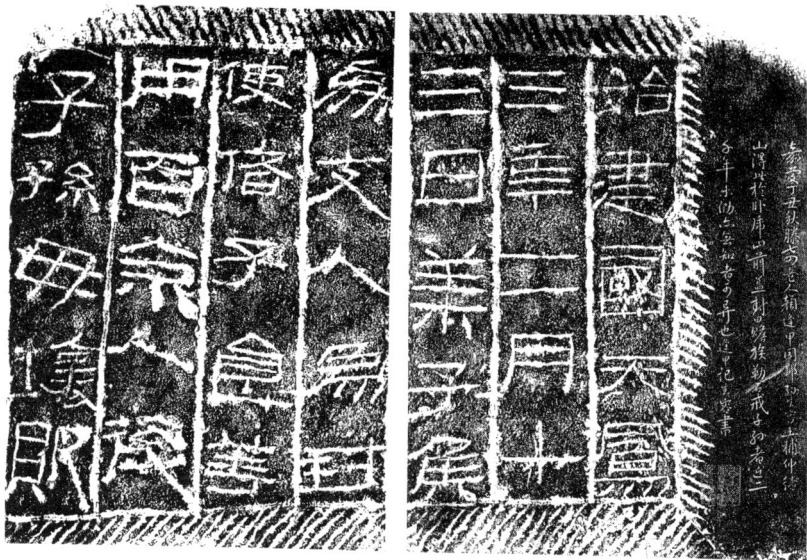

图 134　新莽莱子侯刻石

　　以上为历代传世石刻中可确定为西汉石刻的材料。而在近几十年中,通过考古发掘与调查又扩大了西汉石刻的现存数量。如 1987年,在江苏省连云港市的东连岛羊窝头峰下海岸上发现了可判定为新莽时期划定琅邪郡界时刻下的界域刻石。它原刻于天然石块上,后崩裂下滑,可读文字 40 余。1998 年又在附近的苏马湾发现了内容相同的另一块界域刻石,现存文字共 60 字,大多尚可辨识,主要叙述了琅邪郡界的四至:"东海郡朐与琅琊郡柜为界。因诸山以南属朐,水以北属柜。西直况其朐与柜分高陌为界。东各承无极。始建国四年四月朔乙卯以使者徐州牧治所书造。"①

　　类似界石还有 20 世纪 90 年代在河北省武安市发现的摩崖"赵国

① 　连云港市文管会办公室、连云港市博物馆:《连云港市东连岛东海琅岈郡界域刻石调查报告》,《文物》2001 年第 8 期;滕昭宗:《连云港始建国界域刻石浅论》,《文物》2001 年第 8 期。

易阳南界"①等。

1977 年在河南省唐河县新莽墓中出土的石刻"郁平大尹冯孺人始建国天凤五年十月十七日癸巳葬千岁不发",刻于墓室中的画像石上。② 它应该起到标志墓葬的作用。

近年来的考古发现表明,在西汉时期的大型建筑中,可能已经普遍使用了石刻文字作为有关的建筑标记。1959 年在陕西省西安汉长安南郊礼制建筑遗址群的发掘中,清理出厅堂中的部分柱础遗存。这些柱础的侧面多半有题字,大部分是朱笔书写,内容有监工与隶徒的名字,以及吉祥语、数字等;少数为隶书阴刻,其中有作"官工节砀周君长"、"延就尹……三尺"、"保忠信卿官工张君卿伯"、"……始建国地……第九相……缯□……"等铭文的刻铭。这些刻铭有助于对该礼制建筑的时代判断。③

1970 年在山东省曲阜九龙山西汉鲁王墓中出土有封堵甬道的巨形石材,上面刻有"王陵塞石广四尺"以及记录工匠名、石材尺寸的铭文。④

由于西汉诸侯王中兴起以山为陵、开凿石洞建造大型石室墓的风气,这类用于建筑石材管理的标记应该是常用的题刻。所以此后又在多处西汉陵墓的发掘中发现了石刻文字。如 1982 年在江苏省徐州市龟山的西汉楚王刘注陵中发现的塞石题记,有刻铭与朱书两种。除去大量标志塞石编号、尺寸的文字外,还用篆文刻写了一些可能是刘注

①　孙维民等:《"赵国易阳南界"石刻的年代及价值》,《中国历史文物》2004 年第 1 期。

②　南阳地区文物队、南阳市博物馆《唐河汉郁平大尹冯君孺人画像石墓》,《考古学报》1980 年第 2 期。

③　考古研究所汉城发掘队:《汉长安南郊礼制建筑遗址群发掘简报》,《考古》1960 年第 7 期。中国社会科学院考古研究所:《西汉礼制建筑遗址》,文物出版社 2003 年。

④　山东省博物馆:《曲阜九龙山汉墓发掘简报》,《文物》1972 年第 5 期。

遗训的字句。全文共 44 字,分为 9 行,每行 3—7 字不等。释文为:"楚古尸王通于天。述葬棺郭,不布瓦鼎,盛器。令群臣已葬去服,毋金玉器。后世贤大夫幸视此书,□目此也。仁者悲之。"等。①

特别是 1992 年以来在河南省永城芒荡山西汉梁国王陵、寝园的考古发掘中发现的大量石刻铭记与陕西咸阳发掘的西汉济南王刘咸墓中发现的题记等材料,为这一推测提供了有力的证据。②

根据勘察和考古发掘资料,在梁国王陵区内的保安山一号墓(梁孝王墓)、二号墓(梁孝王后墓)、僖山一号墓、西黄土山一号墓等处均发现了大量刻于塞石与墓室内壁石板上的文字③。仅保安山二号墓中清理出的有铭塞石就有近 3000 件。这些塞石上的刻辞内容在第一章里已经有所介绍。

这批建筑材料上的刻辞与朱书,不仅向我们展示了西汉大型建筑的组织与施工情况,显示了当时官府的严格管理制度,而且通过纪时刻辞,有助于断定墓葬的主人与建造时间。如将墓石纪时刻辞中干支排列有可能组合在一年的若干条选择出来,可得出两组,这两组相距时间应不会超过二年,符合这个条件的西汉年代可以从年历表中推寻出三组,三组年代的上限为公元前 140 年,下限为公元前 123 年(武帝建元元年至元朔六年),这就是该墓的营造时间范围。由此充分体现了这些石刻文字的考古断代价值。

此外,在广州市南越国官署遗址的考古发掘中也发现有刻在当时

① 见南京博物院、铜山县博物馆:《铜山龟山二号西汉崖洞墓》,《考古学报》1985 年第 1 期;徐州博物馆:《江苏铜山县龟山二号西汉崖洞墓材料的再补充》,《考古》1997 年第 2 期。

② 河南省文物考古研究所:《永城西汉梁国王陵与寝国》,中州古籍出版社,1996 年。《咸阳清理一座汉代大型积石沙墓》,《中国文物报》1995 年 1 月 18 日。

③ 河南省文物考古研究所:《永城西汉梁国王陵与寝园》,中州古籍出版社,1996 年。

建筑蓄水池所用石板上的铭刻文字①。近年,还在内蒙古阿拉善盟阿左旗发现了一处被判断为西汉武帝时期遗留下来的摩崖石刻,共200余字,但由于风沙剥蚀,现仅可辨识约100字。②

在陕西省西安市未央区六村堡乡汉长安城桂宫内四号宫殿遗址中,出土了一件残石,为青石质地,通体磨光,呈黑色,残长13.8厘米,宽9.4厘米,厚为2.7厘米,上面阴刻着涂以朱砂的篆文,尚存29字:"……万岁壹纪……作民父母清……退佞人姦轨诛……延寿长壮不老累……封坛泰山新室昌……"有人称之玉牒,疑为封禅所用。这是王莽时期的祭祀用石刻,反映了当时重大祭祀中使用石简或石版书写祭文的作法③。实开后世玉册之先声。此外还有上文已经提及的青海省海晏县文化馆中保存的始建国元年王莽石匮。

通过以上石刻实例,可以归纳出西汉时期(包括新莽)的石刻内容与形制上的大致变化规律。在西汉早、中期,石刻主要是记录人物姓名、年月、建筑材料记号等简单的刻辞,尚属于"物勒工名"的性质,是战国、秦、汉时期官方法律要求在制造物上刻记标识的结果。④ 到了西汉中、晚期时出现了地界、符契一类的实用石刻。在西汉晚期和新莽时期,产生了坟坛、祠堂神位等丧葬用的石刻材料,而具有标志墓葬主人作用的墓中题记也在新莽时期出现。这些主要为日常实用制作的石刻,是东汉时逐渐形成的多种石刻类型的前身。

就现在所能见到的各种西汉文字石刻材料,我们可以看到,在这

---

① 广州市文物考古研究所等:《广州南越国官署遗址1995—1997年发掘简报》,《文物》2000年第1期。

② 《阿拉善盟发现汉武帝时期石刻铭文》,《中国文物报》1994年9月18日。

③ 中日联合考古队:《汉长安城桂宫四号建筑遗址发掘简报》,《考古》2002年第1期。

④ 参见睡虎地秦墓竹简整理小组:《睡虎地秦墓竹简》《秦律十八种·工律》文物出版社1985年。

一时期,用于各种场合的文字石刻一般还没有固定的特有形制。现有西汉石刻多是在建筑构件、艺术雕刻以及其他实用石件上随意镌刻文字。在西汉晚期出现的一些地界、坟坛、墓记等实用石刻,如麃孝禹刻石、莱子侯刻石等均采用在石面上刻划界格、模仿简牍文书形式的书写方式,说明西汉文字石刻源于当时的实用文书材料,不是独立的创新形制,也不是套用过去已有的固定石刻形制。以上情况,均表现出这时文字石刻还处于刚刚开始使用的原始阶段。

从中国考古学与史学研究方面来看,西汉新莽时期的这些石刻材料虽然数量有限,但仍具有较高的学术价值。例如刻于各种建筑石件上的铭文有助于了解西汉时期的官方制作制度,考察及确认有关建筑遗址。莱子侯刻石等地界契约是研究西汉土地、法律制度的重要资料。冯孺人刻石在中国古代墓志形成过程中的参考价值,麃孝禹刻石在中国古代碑类形成过程中的标本作用,都是其他时期的石刻材料所无法替代的。

第三节　东汉石刻

进入东汉以后,石刻的应用范围日益扩大,各种固定形制的石刻种类逐渐形成,尤其是用于纪功表德、标志墓主、记事等方面的纪念性实用石刻使用得日益普及,现存数量比较大。传世东汉石刻一直是金石著录研究的重点。近年以来,在考古发掘中,还有新的东汉石刻被陆续发现出来。由此我们可以说东汉是中国古代石刻发展历史中的第一个高潮时期。

上面已经说过,西汉时期已经逐渐扩大了石刻文字的使用范围。值得注意的是,西汉晚期已经兴起了民间的厚葬之风,而其在中原一带的主要表现就是用大量石构件建成的石享堂、石祠与画像石墓。这些石建筑的流行无疑在石材加工、石刻技法的发展与石刻文字的普及方面起到了重要的推动作用。显然,东汉文字石刻的兴起与社会上崇尚礼教、彰显功德、提倡厚葬等意识形态的作用密不可分。

根据现存的东汉石刻形制与内容来看,数量庞大、形制多样的东汉石刻大致包括有摩崖、碑、石经、墓记、画像石题刻与建筑物刻铭等几大类型。

摩崖(以及在单独大石上刻写的碣)是利用天然的石崖或石块表面刻写铭文。石面或稍加修饰,或根本不作修饰。稍晚些时期的摩崖也有在石壁上凿刻出一个碑的外形平面后再刻写铭文。这种摩崖除了没有单独立石外,多与东汉碑的文体、形制相同。现在仍保存着的东汉摩崖有甘肃省成县的建宁四年(171)西峡颂、新疆拜城喀拉克达格沟口的永寿四年(158)刘平国碑等;碣有新疆巴里坤等地的永元元年(89)任尚刻石、永和五年(140)焕彩沟刻石等。这些石刻多为纪功记事之作,例如原位于陕西省汉中市石门内外的褒斜道石刻,共达45种。其中属于东汉的永平六年(63)汉中太守钜鹿稽君开通褒斜道碑叙述汉中太守稽君役使广汉、蜀郡、巴郡刑徒2690人,经3年开凿,修通关中通往汉中、四川的交通要道褒斜道的巨大工程,还记录了用工数量及耗费的材料、钱粟,记载了东汉时期交通建设的重要资料。建和二年(148)杨君石门颂等褒斜道石门摩崖,称颂故司隶校尉杨君多次上奏,坚持开凿石门,使之终于开通的功绩。还有永寿元年(155)李禹表、阙年月杨伯邳生平碑等。这些石刻都是在路旁的山崖上略加修整后直接刻写的,隶书大字,书体雄健浑厚,是汉代隶书的佳作。1970年由于兴建褒河水库,已经将这批石刻移至汉中市汉台陈列。建武中元二年(57)刻写的何君阁道碑早在宋人的《隶释》中就有记载,记述蜀郡太守何君派遣掾吏统领工徒修建尊楗阁的成绩。2004年在四川省荥经县烈士乡冯家村的一处崖壁上重新发现了这件摩崖,成为现存年代最早的东汉纪功摩崖①。近年,在蒙古国杭爱山脉中发现了班固

---

① 雅安市文物管理所:《何君尊楗阁刻石发现与考释》,《四川文物》2004年第6期。

所撰《燕然山铭》的摩崖刻铭，破解了历史上对该铭刻写地点的疑问。这是当时彰显对匈奴战功的著名题刻①。

碑是在东汉正式定形的石刻类型，对后代的影响也很大。早在北朝时期的《水经注》中就记录了 100 余座汉代碑刻。宋代《隶释》等著录中收录了汉代碑文 115 件。而近人统计，现可见到的有明确纪年的东汉碑（包括有拓本存世者）已达 160 余种，其中属于桓帝年间刻制的有 59 件，灵帝年间刻制的有 76 件，占了绝大多数。前人据此判断桓、灵二帝年间是东汉碑刻最盛的时期。而这一时期正是东汉社会危机四伏，外戚宦官之争愈演愈烈，世家大族豪强势力四方兴起，党锢之禁屡兴的多难时期。当时的碑刻中，门生故吏为其府主歌功颂德、尊崇儒教、宣扬礼义的碑文占了较大的比重，表现出当时社会意识形态的走向。尤其是这些被歌颂的官员多有党人在内，大量刊石立碑的作法恐怕也有党争之意。

现存汉碑基本上为传世品，主要保存在陕西省西安碑林、山东省曲阜孔庙、山东省泰安岱庙、山东省济宁汉碑亭、以及河南省偃师、河南省南阳、天津市等地的文博部门。功德碑主要记录称颂某一人物的德政、战功、善行等，原来一般树立在通衢大邑、官署及礼仪建筑附近等地点。在其碑阴或碑侧常刻写参与立碑的门生故吏等人物姓名与所所资助的钱数等。比较重要的汉代功德碑有永和二年（97）裴岑纪功碑、元初四年（117）祀三公山碑、中平二年（185）曹全碑、中平三年（186）张迁碑等。裴岑纪功碑今存新疆维吾尔自治区博物馆，已裂为数块，原立于新疆巴里坤东南山达坂，清代中叶始被发现。这件碑记录了东汉敦煌太守裴岑率领郡兵三千人征讨北匈奴呼衍王的重要史实。这是东汉中期汉朝对威胁西域地区的北匈奴所取得的一次重大胜利，使河西地区及西域保持了十三年安定的局面。裴岑碑的记功铭文填补了古代史书记载中的一个重大空白，具有较高的历史价值。曹

① 参见辛德勇：《发现燕然山铭》，中华书局，2018 年。

全碑现存陕西西安碑林博物馆，原石在明万历初年（1573后）出土于陕西省合阳县，已断为两截。它是曹全任东汉左冯翊郃县令时其属吏门下掾王敞等人所造。碑文中除记录了曹全在任职时赈恤百姓，施米舍药，修造城郭等美德仁政外，更有价值的是记载了有关西域战事与黄巾起义等重要史实。曹全碑中记载曹全在建宁二年"举孝廉，除郎中，拜西域戊部司马。时疏勒国王和德，弑父篡位，不供职贡。君兴师征讨，……和德面缚归死，还师振旅。"这段历史在《后汉书·西域传》中也有所载，但与此碑相比，在人名、官名、事实等方面均存在着显著的差异。如《后汉书·西域传》作"戊己司马曹宽"，"疏勒王……季父和得，""讨疏勒，攻桢中城四十余日，不能下，引去"等。这些情况，都应该依照碑文予以订正。目前国外有不少关于西域的论著都认为东汉对西域的控制在阳嘉年间以后便已逐渐丧失，贵霜帝国的势力扩张到葱岭以东，控制了疏勒、于阗等地。而曹全碑中的史料则可以清楚地表明东汉王朝对西域的统治一直维持到东汉末年。曹全碑中对东汉末年黄巾起义的记载也是在汉代文物中极为罕见的。碑文中记录"张角起兵幽冀，兖豫荆扬，同时并动，而县民郭家等，复造逆乱，燔烧城寺，万民骚扰，人里不安，三郡告急，羽檄仍至，"生动具体地反映了东汉末年农民起义的重大影响。

记事汉碑中的重要者如永兴元年（153）孔庙置守庙百石卒史碑（又名《乙瑛碑》）、永寿二年（156）鲁相韩敕造孔庙礼器碑、延熹二年（159）张景造土牛碑、建宁元年（168）史晨飨孔子庙碑、建宁二年（169）史晨祀孔子奏铭、建初二年（77）汉侍廷里父老单买田约束石券、四川郫县犀浦出土的残"簿书碑"等。

孔庙置守庙百石卒史碑上刻写了东汉鲁国相乙瑛在修孔庙后上奏，请求设置一名百石卒史掌管礼器主持祭祀的往返公文，现存山东省曲阜孔庙。韩敕造孔庙礼器碑也存放在山东曲阜孔庙中，它是记载汉桓帝永寿二年（156）时的鲁国相韩敕为孔庙制作祭祀用的礼器，并修饰孔子宅庙的记事碑。张景造土牛碑于1958年在南阳南城门里出土,现藏南阳汉碑亭。这件碑碑身四周都已残损,碑首可以隐约见到一些碑穿的痕迹,现存1.25米高、0.54米宽的一段碑身。碑文内容是有关官府允许张景包修祭祀用的劝农土牛、土人等偶像,从而免除世代劳役的一组文书。① (图135)史晨飨孔庙碑刻于建宁元年(168),该碑的另一面刻了建宁二年(169)鲁相史晨祠孔庙奏铭,史晨飨孔庙碑是记录新任鲁相史晨到官后来孔庙拜祭孔子的经过,而鲁相史晨祠孔庙奏铭则是刻写了史晨上书请求依照祭祀社稷的规定用王家谷春秋祭祀孔子的奏折。这件碑也存放在曲阜孔庙。(图136)汉侍廷里

图135 东汉张景造土牛碑

① 郑杰祥:《南阳新出土的东汉张景造土牛碑》,《文物》1963年第11期。

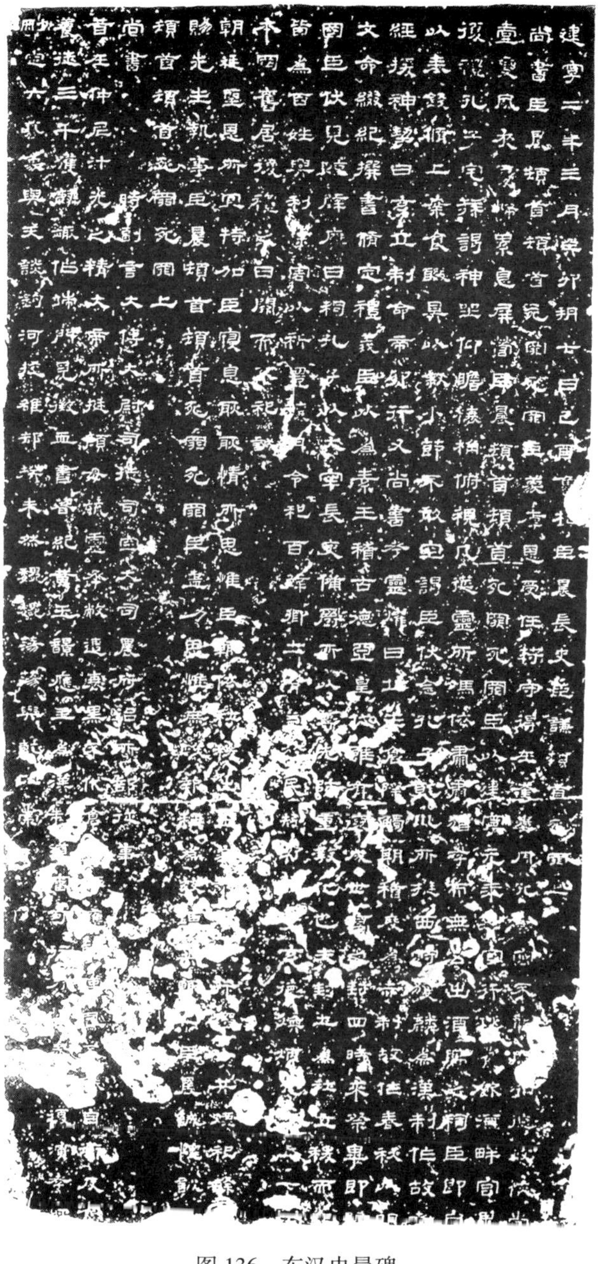

图 136　东汉史晨碑

父老单买田约束石券是 1977 年在河南省偃师县郑摇村出土的①,它是建初二年(77)侍廷里父老单②二十五人共同集资买田后定立的约束(管理契约)。其内容对于了解中国古代民间结社(或称公社组织)的状况有重要参考意义。(图 137)残"簿书碑"是在 1966 年出土的。它是在清理四川省郫县犀浦附近的一座东汉残墓时被发现的。原碑已被改作成一扇墓门,刻上了门吏画像。从残存文字中可以看出碑上记

图 137　东汉侍廷里父老单买田约束石券

---

① 黄士彬:《河南偃师县发现汉代买田约束石券》,《文物》1982 年第 12 期。

② 关于单的名称与此段文字断句,俞伟超有不同的解释,认为"父老"不是单的名称。见俞伟超:《中国古代公社组织的考察——论先秦两汉的"单——僤——弹"》,文物出版社,1988 年。

录了二十来户居民的田产情况,从 8 亩至 260 亩不等。碑文中还记录了各户拥有奴婢、房舍、牛的价格。将它与简牍中存有的官府簿籍文书对比,十分相似,说明这是一件刻写当时官方簿籍的碑刻①。1983年,在四川省昭觉县还曾发现一件刻有汉代"五曹诏书"的残碑,同时出土的还有 10 件石阙的残件。碑上残存文字约 400 个,内容是记载东汉光和四年(181)领方右户曹史张湛任命冯佑为安斯乡有秩,并且免除该地上诸、安斯两个乡的赋税。它对于了解汉代的官府行政制度与往来文书程式都有一定的参考价值。② 2005 年在四川省都江堰市的都江堰渠首还发现一件汉建安四年(199)的郭择赵汜碑与石像等重要文物③。

　　墓碑则是树立在坟墓前,用来标明墓主,叙述死者生平业绩,歌颂其功德的碑石。在现存汉碑中,墓碑占有较大的比例。现存较早的袁安碑就是一件墓碑,它于 1930 年在河南省偃师县发现,记述了东汉初年著名官员司徒袁安的生平事迹。(图 138)说明墓碑也是东汉碑刻中出现较早的类型。传世的较重要的汉代墓碑如汉安三年(144)北海相景君碑、建和元年(147)敦煌长史武斑碑、延熹元年(158)郑固碑、延熹七年(164)孔宙碑等。1973 年,在天津武清县出土了延熹八年(165)汉故雁门太守鲜于璜碑。④ 这是近百年来汉碑的一次重大发现。该碑保存完好,为圭首,下有长方形碑座,碑首阳面线刻青龙白虎图案,阴面线刻朱雀纹样。碑文隶书,记叙了鲜于璜的生平仕历与家族世系,对了解东汉晚期北方地方官员的状况与北方世家的分布情况有一定参考价值。该石现存天津市历史博物馆。(图 139)1991 年,在

---

① 谢雁翔:《四川郫县犀浦出土的东汉残碑》,《文物》1974 年第 4 期。
② 吉木布初、关荣华:《四川昭觉县发现东汉石表和石阙残石》,《考古》1987 年第 5 期。
③ 林向:《都江堰渠首外江新出土汉碑的初步考察》,《成都文物》2007 年第 3 期。
④ 天津市文物管理处考古队:《武清东汉鲜于璜墓》,《考古学报》1982 年第 3 期。

图 138　东汉袁安碑

河南省偃师县南蔡庄村汉墓中发现了建宁二年（169）肥致碑，该石的
形状、文体均与碑相同，只是形状较小，又埋施在墓中，有人也把它看
作墓志，似不甚妥。肥致是一个方士，曾被汉章帝召用。碑文中记述
了肥致玩弄方术作法的神异现象，并记载了他借升仙为名，使信徒多
人"食石脂"自杀的情况，对深入了解东汉晚期谶讳方术流行，政治腐
败的社会状况有一定作用①。（图 140）

　　近年来，在四川和重庆地区又陆续出土了一些珍贵的汉代碑刻。
与中原碑刻比起来，这些巴蜀地区的碑刻形制比较独特，其文字内容
也颇为重要。例如重庆市云阳县出土的熹平二年（173）《景云碑》、成

---

① 　河南省偃师县文物管理委员会：《偃师县南蔡庄乡汉肥致墓发掘简报》，《文
物》1992 年第 9 期。

图 139　东汉鲜于璜碑

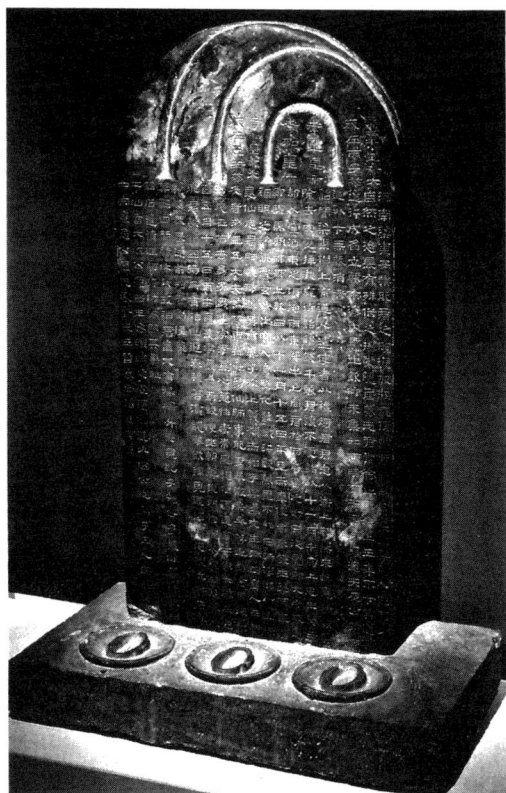

图 140　东汉肥致碑

都市出土的阳嘉二年(133)《李君碑》、元嘉二年(152)《裴君碑》等①。
其中《景云碑》是 2004 年 3 月在重庆市云阳县旧县坪遗址出土的,碑
通高 230 厘米,刻写隶书文字 367 个,记录了汉巴郡胸忍令景云叔于
的生卒情况与家世。碑侧浮雕有青龙、白虎。碑首浮雕朱雀、仙人与
妇人倚门等图像。碑文四周装饰有线刻流云、飞鸟等纹饰。制作精
美,是罕见的汉碑精品。现存重庆三峡博物馆。(图 141)

---

① 　荣远大、冯先成:《成都天府广场发现东汉石碑》,《成都文物》2011 年第 2 期;
　　魏启鹏:《读三峡新出东汉景云碑》,《四川文物》2006 年第 2 期。

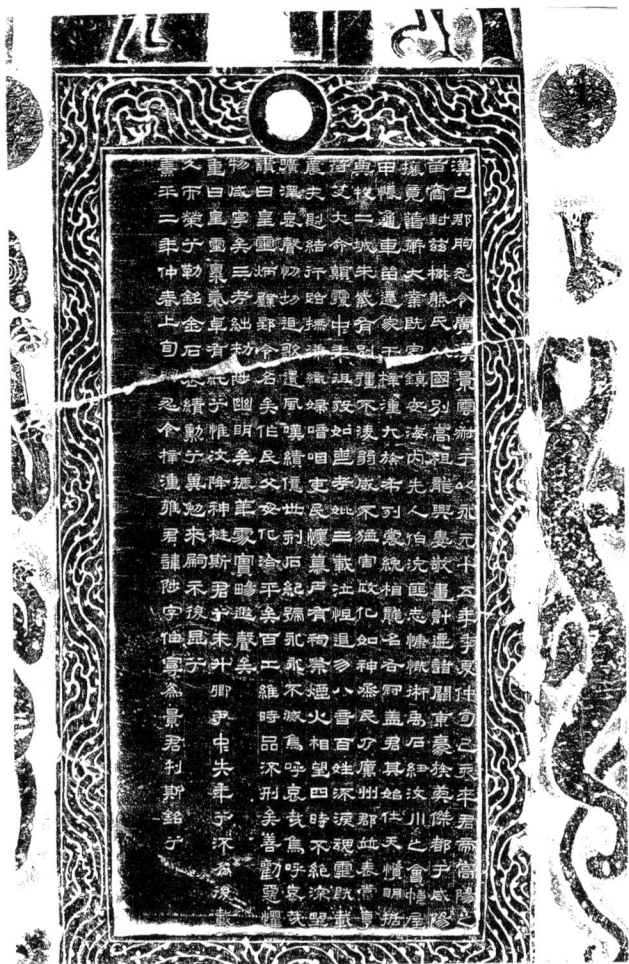

图 141 东汉景云碑

此外,在山西省临猗、夏县等地清理汉墓时,都发现过一些汉碑的残块。在河南省许昌市出土了汉平原相陈元残碑。山东省巨野县出土过东汉《行事度君碑》①。山东省平度县出土过光和四年(181)《王

---

① 徐玉立主编:《汉碑全集》,河南美术出版社,2006 年。

舍人碑》①。1980 年在山东省枣庄市发现有一件熹平三年(174)残碑,可能是某人的颂德碑②。1999 年在江苏省铜山县的一处汉墓遗址中发现一件残碑,仅可辨识几个文字③。甚至在一向没有发现过汉碑的内蒙古包头市也出土了可以拼合一起的 3 块汉碑残石,可能也是墓碑。从残存铭文可知该碑建于建宁三年(170)④。这些情况似乎表明,东汉时期在官员及中、上层人士的墓前树立碑石已经是一种比较普遍的丧葬习俗。

石经是将碑刻形式用于文化传播的一种新用途,在中国古代经籍的流传过程中起过重要的作用。东汉末年刊刻的汉石经是我国历史上最早的一部石经,在东汉石刻中占有重要地位。根据汉代历史文献记载,在汉代儒家今古文学派之间始终存在着尖锐的争议。各种儒家经典传本文字上的差异是产生这种学派争议的主要原因之一。有鉴于此,汉灵帝诏令诸儒选定儒家经典正本,由著名学者蔡邕、李巡等人主持,对文字加以校订,刻在碑上,树立在东汉洛阳太学,作为标准。根据古代文献上的有关记载,王国维考定:"汉一字石经为《周易》、《尚书》、《诗》、《仪礼》、《春秋》、《公羊传》、《论语》七种。"⑤

关于汉石经的总碑数,历代记录的数字不大一致。近人考证认为《洛阳记》称 46 石的说法比较可信。从现可见到的残石可以得知,汉石经是正、背两面均刻写经文,先从各碑正面依次顺序刻写,

---

① 平度县博物馆:《汉王舍人碑》,齐鲁书社,1986 年。

② 枣庄文物管理站、李锦山、文光:《枣庄市发现东汉纪年残碑》,《文物》1983 年第 7 期。

③ 徐州博物馆:《江苏铜山县伊庄红山汉画像石墓》《华夏考古》2007 年第 1 期。

④ 赵小平:《包头出土汉碑二种浅谈》,《内蒙古文物考古》2000 年第 1 期。魏坚:《内蒙古中南部汉代墓葬》,中国大百科出版社,1998 年。

⑤ 王国维:《魏石经考》,《观堂集林》,中华书局,1959 年。

至一部经文一半左右处再转向背面依次顺序刻写经文。马衡《汉石经集存》中汇集了至 20 世纪 50 年代初为止所发现的汉石经残石，达 8000 余字。

汉石经刊成后，经历了战乱的破坏与多次搬迁，根据文献记载，汉石经在汉末曾遭破坏，曹魏时曾加以修补，但至北魏时代一直保存于原地。东魏武定四年（546），汉石经被移至邺城，据《隋书·经籍志》称："没于水者近半。"北周大象元年（579）将石经移回洛阳，隋开皇六年（586）又运入长安。多次辗转，造成汉石经至唐代初年已经几乎毁坏殆尽。

汉石经的残石，自宋代的金石著录《集古录目》、《金石录》、《隶释》等书中就有所记载，但均为传世收藏品。20 世纪初，在偃师县朱家圪垯村一带出土了一些石经残石。这些残石上最多也仅存数百字，少者仅几个字。近代以来的学者对汉石经做了大量的收集、复原工作。根据残石的字数、行数与正、背两面的刻写内容排列顺序，可以复原出当时各个碑石的刻写内容，各种经典的排列次序，各碑的顺序及大致位置等。汉石经树立的地点东汉太学遗址在洛阳城东洛水南岸（今河南省偃师县佃庄乡），汉魏故城开阳门外。1962 年以来，中国科学院考古研究所在这一带进行了大量调查和发掘，征集到一些新出土的汉石经残石。如 1962 年冬在偃师县佃庄公社东大郊大队第十生产队社员栗万卷住房后发现的一件残石，两面刻铭，存《尧典》、《舜典》的部分经文与《舜典》、《皋陶谟》、《益稷》等校记。1968 年在同一地点附近出土的另一件残石，两面刻铭，存《皋陶谟》、《益稷》、《禹贡》、《秦誓》等经文与《书序》、校记等。① 以后，中国社会科学院考古研究所又清理了辟雍等礼制建筑，并在辟雍以北的上述太学遗址发掘出一批石经残片，共 661 块，其中有字的残石 96 块。由于石块较小，上面大多仅残留有几个字。内容包括《仪礼》、《春秋》、《诗经》、《论语》等

---

① 许景元：《新出熹平石经〈尚书〉残石考略》，《考古学报》1981 年第 2 期。

经典。可能是后人将石经碑石残块打碎作为建筑材料使用。由残石所在地层判断碎石垫地之事发生在北魏迁都洛阳之前①。1984 年、1985 年,大郊村人又陆续发现了 6 块较大的熹平石经《春秋》、《诗经》残石,现存偃师县文管会。②（图 142）

图 142　汉石经残石

墓记,是置于墓中的标记石刻。它一般记载死者的姓名、家世、生平事迹和卒日、葬期等。在使用目的与铭文内容等方面与后代正式定型的墓志很相近。但是在汉代墓碑盛行而墓志并未定型的状况下不宜直接称其为墓志,这里沿用前人的称呼——墓记,以示与魏晋后正式定型的墓志有所区别。现在所知的东汉墓记有以下几种:1929 年后洛阳东北郊王窑村出土的延平元年（106）马姜墓记,今存石高 0.46 米、宽 0.585 米,据郭玉堂《洛阳出土石刻时地记》记载,出土时较此石

---

① 中国社会科学院考古研究所洛阳工作队:《汉魏洛阳故城太学遗址新出土的汉石经残石》,《考古》1982 年第 4 期。

② 王竹林、许景元:《洛阳近年出土的汉石经》,《中原文物》1988 年第 2 期。

大,"剖取其刻字一端,而弃其余。"铭文约 200 字左右,共 15 行,无标题。由铭文可知马姜为东汉名臣马援之女,胶东侯第五子贾武仲之妻,明德皇后之姊,贾贵人之母。因属皇戚,"赐秘器"以葬。结合原出土地一带多次出土黄肠石的情况分析,这件墓记可能就直接刻在墓葬的黄肠石上。1982 年在江苏省盱眙县青龙山发现的元嘉元年(151)缪宇墓记,刻于墓后室石门上方的画像旁边,存铭文约 106 字,共 11 行。铭文记载了死者官职、姓名、仕历、卒日、葬期、并有一些颂词,与后代的墓志文体已经十分相似。但它是附刻在画像石旁,并未形成一件单独的石刻。①

在发掘上述缪宇墓的同时,还在附近石桥上发现了被近人利用的一件东汉墓记——延熹八年(165)缪纡墓记。这件墓记的年代曾被李银德、陈永清定为永寿元年(155),②而周晓陆则称此石立于永寿元年后十年。③ 根据铭记中记载,其夫人卒于乙巳七有闰月,据《二十史朔闰表》,延熹八年为闰七月。则该石应该刻于延熹八年或其后。这件墓记刻于火成岩石条上,岩面粗砺,据铭文中提及"明堂"来看,它原来可能是一件墓上祠堂的构件。现存 232 字,共 17 行。1982 年,山东高密发现《孙仲隐墓志》,作圭首小碑形,出土于墓室中,实际上也是类似的墓记。④

以上列举的墓记多为附刻在建筑石材上,表现了它们的原始性。在东汉的墓葬中,还发现过多种附刻在建筑物件上的文字铭刻,特别是在大中型画像石墓中。这些文字内容多样,最常见的是刻写石材数目、尺寸、方位等的标记石刻,刻写官署名称、官职、地名、工匠名等的记名石刻,吉祥颂语和纪年石刻等。还有一些在纪

---

①　南京博物院等:《东汉彭城相缪宇墓》,《文物》1984 年第 8 期。

②　李银德、陈永清:《东汉永寿元年徐州从事墓志》,《文物》1994 年第 8 期。

③　周晓陆:《缪纡墓志读考》,《文物》1995 年第 4 期。

④　李储森等:《山东发现东汉墓志一方》,《文物》1998 年第 6 期。

年后附记死者姓名、身份、籍贯及墓室建造情况的较长铭刻题记，其内容及目的与墓记近似，但较简略，可能只是建造画像石墓时石工所作的一种标记。近年以来，这种题记在考古发掘中多次被发现。如 1953 年在陕西省绥德县西山寺东汉画像石墓出土的"永元十二年四月八日王得元室宅"一铭，刻于主室后壁立石上；①1967 年在山东省诸城县凉台画像石墓中画像石上发现了"汉故汉阳太守青州北海高密都乡安持里孙琮字威石之郭藏"一铭；②1971 年在陕西省米脂县官庄村东汉墓的主室壁上发现有"永初元年九月十六日牛文明千万岁室长利子孙"的石刻；③1978 年在河南省唐河县新店村新莽画像石墓中发现刻在主室中柱上的"郁平大尹冯君孺人始建国天凤五年十月十七日癸巳葬千岁不发"；④1982 年在陕西省绥德县苏家圪坨东汉画像石墓后室门中柱上发现刻铭"西河太守行长史事离石守长杨君孟元舍永元八年三月卅一日作"；⑤1993 年在山东省莒县发现有汉画像石题记 128 字，记载铭刻年代为"光和元年（178）八月一日"；⑥以及在第一章中提及的众多汉代画像石题记。它们对于判定墓葬年代，了解汉代画像石墓产生与演变的过程具有明显的实证意义。需要注意的是，在考古发掘中，已发现有后代人利用东汉墓中的石材（如画像石等）改建墓葬的情况。因此，不能仅凭石刻铭记草率断代，需要结合墓葬情况与随葬品综合分析，才能对原墓葬的年代作出结论。近年来杨爱国对汉墓石材改建的情况做了专门的汇集与

---

①　陕西省博物馆等：《陕北东汉画像石刻选集》文物出版社 1958 年。

②　王恩田：《诸城凉台孙琮画像石墓考》，《文物》1985 年第 3 期。

③　陕西省博物馆等：《米脂汉画像石墓发掘简报》，《文物》1972 年第 3 期。

④　南阳地区文工队等：《唐河汉郁平大尹冯君孺人画像石墓》，《考古学报》1980 年第 2 期。

⑤　绥德县博物馆：《陕西绥德汉画像石墓》，《文物》1983 年第 5 期。

⑥　刘云涛：《山东莒县东莞出土汉画像石》，《文物》2005 年第 3 期。

研究,可以参看①。

四川境内分布的汉代崖墓遗迹众多。在这些崖墓的入口或墓室墙壁上,发现了大量当时的铭刻文字及墨书文字,主要内容有墓主姓名、祖先家世、造墓日期等。例如 1941 年在彭山县寨子山发现的崖墓题记:"蓝田令杨子舆所处内。"现在陆续介绍出来的有 30 多种崖墓题记,1990 年发现的乐山市沱沟嘴崖墓是经过科学发掘清理的典型崖墓代表②。类似发现还有四川省成都市三河镇汉墓中的"段仲孟年八十一,以永和三年八月物故"等多条墓室石刻题记③,四川省德阳市民主乡八村七社汉代崖墓中的"先祖南阳尉"等墓室墨书题记。这样的墓室石刻题记或墨书题记,还在山东、陕西北部、山西乃至广西等地的汉墓中多次发现过④,可见已经是比较普遍的丧葬习俗了。此外,还有在汉代流行的画像石棺上面附刻简单铭文的情况,尤以四川省内的东汉石棺为多。

东汉时期,石刻文字还广泛地应用在建筑材料上,仍然保持着西汉鲁灵光殿石刻与西汉梁国王陵塞石题记那样的标记作用。在近代东汉陵墓等大型遗址的发掘中,曾经有大量石材上的铭刻或墨写文字出土。如河北定县北庄汉墓,是一座以石材作为黄肠题凑的

---

① 杨爱国:《魏晋人盗用汉代坟墓材料造墓研究》,《中国国家博物馆馆刊》2013 年第 12 期。

② 乐山崖墓博物馆:《四川乐山市沱沟嘴东汉崖墓清理简报》,《文物》1993 年第 1 期。

③ 成都文物考古研究所、新都区文物管理所:《成都市新都区东汉崖墓的发掘》,《考古》2007 年第 9 期。四川省文物考古研究所等:《四川中江塔梁子崖墓发掘简报》,《文物》2004 年第 9 期。

④ 如李林:《陕西绥德县黄家塔汉代画像石墓群》,《考古学集刊》第 14 集;工双斌:《山西离石马茂庄建宁四年汉画像石墓》,《文物》2009 年第 11 期;广西壮族自治区文物工作队、贵港市文物管理所:《广西贵港市孔屋岭东汉墓》,《考古》2005 年第 11 期等简报介绍的汉墓题记。

大型砖室墓。在其使用的石材上，共发现 174 块石材上有铭刻文字或墨书文字。这些文字的内容基本上是进贡石材的县名和采石石工的籍贯、姓氏，有些还刻有石材的尺寸，仍属于"物勒工名"制度的产物。根据题铭中标明"北平石"、"望都石"的石材占较大比例，可知建造定县北庄汉墓的石材主要由汉中山国北平、望都二县贡献。此外，还有中山国辖下卢奴等九个县与属于东平国、鲁国、梁国、常山郡、山阳郡、河东郡、河内郡等辖区内一些县的石工凿制的石材。由于东汉章帝时曾对中山国属下的部分县名加以更改，而这些石刻题记中仍使用更改前的县名，这就为判断墓葬的年代下限提供了主要证据①。1992 年在山东省济宁市北郊发现的一号墓，出土大量黄肠石，其中有 800 多块有刻字，主要是记录工匠姓名、地名和石材编号等。发掘者认为该墓主是东汉任城王刘尚②。又如江苏省徐州市土山东汉彭城国王墓、河南省孟津县送庄东汉墓等处，也都发现过刻有铭文的墓石③。刻铭内容例如"左湖石官工田阳治"等，部分石材刻有尺寸。（图 143）

东汉时期的墓葬中，还出现有一种标识神道位置的石建筑——神道柱。据《后汉书·中山简王焉传》李贤注云："墓前开道，建石柱以为标，谓之神道。"它具有底座、柱身、额、柱顶等几个部分，雕饰精致，外形美观。底座一般为方形，上有盘龙或盘兽形雕刻，柱身上刻成圆弧形直纹，上部有方额，柱顶为华盖形，并雕有立兽等装饰。20 世纪 60 年代初，在北京市石景山发掘出一件"汉故幽州书佐秦君之神道"，

---

① 河北省文化局文物工作队：《河北定县北庄汉墓发掘报告》，《考古学报》1964 年第 2 期。

② 济宁市文物管理局：《山东济宁市肖王庄一号汉墓的发掘》，《考古学集刊》第 12 集，中国大百科出版社，1999 年。

③ 《银镂玉衣、铜盒砚、刻石》，《光明日报》1973 年 4 月 7 日。郭建邦：《河南孟津送庄汉黄肠石墓》，《文物资料丛刊》第 4 期。

图 143　徐州楚王陵塞石

约建于东汉元兴元年(105);在四川省昭觉县还发现过一件东汉石表①。说明东汉时期这种神道有过较为普遍的流行。神道柱的额上都刻有铭文,记录墓主的名氏官职等。

　　东汉时期各种建筑物石构件上的铭刻文字,虽然内容简单,但是从文字形体与内容上可以提供可靠的年代证明,尤其是有纪年的铭刻,对于考古发掘的时代考定具有重要的意义。在这些简略文字中透露出来的有关东汉官方工役制度、经济情况、地理区划等方面的信息,都可以为东汉历史考古的研究提供有价值的资料。

---

① 北京市文物工作队:《北京西郊发现汉代石阙清理简报》,《文物》1964 年第 11 期。凉山彝族自治州博物馆、昭觉县文物管理所:《四川凉山州昭觉县好谷乡发现的东汉石表》,《四川文物》2007 年第 5 期。

第四节　魏晋南北朝石刻

魏晋南北朝时期是一个特殊而复杂的历史阶段。在延续了较长时期的大一统汉族统治政权——汉朝灭亡后,除西晋王朝有过几十年的短期统一外,三百多年间,华夏大地始终处于众多地方政权割据的分裂状态中。从而使社会上存在着激烈的民族矛盾和权力争斗。南北征战不止,政权频繁更迭,时有复苏的生产力又不断遭到破坏。另一方面,这种社会动荡也造成了大规模的人口迁徙、民族融合与各种文明、各种文化的交流,使传统中国文化中增添了众多新的因素。例如原来文化经济比较落后的南方区域得到大力开发,成为新的经济中心;北方游牧民族逐渐汉化,扩大了汉族儒道文化的影响;中原世家大族的影响与势力日益增大,左右了政治格局;佛教与其他外来文化因子融入中原传统文化,丰富了中原汉族的思想意识;中外交通,特别是陆上海上丝绸之路的兴起加强了中外文化经济交流,极大地改变了中原汉族的生活习俗……。这些明显的变化在魏晋南北朝时期考古发现中获得的石刻资料内得到了充分的反映,有助于我们深入了解到魏晋南北朝时期丰富多彩的社会面貌。

作为文化思想的重要媒介物,石刻在这一时期有着重要的发展与演变。随着石建筑与石雕艺术品的日益增多,石刻应用范围急剧扩大,专用的石刻形制类型大量增加,使之达到了空前的多样化。而由于政权分裂,教育弱化,平民文化水平降低,语言文字的不统一等外部因素,使得石刻文字的形体变异也以此一阶段最为复杂。

在这一时期,石刻这种社会文化的重要表现形式被运用得越来越普遍,众多适用于特定范畴的具有专门形制的石刻品类出现并基本定型,流传后代。如墓志、舍利函铭、塔铭等。特别是由于受到古代南亚与中亚东部(即今日的印度、巴基斯坦、阿富汗等地)盛行的佛教石刻艺术影响,用于佛教宣传的各种石刻形制开始大量产生,极大地扩展了石刻的运用范畴,形成了极其丰富的包括石窟雕刻、佛教造像、刻经等多种类型的佛教石刻资料。同时,随着石刻技艺的发展普及,在南北各地的墓葬建筑与纪念性建筑中也越来越多地使用着石材与石刻。由此开始,石刻成为一个包容广泛、内容丰富的考古研究资料重要门类,在魏晋南北朝时期的考古学研究中占有重要的位置。

首先看一下三国时期的石刻。

在秦汉时期的考古研究中可以看到,东汉晚期已经形成了比较完备的石刻体系,在墓葬和纪念性建筑等实用场合大量使用碑,画像石,雕像,摩崖等石刻材料。各类石刻的文体内容、形制纹饰与制作技艺都日趋成熟。但是在三国时期,由于东汉末年的军阀混战对社会生产造成极大破坏,民生维艰,国力日衰。曹魏诗人王粲的《七哀诗》中记叙"出门无所见,白骨蔽平原。路有饥妇人,抱子弃草间。"就是当时的现实写照。因此,魏、蜀、吴三国都曾经不同程度地禁止厚葬与立碑。使得这一时期社会上制作的石刻急剧缩减。历代传世记载的三国石刻十分稀少,与这种历史状况是相符的。现在可以见到的有曹魏官方与民间刻立的一些大型石刻,如魏正始石经、上尊号碑、黄初元年(220年)受禅表碑、黄初元年(220年)孔羡碑、曹真残碑等,以及孙吴的凤凰元年(272年)谷朗碑、天玺元年(276年)禅国山碑、天玺元年(276年)天发神谶碑等。总数不超过有限的十余种。这些石刻在宋代以来的金石学著作中就有了比较详细的记录与考证,其中尤以正始石经(三体石经)引人注意。清代以前金石著录中记载的存世正始石经残石大多已经遗失。而在清代末年,从洛阳汉魏太学遗址及其周边陆续发现了一些新的正始石经残石。1922年出土了最大的一块正始石经残石,上面保存了近2000字的长篇铭文,具有重要的研究价值。20世纪50年代,在陕西省西安市还发现过一件正始石经《尚书·梓材》的残石。

延康元年(220)公卿将军上尊号奏是魏国百官由相国华歆带头向汉朝廷上书请曹丕即帝位的劝进文。黄初元年(220)受禅表是曹丕称帝后向天下发布的文告。这两件石刻都是在曹魏取代汉帝的政变闹剧中炮制出来的。将其刊刻成碑石，应该是向天下昭示曹魏夺取政权的合法性，具有重要的政治意义。可见在这时，碑石仍然具有高度的纪念性与权威性，被重大政治事件所利用。这两件碑的原石均在河南省临颍县繁城。公卿将军上尊号奏高 1.95 米，宽 1.04 米，受禅表高 2.02 米，高 1.04 米，均为隶书书写，有篆额，文字已经严重残泐。早在宋代的《隶释》中就收录了它们的铭文。又见于清代《金石萃编》等金石著录。（图 144）

魏封宗圣侯孔羡碑，又称孔子庙碑，黄初元年（220）刻石，现存曲阜孔庙中，是历代尊孔的重要见证之一。宋人张稚圭曾认为它是由曹植撰文，著名书法家梁鹄书丹的，仅备一说。此外有所记录的还有青龙三年（235）范式碑，现存山东省济宁市；正始三年（243）毌丘俭丸都山纪功碑，现存辽宁省博物馆；景元二年（261）赠司空征南将军王基碑，现存洛阳关林石刻艺术馆；阙年月曹真残碑，现存故宫博物院；以及阙年月胶东令王君庙门碑等。褒斜道中还有一件曹魏时期的摩崖李苞通阁道记，但已毁佚。以上实物存留说明：虽然官方曾有所禁止，但以歌功颂德为主的大型碑刻在曹魏时期还是未曾绝迹，只是在民间较少使用。从现存实物及拓本中可以看到，它们的形制与汉碑基本相同，铭文多采用规整的隶书，但书写风格有异，字体比汉碑隶书要略近方形，笔画也肥厚一些，略显板滞。碑额多使用小篆书体。近年在山西省晋城市泽州县新发现了一件正始五年（244）的摩崖题刻，记录官方在此开凿石门的工程。这是罕见的曹魏石刻真迹，字体工整清晰①。

吴国的石刻较少。现存比较著名的有凤凰元年（272）立石的九真太守谷朗碑。这也是南方罕见的早期碑刻，现存湖南省耒阳县蔡侯祠中。原石高 1.7 米、宽 0.72 米。碑文共 18 行，每行满行刻写 20 字。

---

① 张爱民：《新发现三国曹魏石刻——正始五年石门关略谈》，《书法》2011 年第 6 期。

图 144　魏上尊号碑

它的书体独具风味，在隶书中带有明显的楷书意味。因此颇受研究书法史者注意。此外还有已经严重残损的天玺元年（276）禅国山碑、阙年月葛祚碑和历来受到重视的天玺元年（276）天发神谶碑等。天发神谶碑是吴国□武中郎将（佚名）发愿刻立。其书体承继了在汉代袁安碑及白石神君碑中就已经出现的艺术化篆书风格，又兼有隶书意味，方整刚劲，形成一种新的篆书风格，在古代书法史上独居一席之地。这类书法对于两晋南北朝时期的碑额、志盖等石刻的书体刊刻具有一定的影响。原石在江苏省江宁县，不幸于清代嘉庆十八年（1813）八月毁于火灾。现仅有一些珍贵拓本传世。在火灾之前，该石就已经断为三截，文字多有残损。前人或称之为三段碑或三击碑。

三国之中，蜀国最小，而且由于诸葛亮始终不忘恢复中原，孜孜以求的是发展农业经济，加强军备，所以一直厉行俭朴，抑制奢费。在这种政治背景下，费工耗资，浪费民力的纪念石刻在蜀国不大可能得到发展。现在传说的一些蜀国石刻全是伪刻。例如较早著录的侍中杨公阙等，前人早已考释出属于伪造。在宋代的金石著录中基本没有蜀国的石刻。虽然宋代王象之的《舆地碑目》一书中收录了"涪陵太守庞肱阙、严颜碑、姜维碑"等一些有关蜀国人物的石刻，但是只有存目，没有内容与有关说明，仍无法确认它们是蜀国石刻。尤其是在清代，刘燕庭编写《三巴𡐓古志》时，到处搜访，收录四川地区的石刻材料，可以说是当时最为详尽的四川石刻集成，但是也没有收集到一件三国蜀国的石刻。可为证明。然而，至今还有人误将后代石刻或伪刻附会成蜀国石刻。例如1983年第5期《文物》上报道了一件《丞相诸葛令碑》，它就是一件伪刻。该报道发表后，立即有很多人写文章表示反对，认为它完全是伪造品。可见这类伪刻是不难辨别的。

早在东汉建安十年（205），曹操就曾下令禁止立碑，但似乎后来并没有严格执行。魏国末年又再次下令禁碑，这次应该实行得比较深入。《宋书·礼志二》记载："魏高贵乡公甘露二年，大将军参事太原王伦卒，伦兄俊作《表德论》以述伦遗美，云："祗畏王典，不得为铭。"

正反映了魏国末年禁碑的状况。

晋继魏祚以后,西晋官方曾经多次发布诏令禁止立碑,如晋武帝咸宁四年(278)下诏曰:"此石兽碑表,既私褒美,兴长虚伪,伤财害人,莫大于此,一禁断之。其犯者虽会赦令,皆当毁坏。"[1]但由于国家的暂时统一,社会生产有所恢复,树碑刊铭的风气也随之逐渐重新兴起。致使保留至今的西晋石刻仍然数量可观,建造形制也比较规范。有些碑刻制作精良,气势宏伟。如:泰始八年(272年)任城太守孙夫人碑,清代乾隆五十八年(1793)被张孙庄访得。该碑现存山东泰安岱庙,书体刚劲有力,有人认为连唐代大书法家欧阳询的房彦谦碑书体都受到它的影响。(图145)太康十年(289年)齐太公吕望表,现存河南汲县。清代道光十九年(1839)在山东掖县发现的泰始六年(270年)明威将军南乡太守郭休碑,字体近似楷书,对书体演变有所参考,现存故宫博物院。以及1931年在偃师东大郊村北出土的咸宁四年(278年)大晋龙兴皇帝三临辟雍碑颂等。保存在偃师县汉魏故城辟雍遗址的咸宁四年(278年)大晋龙兴皇帝三临辟雍碑颂是难得的一件保存完好的晋代大型碑刻。它记录了晋武帝与太子多次到辟雍视察太学及参加礼制活动的经过,碑阴刻写太学的官员、博士、礼生、弟子名录。史料价值颇高。原碑高3.22米、宽1.1米,蟠龙碑首,复斗碑座。书体是端庄的八分隶书,给我们提供了一个晋代碑刻的标准式样。此外留存的晋代碑刻还有现存河南千唐志斋的元康元年(291)处士成晃碑、晋祀后土碑等。1998年,在西岳庙的整修中发现了三块西晋《华百石都训造》碑的残石,该碑在《水经注》中有所记录,可能是在唐代以后被毁坏的[2]。2002年,江苏省徐州市鼓楼区出土一件残损的晋

①　梁　沈约:《宋书·礼志二》,中华书局,1974年。
②　吕智荣:《西岳庙发现西晋华百石都训造碑》,《碑林集刊》(十三)。

图 145 任城太守孙夫人碑

碑,内容为有关建筑的记事,立石年代为□康七年二月廿日①。

---

① 刘尊志:《徐州出土晋代记事碑及相关问题略考》,《中原文物》2004 年第 2
期。晋代有太康、元康、咸康等纪年,均有七年,故尚无法判定确切年号。

　　见于历代金石著录的还有:晋泰始四年(268)南乡太守司马整碑、咸宁二年(276)节妇白氏碑、太康四年(283)右将军郑烈碑、元康二年(292)议郎陈先生碑等十余件晋代碑刻,但大多已佚失,仅存碑目。

　　晋代延续使用着汉代流行的神道建筑,现存有一些传世的神道、墓阙,如韩寿神道、东晋隆安三年(399)杨阳墓阙等,韩寿神道仅存中段,形制完全沿袭汉代神道柱的式样,现存洛阳博物馆。据说杨阳墓阙出土于重庆巴县,现存故宫博物院。传世品中还有一件"魏故长安典农中郎将谢府君神道",长方形,仅见拓本,被前人定为晋代石刻,应该是神道柱上的横额。此外还有"晋故振威将军郁林太守关内侯河内赵府君神道"一件,据说于清宣统元年(1909)在河南省辉县出土,见于刘承干《希古楼金石萃编》卷十。

　　在西晋的墓葬中开始出现多种形制的墓中铭刻文字材料,如柩铭、小碑形的墓志、墓门刻字,显示出注重标识墓葬的新动向。传世品如元康五年(295)中书侍郎荀岳墓志、元康六年(296)宜成宣君郭夫人柩铭、永嘉二年(308)石定墓志、阙年月大司农郑舒夫人刘氏墓志等。近代以来,晋代墓志多有考古新发现,如20世纪初期在洛阳出土的永平元年(291年)管洛墓志、元康三年(293年)裴祗墓志、永康元年(300年)左棻墓志等①。20世纪50年代后,在科学进行的考古发掘中出土了一批比较重要的西晋墓志,表明在当时的上层墓葬中已经比较多地采用了埋设墓志一类墓中铭刻的随葬形式。例如在河南省洛阳市发现的元康九年(299年)贾皇后乳母美人徐义墓志、(图146)永康元年(300年)故沛国相张朗之碑,在北京出土的永康元年(300年)王浚故夫人华芳墓志②,在山东省邹城发现的永康二年(301)安北

---

① 河南省文化局文物工作队第二队:《洛阳晋墓的发掘》,《考古学报》1957年第1期。赵万里:《汉魏南北朝墓志集释》,科学出版社,1959年。

② 北京市文物工作队:《北京西郊西晋王浚妻华芳墓清理简报》,《文物》1965年第12期。

图 146　晋徐美人墓志

大将军领护乌丸校尉都督幽并州诸军事关内侯刘宝墓志①。

　　1984 年，在江西省上犹县双溪乡扬屋村北面发现了一处罕见的西晋摩崖题刻，发现者根据题记中"建兴二年"及楷书字体，推断为西晋建兴二年（314）的石刻。题记内容为赞颂山川景色的四字韵文②。

　　特别要提到原在边陲的一些重要晋代石刻，它们是中原汉文化向四方辐射的重要证据。如现存云南省曲靖县城的大亨四年（405）振威将军建宁太守爨宝子碑，就是罕见的云南古代重要石刻，对了解古代云南地区与中原政权的关系、文化交流具有宝贵的实证价值。它还是

---

① 胡新立：《山东邹城西晋刘宝墓》，《文物》2005 年第 1 期。

② 李坊洪：《上犹县发现西晋摩崖题刻》，《江西历史文物》1983 年第 4 期。

在书法史上占有地位的重要资料,其书体在隶书与楷书之间,是文字形体书体发展变化的一件典型实证。(图147)该碑于清代乾隆四十

图147　爨宝子碑

三年(1778)被发现介绍,一直受到重视,现为全国重点文物保护单位。同样为全国重点文物保护单位的高句丽国好大王碑,又称广开土王碑,具体建碑年月不详,大致相当于晋代。该碑现仍安放于吉林省集安县城东北,并建有碑亭保护。据碑文,它是高句丽第二十代的长寿王为纪念第十九代王谈德而建造的。该碑于清代光绪六年(1880)首次被介绍出来,因其记录的高句丽国史事而受到国内学界与日本、朝鲜、韩国等国的重视及深入研究。这件碑实际是比较原始的刻石形制,在方柱形的天然岩石块上略加修整即刻写铭文。石高6.12米、宽1.40—1.85米。碑文使用汉字隶书四面环刻,共1800余字。书体朴拙凝重,亦深得书法界重视。2012年又在集安发现了一件高句丽碑的残件,记录的也是有关守陵烟户的情况①。说明当时在高句丽一带使用碑刻并不是偶然的个例。其受到中原文化的影响是很明显的。

以上介绍的大量西晋石刻,应该反映出这样一些状况:当时随着经济的恢复,建造各种纪念性石刻的风气也重新兴起。晋代石刻的主要类型与形制、内容特点延续了汉代的传统,并产生了墓志这样的石刻新类型。制作石刻的工艺水平也有所提高。这是古代石刻在三国时期受到限制以后的一个恢复与发展阶段,为以后南北朝时期的石刻兴盛铺垫了基础。

东晋与南朝四国,被历代的传统史学家视作中华正统所在,是中原礼仪文化的承继者。刊刻碑石等铭刻材料的习俗也被南方各朝代保留下来,并且影响到一些较偏远的地区。从现存传世品与考古发现的石刻资料中已可以反映出这一趋势。东晋初年,官方就放松了对立碑的禁令。"至元帝太兴元年(318),有司奏:'故骠骑府主簿故恩营葬旧君顾荣,求立碑。'诏特听立。自是后,禁又渐颓。大臣长吏,人皆私立。"②但是现存的南朝石刻资料数量并不太多。有人曾经将其原

---

① 李东:《吉林集安新发现的高句丽碑》,《文物》2014年第10期。
② 梁 沈约:《宋书·礼志二》,中华书局标点本,1974年。

因归结于南方土质具有腐蚀性而使石刻的铭文漫漶,南方历代破坏古墓比较严重,出土的石刻被改作他用等多种外部因素。如果我们不着重于石刻数量多少的比较,而是从石刻的类型、石刻形制与文体的完善程度以及石刻的适用范围等方面来看,就可以看到,在汉代至南朝期间南方使用石刻的历史始终没有中断,而且造就了众多新的石刻类型,甚至影响到北方的石刻发展过程。以墓志为例来看,虽然南方出土的墓志不是很多,但使用墓志的人物身份差距比较大,包括从梁桂阳王萧融这样的王侯一直到齐刘岱这样的普通士人。发现墓志的地域也比较广泛,除作为统治中心的江苏南京一带以外,还在武汉等地发现了南朝的墓志。可见南朝使用墓志的习俗还是比较普遍的。北方官员大量使用墓志,以及墓志形制的最终定型,应该也受到南方的文化影响。

现在尚可以见到的南朝石刻中,最为著名的是分布在南京、丹阳等地的多处南朝陵墓石刻群,其中包括多件天禄、辟邪等神兽石雕与神道柱、碑等大型石刻。对此,已有朱希祖、朱偰等人的详细报告与近年来的多次调查结果予以介绍。此外传世品还有宋大明二年(458)爨龙颜碑、梁瘗鹤铭、梁天监十七年(518)萧秀碑、梁普通三年(522)萧憺碑、阙年月爨君残碑等重要碑刻,它们是南朝历史文化与政治制度的重要实证。如梁普通三年(522)萧憺碑,为名臣徐勉撰文,贝义渊书丹,碑文达2800多字,记录史事颇多。该碑形制标准,雕饰精美,显示出当时官方石刻的高度艺术水平。宋大明二年(458)爨龙颜碑记录了爨氏世系与有关的边疆历史、职官情况等,同时书体雄浑有力,为书法界所看重,是一件著名的古碑,现存云南省陆良县城南贞元堡。江苏省镇江市焦山存放的梁瘗鹤铭残石也是深受书法家重视的石刻珍品,原石为摩崖,部分断裂坠落江中,近年当地还曾进行过打捞发掘等工作,获得　些残石①。2003年,在重庆市忠县乌阳镇

---

① 镇江博物馆、焦山碑刻博物馆:《镇江焦山瘗鹤铭碑刻发掘简报》,《东南文化》2001年11期。

将军村的江边发现一件残泐的南朝宋泰始五年(469)墓表(神道柱),存有85字,应该是当时的江州属吏为故试守江州令文卫刊立的①。2001年,浙江省东阳市吴宁镇许村发现一件刻有陈永定二年(558)题铭的石井栏②。

东晋南朝的墓志材料以往发现得较少。历代金石著录中仅记载过几件南朝墓志,大都是皇族的用品。如梁普通元年(520)萧敷墓志及永阳敬太妃墓志都是书文俱佳的罕见南朝大型墓志,但原石已佚失,尚存拓本。此外还有对墓志发展历史具有实证意义的宋大明八年(464)刘怀民墓志以及齐(阙年月)吕超墓志等。1949年后,随着考古发掘工作逐步深入,在南京市等地陆续发现了一批东晋与南朝士人的葬志。东晋的葬志以砖刻为主,也有长方形的小型石刻。如:

1958年在江苏省南京市老虎山发掘的东晋永和元年(345)颜谦妻刘氏墓志③,1964年在南京市中华门外戚家山发掘的东晋泰宁元年(323)(卒)谢鲲墓志④。1965年在南京市新民门外人台山发掘的东晋永和四年(348)王兴之及妻宋和之墓志是砖制成的。墓志正面是在咸康七年刻写的王兴之葬志,背面是在宋和之合葬时重刻的合葬墓志。表现了这种再次打开墓室合葬的葬俗⑤。(图148)在距王兴之墓不远的象山发掘了王兴之的亲属们的几座墓葬,出土有东晋升平二年(358)王闽之墓志、升平三年(359)王丹虎墓志、太元十七年(392)王

---

①　孙华:《重庆忠县泰始五年石柱》,《文物》2006年第5期。该文对其年代有具体考证。

②　钟翀、赵一新:《浙江东阳发现南朝陈代石井栏》,《文物》2006年第3期

③　南京市文物保管委员会:《南京老虎山晋墓》,《考古》1959年第6期。

④　南京市文物保管委员会:《南京戚家山东晋谢鲲墓简报》,《文物》1965年第6期。

⑤　南京市文物保管委员会:《南京人台山东晋兴之夫妇墓发掘报告》《文物》1965年第6期。

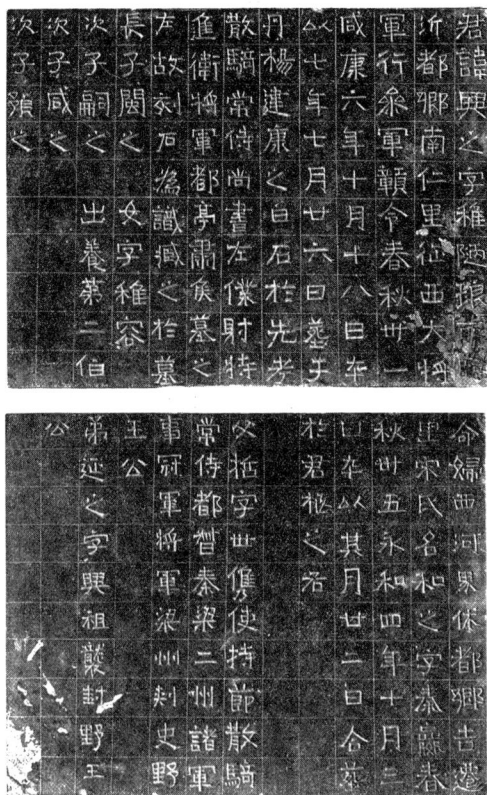

图 148 东晋王兴之墓志

彬继妻夏金虎墓志等①。王彬是南迁的中原大姓人士,《晋书》中有传记。琅玡王氏在东晋朝廷中占有重要地位,丞相王导是王彬的堂兄,著名书法家王羲之就是王彬的侄子。王兴之为王彬之子,王丹虎为王彬之长女,而王闽之则为王兴之长子。这一系列王氏墓志的出土,揭示了一个东晋的大族墓地,对于了解东晋的丧葬习俗与北方世族的土

---

① 南京文物保管委员会:《南京象山东晋王丹虎墓和二,四号墓发掘简报》,《文物》1965 年第 10 期;南京市博物馆:《南京象山 5 号,6 号,7 号墓清理简报》,《文物》1972 年第 11 期。

断情况具有参考价值。

近来,南京市博物馆又在象山中段南侧发掘了 3 座东晋王氏墓葬,其中 8 号墓出土砖墓志。9 号墓出土砖、石墓志共 3 件,1 件砖质墓志出土于墓门上方墓坑内填土里,这是在以往考古发掘中很少见到的;2 件石质墓志出土于墓室前部左右两侧。10 号墓出土石墓志 1 件,字迹已不存。8 号墓中出土的墓志记载墓主为东晋丹阳令、骑都尉王企之,卒于泰和二年(367)。9 号墓出土墓志记载墓主为东晋振威将军、鄱阳太守、都亭侯王建之,卒于泰和六年(371),还有其妻刘媚子的墓志。① 2000 年,这里的 11 号墓又出土了王康之与其妻何法登的两件墓志②。

1986 年,南京市司家山的几座墓葬中出土过另一支大族谢氏的一批墓志,如东晋义熙三年(407)卒的谢球墓志,谢球是丞相谢安的后人③。同时还出土了义熙十二年(416)卒的谢球妻王德光墓志。王德光是王羲之的孙女。而在江苏溧阳果园发掘出东晋太元二十一年(396)谢琰及妻王氏墓志。谢琰任溧阳令、驸马都尉,王氏是东晋皇室外戚王濛的女儿④。1984 至 1987 年间,南京市博物馆在南京市雨花台区司家山发掘了 7 座东晋至南朝时期的墓葬,其中出土了一些砖墓志,已发表者有宋永初二年(421)谢珫墓志、东晋义熙二年(406)谢温

---

① 南京市博物馆:《六朝家族墓地考古有重大收获》,《中国文物报》1999 年 1 月 17 日第 5 期。南京市博物馆:《南京象山 8 号、9 号、10 号墓发掘简报》,《文物》2000 年第 7 期。

② 南京市博物馆:《南京象山 11 号墓清理简报》,《文物》2002 年第 7 期。

③ 阮国林:《南京市司家山东晋墓》,《中国考古学年鉴》1987 年,文物出版社,1988 年。南京市博物馆、雨花区文化局:《南京司家山东晋、南朝谢氏家族墓》,《文物》2000 年第 7 期。

④ 南京博物院:《江苏溧阳果园东晋墓》,《考古》1973 年第 4 期。

墓志等①,他们都是谢氏家族的家人。其中谢琰墓志形制尤为特殊,它是由六块同样的长方形墓砖组成。铭文依次分别刻写在六块砖上,连成 681 字的墓志铭。此外还有 1999 年在栖霞山吕家山发现的东晋升平元年(357)李缉、李摹及其妻子等人的墓志。② 2001 年,在南京市又发现了东晋名族人士温峤的墓志③。

1998 年,南京市东郊仙鹤观的 2 号东晋墓中出土了 2 件砖墓志,墓主为东晋侍中、建昌伯高崧,其人在《晋书》中有传,《世说新语》、《建康实录》等文献中也记载了他的有关事迹。与以上所述各东晋墓葬不同,高崧不是北方避乱而来的世族,而是南方土著的世家大族人物。这说明在南方土著世族中也同样使用着墓志这种礼俗,较之上述各北方世族人物墓志具有更重要的典型意义④。

1984 年在江苏省镇江市出土了刘庚与刘颙妻徐氏的两件砖志⑤。此外,1979 年,在江苏省吴县张陵山出土了一件东晋泰宁三年(325)的张镇墓志⑥。江西省南昌市、山西省芮城县等地也曾发现了一些晋代的砖志⑦。

南朝的墓志,同样主要在作为政治中心的南京市附近出土。表明

---

① 南京市博物馆、雨花区文化局:《南京南郊六朝谢琰墓》,《文物》1998 年第 5 期。南京市博物馆、雨花区文化局:《南京南郊六朝谢温墓》,《文物》1998 年第 5 期。

② 南京市博物馆:《南京吕家山东晋李氏家族墓》,《文物》2000 年第 7 期。

③ 南京市博物馆:《南京北郊温峤墓》,《文物》2002 年第 7 期。

④ 南京市博物馆:《六朝家族墓地考古有重大收获》,《中国文物报》1999 年 1 月 17 日第 5 版。

⑤ 镇江博物馆:《江苏镇江谏壁砖瓦厂东晋墓》,《考古》2001 年第 7 期。

⑥ 《东晋张镇碑志考释》,《文博通讯》1979 年第 10 期。

⑦ 如江西省文物考古研究所、南昌市博物馆:《南昌青云谱梅湖东晋纪年墓发掘简报》,《文物》2008 年第 12 期;卫文革:《山西芮城发现一方晋代墓志》,《文物世界》2008 年第 1 期等发表的晋代砖志。

墓志已经成为一种与封建葬礼制度相结合的定型器物。1972 年,南京市太平门外尧晨果木场发掘出刘宋元徽三年(475)明昙憘墓志①。此外,南朝的其他重要地区,如武昌,也有墓志发现。1956 年,湖北省武汉市周家大湾曾经出土南齐永明三年(485)刘觊墓志,刘觊终官为刘宋武陵王前参军②。1969 年,江苏省句容袁巷出土有南齐永明五年(487)刘岱墓志③。从铭文中看,刘岱也是南迁的官宦世家,大约从其曾祖刘爽任山阴令起就在这里定居。

从出土情况与礼制要求来看,在王侯一级的地下墓室中则应该使用大型石墓志陪葬。1980 年,在南京市太平门外的石油化工厂附近出土了两方梁朝王侯墓志:天监元年(502)萧融墓志与天监十三年(514)萧融太妃王慕韶墓志④。(图 149)萧融是梁武帝的弟弟,后与长兄尚书令萧懿同时被齐东昏侯杀害。梁武帝即位后,赠抚军大将军,封为桂阳郡王。墓志为当时著名文臣任昉所作。王慕韶为萧融的妻子,她也是东晋丞相王导的七世孙女。由此可见王谢等世族大姓的势力影响在南朝延续了相当长的历史时期。结合以前的传世藏品梁普通元年(520 年)永阳王萧敷墓志与普通元年永阳王太妃王氏墓志等形制严谨,文字精美的石刻来看,起码在梁代,王侯们在墓中就有大型墓志陪葬,并且对墓志的使用具有一定的礼仪制度规定。希望今后能有更多的出土发现来证实这种制度。

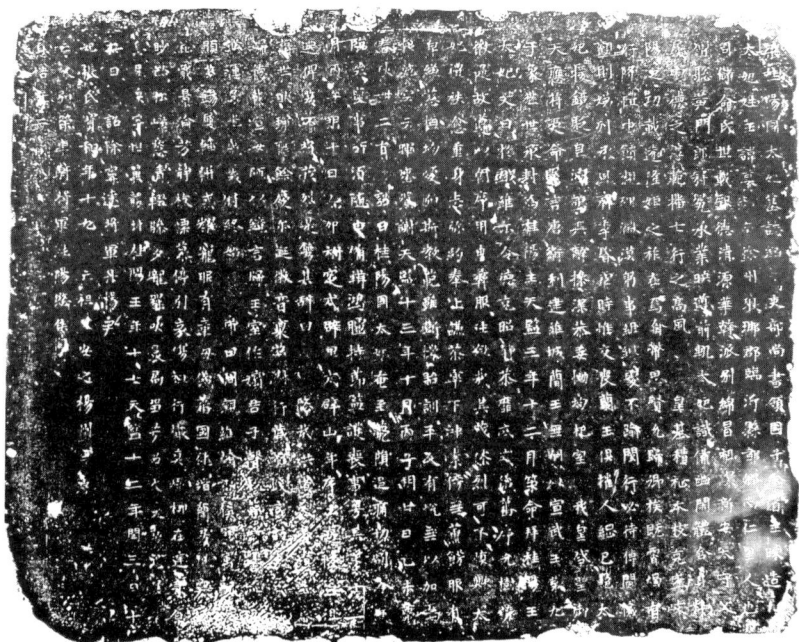

图 149　梁王慕韶墓志

　　南京市还发现了一些大型墓志,可惜由于漫漶严重,文字内容无法释读。如在燕子矶出土的普通二年(521)某君墓志、周家山农场发掘的某君墓志等,它们的长宽尺寸都在 1 米左右,铭文可达 2000—3000 字,应该是地位很高的人物的墓志。在普通二年(521)一件墓志上,还可以看出"辅国将军","曾祖谟,魏尚书左丞、司徒左长史、冀州[下残]","祖[　　]冀州刺史,""父斌,本州别驾"等字样①。南京市雨花区西善桥镇出土的一件陈代黄法氍墓志,为著名文人江总撰文,虽

---

①　南京市文物保管委员会:《南京郊区两座南朝墓清理简报》,《文物》1980 年第 2 期;南京博物院:《南京尧化门南朝梁墓发掘简报》,《文物》1981 年第 12 期。

然多有残泐,但仍保存有较重要的史料,可与《陈书》对照①。这些墓志可能对我们正确认识南朝使用墓志的情况有所帮助。

北方地区在十六国时期战乱频繁,现在发现的这一时期石刻很少。但从现存的一些珍贵材料来看,十六国时期北方各地仍然在丧葬、宗教宣传、纪念活动等方面使用着各种文字石刻。如传世的著名石刻前秦建元三年(367)冯翊护军郑能远修邓太尉祠铭、前秦建元四年(368)广武将军□产碑、北凉(阙年月)主客长史阴尚宿捐建道场记、西安市出土的后秦弘始四年(402)辽东太守吕宪墓表等。表现出这一时期石刻的主要类型都有所沿用。但这些石刻原石或已经佚失,或流入日本、德国等外国人手中,实为中国石刻研究之一大缺憾。值得注意的是这些石刻大多出自西北地区。可能反映了当时北方割据诸国中,西北地区的各国相对比较安定,并由于中原大族文士的西迁而保留着一定的汉代以来的中原儒家文化传统。

北凉承平三年(445年)沮渠安周造像碑是我国现存最早的佛教造像碑,在中国古代石刻史、艺术史与佛教史研究中均占有重要的位置,可惜它在解放前被德人盗购而去,现存柏林博物院。

近年来,曾经在甘肃省武威县金沙公社赵家磨村出土过一件前秦建元十二年(376)的梁舒妻宋华墓表。原石保存尚好,只是文字内容十分简略。梁舒的官职为"中郎中督护公国中尉晋昌太守"②。新发现的类似十六国时期墓志还有前燕永昌三年(324)李廆墓志③、后燕建兴十年(395年)崔遹墓志④等。河南省安阳县安丰乡西高穴村发现过一件后赵建武十一年(345年)的太仆卿驸马都尉鲁潜墓志。志中

①　南京市博物馆:《南京西善桥南朝墓》,《文物》1993年第11期。

②　钟长发、宁笃学:《武威金沙公社出土前秦建元十二年墓表》,《文物》1981年第2期。

③　鲁宝林、吴鹏:《锦州前燕李廆墓清理简报》,《文物》1995年第6期。

④　李宇峰:《朝阳十二台营子发现后燕崔遹墓志》,《辽宁文物》1980年第1期。

记录墓地的具体所在,涉及到了魏武帝曹操的陵寝位置,颇具考古参考价值①。

　　1980 年,在内蒙古鄂伦春自治旗的嘎仙洞中,有一件引人注目的发现。这就是北魏太平真君四年(443)刻写的祭祀鲜卑石室的摩崖题记②。(图 150)有关这件题记的内容与祭祀经过,在《魏书·礼志》中有过详细的记载。这次在洞中石壁上发现的题记,字迹清晰,内容与《魏书》中记录的原文基本相同,从而证实了文献记载中对鲜卑早期历史的记录是基本可信的。同时也有助于解决乌洛侯国等地的具体所在等历史地理问题。结合石室的考察,发掘出大量夹砂灰褐陶片及骨镞、石镞等,有助于证实札赉诺尔遗址是鲜卑遗址的考古学研究成果。

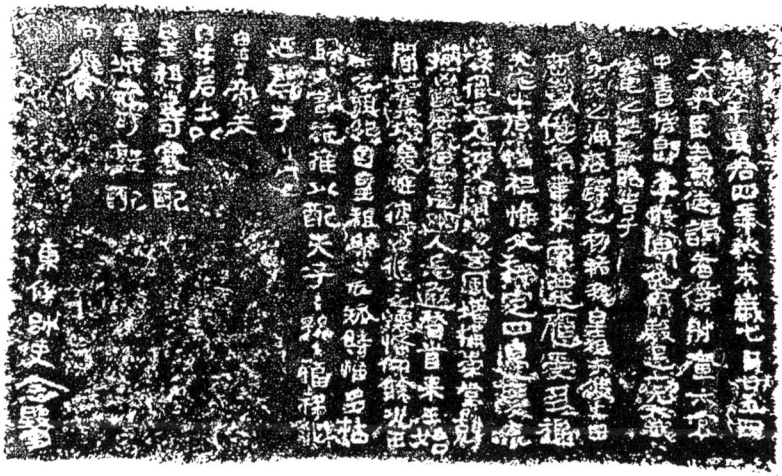

图 150　嘎仙洞北魏祭天石刻

①　邓叶君、杨春富:《安阳出土十六国后赵鲁潜墓志》,《中国文物报》1998 年第 50 期。

②　米文平:《鲜卑石室的发现和初步研究》,《文物》1981 年第 1 期。

在黄河沿岸的悬崖上，留存有历代经由此地的商旅、游客写下的摩崖题记。记录了古代黄河船运的情况，对于了解黄河漕运是不可多得的宝贵资料。在河南省陕县一带的调查，发现从汉代、南北朝、唐代到清代的摩崖题记约 100 多段，成为一笔可贵的文物财富①。在山西省运城县发现的一则北周刻石题记有助于了解当时漕运的路线与山西省运城的食盐外运情况，引起了学者的讨论②。

北魏时期，中国北方基本上得到统一。经济、文化都有所恢复。石刻的应用随之日益增多。之前，由于十六国时期的动乱，造成汉族传统文化缺失与北方游牧民族入主中原，给外来的佛教文化形成了广泛普及与大力发展的机会。随着西方僧人不断来到中原地区传播佛教，翻译佛经，自汉代开始传入的印度佛教成为与传统儒家思想并立的主要社会意识形态。我们关注的是：佛教文化的输入不但给中国文化加入了新的内涵与新的思想表现形式，也给中国石刻带来了多种新的文化内容与雕刻技艺，开辟了新的应用范围。

这里必须看到佛教石窟的开凿活动对中国古代石刻发展的推动作用。现存的考古文物资料证明，从十六国时期开始，位于今甘肃宁夏一带的河西四郡就开始修建石窟，如著名的敦煌莫高窟、炳灵寺、麦积山石窟等。北魏时期，继承河西佛事的遗绪，先是以平城为中心，而后以洛阳为中心，陆续兴建了大型的云冈石窟群与龙门石窟群。在皇室与中央政府的倡导下，北方各地都有石窟的兴建。如河北省邯郸市的南北响堂山、河南省巩县、山西省太原市天龙山、山东省济南市黄石崖、甘肃省庆阳北、辽宁省义县万佛堂以及分布在山西省南部，陕西省耀县、富县、延安、安塞一线等地的小型石窟群等。这些石窟虽然屡遭

---

① 中国科学院考古研究所：《三门峡漕运遗址》，科学出版社，1959 年。

② 卫斯《关于山西运城发现的北周刻石题记》、《文物》2002 年 6 期，俞伟超《也谈山西运城发现的北周刻石题记》《文物》2002 年 9 期，张荣强《山西运城北周刻石补释》、《文物春秋》1997 年 3 期。

破坏,但大部分仍得以保存至今,其中的文字铭刻也大多被保护下来。这些佛教造像与石窟的制作,完全是大规模的石材开凿加工活动,从而使石作行业大为兴盛,工艺水平随之提高。从雕刻佛像的制作技艺来说,当时的石工在很大程度上吸收引进了印度与中亚地区的石雕艺术,从而改变了中国传统石刻的加工形式,促进了石刻技艺的发展,并且让石刻文字的使用范围得以扩大。因此,北朝中后期,石刻的数量、种类、文史价值与艺术水平等都大大超过了东汉时期,成为中国古代石刻发展史上的第二个高潮期。

北魏统一北方地区后,学习南朝的文化政治制度,使社会经济与文化状况大为改观,一度甚至超过了自诩为礼仪正统所在的南朝。这一时期的大型石碑与摩崖材料很多,制作得也十分精致,在装饰纹样、书法水平与保存的历史资料等方面都达到了相当的高度。例如现在山东省曲阜县孔庙的北魏正光三年(522)鲁郡太守张猛龙碑、(图151)山东省掖县云峰山的郑道昭摩崖题记和郑文公碑、河南省登封县中岳庙的北魏太安二年(456)嵩高灵庙碑、河南省长葛县的东魏兴和二年(540)敬史君(显儁)碑、原在陕西省澄城县的北魏太和十二年(488)宕昌公晖福寺碑、陕西省襄城县的石门铭摩崖、河北省隆尧县的北魏延昌元年(512)杨翚碑、河北省邯郸市响堂山的北齐武平三年(545)唐邕写经碑、河北省磁县的北齐武平六年(548)高肃碑(兰陵王碑)等。1949年以后新发现的有山西省灵丘县出土北魏和平二年(461)皇帝南巡碑的残石,这应该是记录北魏文成帝出巡山西各地的大型纪功碑。[①] 20世纪50年代在西安市出土的司马芳残碑曾被认为是晋代碑刻,杨励三考证为北魏碑刻,而后路远再次考察藏在碑林的原碑,通过对碑文的梳理,认定建碑者为北魏宁远将军乐陵侯司马淮,

---

① 山西省考古研究所、灵丘县文物局:《山西灵丘北魏文成帝〈南巡碑〉》,《文物》1997年第12期。

图 151 北魏张猛龙碑

碑建立于北魏神䴥三年(430)至兴光元年(454)年之间①。1988年在河北省曲阳县北岳庙古井中出土了一件北魏和平三年(462)邸府君碑。② 2004年,在甘肃省宁县人民医院的基建中出土一件有所残损的北魏正始元年(504)大代持节豳州刺史山公寺碑颂,值得注意的是在其碑阴上方中部开龛刻有人像,由于不似佛像,研究者怀疑其就是山累的形象③。以上种种,说明在北魏至北齐时期碑刻使用得十分普遍。

　　造像碑是这一时期新出现的重要石刻形式,北方各地都有精美多样的佛教造像碑存留下来,例如山东省青州市的北齐武平四年(546)青州刺史临淮王像碑、河南省登封县刘碑村的北齐天保八年(557)造像碑等。北朝时期造像碑的收集与发现,是20世纪中值得注意的古代碑刻研究中的新收获。现在陕西省、山西省、河南省、山东省、河北省等省市博物馆以及一些重点文物保护单位中都有大量造像碑收藏。像陕西省铜川市耀县药王山文管所收藏的北朝等时期造像碑群,自20世纪初即由当地士绅开始汇集收藏,现在达到数百种之多。有人统计,在陕西关中、渭河流域散布的造像碑至今仍保存250—300件。其中有可贵的道教造像碑与佛道教混合造像碑50余件④。河南、山西、山东等地也有一定数量的重要造像碑传世保存下来。

　　陕西省临潼县等地近年来多有造像碑的发现,如1983年在临潼县征集到的北魏正始二年(505)造像碑、神龟二年(519)造像碑、正光

①　杨励三:《司马芳残碑》,《文物》1965年第9期。段绍嘉:《司马芳残碑出土经过及初步研究》,《人文杂志》1957年第3期。路远:《司马芳碑刻立年代考辩》,《碑林语石》,三秦出版社,2010年。

②　西林昭一、陈松长:《新中国出书书迹》,文物出版社,2009年。

③　吴荭等:《新发现的北魏大代持节豳州刺史山公寺碑》,《文物》2007年第7期;刘森:《寻迹石上——甘肃碑刻摩崖文化》,甘肃人民美术出版社,2015年。

④　陕西省耀县药王山博物馆等:《北朝佛道造像碑精选》,天津古籍出版社,1996年。

四年（523）造像碑、西魏大统六年（540）吉长命造像碑等①。1976 年在山东省博兴县出土了东魏武定五年（547）郭神通等造像碑②等。1981 年至 1983 年间，在陕西省洛川县陆续发现了北魏李黑城造像碑、西魏法龙造像碑、北周郭乱颐、杨广娟、王子崇等造像碑，在黄陵发现西魏似先难及造像碑、北周符茂、任要好造像碑等，在长武县也发现有一批佛教造像碑③。这些造像碑中的供养人题名内容丰富，反映了当时这些地区的民族分布与融合情况。其中如北魏杨阿绍造像碑、北周杨洪义造像碑等碑文题记，保留了大量氐、羌、匈奴、鲜卑、杂胡等少数民族人物姓名，是研究当时社会与民族状况的极好材料。有些造像碑还具有书法发展史上的参考价值，书体表现出相当的书法造诣，如北魏姚伯多造像碑等。

　　河南、山西等地也有相当数量的造像碑出土。它们雕刻精美，具有明显的时代艺术特征。如 1957 年在河南省襄城县西孙庄出土的北齐天保十年（559）高海亮造像碑、天统四年（568）张伏惠造像碑④等，1965 年在河南省洛宁县出土的北周保定五年（565）造像碑，以及河南省孟津县发现的北朝常岳造像碑⑤等。1958 年，在山西省沁源县柏木乡的寺庙遗址出土了东魏天平三年（536）王天扶等造像碑⑥。20 世纪 60 年代，在山西省沁县南涅水曾出土 1000 多件北魏至北宋时期的造像佛塔与造像碑。可能是由于历次灭佛或佛寺埋藏残旧佛像的行为所致，各地多次发现类似大规模的佛像窖藏，如四川省成都市万佛寺、

---

① 赵康民：《陕西临潼的北朝造像碑》，《文物》1985 年第 4 期。

② 常叙政、李少南：《山东省博兴县出土一批北朝造像》，《文物》1983 年第 7 期。

③ 靳之林：《延安地区发现一批佛教造像碑》，《考古与文物》1984 年第 5 期；张燕、赵景普：《陕西省长武县出土一批佛教造像碑》，《文物》1987 年第 3 期。

④ 周到：《河南襄县出土的三块北齐造像碑》，《文物》1963 年第 10 期。

⑤ 《河南省志·文物志》，河南人民出版社，1998 年。

⑥ 山西省考古研究所：《山西碑碣》，山西省人民出版社，1997 年。

山东省青州市、河北省临漳县、甘肃省泾川县等处的发现,都出土了数百件乃至上千件精美的佛像,以北朝造像为主,有些造像上面还附有重要的题记,为相关时期的佛像分期断代提供了可靠的标本①。其他如陕西省、山东省、河北省、河南省、江苏省等地也有多起造像碑的新发现②。佛道教造像的发现更是遍及各地。

值得注意的还有河北省定兴县保存的北齐大宁二年(562)义慈惠石柱等形制奇特、雕刻精美的石刻,不仅历史价值高,还具有建筑艺术史方面的重要价值。

北朝时期,墓志作为已经定型的封建社会丧葬礼仪用品,在北方也开始大量使用,成为近代以来出土数量十分庞大的一批铭刻资料。根据金石书籍的记载,北魏普泰元年(531)十月一日张黑女墓志是出土比较早的,在明末清初时已经有拓本流传。由于该志的书体端庄秀丽,极受书法界重视,拓本被视若拱璧,原石却早已遗失。清代乾隆十四年(1749),山东德州卫第三屯出土了东魏元象二年(539)高湛墓志,乾隆二十年(1755),在河南孟县东北的葛村出土了北魏永平四年(511)十月十一日司马绍墓志,正光元年(520)十一月廿六日司马昞墓志,延昌三年(514)正月十二日司马昞妻孟敬训墓志,东魏天平二年

① 刘志远、刘廷璧:《成都万佛寺石刻艺术》,中国古典艺术出版社,1958 年。青州市博物馆:《青州龙兴寺佛教造像艺术》,山东美术出版社,1999 年。中国社会科学院考古研究所、河北省文物研究所邺城工作队:《河北邺城遗址赵彭城北朝佛寺与北吴庄佛教造像埋藏坑》,《考古》2013 年第 7 期。《泾川发现佛像窖藏出土各类文物 240 余件》,中国甘肃网—甘肃经济日报 2013 年 5 月 13 日。

② 陕西省文物普查队:《耀县新发现的一批造像碑》,《考古与文物》1994 年 2 期。周建军、徐海燕:《山东巨野石佛寺北齐造像刊经碑》,《文物》1997 年 3 期。罗火金等:《焦作嘉禾屯居德寺佛教造像碑》,《中原文物》2002 年 3 期。戴东方:《试释江苏淮安出土的东魏造像碑》,《东方艺苑(美术版)》1995 年 3 期。徐蕊:《洛宁县北周兄弟三人造像碑》,《中原文物》2004 年 1 期。

（535）十一月七日司马升墓志等四件北朝石刻。北魏熙平二年（517）十月九日刁遵墓志是雍正年间在河北南皮的一个荒废寺院旧址出土的，也有的记载说它是在山东广饶出土的。道光初年，山西忻县西九原岗出土了东魏兴和二年（540）正月廿四日刘懿墓志。道光、咸丰年间，山东益都出土了北齐天保四年（553）二月二十九日崔颜墓志。清代同治年间（一说为光绪十六年〔1890〕），北魏太和廿三年（499）十二月廿六日韩显宗墓志在河南洛阳西北的水口村出土。光绪元年（1875）三月，山东陵县东门外三里河刘家庄北出土有东魏武定元年（543）十月廿八日王偃墓志。光绪初年，山东益都出土了北齐天统元年（565）十月廿四日房周陀墓志，河南安阳出土了天统二年（566）二月二十五日公孙肱墓志。宣统元年（1909），山东沂水出土有北齐武平二年（571）十月十日逢哲墓志。光绪七年（1881），山东诸城西古娄乡出土北周宣政元年（578）十二月九日时珍墓志。宣统二年（1910），河南洛阳张羊村西北出土有北魏延昌三年（514）十一月四日元飏墓志等等。①

　　还有一些墓志虽然没有确切的出土时间，但是可以通过有关记载证明它们出土较早，在清代已经存在。河南孟县张河村出土的北魏正光四年（523）陆希道墓志，有记载曾于乾隆五十四年（1789）移置县里的忠义祠，可见它在清代前期已经存在。北齐武平二年（571）二月六日朱岱林墓志，原在山东寿光北田刘村的一座废寺中，雍正三年（1725）被人访求到。山东安丘出土的北魏孝昌二年（526）二月十日李谋墓志，在光绪十八年（1892）曾经由于村人争夺此石被官府没收，它也应该是在光绪十八年（1892）前出土的。象北齐武平五年（574）十二月廿三日郑子尚墓志这样的墓志，虽然没有确切的出土时间，其

---

① 见清王昶：《金石萃编》，扫叶山房石印本，1921 年；清陆增祥：《八琼室金石补正》，希古楼刻本，1925 年；清叶昌炽：《语石》，柯昌泗：《语石异同评》，中华书局，1995 年。

至连出土地点都说不清楚,有的说是河南安阳,有的说是山东郓城,但是它曾经被清末金石收藏家端方收藏,那么也必然是清代末年以前出土的了。

由此可见,清代所见的南北朝墓志,除寻访到的寥寥几件前代遗物外,均是十分偶然的零星出土发现,出土地点也很分散,以山东,河南,山西为主。

从清代末年到 20 世纪 30 年代,南北朝墓志,尤其是北朝墓志的出土达到了一个高潮。主要的出土地点有曾为北魏首都的河南洛阳地区,曾为东魏与北齐首都的河北邺城地区,曾为西魏、北周首都的陕西西安附近等地。出土墓志多为这些朝代皇族戚属与贵族官员的陪葬品。这一阶段墓志的大量出土,与外国收藏者大肆购买中国古代艺术品,从而刺激了盗掘古墓的不良风气有密切关系。由于以前无人过问的三彩器,陶俑,镇墓兽等文物受到外国人的青睐,价格飞涨,造成洛阳,关中等地民间大量盗掘古墓,大批南北朝隋唐时期的墓志随之出土。这些石刻由于书体精美、具有丰富的历史资料,马上受到了国内学者与文人收藏家的重视。部分极为精致的墓志甚至被日本等国文物商抢购而去。国内的著名收藏家如罗振玉,缪荃孙,关葆益,董康,李盛铎,于右任,徐森玉,李根源等人,均从事收集墓志,他们所收集的墓志都是这时出土的。柯昌泗《语石异同评》卷四记录在三十年代各家收藏北朝墓志的情况是:

> 后魏志出洛下,以元氏宗室为大宗,余则妃主勋戚搢绅。三十年来计有二百余石。皆出今洛阳城北之地。……开封图书馆就近搜访唐志,约二百余石,魏志亦仅有六石耳。精品时多散在四方。元显儁石式最奇,吴兴徐森玉丈(鸿宝)以谂北京教育部出重资购置天安门上历史博物馆。馆中寻又得元羽、于景二石。鄞县马君叔平又为北京大学购得穆绍一石。私家之藏,以阳湖董授经丈(康)诵芬室,德化李椒微丈(盛铎)木犀轩,暨徐氏所得最

多。既而武进陶兰泉观察（湘）亦事购藏，董氏之石，旋让与之。……其它若腾冲李印泉省长藏寇臻、王绍、寇演、寇凭、寇治、陆绍六石。罗师（按即罗振玉）藏周安、耿娥、元彦、尼统慈庆四石。天津徐弢斋总统（按即徐世昌）藏元鸾、元绪、北海王妃李氏、元维四石。南海陈氏藏石夫人、元诠、元倪三石。萧山张岱杉（弧）藏元晫、元玗二石。鄞县马氏藏冯迎男、元遵二石。番禺叶誉虎（恭绰）藏元始和一石。会稽周养庵（肇祥）藏元毓一石。山阴张政和（允中）藏元华光一石。义州李小石（放）藏元演一石。通州张仲郊（文祁）藏元昭一石。……魏志之出，首先收藏著录者，为开封关伯益（葆谦）。壬癸间购得王绍、刘华仁、陆绍三石……近年固始许光宇（霁祥）收拾藏奔，得元则、元宥二石。……南海邓秋枚（实）方设神州国光社于上海，……购得元赙、元贤、赵道德诸石。同时所出张满、侯海、徐之才、萧正表、邢夫人五石，先为磁人购留藏于劝学所，其后又藏元鸷夫妇、梁伽耶三石，……范鼎卿宰安阳，……设古迹保存所于邺，……凡得元湛夫妇、元显、元均、叔孙固、东安王太妃陆氏、任城王太妃冯氏、穆子岩、窦泰夫妇、石信十石。……初惟元宝建归顾鼎梅，元悰归周养庵，贶天念归李小石，魏僧勖归方药雨，司马遵业归南海姚铭清（礼成），乐陵王高百年夫妇归罗师，高建夫妇归陶兰泉，崔宣华归徐森玉，……予在旧京，见志石自邺中来者，若东魏间伯升夫妇、元子邃夫人李氏、宗欣、李挺、齐襄乐王妃敬氏、崔茂、元子邃、刘悦、胡公夫人李氏、徐彻、薛广，惟间元两夫妇李挺等五石为徐森玉购得，其余皆不知所在。……北周志石出土亦常在洛邺两地，洛有韩木兰、寇胤哲、梁嗣鼎，皆于氏藏。寇峤夫人薛氏，罗师藏。邺有张君夫人郝氏、安定□安宁，皆天津王氏藏。齐扶风公主，长白心畬王孙（溥儒）藏。……至于河北定县出魏姚纂、景州出高僧护、三原于氏及奉天图书馆藏。山东益都出东魏赵荣奴息贤铭记，县人李慎五（有典）藏。东平出北齐武弘，县人赵氏藏。山西

□□出北周李义确,河南修武出北周马龟,县公款局藏。陕西长安出北周何□宗,县人段氏藏。

这些藏石中,很多后来又有所转手。仅于右任所藏以鸳鸯七志斋藏石为名,一直完整保存下来,1938年,于右任将其藏志捐赠给陕西西安碑林。(图152、153)

这时的盗墓者只顾盗取值钱的物品,对墓葬肆意破坏,而收藏墓志的官员学者也大多只注意墓志的文字内容,假手于商贾,缺乏实地调查,从而极大地丧失了出土墓志等石刻材料的考古学研究价值。有

图152　北魏元诠墓志

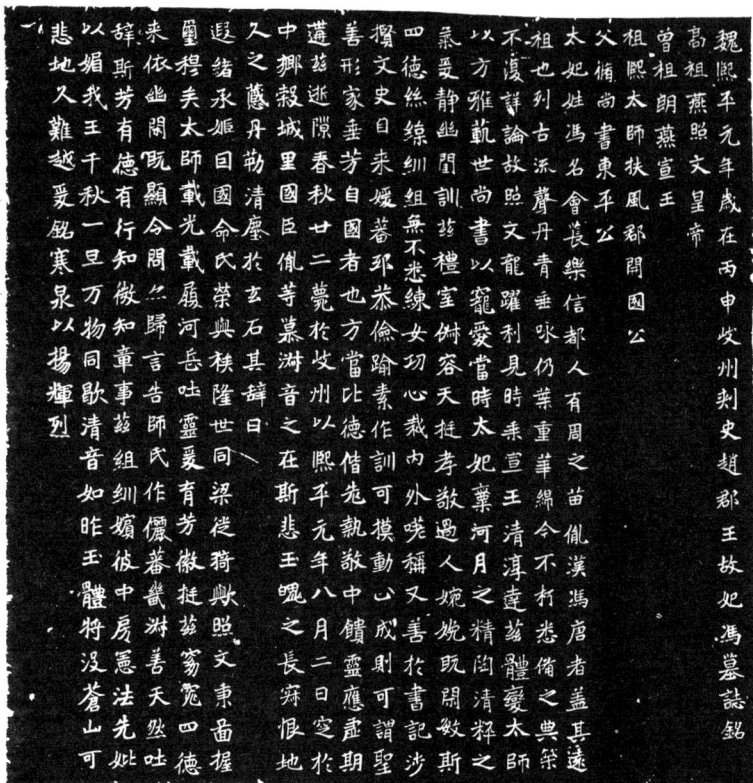

图 153　北魏冯会芆墓志

的出土墓志流至海外,有的佚失不存。洛阳市北面的邙山一带是北朝墓志的重要出土地。郭玉堂的《洛阳出土石刻时地记》一书中曾经详细记录了在这里出土的北朝墓志情况。

1949 年以来,随着科学的田野发掘工作日益深入,被发掘清理的北朝墓葬已占了较大比例,并且出土大量墓志,对北朝墓葬断代与有关考古学研究具有重要的意义。例如:

在河北省南部古邺城附近的大量北朝墓中,出土了相当数量的北朝豪门望族人士墓志,这些墓志反映了当时这一地区世族大姓林立的现象,为研究北朝地域政治,民族关系等重要问题提供了可贵的资料。

较早清理出的墓志有北魏正光二年（521）封魔奴墓志、东魏兴和三年
（542）封延之墓志、北齐河清四年（565）封子绘墓志、以及隋开皇三年
（583）封子绘妻王氏墓志、开皇九年（589）封延之妻崔长晖墓志，另外
还收集到一件魏故郡君祖氏墓志盖。这些都是在清理河北省景县县
城东南的封氏家族墓地时出土的。该墓地旧称"十八乱冢"，1948年
曾被挖掘过，出土300余件器物。1955年北京历史博物馆在此进行调
查，收集到以上墓志。以后，河北等地文博单位又陆续进行过调查。
据调查，出土墓志的墓葬均为砖室墓，石质墓志安放在墓中死者的头
前。出土的随葬品很考究，墓葬的规格是比较高级的，墓中出土的青
瓷尊、玻璃碗等，都是具有重要研究价值的珍贵文物①。这一墓群的
性质，由于这批墓志的发现而得到确认，从而为研究北朝大族墓葬提
供了有价值的资料。1966年，这里还出土了北周大象元年（579）封孝
琰墓志②。

　　在河北省吴桥县新镇店村，1991年出土北魏正光四年（523年）封
龙墓志③；在小马厂出土了东魏兴和三年（542）封柔妻毕修密墓志与
武定四年（546）封柔墓志④。景县大高乐村出土东魏天平四年（537）
高雅墓⑤。无极县史村出土了正光六年（525）甄凯墓志⑥。平山县上
三汲发现了北齐天统二年（566）崔昂墓志与其前妻卢修娥墓志，还有
隋开皇八年（588）崔昂后妻郑仲华墓志⑦。赞皇县南邢郭发现东魏武

---

① 张季：《河北景县封氏墓群调查记》，《考古通讯》1957年第3期。
② 河北省文物研究所墓志小组：《封孝琰及其妻崔氏墓志》，《文物春秋》1990年
　第4期。
③ 卢瑞芳、刘汉芹：《河北吴桥北魏封龙墓及其相关问题》，《文物春秋》第3期。
④ 张平一：《河北吴桥县发现东魏墓》，《考古通讯》1956年第6期。
⑤ 河北省文管处：《河北景县北魏高氏墓发掘简报》，《文物》1979年第3期。
⑥ 孟昭林：《无极甄氏诸墓发现及其有关问题》，《文物》1959年第1期。
⑦ 河北省博物馆，文物管理处：《河北平山北齐崔昂墓调查报告》，《文物》1973
　年第11期。

定二年(544)李希宗墓志、武平七年(576)李希宗妻崔氏墓志和李希礼墓志①。磁县滏阳村簸箕冢在 1953 年就曾出土东魏兴和三年(541)司马兴龙墓志②,而后在东陈村发掘的北齐墓中出土了天统三年(567)尧峻墓志、尧峻妻吐谷浑静媚墓志与武平二年(571)尧峻妻独孤思男墓志③。尧峻是《魏书》中有传记的北魏相州刺史尧暄的孙子,曾任怀州刺史。尧峻的妻子吐谷浑静媚为吐谷浑第九代君主吐谷浑阿柴之后。阿柴死后,群子争立,吐谷浑静媚的曾祖父吐谷浑头颓(墓志中作头)失利,投奔东魏,被授汶山公。后代与东魏,北齐的各族官员相互联姻。而尧峻的另一个妻子独孤思男则是匈奴之后。这些墓志对于了解当时北方民族的文化融合情况具有重要的意义,也可以帮助我们理解当时墓葬中出土器物表现出来的多种民族文化现象。磁县东南大冢营村发掘的东魏茹茹公主墓是北朝考古的重要发现。墓中出土的一盒武定八年(550)高湛妻茹茹公主闾氏墓志标明了墓主的重要身份,为解释墓中的大量壁画内容提供了背景,也对确定墓葬随葬品的等级,为北朝墓葬分期断代提供了明确的时间证据④。1970年,磁县东小屋还出土了东魏天平三年(536)北魏昌乐王元诞墓志⑤。李希宗孙女李尼墓志也在磁县出土,这件埋设于北齐武平元年(570)的北齐愍悼王妃墓志规格较高,边长达 0.745 米,可能是其夫原为太子,后降为济南王的缘故⑥。临城县西镇村西北的北齐墓群中出土了

---

① 石家庄地区革委会文化局文物发掘组:《河北赞皇东魏李希宗墓》,《考古》1977 年第 6 期;李金波:《就考古发现谈赵郡李氏家族》,《文物春秋》1991 年第 2 期。

② 郑绍宗:《北魏司马兴龙墓志铭跋》,《文物》1979 年第 9 期。

③ 磁县文化馆:《河北磁县东陈村北齐尧峻墓》,《文物》1984 年第 4 期。

④ 磁县文化馆:《河北磁县东魏茹茹公主墓发掘简报》,《文物》1984 年第 4 期。

⑤ 汤池:《河北磁县出土北魏昌乐王元诞墓志》,《文物资料丛刊》第 1 期,文物出版社,1979 年。

⑥ 张利亚:《磁县出土北齐愍悼王妃李尼墓志》,《文物春秋》1997 年第 3 期。

一批李氏墓志,重要者有武平五年(574)李祖牧墓志与其妻宋氏墓志,李祖牧是北齐大鸿胪卿、赵州刺史。另外一座墓中出土了武平五年(574)李君颖墓志,李君颖任开府长史,是李祖牧的三儿子①。1998年,磁县申庄乡西陈村出土的北齐天统三年(567年)赵炽墓志也是等级较高的北齐官员墓志②。2007年在磁县清理的一座壁画墓中发现东魏皇族元祜的墓志③。

　　山西省大同市境内,是北魏早期的都城平城所在。近年来这里出土了一些重要的北魏早期墓志,如1965年在大同市石家寨发掘的太和八年(484)司马金龙墓表与延兴四年(474)司马金龙妻姬辰墓志④,1981年在大同市小站村花圪塔台发掘的北魏正始元年(504)四月封和突墓志⑤。在大同市小南头村出土有延昌三年(514)高琨墓志,距此不远的东王庄出土了永平元年(508)元淑墓志⑥。1973年山西省祁县白圭镇出土的东魏天统三年(567)韩裔墓志,墓主韩裔曾任青州刺史,其父司空韩贤,子韩风,在《北齐书》中均有传记记载⑦。

　　太原附近,也是东魏,北齐重要官员的墓葬所在。1979年在太原市南郊王郭村发掘的北齐丞相娄睿墓,是十分重要的北朝墓葬发现,墓中的240余平方米精彩壁画是古代美术史研究的珍贵资料。而墓中出土的武平元年(570)娄睿墓志为该墓及墓中壁画提供了确切的时

① 李建丽、李振奇:《临城李氏墓志考》,《文物》1991年第8期。
② 张子英:《磁县出土北齐赵炽墓志》,《文物》2007年第11期。
③ 中国社会科学院考古研究所:《河北磁县北朝墓群发现东魏皇族元祜墓》,《考古》2007年第11期。
④ 山西大同市博物馆、山西省文物工作委员会:《山西大同石家寨北魏司马金龙墓》,《文物》1972年第3期。
⑤ 大同市博物馆、马玉基:《大同市小站村花圪塔台北魏墓清理简报》,《文物》1983年第8期。
⑥ 大同市博物馆:《大同东郊北魏元淑墓》,《文物》1989年第8期。
⑦ 陶正刚:《山西祁县白圭北齐韩裔墓》,《文物》1975年第4期。

代证据①。研究者曾根据娄睿的身份与他和朝廷的密切关系（娄睿是北齐神武帝高欢妻子神明皇后的侄子），推测这些壁画是当时朝廷专用的著名画师所作。类似的精美壁画墓还有 2002 年在太原市迎泽区王家峰村发现的北齐高官太尉太保尚书令武安王徐显秀墓，出土有武平二年（571）徐显秀墓志。② 1975 年，太原市南郊东太堡砖场出土了北魏神龟三年（520）辛祥墓志与永平三年（510）辛祥妻李庆容墓志，辛祥祖父辛绍先在《魏书》中有传记③。1973 年，这里还曾经发现过一座北朝墓葬，但是已经被破坏殆尽，仅存墓志残石两块，原为一方墓志，保留有拓片。根据拓片可知原墓志是北魏正光三年（522）胡显明墓志。胡氏为东安太守辛凤麟的妻子。郑村出土有天保七年（556）□子辉墓志，墓主曾任直荡大都督、白水县开国男。④ 在神堂沟的一座土洞墓中发现了北齐皇建元年（560）贺娄悦墓志，他生前的官职是卫大将军、直荡正都督、礼丰县开国子⑤。太原市附近出土的北齐墓志还有天保四年（553）骠骑大将军贺拔昌墓志、河清三年（565）车骑将军泾州刺史狄湛墓志、天统元年（565）司马长安侯张海翼墓志、天统三年（567）仪同厍狄业墓志⑥等。除去这些重要官员的墓志以外，还出

---

① 山西省考古研究所等：《太原市北齐娄睿墓发掘简报》，《文物》1983 年第 10 期。

② 山西省考古研究所、太原市文物考古研究所：《太原北齐徐显秀墓发掘简报》，《文物》2003 年第 10 期。

③ 代尊德：《太原北魏辛祥墓》，《考古学集刊》第 1 期，中国社会科学出版社，1981 年。

④ 王玉山：《太原市南郊清理北齐墓葬一所》，《文物》1963 年第 6 期。

⑤ 常一民：《太原市神堂沟北齐贺娄悦墓清理简报》，《文物季刊》1992 年第 3 期。

⑥ 太原市文物考古研究所：《太原北齐贺拔昌墓》，《文物》2003 年第 3 期；太原市文物考古研究所：《太原北齐狄湛墓》，《文物》2003 年第 3 期；太原市文物考古研究所：《太原北齐厍狄业墓》，《文物》2003 年第 3 期；李爱国：《太原北齐张海翼墓》，《文物》2003 年第 10 期；

土了天保十年(559)张肃俗墓志等平民的葬志①。而附近的寿阳县贾家庄,1973年发掘了北齐定州刺史太尉顺阳王厍狄迴洛的墓葬,出土了河清元年(562)厍狄迴洛墓志与同时合葬的厍狄迴洛妻斛律夫人墓志,以及天保十年(559)入葬的其妾尉氏墓志②,这三件墓志制作得十分精美,显示出墓主的崇高身份。(图154)

晋南的裴姓世族,在北朝与隋唐时期是著名的大姓,人物众多。近年在山西襄汾曾经出土东魏天平二年(535)裴良墓志,裴良曾任御

图154　北魏厍狄迴洛墓志

---

① 山西省博物馆:《太原圹坡北齐张肃[俗]墓文物图录》,中国古典艺术出版社,1958年。

② 王克林:《北齐厍狄迴洛墓》,《考古学报》1979年第3期。

史中丞、太府卿①。运城地区也出土过北齐武平二年（571）裴子诞墓志及裴子诞葬于隋代的两个弟弟裴子通、裴子休的墓志②。此外，1987年，永济县蒲州镇侯家庄村南还出土了北魏正光五年（524）赵猛墓志③。

　　山东出土的北朝墓志主要是当地的一些高级官员以及世族大姓的葬志。如1969年在山东省德州市出土的北魏神龟二年（519）高道悦墓志，墓主高道悦是太子中庶子，被赠官营州刺史，由于当时高姓的族望在渤海郡条县，所以归葬在山东原条县所在④。1983年在临淄市大武乡窝托村发掘的北魏延昌元年（512）崔猷墓志、孝昌二年（526）崔鸿墓志、东魏天平四年（537）崔鹔墓志、同年崔鸿妻张玉怜墓志、元象元年（538）崔混墓志、北齐天统元年（565）崔德墓志、武平四年（573）崔博墓志等，是在北朝乃至隋唐时期具有相当影响的北方世族大姓崔氏一个重要宗支的家族墓葬中出土的⑤。崔鸿是《十六国春秋》的作者，任青州刺史。其墓志内容对于北魏文化史的研究有所裨益。1964年在山东省新泰市宫里镇出土了北魏熙平元年（516）羊祉墓志与孝昌元年（525）羊祉妻崔氏墓志⑥。1985年在乐陵县杨家乡史家村出土北齐天统元年（565）刁翔墓志，刁翔也是渤海当地大姓，本州主簿⑦。1982年在淄博市淄川区二里乡石门村出土北魏永熙三年

---

① 李学文：《山西襄汾出土东魏天平二年裴良墓志》，《文物》1990年第12期。

② 运城地区河东博物馆：《晋南发现北齐裴子诞兄弟墓志》，《考古》1994年第4期。

③ 李百勤等：《河东出土墓志录》，山西人民出版社，1994年。

④ 秦公：《释北魏高道悦墓志》，《文物》1970年第9期。

⑤ 山东省文物考古研究所：《临淄北朝崔氏墓》，《考古学报》1984年第2期；淄博市博物馆、临淄区文管所：《临淄北朝崔氏墓地第二次清理简报》，《考古》1985年第3期。

⑥ 舟子：《羊祉与石门铭初考三题》，《文博》1989年第3期。

⑦ 李开岭、刘金亭：《山东乐陵出土北齐墓志》，《考古》1987年第10期。

(534)傅竖眼墓志,墓主傅竖眼在《魏书》有传,任职都督相州诸军、车骑大将军①。在 1965 年,济南市圣佛寺院村发掘了东魏天平五年(538)邓恭伯妻崔令姿墓志,崔氏是崔琰之后,也是崔姓的重要宗支②。临朐县冶泉发掘的东魏威武将军行台府长史崔芬墓中出土了北齐天保二年(551)崔芬墓志③。1972 年在高唐县城关发掘的东魏兴和三年(542)房悦墓志,墓主房悦任济州刺史④。1977 年在历城县后周村出土的北齐武平七年(576)赵奉伯妻宜阳国太妃傅华墓志与赵奉伯墓志盖,墓主赵奉伯任齐州刺史。在寿光县发掘的北魏孝昌元年(525)贾思伯墓志,墓主贾思伯任殿中尚书、安东将军、青州大中正等职,可以与现存孔庙的传世碑刻贾使君碑互相对证。同时出土有东魏武定二年(544)贾夫人刘氏墓志⑤。

除此之外,也有一些平民使用墓志,但他们可能也是地方上有势力的大姓子弟。济南市八里洼小区出土的北齐武平五年(574)正月十二日故处士陈□墓志就是一例⑥。该墓志采用小碑型,碑首雕刻有双龙图案,额题:"陈三墓铭"。这种形式在北齐比较罕见。

河南是北魏墓志的主要出土地。虽然洛阳邙山一带的大量北魏墓葬早已遭到盗掘,但是近几十年来还有零散出土发现。1946 年,河南省孟津县官庄村东小冢出土了神龟二年(519)文昭皇太后高氏墓

---

① 张光明:《山东淄博市发现傅竖眼墓志》,《考古》1987 年第 2 期。

② 济南市博物馆王建浩、蒋宝庚:《济南市东郊发现东魏墓》,《文物》1966 年第 4 期。

③ 山东省文物考古研究所:《前进中的十年》,《文物考古工作十年》,文物出版社,1991 年。

④ 山东省博物馆文物组:《山东高唐东魏房悦墓清理简报》,《文物资料丛刊》第 2 期。

⑤ 韩明祥:《释北齐宜阳国太妃傅华墓志铭》,《文物》1985 年第 10 期。

⑥ 房道国、李铭:《济南发现北齐陈三墓》,《中国文物报》1998 年第 50 期。

志①。1956 年,洛阳市西车站发掘了正始三年(506)寇猛墓志,寇猛官职为步兵校尉、千牛备身、武卫将军、燕州大中正、平北将军、燕州刺史,根据《魏书》本传的记载,寇猛是北魏宣武帝的宠臣,千牛备身、武卫将军等职是其实任,燕州刺史等地方官职是死后的赠官②。1979年,孟县斗鸡台发掘了永平四年(511 年)司马悦墓志,司马悦是上述在山西大同出土的司马金龙墓志中记载的司马金龙次子,任征虏大将军、豫州刺史③。1965 年,洛阳市盘龙冢村发掘出武泰元年(528 年)元邵墓志,元邵是北魏皇室,孝文帝孙,在尔朱荣屠杀元魏大臣中被杀④。洛阳市孟津县出土过正光五年(524 年)侯掌墓志⑤,这是从幽燕一带来到洛阳的中正、奉朝请、燕州治中从事史。1989 年冬季,孟津县北陈村发掘的一座土洞墓中出土了太昌元年(532 年)王温墓志。王温曾任使持节抚军将军、瀛州刺史⑥。偃师县杏园村发掘了四座北魏墓葬,其中一座单室砖券墓中出土有熙平元年(516 年)元睿墓志,元睿为洛州刺史⑦。

北魏分裂成东魏、西魏两国后,东魏(以后是北齐)的统治中心移到邺城、晋阳一线。接近邺城的河南省安阳市一带也有较多的贵族官员居住,近年这里出土了不少北齐的墓志,如 1956 年安阳市琪村出土的郑平墓志,郑平为魏镇远将军,卒于河清四年(565 年),开皇十六年(596 年)与其妻于氏合葬⑧。1975 年安阳市张家村出土的武平四年

①　河南省文化局文物工作队:《洛阳北魏长陵遗址调查》,《考古》1966 年第 3 期。

②　侯鸿均:《洛阳西车站发现北魏墓一座》,《文物参考资料》1957 年第 2 期。

③　孟县人民文化馆尚振明:《孟县出土北魏司马悦墓志》,《文物》1981 年第 12 期。

④　洛阳博物馆:《洛阳北魏元邵墓》,《考古》1973 年第 4 期。

⑤　洛阳文物工作队:《洛阳孟津晋墓北魏墓发掘简报》,《文物》1991 年第 8 期。

⑥　洛阳文物工作队:《洛阳孟津北陈村北魏壁画墓》,《文物》1995 年第 8 期。

⑦　中国社会科学院考古研究所河南二队:《河南偃师县杏园村的四座北魏墓》,《考古》1990 年第 9 期。

⑧　周到:《河南安阳琪村发现隋墓》,《考古通讯》1956 年第 6 期。

（573 年）和绍隆墓志与其妻元华墓志，和绍隆官至北齐使持节、都督东徐州诸军事、骠骑大将军、东徐州刺史①。1971 年安阳市洪河屯发掘了武平六年（575 年）范粹墓志。范粹为骠骑大将军、开府、仪同三司、凉州刺史②。（图 155）同年，安阳市水冶镇清峪村发掘出武平七年（576 年）高洋妃颜氏墨书墓志砖一件③。

图 155　北齐范粹墓志

---

① 李秀平、于谷：《安阳北齐和绍隆夫妇合葬墓清理简报》，《中原文物》1987 年第 1 期。

② 河南省博物馆：《河南安阳北齐范粹墓发掘简报》，《文物》1972 年第 1 期。

③ 安阳县文教局：《河南安阳县清理一座北齐墓》，《考古》1973 年第 2 期。

此外，河南省濮阳县这河砦村曾经出土了武平七年（576 年）李云墓志与卒于武定七年的李云妻郑氏墓志。李云官至北齐车骑大将军、银青光禄大夫、济南郡太守、顿丘男①。

陕西关中地区历来是中华文化的一个中心，虽然在魏晋北朝时期它的地位有所削弱，但仍然有一定的大姓势力存在，如华阴的杨氏。西魏与北周时期，这里又作为政治中心，聚集了一批官员贵族，他们定居在关中，死后也埋葬在这里，其礼仪制度与埋葬习俗仍然沿袭北魏的程式，从而也有一定数量的墓志出土。近年在陕西省华阴市五方村及潼关等地发掘的杨氏族葬墓地，出土了一批北朝的杨氏人物墓志，对了解这一地区的大姓世族生活状况有重要的参考价值。这批墓志有：在五方村出土的北魏永平四年（511 年）的杨阿难墓志、杨颖墓志、熙平元年（516 年）杨播墓志，在华阴市南孟塬迪家出土的北魏熙平三年（518 年）杨泰墓志，西魏大统十七年（551 年）杨泰妻元氏墓志，在潼关县管南出土的北魏神龟二年（519 年）杨胤季女墓志等②。

1953 年，陕西省咸阳市底张湾北原出土了一位谯国夫人步六孤氏墓志，她卒于北周建德元年（572 年），这件墓志应该是北周的作品。在咸阳市，1986 至 1990 年清理了一批北周墓，出土了 9 件贵族官员及其配偶的墓志。其中有北周保定四年（564 年）拓拔虎墓志，出土于咸阳市渭城区渭城乡坡刘村，拓拔虎为北周骠骑大将军、开府、仪同三司、大都督、云宁县开国公。他曾从征洛阳，攻克江陵，多次立下战功。北周建德四年（575 年）叱罗协墓志出土于咸阳市北斗乡蕲里村东，是一座规模较大的斜坡形长墓道土洞墓，地面上原有高达 20 余米的封土冢。墓志的规格也较高，制作精美，边长 73.3 厘米。叱罗协为北周开国元勋，《周书》中有传记，墓志记载：他官至柱国大将军、治中外府

① 周到：《河南濮阳北齐李云墓出土的瓷器和墓志》，《考古》1964 年第 9 期。
② 杜葆仁、夏振英：《华阴潼关出土的北魏杨氏墓志考证》，《考古与文物》1984 年第 5 期。

长史、治司会、总六府,虽然由于受宇文护的牵连被免职,但后来又被任命为车骑大将军、仪同三司、屯田总监;死后被追赠使持节、骠骑大将军、开府、仪同三司、大都督、浙洛丰三州诸军事三州刺史、荆州南阳郡开国公。在咸阳市底张湾发掘出的北周建德五年(576年)王德衡墓志,记载王德衡为使持节、仪同大将军、新市县开国侯。1988年,该墓附近发掘了其父王士良墓,出土了北周保定五年(565年)王士良妻董氏墓志与隋开皇三年(583年)王士良墓志。王士良在《周书》及《北史》中有传记,原仕北齐,官至豫州刺史,北周兵围豫州时投降,被授予使持节、大都督、广昌郡开国公、少司徒、并州刺史等,至隋代开皇三年才去世。1988年,还在王德衡墓东南约500米处发掘了若干云墓,出土了北周宣政元年(578年)若干云墓志,其官至骠骑大将军、上开府、大将军、任城郡开国公、梁州刺史。若干云墓的东面约49米处,发掘了另一处墓葬,出土有北周宣政元年(578年)独孤藏墓志。独孤藏也是出身于贵族世家的武将,官至大都督、隆山太守、武平县开国公,赠金州刺史。在若干云墓与独孤藏墓的东北方约500米处,发掘了另一座北周末年的墓葬,墓中出土有两方墓志:北周大成元年(579年)尉迟运墓志与隋仁寿元年(601年)贺拔氏墓志。尉迟运在《周书》及《北史》中均有传记,所记与墓志铭文基本相符。尉迟运官至上柱国、卢国公、秦渭成康武六州诸军事、秦州总管。贺拔氏是贺拔岳的侄女,也是出身于北周上层统治者家庭①。1993年,又在附近出土北周建德七年(578年)宇文俭墓志,墓主为上柱国、大冢宰、谯王②。(图156)这样大量的北周上层官员墓葬集中出土,是前所未见的,由墓志确定了墓主的身份,对于认识北周时期的上层葬俗,探查北周时期的大型墓

---

① 均见员安志:《中国北周珍贵文物——北周墓葬发掘报告》,陕西人民美术出版社,1992年。

② 陕西省考古研究所:《北周宇文俭墓清理发掘简报》,《考古与文物》2001年第3期。

地与帝王陵园所在起到了重要的作用。据报道,咸阳附近还发现了北
周武帝的墓志盖与隋开皇二年(582 年)埋设的北周武德皇后墓志①。

图 156　北周墓志

　　1955 年,西安市任家口发掘出一件北魏正光元年(520 年)邵真
墓志,墓主邵真为阿阳令、假安定太守②。1984 年在咸阳市窑店胡家
沟清理了西魏大统十年(544 年)侯义墓③。2000 年,在西安市北郊炕
底寨发现了北周时期的外来粟特人士安伽墓葬,出土大象元年(579

---

① 马先登:《北周武德皇后墓志》,《文物天地》1995 年第 2 期。《考古与文物》
　　1997 年 2 期

② 陕西省文物管理委员会:《西安任家口 M229 号北魏墓清理简报》,《文物》
　　1955 年第 12 期。

③ 孙德润、时瑞宝:《咸阳市胡家沟西魏侯义墓清理简报》,《文物》1987 年第
　　12 期。

年）安伽墓志与具有明显祆教艺术特色的浮雕石棺床①。这是有关
粟特文化的重要考古发现。墓志记载为确定墓主身份与年代提供
了确证。类似的发现还有 2004 年出土的北周天和六年（571 年）康
业墓志②。新发现的北周建德二年（573）宇文显墓志，是著名文人庾
信所撰写，有助于古代文学研究③。

　　以上北朝历代统治中心地区由于聚集了大量官员贵族，产生了较
多的具有较高规格的墓葬。而在南北朝时期丧葬礼仪制度的变化中，
墓志已经成为了丧葬礼仪中表示等级身份的一种重要标志。现在可
以见到的附有墓志的中原北朝墓葬中，墓主绝大多数是太守、刺史以
上的高级官员及其配偶，未曾入仕者也是皇亲贵族或世族大姓子弟。
其他地方使用墓志的情况相对较少，反映出当时礼仪制度中对使用墓
志已经存在有一定的限制。

　　在其他地区发现的重要北朝墓志还有：1965 年在辽宁省朝阳市城
北西上台发掘的北魏刘贤墓志，该志作小碑形，螭首，碑额刻写“刘贤
墓志”四字，下有龟座。铭文中没有刻写年月，只是称：“魏太武皇帝开
定中原，并有秦陇，移秦大姓，散入燕齐。君先至营土，因遂家焉。”由
此看来，刘贤墓志可能是北魏早期的石刻，刘贤作为迁移到营州的关
中大姓子弟，被辟为中正，后任临泉成主、东面都督。可以说是地方豪
强④。他的墓志使用碑形，可能还是沿袭中原的丧葬习俗。

　　1972 年，甘肃省张家川县木河出土了一件年号奇特的墓志。根
据铭文记载，墓主王真保曾被魏孝文帝策授广武将军、城都侯，死后

---

① 陕西省考古研究所：《西安北周安伽墓》，文物出版社，2003 年。
② 西安市文物保护考古研究所：《西安北周康业墓发掘简报》，《文物》2008 年第
　6 期。
③ 王其祎、李举纲：《新出土北周建德二年庾信撰宇文显墓志勘证》，《出土文献
　研究》第八辑。
④ 曹汛：《北魏刘贤墓志》，《考古》1984 年第 7 期。

又被"大赵"加赠使持节、大都督西道诸军事、骠骑大将军、司徒公、天水郡开国公、太原王。刻记时间为"大赵神平二年岁次己酉十一月戊寅朔十三日庚寅"。根据记时干支推算，其年代应该是北魏永安二年（529 年）。而"大赵神平"这一年号在史书中从无记载。根据《魏书》与《北史》中的有关记载，"魏永安中，万俟丑奴据歧、泾等州反。"①"初，高平镇城人赫贵连恩等为逆，共推敕勒酋长胡琛为主，号高平王，遥臣沃野镇贼帅破六韩忉黁。琛入据高平城，遣其大将万俟丑奴来寇泾州。……遣使人费律如至高平，诱斩琛。为丑奴所并，与萧宝黁相距于安定。宝黁败还。建义元年夏，丑奴击宝黁于灵州，禽之，遂僭大号。时获西北贡狮子，因称神兽元年。"②王真保所在地区，正是万俟丑奴反叛时占据的地区。永安二年（己酉、529 年）也正是建义元年（528 年）后面的一年。所以这个神平二年，很可能就是"神兽"后面改称的年号，或者文献中将"神平"误作"神兽"。这件墓志不仅向我们展示了西陲地区也在使用墓志的现象，还展出了历史文献中阙载的一段陇上地方历史，恢复了万俟丑奴使用的国名与年号。③

　　1983 年，宁夏固原市深沟村发掘出土两方重要的墓志：北周天和四年（569 年）李贤墓志与西魏大统十三年（547 年）李贤妻吴辉墓志。李贤在西魏与北周时都任原州刺史，是控制与西域往来的西北重镇原州的地方统帅。《周书》中有李贤的传记，墓志的内容详细叙述了李贤夫妇的身世与一生事迹，对史书记载有所补充。更为重要的是：墓志的出土，为确定该墓的时代提供了明确的证据，从而为北朝晚期墓葬的编年研究提供了一个墓主明确，时间清楚的标尺。李贤墓中还保存

---

① 　唐 李延寿：《北史·李贤传》，中华书局，1974 年。
② 　见《北史·尔朱荣传》，《魏书》同。
③ 　秦明智、任步云：《甘肃张家川发现"大赵神平二年"墓》，《文物》1975 年第 6 期。

有大量壁画,借助墓志可以知道它们绘制的具体时间,对于了解北周绘画技艺以及考察隋唐壁画的源流都具有重大意义①。

在新疆的吐鲁番地区,自清代末年至民国初年就已经有了墓志的出土发现。王树枏《新疆访古录》中记载了"清朝宣统二年(1910年),清吐鲁番厅巡检张清在吐鲁番的三堡掘取古迹,得张怀寂墓志。"这件墓志属于唐代,是目前有记载的最早在吐鲁番出土的古代墓志。继此以后,由于清政府的腐败无能,西方探险家纷纷到西域进行探险活动,大量掠夺古代文物。这些所谓的探险家在吐鲁番地区大肆盗掘古墓,获得一批墓志,其中如日本的大谷光瑞、桔瑞超等人于1912年在吐鲁番阿斯塔那地区发掘古墓,掠走墓志12件。1915年英国的斯坦因在阿斯塔那继续发掘,发现了17件墓志,掠走5件,剩下的12件丢失在墓地中,直至解放后才被新疆维吾尔自治区博物馆考古队发现收藏。1930年,参加中瑞合作科学考察的黄文弼在吐鲁番西面的雅尔崖地区进行发掘,发现墓砖、墓碑120件,后来收集在他编写的《高昌砖集》一书中。这些墓志中包括高昌国与唐朝高昌郡两个不同时期的制品。其中高昌国前面近100年间相当于中原的南北朝时期,后40年左右相当于隋唐时期。出土墓志中,有相当一部分属于前一阶段的遗物。吐鲁番市的哈拉和卓古墓区、阿斯塔那古墓区与雅尔崖古墓区以及鄯善县的鲁克沁古墓区是新疆出土墓志较多的地区,1958年以来,新疆博物馆考古队曾多次在这些地区进行发掘,出土墓砖志、墓碑等一百多件。这些墓志铭文简单,大多用砖制作,在上面用墨或朱砂书写铭文,特别是仍然象晋代以下的一些墓志那样自称为墓表。但是使用墓志的人大多是官员及其家属。近年来,又在吐鲁番地区的高昌墓葬发掘中出土了大量砖志,如延昌十四年(574年)康氏墓志、高昌张忠宣

---

① 　宁夏回族自治区博物馆、固原博物馆:《宁夏固原北周李贤夫妇合葬墓发掘简报》,《文物》1985年第11期。

墓表等①。

　　佛教石窟，是中华古代文化中的珍贵遗产，对于石窟的研究是近代考古学中一个重要的方面，需要有专门的介绍。这里仅将有关石窟中石刻造像题记的一些新发现简要介绍一下。

　　石窟造像题记，往往是考察一个石窟建造年代的重要依据，此外，造像题记还涉及到当时的历史人物、社会风俗、佛教宗派等众多课题，因此，石窟题记与有关碑刻在佛教研究与石窟考古研究中，具有不可替代的重要作用，尤其是在确定石窟建造年代与考察有关史实时具有决定性的价值。如辽宁省义县万佛堂石窟中的北魏太和二十二年（498）元景造石窟记（现存重刻本）、甘肃省平凉市南石窟寺中的北魏永平三年（510）奚康生造窟碑、甘肃省永靖县炳灵寺石窟中的西秦建弘元年（420）题记等。河南省洛阳市龙门石窟作为中国石窟中造像题记最丰富的一处，具有典型意义。在 20 世纪中，尤其是在近五十年中，文物工作者对龙门石窟进行了全面的调查与清理，发现了大量以前没有著录的造像与题记。1970 年至 1974 年龙门文物保管所对龙门的所有石刻进行普查，共调查出造像题记 2840 品，比以往各种金石著录中收录的龙门题记总和要多出 411 品。这些新发现的题记，有些是在文物维修中拆除旧的建筑时露出的，有些则是处于山崖高处，以往没有发现的题记，有些是由于残泐不清而没有著录的题记等②。龙门北朝造像题记文字书体朴拙浑厚，在书法史上颇负盛名。最为世人看重的有龙门四品，即太和二十二年（498）始平公题记、景明三年（502）孙秋生造像记、阙年月杨大眼造像记、阙年月魏灵藏造像记。这四品

①　吐鲁番地区文物局：《新疆吐鲁番地区交河故城沟西墓地康氏家族墓》，《考古》2006 年第 12 期；吐鲁番地区文管所：《1986 年新疆吐鲁番阿斯塔那古墓群发掘简报》，《考古》1992 年第 2 期。

②　李玉昆：《龙门碑刻及其史料价值》，《龙门石窟碑刻题记汇录》，中国大百科出版社，1998 年。

与太和九年(485)牛橛造像记、太和二十二年(498)元祥造像记合称
为六大品。再加上熙平二年(517)元祐造像记等十四品合称龙门二十
品,是最常见的龙门题记代表作。选拓龙门品的风气是由清代德林开
创的,有十品、二十品、三十品、五十品等多种汇集。此外,在对各地一
些散布石窟的调查中,还新发现了多种北朝石窟题记,如1995年河南
省新安县西沃村石窟发现三种北魏建塔开窟造像题记,山西省高平县
高庙山石窟发现80余则北朝造像题记,1996年山西省平定县开河寺
石窟发现东魏与北齐造像题记,2006年,山西省高平县石堂会村石窟
发现多则北魏题记①。在山西省乡宁县营里村千佛洞石窟发现的大
量北周造像题记,共计3500多字,对了解北周的佛教供养人情况及社
邑情况颇有裨益②。自上世纪70年代以来,在陕西北部的安塞县、甘
泉县、洛川县、富县、延长县等地陆续出土多批北朝至唐、宋时期的佛
造像。如在洛川发现数十件精美的北朝造像碑,2009年在富县出土
300多件(块)北朝至宋代的佛造像与造像碑残块等③。

　　1983年至1984年,河南省古建保护所对具有特色的安阳宝山与岚
峰山的佛教摩崖塔林进行了调查与保护工作。共发现塔龛156个,包括
拱形龛、碑形龛与屋形龛等类型。龛内均有浮雕塔像,一部分塔的旁边
刻有题记。这里是国内发现的最大的摩崖浮雕佛教塔林。它的发现,为

---

① 河南省古代建筑保护研究所:《河南新安西沃石窟勘测报告》,《文物》1997年
　　第10期;李裕群、张庆捷:《山西高平高庙山石窟的调查与研究》,《考古》
　　1999年第1期;山西省古建筑保护研究所、北京大学考古学系石窟调查组:
　　《山西平定开河寺石窟》,《文物》1997年第1期;李裕群、衣丽都:《山西高平
　　石堂会石窟》,《文物》2009年第5期。

② 许文胜:《乡宁县营里千佛洞石窟调查简报》,《文物世界》2009年第2期。

③ 杨宏明:《安塞县出土一批佛教造像》,《文博》1991年第6期;靳之林:《延安
　　地区发现一批佛教造像碑》,《考古与文物》1984年第5期;白文、尹夏清:《陕
　　西延长的一批唐代窖藏造像碑调查》,《文博》2008年第2期;张建林、田有前:
　　《陕西富县发现一批北朝至宋代佛教造像》,《中国文物报》2010年2月26日。

中国古代石刻又增添了新的门类。

　　佛教刻经是北朝时期善男信女们热衷的功德善举。这时的僧人也由于宣传与保存佛经以应付灭佛举动的需要而刻写佛经。现在发现的北朝刻经以河北、山东等地为最盛。著名的泰山经石峪《金刚经》被学术界认定为北齐时期的作品。它刻在山谷间的大片坪石上，字径可达50厘米，总共占地有一亩多，气魄宏大，是泰山的著名景点。常见的北朝摩崖刻经材料还有山东省邹县的岗山、铁山等四山摩崖。除此之外，在近年有关佛教摩崖造像题记的考古调查中有不少新的发现。例如在河北、山东、山西一带发现了大量北朝时期刻写在山间崖壁上的佛经及有关题记。河北省涉县中皇山中发现的北齐刻经《十地经》、《思益梵天所问经》、《佛垂般涅般略说教戒经》、《佛说盂兰盆经》、《深密解脱经》、《妙法莲华经》等，就是近年的一批重要发现，总计刻写经文达13万余字①。山东省平阴县发现的《文殊般若波罗密经》与"大空王佛"等题记十余篇，也颇令人瞩目②。2003年，在河南省博爱县大佛山发现北魏永平二年（509年）完成的刻经《妙法莲华经普门品》③。2006年，在山东泰山经石峪发现有北朝刻写的摩崖《金刚经》④。1993年，河北省曲阳县西羊平村还发现了一些刻在摩崖造像经龛内的佛经与题记，有《妙法莲华经·观音菩萨普门品》、《现在贤劫千佛名经》等⑤，根据题记，它们大多为隋代的铭刻。这些材料对于了解北朝晚期及隋代佛教在华北地区流行的状况与传教内容都是很好的参考资料。

---

① 　马忠理等：《涉县中皇山北齐佛教摩崖刻经调查》，《文物》1995年第5期。

② 　乔修罡、青柏：《平阴发现北朝摩崖刻经》，《中国文物报》1995年7月16日。

③ 　张雪芬：《河南博爱县青天河峡谷新发现北魏摩崖观世音像》，《华夏考古》2005年第1期。

④ 　山东省石刻艺术博物馆、德国海德堡学术院：《山东经石峪摩崖题刻及周边题刻的考察》，《考古》2009年第1期。

⑤ 　刘建华：《河北曲阳八会寺隋代刻经龛》，《文物》1995年第5期。

第五节　隋唐石刻

在中国古代石刻发展的历史上,隋唐时期是一个非常重要的阶段。与中国封建社会发展的过程相似,这时也是一个石刻文字艺术的昌盛时期。强盛的国力与发达的文化,造就了大量雕刻形式、文字内容与书法艺术都达到了极高水平的石刻作品。这些石刻历来受到治隋唐史者的高度重视。从考古文物研究角度来看,它们不但是宋代以来传统金石学的主要研究对象,在近代以来兴起的考古学研究中也具有一定的研究价值,尤其对有关遗址和墓葬的断代分期、性质判定等课题具有重要的参考意义。

隋唐时期的石刻材料形式丰富多样,是历代石刻中种类最多的,几乎包括了中国古代石刻的各种类型。除去世俗社会在纪功颂德、标志墓葬、题记留名、刊刻书籍、美术装饰等各方面大量运用了石刻以外,它还广泛运用于佛教和各种宗教的宣传中。根据现在所能见到的石刻材料,主要的隋唐石刻种类有碑、墓志、摩崖、造像题记、经幢、石浮图、刻经、题记、题名等。由于现在还没有一个完整的全国石刻目录,无法确切统计出隋唐石刻的总数,但就现有材料推算,其数量可能要达到 20000 件左右。

隋唐时期的碑已经发展到中国古代碑刻艺术形式的最高阶段。碑的形制大多高大雄伟,具有大型碑额、碑座等装饰,雕饰精美多样。铭文文字多为著名书法家与文人官员所书写,雕工细致传神,具有极高的书法艺术价值。很多隋唐碑刻在书法界历来享有崇高的声誉。正因为如此,隋唐碑刻长期以来都是金石研究的重点,但是由于现存这一时期的碑刻中传世品较多,对于考古发掘工作的参考作用不如墓志、题记等石刻材料。

至今保存下来的隋唐碑刻数量较大,以墓碑、功德碑、宗教碑刻为主。它们在全国大多数省市都有所分布,但是现存比较重要的碑石主要集中在以下几个地区:以西安为中心的陕西关中地区、河南洛阳地区、河北、山西、山东、江苏、湖南等地。

隋代立国时间短暂,存留下来的石刻数量有限。但是由于隋是在数百年南北分裂后第一次实现了统一的大帝国,它必然发挥着承上启下、继往开来的重要作用,也起到了将南北文化融会贯通的作用。清代学者叶昌炽在评论隋代石刻书法时认为:"隋碑……盖承险怪之后,渐入坦夷。而在整齐之中仍饶浑古。古法未亡,精华已泄,……此诚古今书学一大关键也。……前人谓北书方严遒劲,南书疏放妍妙,……至隋则浑一区宇,天下同文,并无南北之限。"①这一评论,不仅对于这时的石刻书法,就是对于石刻形制来说,也是很恰当的。

南北朝末期,北方的各种石刻已经基本上有了固定的形制格式。碑多螭首龟趺,志则盝顶方盒,题记简明插缝,刻经大字摩崖……。这些形式在隋代仍然保留沿袭。而且由于隋代统一以后整个社会在经济上、文化上都有一定的恢复与发展,使得隋代的石刻形制颇有气势,刻写制作皆极尽精巧,给我们留下了一些传世珍品。例如现存河北省正定县隆兴寺的隋开皇六年(586)龙藏寺碑,高2.1米,宽0.9米,为隋开府长史兼行参军张公礼撰文。有人说书家也是张公礼。该碑的碑阴与碑侧保存题名五列。记录为隋恒州刺史王孝仙奉命劝奖州内百姓共一万多人集资兴建龙藏寺。事成后建碑纪念。该碑书体既有北朝魏碑体风韵,又与唐初楷书多有相似之处,对于研究南北朝至隋唐时期的书法字体演变具有重要价值,是中国书法史上重要的书法珍品。杨守敬在《平碑记》中称赞它"正平冲和处似永兴(虞世南),婉丽遒媚处似河南(褚遂良),亦无信本(欧阳询)险峭之态。"康有为也认为:"此六朝集成之碑,非独为隋碑第一也。"②(图157)

---

① 清 叶昌炽:《语石》。见《语石 语石异同评》,中华书局,1994年。

② 清 康有为:《广艺舟双楫》,中国人民大学出版社,2010年。

图 157　隋龙藏寺碑

　　又如隋开皇十六年(596)前刊刻的洺州南和县宋文彪等造沣水石桥碑,现存河北省南和县东郭村。开皇十三年(593)陈思王曹植碑,现存山东省东阿县曹植墓侧。该碑书体在正书中夹杂有篆书、隶书,是北齐以来石刻中特有的书写风格。其他如开皇十三年(593)诸葛子恒等平陈颂、开皇十六年(596)贺若谊碑、大业年间(605—618)刊刻的曲阜孔庙孔颜赞等隋代碑刻,均为文体、书法与碑饰各方面十分出色的作品。陕西碑林博物馆中保存有隋开皇二十年(600)孟显达碑,它是1910年在西安市城南的韦曲出土的。1953年,在陕西省长安县曾经出土刊刻于唐初武德三年的隋郭荣碑①,保存基本完好。

　　清代道光十二年(1832)许乃济在钦州发现了一件隋大业五年(609)宁越郡钦江县正议大夫宁赞碑。这是在广西地区乃至在整个南方都很少见的隋碑。此碑字体古朴,额中有穿,近似汉碑形制。令人联想到南朝时期的爨龙颜碑也是形制与汉碑相似,碑首半圆形,额题下面有穿。它们与同时期在中原流行的碑式相比要落后几百年。可见边远地区接受中原文化的影响比较缓慢,而且旧传统改变也不很容易。宁赞碑被清代学者赵之谦等人认为是伪作。但魏锡曾等多位学者都经过考证指出它是真品。

　　坐落在关中地区的唐代皇帝诸陵寝都有相当数量的墓碑等石刻材料存世。唐太宗的昭陵位于陕西省礼泉县,依山势峻峭的九嵕山主峰而建,面积约200公顷。其中埋葬了大量唐代早期的功臣与贵族。其随葬人数在历史记载中尚不确定。据《唐会要》"昭陵陪葬名氏"记载,昭陵前后陪葬妃子7人,王7人,公主18人,宰相13人,丞郎三品50人,功臣大将军60人,共计155人。而游师雄《题唐太宗昭陵图》作165人,宋敏求《长安志》作166人。陪葬功臣皇族人数最多。昭陵石刻也历来都是金石著录的重点。但是由于年代久远,传拓过多,损坏十分严重。现存的碑石大部分文字漫漶剥落。历代学者做过很多

---

① 李子春:《隋郭荣碑考释》,《考古通讯》1957年第1期。

校勘补遗的工作。例如罗振玉在《昭陵碑录》一书中就对当时掌握的昭陵碑刻进行了汇集著录并补充了残字。近年来,陕西省文物管理委员会等单位又做了多次调查与考证,汇集了现在昭陵区域内共保存有温彦博、段志玄等人的 41 件碑石,比清末叶昌炽《语石》中汇集的 28 件大有增加。其中有一些是曾经遗失,但在 20 世纪 50 年代以来陆续出土的。例如乾封元年(666)李孟尝碑、总章二年(669)吴黑闼碑、开元二十六年(738)李承乾碑等,都保存得比较完整。此外,新发现的天授二年(691)姜遐碑残块,可以补充原来残缺的碑石内容。①

西安碑林博物馆是中国古代石刻的宝库,收藏历代石刻 3500 多件。其中有大量隋唐时期的碑刻,多为著名的碑石珍品。如贞观十四年(640)于孝显碑、龙朔三年(663)道因法师碑、(图 158)开元十一年(723)御史台精舍碑、开元二十四年(736)大智禅师碑、天宝二年(743)隆阐法师碑、天宝四年(745)石台孝经、建中二年(781)大秦景教流行中国碑、开成二年(837)石经、大中十二年(858)郎官题名石柱等著名碑刻等,都具有历史、宗教、书法、美术等多方面的重要价值。特别是诸多中国书法史上的经典作品,如龙朔三年(663)与咸亨三年(672)年的两件三藏圣教序碑、(图 159)天宝十一年(752)多宝塔感应碑、(图 160)建中元年(780)颜氏家庙碑、会昌元年(841)玄秘塔碑等,以及著名书法家褚遂良、欧阳询、颜真卿、柳公权、怀素等人的其他作品。

陕西省麟游县九成宫遗址还保存着欧阳询书写的名碑——贞观六年(632)九成宫醴泉铭,以及唐高宗所书写的永徽五年(654)万年宫序铭等碑刻。在西安附近的高陵、户县、周至、乾县、蒲城等地也都保存有一些重要的唐代名碑,如户县的大中九年(855)定慧禅师碑、三原县的乾封元年(668)于志远碑、蒲城县的开元八年(720)李思训碑等。历代金石著作中对这些主要的唐代碑刻都有详细的记录与考证。

---

① 贺梓城:《"关中唐十八陵"调查记》,《文物资料丛刊》第 3 期。

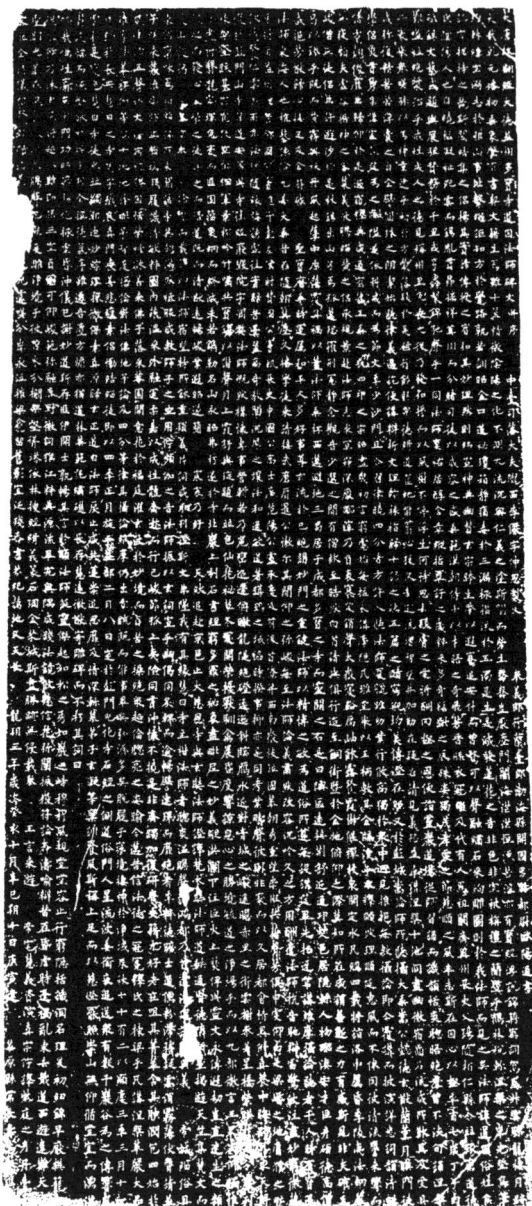

图 158　道因法师碑

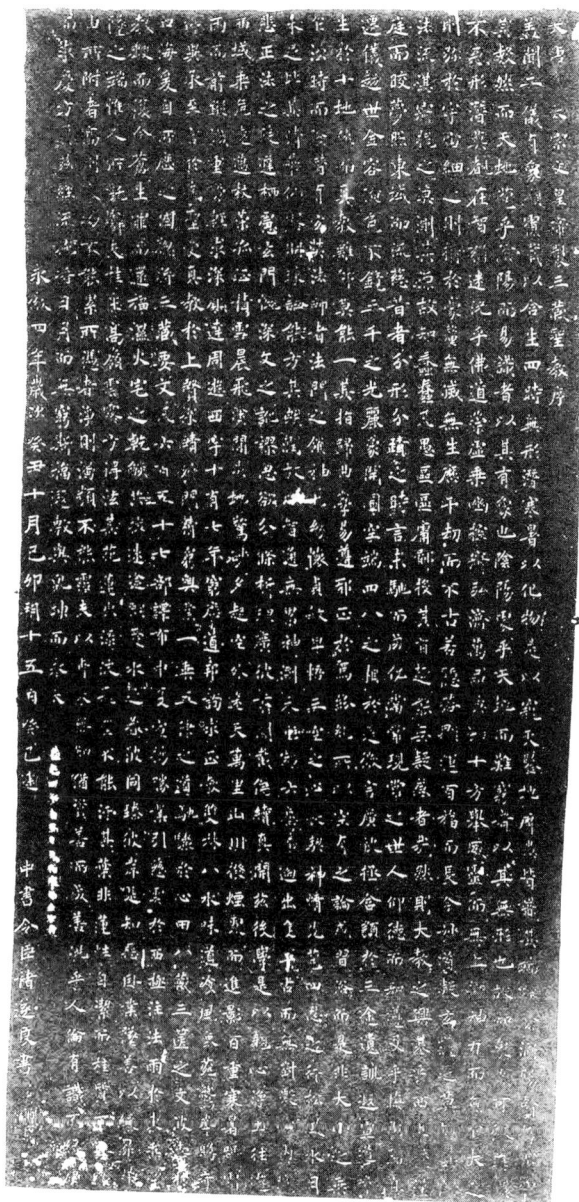

图 159　三藏圣教序

图 160　多宝塔碑

　　山西省太原晋祠、交城、汾阳、晋城、襄汾、闻喜等地也都保存有重要的唐代碑石。例如太原市晋祠的贞观二十年(646)晋祠铭、闻喜县的贞观十一年(637)裴镜民碑、开元二十四年(736)裴光庭碑、新绛县的总章三年(670)碧落碑等。

　　河北境内的隋唐碑石现存达60余种,其中不乏受到历代文人重视的碑刻作品。除上述著名书法佳作正定县的隋开皇六年(586)龙藏寺碑外,还有南宫县的开皇十一年(591)定觉寺为宋令敕建僧尼二寺碑也是隋碑中的上品。重要的唐碑颇多,如正定县的永泰二年(766)李宝臣纪功碑、深县的仪凤四年(679)马君起造像碑、元氏县的开耀二年(682)开业寺碑、曲阳县的开元九年(721)北岳府君碑和开元十五年(727)北岳恒山祠碑等、易县的开元二十七年(739)易州铁像颂和开元二十九年(741)梦真容碑、沙河县的大历七年(772)宋璟碑、保定市莲池的开元二十八年(740)田琬德政碑等。河北隆尧石刻保管所收藏了50多件历代碑石,其中建于开元十三年(725)的大唐帝陵光业寺大佛堂碑是了解李唐祖先陵寝建筑的重要历史材料。它虽然在文革中被打碎,但大部分仍得到保存。

　　山东省的泰安市、曲阜市等地保存了不少唐代碑刻,如总章元年(668)孔宣公碑、开元七年(719)修孔子庙碑等。陵县城内的天宝十三载(754)东方先生画赞碑为著名书法家颜真卿的代表作之一,尤为珍贵。泰山岱顶大观峰上的巨型摩崖——开元十四年(726)纪泰山铭,是唐玄宗亲笔手书,高达13米,极其壮观。20世纪末又将碑文贴金加以保护,更显得光辉华丽。

　　河南省以唐东都洛阳为中心,直至陕县、登封、鲁山、鹿邑等县市都有重要的唐碑保存下来。著名者如洛阳市龙门的贞观十五年(641)伊阙佛龛碑,(图161)偃师县的圣历二年(699)升仙太子碑,登封市的咸亨三年(672)金刚经碑、开元十五年(727)道安禅师碑、开元十六年(728)少林寺碑、天宝三载(744)嵩阳观纪盛德感应颂、大历四年(769)大澄禅师碑等,及鲁山县的大历七年(772)元次山碑。其中包括大量唐代书法名家,如钟绍京、褚遂良、颜真卿、徐浩等人的作品,在书法史上具有重要地位,弥足珍贵。

图 161　伊阙佛龛碑

　　甘肃省虽然距离唐代政治中心较远,但由于军事上的重要,也建立有一些著名军人与少数民族首领的碑刻,如保存在临洮县的哥舒翰纪功铭。甘南州博物馆中存有一件唐故大将军李公之碑,虽然由于残泐,不能确定碑石的主人与具体年代,但是其造型庞大,不减两京地区。

　　南方的唐代碑刻相对少一些,著名的有:四川省成都市的元和四年(809)诸葛武侯祠堂碑、江苏省南京市的上元三年(676)明征君碑、浙江省鄞县的大和七年(833)阿育王常住田碑、浙江省嵊县的大和九年(835)修龙宫寺碑、湖南省衡山市的开元十八年(730)麓山寺碑、湖南省祁阳县的大历六年(771)中兴颂摩崖、江西省庐山的开元十九年

（731）东林寺碑、广东省南海市的元和十五年（820）南海神庙碑等。

　　边疆地区的一些唐代碑刻中保留了一批反映当时民族关系与中外交往的重要史料。例如保留在西藏自治区拉萨市大昭寺中的长庆三年（823）唐蕃会盟碑，是在唐朝与吐蕃之间经过长期交战后终于谈判结盟，约定罢兵修好，确定边界，并互派使节盟誓的产物。（图162）这件标志唐代吐蕃与中原之间密切关系的纪事碑，以往长期不为中原人士所知，直至清代康熙年间才被介绍到中原来。现存最早拓本为清代乾隆年间的作品。该碑现在得到良好保护，碑文绝大部分清晰可辨。此外，在西藏自治区琼结县藏王陵区还保存有一些大型碑刻，用藏文记载了几位藏王的事迹生平。碑形与中原碑形十分近似，反映了

图162　唐蕃会盟碑

来自内地的文化影响。一些古代的汉、藏文字石碑在新近的调查中得到公布。如 20 世纪 80 年代在藏王墓地的调查中,发现了 7～8 世纪的 8 座吐蕃王墓,其中 6 号墓的左边有一座巨型石碑,存古藏文 25 行,是吐蕃王赤德松赞的纪功碑。1984 年 9 月又清理出这座碑下的龟趺。① 这些碑刻都是研究吐蕃历史的重要文物。1983 年,青海省湟源县文物普查组曾在县境内日月山上发现开元二十二年(734)所立唐蕃分界碑的碑身、龟趺与碑额等,是当时唐朝与吐蕃边界协定的见证。又如现存云南省大理市南诏王都太和城遗址的南诏德化碑,内容反映出唐王朝与南诏政权的交往关系;现存广西上林县智城洞的万岁通天二年(697)智城碑,反映了当时的壮族居住地区社会面貌。

20 世纪 50 年代,在对吉林省敦化县渤海国遗址的发掘中,曾经发现了渤海国大兴宝历七年(唐建中元年、780)贞惠公主墓碑②。1980 年 10 月又在和龙县发现了大兴五十六年(唐贞元九年、793)贞孝公主墓志。这两件碑刻均使用汉字书写,语言是中原流行的汉文,遣词用典十分娴熟。碑刻的外部形制也与中原的碑刻相近似。它们不仅是研究渤海国历史的宝贵资料,也是反映唐王朝与渤海国初期该地方政权密切关系的重要实证。根据金毓黻等学者的研究,贞惠公主是渤海国第三代国王大钦茂的二女儿,而贞孝公主则是大钦茂的第四女。

建国以后,各地文博单位对散存各地的碑刻陆续进行了集中与保护工作。这种为了保护而必须进行的移动有利有弊,不利的主要是改变了碑刻的原所在环境,丧失了有关的考古信息。此外,在考古发掘中发现了一些前人未见的碑石,一些以前有所著录,但久已亡逸的隋唐碑刻也在考古调查中被重新发现出来了。如:西安市出土的开成元年(836)回元观钟楼铭、唐重修内侍省碑,长安县出土的贞观十三年(639)智该禅师碑,高陵县发现的开元九年(722)东渭桥记残碑,礼泉

---

① 西藏文管会文物普查队:《赤德松赞墓碑清理简报》,《文物》1985 年第 9 期。

② 阎万章:《渤海"贞惠公主墓碑"的研究》,《考古学报》1956 年第 2 期。

县昭陵发现的贞观十七年（643）李丽质碑、显庆三年（658）周护碑、以及开元二十六年（738）李承乾碑①等。

回元观钟楼铭是 1986 年在西安的城市建设中出土的。原石高 0.6 米，宽 1.24 米，呈较为罕见的横式碑型，可能原来是嵌在钟楼建筑的基层上。碑文记录了天宝初年，唐玄宗曾经赐给安禄山邸宅，肃宗时，将这座邸宅改为道观，命名为回元观。文宗大和四年（830）又用道教徒们捐献的钱财修建了钟楼和大殿等建筑。这些记载，与《安禄山事迹》等书的记载相近同。铭文为令狐楚所撰，著名书法家柳公权所书，堪称一件珍贵的书法佳作。1978 年出土的唐重修内侍省碑，是一件重要的历史资料。原石通高 3.6 米，宽 0.94——0.98 米，厚 0.32 米，此外还有高 0.62 米的龟趺，是形制巨大的唐代丰碑。碑文内容是记录内侍省的枢密使宋道弼等四人将由于战乱被破坏了的内侍省重新修建的功绩。此碑出土地在距唐代长安城内皇城的西墙约 240 米处，与《长安志》等古文献记载相符合。

一些考古发掘中出土的碑石具有相当重要的考古历史价值，如扶风法门寺塔基出土的《大唐咸通启迎歧阳真身志文》、《应从重真寺随真身供养道具及恩赐金银器物宝函等并新恩赐到金银宝器衣物帐》、《支提之塔碑铭》、《惠恭禅师大德之碑》②，吉林出土的《渤海国贞惠公

---

① 马骥：《西安新出柳书"唐回元观钟楼铭"碑》，《文博》1987 年第 5 期；保全：《唐重修内侍省碑出土记》，《考古与文物》1983 年第 4 期；秦珠：《长安发现唐智该法师碑》，《考古与文物》1985 年第 4 期；董国柱：《陕西高陵县耿镇出土唐《东渭桥记》残碑》，《考古与文物》1984 年第 4 期；昭陵博物馆张沛：《昭陵碑石》，三秦出版社，1993 年。

② 陕西省法门寺考古队：《扶风法门寺塔唐代地宫发掘简报》，《文物》1988 年第 10 期；侯若冰、窦智礼：《法门寺塔地宫发现的"支提之塔"铭》，《文博》1989 年第 6 期；韩金科、王均显：《新发现唐法门寺住持惠恭禅师大德之碑》，《文博》1991 年第 4 期。

主墓碑》①等,都是引起学术界重视的可贵历史资料。《应从重真寺随真身供养道具及恩赐金银器物宝函等并新恩赐到金银宝器衣物帐》刊刻在一块长1.135米、宽0.68米的碑石上,共存1700余字,主要记录了贡献物品的名称、数量、器物重量与贡献者的姓名职衔。《大唐咸通启迎歧阳真身志文》记录了当时迎送佛骨的经过情况。它们都是在法门寺塔基地宫中出土的。而在拆除地宫的过程中,还发现了已经残断的《支提之塔铭》、《惠恭禅师大德之碑》。《支提之塔铭》残高0.73米、宽0.55米,是为惠恭禅师所立的墓塔铭记。碑首上刻有"大唐歧州歧阳县法门寺检校佛塔大德禅师惠恭支提之塔"的字样,碑身刻成门扇形状,上面刻有童子,门两侧各刻一座脚踏鬼怪的天王像。将已断成几段的《惠恭禅师大德之碑》拼和后,残高1.66米,宽0.64米。碑阳残存30行,约1500字。碑阴残存34行,约2000字。碑中主要记录了惠恭禅师在"贞观之末沐浴舍利,便烧二指,发菩(提)心,""显庆首年施绢三千匹修营塔庙"的历史与修葺法门寺的情况。该碑可能是在唐武宗会昌灭佛时被毁坏,唐懿宗重修地宫时将它砌入地宫隧道中。

1985年,在陕西省临潼县新丰砖瓦厂发现了一处唐代的舍利塔基精室,出土了一件《上方舍利塔记》碑,以及其他大量佛教文物。根据碑文,确定这里是唐代庆山寺的遗址。这是唐代佛教塔基考古发掘的又一次重大发现②。

近年来,河南省洛阳、孟津、伊川、登封等地还陆续出土了唐开元二十九年(741)孙俊碑、天宝元年(742)苩元惠碑、显庆六年(661)尔朱休碑、天宝十一年(752)大唐中岳永泰寺碑、大历十一年(775)裴遵庆神道碑③

① 阎万章:《渤海"贞惠公主墓碑"的研究》,《考古学报》1956年第2期。
② 临潼县博物馆:《临潼唐庆山寺舍利塔基精室清理记》,《文博》1985年第5期。
③ 洛阳市第二文物工作队、李献奇、郭引强:《洛阳新获墓志》,文物出版社,1996年;宫崇涛:《嵩阳书院大唐碑》,《中国文物报》1994年5月22日;李献奇:《洛阳伊川县出土的唐代墓志和神道碑》,《中原文物》1994年第3期。

等。1990 年在孟津县出土的孙俊碑高达 3.8 米,宽 1.1 米,蟠龙首,雕刻精致生动。孙俊为唐高宗时司成、中书门下三品平章事孙处约的第四子,官至荆州大都督府长史。1934 年,在孟津县曾经出土过孙处约的墓志,可见这一带是孙氏的家族墓地所在。撰碑人张嘉贞,官至同中书门下平章事、中书令,两《唐书》有传。碑文中记录了大量史料,为研究孙处约一家的祖籍、世系、履历以及有关史事提供了可靠的材料。1980 年在洛阳发现的菅元惠碑,高 1.77 米,宽 0.99 米,出土地点,根据文献记载与考古调查复原,在唐代洛阳城的毓德里中,而碑中记载菅元惠宅第正在毓德里内。说明这件碑石刻完后,并没有送到墓地,而不知因为什么原因留在了里宅中。这对于了解唐代洛阳里坊情况又是一个很好的证明。该碑为著名唐代书法家史惟则所书,具有较高的艺术价值。裴遵庆碑早在清代的金石著作中就多有记载,具有一定的史料价值。近年重新得到调查,确认了所在地,得到了进一步的保护。

1980 年,在登封县少林寺修复寺中的达摩亭时,从嵌置于亭内东墙上的一件金代刻的观音像碑的背面发现了一件刻于唐上元元年(674)的唐太宗龙潜教书碑,全文共 202 字,文字内容与现存少林寺中的唐秦王告少林寺教书碑基本相同。[1] 此外,近年来,少林寺中还陆续发现了唐代的金刚般若波罗密经残碑、大唐天后御制愿文碑、厨库记残碑以及明代的无言道公雪居禅师行实碑记等 10 余件碑石[2]。陕西省礼泉县新出土了永淳元年(682)封临川公主诏书碑[3]等唐代碑刻,这些都是近代以来较罕见的大型碑刻发现。

河北省大名县清理保存的宋大观二年(1108)五礼记碑原为唐开

---

① 崔耕:《唐"秦王告少林寺教书碑"考》,《中原文物》1983 年第 3 期。

② 王雪宝:《少林寺新发现的几件石刻》,《中原文物》1981 年第 2 期。

③ 张沛:《唐临川公主墓出土的两通诏书刻石——兼谈唐代前期的诏书形成过程》,《文博》1994 年第 5 期。

成五年(840)为藩镇何进滔建立的德政碑,由柳宗元撰写。但在宋代被当地官员磨平后改刻五礼新仪,是中国现存最高大的碑刻,全高达11.95米。碑上仍残存部分柳宗元原书刻。

对于这些新发现的碑石,一般都由发掘单位进行了有关碑石刊立时间、地点、有关人物以及碑石铭文内容中的史实等方面的考证与介绍,但是多缺乏对碑石原环境的详细考察,对于移动过的碑石,尚缺乏对原石移动情况的分析。

20世纪初期,学术界注意到新公布的唐代北方突厥民族人物的突厥文碑刻,如阙特勤碑、(图163)苾伽可汗碑、唐□姓回鹘爱登里罗汩没密施合毗伽可汗圣文神武碑等,并对这些碑石铭文涉及到的历史状况及唐王朝与突厥民族的关系等问题进行了深入考证①。对涉及唐

图 163 阙特勤碑

---

① 释持:《和林三唐碑跋》,《亚洲学术杂志》第 2 期,1921 年;黄仲琴:《阙特勤碑》,《中山大学语言历史学研究所周刊》第 100 期,1929 年;韩儒林:《突厥文苾伽可汗碑译释》,《禹贡》第 6 卷第 6 期,1936 年等。

朝与吐蕃重要史实的唐蕃会盟碑等与边疆民族相关的重要唐代碑刻也有多方面的研究考证①。对各民族碑石的研究是近代以来历史学界对唐代碑刻研究中的重点。

　　唐代石刻中数量最大的一批文物，是埋藏在北京市房山县云居寺的房山石经。它是世界上现存内容最完整的石刻大乘佛经，自隋代僧人静琬开始刊刻，历经唐、辽、金、元、明多个朝代才基本完工，其中唐代所刻的佛经占有很大一部分。如静琬主持的《华严经》、《法华经》、《涅槃经》等十二部佛教主要经典刻写工程是在贞观初年才完成的。唐高宗时期，静琬的弟子又主持刻造了《大品般若经》等四部经典。开元天宝时期开刻了篇幅浩大的《大般若经》以及一些小型的经文。至唐代灭亡时，已经将《大般若经》刻到 520 卷。五十年代以来，由中国佛教协会等单位组织，对房山石经进行了发掘清理工作，取得了很大成绩②。在清理石经时新发现的唐玄宗《御注金刚般若经》一部，体现了李唐皇室融合儒、道、佛三教，实行三教并用，来为巩固封建统治服务的思想意识，对于研究佛教的历史具有很高学术价值。

　　隋唐佛教造像题记仍主要集中在河南省洛阳市龙门、河北省邯郸市响堂山、山东省益都县云门山、济南市千佛山、四川省北部广元、剑阁、巴中、安岳等地的石窟群中。这时还出现了埋设在佛教塔基中的舍利塔下铭。传世品有隋仁寿元年（601）刊刻的青州、同州、京兆等地的舍利塔下铭。1949 年后在陕西省耀县还清理出隋仁寿四年（604）的宜州神德寺舍利塔下铭。1964 年在甘肃省泾川县大云寺遗址的塔基中出土舍利函与唐延载元年（694）舍利塔下铭，舍利函内多重金银棺椁保存完好，是重要的佛教考古发现。

　　有关唐代的摩崖题记等石刻材料，以往多着重于著录以及考证其

---

①　张政烺：《跋唐蕃会盟碑》，《文物》1959 年第 7 期。

②　中国佛教协会：《房山云居寺石经》，文物出版社，1978 年；北京图书馆、中国佛教文物图书馆：《房山石经题记汇编》，书目文献出版社，1987 年。

中的人物。新近发现的一些题记,对了解唐代的交通情况以及与边疆民族的交往情况颇有裨益。例如唐显庆三年(658)大唐天竺使出铭,就记录了唐朝使臣王玄策出使天竺,经过此地的情况,反映了中原与西藏、天竺等地的交往与交通道路情况。这件题记是西藏文管会文物普查队在1990年6月发现的,位于西藏境内靠近尼泊尔边境的吉隆县阿瓦呷英山嘴西北至东南走向的崖壁上。摩崖题记正文宽0.815米,残高0.53米,下半部因修建水渠被毁坏,阴文楷书24行,推测原来每行约30—40字,现残存约222字。①。在西藏、青海、四川等地的佛教摩崖调查中,还发现了多处藏文摩崖题记,如西藏自治区察雅县的仁达摩崖、青海省玉树州的贝纳沟摩崖、四川省石渠县的照阿拉姆摩崖等,经研究认为它们属于吐蕃赤松德赞等统治时期,大约在公元755至806年左右②。此外,在有关佛教摩崖造像题记的调查中,陆续发现了大量唐代等时期的题记与刻经等铭刻材料。例如四川省安岳县卧佛沟、仁寿县、资中县,河北省涉县等地发现的造像题记。③

　　唐代中后期兴起的经幢是一种融雕刻艺术、建筑艺术与文字于一体的石刻形式。它是唐代佛教信徒崇尚《佛顶尊胜陀罗尼经》与经咒的产物。幢身上雕刻《佛顶尊胜陀罗尼经》,外形模仿丝绸制作的佛幢。以后逐渐发展成多层的建筑。现在各地散存着大量唐代经幢,江南地区保存的著名唐经幢比较多,如浙江省海宁县的安国寺经幢、浙江省杭州市的龙兴寺经幢、江苏省无锡市的惠山寺经幢、上海市松江镇经幢等。

　　由于佛教经幢的影响较大,唐代兴盛一时的道教也吸收了佛教经

① 西藏自治区文管会文物普查队:《西藏吉隆县发现唐显庆三年大唐天竺使出铭》,《考古》1994年第7期。

② 霍巍:《青藏高原东麓吐蕃时期佛教摩崖造像的发现与研究》,《考古学报》2000年第3期。

③ 曹丹:《安岳卧佛院卧佛刻经与题记》,《四川文物》1990年第2期。

幢的外部形制来刻写道教的道德经文。北方保存有一些类似的道教经幢,如著名的河北省易县龙兴观(原为唐开元观)道德经幢,传说是唐代著名书法家苏灵芝所书。它是早期老子《道德经》的典型传本,对近代校注《道德经》有重要的参考价值。该经幢造型优美,高约 6 米,也是一件重要的古代建筑范式。值得注意的是洛阳市新出土一件《大秦景教宣元至本经及幢记》,是罕见的景教石刻,对于了解唐代景教的教义与传播情况颇具价值①。

名人雅士游山玩水,刊石勒名以记行迹,这是唐代盛行的文人风气。在各地的名胜古迹中流下了很多这类题名材料。它与佛教题名不同,仅仅是游人的留名纪念而已。但是其中不乏古代名人的笔迹,至今也颇足珍贵,且为山河增添了历史文化风味。如陕西省华阴县西岳庙、山东省临清县灵岩寺、浙江省青田县浑元峰、福建省福州市乌石山、广西壮族自治区桂林市独秀峰、广东省潮州市葫芦山等名胜中的唐人题名题记,以及湖南省祁阳县浯溪的颜真卿《大唐中兴颂》摩崖周围的题名等。

隋唐时期的墓志是近代以来重要的考古发现。自 20 世纪初兴修陇海铁路途经洛阳邙山地区造成大量墓志出土以来,各地的隋唐墓葬发掘中都有或多或少的墓志出土。迄今为止,已有 13000 多件隋唐墓志出土,其志主上至太子王公,下到平民百姓。墓志中包含了丰富的史料,对隋唐社会政治、文化、经济、中外交往等方面的研究具有重大参考价值。在近代科学发掘的隋唐墓葬中,墓志是明确的断代标志。墓志的形制与纹饰对于同时其他器物的研究具有一定的参考价值。

现存的隋代墓志以官僚贵族及其眷属的葬志为主,具有明显的礼仪制度等级差别,三品以上官员的墓志边长可达 70 厘米以上,五品以上官员墓志的边长约在 60 厘米以上,七品以上官员的墓志边长为 40

---

① 　罗炤:《洛阳新出土大秦景教宣元至本经及幢记石幢的几个问题》,《文物》
　　2007 年第 6 期。

至60厘米。它们一般为青石刻制,由志盖与志身两部分组成。志盖多为盝顶形,有些还装有铁环提手,顶部与四杀雕刻花纹,中央刻写死者名氏。志身正面刻写铭文,有些墓志的侧面也刻有装饰纹样。唐代的墓志基本上沿袭隋代的形制,但因为社会各界与各阶层的广泛使用,三品以下官员与平民的等级差别日趋减小。而在唐代早期,三品以上官员,特别是王公贵族与功勋卓著的高级官员的墓志铭形制较大,与其他人的墓志铭差别明显,刻绘精致,书体美观,花纹装饰繁缛,是重要的考古文物资料。如陕西省昭陵出土的显庆四年(659)尉迟敬德墓志,边长约120厘米,盝顶形盖上刻有多重缠枝花饰,中央以飞白书刻写志名,志侧刻有十二生肖纹与蔓草花饰。同时期,一般平民与下层官员的墓志边长只有40厘米左右,装饰的纹样也很简单。唐代墓志常见的纹饰有缠枝纹、卷云纹、蔓草纹、神兽纹、折线纹、四象纹与十二生肖纹等,甚至素面无饰。有些地区,如新疆等地还使用砖刻写或书写墓志,就更为简略。墓志上常见纹饰的变化较大,其时代特征比较明显,具有一定的断代意义。(图164)

隋唐墓志的出土发现虽然在很早以前就有记载,但大量出土及收集还是清代末年以来的情况。在清嘉庆十年(1805)成书的《金石萃编》中,已经收集了汝南公主墓志铭、王居士砖塔铭、李文墓志等数十件唐代墓志。这些都是出土比较早的唐代墓志。

清代末期,山西、河南、湖北、江苏等地陆续出土了大量隋唐墓志。由于隋唐墓志相对不大受人们重视,收藏者也较少。所以,直至民国初年,还出现“洛下所出唐石无人过问者,积至千百”的现象①。

清代末年至民国初年期间,罗振玉为隋唐墓志的收集整理做了大量工作,他以北京古董店中购到的墓志拓片为基础,四处访求,并曾亲自到河南一带访拓。而后将自己收藏的拓片一一加以录文,陆续编辑成书,刊刻出版。有关著录有:《芒洛冢墓遗文》、《襄阳冢墓遗文》、

---

① 清 叶昌炽撰,柯昌泗评:《语石 语石异同评》卷四,中华书局,1994年。

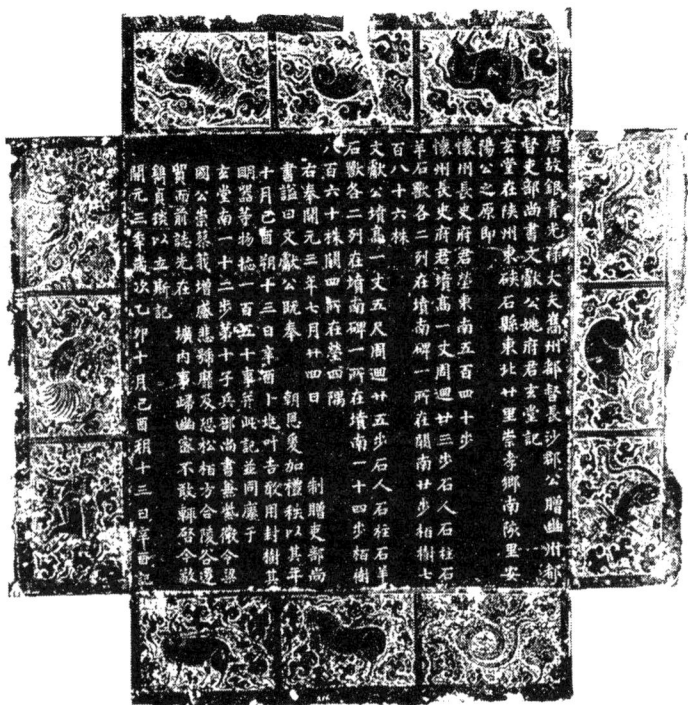

图 164　唐姚懿墓志

《山左冢墓遗文》、《邺下冢墓遗文》、《广陵冢墓遗文》、《吴中冢墓遗文》、《高昌砖录》等墓志录文集。这些著录中收集了洛阳、襄阳、陕西、邺城、扬州等地的出土墓志,其中主要部分是隋唐时期的墓志。此外,他还编集了《蒿里遗文目录》、《蒿里遗文目录续补》、《墓志征存目录》等,于墓志收集整理建功最著。根据他未完成,后由其子罗福颐整理成书的《墓志征存目录》一书中的记录:共收入隋代墓志目录 202 件,唐代墓志目录 3083 件。这些隋唐墓志,多属于盗掘得来,出土后没有能得到很好的收藏保护,很多遭到流失、毁坏的命运。这时,河南洛阳一带出土的墓志,除了当时的洛阳存古阁与河南省建设厅有所收集以外,没有官方或博物馆进行有目的的收藏。河南省建设厅所收集的墓志,后来移交给河南省博物馆,解放后河南省博物馆从开封迁到郑州,将这些墓志留给开封市博物馆,数量约800件左右。此外,各地出土的大量隋唐墓志主要靠一些私人收藏家的保护,才得以保存下来一大部分。其中必须提到的是张钫的《千唐志斋藏石》与于右任的《鸳鸯七志斋藏石》。

张钫在三十年代曾经担任河南省建设厅长、国民革命军第二十路军总指挥、河南省政府代理主席等职务。在此期间,他通过洛阳古物商郭玉堂等人收集在洛阳等地出土的墓志,尤其以唐代墓志为主。他酷爱金石碑刻,并且在这方面受到与他友谊笃深的于右任的很大影响。于右任学识渊博,早就致力于收集碑刻墓志,对北朝墓志特别喜爱。据说他与张钫之间形成一个默契,新发现的北朝石刻墓志优先供给于右任购买,而唐代墓志则优先供给张钫购买。所以,张钫得以全力广泛搜集唐代墓志,近五年间,便收集到一千多件墓志。其中大部分是洛阳一带的出土品,也有一些是辗转从湖北、安徽、山西、江苏、山东等地购买回来的。这样,张钫便成为当时收藏唐代墓志最多的主要收藏家。为了更好地保存这批墓志,张钫于1935年在河南新安铁门镇自己家中兴建了一座具有豫西地方建筑风格的砖券窑院,将所收集的墓志分排嵌在三个长方形天井院中以及十五孔窑洞的内外墙壁上。命名为《千唐志斋》,请著名学者章炳麟题写斋名。根据现在的统计,加上张钫在《千唐志斋》落成后收集的部分墓志,总计有1360件,其中西晋1件、北魏3件、隋代2件、唐代1209件、五代22件、宋代85件、明代31件、清代1件、民国6件。(图165)近年继有收藏。

《千唐志斋》的收藏,广泛而且精到,为我国保存下来了一批重要的唐代文物,保存下来了可贵的历史资料。这种将墓志嵌入墙壁中的作法避免了墓志的流失,防止了风雨侵蚀,对于墓志的保存有一定好处。不足之处是当时只重视墓志铭文,没有将志盖与墓志本身一一对照嵌存,使得一些没有嵌入墙壁的志盖后来遗失不存;而且将墓志嵌

图 165　新安千唐志斋

入墙中,使志侧的花纹无法看到,造成这方面的资料无法使用。近年来,千唐志斋的全部藏品经过文物工作者的精心整理,汇集成书,由文物出版社影印出版,为有关研究提供了极大便利①。台湾也曾以《中国历代墓志大观》的名义出版了千唐志斋藏志。

于右任的《鸳鸯七志斋》,主要收集北朝石刻墓志,但是也有一批重要的唐代墓志入藏。根据现在收藏于右任藏石的陕西西安碑林博物馆统计,《鸳鸯七志斋》收藏有 150 件唐代墓志。其中不乏重要的历史资料。

此外,收藏唐代墓志较多的还有李根源。他的"曲石精庐"收藏唐代墓志也有 93 件之多,包括著名的"襄阳十志"。现在这些墓志大多由苏州石刻博物馆收藏。齐鲁书社编印有《曲石精庐藏唐墓志》一书,

①　河南省文物研究所:《千唐志斋藏石》,文物出版社,1982 年。

收入了这批重要的墓志材料。①

在谈到唐代墓志的传世情况时，我们还应该提及 20 世纪初以来在新疆吐鲁番等地出土的高昌国与唐代高昌郡的墓志情况。这里最早发现的墓志出土于清代宣统二年（1910 年）。据王树枬《新疆访古录》记载：清吐鲁番厅巡检张清在吐鲁番的三堡（即今阿斯塔那墓区）掘取古物，盗掘了著名的唐张怀寂墓，"土人掘出张怀寂，尸身尚完好。修躯大首，覆以五彩丝缎。墓室以土筑似城门洞，深四、五丈，四壁及顶密画佛像五彩斑斓。尸不用棺，下荐苇席，尸前泥人泥马持矛吹号。尸旁堆积衣衾常御之物。"墓中出土了唐长寿三年（694 年）二月六日张怀寂墓志。以后，各国探险队利用清政府及民国初年政府的腐败无能，纷纷来这里探宝。英、德、俄、日等国探险家们曾经在这里发现过一些墓志。如 1912 年日本大谷光瑞、桔瑞超探险队在阿斯塔那古墓群进行发掘，盗走墓志 12 件。1915 年英国斯坦因在阿斯塔那发现墓志 17 件，并盗走 5 件。直至 20 世纪 30 年代，中国学者才有机会进入这里调查。参加中瑞科学考察团的黄文弼曾经在这里收集到墓志砖、墓碑 120 件，后编辑成《高昌砖集》一书。这些墓志对于高昌地区墓葬的时代确定具有重要作用，也是隋唐墓志中的一个重要组成部分。高昌地区的墓志形制与制作方法独具一格，既显示出中原文化对边陲的重大影响，又具有鲜明的地方特色。

新中国建立以来，文物考古事业有了前所未有的飞速发展，不仅将大量社会上流失的隋唐墓志收集到各级博物馆加以保护，而且在各地的考古发掘工作中又陆续出土了大量隋唐时期的重要墓志材料。据不完全统计，近五十年来公开发表的新出土的隋唐墓志就有近千种。这些墓志主要出土于以下地区：

陕西西安及附近地区：西安作为唐代的首都，居住着大量皇族、官

---

① 李希沁：《曲石精庐藏唐墓志》，齐鲁书社，1986 年。

员、文人士子。他们是使用墓志的主要社会阶层,造成西安地区唐代墓葬中出土墓志数量较多的现象。近五十年来,在西安郊区韩森寨、小土门、三爻村、洪庆村、郭家滩、驾坡村等地陆续出土了大量隋唐墓志。其中如隋开皇十五年(595)十二月六日李椿墓志、大业四年(608)十二月二十二日李静训墓志、大业六年(610)七月二十三日姬威墓志、唐总章元年(668)十一月二十二日李爽墓志、万岁登封元年(696)二月十二日王定墓志、景龙二年(708)十一月一日韦炯墓志、景龙三年(709)十月二十六日独孤思敬墓志、开元九年(721)李嗣庄墓志、开元十一年(723)八月九日鲜于庭海墓志、开元十二年(724)阿史那毗伽特勤墓志、开元十五年(727)十一月二十二日郑绩墓志、开元二十七年(739)十月二十六日俾失十囊墓志、开元二十八年(740)八月壬申杨思勖墓志、大历元年(766)阿史那妻薛突利施匐阿施墓志、天皇元年(即兴元元年784)二月二日李傀墓志、贞元十九年(803)柳昱妻宜都公主墓志与贞元二十年(804)柳昱墓志、永贞元年(805)米继芬墓志、元和二年(807)四月十六日董楷墓志、大和三年(829)十一月八日许遂忠墓志、大和四年(830)十月八日何文哲墓志、大中四年(850)十一月二十八日何溢墓志等①,都包含有丰富而且重要的历史资料,

---

① 桑绍华:《西安东郊隋李椿夫妇墓清理简报》,《考古与文物》1986 年第 3 期;中国社会科学院考古研究所:《唐长安城郊隋唐墓》,文物出版社,1980 年;陕西省文物管理委员会:《西安郭家滩隋姬威墓清理简报》,《文物》1959 年第 8 期;陕西省文物管理委员会:《西安羊头镇唐李爽墓的发掘》,《文物》1959 年第 3 期;鲁深:《初唐画家王定墓志铭》,《文物》1965 年第 8 期;陕西省文物管理委员会:《长安县南里王村唐韦炯墓发掘记》,《文物》1959 年第 8 期;中国社会科学院考古研究所:《唐长安城郊隋唐墓》,文物出版社,1980 年;李子春:《三年来西安市郊出土碑志有关校补文史之资料》,《文物》1957 年第 9 期;中国社会科学院考古研究所:《唐长安城郊隋唐墓》,文物出版社,1980 年;王关成、刘占成、吴晓丛:《郑公墓志铭及其史料价值》,《文博》1989 年第 4 期;李域铮:《西安西郊唐俾失十囊墓志》,《文博》1985 年第 6(转下页注)

有些墓主或者墓志的撰写者见于两《唐书》等历史文献，有些墓志的内容可以与历史文献记载互相对校补正，有些墓志内容补充了历史记载中的空白……这些近五十年中出土的隋唐墓志，尤其是 20 世纪中期中国科学院考古研究所等单位在西安地区的系统科学发掘中出土的隋唐墓志等材料，不仅具有重要的史料价值，而且为墓葬发掘提供了明确的年代证明与墓主身份地位的证明，为隋唐墓葬制度的研究提供了重要的考古证据。（图 166）

在唐代帝陵范围内的发掘工作中也出土了大批重要的唐代墓志材料，其中尤以陕西省礼泉县唐太宗昭陵内与乾县唐高宗、武后乾陵内的出土墓志引人注目。在近代发现的昭陵陪葬墓中出土的墓志内，可以看到还有大量人物是《唐会要》中没有记载的，说明昭陵区域内陪葬的人物要远远超过 155 人。根据陕西省昭陵博物馆的收集，近代出土墓志有 46 件，其中绝大多数墓主是唐代初年的高级官员与功臣名将，如贞观十四年（640）三月十二日杨恭仁墓志、贞观十七年（643）九月二十一日长乐公主李丽质墓志、贞观十九年（645）十月十四日王君愕墓志、贞观二十一年（647）四月二十八日李思摩墓志、永徽二年（651）五月五日牛进达墓志、显庆元年（656）十一月二十四日唐俭墓志、显庆二年（657）十一月十八日张士贵墓志、显庆四年（659）四月十

（接上页注）期；中国社会科学院考古研究所：《唐长安城郊隋唐墓》，文物出版社，1980 年；孙秉根：《西安隋唐墓葬的形制》，《中国考古学研究》第二集；张宏达：《唐故蜀王墓志》，《考古与文物》1983 年第 5 期；李子春：《三年来西安市郊出土碑志有关校补文史之资料》，《文物》1957 年第 9 期；贺梓城：《唐长安城历史与唐人生活习俗——唐代墓志铭札记之二》，《文博》1984 年第 2 期；中国科学院考古研究所：《西安郊区隋唐墓》，科学出版社，1966 年；李域铮：〈西安东郊出土唐许遂忠墓志〉，《考古与文物》1985 年第 6 期；卢兆荫：《何文哲墓志考释———兼谈隋唐时期在中国的中亚何国人》，《考古》1986 年第 9 期；中国科学院考古研究所：《西安郊区隋唐墓》，科学出版社，1966 年。

图 166　唐金城县主墓志

四日尉迟敬德墓志、麟德元年（664）十月二十二日郑仁泰墓志、麟德二年（665）十月二十二日程知节墓志、总章三年（670）二月六日李勣墓志、咸亨二年（672）十二月二十七日李福墓志、上元二年（675）十月十五日阿史那忠墓志、永淳元年（682）十二月二十五日临川长公主李孟姜墓志、光宅元年（684）十月二十四日安元寿墓志、开元六年（718）正月二十六日李贞墓志、开元十一年（723）二月十三日执失善光墓志、开元二十六年（738）五月二十九日李承乾墓志等都是具有重要史料参考价值的唐代重要人物墓志①。参照有关墓碑题名，这些墓志大多由著名书法家书写，字迹优美，雕刻精细，墓志的四侧与志盖雕刻有精美的纹饰，具有极高的艺术价值。

乾陵同样规模宏大，拥有大量陪葬墓。在此近年多有重要的出土发现。如1960年发掘的永泰公主墓中出土神龙二年（706）五月十八日永泰公主李仙蕙墓志，又如1971年出土的神龙二年（706）七月一日章怀太子李贤墓志及景云二年（711）李贤与妻房氏合葬墓志，都极富历史资料价值；还有开元十八年（730）五月十九日刘浚墓志②等。

河南洛阳地区，历来是发现墓志较多的地区。在解放后的考古发掘中还陆续有所出土发现。如孟津县出土的咸亨三年（672）十一月二十二日孙处约墓志、偃师县出土的长寿三年（693）李守一墓志、长安三年（703）二月十七日张思忠墓志、神龙二年（706）十月十四日崔沈墓志、神龙二年（706）十二月二日宋祯墓志、景龙三年（709）十二月李嗣本墓志、景龙三年（709）十二月李延祯墓志，洛阳市龙门出土的景龙三年（709）十月二十六日安菩墓志，陕县出土的开元三年（715）十月十三日姚懿墓志，偃师县出土的开元二十六年（738）李景由墓志、开元二十九年（741）四月十二日李元敬墓志，伊川县出土的天宝十年（751）十月张庭圭墓志、开元十八年（730）十二月张说墓志，偃师县还出土有著名书法家颜真卿撰书的天宝八年（749）六月十五日郭虚己墓志以及元和九年（814）四月十九日郑绍方墓志③等。其中偃师

---

① 以上均见昭陵博物馆、张沛：《昭陵碑石》，三秦出版社，1993年。

② 武伯纶：《唐永泰公主墓志铭》，《文物》1963年第1期；陕西省博物馆、乾县文教局唐墓发掘组：《唐章怀太子墓发掘简报》，《文物》1972年第7期；李子春：《唐刘浚墓志铭》《文物》1965年第12期。

③ 黄明兰：《唐故司成孙处约墓志铭浅释》，《考古与文物》1983年第1期；中国社会科学院考古所河南第二工作队：《河南偃师杏园村的六座纪（转下页注）

县杏园村有比较集中的发现,应该是当时李氏大姓一支家族以及崔姓、宋姓等家族的族葬地。这里出土的数十方唐代墓志与有关墓葬发掘材料集中收入中国社会科学院考古研究所编写的《偃师杏园唐墓》一书中,作为罕见的未曾盗掘的考古墓葬资料,在隋唐考古中具有重要价值。

河南省北部的安阳地区也有隋唐墓志的出土,但是比起两京地区的墓志来,这里的墓志在内容和形制上都相差较大。如隋开皇七年(587)八月十一日韩邕墓志、开皇九年(589)十月十三日宋循墓志,唐上元二年(675)杨侃墓志、显庆元年(656)十一月二十四日席伎墓志等。在河南境内出土的重要墓志还有荥阳出土的天宝十年(748)四月甲申赵冬曦墓志①等。

(接上页注)年墓》,《考古》1986 年第 5 期;偃师县文物管理委员会:《河南偃师县隋唐墓发掘简报》,《考古》1986 年第 11 期;河南文物工作队:《河南偃师唐崔沈墓发掘简报》,《文物》1958 年第 8 期;中国社会科学院考古所河南第二工作队:《河南偃师杏园村的两座唐墓》,《考古》1984 年第 10 期;赵振华、朱亮:《安菩墓志初探》,《中原文物》1982 年第 3 期;河南省文物研究所:《陕县唐代姚懿墓发掘报告》,《华夏考古》1987 年第 1 期;洛阳行署文物处、偃师县文管会:《偃师唐李元敬夫妇墓发掘简报》,《中原文物》1985 年第 1 期;伊川县人民文化馆:《河南省伊川县出土徐浩书张庭珪墓志》,《文物》1980 年第 3 期;李献奇:《唐张说墓志考释》,《文物》2000 年第 10 期;樊有升、鲍虎欣:《偃师出土颜真卿撰并书郭虚己墓志》,《文物》2000 年第 10 期;中国社会科学院考古所河南第二工作队:《河南偃师杏园村的六座纪年墓》,《考古》1986 年第 5 期。

① 安阳市博物馆:《安阳活水村隋墓清理简报》,《中原文物》1986 年第 3 期;安阳县文教局:《河南安阳隋墓清理简记》,《考古》1973 年第 4 期;安阳市博物馆:《唐杨侃墓清理简报》,《文物资料丛刊》第 6 期;安阳市博物馆:《安阳市第二制药厂唐墓发掘简报》,《中原文物》1986 年第 3 期;陈立信:《赵冬曦墓志铭》,《中原文物》1986 年第 4 期。

　　近年以来,由于盗卖文物的现象剧增,在河南、陕西等地民间市场上流散出大量古代墓志,尤以唐代墓志为多,民间收藏者所得不在少数。赵君平、赵文成、齐运通等人曾经将收集到的墓志拓片陆续汇集成多种图录出版。民办的陕西省西安市西市博物馆所收集唐代墓志数百件也已经出版。但是这些墓志出土地点与出土情况多秘而不宣,甚至有些藏家为何人也不得而知,其真伪尚需认真加以鉴定辨别,即使是作为史料研究,也需要慎重对待。而这些流散墓志作为考古资料的价值已经丧失殆尽,更不用说有关墓葬已被破坏一空,这种对于古代文物的破坏是十分令人痛心的。

　　山西省内以往发现的隋唐墓志较少,1949 年以来,在太原、长治、襄垣等地陆续出土了数十件唐代墓志,如长治市出土的显庆五年(660)十一月二十九日范澄及妻合葬墓志、永昌元年(689)六月十七日崔琴墓志、文明元年(684)五月二十八日乐道仁墓志、天授二年(691)五月三日冯廓墓志,太原市出土的万岁登封元年(695)四月二十□日赵澄墓志,襄垣县出土的天册万岁二年(696)一月连简及妻张氏墓志,长治市出土的景云元年(710)十一月十三日李度墓志、开元四年(716)十月二十八日张仁墓志,太原市出土的大历八年(773)六月裴氏墓志、贞元十年(794)十二月二十七日马崇仙墓志①等,都是具有一定史料价值的墓志材料。

　　北京市作为唐代在北方的重镇,曾经是具有军事、政治、经济诸方

①　长治市博物馆:《长治县宋家庄唐代范澄夫妇墓》,《文物》1989 年第 6 期;长治市博物馆王进先:《山西长治市北郊唐崔琴墓》,《文物》1987 年第 8 期;山西省文物管理委员会晋西南文物工作组:《山西长治北石槽唐墓》,《考古》1965 年第 9 期;长治市博物馆:《山西长治市唐代冯廓墓》,《文物》1989 年第 6 期;《山西文物介绍》;向文瑞:《襄垣县发现唐武后时墓志碑石》,《文物》1983 年第 7 期;长治市博物馆:《长治市西郊唐代李度、宋嘉进墓》,《文物》1989 年第 6 期;王秀生、丁志清:《山西长治唐墓清理略记》,《文物》1964 年第 8;王玉山:《太原晋祠镇索村发现唐代墓葬》,《文物》1958 年第 2 期。

面意义的大城市。解放前在北京市也出土过一些重要的唐代墓志。近年来在北京市的建设中又陆续清理了一批唐代墓葬,发现了相当数量的唐代后期的墓志。例如:建中二年(781)姚子昂墓志、贞元六年(790)王郧墓志与元和九年(814)王郧及妻崔氏合葬志、永贞元年(805)王恭墓志、开成三年(838)周元长墓志、乾符五年(878)九月二十五日(卒)茹君墓志、中和三年(883)张建章墓志①等。

河北省境内也出土了一些唐代的重要墓志,其中尤其以唐代末年藩镇及其妻子的三件墓志最为惊人。它们是:大中九年(855)八月十四日王元逵墓志及其妻子鲁国长公主墓志,其边长均在 1.5 米以上;咸通六年(865)八月癸酉何弘敬墓志②,其边长达 1.99 米,四周及志盖雕饰精美,是唐代墓志中形制最大的。王元逵是占据河北一带的成德军节度使,何弘敬是魏博节度使,均被朝廷赠与太师。他们的墓志形制极大地逾越了礼制规定,表现了唐代末年藩镇的嚣张气焰。

此外,河北省出土的隋唐墓志还有:隋开皇八年(588)十一月八日崔昂后妻郑仲华墓志、开皇九年(589)二月二十六日封延之妻崔长晖墓志、大业八年(612)二月二十二日尉仁弘墓志、唐显庆二年(657)十一月二十二日尚登宝墓志、开元二十四年(736)尚袁墓志、大历十二年(777)二月二日张光祚墓志、元和七年(812)十一月十六日(卒)孙君

---

① 北京市文物工作队:《北京市发现的几座唐墓》,《考古》1980 年第 6 期;苏天钧:《十年来北京市所发现的重要古代墓葬和遗址》,《考古》1959 年第 3 期;赵其昌:《唐幽州村乡初探》,《中国考古学会第一次年会论文集》,文物出版社,1981 年;朱元刚、洪欣:《海淀区二里沟唐墓》,《中国考古学年鉴 1985》,文物出版社,1985 年。

② 刘友恒、樊子林、程纪中:《唐成德军节度使王元逵墓清理简报》,《考古与文物》1983 年第 1 期;邯郸市文管所:《河北大名县发现何弘敬墓志》,《考古》1984 年第 8 期。

墓志、咸通五年(864)八月十八日孙少矩墓志①等。

位居西北的甘肃、宁夏地区,近年也有一些重要的隋唐墓志出土,显示了这一地区在唐代与关中地区在文化、经济上的密切联系。其中尤其以宁夏固原县南郊乡出土的一系列隋唐墓志引人注目。

这一地区是古墓比较集中的地区,1983年发掘的北周重要墓葬李贤夫妇墓及1993年发掘的北周大将军宇文猛墓等都分布在这一地区。1987至1990年间,宁夏文物考古研究所固原工作站与固原博物馆等在这里发掘了8座隋唐墓葬,其中隋墓1座,唐墓7座,有6座墓葬出土了墓志,共7件。它们是:隋大业六年(610)正月二十二日史射勿墓志、唐显庆三年(658)十二月史索岩墓志、麟德元年(664)十一月十六日史索岩妻安娘墓志、咸亨元年(670)十一月二十七日史诃耽墓志、咸亨元年(670)十二月十三日史铁棒墓志、仪凤三年(678)十一月八日史道德墓志、圣历二年(699)十月二十八日梁元珍墓志②。这批墓志,尤其是史氏诸人士的墓志中保存了大量重要的历史资料,对于他们的民族籍贯,曾经有过不同意见的讨论。墓志中的一些记载结合墓葬中出土的西方文化遗物,对我们了解当时中原与西域民族关系具有宝贵的参考价值。

此外,甘肃省武威市管家坡出土了长安三年(703)一月二十日牛

① 河北省博物馆、文物管理处《河北平山北齐崔昂墓调查报告》,《文物》1973年第11期;张季:《河北景县封氏墓群调查记》,《考古》1957年第3期;薛增福:《河北曲阳发现隋代墓志及瓷器》,《文物》1984年第2期;河北省文物管理委员会:《河北磁县讲武城调查简报》,《文物》1959年第7期;河北省文物管理委员会:《河北磁县讲武城古墓清理简报》,《考古》1959年第1期;欧潭生、王大松:《唐代张光祚墓志浅释》,《文物》1981年第3期;石家庄市文物保管所:《石家庄市振头村发现唐代贴花人物瓷壶》,《考古》1984年第3期;河北省文物研究所:《河北易县北韩村唐墓》,《文物》1988年第4期。
② 宁夏回族自治区固原博物馆罗丰:《固原南郊隋唐墓地》,文物出版社,1996年。

绪墓志与牛绪妻刘三娘墓志,武威市南山青嘴喇嘛湾出土了开元六年
(718)十二月二十六日慕容若妻李深墓志。慕容若是吐谷浑元王,李
深作为李氏皇族出嫁吐谷浑族,具有和亲的性质。其墓志完全是唐代
式样,反映了西域民族与汉族之间的文化交流。1978 年在武威南营乡
青嘴湾出土的开元二十四年(736)十月三日慕容公妻武氏墓志,墓主
为武后的侄孙女,武承嗣的孙女。其出嫁的慕容公显然是来归降的吐
谷浑王族,官职为唐朔方军节度副使金紫光禄大夫行光禄卿上柱国五
原公,与上面的慕容若可能有密切的关系。宁夏同心县韦州还出土了
乾元元年(758)七月十日慕容威墓志。他也是吐谷浑王的后裔,其曾
祖钵,即两《唐书·吐谷浑传》中记载的青海国王诺曷钵。志中称其夫
人为武承嗣之孙女,应该就是上述墓志中的武氏。① 据《甘肃武威南
营发现大唐武氏墓志》一文中介绍,该地区曾经发现许多唐代吐谷浑
慕容氏墓葬,出土好多块墓志铭,现保存在武威市博物馆。由这些墓
志来看,甘肃、宁夏一带曾经是归降的吐谷浑人聚居的地区,武威可能
是他们居住的中心。其他如甘肃省灵台县出土的大中四年(850)十一
月陈惟江墓志、甘肃省平凉市出土的大中五年(851)十月二十日刘自
政墓志②等,也具有一定的史料价值。

　　新疆维吾尔自治区境内新发现的唐代墓志(包括唐代建元后,即
自高昌延和十七年(618)以后的高昌国墓志)主要出土于吐鲁番市的
哈拉和卓古墓区、阿斯塔那古墓区与雅尔崖古墓区以及鄯善县的鲁克
沁古墓区。1958 年以来,新疆博物馆考古队曾多次在这些地区进行发

---

①　甘肃省文物管理委员会:《兰新铁路武威——永昌沿线工地古墓清理概况》,
　　《文物》1956 年第 6 期;党寿山:《武威县南山青嘴喇嘛湾又发现慕容氏墓志》,
　　《文物》1965 年第 9 期;宁笃学:《甘肃武威南营发现大唐武氏墓志》,《考古与文
　　物》1981 年第 2 期;钟侃:《唐代慕容威墓志浅释》,《考古与文物》1983 年第 2 期。
②　秦明智、刘得祯:《灵台舍利石棺》,《文物》1983 年第 2 期;刘玉林:《唐刘自政
　　墓清理简记》,《考古与文物》1983 年第 5 期。

掘,出土墓砖志、墓碑等一百多件。新疆出土的墓志大多用砖制作,在上面用墨或朱砂书写铭文,特别是仍然象晋代以下的一些墓志那样自称为墓表。但是使用墓志的人大多是官员及其家属。如延和十八年(619)九月八日张师儿及王氏墓表、重光元年(620)二月二十八日张阿质儿墓表、延寿五年(628)九月二十日王伯瑜墓表、延寿十二年(635)闰月十二日张善哲墓表等。唐朝灭高昌后,墓志的文字逐渐增多,文体学习中原的墓志写法,名称也改变为"铭"或"墓志"。如唐永徽四年(653)张元峻墓志、麟德元年(664)十月二十三日梁延怀墓志、咸亨二年(671)二月五日严海隆墓志、垂拱四年(688)三月十八日(卒)张雄夫人麴氏墓志、长寿三年(694)张怀寂墓志、长安三年(703)五月十日张礼臣墓志等。它们与墓中出土的纸质文书残件可以互相映证,不仅有助于这一地区的墓葬断代工作,而且对于认识西域高昌地区当时的政治文化经济等社会状况具有宝贵的史料价值,是吐鲁番学术研究的一个重要组成部分①。

　　山东、安徽等地出土的隋唐墓志相对较少,但是分布的范围较广,反映出当时使用墓志的情况比较普遍,可能在地方上还有不少有待整理发表的材料。但是仅就已发表的墓志材料而言,其中仍有一些重要的墓志发现。例如 1976 年在山东省嘉祥县英山发掘了开皇四年(584)十二月二日徐之范墓志与其子徐敏行墓志,徐之范是北齐著名文人徐之才的弟弟。1980 年山东省冠县出土了唐开元二十一年(733)九月二十一日唐聘墓志。1981 年山东省东平县出土了唐贞元十九年(803)十一月十九日靳朝俊及夫人王氏墓志。安徽省合肥市西郊出土了开皇三年(583)十一月二十二日张静等合葬墓志,该墓志在一件志石上记录了张静与他的父亲、儿子等多人合葬的情况,这种做法在隋唐墓志中比较罕见。安徽省巢湖市郊区发现有唐会昌二年

---

① 隋唐五代墓志汇编编辑委员会:《隋唐五代墓志汇编》,天津古籍出版社,1991 年。

(842)三月十六日伍钧墓志,作为伍子胥的后裔,墓志中详细地记录了伍氏家族在晋代以来四处迁徙的情况①。

　　江苏省扬州市作为唐代南方重要的经济中心,曾经繁华一时。这里近年来出土了相当数量的唐代墓志,特别是唐代后期的墓志,虽然这些墓志的主人身份地位并不太高,但对于了解这一地区的社会状况还是大有裨益。已发表的材料主要有:大历十四年(779)正月八日李举墓志、贞元三年(787)六月一日赵蒿墓志、贞元三年(787)六月三日陈公女妇窦氏墓志、贞元七年(791)七月二日贾瑜墓志、元和十四年(819)四月二十六日王氏墓志、长庆元年(821)八月二十七日韦署墓志及大和八年(834)十一月二十日韦署妻郑氏墓志、长庆四年(824)七月二十九日臧暹墓志及大中四年(850)四月十三日臧暹妻蔡氏墓志、大和九年(835)解少卿墓志、开成三年(838)十一月三十日张杞墓志、咸通八年(867)卢公弼墓志、咸通九年(868)六月十日任玄墓志、咸通十年(869)八月十一日韩麦墓志、咸通十一年(870)八月二十二日周徒本墓志、中和五年(885)骆潜墓志、光启二年(886)六月十五日卫氏墓志②等等。

　　与扬州相对的镇江也发现了不少唐代后期的墓志,这些墓志有石质,也有砖质。例如在镇江市江阳彭山发掘的乾元二年严氏二子(严

----

① 　嘉祥县文物管理所:《山东嘉祥英山二号隋墓清理简报》,《文物》1987年第11期;山东省博物馆:《山东嘉祥英山一号隋墓清理简报——隋代墓室壁画的首次发现》,《文物》1981年第4期;隋唐五代墓志汇编编辑委员会:《隋唐五代墓志汇编》,天津古籍出版社,1991年;安徽省博物馆:《合肥隋开皇三年张静墓》,《文物》1988年第1期;巢湖地区文物管理所:《安徽巢湖市唐代砖室墓》,《考古》1988年第6期。

② 　参见隋唐五代墓志汇编编辑委员会:《隋唐五代墓志汇编》,天津古籍出版社,1991年;江苏省考古学会等:《南京博物院集刊》第3期《唐代扬州文物考古资料集刊》;李则斌:《扬州出土两方唐墓志》,《东南文化》1989年第4、5期;吴炜:《江苏扬州五台山唐墓》,《考古》1964年第6期。

六、严房墓志,在镇江市李家大山发掘的贞元十一年(795)八月二十六日徐巽墓志、贞元二十年周庭文墓志,在岘山发掘的长庆四年(824)四月三日李进兴墓志,以及宝历二年(826)六月二十五日殷府君墓志、大中六年(852)闰七月三日许赟墓志等。此外,在江苏省的徐州、泰州、吴县、无锡、苏州等地也陆续出土了部分唐代墓志。如1958年在泰州市师范学校出土的元和六年(811)正月十一日朱公墓志,1982年在泰州市东郊出土的长庆二年(822)二月二十八日(卒)朱君及夫人陆氏墓志,1972年在无锡市沈巷发掘的咸通八年(867)皇甫云卿墓志,1982年在吴县张陵山东山出土的甲子岁张氏残墓志等①。可能是由于腐蚀漫漶,这些墓志的文字保存得并不太好,墓志铭文的内容也比较简单。

最后需要提及的,是近年来在湖北、广东等南方地区发现的一些唐代重要墓志。南方发现的唐代墓志历来是比较少的,似乎这里在当时还是保持着一般人不使用墓志随葬的风气。使用墓志的人都是地位比较高的贵族官员及中原人士。例如湖北省郧县出土的唐嗣圣元年(684)三月十四日李徽墓志,李徽是唐太宗的孙子,濮王李泰的次子,其一家由于武后贬斥李唐子孙而被流放到这里。李徽的母亲阎婉墓志,葬于开元十二年(724)六月二日。它们都是在1984年发掘出来的。而在1973年,郧县新城东就出土了李泰的长子李欣的墓志。它也葬于开元十二年六月二日。1960年,广东省韶关市西北的罗源洞山麓出土了唐玄宗时期的贤相张九龄的墓志,该墓志是在开元二十九年(741)三月三日迁葬时刻制的,具有考古与历史文献上的重要

---

① 　镇江博物馆:《江苏镇江唐墓》,《考古》1985年第2期;隋唐五代墓志汇编编辑委员会:《隋唐五代墓志汇编》,天津古籍出版社,1991年;无锡市博物馆:《江苏无锡发现唐墓》,《文物资料丛刊》第6期,文物出版社,1982年;南京博物院吴荣清:《吴县张陵山东山出土砖刻墓志》,《文物》1987年第11期。

参考价值①。

　　在此附带介绍一下唐代玉册的发现及其研究情况。

　　1981 年,在北京丰台区林家坟清理了一座大型唐墓。该墓早期被毁,从清理中出土铜、铁、瓷、陶、石器,金箔花等,另外有 40 多枚玉册简。玉册简由汉白玉磨制而成,每枚长 28.5 厘米,宽 3 厘米,原来应串编成册。共残存文字 200 多个,内有"帝朝义孝乃因心亲惟"等字样。有学者对玉册进行了考释,据此说明该墓为史思明之墓②。

　　1989 年 11 月,在河南省洛阳市唐洛阳宫城遗址中发现了部分唐哀帝的玉册,其存留的部分铭文与《唐大诏令集》中记载的唐哀帝册文相同③。1990 年底至 1991 年,陕西省考古研究所、临潼县文物园林局在临潼县椿树村发掘了唐宪宗太子李宁墓,因盗掘严重,出土器物较少,但是清理出的《册邓王为皇太子文》、《惠昭太子哀册》等玉册,共达 127 枚,保存基本完整,是唐代玉册的重要发现④。2000 年以后,又在唐让皇帝李宪、节愍太子李重俊、惠庄太子李㧑等墓葬中发现了多批哀册、谥册的残简,均用汉白玉制成,内容多可与史载互证⑤。(图 167)

①　湖北省博物馆、郧县博物馆:《湖北郧县唐李徽、阎婉墓发掘简报》,《文物》1987 年第 8 期;高仲达:《唐嗣濮王李欣墓发掘简报》,《江汉考古》1980 年第 2 期;广东省文物管理委员会华南师范学院历史系:《唐代张九龄墓发掘简报》,《文物》1961 年第 6 期。

②　鲁琪、葛英会:《北京市出土文物展览巡礼》,《文物》1978 年第 4 期;段熙仲:《丰台唐墓玉册初探》,《中华文史论丛》第 8 辑。

③　中国社会科学院考古研究所、洛阳唐城工作队:《唐洛阳宫城出土哀帝玉册》,《考古》1990 年第 12 期。

④　陕西省考古研究所、临潼县文物园林局:《唐惠昭太子陵发掘报告》,三秦出版社,1993 年。

⑤　陕西省考古研究所:《唐李宪墓发掘报告》,科学出版社,2005 年;陕西省考古研究所、富平县文物管理委员会:《唐节愍太子墓发掘报告》,科学出版社,2004 年;陕西省考古研究所:《唐惠庄太子李㧑墓发掘报告》,科学出版社,2004 年。

图 167　唐李㧑玉质哀册

　　这些玉册的出土,对于了解唐代的册命制度,哀册制度具有重要的参考价值。

第六节　五代宋辽金元及明清石刻

　　五代与宋代以降,石刻的主要类型基本上保留了唐代形成的各种形制。石刻的使用范围在唐代的基础上有了更广泛的普及。民间使用的各种实用型石刻材料日益增多。特别是各类石刻铭文的文字数量与篇幅都有明显的增加,上千字的碑志不在少数。石刻的体积也随之加大。刻写的文字也比较规范,较易释读。然而从石刻的外形雕饰来看,其艺术性则相对有所退化,大多显得呆板僵滞,程式化严重,缺乏南北朝隋唐时期石刻雕饰的勃勃生机。这期间也有一些雕刻得十分精巧细腻的佛教艺术石刻与石刻线画作品,但是相对缺乏气韵,受到当时绘画艺术形式的影响。需要指出的是,从现有材料看,宋元时期南方的石刻技艺往往高于北方。特别是四川大足等地的佛教石窟造像等具有很高的艺术价值,表现出当时的新艺术造型风格。南方保存的宋代碑志、买地券、摩崖题记等石刻也明显多于北方,似乎说明经济文化中心的南移。明清时期,官刻的碑石多有形制宏大,雕刻精细之作。民间刻石形制多样,雕饰也相对简单。

自五代、北宋直至清代末年1000多年间,经历了大量战乱兴废。人为与自然的破坏十分严重。但是今日仍然遗留下来数量十分庞大的文字石刻。以往对于宋代以下的石刻材料了解较少。主要是由于历代的金石著录往往仅收录到宋元时期为止。明清时期的石刻基本上没有进行过专门的收集整理与出版。学术研究中,除去个别极富价值的材料外,一般也没有被深入地加以研究介绍。而实际上,现在各地所存石刻材料中数量最大的往往是宋代以后的石刻,尤其是明清石刻。如在20世纪中,北京市曾经做过先后几次普查石刻的工作,其中明、清、民国时期的石刻拓片汇集起来,总数可达10000余件。这还没有把房山石经中刻于这一时期的经版计算在内。同样,在南方地区一些省市,明清石刻往往是石刻资料中的重点。限于条件,目前对于这一时期的石刻情况还很难做出一个全面的统计。即使是宋代的石刻,目前发表的材料也不是十分完备。因此,这里主要将五代、宋代以后的一些重点石刻与近来考古发掘的有关发现情况择要简单予以介绍。

五代时期留存的石刻并不太多。现在经常出现在历代金石著录中的有碑、墓志、造像题记、经幢等数十种石刻。例如福建省福州市闽王祠中的天祐三年(906)闽王德政碑是研究五代史的重要资料。1956年出土,由浙江省杭州市孔庙收藏的吴越国王钱元瓘墓顶石刻星图,刻绘了十分准确的天空星座,比在江苏省苏州市碑刻博物馆收藏的宋代天文图还要早300多年。而江苏省苏州市碑刻博物馆收藏的宋代天文图曾被世界天文界公认为世界上最早的比较齐全的石刻星图。近年,在陕西省甘泉县等地发现了一些五代与宋代的造像碑,极大地丰富了有关这一地区佛教造像碑的知识①。

宋辽金元以来的碑刻,很多至今都一直保存在地面上,有些树立在原址,也有些重要的碑刻被集中到博物馆收藏,如陕西省西安碑林博物馆、河南省洛阳石刻艺术馆、江苏省苏州碑刻博物馆、北京市石刻艺术馆等地,其中大多保存完好,成为金石与历史研究的珍贵材料。例如陕西省周至县楼观台的元代道教碑刻、户县祖庵的历代道教碑刻等。根据有关碑石编写的《元代白话碑集录》、《道教金石略》等,是历史研究与道教历史研究的重要参考著作。很多宋辽金元以降的碑刻散置于各地名胜古迹、著名寺庙中,是这些名胜与重点文物保护单位的重要组成部分。如江西省庐山白鹿洞书院、福建省泉州市洛阳桥与蔡襄祠、福建省莆田县三清殿、浙江省宁波市天一阁、陕西省户县重阳宫、山东省曲阜市孔庙等地。

从书法史的角度来看,宋代碑刻中有不少著名书法家的真迹,被后人所珍视。例如安徽省芜湖市的米芾所书宋崇宁三年(1104)芜湖县学记、湖南省祁阳县的黄庭坚所书宋崇宁三年(1104)浯溪诗、安徽省滁县醉翁亭中苏轼所书宋元祐六年(1091)醉翁亭记、福建省泉州市的蔡襄所书宋嘉祐五年(1060)万安桥记等。李时雍模仿宋徽宗书体书写的宋大观二年(1108)大观圣作碑,当时各地学宫中都要刊立,现在陕西省兴平县、陕西省西安市、河南省新乡市、河北省赵县等地还有所保存。这种书体被称作"瘦金体",颇具时代特征。(图168)

宋代以来的碑石日趋巨大,制作数量也相当可观。但同时也有大量碑石遭到破坏、废弃。近代以来,这一类遭到废弃或改作它用的碑石在考古发掘调查中陆续有所出土。对西夏陵墓遗址内进行考古发掘时出土的残碑与对泉州各种宗教石刻的收集整理等是近五十年中比较重要的大宗出土发现。

① 靳之林:《延安地区发现一批佛教造像碑》,《考古与文物》1984年第5期。

图 168　大观圣作碑

首先，需要提及宋代的石经出土情况。1982 年，在河南省开封县的基建工程中发现了一件北宋的二体石经碑，这是非常罕见的北宋嘉祐石经碑石。20 世纪 50 年代中，曾经在开封北门外发现过一件北宋石经的残石，刻有《礼记》。这件比较完整的二体石经碑的发现，又给北宋石经仍遗留在开封的说法提供了更大的可能性。当地传说，曾经有过一件清代碑刻，记载了明代黄河决口时搜集开封城中碑石运到北门外筑堤防洪的史事①。如果此事属实，估计今后会在开封发现更多的二体石经刻石。

宋代碑刻的发现近年也陆续有所报道。在陕西省府谷县孤山镇附近，曾经发现世袭北宋府州知州的折氏家族墓地，出土了一批墓志与碎成许多碎块的折可大墓碑，以及基本完整的折继闵墓碑。折继闵墓碑，被火烧过，断成三截，高 2.22 米，宽 1.07 米，厚 0.27 米，文字书体秀美，出自蔡靖之手。现存 3000 余字②。山东巨野出土了熙宁七年（1074）薛君墓碑。它制作成与造像结合的形式，碑额为模仿屋顶的单檐歇山式，碑身上部刻造像龛，有一佛二胁侍菩萨，碑文主要刻佛说父母恩重经与功德主、立碑人、安葬师等人姓名。高达 1.95 米，宽 0.64 米。是一件极富文物价值的碑刻③。在浙江省绍兴市，也曾多次发现宋代帝陵碑刻④。江西省德兴县出土了北宋大观元年（1107）张潜碑。张潜曾经撰写了《浸铜要略》一书，是北宋时湿法炼铜的专家，对于宋代的炼铜业作出了重要的贡献⑤。还有在甘肃省庄浪县出土的大宋王家城新建城隍庙之记石碑、四川省三台县发现的宋刻颜氏干禄字书

① 安金槐：《记开封新收集的北宋石经》，《文物》1962 年第 10 期。

② 戴应新：《北宋"折继闵神道碑"疏证》，《中国考古学会第一届年会论文集》，文物出版社，1980 年。

③ 陈洪生：《巨野发现宋代石碑》，《中国文物报》1998 年 47 期，

④ 葛国庆：《绍兴再次发现宋六陵帝王陵碑》，《中国文物报》1998 年 71 期。

⑤ 孙以刚：《德兴发现北宋炼铜家张潜碑》，《中国文物报》1996 年第 32 期。

碑、河南省出土的北宋石保兴兄弟神道碑、山西省平定县出土的大宋平定军葬舍利佛骨塔铭、山东省乳山县发现的宋代寿圣院碑、山东省兖州市兴隆塔地宫中发现的纪事碑等①。在四川发掘的南宋安丙墓出土了碑记等重要石刻②。

宋代以后的石刻中，最为普及常见的是散处各地的大量摩崖题记与碑石题记题名。它们形成了中国名胜古迹中重要的有机组成部分。例如河南省登封县的嵩阳宫，江苏省镇江市的焦山，江苏省连云港市的龙洞，湖南省零陵市的朝阳岩、华严岩，湖南省祁阳县的浯溪，湖南省衡山的水帘洞，湖北省襄阳市的岘山，广东省肇庆市的七星岩，广东省英德县的南山，广东省德庆县的三洲岩，福建省福州的乌石山，福建省漳州市的云洞岩，福建省福州市的鼓山，江西省赣州市的朝天岩，浙江省丽水县的南明山，浙江省青田县的石门洞等地。五岳山中散布的这类题记更是随处可见。广西桂林市"山水甲天下"，历代留下的题刻数量繁多，如七星岩龙隐岩，满洞窟中遍刻题记，被明人称作"壁无完石"。其中宋代题记题刻要占有一半以上。（图169）这里还保留了目前全国唯一的一块"元祐党籍碑"。元祐为北宋哲宗的年号，其间宋英宗的高后把持政权，废除了王安石推行的新法，任用司马光等人，打击压制了变法官员。而后宋徽宗继位，蔡京专权，借口元祐时执政的保守派结党而加以贬黜，实际上把变法派的人物也列入党人一并打击。当时蔡京等人确定司马光、文彦博、苏轼、黄庭坚等 309 人为元祐奸

① 李晓斌、刘继涛：《庄浪出土的大宋王家城新建城隍庙之记石碑考略》，《陇右文博》2004 年 1 期；左启：《宋刻颜氏干禄碑在三台面世》，《中国文物报》1996 年 3 月 24 日；吴建华：《北宋石保兴兄弟神道碑及相关问题辨析》，《河洛春秋》1996 年 1 期；商彤流：《山西平定县发现北宋佛塔地宫》，《文物世界》2006 年第 2 期；姜书振：《乳山发现宋寿圣院碑》，《中国文物报》1998 年 5 月 3 日；山东省博物馆等：《兖州兴隆塔北宋地宫发掘简报》，《文物》2009 年第 11 期。

② 陶喻之：《南宋安丙有关石刻索隐》，《四川文物》1998 年 3 期。

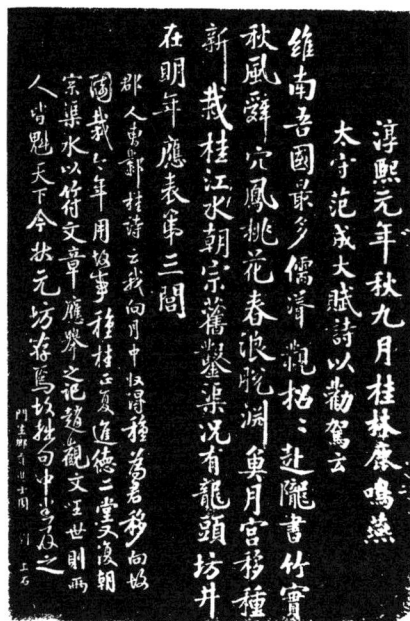

图169　桂林摩崖

党,由宋徽宗书写为首的98人姓名,刻石立于宫中文德殿之东。而后,又由蔡京书写了全部党人姓名,颁令全国各州、军仿照刻石立碑,即当时遍及各地的"元祐党籍碑"。刻名于碑上者,死者削去官职,生者贬职外迁。这批石碑立于北宋崇宁四年(1105)。但是第二年宋徽宗就下诏命令将碑全部毁去。桂林的这块碑石并非原石,是南宋庆元四年(1198)元祐党人梁焘的曾孙仿照原碑式样重新刻制,留作纪念的。

　　有关科学技术和自然变化的石刻记载也在宋代以降大量出现。突出的代表是四川省涪陵市郊长江中的白鹤梁石鱼题刻。它是古人用来记录长江水位的石刻,利用鱼的形象和文字记录等标识长江枯水期的最低水位。现有记录始于唐代宗广德二年(764),宋代记录较多,并一直延至近代。经调查,共有历代题记163段,石鱼图13尾,记载了 72 个年份的枯水位置。这样长期的水文记录对于现在研究长江中上游的枯水规律有着可贵的价值,可以用来为生产建设与航运活动服务。(图 170)四川省云阳县的龙脊石刻也是类似的水文记录。它始于北宋元祐三年(1088),现存历代题记 170 余件。地震灾害自古就是人类生活的大敌,有关地震情况的记录石刻也不在少数,全国各地都有发现。其中尤以四川省西昌市的地震碑林收藏最为丰富。它是四川省的文物工作者与地震、地质等部门的工作人员从 20 世纪 70 年代中期开始在西昌地区收集来的,其中记载有明代嘉靖十五年(1536)西昌地震的碑刻 4 件、记载有清代雍正十年(1732)西昌地震的碑刻 3 件、记载有清代道光三十年(1850)西昌地震的碑刻 84 件,包括庙碑、

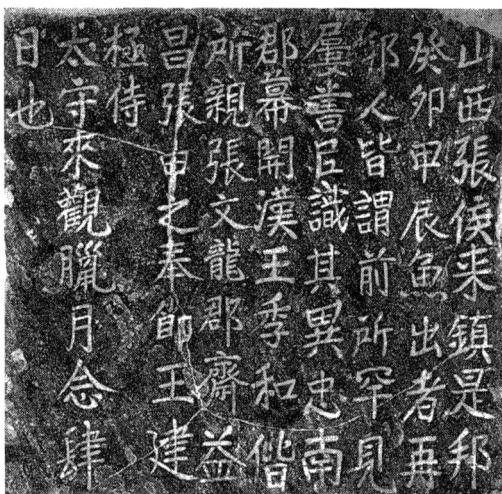

图 170　长江石鱼题刻与石鱼

祠堂碑、告示碑等。①

北方的大型石窟在五代以后就逐渐衰落荒废，而南方的佛教石窟在五代与宋元明时期继续有所开凿。例如江苏省徐州市的云龙山石窟、云南省大理市剑川石窟、浙江省杭州市的飞来峰石窟等。四川重庆等地的佛教石窟分布较广，开凿规模宏大，以重庆市大足县的北山、宝顶等大型石窟为代表。这些石窟的造型代表了宋代佛教石雕艺术的高水平，并且在石窟造像中保存了丰富的造像题记与有关碑刻等文字资料。它们是研究南方佛教历史的重要资料，同时对判断有关石窟的历史年代起到重要的作用。

属于五代至明清时期这一阶段的出土墓志数量较大。在清代及清代以前的文献资料中，对五代以下历史时期的墓志材料介绍较少，仅见于一些地方志中的金石志与专门的碑传文集，如南宋杜大珪汇集的《名臣碑传琬琰集》、元代苏天爵所撰的《国朝名臣事略》、清代钱仪吉编写的《碑传集》、缪荃孙的《续碑传集》等。着重于其文史意义。近60年来，新发现与公布出来的墓志材料中，属于五代至明、清这一历史时期的墓志占有较大比重，其中很多都是经过科学发掘得到的，对于考古研究与历史研究多有帮助，改变了以前金石著录中缺少这一时期材料的情况。各地陆续出版了一些出土墓志的图集以及录文集，其中收录了相当数量的五代至清代的墓志，使以往这一阶段的墓志材料发表较少的情况有所改观。由于保存下来的这一时期历史文献比较丰富，可以与出土墓志互相对校者不在少数，兼以这一时期的墓志往往篇幅较大，内容具体详细，包含史料较多，所以这些墓志在补正史书记载上的文献价值引起研究者的关注，把它们作为历史研究中重要的资料来源之一。因此，在介绍与研究中往往偏重于它们的史料价值。我们由于侧重于文物考古方面的研究，兼以历史考证内容庞大，

---

① 四川凉山彝族自治州博物馆编，刘弘主编：《西昌地震碑林》，文物出版社，2006年。

不便逐一详细介绍具体内容, 在这里仅简要涉及近 60 年内重要的考古发现情况。(图 171)

图 171　五代墓志

　　周阿根在《五代墓志汇考》中收录了 242 件传世及新出土的五代墓志, 有人曾指出其中混有辽志, 可见现存五代墓志数量不多。但现在所见到的新出土五代墓志大多是身份较高的各国官员、将领或其夫人的墓志, 史料价值较高。例如 1989 年在山西省代县出土的唐天祐六年(909)二月十八日李克用墓志, 李克用即后唐太祖, 由于李克用卒时尚未称帝,仍沿用唐代年号,墓志上也仍题写"唐故河东节度观察处置等使、开府仪同三司、守太师、兼中书令、晋王墓志铭"。但是当时唐朝已经灭亡,进入了五代时期。山西还出土有李克用的部将何君政墓志,葬于后晋天福四年(939)十一月十一日①。1995年来,太原市陆续发现北汉乾祐元年(948)八月八日检校太尉使持节都督蘡州诸军事蘡州刺史尚洪墓志与天会五年(961)七月廿七日汾州防御使刘恂墓志②。此外如山西省屯留县出土的天福五年(940年)十一月十一日孙思畅墓志、潞城县出土的后周广顺二年(952)马某墓志等,多为普通人士的葬志,说明墓志在山西一带一直有所沿用③。

1986年,河南省洛阳市出土了后梁开平三年(909)高继蝉墓志,据墓志记载,高氏为"教坊使、银青光禄大夫、检校工部尚书、前守右卫将军、兼御史大夫、上柱国";1990年,洛阳市北邙出土后唐长兴四年(933)十一月三十日张文宝墓志,伊川县出土后唐清泰三年(936)二月七日戴思远墓志,此二墓主在《旧五代史》及《新五代史》中都有传记记载,为当时的重要官员、将领;2001年,伊川县出土后唐天福二年(937)宋廷浩墓志,宋氏官至检校司徒房州刺史。④ 2001年,陕西省宝鸡市发现后唐同光二年(924)四月十一日秦王李茂贞墓志⑤。四川省成都市是前后蜀的政治中心,已发现多件这一时期的高官墓志。如1974年八里庄出土了前蜀乾德五年(923)六月四日晋晖墓志,晋晖在

---

① 以上均见隋唐五代墓志编辑委员会:《隋唐五代墓志汇编》山西卷,天津古籍出版社,1991年。

② 渠传福:《太原五代墓志释考》,《山西省考古学会论文集》(四)。

③ 以上均见隋唐五代墓志编辑委员会:《隋唐五代墓志汇编》山西卷,天津古籍出版社,1991年。

④ 叶万松等:《洛阳市东郊五代高继蝉墓》,《中国考古学年鉴》1987,文物出版社,1988年;洛阳市地方史志编纂委员会:《洛阳市志》文物志,中州古籍出版社,1995年;赵振华:《五代宋廷浩墓志考》,《华夏考古》2003年第4期。

⑤ 王凤祥:《新见唐秦王李茂贞墓志浅释》,《文物春秋》2006年第6期。

《九国志》中有传记记载,他和王建同为许州人,协助王建割据四川,是前蜀的重要将领,传记记载仅不足四百字,依靠墓志可以大量补充他的身世与有关历史情况;1971年磨盘山出土了后唐长兴三年(932)十一月二十四日福庆长公主墓志,福庆长公主是李克用的长女,嫁给后蜀皇帝孟知祥,当时孟知祥尚未称帝,使用后唐年号;1977年,出土了后蜀广政十一年(948)九月十五日张虔钊墓志,张氏为后蜀重臣,卒后赠太子太师;1984年出土后蜀广政十八年(955)八月十日(卒)孙汉韶墓志,孙氏为后蜀"武信军节度使、遂合渝泸昌等州管内观风营田处置等使、开府仪同三司、守太傅、兼中书令、使持节遂州诸军事守遂州刺史、上柱国、乐安郡王";1985年出土广政十四年(951)十二月二十二日徐铎墓志,徐铎为后蜀"左匡圣步军都指挥副使、兼第二明义指挥使、金紫光禄大夫、检校太保、使持节彭州诸军事守彭州刺史、兼御史大夫、上柱国、高平县开国男";1997年出土乾德五年(923)七月十三日魏王王宗侃墓志及其妻张氏墓志;此外还出土过长兴三年(932)十一月二十八日高晖墓志以及其妻子墓志,记载高晖为"唐故北京留守押衙、前左崇武军使、兼宣威军使、西川节度押衙、银青光禄大夫、检校工部尚书、兼御史大夫、上柱国"[1]。1981年,在福建省福州市斗顶山墓葬出土了后唐同光二年(924)十二月十二日王审知墓志及其妻任氏墓志,边长达1.2米至1.96米,是罕见的形制巨大的墓志,内容与新、

---

[1]　四川省文物管理委员会:《前蜀晋晖墓清理简报》,《考古》1983年第10期;成都市文物管理处:《成都市东郊后蜀张虔钊墓》,《文物》1982年第3期;成都市文物管理处:《成都市东郊后蜀张虔钊墓》,《文物》1982年第3期;成都市博物馆考古队:《五代后蜀孙汉韶墓》,《文物》1991年第5期;成都市博物馆考古队:《成都市无缝钢管厂发现五代后蜀墓》,《四川文物》1991年第3期;薛登:《五代前蜀魏王墓》,《成都文物》2000年第2期;徐鹏章等:《成都北郊站南乡高晖墓清理简报》,《考古》1955年第6期。

旧《五代史》记载基本相同。王审知当时称闽王，是南方十国之一①。另据介绍，广州博物馆藏有后梁贞明三年（917）四月二十六日吴存锷墓志，其官至岭南东道勾当军□使、元从、都押衙、金紫光禄大夫、检校司空、前使持节、泷州诸军事守泷州刺史、御史大夫、上柱国②。新近在河北省曲阳县出土的唐、后梁重臣王处直墓志，葬于天祐廿一年（后唐同光三年，925）二月五日，与该墓中精彩的彩绘石雕一同成为五代考古中的重要发现。王处直曾在唐末任义武军节度留后，后为唐太原王、梁北平王③。

已发表的新出土宋代墓志近 400 件。就其分布情况来看，在中原的各个省市都有所发现，其中出土墓志数量较多的主要有河南、江西、陕西、江苏、四川、浙江等地。虽然由于发表材料并不够完全，不能贸然就现有情况断定这些地区就是当时使用墓志最普遍的地区，但是，由于宋代社会使用墓志的人物仍主要是官员、贵族与士人等社会中上层人士，这些人士多聚居在政治中心与经济较发达的地区，而河南、江苏、浙江、江西等地在当时正属于这样的地区，从这一点来看，它们也应该是使用墓志较多的地区。考古发现与当时的实际情况应该是比较吻合的。

这些墓志中，包含有相当数量的宋代重要官员墓志。例如：河南省孟津县出土的元丰七年（1084）十月十九日王尚恭墓志，王尚恭曾任太常少卿、朝议大夫；伊川县出土的元丰八年（1085）十二月甲申王拱辰墓志，王拱辰官至彰德军节度使、北京留守；巩县出土的元祐九年（1094）二月乙酉赵頵墓志及其妻王氏墓志，赵頵为宋神宗皇叔、魏王；

①　福建省博物馆、福州市文物管理委员会：《唐末五代闽王王审知夫妇墓清理简报》，《文物》1991 年第 5 期。

②　程存洁：《新发现的后梁吴存锷墓志考释》，《文物》1994 年第 8 期。

③　河北省文物研究所等：《河北曲阳五代壁画墓发掘简报》，《文物》1996 年第 9 期。

密县出土的元祐九年(1094)八月壬申冯京墓志及其妻富氏等墓志,冯京历任宋仁宗、英宗、神宗、哲宗四世重臣,官至宣徽南院使、太子太保;郏县出土的宣和五年(1123)十月晦日苏适墓志及其妻黄氏墓志,苏适为宋代著名文人苏辙的次子,官至承议郎;(图172)新郑市出土的北宋著名文人欧阳修家族墓志,包括:欧阳修的妻子薛氏、儿子欧阳棐、欧阳辩、孙子欧阳荪、欧阳愬等的墓志,这些墓志葬于元祐至崇宁年间;洛阳市出土的元丰六年(1083)闰六月富弼墓志及其妻晏

图172　宋苏适墓志

氏墓志等①。陕西省府谷县出土的残折御卿墓志与折继新墓志、折继全墓志、折可复墓志等，这些墓主都是北宋据守麟州、府州一带的著名军将折氏家族的成员；城固县出土的乾道五年（1169）杨从仪墓志，杨从仪为南宋抗金名将吴璘部下，任和州防御使、提举台州崇道观、安康县开国侯②。江西省南丰县出土的元丰七年（1084）六月丁酉曾巩墓志，曾巩为宋代著名文人，官至中书舍人③；永新县出土的元祐二年（1087）正月丙辰刘谨墓志，刘谨为北宋宰相刘沆长子，官至天章阁待制、真定府路安抚使、马步军都总管、兼知成德军府事；波阳县出土的元祐八年（1093）二月辛酉熊本墓志，熊本官至中大夫、充龙图阁待制、新知洪州军州兼管内劝农使、江南西路兵马钤辖；景德镇市出土的乾道九年（1173）汪澈墓志，汪澈为观文殿学士、鄱阳郡开国公；广丰县出土的绍熙五年（1194）五月辛酉施师点墓志，施师点为资政殿大学士、宣奉大夫、知隆兴府、江南西路安抚使；吉安县出土的嘉泰四年（1204）十二月丙申周必大墓志，周必大是南宋左丞相、著名文士④。江苏省仪征市出土的皇祐五年（1053）年五月二十三日（卒）柳植墓志，柳植

①　洛阳市地方史志编纂委员会：《洛阳市志》文物志，中州古籍出版社，1995年；洛阳地区文物工作队：《北宋王拱辰墓及墓志》，《中原文物》1985年第4期；周到：《宋魏王赵頵夫妻合葬墓》，《考古》1964年第7期；蔡全法：《冯京墓志考释》，《中原文物》1987年第4期；李绍连：《宋苏适墓志及其他》，《文物》1973年第7期；乔志敏：《新郑欧阳修墓地出土墓志简述》，《中原文物》1992年第4期；洛阳市第二文物工作队：《富弼家族墓地发掘简报》，《中原文物》2008年第6期。

②　戴应新：《北宋折继闵神道碑疏证》，《中国考古学会第一次年会论文集》，文物出版社，1980年；陈显远：《南宋陈从仪墓志碑浅释》，《考古与文物》1983年第2期。

③　洛原：《宋曾巩墓志》，《文物》1973年第3期。

④　以上均见于陈柏泉：《江西出土墓志选编》，江西教育出版社，1991年。

官至吏部侍郎①。四川省成都市出土的宣和六年(1124)宋京墓志,宋京官至陕西转运副使②。安徽省合肥市出土的嘉祐八年(1063)八月癸酉包拯墓志,包拯名闻遐迩,是民间传说中的清官典范,官至枢密副使。同时发表的还有包拯妻董氏墓志与子包繶妻墓志、次子包绶墓志、孙包永年墓志等③。浙江省临海县早年出土了绍定四年(1231)十月癸酉赵汝适墓志,赵汝适是宋太宗的八世孙,他写作的《诸蕃志》是一本很有价值的海外地理著作。该墓志是在文物普查中于农民家里发现的④。

　　此外,在河南省巩县宋陵范围内还出土了大量宋代陪葬于帝陵附近的宋室子孙及其家属墓志。这些墓志中,大部分属于宋太祖子赵德昭、赵德芳的后裔,也有太子、公主与宗室亲王等。它们的文字都很简略,只记录死者官职姓名等,形制近同,字体相似,可能是由皇宫内府统一制作的。说明当时陪葬有统一的管理制度与专责部门。已发表材料的这类墓志有 60 余件⑤。(图 173)属于丧葬用品的石刻还有买地券及镇墓券等,宋代以降买地券与镇墓券的发现近二十年来报道较多,如成都市龙泉驿区出土的宋、明买地券与镇墓券,河南省洛阳市出土的金、元买地券,安徽省、广东省等地出土的明代买地券等⑥。(图 174)

---

① 　吴炜:《介绍扬州发现的两盒宋墓志》,《文物》1995 年第 4 期。

② 　成都市文物考古研究所:《四川成都北宋宋京夫妇墓》,《文物》2006 年第 12 期。

③ 　安徽省博物馆:《合肥东郊大兴集北宋包拯家族墓群发掘报告》,《文物资料丛刊》第 3 期,文物出版社,1980 年。

④ 　徐三见:《浙江临海市发现宋代赵汝适墓志》,《考古》1987 年第 10 期。

⑤ 　河南省文物考古研究所:《北宋皇陵》,中州古籍出版社,1997 年。

⑥ 　成都市龙泉驿区博物馆《成都市龙泉驿区出土的宋、明石质买地券与镇墓券》,《考古与文物》2002 年增刊,汉唐考古;褚卫红、严辉:《洛阳邙山出土晋代买地券》,《文物》1999 年第 12 期;洛阳市第二文物工作队:《洛阳道北元墓发掘简报》,《文物》1999 年第 2 期;汪炜等:《安徽合肥出土的买地券述略》,《文物春秋》2005 年第 3 期;广州市文物考古研究所:《番禺茅山岗明墓发掘简报》,《羊城考古发现与研究》(一)。

图 173　宋赵士奇第三男墓志

　　这里还需要提及北宋时期制定的漏泽园制度,以及由此产生的漏泽园砖志。《宋会要・食货・恤灾》记载:"择高旷不毛之地,置漏泽园。……凡寺观寄留轊椟之亡主者,若暴露遗骸,悉瘗其中。""漏泽园埋葬死人……破砖镌记死人姓名乡贯,以千字文为号,遇有识认,许令给还。"这就是当时在各地实行的漏泽园制度。它是由官方开办的群葬墓地,由官方雇人负责收集埋葬无名尸体,主要产生于宋徽宗时期。这种墓地在考古发掘中有过多次发现。由在四川郫县、绵竹、重庆,陕西岐山、河南南阳、山西吕梁、山东日照等地的发现来看,这些墓葬都是将尸体或放在陶坛子中的骨灰以土坑浅埋,成片出现。除去一块墓

地券

維
皇宋德祐元年太歲乙亥九月戊辰朔越十
有五日壬午孤子范仁壽仲文廣元壽謹昭告
于山神曰先君謹有歲生於慶元丁巳十月之
丁亥卒於歲渾甲六月甲子賷得吉卜葬查坑
之陽用錢九萬九千貫到此地東山甲乙南山
丙丁西止庚辛北止壬癸上山碧落下山黃泉按
青鳥晁律云葬不立券有同益葬謹立斯恭與神
為之符曰先君卜葬查坑之陽山神擁護
呵禁不祥露魂安安後人吉昌
春秋祭祀
宋神亦興其苹

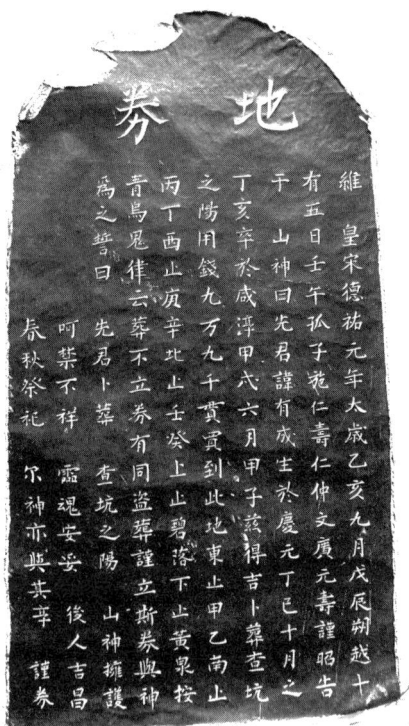

图174　宋代地券

砖铭以外,没有任何殉葬品①。墓砖铭有些是专门烧制的,呈方形,边长有0.3米左右。也有些是用破旧的砖块刻制。在上面刻写的铭文主要记录下葬时间与收葬经过,并附有千字文编号等。例如:

> "浴室院,熙宁八年五月内寄骸骨。不知姓名。崇宁三年十二月七日葬。甲字第三十八号。"(1952年四川绵竹泥金寺侧墓群出土。)

① 见王家佑:《四川宋墓札记》,《考古》1959年第8期;何正璜:《宋无名氏墓砖》,《文物》1966年第1期;魏仁华:《河南南阳发现宋墓》,《考古》1966年第1期;杨绍舜:《吕梁县发现了罐葬墓群》,《文物》1959年第6期;等等。

"役(?)龙邑保符村社王大义送到院窠内不知的其年月身死无主骨殖一副，给地捌赤(尺)。今干名字号。大观元年闰十月二十六日葬讫。"(1960年陕西岐山出土。)

这类墓砖早在以前的金石著录中就有所记载，近年来各地陆续有所发现，内容简略。但是它对于反映宋代漏泽园制度以及了解宋代社会的阶级状况具有重要的实证意义。有学者认为：大量无主尸体的出现，对于所谓宋代的"太平治世"假象是一个彻底的揭露①。不过，这些砖刻墓铭的出现，也确实证实中国古代社会中存在着一定程度的社会福利制度，并有专门的官署予以实施。

辽代制度，契丹文字与汉字同时使用。当时曾经使用过契丹大字与契丹小字两种独特的文字。但是在金国灭掉辽国后，在金章宗明昌二年(1191)明令禁止使用契丹文字，兼以辽国统治时书禁甚严，文字材料极少流传，使得在浩瀚的中国古代文献中却没有契丹文字的书籍保留下来。这样，在辽代石刻中保存的契丹文字就成了研究和释读契丹文的唯一材料。契丹文字石刻多见于下面介绍的辽代墓志，另外还有一些用契丹文刻写的碑石，如：现由内蒙古文物考古研究所与巴林左旗文化馆分别收藏的阙年月辽太祖纪功碑，原存内蒙古自治区昭乌达盟巴林左旗哈达英格乡辽太祖陵前，刻有汉文与契丹大字。2003至2004年间，在此地的考古发掘中出土了一件契丹大字残碑，碑阴为汉字②。原存内蒙古自治区昭乌达盟宁城县静安寺遗址的辽咸雍八年(1072)大辽大横帐兰陵郡夫人建静安寺碑，背面为契丹大字，正面刻汉文，现在已移到宁城县辽中京遗址。在陕西省乾县唐乾陵的无字碑上加刻有一段契丹文字，是金天会十二年(1134)刻的大金皇弟都统经略

①　张勋燎：《从漏泽园看所谓"太平盛世"——考古发现的漏泽园遗迹和宋代的漏泽园制度》，《四川大学学报(哲学社会科学版)》1975年第4期。

②　中国社会科学院考古研究所内蒙古第二工作队等：《内蒙古巴林左旗辽代祖陵陵园遗址》，《考古》2009年第7期。

郎君行记,并有汉字对译。1982 年在陕西省乾县唐乾陵献殿遗址发现了刻着大金皇弟都统经略郎君行记的另一件残石,现存乾陵博物馆。

此外,辽代还留下一些汉字刻写的碑刻,如在北京西山坨里一带发现过辽应历十年(960)三盆山崇圣院碑,是研究景教传播情况的史料。① 甚至在茫茫草原上也有令人注意的石刻发现。内蒙古赤峰市巴林右旗的沙布尔台苏木,发现一件辽代的碑刻,刻写了"贱避贵,少避长,轻避重,去避来"的字样。这是一件注明当时草原道路交通规则的碑刻。对于了解古代交通的情况颇具价值②。1986 年 6 月,内蒙古自治区巴林左旗林来镇出土一件辽代上京开龙寺的著名僧人鲜演墓碑,全文共 857 字。鲜演是以研读《华严经》为主,在佛教的经、律、论上均有深厚造诣的佛学大师。日人木村清孝曾经专门著文《鲜演思想史的地位》予以研究。这件碑文中记录了鲜演的生平、主要著述与当时辽国佛教的兴盛景象,对于了解辽国的佛教文化情况具有一定的参考价值③。在内蒙古、河北等地还发现过一些辽代的刻铭石幢,多为陀罗尼经幢④。

辽代墓志主要出土于北京、辽宁、内蒙古东部、山西与河北北部地区。现在发表的材料不到 100 件。但是大多为辽代契丹、汉族高级官员的葬志,包含有重要的历史资料。此外,在以往的金石著录中与地方志记载中,还收录了一批辽代的墓幢记、僧人墓塔记、石棺记与石函记等,这些是社会中层使用的具有墓志作用的石刻,内容比较简单。这种区别可能表现出辽代墓志仍具有一定的礼仪等级意义。

---

① 曾毅公:《北京石刻中所保存的重要史料》,《文物》1959 年第 9 期。
② 王大方:《千年前的草原交通规则》,《中国文物报》1998 年 91 期。
③ 巴林左旗文化馆:《辽上京发现辽代鲜演墓碑》,朱子方:《关于辽代鲜演大师的几个问题》,《辽海文物学刊》1987 年第 1 期。
④ 刘冰:《赤峰博物馆藏辽代石幢浅析》,《内蒙古文物考古》2008 年第 2 期;迁安市文物管理所:《河北迁安发现辽代石刻》,《文物春秋》2008 年第 1 期等。

　　辽代墓志中,最负盛名的是 1922 年以来在今内蒙古昭乌达盟巴林右旗白塔子辽庆陵中出土的辽圣宗哀册及圣宗钦爱皇后哀册、圣宗仁德皇后哀册等,其中圣宗皇帝哀册同出多石,存契丹文字刻写者 2 件,汉字刻写者 5 件。还有用契丹小字书刻的大康二年(1076)兴宗皇帝哀册、大康二年(1076)兴宗仁懿皇后哀册、乾统元年(1101)道宗哀册、乾统元年(1101)道宗宣懿皇后哀册等一批帝后墓志。它们的出土曾经是学术界的一件大事,并且引起了中国与日本等国学者的深入研究①。这些墓志大多现存辽宁省博物馆。(图 175)

　　辽宁西北部与内蒙古东部是辽国的发祥地,作为辽国的政治核心地区,拥有丰富的辽代墓葬,出土墓志数量也位居各地之首。除上述解放前出土的辽圣宗等帝后哀册以外,还有大量高级官员与契丹贵族的墓志。例如:乾亨三年(981)十一月八日王裕墓志,王裕为崇义军节度管内观察处置等使、崇禄大夫、检校太保、行宜州刺史等,其曾祖王处直为后梁北平王。1976 年,在王裕墓志出土地喀左县羊草沟门村又出土了统和三年(985)十一月十五日王奉诸墓志,王奉诸任积庆宫汉儿副部署、金紫崇禄大夫、检校尚书右仆射、兼御史大夫。有论者认为该志的墓主应该是王裕的长子王瓒②。

　　1964 年,在朝阳出土了统和四年(986)十一月十八日耶律延宁墓志③,耶律延宁为辽国的皇族,官至羽厥里节度使、特进、检校太尉、同政事门下平章、上柱国、漆水县开国伯。这件墓志的上半部书写契丹文字,下半部书写汉字。在辽宁出土的契丹人贵族官员墓志中,有不少都是类似的用两种文字书写的墓志,它们对于识读契丹文字具有极

①　(日)京都大学文学部:《慶陵東モンゴリアにおける遼代帝王陵とその壁畫に闕する考古學の調査報告》,东京座右宝刊行会,1952 年。

②　向南:《辽王氏二方墓志考》,《考古与文物》1984 年第 3 期。

③　辽宁省博物馆文物工作队:《辽代耶律延宁墓发掘简报》,《文物》1980 年第7 期。

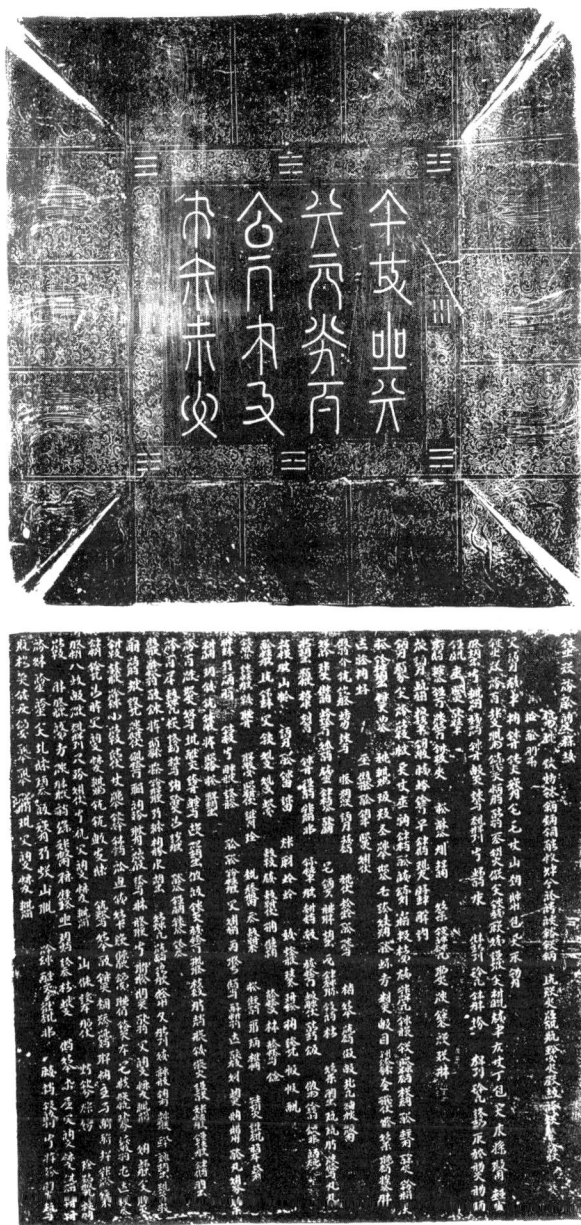

图 175　辽宣懿皇后哀册

其重要的价值。1968 年在朝阳市出土有统和二十六年（1008）二月十七日常遵化墓志，常遵化官至辽西州刺史、银青崇禄大夫、检校左散骑常侍、兼监察御史、武骑尉①。1972 年在朝阳市发掘了保宁二年（970）十月七日刘承嗣墓志，刘承嗣官至左骁卫将军、金紫崇禄大夫、检校太保、御史大夫②。1977 年在朝阳市出土有开泰十年（1021）四月九日赵匡禹墓志，赵匡禹的祖父赵思温在《辽史》中有传记记载，他本人也官至遂州观察使、知临海军节度使事等③。1979 年这里还出土了他的五子赵为干墓志，葬于重熙八年（1039）。1975 年与 1977 年还出土了开泰九年（1020）二月二十六日耿延毅墓志及其子耿知新的墓志，后一志葬于太平七年（1027）。耿延毅为户部使、武平军节度澧朗等州观察处置等使、使持节、朗州诸军事朗州刺史、金紫崇禄大夫、检校太尉、兼御史大夫、上柱国、巨鹿县开国伯。耿知新为昭德军节度衙内郡指挥使④。

　　1981 年，阜新市出土了太平九年（1029）十一月十八日萧仅墓志，其官至宁远军节度使⑤。萧仅的高祖萧撒剌即辽国左丞相萧辖剌，见于《辽史》及《契丹国志》中的多处记载，又作萧痕笃、萧实鲁、萧延思等。据记载，这里在 1949 年还出土过重熙七年（1038）二月二十七日耶律元妻萧氏墓志⑥。1975 年，阜新市还出土了主要由契丹小字书写的许王墓志，这件墓志的形制比较奇特，平面呈正八角形。整个墓志

---

①　薛景平、易难：《全辽文所收辽宁馆藏碑志校录》，《辽海文物学刊》1986 年第 2 期。

②　王成生：《辽宁朝阳市辽刘承嗣族墓》，《考古》1987 年第 2 期。

③　邓宝学、孙国平、李宇峰：《辽宁朝阳辽赵氏族墓》，《文物》1983 年第 9 期。

④　朝阳地区博物馆：《辽宁朝阳姑营子辽耿氏墓发掘简报》，《考古学集刊》第 3 期。

⑤　李宇峰、袁海波：《辽宁阜新辽萧仅墓》，《北方文物》1988 年第 2 期。

⑥　薛景平、易难：《全辽文所收辽宁馆藏碑志校录》，《辽海文物学刊》1986 年第 2 期。

只有右侧写有 5 行汉字,葬期不明,据考证,墓主应该为耶律义先,《辽史》有传记,卒于重熙二十一年(1052)①。

　　1950 年,义县出土了一件已经碎成多块的辽墓志,根据残存的文字推测,墓主曾任同政事门下平章事,其次子萧慎微,任崇德宫副部署,曾两次出使高丽,见于史载②。1979 年,这里又出土了乾统元年(1101)十月梁援墓志及乾统七年(1107)四月十七日梁援妻张氏墓志③。梁援也曾经任相,见于《辽史·道宗本纪》。

　　1967 年以后,北镇市出土了清宁八年(1062)十月二十七日漆水郡王耶律宗政墓志、咸雍元年(1065)四月十一日郑王耶律宗允墓志、咸雍五年(1069)十一月十日秦晋国妃墓志等契丹皇族墓志④。1991年,这里还发现了重熙二十二年(1053)六月(卒)耶律宗教墓志,墓主任保义军节度、同中书门下平章事、判奉先军节度事、广陵郡王。墓志盖内侧刻有契丹小字铭文⑤。

　　1983 年,北票市发掘了早在 1896 年就被发现的咸雍八年(1072)九月十九日耶律仁先墓志,其人在《辽史》中有传记⑥。

　　法库县陆续出土过大安六年(1090)三月十九日萧袍鲁墓志⑦、天庆二年(1112)三月十三日萧义墓志⑧等,萧袍鲁为北丞相,即《辽史·

①　阜新县文化局文物组:《辽宁阜新县辽许王墓清理简报》,《文物资料丛刊》1977 年第 1 期。
②　薛景平、易难:《全辽文所收辽宁馆藏碑志校录》,《辽海文物学刊》1986 年第 2 期。
③　薛景平、冯永谦:《辽代梁援墓志考》,《北方文物》1986 年第 2 期。
④　薛景平、易难:《全辽文所收辽宁馆藏碑志校录》,《辽海文物学刊》1986 年第 2 期。
⑤　鲁宝林等:《北镇辽耶律宗教墓》,《辽海文物学刊》1993 年第 2 期。
⑥　薛景平、易难:《全辽文所收辽宁馆藏碑志校录》,《辽海文物学刊》1986 年第 2 期。
⑦　冯永谦:《辽宁法库前山辽萧袍鲁墓》,《考古》1983 年第 7 期。
⑧　薛景平、易难:《全辽文所收辽宁馆藏碑志校录》,《辽海文物学刊》1986 年第 2 期。

道宗本纪》所载萧袍里其人。萧义为北丞相、武宁军节度、徐宿等州观察处置等使、开府、仪同三司、检校太尉、守太傅、兼中书令、行徐州大都督府长史、上柱国、兰陵郡陈国公,《辽史》中有传记,称作萧常哥。

内蒙古自治区赤峰市出土过应历九年(959)七月五日辽驸马赠卫国王墓志,据考证该墓主为萧屈列,见于《契丹国志·外戚传》。出土时志石已经碎成几块。1987 年,这里又出土了天庆三年(1113)十一月(卒)耶律习涅墓志,墓主官至兴复军节度副使,志文用汉字与契丹大字两种文字刻写,共保存有契丹大字 1616 个,是现存契丹大字资料最多的一件;巴林左旗在 1987 年出土过乾统二年(1102)东头供奉官王士方墓志,1993 年又出土了统和三年(985)十月秦王韩匡嗣墓志,1994 年在文物普查中发现统和十四年(996)检校太师同政事门下平章事韩德威墓志、其孙耶律元佐墓志及其父母的墓志盖;巴林右旗则在 1997 年与 2000 年发现了多件契丹文与汉文的辽国皇族墓志,如大安三年(1087)七月二十八日耶律弘世墓志、乾统十年(1110)八月耶律弘本哀册与耶律和盖斡哀册等;1975 年,阿鲁科尔沁旗出土了重熙十年(1041)十月八日耶律万辛墓志,志正面书:"北大王墓志",背面有汉字铭文,另外还有一件志石,刻写契丹大字铭文;1992 年阿鲁科尔沁旗出土辽会同四年(941)太傅、宰相耶律羽之墓志[①]。1986 年,哲里木盟奈曼旗发掘了一座重要的辽墓,出土有开泰七年(1018)闰四月五

---

① 金毓黻:《辽国驸马赠卫国王墓志铭考证》,《考古学报》1956 年第 3 期;金永田:《契丹大字"耶律习涅墓志"考释》,《考古》1991 年第 4 期;王未想:《内蒙古巴林左旗发现辽代王士方墓志》,《考古》2000 年第 1 期;葛华廷:《韩匡嗣墓志及其相关的几个问题》,《北方文物》1997 年第 3 期;金永田:《韩德威和耶律元佐墓志铭考释》,《文物》1998 年第 7 期;巴林右旗博物馆:《辽庆陵又有重要发现》,《内蒙古文物考古》2000 年第 2 期;清格勒:《辽皇室墓出土契丹文》,《中国文物报》2000 年 4 月 26 日;刘凤翥、马俊山:《契丹大字北大王墓志考释》,《文物》1983 年第 9 期;内蒙古文物研究所等:《辽耶律羽之墓发掘简报》,《文物》1996 年 1 期)。

日陈国公主墓志,她是辽景宗的孙女。史书上有所记载①。这座辽墓保存完好,出土了一批珍贵的文物,是罕见的未经盗掘的辽代贵族墓。墓志为判断该墓的墓主身份与年代提供了绝对证据。此外,内蒙古宁城等地还出土有寿昌五年(1099)十月己西尚伟符墓志等多件辽代墓志②。内蒙东部与相邻的辽宁西部作为契丹贵族主要的墓葬分布地区,已经越来越引起人们的重视。

北京作为辽代的南京,驻有大量高级官员,尤其是汉族官员,这里出土的辽代墓志颇具价值。如:1960 年出土的应历八年(958)四月十九日赵德均妻种氏墓志,赵德均任辽卢龙军节度使、太师、中书令、北平王③。1981 年出土的统和十五年(997 年)五月十九日韩佚墓志及其夫人王氏墓志,韩佚为"始平军节度观察处置等使、崇禄大夫、检校太保、使持节、辽州诸军事行辽州刺史、兼御史大夫、上柱国、昌黎县开国男"④。1960 年出土的重熙二十二年(1053)正月二十九日张俭墓志及其次子张嗣甫墓志,张俭为"洛京留守、开府、仪同三司、守太师、尚父、兼政事令、上柱国、陈王"⑤。1970 年出土的重熙二十二年(1053)四月二十二日王泽墓志,及其妻李氏墓志,王泽官至"奉陵军节度、怀州管内观察处置等使、金紫崇禄大夫、检校太尉、使持节、怀州诸军事怀州刺史、兼御史大夫、上柱国、琅琊郡开国侯"⑥。1964 年出土的咸雍五年(1069)五月十九日韩资道墓志,韩资道为六宅副使、银青崇禄大夫、检校工部尚书,其曾祖韩倬、祖韩绍文、父韩造并见于史载⑦。

---

① 内蒙古文物考古研究所:《辽陈国公主驸马合葬墓发掘简报》,《文物》1987 年第 11 期。

② 郑隆:《昭乌达盟辽尚伟符墓清理简报》,《文物》1961 年第 9 期。

③ 北京市文物工作队:《北京南郊辽赵德均墓》,《考古》1962 年第 5 期。

④ 北京市文物工作队:《辽韩佚墓发掘报告》,《考古学报》1984 年第 3 期。

⑤ 黄秀纯:《辽代张俭墓志考》,《考古》1980 年第 5 期。

⑥ 北京文物管理处:《近年来北京发现的几座辽墓》,《考古》1972 年第 3 期。

⑦ 鲁琪:《北京出土辽韩资道墓志》,《文物资料丛刊》1978 年第 2 期。

1957 年出土的乾统二年(1102)王师儒墓志,王氏官至武定军节度使、同中书门下平章事、兼侍中①。1979 年出土的天庆三年(1113)五月二十四日马直温妻张馆墓志,马直温为金紫崇禄大夫、右散骑常侍,张馆为前文所述张俭的侄孙女②。这些墓志大多形制较大,墓主无论是汉人还是契丹人,都使用汉字书写,多由文人官僚撰述志铭,文体明显沿袭唐代墓志,表现了中原文化对契丹民族社会的巨大影响。

出土过辽代墓志的还有河北北部地区和山西北部地区,这里出土的墓志与上述地区相比,墓主的身份较低,墓志的形制也较小。其中较重要的有:20 世纪初在平泉发现的统和二十七年(1009)二月二十三日耶律加乙里墓志、重熙十五年(1046)十二月十五日秦晋国大长公主墓志,迁安县出土的开泰六年(1017)八月二十九日韩相墓志,宣化市出土的天庆六年(1116)四月十日张世卿墓志与天庆三年(1113)张恭诱墓志、大安九年(1093)张文藻墓志等张氏家族墓志。以及山西省大同市出土的乾统七年(1109)八月十九日董承德妻郭氏墓志、应历八年(958)九月六日赠太傅许从赟墓志等③。

女真族在北方兴起后,取代辽国占有北方中国。但是在广大的汉

① 赵其昌:《唐幽州村乡初探》,《中国考古学会第一次年会论文集》,文物出版社,1980 年。

② 北京市文物工作队张先得:《北京市大兴县辽代马直温夫妻合葬墓》,《文物》1980 年第 12 期。

③ 郑绍宗:《耶律加乙里妃墓志铭》,《考古》1981 年第 5 期;郑绍宗:《契丹秦晋国大长公主墓志铭》,《考古》1962 年第 8 期;河北省博物馆、文物管理处:《河北迁安上芦村辽韩相墓》,《考古》1973 年第 5 期;河北省文物管理处、河北省博物馆:《河北宣化辽壁画墓发掘简报》,《文物》1975 年第 8 期;张家口市文物事业管理所、张家口市宣化区文物管理所:《河北宣化下八里辽金壁画墓》,《文物》1992 年第 10 期;河北省文物研究所等:《河北宣化辽张文藻壁画墓发掘简报》,《文物》1996 年第 9 期;王银田等:《山西大同市辽代军节度使许从赟夫妇壁画墓》,《考古》2005 年第 8 期。

族居住地区中,仍然流行儒学,通用汉字。所以现有的金国石刻大多仍然是用汉字刻写。现存金国碑刻中,佛教、道教等宗教用碑明显增多,散布于今河北、内蒙古、辽宁、吉林以及河南、山西、山东等地。例如金皇统七年(1147)灵岩寺祖师圣迹碑。正隆二年(1157)修紫虚元君殿记、大定二十二年(1182)重修中岳庙碑等。

　　特别应该提到吉林省舒兰县小城子完颜希尹墓地发现了大定十七年(1177)神道碑,对于金史研究颇有参考意义。1979 年至 1980 年间对这处金代早期女真贵族墓地的发掘中,出土了不少墓碑与墓志残石。这个墓地绵延近 4 公里,分为 5 个墓区,每个墓区包括多处墓葬。墓前大多树立有文臣、武将、石羊、石虎等石雕。20 世纪 30 年代,在这个墓地中曾经采集到"太子少保之墓"、"奴哥马郎之墓"、"畏合裴羊吉之墓"、"悟莘明威之墓"、"阿尹太夫人之墓"等不少碑碣。这次清理中,又出土了"金紫光禄大夫墓"残碣一块,"吵看郎君之墓"碑一件,"萧国太夫人之墓"碑一件,"阿里郎君墓"碑一件,刻有"太尉……濮国公之……公讳守道"字样的残碑石一件,刻有"司代国公之碣"的残碣一件以及完颜守宁墓志、昭勇大将军同知雄州节度使墓志等。由此可以判断这处墓地为金国开国元勋尚书左丞相兼侍中完颜希尹的家族墓地。刻有"太尉……濮国公之……公讳守道"字样的残碑石应该是完颜希尹的孙子完颜守道的墓碑。刻有"司代国公之碣"的残碣应该是完颜希尹父亲完颜欢都的墓碣。在北京市房山区的金陵遗址内也发现过金睿宗文武简肃皇帝之陵碑。这些发现对于认识金代家族墓地的分布情况与金代丧葬制度具有重要的意义①。

　　在黑龙江省阿城市金代上京会宁府遗址出土的大定二十八年(1188)宝严大师塔铭,现藏黑龙江省博物馆,也具有重要研究价值。

---

① 　吉林省文物考古研究所:《吉林省近十年的文物考古工作》,《文物考古工作十年》,文物出版社,1990 年;北京市文物研究所:《北京金代皇陵》,文物出版社,2006 年。

　　金代天辅三年(1119)金太祖完颜阿骨打命令完颜希尹撰造了女真族文字。完颜希尹与叶鲁二人参考汉文字的楷书形体,因袭契丹文字的拼音制度,创造了女真大字。20 年后,金熙宗完颜亶又制定了女真小字。但是传世文书中能够看到的只有一种女真文字,前人大多认为它是女真小字。近年来由一些学者提出它是女真大字的新看法。有关研究尚待深入。

　　现存的女真文字石刻主要有碑 7 件,摩崖 3 件,都是十分珍贵的金代文字文献资料。其中包括:大定二十五年(1185)大金得胜陀颂碑,现存吉林省扶余县石碑崴子村。碑高 3.2 米,龟趺,有碑额。碑正面刻写汉字 30 行,背面刻写女真文 33 行。此地原为金太祖率师盟誓,征讨辽国的会场。金世宗来此春猎时,立碑作为纪念。该碑是保留女真文字最多的一件碑刻,而且汉文可以与女真文对译,只是多有剥落漫漶之处。奥屯良弼饯饮碑,现存中国国家博物馆。该碑中心是汉文题字,左侧有女真文字 3 行,是奥屯良弼的朋友卜修洪书写的跋语。汉文刻写于泰和六年(1206),女真文刻写于大安二年(1210)。奥屯良弼诗碑,据说在山东省蓬莱县发现,刻写有女真文 170 余字,是一首带有韵脚的七言律诗。正大元年(1224)女真进士题名碑,现藏河南省开封市博物馆,是考取女真进士的记录与题名。碑正面刻写汉文,背面刻写女真文。明宣宗时期当地人士将正面磨平,重新刻写了修顺河庙碑,所幸背面的女真文字得以保存。大定七年(1167)海龙女真国书摩崖,原在吉林省海龙县庆云北山,刻有女真文额题及文字 8 行,记录金太祖设立谋克的政事。在此摩崖南侧还有一则摩崖,用女真文和汉文对照刻写金太祖破辽军的事迹,保留女真文 20 余字。但是有人认为这是后人的伪造。在内蒙古自治区呼和浩特市的万部华严经塔中,还发现了一些女真文的题记。此外,在朝鲜还保存有两件女真文的碑刻,是庆源郡女真国书碑与北青女真国书摩崖。它们都是金代的刻石①。

---

①　金光平、金启孮:《女真语言文字研究》,文物出版社,1980 年。

由于女真文字在北方使用的时间比较长,所以明代的著名碑刻奴儿干都司永宁寺碑的碑阴上还出现了女真文刻铭。这是现知出现最晚的女真文字。

相比之下,金代的墓志发现得就非常少了,现在发表的材料不超过 50 件。而且在现有的墓志中,汉族人士的墓志占了较大的部分。以北京出土的金代墓志较多。例如:1975 年出土的大定十七年(1177年)四月四日石宗璧墓志,墓主为金宣威将军、河东路第一将正将、兼知大和寨事、上骑都尉、武威县开国子;大约在 20 世纪 60 年代出土的大定二十一年(1181 年)十二月十九日窝鲁欢墓志,首题:大金故太守兖国王墓志。墓主见于《金史·宗隽传》等;1980 年出土的大定二十四年(1184 年)四月十二日乌古论窝论墓志,墓主赠金紫光禄大夫,尚金太祖完颜阿古打女儿毕国公主;1980 年出土的泰和元年(1201 年)十二月乙酉乌古伦元忠墓志,元忠在《金史》中有传,官至开府、仪同三司、判彰德尹、驸马都尉、任国公;同时出土了其妻鲁国长公主墓志,她卒于大安元年(1209 年)五月二十四日;1978 年出土的泰和二年(1202 年)三月十五日蒲察胡沙墓志,墓主为完颜皇族的外戚,其祖母为金太祖完颜阿骨打的姐姐韩国大长公主,其姐姐是金睿宗的皇后,见于《金史·钦慈皇后传》。此外,在河北、山西、辽宁等地也有少量金代墓志材料公布。较重要者如 1958 年在河北省新城县出土的皇统三年(1143 年)十二月八日时立爱墓志、天会五年(1127 年)五月十三日(卒)时丰墓志及他们的妻子墓志。时立爱在《金史》中有传记,时丰亦见于《金史·宗望传》①。

---

① 北京市文物管理处:《北京市通县金代墓葬发掘简报》,《文物》1977 年第 11 期;北京市文物研究所:《北京考古四十年》,北京燕山出版社,1990 年;赵福生等:《金代乌古伦窝伦、元忠、鲁国大长公主墓志考释》,《北京文物与考古》第 1 辑;齐心:《金代蒲察墓志考》,《北京史论文集》,北京山版社,1980 年;河北省文化局文物工作队:《河北新城北场村金时立爱和时丰墓发掘记》,《考古》1962 年第 12 期。

在北方发现的辽金墓志,有些自称为"墓记"。刻写时使用的材料也不一致,有的刻在石棺上,或称为"石棺记";有的刻在安放骨灰的石匣上;有的刻在墓中随葬的石幢上。这可能与辽代以来高度崇尚佛教的情况有关,火葬与石幢都是受佛教文化思想影响的明确表现。1978年在山西省长治市曾经出土一具石棺,棺内放置烧过的骨殖,"棺外四面除后挡头无题铭外,其余前、左、右三面均通体磨光,并用楷书题刻铭文。前挡头分两行竖刻:崇仪大德淮公僧正之灵。棺右题刻:时大金大定二十年庚子岁二月初三日葬毕。左题刻:潞州实际院小师德沂、德淳、德海、德宗,师孙了实。"①吉林也出土过类似的石棺铭,金毓黻介绍,吉林省农安县北门外陈家机房出土石棺一具,前挡有铭文为:"大定二十一年十二月三日赵景兴故,二十二年二月二十六日葬,灵柩记。"属金代石棺②。这样的石棺铭已经出土多件,反映了当时民间流行的新志墓方式。在辽代以降,北方可能还一直流传着这种方式,有些石棺铭也成为长篇记述。如在河南出土的清康熙四十一年(1702年)九月十三日傅杆墓志③。

西北地区的甘肃、宁夏等地在宋代时被党项族建立的西夏王国所割据。西夏人也创立了自己的文字。由于古代文献中有西夏文的字书等文字材料保存下来,所以相对其他民族文字而言,西夏文字的释读取得了更多的成绩。其中西夏文字石刻材料也是重要的一个研究方面。(图176)

1972年至1977年间,宁夏自治区博物馆先后在宁夏银川市以西的西夏陵墓区内清理发掘了一批西夏帝陵与陪葬墓,并且清理了有关

---

① 王进先:《山西长治市发现金代石棺》,《考古》1986年第2期。

② 金毓黻:《东北文献零拾》卷五《农安石棺》。

③ 中国文物研究所、河南省文物研究所:《新中国出土墓志河南分册(一)》,文物出版社,1994年。

图 176　女真文进士题名碑

陵墓的碑亭①。在这些清理发掘工作中,出土了大量被前人破坏打碎的墓碑碎石。这些墓碑残石有西夏文字书写的,也有汉字书写的。根据其中残存的文字内容,可以协助考古工作者对这些陵墓的墓主进行判断。例如:1975 年清理的陵区内二号陵两座碑亭,出土汉文残碑石510 块,西夏文残碑石 1265 块。将这些残石加以缀合,可以看出原碑高在 2 米以上,宽 1 米以上,厚 40 厘米左右,碑面是朱色,鎏金字。碑为螭龙首,中间有篆额。由于发现了西夏文碑的较多篆额残片,可以释读出:"大白上国护城圣德至懿皇帝寿陵志文"等字样,由此判断二号陵为西夏第五代皇帝仁宗的仁孝陵。

又如 1972 年至 1977 年间清理的八号陵,发现它的东碑亭中有两座西夏文碑,采用大小两种字体,大字碑残存碑石碎块 48 块,小字碑残存碑石碎块 290 块。西碑亭有西夏文碑一座,存残石 388 块,汉文碑一座,存残石 321 块。虽然在碑石的残存文字中没有发现陵墓主人的名讳及有关称号,但是在文字中以及相关材料里还是可以找到一些有助于判断墓主的内容。像汉文碑中有"齐王以孺慕"数字。《西夏书事》卷三十九中记载:"遵顼,齐王彦忠子,……纯佑廷试进士,唱名第一,令嗣齐王爵,未几擢大都督府主。"卷四十记载:"(皇建二年1211)秋七月,齐王遵顼立,改元光定。"由于齐王李彦忠不可能葬于帝陵中,这座陵很可能就是西夏第八代皇帝神宗李遵顼的陵寝。此外,八号陵附近有一座属于它的陪葬墓,在清理这座墓的西碑亭时,出土有汉文的残碑,上面有"破会州"的字样。据《金史》所记载,西夏在金兴定四年秋八月曾经破会州,正是李遵顼在位时期。它可以为判断八号陵主为李遵顼提供一个有力的旁证。

1975 年发掘的 108 号墓,是一座较小的陪葬墓,有碑亭一座,其中原有汉文、西夏文碑各一座。出土有西夏文碑残石 133 块,汉文碑残石 216 块,文字内容比较丰富。根据缀合文字试译,可以确定墓主为

---

① 宁夏博物馆李范文:《西夏陵墓出土残碑粹编》,文物出版社,1984 年。

"尚父、太师、尚书令、知枢密院事、六部(监门)、梁国正献王讳安惠"。由于文献记载缺乏,这个正献王的事迹并不清楚,这次通过残存碑文中的有关记载,可以大致了解到他的生平事迹,知道他是与乾顺帝母亲梁太后关系密切的重臣,但也可能随着梁太后被毒死而在西夏政治中销声匿迹了。通过对碑石的研究考证,可以补充西夏历史中的有关记载。这些碑刻,对于考古研究中了解西夏陵区的陵墓分布、使用年限以及确定具体陵墓的墓主、年代等都起到了不可替代的作用。(图177)

图 177　西夏陵碑残石

　　近年来。在西夏陵区继续进行的发掘中,又出土了大量碑刻残石与碑座等。据1998年86期《中国文物报》的报道,清理出残碑石块300多件,最大的一块上面有17个字,有4——5个字的残石达60多件。并且发现碑首有弧型顶与平顶之分,纹饰有云龙纹、忍冬纹等,推测原碑高度可达3米[1]。

---

[1]　沈自龙:《西夏陵考古又获重要成果》,《中国文物报》1998年第86期。

现存甘肃省武威市的重要碑刻——西夏天祐民安五年(1094)重修护国寺感应塔碑,正面刻写西夏文,背面刻写汉文,可以对释。该碑共保留西夏文字近 2000 个,是我国现存最大最好的西夏文碑,具有重要的历史文化意义,已经被确定为全国重点文物保护单位。此外,直至明代,北方还有西夏文流传,如北京市居庸关的过街塔上就刻写有西夏文字铭文,又如河北省保定市出土过明代弘治十五年(1502)的西夏文经幢①等。

20 世纪以来,在福建省泉州陆续出土的古代宗教石刻,是有关古代宗教与民族状况的重要石刻资料。从中世纪开始,泉州就是中国与海外往来的重要贸易港口,有大量外国商人及其他人员在这里居住,进行通商等经济活动。根据《宋史》记载,北宋"哲宗元祐二年(1087)十月六日,诏泉州增置市舶。"出现了"泉有蕃舶之饶,杂货山积"的景象。到了元代末期,由于战乱造成泉州城市的破坏,明代又有禁止海外贸易的严令,使这里的外来民族人口急剧减少。所以在泉州发现的古代石刻主要是宋、元时期的遗存。其中包括各种宗教建筑的装饰石刻、墓碑、墓葬建筑石刻、宗教造像等。根据吴文良《泉州宗教石刻》一书收集的材料分析,这些石刻中有基督教(景教)、印度教、摩尼教、佛教以及伊斯兰教的各种宗教石刻②,尤其以信仰伊斯兰教居民的碑刻为多,说明在中世纪,泉州最多的外来商贾是来自阿拉伯、中亚、波斯等地的穆斯林。他们独特的生活习惯与宗教习俗,给泉州留下了丰富的遗迹。(图 178)

图 178　泉州伊斯兰石刻

---

① 郑绍宗、王静如:《保定出土明代西夏文石幢》,《考古学报》1977 年第 1 期。

② 吴文良:《泉州宗教石刻》科学出版社,1957 年。

　　泉州发现的宗教石刻中,与摩尼教、印度教、佛教有关的石刻主要是建筑用石刻与雕像等,景教石刻还有墓碑。具有文字的主要是伊斯兰教石刻。包括宗教场所的建筑石刻,如艾苏哈卜寺的门楼、围墙、壁龛等处嵌入的大型阿拉伯文石刻。以及墓葬的建筑石刻,大致可以分为墓碑、塔式石墓盖、祭坛式墓葬石刻和拱北(即波斯语圆屋顶意)式陵墓建筑石刻等。

　　塔式墓盖是伊斯兰教徒墓葬的独特石刻构件。它放置在封盖墓穴的石板上,用数方石块或一块完整的大石制成。或者实心,或者镂空,一般分为三至五层,底座较大,向上逐层减小,象等腰梯形的宝塔。各层装饰有纹饰,如莲花、卷云纹、波浪纹、折枝花卉等。底层往往有六个座脚,脚之间用卷云纹相连接。顶石的横截面呈半圆形或尖顶,有些在端部刻卷云纹与圆月图案,有些在端部或第三、四层雕刻阿拉伯文字,大多为《古兰经》文。

　　1998 年,在泉州又出土了一批宋元时期的伊斯兰教徒的塔式石墓盖,共 25 座,为有关研究提供了新的材料①。

　　这些伊斯兰石刻上的铭文,对于历史文献的记载是一个重要的补充。通过它们可以了解到古代伊斯兰教传入中国的情况以及伊斯兰教徒在泉州生活的历史,了解外国穆斯林在泉州进行的商业活动,对社会经济、政治与海外交通所起的作用。这些石刻,对于研究伊斯兰教的独特建筑风格,研究元代末期泉州的战乱也有重要的参考价值。此外,在泉州的穆斯林接受中国文化风俗,学习汉文化,与中国人通婚等情况,在石刻中也有所反映。特别是这些碑刻中反映的穆斯林来源,有也门、土耳其斯坦、亚美尼亚、波斯等地,表现了中亚、西亚地区与泉州的密切往来。碑文中还说明:穆斯林的后裔留居在泉州附近地区,形成了后来的回族。发展至今,还有丁、郭等大姓,作为穆斯林的

---

① 林德民:《泉州出土大批宋元伊斯兰教塔式石墓盖》,《中国文物报》1998 年82 期。

后代,聚居在晋江县与惠安县境内。

云南省一带在宋代建有大理王国。这个地方政权完全接受了中原的汉文化,所以其石刻的形制、文体、文字、书体与宋代的石刻基本一致。直至现在,在云南还保存有一批重要的大理国时期的石刻材料。例如保存在云南省曲靖县第一中学内的明政三年(971)大理国段氏与三十七部会盟碑、云南省楚雄县的大宝十年(1158)护法明公德运碑赞摩崖、云南省姚安县文化馆保存的元亨二年(1186)兴宝寺德化铭以及云南省昆明市的大理国经幢等。其中明政三年(971)大理国段氏与三十七部会盟碑由于其重大历史价值还被确定为全国重点文物保护单位。(图179)1972年,在拆除云南省大理市的古代建筑五华楼后,清理出大量宋代与元代的碑石。后经收集整理,陆续得以发表。

图179　大理段氏会盟碑

这些材料中保存了有关大理国以及元代对大理进行统治的历史资料。现在已经编成《大理五华楼新出元碑选录并考释》一书出版①。

1992 年,湖北省英山县发现了一件墓碑,引起了极大关注。这就是曾经被认为是宋代活字印刷术发明人毕昇的墓碑。其影响之大,以至于在 1995 年 12 月由中国新闻出版署与国家文物局联合召开了有关这件碑刻的学术讨论会。

根据报道,这件碑由青石制成,高 1.10 米,宽 0.7 米,厚 0.13—0.15 米。在墓碑的中央竖刻两行阳文:"故先考毕昇神主、故先妣李氏妙香,墓",碑右阴刻:"□□四年十二月初七日"。碑左阴刻毕昇子孙的名字。碑上方左右的两个圆中分别刻有"日""月"字样。碑额上刻有华盖,四周阳刻卷云纹。根据一些研究者的意见,年号是历史上农民起义时为反对皇权砍凿掉的,凭残留的字迹,应该是北宋的年号"皇祐",推测这件碑是在毕昇客死杭州一年后由他的子孙为他在家乡树立的招魂碑。

针对这件墓碑,有人提出了不同看法,认为这件墓碑中的毕昇并不是发明活字印刷的毕昇。有人根据北京牛街元代阿拉伯人碑与泉州元代阿拉伯人碑,认为这件碑是在元末立的,所以与宋代的毕昇完全无关②。其实根据这件墓碑的形制来看,它完全不是宋代的器物,这一点是可以确定的。至于它是否是元代的碑石,现在也没有确切的证据。看来,还需要在当地进行深入的考古发掘后才能进一步研究,得出结论。

① 参见方龄贵等:《大理五华楼元碑的发现及其史料价值》,《社会科学战线》;《大理五华楼新出宋元碑刻中有关云南地方史的史料》,《云南社会科学》1984 年第 5、6 期等。

② 张秀民:《英山发现的是活字发明家毕昇的墓碑吗?》,《中国印刷》1993 年第 2 期;任昉:《对英山毕昇墓碑的再商榷》,《中国印刷》1994 年第 2 期,《再谈"毕昇碑"的宗教色彩》,《出版科学》,1995 年第 3 期。

　　林梅村指出,毕升碑的重要价值在于它是摩尼教徒的墓碑,反映出英山有一个摩尼教徒的墓地,英山可能是摩尼教在中国传播的一个中心。将该碑称作是有关摩尼教考古的重要发现。其论据源于毕升墓碑的华盖纹饰与"日""月"字样①。但是这种说法的根据仅仅有碑额上刻有"日"、"月"二字这一点,缺乏旁证,似乎还不足以形成定论。而且使用日月纹饰来装饰碑额或其他石刻的作法,在宋代及宋代以后曾多次发现,如江西等地发现的宋元地券就有刻有日月纹饰的,与摩尼教并无关系。

　　元代碑刻中,具有独特风格的首推元代圣旨碑。这类碑刻在现存元代石刻中占有较大的比重,散布的范围也十分广泛。元代圣旨碑主要树立在各地寺观中,刻写元朝皇帝保护佛教、道教、景教等寺观产业与减免僧道赋税差役的圣旨,以及皇后的有关懿旨、皇子的有关令旨等。从其使用的语言文字形式上看,这类碑刻有汉语白话文字与蒙古文(包括蒙古畏兀字和蒙古八思巴文字)的两大类。

　　由于元代是蒙古族统治的国家,官方文书的通例是先以蒙古文字书写出蒙语内容,再用汉族白话文直译出来。因此,中原地区的元代圣旨碑大多是用汉语白话文直接书写的。这种白话文可能是蒙古人说的汉话,所以其中包括一些保存蒙古族语法的句子,读起来比较生硬。但是由于古代文献大多采用文言,用白话文上石仅限于此一时期,所以它在语言学研究中具有很大的价值。又由于很多圣旨碑将汉文与八思巴文字等蒙古文字同刻于一石,可以互相对照,对于研究八思巴文字也是极其珍贵的材料。现在陕西省周至县、韩城县,甘肃省泾川县,山东省邹县、曲阜市孔庙,河南省安阳市、许昌市、浚县,河北省易县等许多地方都保存有元代的白话圣旨碑②。(图 180)

---

① 林梅村:《英山毕升碑与淮南摩尼教》,《北京大学学报(哲学社会科学版)》1997 年第 2 期。

② 蔡美彪:《元代白话碑集录》,科学出版社,1955 年。

图 180　元玉清宫圣旨碑(白话文碑)

　　现存蒙古文字碑刻中年代最早的是俄国圣彼得堡埃尔米塔日博物馆保存的移相哥碑,又称成吉思汗石,刻于蒙古太祖二十年(1225)。云南省昆明市的筇竹寺中保存了元至元六年(1340)的云南王藏经碑,该碑碑阴用蒙古畏兀文字刻写云南王阿鲁的令旨。内蒙古自治区翁牛特旗保存了元至元元年(1335)张氏先茔碑和元至元四年(1338)竹温台碑,甘肃省武威市保存有元至正二十二年(1362)西宁王忻都公神道碑等。这些都是蒙汉文字对照的碑刻。蒙古国保存的蒙古宪宗七年(1257)释迦院碑、元至正二年(1342)兴元阁碑上面也刻有蒙古畏兀文字。① 蒙古畏兀文字是用畏兀文字拼写的蒙古语,是蒙古人最早使用的文字,现存材料数量较少,这些蒙古石刻就更显其珍贵。在北京市居庸关过街塔(云台)的石刻中还有两方八思巴文字铭刻,记述有关元代的佛教盛况和陀罗尼经文。

① 道布:《回鹘式蒙古字文献汇编》,民族出版社,1984 年。

蒙古文字一直沿用下来，明代、清代都有蒙古文字的碑刻。如内蒙古自治区呼和浩特市的五塔寺照壁上保留有我国唯一的用蒙古文标注的天文图石刻。它刻于清代初年，是研究天文学史的可贵资料。

又据报道，山西省原平县山郭镇发现过元代至顺三年（1332）的创建弥陀院碑①。20世纪三、四十年代，在北京西山坨里一带发现过元至正二十五年（1365）十字寺碑等景教寺院碑刻，对于了解当时景教流行的情况具有重要的意义②。在陕西发现过记载红巾军作战的元至正二十五年（1365）大元歧山周公庙润德泉碑、元至正十四年（1354）元牛山土主忠惠王碑等。③ 江苏省扬州市发现了元代的基督教徒碑、江淮营田提举司钱粮碑与延祐四年（1317）也里八墓碑等④。河北省安次县出土了天历三年（1330）大元赠朝列大夫大都路同知松管府事桑公之碑等多件桑氏家族墓碑⑤，表明当时墓葬中沿袭树立墓碑的礼仪，各地的元代墓碑应有待进一步收集。

从北宋、辽与南宋、金分立的局面形成以后，各地的葬俗有了比较明显的地方民族特色，墓志的使用可能更局限于上层官员与汉族文人之间。造成现在对辽、金时期的墓志发现较少的考古状况。同样，现在出土的元代墓志大多数也是属于著名官员及文士阶层，值得注意的是地位较高的道士的墓志曾经多次出土，这应该是反映出元代时期道教受到官方保护和提倡的兴盛局面。

———————————

① 山西省考古研究所：《山西碑碣》，山西人民出版社，1997年。
② 曾毅公：《北京石刻中所保存的重要史料》，《文物》1959年第9期。
③ 陕西碑石调查组：《一批反映阶级斗争和生产斗争的碑石》，《文物》1972年第7期。
④ 朱江：《扬州发现元代基督教徒墓碑》，《文物》1986年第3期；王勤金：《元江淮营田提举司钱粮碑》，《考古》1987年第7期；王勤金：《元延祐四年也里八墓碑考释》，《考古》1989年第6期。
⑤ 廊坊市文物管理处等：《廊坊市安次县大伍龙村元代墓清理简报》，《河北省考古文集》（三）。

综观近代出土的元代墓志,虽然数量不太多,但分布较广泛。在中原的十余个省市都有所发现,甚至云南等边远地区也有出土。比较重要的材料有以下一些例证:

江西省吉安市出土的至元二十一年(1284)文天祥墓志。文天祥作为名垂千古的爱国主义代表人物在历史上占有重要地位。这篇墓志由邓光荐撰写,他与文天祥志同道合,又因为共同抗元而同囚数月。所以这篇墓志感情真挚,记叙的事迹十分感人①。甘肃省漳县出土了汪惟纯墓志、大德元年(1297)九月二十二日汪惟孝墓志、大德十年(1306)十月庚申汪惟贤及妻祁氏墓志、天历二年(1329)五月四日汪懋昌墓志、汪源昌墓志等汪氏家族成员墓志。这些汪氏家族成员的祖父(曾祖父)汪世显为元代重臣,见于《元史·汪世显传》。汪惟纯为元安远大将军、巩昌等处宣慰使司事权便宜都总帅。汪惟孝为元龙虎上将军、中书右丞、四川行省事便宜都总帅。汪惟贤为元荣禄大夫、大司徒。汪懋昌等人也官至知州、州大夫等职秩②。1959年,在清理山西省芮城县永乐宫旧址时出土了著名道教真人宋德方墓志。该志葬于元至元十二年(1254)三月三日,它对于了解元代全真道的教派发展具有一定价值③。1956年,安徽省安庆市出土大德五年(1301年)六月范文虎墓志及其妻陈氏墓志,范文虎官至尚书省右丞、商议枢密院事、提调诸卫屯田通惠河道漕运事,在《新元史》中有传④。北京市在1962年出土了皇庆二年(1313)四月乙酉铁可墓志,铁可在文献中又作铁哥、帖哥、帖可等,任太傅、录军国重事宣徽使、领大司农、司太医

① 陈柏泉:《江西出土墓志选编》,江西教育出版社,1991年。

② 甘肃省博物馆漳县文化馆:《甘肃漳县元代汪世显家族墓葬简报之一》,漳县文化馆:《甘肃漳县元代汪世显家族墓葬简报之二》,《文物》1982年第2期。

③ 山西省文物管理委员会、山西省考古研究所:《山西芮城永乐宫旧址宋德方、潘德冲和"吕祖"墓发掘简报》,《考古》1960年第8期。

④ 白冠西:《安庆市棋盘山发现的元墓介绍》,《文物》1957年第5期。

院事,原籍在今巴基斯坦,《元史》《新元史》等均有传记记载;1972 年出土了大德九年(1305)张弘纲墓志,其人为元世祖忽必烈重臣,官至昭勇大将军,见于《元史》《新元史》等①。1978 年陕西省户县出土大德十一年(1307)九月壬午贺仁杰墓志和贺仁杰的儿子贺胜墓志,他们在《元史》上都有传记,贺仁杰为光禄大夫、平章政事商议陕西等处行中书省事,贺胜为中书左丞相、开府仪同三司上柱国②。1952 年,上海市青浦区发掘了泰定四年(1327)任仁发墓志。墓主是元代著名水利专家与名画家,《新元史》中有传记。同时出土有至正六年(1346)四月十三日任贤德墓志、至正九年(1349)正月十八日任贤能墓志、至正十一年(1351)十二月十二日任明墓志等。任贤德、任贤能是任仁发的儿子,任明是任仁发的侄子,官至赣州路总管府事③。1974 年,山东省嘉祥县发掘出至顺元年(1339)六月二十六日曹元用墓志,曹元用在《元史》《新元史》中均有传记,曾任翰林侍讲学士,通奉大夫。同时出土的还有他的妻子郭氏墓志④。河南省洛阳市出土了至正二十五年(1365)正月二十五日塞因赤答忽墓志,墓主为太尉、翰林学士承旨、银青光禄大夫,铭文中涉及到元末一些重要历史人物,如察罕帖木尔等。特别值得注意的是墓志由铁箍固定并且在外面砌成方锥型的砖

---

①　北京市文物研究所:《元铁可父子墓和张弘纲墓》,《考古学报》1986 年第 1 期。北京市文物研究所:《元铁可父子墓和张弘纲墓》,《考古学报》1986 年第 1 期。

②　咸阳地区文物管理委员会:《陕西户县贺氏墓出土大量元代俑》,《文物》,1979 年第 4 期。

③　上海博物馆、沈令昕、许勇翔:《上海市青浦县元代任氏墓葬记述》,《文物》1982 年第 7 期。

④　山东省济宁地区文物局:《山东嘉祥县元代曹元用墓清理简报》,《考古》1983 年第 9 期。

室,单独安放在墓道的填土中,这是在古代墓葬发掘中十分罕见的现象①。河南省焦作市清理出元致和元年(1328)九月二十三日许衎墓志与至元四年(1338)五月三日许师义墓志,他们是元代著名学者许衡的弟弟与侄子,铭文有助于补充史传②。1974 年,江苏省吴县出土了至正二十四年(1365)十一月甲申潘德懋墓志,潘德懋是元末张士诚起义军中的重要人物,被封为郑国公③。1982 年,在重庆市还出土了一件重要的元末起义军领袖明玉珍的墓志。它葬于至正二十六年(1366)九月六日。明玉珍于元至正二十一年(1361)在今重庆称王,至正二十三年(1363 年)建立大夏国。在《新元史》、《明史》均有传记④。1984 年,河北省易县收集到早年在定兴出土的至元十七年(1280)四月一日张弘范墓志,张弘范是元代重要将领,任镇国上将军、江东道宣慰使、蒙古汉军都元帅,在《元史》、《新元史》中均有传记记载⑤。

　　另外,在云南省禄丰县黑井公社石龙镇后山曾经发掘了一批元代末年的火葬墓,其中出土了十余件形制特殊的石墓志,是在其他地方从未见过的,具有一定的研究价值。(图 181)

　　这里的火葬方式是:先将死者遗体火化,骨骼呈灰白色时,选取头骨与大块的骨骼,用朱砂或金粉在上面书写梵文经咒,以超度亡魂,然后将骨骼顺序放入陶瓷罐中安葬。墓葬有圆形土坑、方形砖石坑与长方形土坑等形制。部分圆形土坑墓中的陶瓷骨灰罐上安放有石质圆

---

① 洛阳市铁路北站编组站联合考古发掘队:《元塞因赤答忽墓的发掘》,《文物》1996 年第 2 期。

② 河南省文物研究所等:《新中国出土墓志(河南分册)》,文物出版社,1994 年;索全星:《焦作市出土的二合元代墓志略考》,《文物》1996 年第 3 期。

③ 张志新、沈正善:《元末〈郑国公墓志铭〉简述》,《东南文化》第 2 辑。

④ 胡人朝:《重庆明玉珍墓出土'玄宫之碑'》,《考古与文物》1984 年第 4 期。

⑤ 易县博物馆:《河北易县发现元代张弘范墓志》,《文物》1986 年第 2 期。

元石质圆形墓志（一）　　　　　元石质圆形墓志（二）

图 181　云南禄丰元火葬墓志

形墓志。这些墓志平面为圆形，高 0.1 米，直径在 0.5 米左右。平面上刻有类似铜鼓表面的花纹，如正中为八瓣莲花，向外第一圈圆晕上有八个圆珠。第二层圆晕中为八个三角形，其间刻有梵文。第三圈为八个圆珠，中间刻写汉字铭文。第四圈为十六瓣莲花。最外圈为水波纹。表现出佛教思想的影响。汉字铭文只是简单地记录埋葬时间。例如："大元宣光九年岁次己未十一月十二日追为亡人李成定神。"其埋葬于北元宣光九年（即明洪武十二年，1379 年）十一月十二日①。

这种墓志具有浓郁的地方特色与宗教特色，既有汉文化的影响，佛教的影响，又有西南土著文化的鲜明特征，表现了当地文化的多样性。它给我们一个启发，由于我们祖国的幅员辽阔，文化多样，墓志的形制与内容也应该是有着多种不同的表现方式的。这就使我们要更加注意考古发掘的新发现，加强对各种墓志材料的综合与分析研究。

由于年代较近与普遍使用，明清时期的石刻在现存石刻中数量最

①　葛季芳：《禄丰火葬墓及其青花瓷器》，《文物》1984 年第 8 期。

多,可达数万种,无法详细列举。这里仅从几方面的石刻材料中举一些例子,略窥一斑。

北京市孔庙中保存了元、明、清历代的进士题名碑,共 198 座。可是其中元代碑刻较罕见,这是由于明代把元代题名碑上的人名磨去改刻明代的进士姓名,致使元代题名大多被损。据统计,这些碑刻上一共记载了明清两代 51624 名进士的姓名、籍贯与科举名次,是研究古代科举制度与文化史的珍贵实证。

郑和下西洋的盛大海上远征是中国历史上少有的大航海活动,也是明清几百年间与海外交往历史中的重大事件。在江苏省南京市保存有明永乐十四年(1416)天妃宫碑,其中叙述了郑和率师出使西洋的史实。福建省长乐县的明宣德六年(1431)天妃灵应之记碑也是详细记叙郑和航海事迹的珍贵文物。在云南省晋宁县还保留着郑和为其父建立的墓碑——明永乐三年(1405)马哈只碑。此外,江苏省南京市的浡尼王墓区与山东省德州市的苏禄王墓区中保存一批墓碑等石刻,记录了来自浡尼(今文莱地区)、苏禄(今苏禄群岛)的国王死于中国后被隆重埋葬的史实,反映出明代与东南亚地区各国之间的友好往来。明清以来,中国与西方之间的往来逐渐增多,来华访问居住的西方使者、客商、传教士等在中国留下了众多石刻记录。例如北京市的多处外国人及外来宗教徒墓地中树立的墓碑。其中有车公庄的天主教墓地、正福寺的法国传教士墓地、青年湖东北的东正教墓地等,虽经历年破坏,但仍留存下来了大批外国人墓碑,包括著名传教士利玛窦、汤若望、南怀仁等人。这些墓碑的形制大多采用中国传统的碑式,碑文除汉字外,还有各国文字的铭文。[①]

明代的墓志在近 50 年内出土较多,业已发表的材料共计近 900 件。主要出土地有北京、辽宁、江西、江苏、南京、四川、陕西等地。其中大部分为皇室、各级官员及其家属的葬志。(图 182)有很多墓主是

---

① 吴梦麟、熊鹰:《北京地区基督教史迹研究》,文物出版社,2010 年。

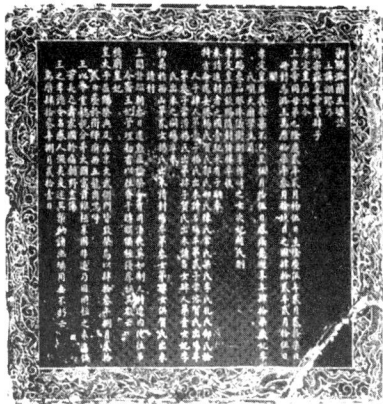

图 182 明朱翊镠墓志

见于史载的高级官员和著名人物。例如:

北京市右安门外出土了成化十一年(1475)万贵墓志及其妻子的墓志。万贵是明宪宗成化帝贵妃万氏的父亲,赠官骠骑将军、锦衣卫都指挥使。还有正德十年(1515)张懋墓志及张懋的三个妻子的墓志。张懋任特进、光禄大夫、左柱国、太师兼太子太师,被封为英国公①。1980年,在香山清理的明代太监刘忠墓中,出土了刻得十分精致的刘忠墓志。刘忠为御马监太监署乙字库事。他的墓葬建得精致豪华,虽然随葬品已经荡然无存,但里面的石碑、石阁、墓志、香炉等石刻雕镂得细腻繁缛,充分反映了明代太监的权势与气焰②。

河北省在1993年发现了弘治八年(1495)贾俊墓志,贾俊为太子少保、资德大夫、正治上卿、工部尚书,《明史》中有传记;以及户部尚书张笔峰的墓志③。

---

① 北京市文物工作队编:《北京市出土墓志目录》,1964年。

② 北京文物研究所:《北京考古四十年》,北京燕山出版社,1990年。

③ 李忠:《辛集市发现明工部尚书贾俊墓志》,《文物春秋》1994年第1期;刘震:《明户部尚书张笔峰墓志》,《文物春秋》1994年第1期。

辽宁省出土的明代墓志数量可观,其中以军人的墓志居多。有些具有重要的史料价值。例如 1919 年在鞍山市出土的景泰元年(1450)七月十七日崔源墓志。崔源是昭勇将军,志载:其人曾于宣德元年"同太监亦信下奴尔干等处招谕"。崔源的名字又见于著名的《永宁寺碑》,这对于证明明代的北方疆域具有重要的意义。同时出土的还有崔源的儿子崔胜、孙子崔鉴、崔错,曾孙崔哲、崔贤,玄孙崔世武等人的墓志,他们均为明文武官员,向我们显示了一个延续数代的庞大官僚世家的聚族埋葬礼俗①。

江苏省南京市出土了洪武四年(1371)四月六日汪兴祖墓志,其人见于《明史·张德胜传》,为荣禄大夫、同知大都督府事。1983 年出土的阙年月吴祯墓志,墓主吴祯为靖海侯,《明史》有传。在吴祯墓附近,1965 年出土洪武十四年(1381)吴良墓志,吴良为吴祯兄,被封为江阴侯,在《明史》中有传。这里曾经出土的还有吴祯儿子吴忠的墓志。一些更为著名的明代开国功臣,如沐英、汤和等人的墓志也被发掘出来。沐英墓志记载,其卒于洪武二十五年(1392)。1959 年,江宁县印塘山观音山南还出土了沐英的弟弟沐晟的墓志,葬于正统四年(1439)十一月二十六日,以及沐英的续妻耿氏墓志,葬于宣德七年(1432)八月②。另一个著名将领汤和的墓志葬于洪武二十八年(1395)十一月壬申,是在安徽省蚌埠市东郊出土的。此外安徽省还有在明光市东郊出土的明太祖朱元璋姐丈、陇西恭献王李贞的墓志,葬于洪武十一年(1378)

① 辽宁省博物馆、鞍山市文化局文物组:《鞍山倪家台明崔源族墓的发掘》,《文物》1978 年第 11 期。

② 南京市博物馆:《南京明汪兴祖墓清理简报》,《考古》1972 年第 4 期;南京市博物馆:《南京明代吴祯墓发掘简报》,《文物》1986 年第 9 期;南京市文物保管委员会:《南京太平门外岗子村明墓》,《考古》1983 年第 6 期;华东文物工作队:《四年来华东区的文物工作及其重要的发现》,《文物参考资料》1954 年第 8 期;南京市文物保管委员会:《南京江宁县明沐晟墓清理简报》,《考古》1960 年第 9 期。

十二月庚申①。李贞其人在《明史》中有传。浙江省余姚市曾出土嘉靖四十四年（1565）户部尚书建极殿大学士袁炜墓志②。

江西省靖安县曾经收集到著名的清官况钟的墓志，况钟卒于正统七年（1442）。该志的撰、书者王直、丁铉也都是在《明史》中有传记的著名人物。另外，比较重要的官员墓志有嘉靖十七年（1538）四月六日汪鋐墓志，1976年出土于婺源县，汪鋐官至吏部尚书、兵部尚书，令同内阁辅臣，大权在握，但《明史》中没有给他立传，仅见于《明史稿》、《国朝献征录》与万斯同《明史》等文献。又如万历三十五年（1607）九月宋仪望墓志，宋仪望官至大理寺卿，多所著作，《明史》中有传③。1995年，鹰潭市还发现了道教天师张宇清的墓志盖，他是掌天下道教事的第四十四代天师④。这件重要道教人物墓志盖的发现，对于道教历史研究具有一定价值。

江西省出土的明代亲王墓志较多。波阳县出土有正统十二年（1447）五月十二日朱瞻墺墓志，他是明仁宗的第七子，被封为淮靖王。属于淮王世系的明代墓志还有弘治十六年（1503）十一月二十九日淮康王朱祁铨墓志，万历九年（1581）二月淮恭王朱载坮墓志等。新建县等地出土了宁王世系子孙们的大量墓志。为首的是正统十四年（1449）二月十一日朱权墓志。朱权是朱元璋的第十六子，被封为宁王，谥号献。明代文献中有大量关于他的记载，其中一些具体的时间、人名可以根据墓志加以校正。朱权富于著作，著有多种杂剧，并大力刊印古籍等。现在发现的其子孙们的墓志包括：成化二十二年（1486）十一月十九日辅国将军朱觐鏚墓志、弘治二年（1489）七月乐安昭定王

① 蚌埠市博物展览馆：《明汤和墓清理简报》，《文物》1977年第2期；吴兴汉：《嘉山县明代李贞夫妇墓及有关问题的推论》，《文物研究》第4期。

② 鲁怒放：《余姚明代袁炜墓出土文物》，《东方博物》第25辑。

③ 陈柏泉：《江西出土墓志选编》，江西教育出版社，1991年。

④ 邓仁荣：《鹰潭发现四十代天师墓志盖》，《中国文物报》1995年3月5日。

朱奠垒墓志、弘治十年（1497）十二月宁康王朱觐钧墓志、弘治十四年
（1501）九月二十九日朱宸浍墓志、正德十二年（1517）闰十二月七日
奉国将军朱宸澡墓志、嘉靖四年（1525）一月二日辅国将军朱宸淌墓
志、嘉靖二十六年（1547）十月十二日辅国将军朱宸泽墓志、嘉靖三十
九年（1561）五月二日（卒）奉国将军朱宸涪墓志，以及他们妃子的墓
志等。南城县出土了嘉靖十九年（1540）八月二十五日益端王朱祐槟
墓志。据墓志记载，他是明宪宗的第四子，而《明史》中称为第六子是
错误的。属于益王这一系统的有嘉靖三十六年（1557）三月十七日益
庄王朱厚烨墓志，实际上此墓志是万历十八年（1590）十二月二十四日
其孙改葬时重新刻制的。还有嘉靖四十年（1561）十月十七日铜陵王
朱载壤墓志、万历二十一年（1593）一月十六日益恭王朱厚炫墓志、万
历二十一年（1593）十一月十三日淳河王朱常沨墓志、万历三十一年
（1603）十二月三日益宣王朱翊鈏墓志、崇祯七年（1634）十二月二十
一日益定王朱由木墓志等，以及他们的妃子墓志多件①。

　　作为中原重地的河南省，历来为明代重要藩镇所在。这里出土的
明代王室墓志有 1974 年发现的成化元年（1465）正月二十五日洛阳王
朱勉□墓志、隆庆六年（1572）十一月二十日万安康懿王朱典櫍墓志、
嘉靖三十七年（1558）十二月四日镇国将军朱典栯墓志、万历四十二年
（1614）潞简王朱翊镠墓志、崇祯十六年（1643）正月八日福忠王朱常
洵墓志②等。重要官员的墓志如禹州市征集的正德五年（1510）马文
升墓志。马文升为少师、兼太子师、吏部尚书，赠特进、光禄大夫、左柱

①　陈柏泉：《江西出土墓志选编》，江西教育出版社，1991 年；万为民：《江西新建
　　朱宸涪夫妇合葬墓》，《南方文物》1992 年第 3 期。
②　黄明兰：《明朝伊藩王世系补正》，《河南师范大学学报》，1980 年第 3 期；河南
　　省博物馆新乡市博物馆：《新乡市郊明潞简王墓及其石刻》，《文物》1979 年第
　　5 期；李献奇、张钦波：《明福王朱常洵圹志》，《中原文物》1987 年第 3 期。

国、太师，《明史》中有传记①。1978年,洛阳市北邙徐村出土了一件嘉靖三十七年(1558)八月六日去世的山西平顺县儒学教谕刘冲庵的墓志,铭文中记载了当时一支由曹勇、冯风领导的农民起义军情况,是历史文献中没有记录过的。具有一定的参考价值②。

湖北省出土的著名人物墓志有葬于洪熙元年(1425)三月的辽简王朱植墓志、嘉靖五年(1526)樊山王府镇国将军(朱祐棣)墓志、卒于嘉靖三十四年(1555)二月初二的楚王朱显栻及其妻儿墓志,及葬于正统十一年(1446)的杨溥墓志,杨溥官至少保、礼部尚书兼武英殿大学士,《明史》中有传记③。

四川省出土的明代墓志中,值得注意的有在夹江县出土的正德十三年(1518)五月十八日余子伟妻张氏墓志等④。余子伟的兄长余子俊,官至兵部尚书、户部尚书、太子少保。《明史》中有传记。但是《明史·余子俊传》中却将余子伟一支写作余子俊的嫡系子孙,通过这些墓志才得以纠正。又如1979年在剑阁县出土的万历十二年(1584)三月二十三日赵炳然墓志⑤,其人官至太子少保、兵部尚书,死后赠太子太保,《明史》中也有传记。1985年在内江市出土的万历十七年(1589)阴武卿墓志及其妻、妾的墓志,对于了解福建等地的抗倭战争有所裨益。阴武卿是抗倭名将俞大猷的谋士,官至南京兵部尚书,赠

---

① 谭淑琴:《马文升墓志考》,《中原文物》1994年第1期。

② 梁晓景:《明刘相墓志考略》,《考古与文物》1985年第3期。

③ 陈耀钧:《江陵八岭山明辽简王墓》,《中国考古学年鉴》1988,文物出版社,1989年;张寿来:《蕲春县近年出土墓志考析》,《南方文物》2005年第2期;武汉市博物馆:《黄家湾明代楚王朱氏墓》,《江汉考古》1998年4期;石博:《杨溥墓志面世》,《中国文物报》1989年4月7日。

④ 周杰华:《余母张氏墓志铭考略》,《四川文物》1989年第4期。

⑤ 四川省博物馆、剑阁县文化馆:《明兵部尚书赵炳然夫妇葬墓》,《文物》1982年第2期。

太子少保,但是《明史》中没有他的传记记载,藉此可以补充文献记载①。还有1974年在广安县征集的天启五年(1625)六月十九日王德完墓志及其妻古氏墓志,王德完为通议大夫、户部右侍郎、加光禄大夫、户部尚书、前都察院左佥都御史,《明史》中有传。

两广地区发现的明代墓志虽然比较少,但是也有象正德八年(1513)十二月十二日戴缙墓志这样的名人墓志出土②。戴缙曾任监察御史,官至南京工部尚书,在《明史·宪宗本纪》与《商辂传》、《汪直传》等处记载了他的有关事迹。东莞市出土了天顺元年(1457年)十月二十五日(卒)罗亨信墓志与其父罗昌的墓志③。罗亨信官至通议大夫、都察院左副都御史。

在陕西省发现的明代墓志中,比较著名的人物墓志有1954年在长安县出土的成化十三年(1477)六月七日朱铄墓志④。朱铄是朱元璋的四世孙,被封为兴平王。墓志中记载"天顺二年间,袭兴平王爵。"而《明史·诸王世表一》中写作:"天顺元年薨。"应为误舛,可以藉此志更正。西安市陕西师范大学校园中出土了正德四年(1509)五月十日朱诚漉墓志,墓主为朱元璋的六世孙,任永寿王府奉国将军,以及万历五年(1577)三月三日迁葬的朱秉桿墓志、万历十三年(1585)十二月的秦王朱秉橘、朱惟熠家族与其夫人的墓志等⑤。

---

① 雷建金:《内江市出土的明代兵部尚书阴武卿墓志》,《四川文物》1987年第3期。

② 黄文宽:《戴缙夫妇墓清理报告》,《考古学报》1957年第3期。

③ 广东省博物馆、东莞市博物馆:《广东东莞明罗亨信家族墓清理简报》,《文物》1991年第11期。

④ 陕西省文物管理委员会:《长安四府井村明安僖王墓清理简报》,《考古》1956年第5期。

⑤ 张鸣铎:《新出土的几方明秦藩王宗族墓志》,《文博》1989年第4期;陕西省考古文物研究所等:《西安明代秦藩辅国将军朱秉橘家族墓》,《文物》2007年第2期。

陕西的一些明代墓志中保存有可贵的历史资料。如 1973 年在扶风县出土的隆庆六年（1572）十一月二十日王纶墓志①。志文中记录了有关太监刘瑾专权时拉拢王纶，与许进争斗的材料。又如 1984 年在榆林市出土的嘉靖三十二年（1553）三月八日高秉元墓志、万历二十五年（1597）十一月九日高彻墓志及其妻孙氏墓志等，详细记载了自明代初年至万历年间高氏家族十一代人的世系与历史，向我们展示了明卫所制度下的一个军户家族是如何定居、发展的。高秉元官至骠骑将军、右军都督府署都督佥事，高彻官至古北口参将，封骠骑将军。他们虽然是世代从戎的下级军官，没有多少与正史有关的重大事迹，但是其家族历史颇具参考价值②，对于了解明代陕西北部的社会状况有所裨益。类似的家族系列墓志还有在彬县陆续出土的成化十五年（1479）五月二十九日（卒）阎本墓志，与阎本的儿子阎凤山、阎宾山，孙子阎承恩、阎奉恩，玄孙阎訚等人的墓志，以及他们妻子的墓志。阎本官至户部右侍郎③。

甘肃省兰州市曾经出土嘉靖十年（1531）十月彭泽墓志与其弟彭冲、其子彭檑，以及他们的妻子们的多件墓志④。彭泽墓志形制庞大，共有两块，均长 1.81 米，宽 1.17 米，上面还刻有彭泽的肖像。志文近 7000 字，是在墓志铭文中少见的长篇巨制。墓志篆额记载其历官为：特进、光禄大夫、柱国、少保、兼太子太保、兵部尚书、侍经筵、奉敕提督十二军团营前总制、总督直隶河南江西湖广四川云贵陕西甘肃紫荆山海关等处军务、都察院掌院事、左都御史。《明史》中有他的传记。这些墓志中具有可贵的历史资料。在漳县还曾经发掘出一件昭勇将军

① 罗西章：《明王纶墓清理简报》，《考古与文物》1981 年第 4 期。

② 聂新民：《榆林考古调查二则》，《文博》1988 年第 5 期。

③ 杨忠敏：《明阎本家族墓志铭》，《文博》1992 年第 6 期。

④ 甘肃省文物管理委员会：《兰州上西园明彭泽墓清理简报》，《考古》1957 年第 1 期。

汪昭墓志,这是在清理元代重臣汪世显家族墓地的多座重要墓葬时出土的,汪昭是汪世显的八世孙,这座墓地长期使用的情况,使我们对元、明时期地方大族的存在状况加深了认识①。

　　甚至在当时的边陲宁夏地区也出土了明代亲王的墓志。1968 年,宁夏同心县出土了正统四年(1439)五月十三日朱栴墓志②。据墓志记载,墓主系朱元璋第十五子,被封为庆王,但是《明史·太祖诸王传》中却记载为朱元璋第十六子,显然应该依据墓志予以改正。

　　上海市从 1949 年来陆续发掘明代墓葬 400 多座,出土、征集墓志100 多件,以及买地券多件。墓志中既有文征明、祝允明等一些著名文人撰写的作品,也有董其昌的后代家人墓志,还有嘉靖二十五年(1546)二月二十七日礼部右侍郎陆深墓志等官员墓志以及在当地作为大家族延续十余世的沈都远、唐时升等家族墓志。这些墓志已经由上海市文物管理委员会整理成《上海明墓》一考古报告予以公布③。

　　出土墓志中,还有一些具有文化史研究价值的材料,如 1989 年在浙江省绍兴市发现了著名书画家徐渭撰书的其父徐竹庵墓志,1990 年在江苏省灌南县收集到了著名作家吴承恩撰文的刘居士墓志④等。(图 183)

　　河北省承德市普陀宗乘庙内保存的乾隆三十六年(1771)土尔扈特全部归顺记碑中记述了蒙古土尔扈特部族历经艰险困阻,跋涉一万多里,从俄国伏尔加河流域回到祖国怀抱的壮举,表现了强烈的爱国精神。它与同在此地的优恤土尔扈特部众记、立于承德普宁寺的乾隆

---

① 甘肃省博物馆、漳县文化馆:《甘肃漳县元代汪世显家族墓葬简报之一》;漳县文化馆:《甘肃漳县元代江世显家族墓葬简报之二》;《文物》1982 年第 2 期。
② 牛达生:《宁夏同心县出土明庆王圹志》,《考古与文物》1981 年第 4 期。
③ 上海市文物管理委员会:《上海明墓》,文物出版社,2009 年。
④ 周燕儿:《绍兴发现徐渭书墓志残石》,《江西文物》1990 年第 3 期;张步军:《吴承恩撰墓志出土》,《中国文物报》1990 年 5 月 10 日。

图 183　明陈氏墓志

二十年（1755）平定准噶尔勒铭伊犁之碑等，都是记载清代维护版图的
重大事件。（图184）类似碑刻还有西藏自治区拉萨市的康熙六十年
（1721）御制平定西藏碑。它以满、汉、蒙、藏四种文字刻写，详细记录
了清政府派兵入藏，平定准噶尔蒙古部叛乱的经过。拉萨市内还保存
有乾隆五十七年（1792）刻立的御制十全碑，记录有清军在乾隆五十三
年（1788）和五十七年（1792）两次入藏平定廓尔喀部叛乱、维护统一
的功绩。这些碑刻都是研究清代中央政府与西藏关系的重要资料。
类似反映清代边疆战功的碑刻还有很多，这些碑刻大多制作精良，体
积庞大，保存也较好。

　　近代以来，学界对于大量反映明清时期社会经济状况的石刻材
料，尤其是关于反映出城市工商业状况的石刻材料颇感兴趣。它们主

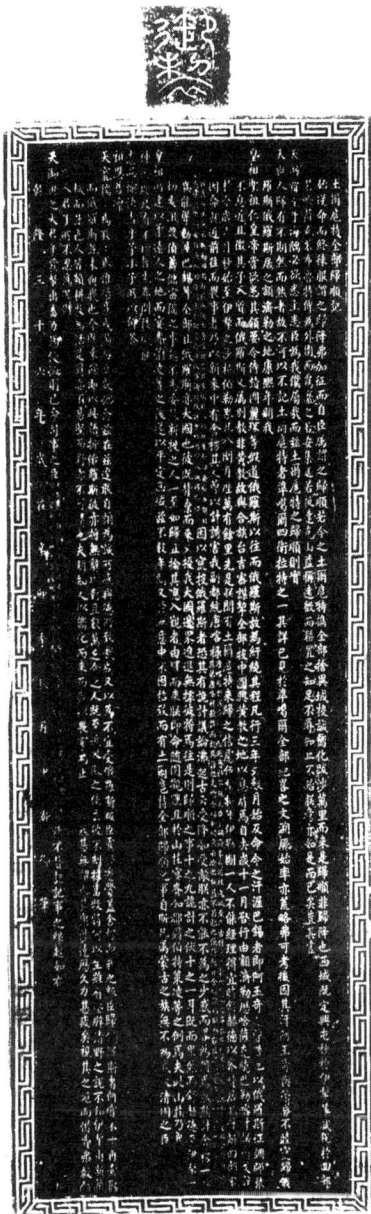

图 184　清代土尔扈特全部归顺记碑

要保存在北京、苏州、上海、天津、广州等工商业中心城市。这些工商业碑刻主要包括以下几种形式：

一、城市中同乡会馆、同乡公所、同业公会等组织公用建筑的纪事碑刻。这类碑刻主要介绍这些会馆、公所、公会等机构的创建经过，历代沿革变迁，以及同业公会的行规、业规等。其中记录了很多重要的史料，如各业根据运销货物总数抽取厘金的数量、修缮共有建筑的经费来源、捐钱人和店铺的名称、公会董事名单和财产的情况、公会与官府的关系、行会与牙行的斗争以及行会镇压工人罢工的约定等等。

二、官府与海关、税关的有关告示碑刻。这类碑刻主要记录官方对民间手工业的管理措施、官方镇压工人反抗的措施和税收的规定等内容。

这些有关社会经济的石刻是明清时期新出现的实用石刻，与以往的碑刻主要侧重于纪念性作用明显不同。它利用了石刻可以长久保存，具有突出的公示力等特点，昭示商业性的合同类文书以及法律性的告示。从而保存了了解封建社会末期经济状况与近代中国资本主义萌芽产生的绝好资料。这些石刻在近代史研究中颇具价值。现在可以统计到的这方面有关碑石不下千件。仅江苏省苏州市一地，在1956年的调查中就收集到明清以来的工商业碑刻543件①。有关研究者指出，如江苏省苏州市的清康熙五十四年（1715）奉钦差部堂督抚各宪驱逐染棍流棍禁碑、雍正十二年（1734）奉各宪永禁机匠叫歇碑、乾隆二十一年（1756）奉各宪严禁纸作坊工匠把持勒增工价永遵碑，江苏省南京市的清同治七年（1868）江宁织染业公所重整行规及助建公所捐款人姓名碑，上海市的清光绪十八年（1892）重建商船会馆碑记等，都记载有十分珍贵的史料。限于篇幅，此不一一列举。

在贵州三都水族自治县南周覃镇，最近发现了一件罕见的用古水族文字书写的石碑。这件石碑制作成龛型，上盖为屋檐形，高0.255

_____
① 苏州历史博物馆：《明清苏州工商业碑刻集》，江苏人民出版社，1981年。

米。宽 0.725 米。碑上面竖行刻写水族文字 3 排,共 23 字。据考证,这座碑刻写的时间不晚于清代道光年间①。

20 世纪 50 年代以来,全国各地进行了大规模的文物普查工作。各地对于碑刻材料都陆续进行了调查统计与保护工作。有些地区的调查取得了重大的成果。尤其是对明清以来的近代碑刻材料收集工作,是以往从来没有进行过的。例如北京市由北京图书馆等单位在 50 年代进行的城市碑刻调查,就访拓碑石 30000 件以上。其中有大量丰富的政治经济资料与宗教材料②。又如福建鼓山涌泉寺附近的石刻调查,泉州的石刻调查等。直至 20 世纪 60 年代,陕西等地还在调查收集散佚的碑石。如陕西省博物馆等单位在 1969 年后发现与征集到大量反映红巾军、白莲教、太平军等农民起义的碑石,还有记载明代嘉靖年间、清代光绪年间陕西凤翔、华阴、宝鸡一带地震的碑石。如记载当地农民起义的清光绪二十六年(1900)汉中塔儿巷碑,记载清末教案的光绪三十一年(1905)李云栋墓碑等③。清代官员的墓碑各地都有发现,数量较多,此不赘述。

清代墓志,尤其是高官贵族与著名文人的墓志,在清代的各种文集中多有所收录。出土的清代墓志数量可观,但是业经报道与发表材料的相对较少。其中多有重要的历史人物资料。例如北京市出土过康熙四年(1665)洪承畴墓志,康熙十八年(1679)祖泽溥墓志,祖泽溥是祖大寿的儿子④;广东省大埔县出土过康熙六年(1667)七月吴六奇墓志⑤等;以上这些人物都是降清的明代将领及武人,在清朝初年起

---

① 焦斌:《三都发现古水族文字墓碑》,《中国文物报》1993 年 9 期。
② 曾毅公:《北京石刻中所保存的重要史料》,《文物》1959 年第 9 期。
③ 陕西碑石调查组:《一批反映阶级斗争和生产斗争的碑石》,《文物》1972 年第 7 期。
④ 北京市文物工作队:《北京市出土墓志目录》,1964 年。
⑤ 杨豪:《清初吴六奇墓及其殉葬遗物》,《文物》1982 年第 2 期。

过重要的军事作用,也是历史上受明代遗民痛斥的代表人物。江苏省吴县出土过嘉庆三年(1798)三月十八日毕沅墓志①。他是清代著名的文人、金石学者,官至湖广总督。安徽省出土过嘉庆二十年(1815)九月十三日(卒)姚鼐墓志。他也是著名的文人,桐城派文风的开创者②。河北省丰润县出土了有关曹雪芹先祖的一批墓志,如康熙三十二年(1693)正月三日(卒)曹鼎望墓志、曹晗墓碑等③,这些墓志对于古典文学研究具有相当价值,曾引起学术界的热烈讨论。

近年来,还陆续报道了一些明清时期摩崖题记的新发现,如山东省泰山经石峪发现的30多处摩崖题刻,多为游人题记题诗等;重庆市大足县内发现的摩崖题刻,涉及佛教造像、供养人题名等内容④。

此外,对于香港地区保存的历代碑铭,主要是近代碑铭,也有人做了搜集与研究介绍⑤。

最后,附带介绍一下在宋代以来兴起的刻帖风气。由于书法艺术的日益成熟与文化的逐渐普及。社会上,尤其是文人士大夫之间对于前代著名书法家的墨迹越来越重视,并且大力搜集。但是著名书法家的原迹不可能人人得见,更有不少名人手书墨迹因保存不善而损坏遗失。这样,一些文人雅士便开始汇集各种名人墨迹以及其复制品,将它们刻成石质的小型碑刻予以保存。这类石刻被称作帖,一次刻写多种名人墨迹的一组石刻称作丛帖。这类石刻利于收藏,便于流布。鉴于名人墨迹难于长期保存,而很多丛帖在摹刻时精细逼真,可以与墨

---

① 李文明、钱锋:《毕沅墓志考证》,《考古与文物》1987 年第 5 期。

② 卢茂村:《记新发现的姚鼐墓志铭》,《东南文化》1990 年第 4 期。

③ 丰润县文物管理所:《丰润县尚古庄清代曹家墓地清理简报》,《文物春秋》1994 年第 4 期。

④ 山东省石刻艺术馆、德国海德堡学术院:《山东泰山经石峪摩崖刻经及周边题刻的考察》,《考古》2009 年第 1 期;重庆中国三峡博物馆:《重庆地区元明清佛教摩崖龛像》,《考古学报》2011 年第 3 期。

⑤ 吴伦霓霞:《香港碑铭的搜集与初步研究》,《地方史资料研究论文集》。

迹媲美,兼以方便易得,使得丛帖大量流传,历代翻刻与新刻者不乏其人,甚至一些帝王也热衷于编刻丛帖的工作。现在可知的历代丛帖与单本帖不下数百种,很多早期丛帖也已残损佚失,其初拓本价值甚至不在原作墨迹以下,成为珍贵的文物。丛帖中著名者如宋代的淳化阁帖、大观帖、汝帖、澄清堂帖、宝晋斋帖,明代的停云馆帖、戏鸿堂帖、清鉴堂帖,清代的快雪堂帖、三希堂帖等。淳化阁帖是宋太宗所刻,原石早已佚失,仅西安碑林等地保存有清代的摹刻本。三希堂帖也是清宫收藏的集刻,现在仍然保存在北京北海公园中。汝帖名气很大,经多年捶拓,残损严重,清代顺治七年(1650)范承祖曾加以修葺,至道光十七年(1837)汝州太守白明义才根据拓本全部重新摹刻。其原石与摹刻本均保存在河南省临汝县文化馆。容庚曾汇集有《丛帖目》一书,全面介绍了现存的丛帖情况。

第三章 历代的石刻研究情况

第一节 汉代至清末的石刻研究

"文以载道",这是中国古代长久以来灌输在儒生文人心目中的根本观念,也是中国传统文化的一大特色。中国古代历来就有注重文字记载的文化传统。石刻文字由于具有广泛的实用性、纪念意义与丰富的史料价值,故而在很早前就被历代文人予以著录、引用和研究。并且与其他文物研究一起形成了中国近代考古学的前身——中国金石学。实际上,金石学中很大成分是对古代石刻的研究和著录,甚至可以说金石学的产生与发展主要是源自对于石刻铭文的收集与考证。

记录石刻文字的历史源远流长。《史记·秦本纪》中记载:"武王伐纣,飞廉为纣石北方……得石棺铭。"已经把使用和记录石刻文字的时代推及商代末期。这虽然只是司马迁记录下来的一个传说,但是它似乎表明在先秦时期人们已经高度重视石刻文字的存在。先秦诸子著作《墨子·尚贤》中有"古者圣王……书于竹帛,镂于金石"的记载。秦代琅琊台刻石上也声称:"古之帝者,地不过千里,诸侯各守其封域,或朝或否,相侵暴乱,残伐不止,犹刻金石,以自为纪。"由此可见,先秦时期的石刻已经成为诸侯帝王们纪功颂德的一种重要宣传工具,成为重要的历史文献记载,因此也就得到了历代文人学者的注意与记录。

从现存古代历史文献来看,早在汉代初期,人们就已经开始在历史研究中著录与应用古代石刻材料。司马迁在写作《史记》之前,曾经游历全国各地,考察并记录了各地的史迹与古物,为写作准备材料。在《史记·秦始皇本纪》中,司马迁便记录了秦代的 6 件重要刻石铭文,即泰山刻石、琅琊刻石、之罘刻石、之罘东观刻石、碣石刻石与会稽刻石。今日我们要想了解这些刻石的全部铭文,还得依靠司马迁的这些著录。东汉学者班固在《汉书·艺文志》的春秋家著作书目中收录了《奏事》20篇,并且注明:"秦时大臣奏事及刻石名山文也。"这些可以说是现在所能见到的最早的石刻著录。《湖南出土简牍选编》介绍了郴州古井出土三国晋简,其中有记录当地保存的汉碑,如"汉故长沙太守胡滕墓石虎石柱石碑"。反映出对前代石刻的重视。

南北朝时期,著录、研究石刻的学者与著作逐渐增多,如张晏注《汉书·儒林传》、晋灼注《汉书·地理志》就都采用了一些有关的碑刻作为佐证。

北魏时的著名地理学家郦道元所作《水经注》一书,不仅是一部重要的历史地理著作,也是现存最早的石刻记录之一。它对当时各条水道附近的名胜古迹,尤其是所存石刻的情况做了详细的记载,并且收集了各种传说和史料,做了非常有价值的史实考证。其中收录的汉代石刻共100多处,曹魏碑刻近20件,还有多件两晋、刘宋、北魏等朝代的石刻。对于了解当时使用石刻的情况与石刻分布情况是非常重要的。东魏学者杨衒之,在其所著《洛阳伽蓝记》中则引录了洛阳寺院中所存的碑石共20多件。北齐人魏收撰写《魏书》时,曾经仿照郦道元的体例,在《地形志》中每个府县的条目下引用汉、魏以来的石刻材料。此外,当时的学者刘沓、刘之遴、江式、颜之推等人,都曾经在自己的著作中引用过有关的石刻材料。说明当时文人中重视石刻材料的风气。

根据古代书目记载,在南朝时已经有了大规模纂辑的石刻集录,如《四库全书总目提要》中引有:《碑英》一百二十卷,是梁元帝所集。此书早已不存。知不足斋本《金楼子》一书第五卷《著书篇》载有《碑集》一百卷,当即此书。梁元帝虽嗜好文学、藏书丰富,但在其灭亡前却将藏书全部焚毁,可能所藏碑文多化作烟灰①。《隋书·经籍志》中

---

① 《太平御览》卷六一九引《三国典略》:"周师陷江陵。梁王知事不济,入东阁竹殿,命舍人高善宝焚古今图书十四万卷。"

记载有梁元帝撰《杂碑》二十二卷,碑文十五卷,与百卷相差甚多,可见梁元帝的《碑英》在隋代便已经仅存残篇,至今更是片简皆无,令人十分惋惜。但就现在所能见到的材料,这可能是中国最早的石刻录文集。《续高僧传》卷三十一中记载隋代僧人法韵"诵诸碑志及古导文百有余卷"①。说明当时已经有了石刻著录传世,可供人们读诵学习。

梁昭明太子萧统编的《文选》中专门有两卷收录碑与墓志录文。但这可能录自传世的稿本。梁刘勰撰《文心雕龙》,将铭箴、诔碑单独列为一类文体,从文学角度考察了石刻。

在两晋南北朝时期的地理著作中,如《述征记》、《梁州记》、《舆地志》、《建康实录》等,常有关于地方上石刻的记载。尤其是一些著作中对于汉魏石经的记载,具有重要的参考价值。例如《洛阳记》、《西征记》、《洛阳伽蓝记》、《水经注》等著作,涉及到汉魏石经刻写的经籍篇目、碑数、保存情况等,有比较详细的介绍。虽然各书的说法不一,但是它们所提供的原始资料,仍为后人进一步研究考证提供了有益的参考依据。

唐代文献中反映出的时人石刻研究情况不甚明显。据韦述《西京新记》记载,唐初,魏征曾经收集汉魏石经的残石。此外,郑余庆曾经保护秦石鼓文,将其安置在凤翔孔庙中。石鼓文的发现可能是当时的一件大事。在《书断》、《述书赋》、《封氏闻见记》、《元和郡县图志》等唐人著作中均有关于石鼓文的记述。这一时期的文人诗作中也会偶尔涉及到古代石刻,如韦应物、韩愈等人吟咏石鼓,韩愈、刘长卿吟诵岣嵝碑等。② 李贤注《后汉书》,司马贞作《史记索隐》时也在有关考证中引用了一些石刻材料。唐代编辑类书之风盛行。流行很广的《初学记》、《艺文类聚》等文人经常使用的类书中也分门别类地摘录了很多前代文人撰写的碑、志等石刻铭文。在唐代文人以及唐以前文人的文

---

① 唐 道宣:《续高僧传》,见《高僧传合集》,上海古籍出版社,1991 年。
② 有关诗作参看《全唐诗》卷一九四、卷三三八、卷三四〇等。

集中,自然都收录了他们撰写的各种碑、志等用于石刻的文字,但是这些文字很可能是抄录自其原稿,而不是从石刻上摹录的刻写铭文。

唐代书法艺术发展极盛,出现了很多著名的书法家,影响着各个时期的书风。这时的文人学者对于石刻中的书法也十分注意。在一些论述书法的著作中也涉及到石刻材料。除上引张怀瓘的《书断》、窦臮的《述书赋》以外,李嗣真《书后品赞》、徐浩《古迹记》以及韦续集录五十六种书体、郑承作碧落碑释文等都涉及石刻材料。但是这些还不能算是真正的古代石刻研究。

根据《谈苑》一书记载,五代文人王溥曾经收集石刻拓本 3000 余件,汇编为《琬琰集》,但该书早已不存。

大规模进行石刻研究收集的风气在北宋晚期兴起。可以说宋代是中国金石学发展的第一个高峰。之所以会在宋代产生这种金石研究的高潮,学者们曾经从多方面加以分析,并总结出以下几方面的原因。

① 当时的统治者为了维护专制统治,大力提倡儒教,尊崇礼制,宣传伦理纲常等传统意识。读经学史是儒家教育的主要内容。而金石研究作为证经补史的重要工具相应得到重视。张政烺曾指出:"宋人新经学……的开创者刘敞、欧阳修等人,也就是金石学的开创者。"①

② 汉唐时期的学术界对于古代礼制与古文字研究的研究成果长期积累,不断发展,在学术上为宋代的金石研究奠定了丰厚的基础。

③ 汉唐时期对于古代钟鼎彝器与石刻等古物曾经有过神秘崇拜的迷信心理。但是这种心理随着古代器物不断出土与流传而被逐渐打破。正如清代学者阮元总结的:"自汉至唐,罕见古器。偶得古鼎,或致改元,称神瑞,书之史册。儒臣有能辨之者,世惊为奇。……北宋以后,高原古冢搜获甚多,始不以为神奇祥端,而或以为玩赏加之。学

---

① 张政烺:《中国考古学史讲义》,《张政烺文史论集》,中华书局,2004 年。

者考古释文日益精核。"①因此,古器物成为贵族士大夫的赏玩收藏品,从而产生了社会上的好古收藏风气。这也是地主阶级文人士大夫精神文化需求不断提高的结果。

④ 宋代社会的城市经济逐步繁荣,商业高度发达,民间文化活动与文化商业增多,各种文化传播手段得到发展。尤其是唐代发展完善的墨拓技术与刻板印刷技术在宋代广泛传播,为金石著录与传流提供了物质技术方面的基础。

因此,宋代金石学极为兴盛。当时帝王与官府率先大力搜求古物。北宋政和年间(1111—1117),皇室收藏的古器物达到6000多件。到了宣和年间(1119—1125)就达到上万件。宋徽宗宣和五年(1123),徽宗皇帝命令王黼撰写《宣和博古图》,该书收集北宋皇宫中的藏品共有10000多件,上迄三代,下至秦汉。连沉重的秦石鼓十件也从关中运到汴梁皇宫中收藏。贵族士大夫中随之兴起收藏之风。吕大临的《考古图》中记录了60多位北宋私人收藏家。周密的《云烟过眼录》一书中也记录了大量私人收藏者。当时,出现了专门记录金石资料的金石著录,并形成了很大的规模。

社会上的广泛收藏造成了编辑目录、刻印图谱、进而加以考释的研究风气。从而形成了宋代金石研究的高潮,对古代石刻的收集和研究正式形成了专门的学科。当时综括金石的著作经常以石刻为主,之后便形成了金石著录的通例。始作俑者为宋人欧阳修的《集古录》,即《集古录跋尾》十卷。《集古录跋尾》以石刻题跋为主,共收近400条题跋。欧阳修的儿子欧阳棐作《集古录目》,是欧阳修所收藏的上千卷石刻拓本的总目,但是已经佚失,使今人不得窥其全豹。清人黄本骥根据《宝刻丛编》等书的有关记载将《集古录目》的佚文辑录成五卷,收在《行素草堂金石丛书》中。欧阳棐之后,曾巩曾经集录古今篆刻撰

---

① 清 阮元:《积古斋钟鼎彝器款识》,《商周铜器说》下篇,知不足斋丛书本。

写了《金石录》五百余卷,但该书亦已佚失,仅存书序与部分金石跋尾,收入《南丰类稿》一书。"宋人研究石刻,一般都是先搜集拓本,把它装成卷轴,然后将自己的意见或心得写成题跋,连缀在拓本的后边。……等到这种卷轴积累多了,把它编成目录,再把题跋抄录在一起,便成一家的著作。"①

　　继欧阳修之后的著名金石学家是北宋末年的赵明诚。赵明诚,字德父,密州诸城(今山东省诸城县)人,生于北宋元丰四年(1081年),卒于南宋建炎三年(1129年),曾任知湖州军州事。赵明诚酷爱金石收藏,《金石录》为其所藏所见古代金石资料的汇集,由赵明诚与其妻子李清照共同收集整理,编写而成。成书于北宋宣和末年。

　　该书为中国古代金石学研究中最早的重要著作之一。体例与欧阳修的《集古录》相近。全书共三十卷。前十卷为目录,共列2000条。1至26条为青铜器铭,而后为1900余种历代石刻的目录,均按照时代年月顺序排列。每条石刻名目下多附记有撰人、书人、立石年月等内容。后二十卷中汇集题跋502条,就部分古代器物、石刻铭文进行考证与说明,是作者长期收藏中研究的心得。这些题跋着重于收录文献中罕见的史料,补正了前人金石著作中的遗漏与错误,并与历史文献对校,订正了一些文献记录中的错谬,具有一定参考价值。该书收集资料的数量超过了《考古图》、《集古录》等北宋金石著作,题跋考证的价值更在其上,所以一直受到学术界的重视。该书不仅反映了当时的石刻收藏状况,也代表了当时金石学研究的基本方法。

　　以上书籍仅仅记录石刻的名目,一般附加简单的题跋,就石刻铭文的内容作些说明与考证。这些金石著录不收录石刻铭文的录文,也不着重于考证文字,在资料信息上局限较大。对有关研究来说还存在着明显的不足。所以,在宋代就出现了另外几种类型的石刻著作,以弥补这些不足。其中有着重记录石刻所在地与变迁情况的,例如王象

①　张政烺:《中国考古学史讲义》,《张政烺文史论集》,中华书局,2004年。

之的《舆地碑记目》四卷、陈思的《宝刻丛编》二十卷、郑昂的《五路墨宝》等等。

《舆地碑记目》自序中称，该书作于南宋嘉定辛巳（十四年，1221）。该书把当时知名的天下碑刻按照《地理志》的目录分郡编次排列，将所收录的各种碑刻均注明名称、年月等基本情况。实际上，它是《舆地纪胜》一书的金石门部分，所收录材料仅限于南宋疆域内，但是考证多精确可信。

《宝刻丛编》为南宋书贾陈思撰。陈思，浙江钱塘人。宋理宗时曾经任官成忠郎，国史实录院秘书省搜访。后在临安开设书肆，著有《书小史》《书苑精华》《两宋名贤小集》等。该书为陈思在经商中编写，是将他所见的当时各种有关石刻的书籍内容予以摘录，汇编而成。全书共二十卷，按照《元丰九域志》使用的宋代地理区划分京、县与路、州、军等依次编排，从而记录下当时各地所保存的石刻名目。在各种石刻的名目下摘录了当时各主要石刻著录中有关该石刻的考证内容。所摘录的材料包括石刻的年代、撰书人、石刻所在地与传世保存情况、石刻的书体、对这种石刻的书法艺术评价、对铭文内容的介绍等。由于作者的兴趣在书法上面，所以在介绍中多侧重于书体与书人的情况，对于石刻中的史料则很少涉及。该书在每一行政区划名下附有简明的地理状况介绍，对已经迁移的石刻采用互见的记录方法，在现存地区与原出土（所在）地区内同时设条记录。这些作法都为读者提供了便利。但是其引文体例不够完善，如不注明引文出处等，是其不足之处。

《五路墨宝》一书现已不存。

另外还有仅记录一个地区的石刻目录与石刻内容的著录。例如《宋史·艺文志》中记录的崔君授《京兆尹金石录》十卷、田概《京兆金石录》六卷、刘泾《成都府古石刻总目》一卷等。据记载刘泾《成都府古石刻总目》收录了成都府及下属各县的石刻 268 种。但是这几种书现在已经佚失不存。

在宋代还有专门对金石文字加以考证校正的著录,例如宋人黄伯思的《东观余论》二卷。黄伯思,字长睿,号霄宾,又自号云林子,昭武(今四川省广元市)人。政和中官至秘书郎。著有《法帖刊误》《博古图说》等。绍兴十七年(1147),其子将《法帖刊误》与其他论说、题跋等合并成一书刊印,叫作《东观余论》。原跋中称其共十卷,今本仅存二卷。《四库全书总目提要》认为:"或后来传写所并","疑于未定之说有所去取。"现此两卷中,上卷收入《法帖刊误》上、下,共有10则,另有古器物论辨46则;下卷收入古器物、石刻、法帖、书籍等古物的考跋156则,附录5则。该书涉及内容广泛,在宋代金石著作中学术水平比较高,考证精当,曾经多处纠正《集古录》等金石著录中的疏漏与讹误。其中《法帖刊误》部分是对淳化阁帖以来的丛帖书迹加以辨伪的著作。黄伯思在自序中说:"秘阁法帖十卷中,璀瑂杂糅、论次乖讹,……或伪迹甚著而不觉者,……有虽审其伪而讥评虽当,主名昭然而不能辨者,……有误著其主名者,其余舛误尚多。"所以黄伯思经过对文辞内容与书体的分析,深入考辨了秘帖作者及其真伪等问题,作出了颇具价值的判断。他采用的辨伪方法比较科学全面,能从书体变迁以及时代特征等方面综合考查。例如判断所谓程邈的书迹时说:"程邈在秦云阳狱作隶字,乃今汉碑中字是也。有此隶,方生今正书,不应邈已作之。"该书涉及的文物范围比较广。但是评论一般比较简略,有时甚至只对作者、真伪等作一个简单的评语。相对之下,资料性比较薄弱。值得注意的是书中记录了一些宋代的新出土发现,通过它有助于了解宋代金石研究的状况。

又如董逌的《广川书跋》十卷,专门考证古器物与汉唐碑帖。

宋代还出现有辨识金石文字形体的专门字书,如刘球的《隶韵》、娄机的《汉隶字源》与无名氏著《汉隶分韵》等。要正确使用与了解古代石刻材料,首先必须正确释读碑文。而古代碑文中异体、别体文字丛出,有关的字典工具书就成为必备之物。《隶韵》一类的字书便成为中国古代金石著作中重要的一个组成部分。

《隶韵》是宋代学者刘球编写的汉代碑刻隶书字典。根据《玉海》有关记载以及残存的半份刘球呈进该书的奏章,可知该书是在南宋淳熙二年(1175 年)完稿呈入的。宋代洪适编撰《隶释》时,曾计划同时编写《隶续》、《隶纂》、《隶图》、《隶韵》等书。但是后三种均未成书。故刘球作《隶韵》以补其阙。洪适《盘洲文集》中有"书刘氏子隶韵后"一文,认为《隶韵》一书字形有误,编次疏略。以后娄机《汉隶字原》所收录的汉隶字形基本上来源于《隶韵》一书。

《隶韵》一书在南宋时由内府御前应奉沈亨刻石,后湮没无闻。清代嘉庆年间(1796——1820 年),秦恩覆得到宋代拓本《隶韵》十卷,又从范氏天一阁得到残本碑目一卷以及刘球奏进表半篇,加上翁方纲的考证,汇集刊印成书。该书共十卷,依照四声韵部分类排列。在每个字头下摘录汉代碑刻中这个字的各种不同书体,少的有一、二种,多的有十余种。并且在各种字体下面注明这个字体的出处。全书共收入单字 4000 余个,异体字形 20000 多种,各种字体均仿照原碑石的书体书写,但是由于摹写中的错误,引用字形中多有不符之处。该书开创了编集汉代隶书字典的先例,以后的《汉隶字源》、《隶辨》、《隶篇》等字书全是沿袭这部书的编写方法,但是后起诸书的质量与收录范围等要超过这部书。所以该书的影响日渐减少,现一般作为参考书备用。《隶韵》中采用的汉碑共 160 种,《汉隶字源》中收录材料更为丰富,包括汉碑 309 种、魏晋碑 31 种,其中大部分原石现已不存。

也有以撰书人为收录标准的石刻著录,例如无名氏著《宝刻类编》八卷,分成八类归纳收录石刻铭文,包括:帝王、太子诸王、国主、名臣、释氏、道士、妇人、姓名残阙等。每类都以人名为纲。该书所收内容非常广泛,但是体例杂乱,实际应用上比较困难,后代基本无人沿用这类作法。

资料性比较强的金石著录,基本上是全部摹录古代石刻原文并且予以释读和考证的。例如宋代洪适所著《隶释》二十七卷与《隶续》二十一卷。又如无名氏所著《古文苑》一书中收录的金石刻辞也很可观。

《古文苑》中著录了秦国的诅楚文与石鼓文原文,是现存古代文献中对这些石刻最早的记录。《隶释》一书成书于南宋乾道二年(1166),它与《隶续》两书均以收录两汉魏晋时期的石刻文字为主,一共收录了汉代碑刻以及碑阴等 258 种,曹魏与西晋的碑刻 17 种,另外还有汉晋之间的铜器、铁器铭文与砖文等 20 余种。值得注意的是《隶续》中还利用版刻图画的形式将大量汉代画像石与碑刻的外形式样收录保存下来。其中对于山东嘉祥武氏石室画像石图像的记载是现存最早的。该书中还收录了当时其他金石著录中的碑刻目录,如《集古录目》、《天下碑录》、《水经注》、《金石录》等书的碑目都被附录其中,使得《隶释》、《隶续》的内容更加完备。它们是宋代金石学发展中石刻著录体例比较完善的体现,给后代金石学者很大影响。

宋代的金石著作已经形成规模,当时出现一批比较著名的金石学者。其所著金石著作,有些流传至今。据 20 世纪中容媛所著《金石书录目》的记载,该目录收入宋代金石学者 22 人,著作 30 种。清代李遇孙所著《金石学录》中收录有宋代金石学者 61 人。而在杨殿珣所著《宋代金石佚书目》中列出了只存书名的宋代金石学佚书 89 种。由此可见当时金石学的盛况。除去专著外,宋代学者的其他著作中也有大量涉及到石刻研究的内容。如吴曾《能改斋漫录》、洪迈《容斋五笔》、沈括《梦溪笔谈》等著名作品。

以下的元、明两代,仍旧有一些金石收藏家与学者继续进行石刻材料的收录和考证工作,留下了一些重要的金石著作,现存者大约 30 种。这些著作保存了一些资料,但是与宋代的盛况则无法相比。研究水平也大为降低。有人认为这与南宋理学兴起后逐渐占据了儒家思想教育的主流,理学家指斥金石收藏为玩物丧志有关。而更深刻的原因可能还要从当时的政治和经济等外部环境中去寻找。

这一时期比较重要的金石著作有:元代葛逻禄廼贤的《河朔访古记》。该书成书于元至正二十三年(1363),原书十六卷,后佚失,现存者为清代编修《四库全书》时从《永乐大典》中搜集出来的 134 条文字,汇集为二卷。从现存文字可以看出这部书注重对于古代遗址的实地调查,如记录所见赵州桥、铜雀台、殷墟等,并搜集各地石刻,结合文献记载加以考订。它突破了传统金石著录专门考证文字的习惯作法,首先结合考古实践,成为中国考古学史上比较重要的著作。元代吾丘衍所著《周秦刻石释音》一书,对于石鼓文等古代石刻的研究有一定价值,是在宋代杨文炳《周秦刻石释音》一书的基础上删改而成的。

元代潘昂霄所著《金石例》是新出现的一类金石著作。它首先从归纳石刻铭文义例格式的角度对石刻进行研究,具有迎合当时科举考试与文体范例程式化的意义。但它能从文学写作的角度出发,对各类石刻的原始由来、制度、形式与文体等方面加以分析,开创了这一类研究的先河。潘昂霄,字景梁,学者称之苍崖先生,官至翰林侍读学士、通奉大夫,谥曰文僖,著有《苍崖类稿》、《河源记》等书。该书是从古文的写作这一角度出发,分析古代石刻中(主要是汉代到唐代的碑铭墓志中)铭文撰写的制度、法则、文体、格式。如杨本序中所称"凡碑石之始,制作之本,铭志之式,辞义之要,莫不放古以为准,以其可法于天下后世。"

全书共十卷,第一卷介绍古代碑碣、墓志的源起,使用制度以及墓表、墓地、石人、石羊、石虎、石柱等墓地建筑的制度,并且分析了古今碑石的异同。介绍以引用古代文献记录为主,加以实例说明。如引用《事祖广记》曰:"古之葬者,有丰碑以窆。"后边加以说明"其刻文其上曰:某帝或某官神道之碑。今世尚有宋文帝神道碑墨本也。"第二卷介绍金石文字的起始,并分类列举碑石铭文实例以说明碑、碑阴、德政碑、墓碑、神道碑、冢庙碑、先庙碑、先茔先德昭先等碑、赐碑名号等类型的格式。第三卷介绍墓碣、墓志、葬志、殡志、权厝志、归祔志、墓版文等类型的格式。第四卷介绍墓铭、墓志铭、圹铭、墓砖等类型的格式。第五卷列举了实例来表示墓表、诔文、行状、碑阴等具体的格式。第六卷至第八卷以韩愈撰写的墓志铭为代表来分析各种常见的行文程式。如自宦业俊伟者叙起而以世系妻子居后,不书家世而书履历等。第九、第十两卷讨论古文写作的法度与当时文章中存在的问题。并且举例说明古代制、诰、诏、表、露布、檄等各种文体的撰写方式。

该书在编写中以汇集范例为主,潘氏仅将各类金石文体分析归纳出门类,在名目下列举出引用的碑志名称。有些也引录了碑铭的原文。潘氏所加的分析说明多为有关文体制度的注解。值得注意的是此书较早地引用文献记载探讨了碑、墓志、墓表等石刻的起源,其观点至今还有一定的参考价值。该书对于阅读与使用古代碑刻材料具有参考意义。但是书中对于碑、志等石刻文体的分类剖析有些过分琐碎,注重于行文格式的具体比较,而缺乏系统性与时代特征的比较。

后代陆续有一系列类似分析石刻体例的著作出现,形成了一类金石例证的著作。即总结金石文字义例,尤其是总结墓志写法典型例证,供后人模仿与研究。如明代王行的《墓铭举例》、清代黄宗羲的《金石要例》、梁玉绳的《志铭广例》、李富孙的《汉魏南北朝墓铭纂例》、吴镐的《汉魏六朝志墓金石例》、《唐人志墓金石例》、冯登府的《金石综例》等等。这些著述在金石著作中单独形成一个系统,后人称之为"义例"类。它们主要分析以往金石铭文中的文体例证,包括范围较广。

《墓铭举例》是明代文人王行的作品。该书中主要引用了韩愈、李翱、柳宗元、欧阳修等 15 名唐宋以来的著名文学家撰写的 242 篇墓铭(不计在文中补阙者),对它们的写作文体格式加以分析。《四库全书总目提要》评论为:"一十五家所作碑志,录其目而举其例,以补元潘昂霄《金石例》之遗。"指出了该书写作的宗旨。但是该书分析文例时,拘泥于碑志中文字的细节。作者认为名家的写法中处处均有内在的深奥含义,甚至从礼法等方面去逐一分析,多有牵强附会之处。而且书中划分的义例类型过细,造成分类不明确,体例不清等不足。

元、明时期的石刻著录中也有·些较大的石刻汇集。据朱彝尊《曝书亭集》卷四十七记载,元代天历元年(1328),梁九思曾经收集河南、河北等地的石刻 30000 余通上进朝廷,并将副本汇成 200 卷的巨著，名为《文海英澜》。可惜该书早已亡佚。如果确实，该是至元代为止仅有的古代石刻完备收录。

明代陶宗仪所著《古刻类抄》一卷，录入石刻71种，其中以唐代的石刻材料为多。该书全部抄录石刻原文，没有加以考证，所收石刻也没有按照年月顺序排序，比较杂乱。但是它所收录的石刻中大多数今日已经不存，了解有关史料可以借之考补阙疑。

明代都穆的《金薤琳琅》二十卷，收录了石刻材料63件，全部录入原文，并加以辨证，比较可靠。这是一部比较有代表性的明代金石著录，它仿照宋代洪适《隶释》的体例，以都穆当时所能见到的石刻拓本为依据，对历代石刻予以抄录并加以考跋。它在各种石刻名目下先抄录所见拓本存录的铭文内容，石刻上有所残缺的文字，在抄录的铭文中用小字注明残缺的字数。另外，有些关于残缺文字的说明也用小字注入。对于原石上面附刻的后人题记和传世拓本上的有关题跋，该书中也予以一一抄录，例如在秦会稽刻石后附刻的元代申屠駉题记等。这种作法对于保存古代铭刻材料是有益的。

在抄录古代石刻铭文时，原石为隶书、楷书等书体的采用楷书抄写，原石为篆书的则采用隶古定方法，如周石鼓文（现在学术界认定是秦国的石刻）就依照原篆书隶定。铭文中的异体字大多改正为通行的楷书正字。在每件录文的后边加以考释。有关考释的内容包括：碑石的所在地，原石的播迁情况以及文字的保存情况，前人金石著录中对这件石刻的收录与考证情况，在读碑过程中对有关碑文记载史实的说明等等。

该书是现存比较早的对石鼓文、诅楚文以及隋唐等时代一些著名碑刻予以录文的金石著录，对于了解明代所见的古代石刻存留情况有所参考，还可以通过它来了解明代金石学的实际水平。在录文中存在着脱漏文字与将异体字辨认错误的问题，所以在使用它时需要与原始拓本以及其他金石著录互相对勘。在作者所做的考释中保存着一些有价值的材料，如关于石鼓文的迁移经过，关于隋龙藏寺碑的原址记录等。其中有些情况是都穆本人亲自考察的结果,可供研究者参考。但是相对其他金石著录而言,此书的考跋中对碑文异体文字的考证与释读比较少,对史实的说明也十分简略,是其不足之处。都穆还撰集了《吴下冢墓遗文》一书,收录墓志等石刻34件,这是当时其他石刻集录中不多见的。

明代赵崡的《石墨镌华》八卷,是模仿《集古录》体例的著作,不收录碑文,仅收录碑石名目253种,并附有自己撰写的跋尾。所收录石刻的年代包括有金、元两代,打破了以往金石著录收录范围到宋代为止的惯例。他还首先注意收录了女真、蒙古文字的碑刻。

明代陈暐的《吴中金石新编》八卷,该书专门收集明代初年吴郡的石刻,按照碑石所在地的性质加以分类,如包括学校、官宇、仓驿、水利、桥梁、祠庙、寺观等7类。对每件石刻都抄录原文,一共收录100多件石刻材料。这种分类作法结合了对碑石原址的考察,增加了文物信息,对于后代地方上修撰金石志的体例起了很大影响。

明代杨慎的《金石古文》十四卷,也是抄录石刻原文,中间夹有一些跋语,但是他的考查并不精确,真伪杂错,疏漏甚多。

此外,元代陆友的《砚北杂志》一书中对古代器物与古代石刻也多所考证。元代的一些金石学者还在战乱中对重要的石刻材料加以保护,如王檝保护石鼓、申屠致远保全南宋石经等。明代学者还继续了宋代王象之开创的地理著作与金石著作相结合的传统,按照地区编写碑目,并附加考证与说明。这样的著作中,比较突出的有来浚《金石备考》四卷、于奕正《天下金石志》十五卷、赵均《寒山堂金石林时地考》等。另外,象叶盛的《箓竹堂碑目》六卷、顾起元的《金陵古金石考目》一卷、王世昌《弇州墨刻跋》四卷等金石著作虽然收集的材料有限,但是也能反映明代金石学的研究情况,可予以参考。

总起来讲,元、明两代的金石著作普遍质量较低,内容有限,体例不够严格,收录的材料中讹误较多,考证也缺乏创新精神,往往穿凿附会。现在运用时需要加以慎重考察,最好与其他著录等史料进行核实。

清代学术中的一大特点是考据学盛行，同时金石学研究也极为兴盛。追寻造成这种风气的原因，一是当时社会比较稳定，经济恢复，社会上存在着对文化发展的需求，也有了一定的物质条件，重新引起人们收集古代文物的热情。二是清代由于民族矛盾与专制统治的加强，在思想文化方面的禁锢十分严重，使得文人只能埋首故纸，穷尽考据。此外，清代帝王们为了消除汉族的民族意识，贬斥程朱理学，从而提高了传统汉学的地位。种种沉重的封建统治政治高压造成了文人士子们大多脱离现实政治，专心古制，沉溺于传统汉学的风气。正如清代文人龚自珍诗云："避席畏谈文字狱，著书都为稻粱谋。"清人皮锡瑞的《经学历史》中记述："乾隆以后，许（慎）郑（玄）之学大明，治宋学者已甚少，说经皆主实证，不空谈义理，是为专门汉学。"①

与当时世界上科学技术、政治思想的飞跃发展正相反，清代采取了闭关锁国、抵制新的科学技术与人文思想进入的保守政策。这也使得思想学术只能趋向复古与守旧。侯外庐《中国早期启蒙思想史》中总结为：清政府"一方面大兴文字之狱，……他方面又采取了一系列的愚弄政策，重儒学，崇儒士。""雍正元年（1723）以后，中国学术与西洋科学，因受了清廷对外政策的影响，暂时断绝关系。因此，对外的闭关封锁，对内的钦定封锁，相为配合，促成了所谓乾嘉时代为研古而研古的汉学，支配着当时学术界的潮流。"②清代金石学的复兴，可以说是这种特殊社会条件的产物，是汉学考据学兴起的直接后果。

清代的学术界涌现出了大批有着重大贡献的金石学者，出版了大量水平较高的金石学著作。特别是对石刻材料的整理汇集工作开展得普遍而深入。陆增祥为《金石续编》所作的序言中说："著录之家，本朝极盛。荟萃成书，奚啻百数。有限以时代者，有限以一省者，有限

---

① 清 皮锡瑞：《经学历史》，中华书局，2004年。
② 侯外庐：《中国早期启蒙思想史》，人民出版社，1956年。

以一省并限以时代者,有限以一郡者,有限以一邑者,有限以域外者,有限以名山者,有限以一人者,有限以一碑者,有别以体者,有叙以表者,有绘以图者。其上追秦汉,下逮辽金,近自里闾,远讫海外。综括而考证之者,亦不下数十家。或宗欧赵之例,著目录加跋尾。或宗洪氏之例,具载全文。或勘前人之讹,或补前人之不足。"正是当时金石学盛况的反映。

具体细分一下,还可以看到,清代乾隆年以前金石学的研究尚不是十分发达,现有著作大多偏重于与经史有关的石刻研究。重要著作有顾炎武的《金石文字记》和《石经考》、万斯同的《汉魏石经考》与《唐宋石经考》,以及朱彝尊《曝书亭集》、《经义考》等著作中有关石刻的考证等。

例如清代初年著名学者顾炎武所著《金石文字记》,是将金石目录与题跋考证结合在一起形成的古代金石著作,共分六卷。前五卷按照年代顺序依次介绍商周至五代的金石铭刻,其中除比干铜盘铭等几件铜器之外,绝大多数为历代石刻。第六卷为"识余",收入前五卷成书后补充的部分唐、宋、元代题名与碑刻。还收录了"诸碑别体字"的部分,汇集了历代碑刻中的一些典型别体文字。最后的"补遗"部分,是顾炎武门生潘耒继续访求古代碑刻,将所见所闻仿照《金石文字记》的体例记录下来,排列而成。全书共收录历代金石铭刻三百余件。对于收录的每一件铭刻材料,顾炎武都要在其名目下注明字体、年代与所在地点,有些还要注明原石的残泐情况。如果他没有见到原石,而是根据拓本进行研究的材料,就注明"拓本"。该书所收录的铭刻大多附有考证。考证的内容包括:一、对石刻文字的辨正,如考释别体字,订正音韵等。二、对石刻铭文中词语名物的解释。三、对石刻铭文有关历史情况的考证。四、与石刻材料出土和传世情况有关的记载以及深入考查。如对比干铜盘是于宋代在陕西凤翔府出土的说法加以质疑,又如对汉魏石经数量的不同说法进行辨证分析等。对于一些在以前的金石著录中没有录入铭文内容的碑刻,如"邰阳令曹全碑"等,则录入全文。

该书记录与考证有关碑刻的内容十分广泛,引用文献比较多,得出的结论大多言之有据,叙述精当,而且不乏新的见解。例如:"郎中郑固碑跋"中引用《礼记·檀弓》注文来说明在周代已经有了碑,用于下葬时系棺,由此解释汉碑上"穿"的来源。这一见解已经被现代考古发现所证实。"孔子庙堂碑跋"中分析古代"胥"、"缉"的通变,也是较早注意到碑刻中别体写法造成文字讹变的文字学现象。再如"晋周孝侯碑跋"中根据碑中文理不通,史实不符,避唐讳而不避晋讳,铭文中的对偶平仄全是唐人风习等现象而判定该碑为伪造品,是很全面且很有识地的辨伪之作。类似情况在该书中还有很多,均可为今人研究时参佐。书中附入的诸碑别体字,可以为识读碑刻时提供帮助,虽然数量不多,但是其释读大多正确可信。顾炎武学识渊博,精心治学,开清代朴学之风。他的《金石文字记》一书为清代金石学的发展提供了很好的典范。

乾隆年以降,是清代金石学的鼎盛时期。根据容媛《金石书录目》一书中收录的情况,现存金石书籍中,自宋代至清代乾隆年以前的700多年间仅有67种。而清代乾隆年以后至民国初年的金石著作却达906种之多。清代金石学者精于鉴别,考证严谨,搜集材料比较全面丰富,研究的范围也更加广泛。由于清儒小学水平的普遍提高,金石著录中考证文字的学术成果也大为精到,使得世人能够更好地理解和研究铭文内容。特别是当时的金石学者注重调查与搜集材料,做了大量综合汇集石刻材料的工作,编辑收录数量达到数千种石刻的金石巨著也不断涌现。这样丰富的著录成果自然无法在此逐一详细介绍。现在只能择要分类予以简介如下:

① 石刻编目方面:

早期的主要著录有钱大昕《潜研堂金石文字目录》八卷,吴荣光《筠清馆金石文字目》二卷、《筠清馆金石文字续目》二卷,赵魏《竹崦盦金石目录》五卷等。这些目录的体例一般均仿照《集古录》,所收材料比较少。而后,吴式芬撰《捃古录》二十卷,是他私人收藏金石器物的目录。该书收入了自夏商周三代直至元代的 18000 余种器物,是收藏比较丰富的金石目录。吴式芬还将所藏金石材料编为《金石汇目分编》十卷,按照当时各省的地理区划编排汇集,但是未完全刻板印行。清代末年缪荃孙(字筱珊)将所藏拓本编辑成《艺风堂金石文字目》十八卷,收入器物近 20000 件,其中以石刻为主,特别是造像题记与题名等材料的收集最为丰富。以后他的儿子缪禄保又编写了《艺风堂金石文字续目》五卷,但是其中讹误较多。缪荃孙所收藏的绝大多数金石拓本后被北京大学图书馆购存收藏。

以上这些目录兼取金石,完全收录石刻名目的书籍有清代嘉庆年间孙星衍与邢澍二人合撰的《寰宇访碑录》十二卷。它按照年代顺序排列,始自三代,终于元代,收录了近 8000 件石刻,并记录了当时所存的碑石与拓本情况。对所收录的石刻,都记录了制作的时间,撰者、书家与刻工的姓名,额题,书体以及所在地等情况。就当时的条件而言,该书是一部比较完整详细的石刻目录。此后又有很多学者仿照它的体例续作补充,如赵之谦的《补寰宇访碑录》五卷、罗振玉的《再续寰宇访碑录》二卷、刘声木的《续补寰宇访碑录》二十五卷等等。孙书与后来续补者累计收入的石刻种类可达 15000 件以上。其他还有一些小型的私人藏石目录,如范懋敏的《天一阁碑目》、王懿荣的《汉石存目》、端方的《陶斋藏石目》等。限于个人收藏条件,这些书的范围比较狭窄,所收录数量有限。

这些石刻目录著作对了解古代石刻的保存与传留情况具有一定的学术价值。但是由于当时学者多囿于个人所见所藏,这些目录都存在着一定的局限性,并不能完全反映中国古代石刻的全貌。另外,对于石刻的命名也没有统一规范,所以对同一件石刻出现不同名称的情况也有所存在。记录的石刻信息互有出入,或不够详尽。特别是缺乏科学的检索手段。这都在一定程度上造成了当时石刻目录仅能作为参考,还不能很好地为石刻研究服务的状况。

② 石刻考证题跋方面：

由于乾嘉学派注重实证考据，学风严谨认真，对古代石刻的考证题跋等研究工作获得了不少成就。尤其是在利用石刻文字考证史实、订正经籍等方面，收获甚丰。实际上，从清代初年起，学界便已经注重这方面的研究。如上面所说的顾炎武《金石文字记》的自序中说："抉剔史传，发挥经典，颇有欧阳、赵氏二录之所未具者。"朱彝尊的《曝书亭金石文字跋尾》六卷，收录其利用石刻铭文证史的大量跋尾，考据十分精到。钱大昕的《潜研堂金石文字跋尾》二十八卷，收录跋语中研究范围涉及经学、史学、文字训诂、音韵等众多方面，深入细致，多所发明。王鸣盛称赞其居于古今文字学者之上。在金石研究中比较突出的作品还有武亿的《授堂金石跋》二十四卷、严可均的《铁桥金石跋》四卷、王澍的《虚舟题跋》十卷和《题跋原》三卷等。其他如何焯的《义门题跋》、翁方纲的《苏斋题跋》、刘青藜的《金石续录》、赵钺的《唐御史台精舍题名考》、劳格的《唐尚书省郎官石柱题名考》、叶奕苞的《金石录补》、林侗的《来斋金石刻考略》、李光映的《观妙斋金石文考略》、瞿中溶的《古泉山馆金石文编》、赵绍祖的《古墨斋金石跋》、洪颐煊的《平津读碑记》、徐树钧的《宝鸭斋题跋》、杨守敬的《丁戊金石跋》《己庚金石跋》和《壬癸金石跋》、吴士鉴的《九钟精舍金石跋尾》、郑业斅的《独笑斋金石文考》、何绍基的《东洲草堂金石跋》等，都有很多精到的见解和珍贵的记录，是后人研究石刻时经常使用到的参考书。

这里举两种著作来看一下这类著述的特点。

例如《平津读碑记》，清代中期学者洪颐煊著。洪颐煊，字筠轩，浙江临海人。他一生精研经史，在当时颇具声名，著有《读书丛录》、《诸史考异》等。

此书是以跋尾形式集成的古代碑刻研究成果。该书共八卷，另有续记一卷，再续一卷与三续二卷，共收入周代至五代末年的历代各种碑刻跋尾600余条。其中以唐代碑刻为主。

洪颐煊所作跋尾的内容与其他清代金石学者的考据方式相似，以碑刻文字与历史文献的对勘以及文字考证为主,尤其是在古代历史地理、职官、年代等方面的考证上用力最多。跋尾中还涉及到碑刻中提到的古代人物世系、重大历史事件、重要人物、异体文字等内容,并且对他以前一些金石著录与考证文章中的不足之处也时时予以订正。很多跋尾中的考证属于前人所未言,见解精辟,对研究者颇有启发。例如:卷一《武都太守李翕西狭颂》跋云:"翕,汉阳阿阳人。阿阳,《水经·漾水注》作河阳。《汉书·高帝纪》师古曰:'阿阳,今流俗书本或作河阳者,非也。'《后汉书·隗嚣传》李贤注亦云:'本为河阳者,误也。'此作阿阳。"又如卷五《僧德感造像记》跋云:"僧结衔称检校造七宝台清禅寺主昌平县开国公。《长安志》清禅寺在兴宁坊南门之东,七宝台在大云寺中,寺在怀远坊东南隅。"这是利用碑刻考证唐长安城的较早尝试。考证人物世系者如卷四《右虞侯副率乙速孤神庆碑》跋:"《姓纂》既误以贵和仁郡公为北齐所授,又合安晟为一人,并不载其官爵。"

　　书中涉及的每件碑刻,大多记载其所在地点、行数、字数等具体情况,具有参考价值。其中提到的《吐蕃会盟碑》、《高丽国原州忠湛大师碑》、《新罗国石南山国师碑铭后记》等边疆及域外碑刻,表明当时金石的收集研究中已经注重到这些重要的史料。

　　对于当时流传的石刻中的赝品,洪颐煊也进行了辨伪工作,例如卷一《陈德残碑》云:"字仅形似,乏汉隶淳古之气,其为伪造无疑。"

　　由于时代以及研究方法的限制,《平津读碑记》的内容显得简略、零碎,缺乏综合性的研究。用来考证的典籍中除去正史之外,仅有《水经注》、《元和姓纂》、《玉海》以及有关的地方志,数量有限。但是它考证的结果与思路尚有一定参考价值,尤其在唐代碑刻的考证中建树颇多,不失为清代金石考据著作中的一件代表作。

　　又如《来斋金石刻考略》,作者林侗,字同人,号于野,福建侯官人。其家人世代嗜好金石收藏。其父林立轩曾任陕西、四川、河南等地的地方官。林侗随去任上,曾携带拓工,四处寻访摹拓古代石刻,富有收藏。他就自己所收藏及见识过的金石拓本，记录所见所闻，结合历史文献加以考证，汇集成该书。

该书共收入夏代至唐代之间的金石铭刻 235 件。但是其中被称作属于夏代的岣嵝碑，其具体时代尚待研究，如近年曹锦炎曾通过考证指出它是东周时期的越国石刻。还有被认为是商代的比干铜盘铭，原物早佚，考证多属附会。其他被认为是周代的刻石中也有多种被近人认定是汉代石刻，像坛山刻石等。因此，该书的主要部分应该是秦代至唐代的石刻铭文材料，有 178 件。该书为题跋、考证的汇集，没有引录铭刻原文。每一则考跋的体例也不尽一致。作者主要就自己了解的情况与部分内容加以介绍。最简单的只是介绍一下原刻的形制或保存情况。而在考证比较详细的条目下，除了叙述铭刻的概况与所在地、保存情况等，还大量引用前人金石著录中的论述以及有关诗文加以说明，并且对有关史实加以校正。其中有一些著名的铭刻，如《兰亭序》《瘗鹤铭》等，还叙述了存世拓本的保存情况。对此，《四库全书总目提要》中评论道："又于各碑后载入赋咏诗篇，亦非欧赵以来题跋之体。特其搜罗广博，鉴别尚颇详审，故考金石者亦有取焉。"由于该书收入的铭刻大多为最受人重视的多见材料，所记录的铭刻情况又多为林侗亲自目睹得来，所以这些考证具有一定参考价值。《金石萃编》一书中曾经大量予以引用。

该书存在的问题主要是编辑体例不统一。卷上、卷下基本按照年代先后排列。而卷中则将唐代的一些碑刻按照所在地与书人分为：御书、昭陵及陪葬、阙里孔子庙内、嵩岳境内、颜鲁公、秦郡庠墨洞石经、尊胜咒石幢等几个组合。不便使用者查考。

此外，还有大量专门对某一种石刻或者某一批石刻进行综合研究的考证类著作。如瞿中溶《汉武梁祠画像考》，顾炎武《石经考》以及杭世骏《石经考异》等数十种关于汉魏石经的考证著作，刘凝《周宣王石鼓文定本》以及清人数十种关于石鼓的考释研究著作，阮元的《华山碑考》、郑文焯《高丽国永乐好大王碑释文纂考》、杨荣鋕《景教碑文纪事考正》等等。这些著作中的很多考证成果在当时都具有相当水平，至今也有一定的参考价值。

③ 石刻文字考释方面：

这一类著作作为工具书，在石刻研究中一直具有重要的作用。现存主要有清康熙年间顾蔼吉编写的《隶辨》八卷，顾蔼吉，号天山，又号南原，江苏吴县人。以岁贡生充任书画谱纂修官，曾任仪征教谕。

该书是一部隶书字体的字典。全部字体采自汉代碑刻，收录比较全面，内容丰富，是释读汉代碑刻铭文的得力工具书。项絪在该书序语中指出："夫欲读书必先识字，欲识字必先察形。"顾蔼吉序中也说："《隶辨》之作，窃为解经作也。字不辨则经不解。"可知编撰此书的目的在于识别汉代隶书中的异体字，从而解决儒家经典中的文字讹变问题。

该书前五卷为字典，将从汉碑中摘录下来的隶书各种字体依照宋代《礼部韵略》的韵部为序进行编次。同一字的多种异体字排在一起。在每个字下面注明引自何种碑刻以及原字所在的语句，部分字体还加有按语，说明异体字的由来或加上文字学内容的说明引证。如"虫"字一条："虫，《唐扶颂》：德及草虫。[按]《说文》虫读若虺，即虺字也。《佩觿》云：蛇虫之虫，为蟲多。其顺非有如此者，他碑蟲皆用虫。"第六卷收入偏旁五百四十部的隶书写法，并引用《说文解字》等字书的写法从字形、字义等方面加以分析讲解。第七、第八两卷为碑考，将两汉及魏晋时期的碑刻逐一加以介绍。介绍的内容主要为每件碑刻的所在地、出土情况、碑刻的形制纹饰、字数、行数等。这些内容多引自宋代以来的金石著录，如《集古录》、《金石录》、《隶释》、《天下碑录》、《舆地碑记目》、《字原》等，以及《水经注》、两汉书等。叙述与考证得比较精当，可为参佐。最后附有《隶八分考》，是对隶书书体形成过程的考证。文中详尽列举了古代文献中有关隶书的记载，通过《说文解字》序、《书断》、《字原》、《墨池编》等先人著述，确定秦隶由小篆简省而来；汉代隶书定型，八分为汉魏之际将隶书变化而成等文字学概念。

然后对隶书、八分书的书法特点作了描述与分析。

此外，常见的石刻字书还有清代嘉庆年间邢澍撰《金石文字辨异》十二卷，道光年间翟云升撰《隶篇》十五卷及续十五卷、再续十五卷，以及赵之谦《六朝别字记》、杨绍廉《金石文字辨异补编》等。它们都是考释文字的专书，从金石铭刻材料中收集各种异体别字和古文、篆文等书体字形，加以分类编排而成。这类书常见的体例为在正字下排列摹录各种别体字形，并且分别注明出处，适当加以说明解释。字书的分类大多按照古韵部排列，或者按照《说文解字》的部首顺序排列。需要注意的是由于版刻的限制，这些字书摹刻的原石文字多有出入，甚至出现讹误，使用时最好能再核对原石或拓本。特别是《金石文字辨异》以及后来的《碑别字》、《碑别字新编》等都是自行重新写定异体文字，无法反映原来的字形与书体情况。《隶篇》则将原石刻文字用双钩的方法描出来，相对比较可靠，只是该书所收录的异体字数量较少。

④ 石刻文字的地方志汇录方面：

分时分地记录石刻名目和铭文内容的地方性著作在清代大量涌现。尤其是结合历次修撰地方志的活动，在各省、府、县志中单独安排金石志部分，使之成为地方志中不可或缺的固定组成。此外，也有不依附于地方志，单独编集撰写一地的金石志或者一地的石刻名目。容媛的《金石书录目》中搜集了156部单独的金石志，另有10部附录，这里面共有153部为清代学者所作。而在各地历年地方志中附录的金石志有297部之多，其中296部为清代编写。

这些金石志中，主要是记录一省、一府与一县的金石著录。例如阮元主编的《两浙金石志》、毕沅的《中州金石记》、毕沅与阮元合撰的《山左金石志》、胡聘之的《山右石刻丛编》、孙星衍的《京畿金石考》、翁方纲的《粤东金石略》等，是记录一省石刻材料的较好作品。严观的《江宁金石记》、沈涛的《常山贞石志》、黄瑞的《台州金石录》、李遇孙的《括苍金石志》、陆心源的《吴兴金石记》等，是记录一府石刻材料的佳作。段松苓的《益都金石记》、叶封的《嵩阳石刻集记》、武亿的《安阳县金石录》《偃师金石记》《偃师金石遗文补录》等，是对一县或一地区石刻的详细记录。这些金石志以记录保存地方金石材料为目的，比较完全地记录了当时所见的地方石刻名称、刻造时代、原石形制、所在地等信息，并有适当的考证与录文等内容，实用价值较高。

此外，还有着重对某一种类型的石刻或者有关遗迹进行实地调查、记录和考证的著作。如叶昌炽的《邠州石室录》、孙三锡的《昭陵碑考》、钱保塘的《涪州石鱼题名记》等。也有对边境地区以及海外金石材料予以记录和介绍的专著，例如李文田的《和林金石录》、刘喜海的《海东金石苑》（该书后来由刘承干加以校录，并续成《海东金石苑补遗》与《附录》）、傅云龙的《日本金石志》等。这里举一些例子：

叶昌炽的《邠州石室录》是记录邠州（今陕西省彬县）大佛寺的石刻著录，邠州大佛寺是自北朝时开始兴建的大型石窟寺，里面现存唐代大佛高 24 米有余，是中国西北地区重要的石窟造像遗迹。这一佛寺又正位于古代的交通要道之上。唐宋以来，在此造像刻经、题名留记的官员与平民数以百计，留下了大量石刻铭文。该书则汇集邠州大佛寺地区所保存的历代石刻铭文并且进行有关考证。全书共三卷，收入唐代至元代的刻经、造像、题名、诗刻、题字等石刻材料总计 102 种。每种石刻均依照拓片摹写原铭文字形，残缺的地方也依照原石一一描画出来。在铭文后加以考跋。在各种石刻的名目下均注明行数、字数、书体以及其他的刻写特征。考跋的主要内容有：对于铭文中残缺文字与异体写法的考释，对于铭文中的人物姓氏、官职、地名、年代等方面的考证，以及对有关历史记载的引证与校正等。

该书中对于石刻题记的考证颇具功力。这批石刻中以宋代过往官员的题记题名为主。而北宋时期，邠州正是通往西夏边境的军事要道与军事重镇，防守西北边境的将领官员，大多在这里留下了题记。通过它们可以了解当时西北官员将领的活动情况，了解北宋与西夏的战事与外交、经济往来等。叶昌炽广泛征引宋代历史文献记载，对邠州石室题记中的大量人物情况作了深入考证，例如题记中的王沿、韩琦、尹洙、王尧臣、滕宗谅、王素等众多在《宋史》中有传记的重要边镇官员都有比较详细的引述。对于历史文献中没有传记记载，无所考证的人物，叶氏也能运用其他地区的金石材料予以对照与印证。例如刘宗杰题记一则，就引用了《粤西金石略》一书中曾公岩题记等处石刻里有刘宗杰的记载，来考证其人的官职与仕历。又如考证李丕旦题名中"德顺通理丕旦"等铭文时指出德顺为德顺军简称，通理为官名"通理郡事"的简称。而这段铭文前人多误认为三个人名。叶氏的考证结果十分精到。其他考证也大多类此。正如叶氏所言："以告世之考古者，未可师心而臆说也。"从而充分体现了叶氏治学严谨、考证精细周密的作风。可为其他金石考跋做一典范。

刘喜海，字燕庭，一字吉甫，山东诸城人，官至浙江布政使。所撰《海东金石苑》一书，收录并且考证原新罗、高丽（今朝鲜、韩国）等地古代石刻与钟铭等铭文材料。该书成稿后尚未能刊行，便遇上英法联军的侵略，原稿毁于英军攻打北京的炮火中。由于潘祖荫抄录了原稿的跋尾与前四卷的录文，得以保存下来部分原稿。同治十二年（1873年），鲍康刻印观古阁丛刻，将潘祖荫抄录的《海东金石苑》题跋部分收入，以《海东金石苑》的名目刊行，仅一卷。该次刊印的内容包括相当于南朝陈代至明朝时期的 80 种高句丽、新罗、高丽等国的金石铭刻，但是仅存有铭刻的名目与刘喜海的跋尾，没有录文，实用价值比较低。光绪七年（1881 年），张德容又将潘祖荫抄录的前四卷原稿校对后予以刻印，即二铭草堂本。1922 年，刘承干将他在数年前购得的刘喜海初稿本予以校勘后，作为嘉业堂自刻本的一种印行。刘承干所得的初稿本存有第二至第八卷，过后不久，所佚第一卷也从北京厂肆间购得。罗振玉得知这一消息后，致函刘承干，指出张德容的二铭草堂本中错误比较多，如果准备再次刊印，必须以原来的碑石进行校正。刘氏便从吴蔚若处借到刘喜海原来收藏的这批金石拓本，加以订正。并且将前四卷中改正的字数附记于各碑文的末尾。

刘喜海的原书为八卷，收录了钟铭与碑铭共 82 件，有跋尾 80 条。

但是其中有一些是仅存有碑、钟的名目但没有录文的,也有一些是有录文而没有拓本传世的。刘承干便多方设法借阅有关拓本,除去校正之外,又将原书中没有收录的 7 种石刻与罗振玉收藏的叶氏《高丽金石录》中的 8 种石刻录文合编为《海东金石苑附录》二卷,附于原书之后。

该书整理完成以后,刘承干又筹画搜求晚出的海东金石作一个补遗。罗振玉得知后,告之自己很早以前就想要续编《海东金石苑》,收集有 72 件拓本,大半是朝鲜故王李氏博物馆的藏品,少半为日本公私收藏。他愿意把这些材料提供给刘承干出版。刘承干就把这些拓本继续抄录成文,加以跋尾,汇集成《海东金石苑补遗》一书,共六卷,与《海东金石苑》、《海东金石苑附录》一并刊行,为嘉业堂本。这是目前《海东金石苑》一书各种版本中最完整,最可靠,材料最丰富的刊本。

该书收入的材料都是高句丽、新罗、高丽等国的汉文金石刻铭,包括碑、塔铭、墓志、画像、题记、钟铭、石幢等等。《海东金石苑》以碑与僧人塔铭为主。《海东金石苑补遗》则以墓志为主。有关古代朝鲜历史的重要资料高句丽好大王碑、新罗真兴王巡狩碑、唐平百济碑、唐刘仁愿纪功碑、新罗太宗武烈王陵碑等均收入此书。

该书的编写方法沿袭传统的金石著录,所收入的铭刻均依照时间顺序排列。每种铭刻的名目下注明原铭刻的形制、拓本的尺寸、残损情况、所存行数、每行的字数、书体等,然后抄录铭文。每行末尾以横画等符号来标明,不加标点。录文后面附加朝鲜人士(如洪良浩等)在拓本上的题跋、有关金石著录(如《金石萃编》等)上面的题跋、刘喜海的跋尾以及刘承干校勘考证的题记等。可以互相参照。但是由于作者的疏漏,录文中仍然保留着一些异体字与未能确释的文字,需要核对原石刻资料认真加以考证。

⑤ 石刻铭文义例方面:

上面已经提到元代开始出现了一种专门分析归纳石刻铭文文体义例的石刻著录。这类书籍在清代也多有创作,内容、形式都比较多样化。但是，它们仍然主要是分析各种石刻铭文的写作方法，侧重于文学创作与应试的需要。

《金石要例》是清代初年著名文人黄宗羲所著。该书兼及金石，引用例证 36 则，分析其文例与含义，考证比较深入。但是引用了一些伪器，说明作者缺乏金石鉴定的功力。他的特点是仅评论文例的"要义"，并且追溯源流，涉及唐代以前的碑志，而不是像上述各种著作那样仅限于唐宋名人的作品中。此外，他还探索了对金石文例的惯用体例造成破坏而形成文体改变的情况。

《志铭广例》，清代学者梁玉绳所撰。它是以分析墓志文例为主的一部著作，但是在引例中，他又引用了不少古代碑、表的文例，自称："碑、表非志铭，而例有从同，故并举之。"使后人认为他"自相抵牾，以乱其例"[1]。实际上他的说法并无错误，墓志文体的产生确实是受了碑、表文的文体影响，只是梁氏的书名仅限于墓志，有些不妥而已。该书对文例的分析方法与《金石例》等相同，但是举例丰富，可以补正《金石例》《墓铭举例》等著作中的错误与阙漏。

《汉魏南北朝墓铭纂例》为清人李富孙撰。该书引用碑志共 326种。据其自序云：他撰写此书的目的是由于看到《墓铭举例》一书仅列举了唐宋文人的文例，认为他们不了解墓志铭的起源，所以收取《隶释》《隶续》收录的汉代、魏晋石刻以及六朝碑志等材料，仿照《墓铭举例》的体例撰写成此书。《续修四库全书总目提要》批评该书"纷然杂陈，莫衷一是"。但是该书虽然在文体义例上用力不足，却在总结汉魏六朝时期碑志铭文的文体特征上颇有独到之处。如指出汉碑"序"中也多用韵文等特点，属前人所未及。而且书中引用了大量清代著名学者的有关论述，如顾炎武、全祖望、钱大昕、毕沅、阮元、姚鼐等人的考证，颇具参考价值。

《汉魏六朝志墓金石例》与《唐人志墓金石例》为清人吴镐的作

---

① 见傅璇琮总主编：《续修四库全书总目提要》，上海古籍出版社，2014 年。

品。《续修四库全书提要》云:"(《汉魏六朝志墓金石例》)汉魏碑七十八首,为例一百四十八条。其文大都取自六朝人别集,及《隶释》、《隶续》、《金石萃编》诸书。其第三卷又专辑蔡邕文十五首、庾信文十四首,以为碑志之楷式。"《唐人志墓金石例》取唐人文集中所见碑志及陶宗仪《古刻丛抄》、王昶《金石萃编》中所著录之唐人墓志,撰为志例,凡九条。每条皆以各碑志之例实之。其间亦有汉魏六朝所未有,而潘昂霄、王行、黄宗羲三家未举之例。……编末有志墓例附论八条,泛论墓志文体。"台湾学者叶国良认为:"其贡献有三:破除碑志专尚韩愈散体之成见,阐扬蔡邕、庾信骈体之成就,一也。指出十三事者已备于庾信,为隋代唐初文士所宗法,二也。破除王行十三事备为正例、略为变例之说,三也。此非具文体沿革演进观念者不能道也。"①

《碑版文广例》,清代王芑孙著。该书完全从文章写作的角度来评论碑志,将碑志的正宗定为韩愈、欧阳修的流派,认为:"韩以前非无作者,凡其可法,韩欧则既取而法之矣;其不可法,韩欧亦既削而去之矣。"表现出比较偏激的狭隘观点。但是该书的体例严谨,列举文例198 则,均符合作者立意,在总结碑志书写的体例时条目清楚,便于读者了解碑志的常见文体与演化情况,具有一定的参考意义。

《金石综例》,为清人冯登府所作。其在清道光七年(1827 年)撰写的自序中说:"尽搜商周秦汉魏晋六代五季唐宋及海东诸国金石之文,条分类聚,溯其源而讨其流,衷其至当者,成《金石综例》四卷,盖不专言志铭例也。"该书收录范围较广,但疏漏与错误也比较多,而且对于文例的分析也不十分周密。《续修四库全书提要》云:"泛举石刻诸品,详其体制,治考古学者偶有所取资焉。"是较为公允的评价。

除此之外,还有清代郭麐的《金石例补》、鲍振方的《金石订例》、刘宝楠的《汉石例》等金石义例类著作。

⑥ 石刻综合研究方面:

---

① 叶国良:《石学蠡探》,(台)大安出版社,1989 年。

近千年来,有关石刻的著录汗牛充栋,但却极少有对属于石刻体系本身的石刻外部形制、铭文格式、材料分布、石刻演变、刻工书体以及制作工艺等实质方面加以考察的专论。也就是说,还没有学者注意到石刻学完整的学科体系研究,缺少对石刻全面的分析与概括,更不用说从发展变化的角度去梳理各种石刻的发展过程和总结其变化规律了。因此,长期以来,石刻研究多限于文字释读与内容考证方面,往往成为儒学经史研究的附庸,没能成为一门独立的完整学科。

直至清代末年,才由叶昌炽所著的《语石》一书初步完成了这个工作。《语石》的自序中说。其所著涉及"制作之名义,标题之发凡,书学之升降,藏弆之源流,以逮摹拓装池、轶闻琐事。"叶昌炽从石刻的历史、分布情况、铭文义例、时代特征、书法艺术等方面广泛搜集例证,加以综合研究,将对石刻的整体认识大大提高。

叶昌炽,字颂鲁,号鞠裳,晚年号缘督,江苏苏州人,曾任甘肃学政。他少年时曾就读于著名学者冯桂芬主讲的正谊书院,后致力于金石学,所交往者多为金石名家,如潘祖荫、缪荃孙、吴大澂、陆润庠、梁杭叔、沈曾植等。叶昌炽于石刻"访求逾二十载,藏碑至八千余通",并在游宦各地时注重调查寻访石刻等文物遗迹。因此,他能以广博的见闻与扎实的汉学功底为石刻研究发凡举例,创立了石刻学研究的基本框架结构。他在清光绪二十七年(1901)完成了《语石》初稿。这部"二百数十年间无人荟萃之创作"①,首次构建了石刻研究的立体框架,为中国石刻学的学科建设奠定了基础。

《语石》全书共十卷,以分条笔记的形式,就具体实物证据加以分析,阐述石刻的有关内容。第一卷是按照自古至今的时代顺序介绍历代石刻概况以及各朝代的重要石刻。特别注意到十六国、五代十国、伪齐、西夏、吐蕃等以往不大受重视的石刻材料。并且加入作者的见解与必要的考证。第二卷是按照石刻分布的地理区域举证说明。先

---

① 　清叶昌炽:《缘督庐日记》,江苏古籍出版社,2002 年。

在"总论各省石刻"与"求碑宜因地"二条中概括了全国的石刻分布情况,并提出了注重核实石刻原所在地的观点。他还对各地由于历史变迁与政治兴衰等原因造成的石刻特点做了分析。如指出:"燕为辽宅京之地,金为中都,元为大都路,亦唐以后神皋奥区也。然自晋以后,沦为左衽。唐之中叶,又为安史窃据。辽金递嬗,下逮元初,文物衣冠,远谢南服,其碑文字多猥鄙,书法亦无士气。"此外,叶昌炽还尽其所闻,对滇贵、东北、新疆、和林等边疆地区的石刻以及朝鲜、日本、越南、埃及等外国的石刻做了介绍。形成了一个"上溯古初,下迄宋元,元览中区,旁征岛索"的完整系统。

第三卷至第五卷按照石刻的形制详细分门别类加以介绍,是叶昌炽建立石刻学形制研究的重点。以往金石学者的石刻研究多局限于铭文内容,很少涉及石刻的外形与纹饰图像。而叶昌炽在这里首先根据石刻外形把历代石刻划分为碑、墓志、塔铭、浮图、刻经、造像等多种类型,并对各类型的起源、演变过程、时代特征、铭文主要格式等都做了详细的分析。这种分类既改变了石刻研究的方法及研究方向,也扩展了传统石刻研究的范畴,使石刻研究向古代器物学的方向转变,为其纳入现代考古学的系统打下了基础。第六卷介绍石刻铭文的各类基本义例。其创新之处在于从石刻实物出发归纳各种石刻铭文的特点。如总结历代碑志上撰、书人的署名现象、书碑之例、一石两文、石工、画人、古碑先立后书等实际情况。第七卷介绍历代书法家书写的碑石情况。第八卷介绍各类历史人物的碑石与石刻的各种书体。除研究汉字书法与名人名碑外,他还注意到石刻中的各种少数民族文字,如契丹、西夏、女真、蒙古、畏吾儿、唐古忒等文字铭刻,并就有关文字知识做了介绍。第九卷列举碑文书写与行文中的种种特殊格式。第十卷则研究了有关拓本的内容和装裱拓本、保护石刻等问题,介绍了碑拓的各种形式、工艺、保护方法以及其他一些与石刻有关的杂记,并对当时著名的碑贾、书商等做了介绍。

由于当时所见材料与研究方法、学术环境等方面的局限,《语石》

一书中也存在一些不足之处。如采用笔记形式,显得比较零散,理论
叙述过于概括、不够明确,有些观点不够集中,体例也不十分统一等,
甚至有些记载失实,判断不当的地方。但是这些缺点并不会影响到它
对后来石刻研究所起到的重大作用。

该书中所涉及的问题十分广泛,遍及石刻研究与史学和金石学研
究的各个领域,提出了很多颇有见地的看法,并且注意到多种前人没
有注意的石刻材料。最重要的就是叶昌炽能尽可能地总结实物情况,
并结合有关文献,为石刻研究初步拟定了一个严密的分科体系,在总
结宋代至清代的有关石刻研究成果基础上,形成了一定的研究理论与
研究方法。因此,《语石》一书在 1909 年问世后,获得金石学者的同声
赞誉。民国初年的石刻学者顾燮光在其所著《梦碧簃石言》卷五中肯
定《语石》"精博详赡,体例完善,实为金石学中空前绝后之作。"①

历来学者都把《语石》称作近代研究中国古代石刻最有学术水平
的一部著作。民国学者柯昌泗又为之补充校订,增加和订正了大量内
容,续成《语石异同评》一书。他在书中说:"近世访碑之书,推长洲叶
鞠裳侍讲丈《语石》条理最善。……惟寻绎既久,参以见闻,校以石墨,
不免时有异同。旧尝随手笺记简端,以备讹忘。新出石刻,此书所未
及可资引证者,亦加论列。"此书收入了大量新发现的石刻资料,篇幅
大大超出《语石》原书,并在此基础上补充了很多新的见解,订正了多
处《语石》所论述的观点,研究价值亦不在《语石》之下。由于原稿一
直没有出版,以前人们无法得知其具体内容。现已由中国社会科学院
考古研究所整理,陈公柔点校,将其与《语石》合为一书,由中华书局
出版。

《语石异同评》主要从三方面对《语石》的内容加以补正。

第一是补充实例,对叶昌炽没有谈到或者以前没有问世的石刻新
发现加以介绍,补充证明叶昌炽的观点。如卷四中将 20 世纪二三十

① 顾燮光:《梦碧簃石言》,辽宁教育出版社,2001 年。

年代中各地出土的墓志一一加以补充,并由此论及墓志形制的定型。有些补充材料中包括较细致的调查记录,如卷四刻经八则后面附入北平研究院对南北响堂寺刻经的调查结果、《山东通志·艺文志》和《金石汇目分编》中对邹县四山刻经的记录等,增加了《语石》的学术价值与实用性。

第二是在叶昌炽观点的基础上借以发挥提高,补入柯昌泗自己的观点与评议。如对卷二中求碑应宜地的观点,柯昌泗便引入吴式芬《金石汇目分编》与缪荃孙《艺风堂金石目》中介绍的访碑方法,并介绍了民国初年顾燮光等人踏访石刻的情况。他还补充了访碑时要注意历史沿革,申明石刻迁徙,辨别讹传误载等需要注意的事项,进一步完善了这一观点。又如卷三论碑之名义缘起一条中,叶昌炽仅引用《仪礼》、《释名》等古代文献来说明碑的起源。而柯昌泗则大量补充了古代的各种早期刻石,如坛山刻石、石鼓文等来说明早期刻石与碑没有直接关系,至东汉中叶刻石纪事的风气兴起后才出现碑刻。

第三是在新发现资料的基础上对叶昌炽的讹误或不足之处加以订正和补充,或提出自己的新看法。如以大量汉画像石以及成都万佛堂等地出土的造像碑、冯邕夫人墓志盖、雁塔石刻画像等实物补充叶昌炽在这方面叙述的不足,并提出“印度画法初入中土,石刻中可以窥见”的新看法。在卷三立碑总例一条中,柯昌泗列举了大量实例说明叶昌炽的分类有失,表明了自己的分类意见。

其他一些金石著作中也涉及到石刻的综合研究,如《金石萃编》的《总论北朝造像》跋语就对北朝造像题记的文字体例、常用词语和格式等做了归纳。

此外,在鉴定石刻拓本与石刻本身的真伪,判断其时代年月等方面也有一些专门的著作问世。方若《校碑随笔》就是这方面的代表作。它总结了一些著名的常见石刻拓本的鉴定方法以及有关知识,并且对历代主要的碑石做了基本情况的介绍。所以至今仍有一定的实用价值。

最后特别要提及清代金石学中集石刻著录之大成的重要著

作——《金石萃编》以及由它开创的集纂类资料汇编著作。

《金石萃编》为清代学者王昶编集。王昶,字德甫,号兰泉,又号述庵,江苏青浦(今上海市松江县)人,生于清雍正二年(1724年),卒于嘉庆十一年(1806年),乾隆年间进士,官至刑部右侍郎。

该书是清代金石学中的重要著作,以收录历代石刻材料为主,兼收部分青铜器、砖瓦铭文。全书共一百六十卷,收录金石资料1500多种,在此前历代金石著作中内容最为丰富。所收录的石刻时代自先秦开始,下迄宋、辽、金。但是今天看来,其所收录的先秦金石材料断代尚不准确。

从《金石萃编》王氏自序中可知,王昶曾经"游京师,始嗜金石,朋好所赢,无不丐也。蛮陬海澨,度可致,无不索也。两仕江西,一仕秦,三年在滇,五年在蜀,六出兴桓而北,以至往来青、徐、兖、豫、吴、楚、燕、赵之境,无不访求也。"由于王氏积五十年功力,广泛收集,使该书成为规模空前、罕有匹敌的金石学总汇型著作。

更重要的是:《金石萃编》一书为编纂金石汇编性的著录建立了一套比较完整的体例,成为后来金石学汇编沿循的基本标准。全书所收资料按照时代与年代顺序依次排列,每件名目下均注明原来器物的尺寸、出处及所在地、书体等基本情况。然后抄录铭文,晋代以前的铭刻大多为篆书或隶书,为了解原来面貌,故采用摹写原文的方法,并附加释文。南北朝以来的铭刻则采用楷书录文。石刻的碑额、碑阴、碑侧等附加铭文也全部录入。录文后面附录历代金石著录与其他集述中的有关题跋考证,最后为作者按语。条理清晰,收录丰富。特别是作者的按语中有很多精辟的独到见解,如对汉代画像石、对佛教造像题记等进行的专门论述,表现出对古代石刻深厚的研究功力。由于该书包容丰富、体例完备,故而被近人朱剑心评为:"兼具存目、录文、摹写、跋尾之长。"在金石著录中具有不可替代的重要位置。

该书大力收录了当时新发现的铭刻资料,并且搜集了许多前人忽视的资料。不仅在两汉石刻中收录了较晚出土的曹全碑、张迁碑以及武氏石室画像题记等重要材料,在三国以下各卷中收录了魏公卿将军上尊号碑、吴天发神谶石刻、梁瘗鹤铭、北魏张猛龙碑、吊比干墓碑、龙门造像题记、唐昭陵碑刻、碧落碑、石淙诗刻等著名石刻,还收录了大量后出的墓志、题记、经幢、题名、刻经等宝贵资料。该书还注意收录边疆与地方政权的铭刻资料,如唐末赐钱镠铁券、后蜀石经毛诗、辽云居寺石经记事碑、南诏大理碑石等。

《金石萃编》是第一部收录完整的石刻资料超过一千种的鸿篇巨著。在它之前的一些金石集录,如《隶释》、《金薤琳琅》、《金石存》等,都远远无法与之相比。《金石萃编》问世后,陆续有多种金石著作延续它的编辑体例,补充收录新发现的资料,考证修订已发表的石刻材料。从而形成了一个独立的金石著作流派。这也可以说是《金石萃编》开创的通纂学派吧。这一类著作中,有对《金石萃编》本身作校勘补证的,如沈钦韩《读金石萃编条记》、罗振玉《金石萃编校字记》等。也有仿照《金石萃编》继续汇集金石资料的,如陆耀遹的《金石续编》、黄本骥的《金石萃编补目》、王言的《金石萃编补略》、方履篯的《金石萃编补正》、陆心源的《金石萃编补》(未刊稿)、严可均的《平津馆金石萃编》(未刊稿)等。但是它们校补的内容都较有限。吴荣光曾收集大量金石拓本,并欲编撰《金石萃编补遗》一书补充《金石萃编》,但未能完稿,仅存金文部分,刊为《筠清馆金录》。因此,继承《金石萃编》的汇编事业并足以与之媲美的另一部巨著只有陆增祥所著的《八琼室金石补正》。

陆增祥,字魁仲,号星农,生于清嘉庆二十一年(1816年),道光三十年(1850年)会试"成进士,以廷试第一人授翰林院修撰",后曾授广西庆远府知府,被留为湖南道员,加布政使衔,卒于光绪八年(1882年),江苏太仓人。

陆增祥精于金石之学,著有《三百砖砚谱》一卷、《篆墨述诂》二十四卷以及《楚辞疑义释证》八卷等,《八琼室金石补正》一书是其积毕生之精力完成的一部巨著,共一百三十卷。该书称为"补正",因为它主要是沿承《金石萃编》的体例与收录，对其进行订正与补充。书中收录了大量《金石萃编》未曾收录的材料，据统计，该书收录的历代金石材料（主要是石刻材料）达3500余种，比《金石萃编》多出了近2000种。如西汉与新莽时期的石刻就从4种增加到15种。对《金石萃编》所收录的材料，《八琼室金石补正》也作了大量校正修订的工作，对其录文与引用他人题跋中的错讹、漏衍等，就所见拓本逐一进行核对，列举错误，加以更正。具体著录中，该书对《金石萃编》的体例有所完善，如记载外形尺寸时改用工部尺，不再沿用古代的虑虒尺；后代重刻碑石按照重刻年代排入；录文中加横线表示行款；原在一处的成组同地石刻按照年代顺序统一收集，排列在一起等。

该书编写体例仿照《金石萃编》，但是在《金石萃编》中已经收录的材料便不再录入全文，只是说明《金石萃编》的错误，补充《金石萃编》遗漏的重要题跋。《金石萃编》中未曾收录的材料则全部录文，附以各家题跋和陆氏按语。收录范围更加扩大，如在附录的《元金石偶存》中收录了元代的金石刻铭，在一百二十九卷与一百三十卷中收录南诏、朝鲜、越南、日本的古代铭刻等。

陆增祥的校订与收集十分认真严谨，尽力选取较好的拓本来核对。他在该书的凡例中规定："间于他处借录，亦必目验墨本，不敢据金石家书及友人录寄之文。"他也注意金石器物的辨伪问题，还专门编写了《金石祛伪》一卷，对金石材料中的赝品予以辨识。这既表现了他的科学认真态度，也是首次明确将辨伪作为研究内容，拓宽了石刻研究的领域。他另有《金石札记》四卷，专门记录青铜器、铜镜、货币、砖瓦等文字材料。现这两种著作与《元金石偶存》一并附于文物出版社影印的《八琼室金石补正》书后。

《八琼室金石补正》使用比较便利，收录的各家考证也广博且精到，兼以材料丰富，可以使学者了解到古代，特别是清代的石刻研究主要成果，看到有关重要观点。因此，它和《金石萃编》都是迄今为止石刻研究中的必读书。

第二节　20 世纪初至 20 世纪
70 年代的石刻研究

　　1911 年,清王朝的覆灭宣告了在中国历史上绵延 2000 多年的封建专制制度结束。旧的思想桎梏一旦被打碎,各种新思潮、新文化与新的学术研究方法纷纷涌来。中国社会进入了一个空前的大动荡、大变化的历史阶段。长期占据思想统治地位的儒学已经完全无力应付这一局面,在各种西方思想文化的传入面前一败涂地。传统以传世文献研究为主的中国历史学也面临着西方史学理论的多方面挑战。西方考古学的传入,立即影响着中国历史学界与中国人对人类古代历史的认识。新的科学技术手段与新研究方法也就逐步改变了中国的传统金石学研究,形成了新的中国考古学学科。在石刻研究方面,虽然由于其着重于文字铭刻的研究,与历史文献结合比较紧密,使得传统的研究考证方法还有一定的应用范围,但是新的印刷编辑手段、新的文物管理方法以及国家博物馆、大学、研究院所等新学术单位的出现,都极大地改变了古代石刻的研究条件与研究方向,从而出现了大量的新研究成果。石刻研究由学者私人的学术喜好和私家收藏转而为国家文化与学术教育服务,从而无法避免地受到政治左右。学者们研究的重点也转为将石刻资料加以综合利用,为其他社会科学研究服务,由于当时学术思潮的巨变,对于涉及重要史实和边疆史地、民族关系、中外交通等史学热点的石刻材料尤为重视。同时,传统的石刻收集、编目、汇录与考跋等作法仍然延续着。这时的石刻研究中出现了新旧两种研究方法同时存在的局面。

　　在回顾这一段时期的石刻研究之前,首先应该介绍在近代国学研究中占有重要地位的两位金石学者——罗振玉和王国维。

　　罗振玉是传统国学的笃学者,又在清代末年的维新浪潮中接受了日本等国的一些新学术思想,而且他生值近代各项考古文物重大发现纷纷面世之时，如 20 世纪初的敦煌卷子、甲骨文、历代墓志等重要文物发现都有罗振玉的参与。所以，政治上失意的罗振玉用很大力量去广泛收集和出版、研究新发现的文物资料，为保存与介绍这些文物资料做出了很大的贡献。罗振玉又具有深厚的国学功底，对各种考古文字资料都有深入的研究。他在石刻材料的整理收集与研究方面都取得了丰硕的成果。仅他个人编辑出版的石刻资料汇集就有《昭陵碑录》、《唐三家碑录》、《西陲石刻录》、《海外贞珉录》、《汉熹平石经残字集录》、《六朝墓志菁英》、《邙洛冢墓遗文》、《三韩冢墓遗文》、《东都冢墓遗文》、《邺下冢墓遗文》、《中州冢墓遗文》、《襄阳冢墓遗文》、《广陵冢墓遗文》、《吴中冢墓遗文》、《山左冢墓遗文》等等。在他的文集《贞松老人遗稿》、《辽居杂著》等著作中还收入了大量的有关石刻考证文章以及石刻题跋等研究成果。

王国维则将西方近代考古学、历史学的研究方法与乾嘉学派的传统考据学成功地予以结合，扩展了传统金石学的研究内容，对中国史学研究的发展做出了很大贡献。虽然他的研究重点在甲骨文、金文、简牍和古典文献等方面，但是在石刻研究领域中仍有不少创新之见。如他所著的《魏石经考》[①]对曹魏三体石经做了综合性的研究，就曹魏石经的刻制经过、兴废情况、碑数、所刻经文、传拓情况等都有着认真的考证说明。材料收集完全、论证深入，使得这部著作至今仍是研究曹魏石经的基本文献。他对中国边疆地区所存石刻的研究，使得国学界将注意力转向边疆区域与中外交流等方面，从而关注到中国的疆域与民族变迁历史。他在这方面的著作《魏毌丘俭丸都山纪功刻石跋》、《高昌宁朔将军鞠斌造寺碑跋》、《九姓回鹘可汗碑跋》等[②]，都是引导当时学术研究方向、具有创见的重要论文。

综观 20 世纪初至 20 世纪 70 年代的石刻研究，可以得出一个大

----

① 王国维：《观堂集林》，中华书局，1959 年。
② 并见于王国维《观堂集林》，中华书局，1959 年。

致的印象,即:与清代及清代以前的金石学研究相比,这时的石刻研究
在研究重点和研究方法上有了很大的改变。传统的金石学考跋方式,
如文字考释、以经史证石、以石验史等方法虽然还在使用,但单纯为证
经补史而研究石刻的目的已经逐渐改变。由于新的研究方向要求将
石刻材料服务于文史研究的新热点,服务于现实需要,所以新的研究
方法开始注意古代石刻的大背景环境、出土地点、外部形制、时代特征
与文化特色等,不仅局限于文字考释上。结合考古学方法的新研究成
果不断出现并逐渐完善。这一时期的石刻研究重点主要有:石鼓文研
究、石经研究、有关中外交通与民族文化交流的石刻材料研究、各地区
少数民族石刻与辽、金、西夏、元等朝代的石刻研究、近代经济石刻史
料以及在考古发掘中新出土的石刻文字材料研究等。

　　秦石鼓文在 20 世纪 30 年代后曾经引起多次学术界的讨论。主
要就其内容释读与时代判定发表过多种不同意见,迄今并无定论。主
要论著有罗振玉《石鼓文考释》①,王国维《明拓石鼓文跋》②,马叙伦
《石鼓文疏记》、《石鼓文为秦文公时地考》③,马衡《石鼓为秦刻石
考》④,张政烺《猎碣考释初稿》⑤,罗君惕《秦刻十碣时代考》⑥,杨寿祺
《石鼓时代研究》⑦以及童书业与唐兰的一系列讨论文章,如唐兰《石
鼓文刻于秦灵公三年考》⑧、童书业《评唐兰先生"石鼓文刻于秦灵公

---

①　罗振玉:《石鼓文考释》,罗氏刊本,1916 年。

②　王国维:《观堂集林》,中华书局,1959 年。

③　马叙伦:《石鼓文疏记》,商务印书馆影印本,1935 年;《石鼓文为秦文公时地
　　考》《北平图书馆馆刊》第 7 卷第 2 期,1933 年。

④　马衡:《石鼓为秦刻石考》,《国学季刊》第 1 卷第 1 期,1923 年。

⑤　张政烺:《猎碣考释初稿》,《史学论丛》第 1 册,1934 年。

⑥　罗君惕:《秦刻十碣时代考》,《考古社刊》第 1 卷第 3 期,1935 年。

⑦　杨寿祺:《石鼓时代研究》,《考古社刊》第 1 卷第 3 期,1935 年。

⑧　唐兰:《石鼓文刻于秦灵公三年考》,《申报文史周刊》第 1、2 期,1947 年。

三年考"》①等。唐兰还在《故宫博物院院刊》1958 年第 1 期上发表了
《石鼓年代考》，修正了自己原来的观点，指出从铭刻、字形、文字用法
和文字发展的过程等方面来看，石鼓文应该是战国时期的刻石，并结
合史载判定为秦献公十一年城栎阳时的作品。对石鼓文介绍比较全
面并予以深入考察的著作有郭沫若的《石鼓文研究》，该书原作于
1936 年，1955 年人民出版社予以重印，1959 年出版第三版，后两次出
版时都做了修改。该书中附有藏于日本三井氏的石鼓文宋拓安国本
照片，做有释文，并对文字的内容、复原原文及刻写年代等问题做了考
证。郭沫若坚持认为石鼓文是春秋时期秦襄公送周平王东迁后设立
西畤时刻写的，并考证说石鼓文中的"廊"字应该读作"蒲"，指"蒲谷"
一地。而张政烺、唐兰等都把这个字读作"鄜"，认为是鄜地，即今陕北
地区南部。苏秉琦《石鼓文"廊"字之商榷》②一文中则结合考古调查
情况论证"廊"是鄜地，开创了实地勘察与文献考证相结合的新研究
角度。

　　对石经的研究中，除去王国维的《魏石经考》外，马衡的《汉石经
集存》是收集汉代石经残石最完备、研究也最全面的一部专著。此外，
还有张国淦的《汉石经碑图》、《历代石经考》，章炳麟的《新出三体石
经考》，孙海波的《魏三字石经集录》，以及罗振玉影印的《汉熹平石经
残字集录》、《魏三字石经尚书残石》、《蜀石经春秋谷梁传残石》、《北
宋二体石经宋拓残本》等资料集录。

　　各种学术刊物上也发表了数十篇有关石经的考证文章。这些文
章主要内容集中在以下几方面：对石经的残字加以补充考证，对现存
残石予以拼合，探讨原有碑石的形制、数量及排列方式，考察石经经典

---

①　童书业：《评唐兰先生"石鼓文刻于秦灵公三年考"》，《文物周刊》第 46 期，
　　1948 年。

②　苏秉琦《石鼓文"廊"字之商榷》，《史学集刊》第 1 期，1936 年。

的文本，进行文字学上的研究等。如刘节《汉熹平石经周易残字跋》①、张崟《旧杭州府学南宋石经考》②、孙次舟《论魏三体石经古文之来源并及两汉经古写文本的问题》③、陈梅庵《三体石经兴废考》④、屈万里《汉石经周易为梁丘本考——跋张溥泉先生藏汉熹平石经周易残石》⑤、王献唐《新出汉熹平春秋石经校记》⑥、马衡《宋范祖禹古文孝经石刻校释》⑦等。限于篇幅，仅以马衡《从实验上窥见汉石经之一斑》⑧一文为代表来介绍一下有关研究内容。马衡对于汉石经的研究用功最深，他根据所获得的汉石经拓本对汉石经原石的文字进行校对与考证，并且与传世文献进行比较，进而考证所刻写的经文文本的流变过程。例如他指出石经《周易》所依据的文本是京氏易，汉石经与现行的各种文字版本文字不同之处大半为同音假借所造成等观点，都是首先提出的重要看法。后人对于汉石经的研究，也基本上是在马衡所作研究的基础上继续发展的。

自从清末学者刘喜海作《海东金石苑》⑨、王树枏作《新疆访古

① 刘节：《汉熹平石经周易残字跋》，《燕京学报》第 11 期，1932 年。

② 张崟：《旧杭州府学南宋石经考》，《浙江图书馆馆刊》第 4 卷第 1 期，1935 年。

③ 孙次舟：《论魏三体石经古文之来源并及两汉经古写文本的问题》，《齐鲁大学国学季刊》第 1 卷第 1 期，1940 年。

④ 陈梅庵：《三体石经兴废考》，《课艺汇选》第 2 期。

⑤ 屈万里：《汉石经周易为梁丘本考——跋张溥泉先生藏汉熹平石经周易残石》，《中央图书馆馆刊》复刊第 1 期，1947 年。

⑥ 王献唐：《新出汉熹平春秋石经校记》，《说文月刊》第 3 期，1942 年。

⑦ 马衡：《宋范祖禹古文孝经石刻校释》，《中央研究院历史语言研究所集刊》第 20 期下册。

⑧ 马衡《从实验上窥见汉石经之一斑》，《庆祝蔡元培先生六十五岁论文集》（上），1933 年。

⑨ 清 刘喜海：《海东金石苑》，刘氏嘉业堂校刻本，1922 年。

录》①后，罗振玉又编集《西陲石刻录》、《海外贞珉录》、《三韩冢墓遗文目录》②等涉及中国边疆地区以及域外石刻材料的著作。这些著作所收集提供的资料拓宽了学者的视野，将传统的限于中原汉地的石刻研究与新传入的西方历史文化研究热点联系起来。在 20 世纪中，对于中国边疆地区民族文化的研究与中西文化交流的研究一直是学术界所关注的重点，所获成果颇丰。其中讨论较多的课题有：在吉林集安的高句丽好大王碑、在蒙古的阙特勤碑及其他突厥人碑石、在西藏的唐蕃会盟碑、在西安碑林的大秦景教流行中国碑、在辽宁的辽陵石刻等契丹文碑刻、金人墓志等女真文石刻、西夏文石刻、有关犹太教和犹太人后裔的碑刻等，已发表的重要专著有郑文焯《高丽国永乐好大王碑释文纂考》③、韩儒林《突厥文阙特勤碑译注》④、王静如《突厥文回鹘英武威远毗加可汗碑释》⑤、冯承钧《景教碑考》、《元代白话碑》⑥和陈垣《基督教入华史略》⑦等。

有关这些方面研究的论文有数十篇。如吴其昌《汉敦煌太守裴岑破北匈奴纪功碑跋尾》⑧和《汉龟兹左将军刘平国东乌累关城制亭颂》⑨二文，就汉代北匈奴的活动状况和汉王朝攻击匈奴的政策等问

① 　清　王树枏：《新疆金石录》，仿宋印书局本，1911 年。
② 　罗振玉：《西陲石刻录》、《海外贞珉录》、《三韩冢墓遗文目录》，雪堂丛刻本。
③ 　郑文焯：《高丽国永乐好大王碑释文纂考》，苏州交通图书馆，1920 年。
④ 　韩儒林：《突厥文阙特勤碑译注》，国立北平研究院总办事处出版课，1935 年。
⑤ 　王静如：《突厥文回鹘英武威远毗加可汗碑释》，《辅仁学志》1、2 合期，1938 年。
⑥ 　冯承钧：《景教碑考》，商务印书馆，1928 年；《元代白话碑》，商务印书馆，1931 年。
⑦ 　陈垣：《基督教入华史略》，见《陈垣学术论文集》第一集，中华书局，1981 年。
⑧ 　吴其昌：《汉敦煌太守裴岑破北匈奴纪功碑跋尾》，《国学季刊》第 2 卷第 2 期，1929 年。
⑨ 　吴其昌：《汉龟兹左将军刘平国东乌累关城制亭颂》，《清华周刊》第 37 卷第 4 期，1932 年。

题结合碑石作了分析。类似讨论西北碑刻资料的论文还有黄文弼《拜城博者克拉格沟摩崖》①、冯国瑞《乐都新发现东汉灵帝光和三年护羌校尉赵宽碑考证》②、王献唐《新出汉三老赵宽碑考释》③等。又如刘节的《好太王碑考释》④是国内较早对高句丽好大王碑进行综合介绍与注释碑文工作的长篇论文,文中对于高句丽国的历史地理情况作了一些考证,也是较早涉及这方面研究的。但是刘节对于碑文中提到的地名与族名大多采用音韵通假来与文献记载比对,致使在考证中出现不少附会和误解,需要予以注意。释持(沈曾植)的《和林三唐碑跋》⑤是最早为突厥文碑作跋,开研究古代北方民族史风气的论文。据文中所称,俄国使臣喀西尼在 1893 年送来《蒙古图志》上刊登的阙特勤碑、苾伽可汗碑、唐姓回鹘爱登里罗汨没密施合毗伽可汗圣文神武碑三件影印本,请求对其内容给予考释。释持文中则对这些碑文中涉及的史料参照唐代文献进行认真考证。实际上,1892 年芬兰发表了《1890 年芬兰考察团收集的额尔浑碑铭》一报告,公布有一批突厥碑铭。俄国同年出版的《蒙古图志》,也公布了在蒙古发现的突厥碑。而后西方学者陆续对这些突厥碑铭进行了释读与研究。国内则有王国维对上述几件碑文的考跋和黄仲琴的《阙特勤碑》⑥、《再谈阙特勤碑》⑦,岑仲勉的《跋突厥文阙特勤碑》⑧,韩儒林的《突厥文苾伽可汗碑译释》⑨和

① 黄文弼:《拜城博者克拉格沟摩崖》,《女师大学术季刊》第 1 卷第 4 期,1930 年。
② 冯国瑞:《乐都新发现东汉灵帝光和三年护羌校尉赵宽碑考证》,《西北论衡》第 10 卷第 7 期,1942 年。
③ 王献唐:《新出汉三老赵宽碑考释》,《说文月刊》第 3 卷第 10 期,1943 年。
④ 刘节:《好太王碑考释》,《国学论丛》第 2 卷第 1 期,1929 年。
⑤ 释持(沈曾植):《和林三唐碑跋》,《亚洲学术杂志》第 2 期,1921 年。
⑥ 黄仲琴:《阙特勤碑》,《中山大学语言历史研究所周刊》第 100 期,1929 年。
⑦ 黄仲琴:《再谈阙特勤碑》,《中山大学语言历史研究所周刊》第 102 期,1930 年。
⑧ 岑仲勉:《跋突厥文阙特勤碑》,《辅仁学志》第 6 卷第 1、2 期,1937 年。
⑨ 韩儒林:《突厥文苾伽可汗碑译释》,《禹贡》第 6 卷第 6 期,1936 年。

《边陲石刻跋文译丛》①等论文陆续发表，持续对这几件突厥碑刻的文字内容、涉及的历史状况与当时唐朝和突厥之间的关系等问题进行了研究。

有关涉及唐朝与吐蕃重要历史关系的唐蕃会盟碑研究情况，需要提到姚薇元的《唐蕃会盟碑跋》②和张政烺的《跋唐蕃会盟碑》③等论文。这些论文对该碑刻的铭文做了注释与补正说明，并且考证了当时的吐蕃疆界。张政烺还专门讨论了吐蕃与中国先秦时期所称的"百濮"之间的关系，认为"濮"与"蕃"的古音相同，周武王时参与伐殷的"濮"应该就是藏区吐蕃的先民。

20 世纪初期，东北地区揭示出一批辽、金、元时期的石刻材料。由于当时的历史政治状况，国内学者未能介入有关发掘，而是日本学者对位于今内蒙古巴林右旗的辽代帝陵进行了发掘调查，并对出土的辽代帝后哀册等石刻资料做了介绍。以后，主持发掘考察的田村实造和小林行雄执笔撰写了《西拉沐沦河调查旅行记》《辽陵帝后的哀册与庄陵》两大本专著，1952 年，两人又合作编著了《庆陵——关于东蒙古辽代帝王陵墓与其壁画的考古调查报告》一书④。这是迄今为止有关辽庆陵发掘中最为完整的一份资料。通过日本学者发表的材料，罗振玉编集了《辽帝后哀册文录》，金毓黻编辑了《辽陵石刻集录》，将有关的石刻铭文照片发表出来⑤。由此，国内研究辽、金、西夏等民族文字的石刻资料之风一度兴起，并获得了不少成果，主要论文有：王静如

---

① 韩儒林：《边陲石刻跋文译丛》，《边政公论》第 1 期，1942 年。

② 姚薇元：《唐蕃会盟碑跋》，《燕京学报》第 15 期，1934 年。

③ 张政烺：《跋唐蕃会盟碑》，《文物》1959 年第 7 期。

④ （日）京都大学文学部：《慶陵東モンゴリアにおける遼代帝王陵とその壁畫に關する考古學の調查報告》，东京座右宝刊行会，1952 年。

⑤ 罗振玉：《辽帝后哀册文录》，见《辽居杂著乙编》，1933 年。金毓黻：《辽陵石刻集录》，1934 年影印本。

《辽道宗及宣懿皇后契丹国字哀册初释》①、励鼎煊《热河契丹国书碑考》②、谢国桢《记辽陵石刻及其他关于讨论辽陵之文字》③、罗福成《宴台金源国书碑考》④、王静如《宴台女真文进士题名碑初释》⑤、徐炳昶《校金完颜希尹神道碑书后》⑥、刘师陆《女真字碑考》与《女真字碑续考》⑦。这些论文对当时在辽陵出土的契丹文字石刻、开封保存的女真小字进士题名碑等女真文字石刻以及辽金历史中涉及到的有关问题做了研究考证，并且对契丹文、女真文这些罕见的民族文字材料进行释读辨识，提出了一些不同的释读意见。这是近代对于契丹文、女真文的首次认识，是辽、金历史研究中的重大收获。

至今仍屹立在北京市昌平区境内的长城居庸关上有一处引人注目的古建筑。在它的石质基座上雕刻有包括梵文、藏文、八思巴蒙古文、西夏文、维吾尔文与汉文的多种文字铭文。这就是以前俗称之为云台的过街塔基座。早在 1919 年，刘节就著有《居庸刻石辨文》⑧介绍了这批铭刻。对古民族文字深有研究的罗福成在《居庸关石刻》一文中也曾全面研究了石刻铭文内容⑨。而后，在 20 世纪 60 年代，宿白著《居庸关过街塔考稿》一文⑩，对这座建筑的建筑过程、外部形制、用

---

① 王静如：《辽道宗及宣懿皇后契丹国字哀册初释》，《中央研究院历史语言研究所集刊》第 3 卷第 4 期，1933 年。

② 励鼎煊：《热河契丹国书碑考》，《国学季刊》第 3 卷第 4 期，1932 年。

③ 谢国桢：《记辽陵石刻及其他关于讨论辽陵之文字》，《国学季刊》第 2 卷第 3 期，1925 年。

④ 罗福成：《宴台金源国书碑考》，《国学季刊》第 1 卷第 4 期，1923 年。

⑤ 王静如：《宴台女真文进士题名碑初释》，《史学集刊》第 3 期，1937 年。

⑥ 徐炳昶：《校金完颜希尹神道碑书后》，《史学集刊》第 1 期，1936 年。

⑦ 刘师陆：《女真字碑考》，《考古社刊》第 1 卷第 5 期，1936 年。

⑧ 刘节：《居庸刻石辨文》，《北京大学月刊》第 1 卷第 2 期，1919 年。

⑨ 罗福成：《居庸关石刻》，《北平图书馆馆刊》第 4 卷第 3 期，1930 年。

⑩ 宿白：《居庸关过街塔考稿》，《文物》1964 年第 4 期。

途与兴废过程等问题做了详尽确切的考证,首次判定所谓云台其实是一座过街塔的基座。并由此推动了对古代佛塔的研究。

随着考古学的发展,利用考古学研究方法与金石学考证形式相结合,对古代石刻的形制与有关的古代建筑形制进行研究,将石刻材料用于古代建筑史的研究,是这一时期新出现的研究范畴。例如刘敦桢的《定兴县北齐石柱》一文①,就是在实地调查与测量了北齐义慈惠石柱的田野工作基础上,对其形制与它所反映的北朝建筑特点加以研究。类似研究成果还有梁思成《云冈石刻中所表现的北魏建筑》②、朱希祖《六朝陵墓调查报告》③、陈明达《汉代的石阙》④等。

对石窟寺的考古调查、勘测与有关石窟建筑历史、形制、造像内容等方面的研究是在20世纪中新兴起的考古学重大课题。最早深入到这一领域的多为外国学者,如斯坦因对敦煌和新疆各石窟的考察、水野清一等对云冈、龙门等石窟的调查等。国内学者也随之关注到这一研究领域,在20世纪前60年中,陆续发表了大量有关石窟寺的调查报告、图录、目录以及研究论文。由于石窟研究涉及到考古学、佛学、佛教美术等广泛的内容,限于本书讨论的范围,不能一一详细涉及,这里仅将其中有关石窟题记与碑石、刻经等涉及文字石刻的研究成果略述于下。

20世纪30年代,关百益所作《伊阙石刻图表》是国内首次对洛阳龙门石窟及其造像题记进行全面调查介绍的专著⑤。虽然限于当时条件,工作尚嫌简略,材料也不够完善,但是其开创之功不可磨灭。白

---

① 刘敦桢:《定兴县北齐石柱》,《中国营造学社汇刊》,第5卷第2期,1934年。

② 梁思成:《云冈石刻中所表现的北魏建筑》,《中国营造学社汇刊》第4卷第3期,1933年。

③ 朱希祖:《六朝陵墓调查报告》,中央古物保管委员会,1935年。

④ 陈明达:《汉代的石阙》,《文物》1961年第12期。

⑤ 关百益:《伊阙石刻图表》,河南博物馆影印本,1935年。

志谦的《大同云冈石窟寺记》则对云冈石窟的创建历史与窟内造像情况、造像工艺特征、石窟现状、石窟内的题记数量与铭文内容、字数等问题做了介绍①。谢稚柳的《敦煌石室记》是他与张大千考察敦煌后的记录，也是较早介绍敦煌石窟的著作②。又如何士骥等人所作《南北响堂及其附近石刻目录》是对河北省邯郸市响堂山石窟一带的文字石刻比较详尽的调查编目③。周肇祥《云冈大茹茹可敦造像》④等文章则对石窟造像的内容进行了考证。20 世纪 50 年代，宿白的《"大金西京武州山重修大石窟寺碑"校注》是把铭刻考证、文献校勘与考古调查发掘等方面的研究工作结合在一起的杰出论著。文中对比云冈石窟的考古调查发掘成果，对大金西京武州山重修大石窟寺碑记录的北魏10 寺位置加以考证，由此整理出云冈石窟群的兴废历史，并且对唐代以后的修治情况与洞窟寺院变迁做了详尽的研究，对云冈石窟的研究具有指导意义⑤。这种新的研究方法也给石刻研究开辟了更广泛的天地。20 世纪 60 年代中，《文物》还发表了陆蔚庭遗留的手稿《龙门造像目录》⑥。这是以前研究者们所未曾见到过的早期龙门石窟保存情况记录，可供参考。

　　关于汉代画像石的图录与著作也很多。主要关注著名的山东省嘉祥县武氏石室画像石与河南省南阳地区画像石。早期的主要著作与论文有：容庚《汉武梁祠画像录》、傅惜华《汉代画像全集》、孙文青《南阳汉画像汇存》、关百益《南阳汉画像集》、陆和九《汉武氏石室画

---

① 白志谦：《大同云冈石窟寺记》，中华书局，1936 年。

② 谢稚柳：《敦煌石室记》，见《鉴余杂稿》，上海人民出版社，2008 年。

③ 何士骥等：《南北响堂及其附近石刻目录》，国立北平研究院史学研究所考古组，1936 年。

④ 周肇祥：《云冈大茹茹可敦造像》，《艺林月刊》第 81 期，1936 年。

⑤ 宿白：《"大金西京武州山重修大石窟寺碑"校注》，《北京大学学报》人文科学版 1956 年第 1 期。

⑥ 陆蔚庭：《龙门造像目录》，《文物》1961 年第 4 期、第 5 期。

像题字补考》、劳干《论鲁西画像三石——朱鲔石室、孝堂山、武氏
祠》①、孙次舟《汉武氏祠画像一二考释》②、杨寿祺《武氏祠画像与题
字》③、刘铭恕《武梁祠画像后石室所见黄帝蚩尤战图考》④、滕固《南
阳汉画像石石刻之历史的及风格的考察》⑤等等。

　　1949 年以后，文物事业稳定发展，对汉代画像石的保护整理取得
了很大的成果，陆续出版了一批专门介绍画像石的图录。如：《陕北东
汉画像石刻选集》、《江苏徐州汉画像石》、《四川汉代画像选集》、《沂
南古画像石墓发掘报告》等等。其中《沂南古画像石墓发掘报告》一
书是现代较早地科学发掘画像石墓的详细记录，首创对画像石墓的科
学考古发掘与整理之风。在大量新材料问世的基础上，对汉代画像石
的研究逐渐深入，除讨论画像的内容与含义以外，还涉及到画像的雕
刻技法与墓葬、画像分期等方面。如谢国桢《汉代画像考》⑥、李发林
《略谈汉画像石的雕刻技法及其分期》⑦、于豪亮《几块画像砖的说
明》⑧、孙太初《云南古代画像石刻内容考》⑨等。

　　这一时期，关于石刻的综合性考证著作以及利用石刻考证历史的

---

① 劳干：《论鲁西画像三石——朱鲔石室、孝堂山、武氏祠》，《中央研究院历史语言研究所集刊》第 8 期。

② 孙次舟：《汉武氏祠画像一二考释》，《历史与考古》第 3 期，1937 年。

③ 杨寿祺：《武氏祠画像与题字》，《说文月刊》第 2 期，1940 年。

④ 刘铭恕：《武梁祠画像后石室所见黄帝蚩尤战图考》，《中国文化研究汇刊》第 2 期，1942 年。

⑤ 滕固：《南阳汉画像石石刻之历史的及风格的考察》，《张菊生先生七十生日纪念论文集》，1937 年。

⑥ 谢国桢：《汉代画像考》，《周叔弢先生六十生日纪念论文集》，1950 年。

⑦ 李发林：《略谈汉画像石的雕刻技法及其分期》，《考古》1965 年第 4 期。

⑧ 于豪亮：《几块画像砖的说明》，《考古通讯》1957 年第 4 期。

⑨ 孙太初：《云南古代画像石刻内容考》，《学术研究》1963 年第 5 期。

著作主要有以下一些。罗振玉的《石交录》①与顾燮光的《梦碧簃石言》②都是采取笔记与跋尾形式集成的石刻研究心得,涉及到他们所见石刻的调查情况、文字体例、形制与具体内容的考证等,内容丰富,颇有见地。郭沫若的《古代铭刻汇考》一书中除去对金文等古代铭刻文字的考证外,还收入了他对石鼓文文字与对龟兹刻石(即东汉刘平国刻石)的考证③。马衡的《凡将斋金石丛稿》一书则包括了他的上述主要石刻论文以及《中国金石学概要》的讲稿④。《中国金石学概要》是对金石学研究内容的分类叙述,说明这时的学者已经有意识地将金石学作为一种学科来建立它的学科体系和理论了。类似这样对金石学进行总结和概述的著作还有陆和九的《中国金石学》⑤与朱剑心的《金石学》⑥。它们都是侧重于金石器物的形制、体例的分类排列介绍。这些著作继承了《语石》的立论角度,同时也吸收了一些近代考古学的分类研究方式,体例比较严谨,具有一定的理论体系,可以说是古器物学的代表作。其中朱剑心的《金石学》一书内容相对比较丰富全面。张政烺在北京大学讲授《中国考古学史》的讲义,虽然迟至 2003年才正式出版,但是它对金石学的历史作了系统的梳理和评述,里面包括了丰富的资料与深刻的见解,是十分重要的指导论著⑦。

在历史学界,很多学者都注重利用石刻材料去考证史实。如岑仲勉在隋唐史的研究中就大力运用唐代石刻。他的《贞石证史》一书全部引用石刻文字资料佐证历史研究,在对隋唐历史的研究中解决不少

①　罗振玉:《石交录》,自刻本。
②　顾燮光:《梦碧簃石言》,辽宁教育出版社,2001 年。
③　郭沫若:《古代铭刻汇考》,(日)文求堂,1933 年。
④　马衡:《凡将斋金石丛稿》,中华书局,1977 年。
⑤　陆和九:《中国金石学》,(台北)明文书局,1981 年。
⑥　朱剑心:《金石学》,文物出版社,1981 年。
⑦　见张政烺:《张政烺文史论集》,中华书局,2004 年。

新问题。他在 20 世纪 80 年代发表的《郎官石柱题记新考订》也是如此,利用石刻资料与历史文献对证①。补充了许多新的历史资料,有助于对唐代中央政府台省郎官人物与唐代政治史的研究。

由于石刻研究者们从单纯收集拓本、考证文字发展到了解石刻的所在地及原石的具体状况等实用信息,力求掌握石刻的全貌。所以近代对于石刻目录类书籍的要求也越来越高。造成石刻目录的编写日益科学化、规范化。

在清代学者孙星衍编纂的《寰宇访碑录》这一比较完善的石刻目录基础上,民国初年的学者们做了一些对它继续补充完善的工作。1926 年出版了李宗灏撰、文素松校补的《寰宇访碑录校勘记》②,1930 年由刘声木所作《寰宇访碑录校勘记》、《补寰宇访碑录校勘记》、《再续寰宇访碑录校勘记》、《续补寰宇访碑录》等共 25 卷出版问世③。类似的石刻目录书籍还有顾燮光的《古志汇目初集》、《古志新目》,黄立猷的《石刻名汇》第一编和缪荃孙的《艺风堂金石文字目》④等。

由于中国古代石刻分布广泛、数量巨大,仅以个人或一地的力量去编写全国的石刻目录显然是非常困难的。相比之下,地方性的石刻目录就比较多见。鉴于中国历来有修地方志的优良传统,地方的金石志往往是在结合地方志编写工作中完成的,一些石刻材料比较多的地区同时就编写了专门的地方性石刻目录。例如范寿铭的《安阳金石目》,顾燮光的《河朔金石目》、《两浙金石别录》,李根源的《云南金石

① 岑仲勉:《贞石证史》,国立中央研究院历史语言研究所,1939 年;《郎官石柱题记新考订(外三种)》,上海古籍出版社,1984 年。

② 李宗灏撰、文素松校补:《寰宇访碑录校勘记》,自刻本,1926 年。

③ 刘声木:《寰宇访碑录校勘记》、《补寰宇访碑录校勘记》、《再续寰宇访碑录校勘记》、《续补寰宇访碑录》,直介堂丛刻本,1930 年。

④ 顾燮光:《古志汇目初集》、1920 年石印本;《古志新目》,1933 年增订石印本;黄立猷:《石刻名汇》第一编,1926 年;缪荃孙:《艺风堂金石文字目》,家刻本。

目略初稿》,缪荃孙的《江西金石目》,范腾端的《国立北平图书馆藏碑目》,北平研究院史学研究会编写的《北平金石目》,张江裁等编的《北平庙宇碑刻目录》与陕西历史博物馆编写的《西京碑林藏石目录》等。

一些著名的石刻收藏家也将自己的收藏品或所经手石刻编目公诸于世。例如罗振玉的《墓志征存目录》、于右任的《鸳鸯七志斋藏石目录》、郭玉堂编张钫《千唐志斋藏石目录》等。值得注意的是一本不多见的小书《洛阳出土石刻时地记》。它是洛阳碑贾郭玉堂在长期经手洛阳出土石刻买卖的基础上,将自己所经手购买的与个人了解到的洛阳地区出土石刻情况逐一加以记录的成果。由于多为第一手的原始记录,所以它对于了解洛阳地区的北朝墓葬分布情况、盗掘出土情况很有帮助。对于考古研究中掌握洛阳地区汉魏乃至北朝石刻的出土情况颇具参考价值。原书并未收录洛阳地区唐代墓志等石刻的出土情况,近年由郭玉堂后人整理补充,加入唐代石刻的出土情况,重新印刷出版①。

1949 年以来出版的主要石刻目录有:北京文物工作队编写的《北京市出土墓志目录》、中国科学院图书馆编写的《中国科学院图书馆藏石刻编年草目》(油印本)。编写体例最为完备、内容也十分丰富的石刻目录为孙贯文所编《北京大学图书馆藏金石拓本草目》。由于北京大学图书馆藏品在国内属于最丰富的馆藏之列,孙贯文又在编写中充分收录了历代金石著录的收藏内容,使得这本书成为资料价值丰富实用的石刻目录。可惜由于文化大革命的干扰与作者早逝,该项工作尚未完成,现仅存有唐代元和年以前部分的石刻目录。北京大学曾印有油印本,近年在《考古学集刊》上陆续发表了该目录②。

自从清代末年杨守敬首先利用石印方法印刷出版了第一部写真

---

① 郭玉堂:《洛阳出土石刻时地记》,大象出版社,2005 年。

② 孙贯文:《北京大学图书馆藏金石拓本草目》,《考古学集刊》第 7 期至第 12 期,科学出版社。

的石刻图谱《寰宇贞石图》以后，民国初期，随着印刷技术的不断进步，陆续影印出版了不少石刻图录。其中有石印本，也有珂罗版影印本。相对于以前木版摹刻的作法，这些图录更能够逼真完整地传播石刻资料，由此便利了有关研究。例如周进的《居贞草堂汉晋石影》、容庚的《古石刻零拾》①、金毓黻的《辽陵石刻集录》、关百益的《南阳汉画像集》②、郭沫若的《石鼓文研究》以及罗振玉等人影印的大量石刻图集等。赵万里的《汉魏六朝冢墓遗文图录》以后经过加工整理成为《汉魏南北朝墓志集释》一书③，收集清末以来出土的汉魏两晋南北朝与隋代墓志拓本，是一部比较全面的早期墓志图录，并且附有说明与一些考证。

相比之下，专门的石刻录文汇集比较少。1949 年以前成书的主要石刻录文集有李根源的《云南金石目略初稿》，其体例主要依照《金石萃编》的编写方法，采取了《滇南古金石录》与《云南通志》等书籍的有关录文编辑而成。类似的著录还有吴宗慈的《庐山金石存真》、孟森的《辽碑九种》等④。但是这些著录的内容都比较有限，篇幅不长。倒是这时编辑的地方金石志中石刻的录文相对多一些。随着后来学术研究重点的变化，20 世纪 50 年代初，江苏省博物馆编辑了《江苏省明清碑刻资料选集》，为近代史研究提供了有益的资料⑤。这也是比较早的对明清时期的石刻加以汇集整理的著作。

从 20 世纪 30 年代以来，学者们还编辑了几种比较有价值的实用

① 周进：《居贞草堂汉晋石影》，石印本，1929 年；容庚：《古石刻零拾》，考古学社影印本，1935 年。
② 关百益：《南阳汉画像集》，中华书局影印本，1930 年。
③ 赵万里：《汉魏南北朝墓志集释》，科学出版社，1959 年。
④ 李根源：《云南金石目略初稿》；吴宗慈：《庐山金石存真》。孟森：《辽碑九种》，《国学季刊》第 3 卷第 3 期，1932 年。
⑤ 江苏省博物馆：《江苏省明清以来碑刻资料选集》，三联书店，1959 年。

工具书。例如用来辨识石刻中异体文字的《增订碑别字》,为罗振鋆与罗振玉编写。又如容媛编写的《金石书录目》收集了现存的历代金石著作名目,介绍了它们的作者、版本等情况。对于检索了解石刻著作极为便利。杨殿珣的《石刻题跋索引》是汇集清代和清代以前金石著录中的题跋,按照类型与年代排列的一部文献索引,也可以作为主要石刻材料的目录索引参用。直至今日,这些工具书还是石刻研究中的必备书籍①。

20世纪50年代,科学出版社影印了商承祚的《石刻篆文编》一书。该书主要收集各种石刻资料中的篆文,按照说文体例编成字书,利于查验。它不仅对识别石刻材料中的古文、篆文书体文字极有帮助,也是古文字研究中的重要参考书籍。

第三节 20世纪80年代以来的石刻研究

进入20世纪80年代以后,由于学术研究环境的改善和文物考古事业的空前发展,古代石刻的研究也日益深入,并且获得了十分丰硕的成果。这些成果是伴随着考古工作大力开展与古代石刻材料不断出土的新形势而取得的。近年来,这些新发现的石刻材料,不仅对古代遗址、古代城市与墓葬等考古发掘成果进行分期断代,了解古代陵寝制度等考古专题起到了重要的参考价值,而且以其蕴含的丰富史料为古代政治、经济、军事、文化、宗教、民族、地理、民俗、科学等多方面的专门史研究提供了可贵的实证。有关的重要发现,我们已经在上一章里予以介绍。这里主要归纳一下考古文物以及其他学科中有关石刻研究的主要成果。

首先介绍一下有关石刻资料整理与汇集的各种新著录。

---

① 罗振鋆、罗振玉:《增订碑别字》,家刻本;容媛:《金石书录目》,燕京学社,1935年;杨殿珣:《石刻题跋索引》,商务印书馆,1990年影印本。

　　原始资料是一切学术研究的基础。以往虽然有众多金石著录方面的著作传世，记录了丰富的石刻资料，但是比起浩瀚的全部石刻资料来说还远不够完备，并且以往的金石著录存在着体例不一、内容有限，出版印数较少而难以查找等问题，总是不够便利详尽。因此，整理汇集各地乃至全国的各种石刻资料就成为在学术界普遍开展的一件重要工作。20世纪80年代以来，考古文物研究有了巨大的发展，有关石刻著作写作出版的形势也十分喜人，除去重印传统的金石学著作以外，还出版了有关石刻文字研究、史料研究、目录索引、资料汇编、图录图集、碑拓鉴定等涉及石刻研究专题的书籍数百种，形成了一个庞大的石刻资料宝库。其中由中州古籍出版社出版的《北京图书馆藏中国历代石刻拓片汇编》和天津古籍出版社出版的《隋唐五代墓志汇编》两种图录收录最为丰富全面，其规模之宏大是前所未有的。《北京图书馆藏中国历代石刻拓片汇编》收入自先秦至清代和民国早期的石刻共20000余种，分成100册。虽然在收集范围、拓片的辨伪、年代确定与排列等方面还存在着一些不足，但是它首次提供了迄今为止最为庞大、最能反映中国古代石刻面貌的历代石刻精品图录，为石刻研究与各界利用古代石刻资料提供了便利条件。《隋唐五代墓志汇编》一书收录了新近出土的这一时期墓志与传世品拓片共计5000余件，将现存的大部分隋唐五代墓志拓片公之于世，同样具有重要的学术价值。在此之前，文物出版社曾出版了《千唐志斋藏志》，将河南新安千唐志斋的全部藏品1000余件历代墓志影印出版，受到广泛欢迎。与此类似的巨型图录还有中国佛教文物图书馆编著的《房山石经》，它影印了10000多件房山石经的拓本图像。文物出版社陆续出版的《新中国出土墓志》本计划将1949年以来各地出土的历代墓志收录完全，但是工作进行了近30年，仅出版了河南省、河北省、陕西省、江苏省、重庆市等部分省市的一部分资料。近年来，由徐玉立主编的《汉碑全集》在河南出版，它是一部较完全地收集现存汉代碑刻的精美大型图录。陕西西安碑林博物馆是中国古代石刻精华最早的收藏地，始建于北宋元祐二年(1087),收藏汉代至近代的碑记3500余件,其主要藏品也被编辑成《西安碑林全集》,将大量石刻拓片影印出版;而后还有《西安碑林博物馆新藏墓志汇编》一书,收录后秦至元代的墓志381种。山东石刻艺术馆曾将山东境内丰富的北朝刻经编成《山东北朝摩崖刻经全集》,以后又与德国海德堡大学合作编写了《中国佛教石经》的山东省部分。《中国佛教石经》一书是采用新科技手段全面记录中国各地佛教石经内容并进行有关研究的大型图录性丛书,全书尚在编著出版中。此外还有多部收录石窟、佛教造像等艺术内容的大型图录,如文物出版社与日本平凡社合作出版的《中国石窟》、重庆出版社出版的《中国石窟雕塑全集》、香港商务印书馆与上海人民出版社合作出版的《敦煌石窟全集》、外文出版社出版的《中国流失海外佛教造像总和图目》、山西人民出版社出版的《海外及港台藏历代佛像:珍品纪年图鉴》、文物出版社出版的《龙门石窟造像全集》及河南美术出版社、山东美术出版社等出版的《中国画像石全集》等。这些成果使我们能够比较便利地使用丰富的历代石刻资料,坐在家中也能遍览天下石刻。

较小规模的石刻图录很多,大多为地方性的石刻资料选编,代表者如:三秦出版社出版的《北朝墓志英华》、《陕西碑石精华》,齐鲁书社出版的《山东秦汉碑刻》、《山东汉代画像石选集》、《云峰刻石全集》,文物出版社出版的《南阳汉代画像石》、《辽宁博物馆藏碑志精粹》、《北京大学图书馆藏历代金石拓本菁华》,山东美术出版社出版的《武氏祠汉画像石》、《嘉祥汉画像石》、《临沂汉画像石》等多种地方画像石选,巴蜀书社出版的《四川汉代画像石》、《汉代画像石棺》,外文出版社出版的《响堂山石窟碑刻题记总录》,北京市文物研究所编集的《北京市文物研究所藏墓志拓片》,李龙文主编的《兰州碑林藏甘肃古代碑刻拓片菁华》,水利部长江水利委员会编《长江三峡工程水库水文题刻文物图集》等等。有些考古调查报告与文物保护工程的报告中也汇集了有关石刻图文,如文物出版社出版、重庆市文物局等单位编集的《瞿塘峡壁题刻保护工程报告》就附录了现存的题刻拓片、图片与录文等。另外，还有大量用于书法学习的碑刻图录、选本等。

陕西是古代石刻的重要分布地。在陕西省古籍整理委员会等单位的努力下，分地区汇集整理了各地县的古代石刻，由三秦出版社出版了一系列的石刻资料图录，汇为《陕西省金石文献汇集》丛书，如：《安康碑石》、《高陵碑石》、《汉中碑石》、《潼关碑石》、《榆林碑石》、《户县碑石》、《咸阳碑林》、《昭陵碑石》、《华山碑石》、《澄城碑石》、《重阳宫道教碑石》、《楼观台道教碑石》等。这批著录详细记录了有关石刻的资料，附有拓片，并做了释文，将陕西各地现存的重要石刻公布出来。在画像石与造像方面，则有《北朝佛道教造像碑精选》、《陕北汉代画像石》等大型图录问世。辞书出版社新近出版了陕西省考古研究院与铜川市药王山管理局编集的《陕西药王山石刻艺术总集》。该书将国家重点文物保护单位药王山所藏的大量历代造像碑、碑刻等石刻资料完整全面地公布出来，包括测绘图、拓本、照片与释文、考释等，具有较高的资料价值。西安民间收藏的石刻也很可观。如长安西市博物馆收藏的 500 余件墓志经北京大学等单位协助整理，出版了《长安西市博物馆藏墓志》一书，揭示了一批具有丰富史料的民间流散石刻，并组织编写了《大唐西市博物馆藏墓志研究》论文集。此外还有《长安新出墓志》等民间藏品的著录。

河南也是石刻文物的宝库，尤其是近代以来出土墓志数量最多。在此基础上，近年来这里陆续编集出版了《洛阳出土北魏墓志选编》、《洛阳出土历代墓志辑绳》、《洛阳新获墓志》、《洛阳新获墓志续编》、《洛阳新出墓志释录》、《河洛墓刻拾零》、《邙洛碑志三百种》、《洛阳新获七朝墓志》、《新出唐志百种》等，这些著录都是以公布墓志拓本为主，但是存在着资料来源庞杂、互有重见等问题，有些墓志还存在着真伪待辨的情况。在民国时期出版的《洛阳出土石刻时地记》基础上扩展增补的《洛阳出土墓志卒葬地资料汇编》，是对大量洛阳出土墓志资料的归纳编录，有一定的资料索引作用。有关河南石刻的图录及汇编性著作还有河南省文物局等编写的《河南碑志叙录》与《河南碑志叙录》(二)，黄明兰等编集的《洛阳名碑集释》与《郑州历代碑刻选》、《嵩山少林寺石刻艺术大全》、《山阳石刻艺术》以及记载龙门石窟内 2852 件石刻铭记内容及其所在位置的《龙门石窟碑刻题记汇录》等。

近年来，山西三晋出版社陆续出版的《三晋石刻总目》与《山西碑碣》，特别是《三晋石刻大全》比较系统全面地公布了山西省内各地的石刻收藏。该社出版的地方性的石刻图录如《晋阳古刻选》、《河东碑刻精选》、《晋祠华严石经、石刻选》等。

山东等地的碑刻资料著录中，中华书局出版袁明英等编著的《泰山石刻》是一部较大型的石刻汇编，详尽地收集了泰山上的所有文字石刻材料，较之以前出版过的几种泰山石刻著录《泰山石刻大全》、《泰山石刻大观》等更为完善。较好的地方石刻图录还有《山东秦汉石刻》、《济宁全汉碑》、《曲阜历代名碑刻石选》、《崂山碑碣与刻石》、《济南历代墓志铭》等。

其他省市石刻的图录中，值得注意的还有《北京文物精粹大系·石刻卷》、《焦山碑刻》、《南京历代碑刻集成》、《衢州墓志碑刻集录》、《武夷山摩崖石刻》、《浯溪碑林》、《广东摩崖石刻》、《水下碑林：白鹤梁》、《彝文金石图录》、《大理历代名碑》、《石门石刻大全》、《宁夏历代碑刻集》、《台湾大学典藏古碑拓本·台湾篇》、《北朝佛教石刻拓片百品》等。

以上所列举的著录多是通过影印图集公布石刻拓片与照片，由于原石漫漶、拓片尺寸过大等限制，在利用文字资料上还有所不便。为便利学术界使用，自 20 世纪中期就有学者对石刻资料进行释读整理，纂辑录文汇编的大型工程。在 20 世纪 80 年代后，有关石刻的各种录文汇编陆续问世。1988 年，文物出版社出版的《道教金石略》是著名学者陈垣编纂的大型道教碑刻资料汇编，共收入汉代至明代的道家碑石 1538 件，全部为作者抄录整理的录文，并经陈智超等人根据拓片加以校补，成为比较完备的道教石刻全集，是道教研究的必备资料。1991 年，上海古籍出版社出版周绍良等人编集的《唐代墓志汇编》，

2001年出版周绍良、赵超主编的《唐代墓志汇编续集》。这两部汇编收录唐代墓志5100多件，是唐代历史、文学与文化研究者十分重视的资料来源。较小规模的石刻录文汇编还有刘昭瑞编《汉魏石刻文字系年》，收录769种汉魏石刻释文，由台湾新文丰出版公司出版。河南大学出版社出版的高文编著的《汉碑集释》收入59件汉代石刻的录文，加以注释，并对作者进行考证。又如天津古籍出版社出版的赵超编著《汉魏南北朝墓志汇编》，中华书局出版的罗新、叶炜编著《新出魏晋南北朝墓志疏证》，线装书局出版的王其祎、周晓薇编著《隋代墓志铭汇考》，黄山书社出版的周阿根著《五代墓志汇考》，河北教育出版社出版的向南编集的《辽代石刻文编》，凤凰出版社的毛远明著《汉魏六朝碑刻集注》等都收录了较丰富的石刻文字内容。

对一个地区的全部石刻资料或者某一种类的石刻资料加以汇集、并作出释文与研究的专著比较多，资料性也很强。主要有泉州海外交通史博物馆编、宁夏人民出版社与福建人民出版社合作出版的《泉州伊斯兰石刻》，它汇集了泉州现存的与伊斯兰教有关的石刻200余件，这些石刻都是自宋元以来在这里居住的伊斯兰教徒制作的。书中对这些石刻的来源一一作了说明，并且将原碑上刻写的古阿拉伯文、古波斯文等加以释读和考证。这些石刻是研究古代中国海外交通情况的重要史料。地震出版社出版的《中国地震碑刻文图精选》收录了约1000种提及地震史料的历代碑刻，专业科学研究性极强。书目文献出版社出版的《房山石经题记汇编》则是房山石经上所有附属题记的释文汇集。重庆出版社出版的重庆大足石刻艺术博物馆、重庆市社会科学院大足石刻艺术研究所编著《大足石刻铭文录》也将大足佛教石刻中有关的文字铭刻内容系统编排收录。巴蜀书社出版的《巴蜀佛教碑文集成》收录了1100多件四川地区的历代佛教石刻资料。齐鲁书社出版骆承烈编写的《石头上的儒家文献——曲阜碑文录》一书，介绍曲阜孔庙、孔林、孔府等地历代碑刻，共收录汉代至民国的碑刻文字1000多种，并附有注释。同类著录还有《孟子林庙历代石刻集》与近年齐鲁书社出版的《山东道教石刻集》。孙太初著、文物出版社出版的《云南古代石刻丛考》收录了云南地区存留的汉代至清代重要石刻 17 种,并且加以释文与考证。王尧编著、文物出版社出版的《吐蕃金石录》中收集了西藏等地保存的吐蕃时期铭刻资料,其中包括一批重要的吐蕃石刻。戴良佐编《西域碑铭录》,利用以往著录等材料,收录了与西域有关的汉文碑刻资料 210 件,并加以注释说明。李范文编释、文物出版社出版的《西夏陵墓出土残碑粹编》,是对 1972 年至 1977 年间宁夏博物馆发掘西夏帝陵时出土的西夏文残碑进行了释文与考证的研究专著。文物出版社出版的《明清以来北京工商会馆碑刻选编》专门收录有关工商业的碑文,在有关历史研究中颇具价值。类似资料还有江苏人民出版社出版的《明清苏州工商业碑刻集》、山西经济出版社出版的《明清山西碑刻资料选》等。河北省文物局组织的长城资源调查队对河北境内的长城沿线文物做了详细调查收集,编集成《河北省明代长城碑刻辑录》,收入有关碑刻、墓志以及城砖、火炮铭文等 460 多种,其中碑刻墓志资料近 300 种。又如河北人民出版社出版的《河北金石辑录》,科学出版社出版的《沧州出土墓志》,江西教育出版社出版的陈柏泉撰《江西出土墓志选编》,齐鲁书社出版的樊英民著《兖州历代碑刻录考》,李恒法、解华英著《济宁历代墓志铭》,中国文史出版社出版罗卫东编《陇南古代碑铭》,山西人民出版社出版的李百勤执笔《河东出土墓志录》、李钢主编《晋祠碑碣》、张学会主编《河东水利石刻:石刻精华版》及山西古籍出版社出版的《河东盐池碑汇》,福建人民出版社出版的《福建宗教碑铭汇编》,广东高等教育出版社出版的《广东碑刻集》,四川大学出版社出版的高文、高成刚编著《四川历代碑刻》、中州古籍出版社出版的《洛阳明清碑志》(孟津卷)(偃师卷)以及内部发行的《桂林石刻》与中华书局出版的杜海军辑校《桂林石刻总集辑校》等,也都是这样的地区石刻释文汇录。

必须看到,近三十年来石刻资料的整理汇集与出版取得了非常大的成就,从全国范围的著录到省、市、县各级的石刻汇录已经出版了上百种,公布了极其丰富的资料。其时代上至秦汉,下到明清时期,收集的石刻种类主要包括碑、墓志、造像题记、题名、石经等。其中相当一部分属于近五十年间新出土、新发现的石刻,包含了众多重要的历史文化资料,给社会科学各领域的研究提供了多方面的新研究课题,具有重要的价值。但是由于编集工作者出自多方,兼以长期以来学术界对石刻著录的体例未加规范,使得这些集录的体例并不统一,记录的内容有所不同侧重,尤其是对形制、出土情况等信息记录得不够完善,有些图版不够清晰,释文中也存在着一些问题;并存在着编写质量良莠不齐、辨伪不尽完善、重复出版多见等现象。需要在今后加以注意,统一有关认识。

虽然这些著录尚不能反映出全部中国古代石刻的完整面貌,但是它们的问世,已经极大地有利于研究者了解与使用石刻材料,有助于今后工作中对中国古代石刻全貌的彻底揭示。

在如此丰富的新资料问世后,有关研究当然也有了很大进展,成果数量相当可观,涉及的问题十分广泛。有一批研究专著与大量的研究论文发表。

有关石刻研究的专门著作中,新出现了一批对历代石刻资料作综合性的介绍、分类与研究的著作,如徐自强的《古代石刻通论》、赵超的《中国古代石刻概论》等书,有助于全面地认识古代石刻。赵超《古代墓志通论》一书是对中国古代墓志的产生、发展与变化过程的全面研究阐述,并且对墓志的考古发现与研究情况作了介绍说明。王宏理《志墓金石源流》一书则对涉及标志墓葬的各种石刻材料作了具体的梳理与介绍。在中国石刻研究收藏的历史中,西安碑林占有极其重要的地位。路远编写的《西安碑林史》则填补了以往缺乏碑林本身发展历史记载的空白,留下了完整可靠的碑林石刻收藏历史。

此外有关石刻的著作主要包括对一些具体石刻材料的研究考证、对石刻纹饰的汇集整理与对一个地区石刻的综合介绍等。例如:吉林人民出版社出版的王建群著《好大王碑研究》,对吉林省集安市保存的高句丽好大王碑做了全面详细的论述,涉及到该碑的建立、发现、现状、捶拓、调查、著录、研究等情况以及碑文的识读考释等方面。耿铁华著《好大王碑新考》对涉及高句丽早期历史的重要石刻好大王碑的铭文与涉及历史情况作了研究,提出很多与日本、朝鲜学者不同的新观点。刘长久等编写、四川省社会科学院出版社出版的《大足石刻研究》汇集了学者对重庆大足佛教石窟内容进行考察与研究的新成果。施蛰存撰、天津古籍出版社出版的《水经注碑录》,收录了《水经注》中记录的碑石录文 278 篇,并附有考释。山东云峰山诸刻石在书法界享有盛名,中外学者曾专门召开多次学术讨论会,并编集《云峰刻石研究》《云峰诸山北朝刻石讨论会论文选集》等书。王思礼等著《云峰刻石调查与研究》对云峰山石刻的地理环境与刻石分布、云峰刻石综述、云峰刻石的著录与研究、云峰刻石的著录补正、云峰刻石中的别体字等问题作了讨论与考证。孙继民主编《河北新发现石刻题记与隋唐史研究》对河北有关隋唐时期的出土墓志、碑刻等作了具体的考释与历史研究。赖非著《山东北朝佛教摩崖调查与研究》一书,反映了他20 余年间考察研究的成果,有助于北朝时期佛教史的研究。赵振华在洛阳从事考古文物工作数十年,对洛阳出土的大量铭刻资料做了广泛深入的研究,著述汇集成《洛阳古代铭刻文献研究》一书,尤其是其中对出土墓志的多篇考释可供研读。对洛阳出土石刻进行史料考证的论著还有中州古籍出版社出版的柳金福著《洛阳新出唐志研究》。此外如杨天在编著、紫禁城出版社出版的《避暑山庄碑文释译》,罗君惕著、齐鲁书社出版的《秦刻十碣考释》等,均为石刻文字的考释类著作。在利用石刻资料进行历史综合研究的著作中,特别应该提到马长寿著、中华书局出版的《碑铭所见前秦至隋初关中部族》一书。该书利用关中地区的几十件现存北朝碑铭,对错综复杂的北朝时期关中分布着的部族问题做了详细论证,取得了重要的北朝历史研究成果,受到史学界的普遍重视。岑仲勉的《郎官石柱题名新考订》(外三种)、郁贤皓的《唐刺史考》与他和胡可先合作的《唐九卿考》、赵超的《新唐书宰相世系表集校》、杨鸿年的《隋唐两京坊里谱》、张沛的《唐折冲府汇考》及台湾学者毛汉光的《中国中古社会史论》等，也都是利用石刻资料对历史文献与史实进行考订补充的史学专著。

另外还有一些少数民族文字石刻材料的汇集与研究著作。由于有些文字属于现在已经不再使用的古代文字，释读需要专门的语言学知识，这些著作大多是有关语言专家的学术研究成果，着重于语言文字识读与内容解释。例如：四川民族出版社出版贵州毕节地区编集的《彝文金石图录》、清华大学出版社出版李方桂等人所著《古代西藏碑文研究》、上海古籍出版社出版的芮传明《古突厥碑铭研究》、中国社会科学出版社出版的蔡美彪编《八思巴碑刻文物集释》等。

石刻文字形式多样，异体纷出。前辈学者曾经在辨识文字上做了很多工作，形成了一些有关字书。秦公在罗振玉、罗振鋆《增订碑别字》等书的基础上扩展而成的《碑别字新编》一书，共收入别体文字12844个，但仍是沿袭罗氏的作法，将异体字用楷书抄录，不能反映原碑字体的面貌。汉语大词典字形组编、四川辞书出版社出版的《秦汉魏晋篆隶字形表》中也收集了一些石刻异体字，收录的是原石拓片上的剪贴字样，所以能够反映原来的字形。这些字书对于释读石刻文字和了解历代异体文字的面貌，进行文字学研究有所裨益。最近出版的毛远明编集《汉魏六朝碑刻异体字典》对汉魏六朝时期所有碑刻中的异体字做了全面搜集整理，共涉及石刻1414种，均采用原石字样剪贴，是较为详尽的该时期异体字资料汇集。

关于石刻目录的重要著作，较早有王壮弘、马成名编、上海书画出版社出版的《六朝墓志检要》。它将汉魏南北朝隋代墓志的真伪、时代、原石尺寸、书体与金石著作中的题跋检索等有关信息汇集起来，按照年代顺序排列编目，可资参考。但是该书的著录检索内容多转抄自孙贯文所著《北京大学图书馆藏石刻草目》，王氏等又对孙贯文目录体例未加深入了解，使用的简称不统一，给使用中增加了不便。此外还有四川省社会科学院编、四川社会科学院出版社出版的《大足石刻内容总录》等地方性的石刻目录。西安碑林博物馆作为国内收藏石刻的主要博物馆,也由陈忠凯等人编集出了《西安碑林博物馆藏碑刻总目提要》这样的大型目录,收录各类碑刻 1842 种、3187 石。北京图书馆(现国家图书馆)收藏的石刻拓片历来为国内之首。徐自强主编了《北京图书馆藏北京石刻拓片目录》、《北京图书馆藏墓志拓片目录》等部分藏品的目录,与上述《北京图书馆藏历代石刻拓本汇编》一起向我们展示了北京图书馆的丰富收藏,也是在展示中国古代石刻的丰富内涵。新近出版的《北京大学图书馆藏历代墓志拓片目录》一书,是北京大学图书馆胡海帆、汤燕、陶诚在二十多年来整理北京大学图书馆藏金石拓本工作的基础上编集而成的大型墓志目录。北京大学图书馆藏金石拓片迄今已达 40000 余种,其中墓志拓片达 10194 种,是国内收藏最为丰富的单位之一。该目录将这些墓志基本情况予以清晰介绍并按照时代做了排序编号,极便于使用。

　　我们想特别提一下山西省运城地区编辑的《三晋石刻总目(运城地区卷)》,这是当代第一部一个地区现存石刻的全面目录。它详细记录了运城地区现存石刻的名目、制作时代与所在地,共 2100 余件。还附有该地区在以前金石书中有所记载而现在已经亡佚的石刻名目,二者共达 4266 条,是带有索引性质的石刻目录类著录。而后山西陆续出版了众多地区市县的石刻总目,体例与此相似,使《三晋石刻总目》包含的分册达到近 20 卷。我们曾经多次提出,鉴于当前古代石刻日渐损坏、风化的严重形势,编辑全国石刻目录是一项极为重要又十分迫切的任务,它对于石刻的保护与研究具有无法替代的重要科学价值。如果象编写《三晋石刻总目》这样地区性石刻详细目录的工作能够在全国开展起来,最终形成一部中国石刻总目,那么必将对中国古代石刻的保护与研究产生重大的影响。

　　有关碑帖鉴定的著作中有中华书局出版的《善本碑帖录》,著者张彦生毕生从事碑帖业,经手碑帖众多,经验丰富。他根据自身多年积累的经验介绍了唐宋以来的重要碑帖拓片善本流传情况与鉴定方法。

该书对于判定碑帖年代和辨伪极具价值。《碑帖鉴定浅说》的作者马子云也是多年鉴定碑帖的专家,后供职于故宫博物院。他总结的经验汇成此书,由紫禁城出版社出版。马子云还与施安昌合作有《碑帖鉴定》一书,曾作为文物博物馆专业的教科书。此外,上海古籍出版社出版的杨震方编著的《碑帖叙录》一书,对1400多种著名的碑帖与拓本情况做了简要的说明,分条排列。该书有索引,便于检索查验,十分实用,由于是针对书法界需要所作,文博历史界研究者使用中会略感不足。近年上海书画出版社出版的仲威新作《碑帖鉴定与收藏》内容丰富,介绍大量关于善本碑帖的鉴定经验,反映了作者几十年来潜心碑帖鉴定的研究成果。

此外,还有专门集录石刻镌刻工匠姓名等有关资料的著作《石刻考工录》,著者曾毅公,书目文献出版社出版。它收入自汉魏至明清石刻中出现的近1800名刻工姓名,可以作为考订碑刻年代,研究石刻的工具书。近年来,程章灿对《石刻考工录》一书做了补充,并对石刻工匠的情况与一些有关专题做了研究,成《石刻刻工研究》一书,由上海古籍出版社出版。

20世纪80年代至今30多年间,是中国社会改革开放,飞速发展的30多年,也是学术研究突飞猛进,成果丰硕的30多年。在全国有关考古、文物、历史、语言文学等方面研究的学术刊物上发表了大量涉及古代石刻的论文,探讨内容十分广泛,介绍资料极其丰富。其数量可以千计。限于本书篇幅,不可能一一列举。现仅就几个主要的研究方面和一些专题概括地回顾一下有关研究情况。

虽然石刻在现存古代文物与考古发现中占有相当大的比例,但对于它的研究却长期没有脱离传统金石学的范畴,多着重于铭文文字内容涉及的史料研究。随着研究方法的改变,研究内容的扩展,有学者提出了建立"石刻学"学科的意见。如徐自强在《石刻学刍议》一文中介绍了古代石刻学的概况,认为石刻资料至今仍然隶属于一些学科中,作为次要内容涉及,与石刻的庞大内容不相称①。他认为应该有一门专门的石刻学学科来对全部石刻加以研究,建立石刻学的研究体系,首先要对石刻及其拓本的真伪、年代进行鉴别,其次要对石刻的形制、分类、书体与内容等进行研究。以后,吴琦幸在《谈石刻学的建立》一文中指出:20世纪初,叶昌炽就在总结传统金石学的基础上,创立了石刻学。目前的石刻学应该是重新提倡并使之更加完善的问题。这些讨论,引起人们对于石刻研究及其学科建立问题的注意。但是对于石刻这样丰富的学术资料,如何使其研究成为系统的专门学科,石刻的研究方法应该如何改进,石刻的研究应该着重于哪些方面等等实际问题却尚未有深入细致的设计与探讨。在近年来的国学热中,也有学者在提倡重建金石学。说明在这方面的认识还有待深入与统一。

不可否认,随着学术研究方法的发展与创新,石刻研究已经有了很大改变。在以往零散、局部、注重个案的研究基础上,石刻研究开始转向多层次、多角度、综合性的现代史学研究。很多研究者开始注意石刻材料的外部形制、分类、铭文体例、纹饰雕工等物质形态与人文信息。如汪庆正的《东汉石刻文字综述》对东汉石刻文字材料存留的情况做了全面介绍,并着重摘录其中有关东汉经济、政治、军事、文化的史料,指出它们的学术价值,并且论证了汉代石刻文字形体在汉字发展史中的作用②。吴天颖的《汉代买地券考》是研究汉代买地券的形制、内容特色等概况的佳作③。文中还涉及买地券的辨伪问题,批驳了认为买地券是"实在的土地买卖文书"的看法。特别是他还通过买地券研究了汉代的社会经济状况。章湾、力子《南京西善桥南朝墓志

①　徐自强:《石刻学刍议》,《文物》1983年第2期。

②　汪庆正:《东汉石刻文字综述》,《上海博物馆馆刊》第1辑。

③　吴天颖:《汉代买地券考》,《考古学报》1982年第1期。

之一——兼述六朝买地券》讨论了南朝墓志与买地券的关系①。类似
的综述性文章还有汪庆正的《南朝石刻文字概述》②、刘凤君的《南北
朝石刻墓志形制探源》③、徐自强《墓志浅论》④等。

　　孙贯文的《龙门造像题记简介》是对北朝造像题记中反映出的当
时社会、风俗、宗教等特点加以深入分析考证的力作，对于了解造像题
记的体例和时代特征都具有指导性的意义，有助于考古文物研究中的
时代判断与真伪辨别工作。该文中首先就题记中的各种资料所反映
的造像事由与愿望、造像主的身份地位、造像的名称与区数、具有时代
特色的称谓、姓氏、常用名字、别体文字等问题加以综合考证，深入分
析⑤。以后，李玉昆又更广泛地归纳了出资营造石窟人物的身份、造
像原因、造像题材、吉祥语、造像特点等⑥。通过龙门题记的内容，研
究龙门石窟的开凿历史，佛教史等，也是龙门题记的珍贵价值所在。
通过题记可以看出，龙门石窟开凿后，当时大多没有专门的名称，只是
用当时所在地附近的寺院作为石窟所在地段名称，从而有助于研究龙
门石窟的开凿历史与确切时代。如利用孙秋生造像记记录的时间来
确定古阳洞的开凿时间，及总结题记中的历史资料，了解当时洛阳的
社会状况与当时的风俗习惯等。其他如对山西大同云岗石窟中的北
魏题记与云岗开凿时间的研究，对麦积山石窟中北朝题记的考证等，
都是有关石窟寺研究中的重要收获。它们对于了解石窟的开凿时间
与建造石窟的供养人身份等问题都起到了重要的参考作用。

---

① 章湾、力子：《南京西善桥南朝墓志之一——兼述六朝买地券》，《东南文化》
　　1997年第1期。
② 汪庆正：《南朝石刻文字概述》，《文物》1985年第3期。
③ 刘凤君：《南北朝石刻墓志形制探源》，《中原文物》1988年第2期。
④ 徐自强：《墓志浅论》，《华夏考古》1988年第3期。
⑤ 孙贯文：《龙门造像题记简介》，《考古与文物》1983年第6期。
⑥ 李玉昆：《龙门碑刻研究》，《中原文物》1985年特刊；又见《龙门碑刻及其史料
　　价值》，《龙门石窟碑刻题记汇录》，中国大百科出版社，1998年。

　　赵超《墓志溯源》一文中通过对各种墓中铭刻的形制、作用与产生时间等进行梳理分析，并结合有关考古发现，较早地对墓志这种石刻类型的产生演变过程加以论证说明。其主要观点已收入本书中。而后，对于墓志起源的问题还有多篇论文加以讨论①。

　　刘昭瑞的《石刻文字的著录与分类》一文中介绍了历代石刻著录的情况与石刻分类的方法，提出应该将石刻分为碑志、刻经、造像记、诗文、题识与杂刻六类②。这一分类方法尚可商榷。不过也说明石刻的分类问题确实亟待学界予以讨论统一。郭太松的《浅谈碑刻纪时》则从新的角度综合利用石刻材料，将在石刻铭文中所见的各种传统纪时方法加以总结与归纳，介绍了常见的各种对特殊时日的代称、记时方法和推算方法，具有较高的实用价值③。陈柏泉的《江西出土地券综述》对江西省内的唐代至明代墓葬中出土的 27 件买地券加以整理，总结出它们的铭文体例、格式、常见质地等规律，并就其发展历史和地券与道教的关系做了考证，指出在江西省境内，地券在宋、元时期最为流行④。

　　王仁波的《试论乾陵陵园石刻题材》主要对唐代乾陵陵园中丰富的石刻群做了考古学分析研究，从这些石刻的分布位置、总体设计思想、石刻题材、石刻的组合关系与分类等方面逐一探讨，并且将陵园的布局与唐长安城平面布局相对比，指出了乾陵充分体现了中央集权统治的巩固，为以后的唐陵石刻布局树立了规范⑤。像这样在石刻研究

① 　赵超：《墓志溯源》，《文史》第 12 辑，中华书局；黄展岳：《早期墓志的一些问题》，《文物》1995 年 12 期；郑建芳：《最早的墓志——战国刻铭墓砖》，《中国文物报》1994 年 6 月 19 日；冯时等：《墓志起源刍议》，《中国文物报》1996 年 3 月 31 日；吴炜：《墓志铭起源初探》，《东南文化》）1999 年 3 期等。

② 　刘昭瑞.《石刻文字的著录与分类》，《文博》1985 年第 3 期。

③ 　郭太松：《浅谈碑刻纪时》，《中原文物》1987 年第 4 期。

④ 　陈柏泉：《江西出土地券综述》，《考古》1987 年第 3 期。

⑤ 　王仁波：《试论乾陵陵园石刻题材》，《文博》1985 年第 3 期。

中结合考古学方法的论文近年有所增加，如宫大中的《洛阳古代世俗石刻艺术概说》着重从艺术角度分析了洛阳历代石刻画像、纹饰和造像等所反映的民族文化特色①。类似分析石刻艺术的文章还有蔡全法《少林寺北宋舍利石函艺术试析》②等。贺梓城、张鸿修的《唐墓志刻饰》分析了主要的墓志纹饰类型③。这些论文都是从纹饰的内容含义和艺术风格上去加以分析，对纹饰的演变和分期等问题未多涉及，比之更深入地归纳与分析唐代墓志纹饰的是徐殿魁的《洛阳地区唐代墓志花纹的内涵与分期》，它对唐代墓志纹饰做了比较严格的考古学分类与分期判定④。张鸿修还编绘了《唐代墓志纹饰选编》一书，汇集了唐代墓志纹饰的实际资料，可用于考古、美术、装潢等方面参考⑤。还有相当一批利用墓志资料进行考古、历史等方面综合研究的论文，对墓志本身的形制、纹饰及有关古代墓葬研究、丧葬习俗等方面进行探讨。如赵超《试谈北魏墓志的等级制度》、袁明森、张玉成《从志聪买地券的发现看元代的丧葬习俗》、施安昌《北魏苟景墓志及纹饰考》等⑥。

考古发现中的墓志材料对历史考古学的断代研究具有很高价值。中国社会科学院考古研究所在偃师县杏园发掘了一批历史上未经盗掘的唐代墓葬，其中出土了 46 件墓志，从早唐一直持续到晚唐时期⑦。

---

① 宫大中：《洛阳古代世俗石刻艺术概说》，《中原文物》1985 年第 4 期。

② 蔡全法：《少林寺北宋舍利石函艺术试析》，《中原文物》1985 年第 2 期。

③ 贺梓城、张鸿修：《唐墓志刻饰》，《文博》1987 年第 5 期。

④ 徐殿魁：《洛阳地区唐代墓志花纹的内涵与分期》，《唐研究》第四卷，北京大学出版社，1998 年。

⑤ 张鸿修主编：《唐代墓志纹饰选编》，陕西人民美术出版社，1992 年。

⑥ 赵超：《试谈北魏墓志的等级制度》，《中原文物》2002 年 1 期；袁明森、张玉成：《从志聪买地券的发现看元代的丧葬习俗》，《四川文物》1996 年 5 期；施安昌：《北魏苟景墓志及纹饰考》，《故宫博物院院刊》1998 年 2 期等。

⑦ 中国社会科学院考古研究所：《偃师杏园唐墓》，科学出版社 2001 年版。

它们除保存有重要的史料内容外,也为洛阳地区的唐代墓葬分期提供了重要的标尺。它与《唐长安城郊隋唐墓》、《西安郊区隋唐墓》等考古报告中介绍的唐代墓志一样,都是判断有关墓葬年代的重要佐证材料,在隋唐墓葬考古中占有重要地位。

利用石刻材料进行古代城市、古遗址的有关研究,特别是有关历史地理方面的研究,对于协助考古发掘、弥补文献记载的不足都有很大帮助。例如在连云港市陆续发现的苏马湾界域刻石、东连岛界域刻石内容基本相同,是王莽时期刻制的东海琅邪郡界域。可以通过它研究历史地理状况与王莽改正朔历法等问题①。李南可《从东汉建宁熹平两块黄肠石看灵帝文陵》一文②,根据新发现的东汉黄肠石考证东汉灵帝文陵的具体位置。王去非等的《南京出土六朝墓志综考》通过分析南京出土的东晋王氏、颜氏等墓志所反映的聚族而葬情况,结合其他出土材料对六朝时期侨置琅琊、临沂的沿革情况与地理位置做了详细考证,深入了对东晋时期墓葬情况、社会状况与侨郡问题的了解③。罗宗真《从考古资料看六朝谢氏家族的兴衰》也是类似的研究④。又如根据唐代墓志对唐洛阳城、长安城等城坊情况进行的探讨,就取得了不少新的认识。除对唐首都长安、东都洛阳、扬州等都市的实地考古发掘调查外,通过隋唐墓志中记载的死者生前所居坊里和葬地乡里名称,与墓志出土地点对照考察,结合历史文献的有关记载,

① 刘凤桂等:《连云港市西汉界域刻石的发现》,《东南文化》1991 年 1 期;李祥仁:《苏马湾界域刻石新探》,《中国历史博物馆馆刊》2000 年 2 期;连云港市文管会办公室、连云港市博物馆:《连云港市东连岛东海琅邪郡界域刻石调查报告》,《文物》2001 年 8 期;滕昭宗:《连云港始建国界域刻石浅论》《文物》2001 年 8 期。

② 李南可:《从东汉建宁熹平两块黄肠石看灵帝文陵》,《中原文物》1985 年第 3 期。

③ 王去非、赵超:《南京出土六朝墓志综考》,《考古》1990 年第 10 期。

④ 罗宗真:《从考古资料看六朝谢氏家族的兴衰》,《东南文化》1997 年 4 期。

可以为正确了解唐代都城的布局及其行政区划提供有力的证据,丰富对唐代都城的认识。① 现在将墓志材料综合起来研究唐两京及其他城市,已经证实元《河南志》与清《两京城坊考》的记载基本符实,并且通过墓志记载,恢复了一些两京郊区乡里的名称,确定了它们的位置。对于洛阳城坊的具体数字、城坊的布局与行政管辖情况也可以通过墓志加以探讨。如陈久恒《唐东都洛阳城坊里之考证——从唐代墓志看东都坊里名称及数目》就对唐代墓志中记载的洛阳坊里名称做了汇集,找出清人《唐两京城坊考》中未曾记载的 7 个城坊,并且考证出这7 个坊中有 4 个应该是郭内坊,洛阳城的坊数应该是 113 个②。而后赵超在《唐代洛阳城坊补考》中也总结了所见唐代墓志中的洛阳城坊名称,找出在《唐两京城坊考》中未曾记载的 8 个坊里和 12 个里,并加以考证,指出唐代洛阳的城坊数可能超过 113 个③。该文还对唐代坊、里的关系,洛阳、河南两京城属县的地理区划以及洛阳城坊的复原等问题做了探讨。赵振华的《唐代洛阳乡里方位初探》是在广泛搜集唐代墓志有关记载的基础上,结合考古调查,对唐代洛阳地理区划所作的深入考察辨证,详细分析了唐代河南县可知地望的 17 个乡、不知地望的 13 个乡与洛阳县可知地望的 10 个乡、不知地望的 10 个乡具体方位④。杨希义等《唐代墓志中所载的长安坊里》一文则是将墓志中有关长安坊里与住宅情况的记载加以摘集后,对《长安志》与《唐两京城坊考》等文献进行补正⑤。对幽州城的研究也取得了一定成果,通

① 武伯伦:《唐万年、长安县乡里考》,《考古学报》1963 年第 2 期。吴炜:《扬州唐、五代墓志概述》,《东南文化》1995 年第 4 期。

② 陈久恒:《唐东都洛阳城坊里之考证——从唐代墓志看东都坊里名称及数目》,《中国考古学会第五次年会论文集》,文物出版社,1988 年。

③ 赵超:《唐代洛阳城坊补考》,《考古》1987 年第 9 期。

④ 赵振华:《唐代洛阳乡里方位初探》,《洛阳古代铭刻研究》,三秦出版社,2009 年。

⑤ 杨希义等:《唐代墓志中所载的长安坊里》,《文博》1988 年第 5 期。

过在北京地区出土的大量墓志,已经可以判断唐代幽州城的四至,确定其位置,并搜集到大量幽州城坊的名称。对幽州所属蓟县、幽都县下面乡、村的情况,也可以作出大致的判断①。其他对古代历史地理加以考证的论文还有:孙继民、郝良真《从新出墓志看唐代邯郸历史地理的几个问题》、印志华《从出土唐代墓志看扬州古代县、乡、里的设置》、石俊贵、刘燕《准格尔旗十二连城出土的唐代墓志与东受降城的地望》②等。

　　佛教造像与造像碑具有相当高的艺术价值与佛教史研究价值,尤以南北朝及隋唐时期是佛教造像最为盛行的时期,现在发现的造像主要属于这一时期,而有关研究也是佛教考古与其它宗教考古的重要内容。各地已经发表了大量介绍新发现造像材料的简报与论文③。而

---

① 北京文物研究所:《北京考古四十年》,北京燕山出版社,1990 年;赵超:《唐代墓志中所见的幽州城》,《考古与文物》1990 年第 2 期。

② 孙继民、郝良真:《从新出墓志看唐代邯郸历史地理的几个问题》,《文物春秋》1996 年 1 期;印志华:《从出土唐代墓志看扬州古代县、乡、里的设置》,《东南文化》增刊 1;石俊贵、刘燕:《准格尔旗十二连城出土的唐代墓志与东受降城的地望》,《内蒙古文物考古文集》第三辑。

③ 如固原县文物站:《固原县新集公社出土一批北魏佛教造像》,《考古与文物》1984 年第 6 期;赵康民:《陕西临潼的北朝造像碑》,《文物》1985 年第 4 期;韩保全:《隋正觉寺遗址出土的石造像》,《考古与文物》1987 年第 6 期;刘建洲:《密县超化寺北齐造像碑》,《中原文物》1994 年第 1 期;陕西省文物普查队:《耀县新发现的一批造像碑》,《考古与文物》1994 年第 2 期。冯吾现:《四件北朝造像碑介绍》,《中原文物》1994 年第 2 期;戴东方:《试释江苏淮安出土的东魏造像碑》,《东方艺苑(美术版)》1995 年第 3 期;韩伟、阴志毅:《耀县药王山佛教造像碑》,《考古与文物》1996 年第 2 期;陈长安:《洛阳出土泗州大圣石雕像》,《中原文物》1997 年第 2 期;周建军、徐海燕:《山东巨野石佛寺北齐造像刊经碑》,《文物》1997 年第 3 期;雷玉华:《成都发现南朝佛教造像》,《文物天地》1997 年第 2 期;仇昌仲:《梓潼卧龙山千佛崖摩崖造像》,《四川文物》1998 年第 1 期;王巧莲、刘友恒:《正定收藏的部分北(转下页注)

对造像的研究主要集中在以下几方面：一、对造像艺术风格与造像组合的分析。二、造像的内容与造像时代判定。三、造像源流与佛教流派的讨论。四、造像题记铭文的释读考证等。主要论文有：温玉成《孔望山摩崖造像研究总论》、丁明夷《中国早期佛教造像的特点》、宿白《青州龙兴寺窖藏所出佛像的几个问题——青州城与龙兴寺之三》、刘凤君《青州地区北朝晚期石佛像与"青州风格"》、殷光明《北凉石塔上的易经八卦与七佛一弥勒造像》、李静杰《造像碑的涅磐经变》、李静杰与田军《早期单体石佛区域性分析》与《定州系白石佛像研究》等、张总《山东历城黄石崖摩崖龛窟调查》、刘凤翥《论青州地区北朝晚期石佛像艺术风格》、刘建华《河南省浚县北朝造像碑考》与《北魏时期河北地区佛教造像艺术研究》、雷玉华《成都南朝石刻造像考辨》、李裕群《试论成都地区出土的南朝佛教石造像》、邵磊《茂汶南齐永明造像碑质疑》、胡国强《刘氏家族造思惟像年代及有关北朝思惟像问题》、李域铮《西安附近宗教石刻综述》、裴建平《西安地区出土北魏早期单体佛造像

（接上页注）朝佛教石造像》，《文物》1998年第5期；柳玉东：《南阳发现隋高士莲造像碑》，《华夏考古》2001年第1期；任志录：《山西阳泉市新发现一批佛教造像》，《文物世界》2001年第2期；袁曙光：《四川省博物馆藏万佛寺石刻造像整理简报》，《文物》2001年第10期；石圣：《北魏建明二年造像碑》，《考古与文物》2002年第1期；罗火金等：《焦作嘉禾屯居德寺佛教造像碑》，《中原文物》2002年第3期；陈奕恺：《北齐武平七年张解等造佛七尊像碑略探》，《历史文物》7卷；彭州市博物馆等：《四川彭州龙兴寺出土石造像》，《文物》2003年第9期；赵小灿：《三门峡市北宋佛教陀罗尼经幢略考》，《三门峡考古文集》；徐蕊：《洛宁县北周兄弟三人造像碑》，《中原文物》2004年第1期；罗宗勇、王剑平：《四川广元皇泽寺新发现的唐代石刻摩崖造像》，《文物》2009年第8期；西安市文物考古研究所：《西安市高陵县发现的北朝佛道造像与唐代佛教造像》，《西部考古》第四辑；中国社会科学院考古研究所、河北省文物研究所邺城工作队：《河北邺城遗址赵彭城北朝佛寺与北吴庄佛教造像埋藏坑》，《考古》2013年第7期等等。

研究》、杨效俊《长安光宅寺七宝台浮雕石佛群像的风格、图像与复原探讨》、李映辉《唐代佛教石刻的区域分布》、宋朗秋《大足石刻分期述论》等；还有李淞讨论北朝造像，特别是道教造像的一系列论文《北魏魏文朗造像碑考补》、《一块北魏羌族的道教造像碑》、《北魏姚伯多道教造像碑主尊之名考辨》、《临潼六通北朝造像碑考释》[①]等，涉及道教

---

① 温玉成：《孔望山摩崖造像研究总论》，《敦煌研究》2003 年第 5 期；丁明夷：《中国早期佛教造像的特点》，《魏晋南北朝佛教史及佛教艺术讨论会论文选集》；宿白：《青州龙兴寺窖藏所处佛像的几个问题——青州城与龙兴寺之三》，《文物》1999 年第 10 期；刘凤君：《青州地区北朝晚期石佛像与"青州风格"》，《考古学报》2002 年第 1 期；殷光明：《北凉石塔上的易经八卦与七佛一弥勒造像》，《敦煌研究》1997 年第 1 期；李静杰《造像碑的涅槃经变》，《敦煌研究》1997 年第 1 期；李静杰、田军：《早期单体石佛区域性分析》，《故宫博物院院刊》1998 年第 2 期，《定州系白石佛像研究》，《故宫博物院院刊》1999 年第 3 期；张总：《山东历城黄石崖摩崖龛窟调查》《文物》1996 年第 4 期；刘凤翥：《论青州地区北朝晚期石佛像艺术风格》，《山东大学学报（哲社版）》1998 年第 3 期；刘建华：《河南省浚县北朝造像碑考》，《庆祝张忠培先生七十岁论文集》，《北魏时期河北地区佛教造像艺术研究》，《新果集——庆祝林沄先生七十华诞论文集》；雷玉华：《成都南朝石刻造像考辨》，《成都文物》1997 年第 2 期；李裕群：《试论成都地区出土的南朝佛教石造像》，《文物》2000 年第 2 期；邵磊：《茂汶南齐永明造像碑质疑》，《四川文物》2001 年第 3 期；胡国强：《刘氏家族造思惟像年代及有关北朝思惟像问题》，《文物》2003 年第 5 期；李域铮《西安附近宗教石刻综述》，《陕西历史博物馆馆刊》总第 5 期；裴建平：《西安地区出土北魏早期单体佛造像研究》《碑林集刊》（九）；杨效俊：《长安光宅寺七宝台浮雕石佛群像的风格、图像与复原探讨》，《考古与文物》2008 年第 5 期；李映辉：《唐代佛教石刻的区域分布》，《湖南城市学院学报》25 卷 1 期；宋朗秋：《大足石刻分期述论》《敦煌研究》1996 年第 3 期；李淞：《北魏魏文朗造像碑考补》，《文博》1994 年第 1 期；《一块北魏羌族的道教造像碑》，《中国道教》1994 年第 3 期；《北魏姚伯多道教造像碑主尊之名考辨》，《中国道教》1995 年第 3 期；《临潼六通北朝造像碑考释》，《中国道教》1996 年第 2 期。

造像的论文还有王家祐《四川道教摩崖造像述议》、胡文和《陕西北魏道（佛）教造像碑、石类型和造像类型探究》、罗宏才《佛、道造像碑师匠题名、位序的探讨与"北地样式"的初步研究》等①。有关石窟艺术与佛教艺术研究的论文更多，鉴于我们着重于铭文与石刻形制的研究，就不在此加以介绍了。

还有一些论文主要对造像题记的铭文释读进行订正与考释，如李玉昆《西魏大统六年吉长命造像碑题记录文正误》、吴杏全、高朝英《馆藏佛教造像铭文研究》、高艳霞《北朝时期河北观音造像题记浅析》、侯旭东《北京图书馆藏中国历代石刻拓本汇编北朝造像记部分补正》②等。

佛教造像碑是中国特有的石刻类型。而施安昌却认为其中有拜火教的造像存在，他在《茹小策合邑一百人造像碑考》、《茹小策合邑一百人造像碑的宗教性质》等文章与《火坛与祭司鸟神》一书中谈了他的这一看法③。实际上这一说法依据的证据是不能成立的。裴建平在《再论北魏茹氏合邑一百人造像碑的宗教性质——兼与施安昌先

①　王家祐《四川道教摩崖造像述议》，《敦煌研究》1987年第2期；胡文和：《陕西北魏道（佛）教造像碑、石类型和造像类型探究》，《考古与文物》2007年第4期；罗宏才：《佛、道造像碑师匠题名、位序的探讨与"北地样式"的初步研究》，《考古与文物》2007年第6期。

②　李玉昆：《西魏大统六年吉长命造像碑题记录文正误》，《文物》1985年第8期；吴杏全、高朝英《馆藏佛教造像铭文研究》，《文物春秋》1994年第1期；高艳霞：《北朝时期河北观音造像题记浅析》，《博物馆研究》1997年第3期；侯旭东《北京图书馆藏中国历代石刻拓本汇编北朝造像记部分补正》，《北朝研究》1997年第2期。

③　施安昌：《茹小策合邑一百人造像碑考》，《故宫博物院院刊》〉2002年第4期；《茹小策合邑一百人造像碑的宗教性质》，《碑林集刊》（九）；《火坛与祭司鸟神》，紫禁城出版社，2004年。

生商榷》一文中提出了批评意见①。

其他有代表性的佛教石刻文物考证文章如：李举纲《西安碑林藏唐代塔铭述略》、赵幼强《金华万佛塔出土石经幢考辨》、包世轩《辽玉河县清水院统和十年经幢考》、杨亦武《檀渊之盟与房山石经》、尕藏加《果洛石经的分布及其规模》等②。

以往作为一些独立课题，讨论较多的一些石刻专题研究仍然受到学者关注，有所进展。如汉魏石经的研究成果就有不少收获，许景元《新出熹平石经"尚书"残石考略》对洛阳发现的汉石经《尚书》、《书序篇目·校记》等铭文做了考释，并且对汉石经的原本、经文排列和碑座等情况加以考证③。王竹林、许景元《洛阳近年出土的汉石经》又对洛阳晋太学遗址发现的 6 块汉石经残石作了考证，推定汉石经后记碑的立碑年限在熹平四年（175）至光和二年（179）十月之间④。范邦瑾《两块未见著录的"熹平石经诗"残石的校释及缀接》与《熹平石经的尺寸及刻字行数补证》则是对上海博物馆藏熹平石经残石的研究。文中除对文字加以校勘和考证外，还对原石的尺寸、刻字的行数等原貌作了复原的探索，指出汉石经选材不统一，大小、行数都略有不同，基本符合《洛阳记》所载"高一丈许、广四尺"的范围，每面石刻字 35——38

---

①　裴建平：《再论北魏茹氏合邑一百人造像碑的宗教性质——兼与施安昌先生商榷》，《碑林集刊》（十）。

②　李举纲：《西安碑林藏唐代塔铭述略》，《碑林集刊》（十）；赵幼强：《金华万佛塔出土石经幢考辨》，《东方博物》10 辑；包世轩：《辽玉河县清水院统和十年经幢考》，《北京文博》1995 年 1 期；杨亦武：《檀渊之盟与房山石经》，《北京文物与考古》1994 第 4 辑；尕藏加：《果洛石经的分布及其规模》，《西藏研究》1997 年 1 期。

③　许景元：《新出熹平石经"尚书"残石考略》，《考古学报》1981 年第 2 期。

④　王竹林、许景元：《洛阳近年出土的汉石经》，《中原文物》1988 年第 2 期。

行左右①。罗福颐《汉熹平石经概说》则将汉石经传世的经过、对古文字和文化史研究的贡献、有关文献及伪刻情况等一一加以介绍，有助于了解历来汉石经的研究情况②。

汉代画像石是近代以来汉代考古中的重要发现之一。它为了解汉代的埋葬制度、社会生活、文化风俗、思想意识、生产活动状况等历史研究提供了珍贵的具体形象资料，是一部生动的图像历史。对汉代画像石的研究在20世纪80年代以来发展极快。根据历来的出土分布情况，研究者们提出了汉画像石主要存在于四个中心区域，即河南的南阳与湖北北部，山东南部与江苏、安徽北部以及河南东部，陕西北部与山西西北部，四川以及云南北部等。在各地大量汉代画像石考古发现的基础上，有关研究取得了丰硕成果，不仅基本梳理出了汉代画像石的发展脉络，而且出版了相当一批地区性的图录乃至全国性的画像石全集。考古文物、历史、美术、音乐等方面的众多学者从多方面对汉代画像石进行研究，发表了大量论文以及一些学术会议论文集。

1980年以后出版的论文集如《汉代画像石研究》③。它收入了1985年召开的南阳汉画像石学术讨论会论文25篇，集中反映了有关学者的研究成果。这些论文对汉代画像石墓的分期、墓葬形制、画像石题材、艺术风格及其所反映的汉代社会状况等多方面的专题做了探讨。其中王建中《试论汉画像石墓的起源——兼谈南阳汉画像石墓出现的年代》、赵成甫《南阳汉画像石分期管见》、萧亢达《汉代南阳郡与南阳汉画像石墓》、王恺《苏鲁豫皖交界地区汉画像石墓

① 范邦瑾：《两块未见著录的"熹平石经诗"残石的校释及缀接》，《文物》1986年第5期；《熹平石经的尺寸及刻字行数补证》，《文物》1988年第1期。
② 罗福颐：《汉熹平石经概说》，《文博》1989年第5期。
③ 南阳汉代画像石学术讨论会办公室编：《汉代画像石研究》，文物出版社，1987年。

墓葬形制》、尤振尧《略述苏北地区汉画像石墓与汉画像石刻》、信立祥《论汉代的墓上祠堂及其画像》、蒋英矩《孝堂山石祠管见》等论文都颇具新意,显示了汉画像石研究的新方向。其他如廖奔《论汉画百戏》、孙景琛等《谈汉代乐舞画像石与画像砖》、陈江风《南阳天文画像石考释》等,也从全新的角度对前人未曾深入研究的画像石题材问题做了探讨。

1983年出版的《中原文物》特刊中收有对汉画进行专门研究的论文17篇。其中周到、吕品的《河南汉画略说》将河南汉代画像石具体划分为南阳、芒砀山、嵩岳与豫北四个地区,并总结了这些地区的画像石在题材、技法、风格上的不同时代特点。刘永信《永城汉画像石刻概述》、黄明兰《洛阳西汉画像空心砖概述》等文章详细介绍了这些地区的有关资料。还有较多的文章是具体分析画像石的内容,并讨论汉代建筑、角牴、汉画像石艺术特点、美学风格等方面的问题。齐鲁书社出版的李发林《山东画像石研究》一书对汉代画像石的产生原因、分布区域、题材内容与雕刻技法等问题做了阐述与归纳,但有些观点尚可商榷。文物出版社出版的刘志远等人《四川汉代画像砖与汉代社会》一书则主要结合出土文物与历史文献,从当时的政治、农业、城市商业交通、地主生活、舞乐百戏与神话传说等方面来分析画像内容。

传统的画像石研究,多为具体诠释画像、探讨刻绘技法,进而分析画像内容,进行有关史料的考证等,也就是利用画像去解释历史。在近来的画像石研究中,这样的论文还占有主要的比例。比较重要的论述有夏超雄《汉墓壁画、画像石题材内容试探》、《孝堂山石祠画像年代及主人试探》,叶又新等人《武氏祠"水陆攻战"图新释》,余德章等《试论四川汉代画像砖的分布地区、刻塑技法及其史料价值》,苏健《汉画中的神怪衔蛇和龙璧图考》,魏仁华《南阳汉画像石墓的门画艺术》,陈孟东《陕北东汉画像石题材综述》,王思礼《山东画像石中几幅画像的考释》,周到《河南汉画中的杂技艺术》,蒋英矩《关于汉画像石产生背景与艺术功能的思考》，李林《陕西绥德县黄家塔汉代画像石墓群》，杨爱国《山东苍山县城前村画像石墓二则》，李锦山《孟庄汉墓立柱画像石考释》①等。特别需要提到台湾学者邢义田的研究，他运用世界史与秦汉史的丰富知识，充分阐释图像的内在含义，通过对画像石图像的研究拓宽了史学研究视野，提出了大量新见解，并促进了与大陆学者的合作交流。其成果反映在《画为心声》、《立体的历史——从图像看古代中国与域外文化》等论文集中②。

文物出版社出版的《南阳汉画像石》一书，是比较丰富的画像石报告图录。其文字部分以纪年墓作为标尺，依据墓葬形制、建筑材料和结构、随葬器物、画像题材、画像位置和雕刻技法等方面的演变情况，将保存较完整的 16 座墓葬划分为三期。早期的时代由西汉中期到新莽时期，中期为东汉初年到汉顺帝时期，晚期为汉顺帝后至东汉末年。虽然由于材料不够完全，上述的考古分期尚可商榷，但是这种研究方法反映了汉代画像石研究中的新成果，体现了新的与考古学结合的研

---

① 夏超雄：《汉墓壁画、画像石题材内容试探》，《北京大学学报》（社会科学版）1984 年第 1 期；夏超雄：《孝堂山石祠画像年代及主人试探》，《文物》1984 年第 8 期；叶又新等：《武氏祠"水陆攻战"图新释》，《文史哲》1986 年第 3 期；余德章等：《试论四川汉代画像砖的分布地区、刻塑技法及其史料价值》，《考古与文物》1986 年第 5 期；苏健：《汉画中的神怪衔蛇和龙璧图考》，《中原文物》1985 年第 4 期；魏仁华：《南阳汉画像石墓的门画艺术》，《中原文物》1985 年第 3 期；陈孟东：《陕北东汉画像石题材综述》，《文博》1987 年第 4 期；王思礼：《山东画像石中几幅画像的考释》，《考古》1985 年第 12 期；周到：《河南汉画中的杂技艺术》，《中原文物》1984 年第 2 期；蒋英矩：《关于汉画像石产生背景与艺术功能的思考》，《考古》1998 年第 11 期；李林：《陕西绥德县黄家塔汉代画像石墓群》，《考古学集刊》第 14 集；杨爱国：《山东苍山县城前村画像石墓二则》，《华夏考古》2004 年第 1 期；李锦山：《孟庄汉墓立柱画像石考释》，《文物》2004 年第 5 期。

② 邢义田：《画为心声》，中华书局，2011 年；《立体的历史——从图像看古代中国与域外文化》，生活·读书·新知三联书店，2014 年。

究方向。这种结合考古学的方法与手段,全面科学地对汉代画像石进行综合研究,是近来汉画像石研究水平提高的体现。类似画像石墓考古报告还有:《神木大保当——汉代城址与墓葬考古报告》等。通过画像石材料进行考古研究的论文中,吴曾德、萧亢达《就大型汉代画像石墓的形制论"汉制"——兼谈我国墓葬的发展进程》,蒋英炬《略论曲阜"东安汉里画像石"》、《汉代的小祠堂》,米如田《汉画像石墓分区初探》李银德《徐州汉画像石墓墓主身份考》①等,都是在这方面较有创见的论文。

　　近年来陆续出版了多部关于汉代画像石的专著。王建中的《汉代画像石通论》资料性较强,详尽地介绍与分析了历年来出土的画像石资料与研究情况②。杨爱国的专著《幽明两界——纪年汉代画像石研究》就有纪年的画像石材料深入讨论了有关画像石的地域特色、墓主身份、与墓葬的关系及涉及画像内涵的一些具体问题③。蒋英炬、杨爱国《汉代画像石与画像砖》一书则对20世纪中有关汉代画像石画像砖的发现与研究情况作了总结④。张从军《黄河下游的汉画像石艺术》是着重于画像石艺术介绍的图录⑤。罗二虎《汉代画像石棺》一书对四川等地发现的画像石棺作了全面收集与分区分类的考古学综合研究。⑥。信立祥《汉画像石墓的分区与分期研究》是近年来对汉代画

---

① 吴曾德、萧亢达:《就大型汉代画像石墓的形制论"汉制"——兼谈我国墓葬的发展进程》,《中原文物》1985年第3期;蒋英炬:《略论曲阜"东安汉里画像石"》,《考古》1985年第12期;《汉代的小祠堂》,《考古》1983年第8期;米如田:《汉画像石墓分区初探》,《中原文物》1988年第2期;李银德:《徐州汉画像石墓墓主身份考》,《中原文物》1993年2期。

② 王建中:《汉代画像石通论》,紫禁城出版社,2001年。

③ 杨爱国:《幽明两界——纪年汉代画像石研究》,陕西人民美术出版社,2006年。

④ 蒋英炬、杨爱国:《汉代画像石与画像砖》,文物出版社,2001年。

⑤ 张从军:《黄河下游的汉画像石艺术》,齐鲁书社,2004年。

⑥ 罗二虎:《汉代画像石棺》,巴蜀书社,2002年。

像石进行综合研究的一篇力作，具有较高的学术水平。它总结出汉画像石分布的四个中心区域，认为由于四个中心区域的经济地理条件、文化传统与社会状况的不同，而造成它们产生画像石的时间与发展过程各不相同。文章中还对各个地区画像石进行了分期排列。信立祥指出这四个区域的画像石共性大于个性，雕刻方法的发展阶段相同，汉代画像是为当时的丧葬礼仪服务的，是当时大土地占有制的产物。在此研究基础上，信立祥在日本完成关于汉代画像石研究的博士论文，由日本同成社出版《中国汉代画像石の研究》一书，并于修改后在国内以《汉代画像石综合研究》标题出版①。这部书是比较全面深入地介绍与研究汉代画像石，表现出中国汉代画像石考古研究水平的一部重要著作。

这些研究成果表明画像石研究风气的改变。学术界已经开始逐渐注重对画像石的综合研究，改变了以往把画像石与墓葬分割开来，单纯研究画像的题材、技法、风格等专题做法。从而使有关研究更加全面深入。体现了当代科学多层次、多视角的新面貌。

将近代考古学研究方法、实地考察复原工作与传统的画像石研究联系起来，可以取得更为科学完整的材料与新的研究成果。蒋英炬、吴文祺在这方面取得的突出成绩体现在《汉代武氏墓群石刻研究》一书中。武氏墓群石刻位于山东省嘉祥县，是我国东汉时期遗留下来的一组比较完整而且具有代表性的画像石刻与墓葬石刻群体。由于它是最早被人们注意与加以著录的汉代画像石刻，在美术史、金石学以及近代考古学的研究中都具有重要意义。但是以往传统的金石学著录中虽然有数十种著作涉及这批材料，取得了一定成就，却仍存在着相当的局限与缺点。"由于缺乏近代考古学的科学方法，它多集中注

---

① 信立祥：《汉画像石墓的分区与分期研究》，《考古类型学的理论与实践》，文物出版社，1992年。信立祥：《中国汉代画像石の研究》，（日）同成社，1996年；《汉代画像石综合研究》，文物出版社，2000年。

意于画像榜题故事内容的考证与描述,或品评画像拓本的优劣完缺,而不注意对画像石刻原物的考察。对画像石构成的建筑形制如双阙,尤其是对那零落散乱的祠堂画像石在建筑上的配置及其相互之间的关系这些基本问题则忽略了。更不要说未能涉及画像石刻艺术及社会背景等方面的研究。基于这种倾向,以往的许多著录只知记录有画像内容的画幅,而不追究这些刻画的石头,有些材料被遗弃,各家著录的画像幅数和刻有画像的石头数也混淆不清;或只凭辗转到手的画像拓本,所录材料片断不全。……对武氏墓群石刻缺少综合、系统、完整的著录,不能反映出武氏墓群石刻的原状和整体面貌。①"

蒋英炬、吴文祺等人在现场考察的基础上,对画像石的来源、数目、准确的尺寸与形制特点作了深入调查考证,对零散的祠堂画像石作了建筑配置研究,得到了基本成功的复原。在复原中,特别注意了祠堂画像的整体布局与相互关系。经过建筑复原后,不仅清楚了原来的建筑形式,有助于对汉代建筑形制的研究,而且有利于进一步考察确定画像石的内容与组合情况,揭示出一个内在规律,即"总观这些画像在祠堂建筑中的布局,显示出一定的规范化和固定化的特点,具有一定的规律性。若把祠堂中的画像扩而大之来看,它就象包括着天上、人间的一个大空间世界,根据汉代社会的五行方位和信仰习俗,把所刻画像内容布置在一个祠堂建筑的小空间内。这样,祠堂建筑物中有些画像内容和方位布局是有机联系的。"②此外,还可以结合复原,对其中的车马出行图作出全面认识,缀合有关的历史故事画,考察水陆攻战图等。这些作法,都是汉代画像石研究中结合考古学方法的新动向,使有关研究更加深入,得到了国内外学术界的好评。

附带提到,近年美国学者 M. Nylan 对于武氏祠石刻与画像石的真伪问题大加评议,认定它们是后人的赝品。可能是国内学者认为她的

---

① 　蒋英炬、吴文祺:《汉代武氏墓群石刻研究》,山东美术出版社,1995 年。
② 　蒋英炬、吴文祺:《汉代武氏墓群石刻研究》山东美术出版社,1995 年。

观点太过荒谬,没有什么反响与批评。反而是一些国外学者予以反驳。但是对这种说法在国际上造成的影响不应忽视,希望国内学术界对此能够有适当的讨论与澄清。

石刻论文中,对石刻铭文中的丰富历史资料进行具体考证的文章数量很多,这也是长期采用的传统研究方式。近年来,由于新出土的材料比较多,对于具体石刻材料进行考证说明的介绍文章数量最多,以下选择一些典型概要予以介绍。

汉代碑石研究中,1991年在河南偃师县南蔡庄乡发掘出的东汉建宁二年《肥致碑》由于其内容涉及东汉的方士、宗教以及墓志的起源等问题,所以有众多两岸学者加以研究讨论。如王育成《东汉肥致碑探索》、虞万里《东汉肥致碑考释》、李训祥《读肥致碑札记》、邢义田《东汉的方士与求仙风气》①等。特别在该石刻是否是墓志的性质判断上存在着两种完全相反的意见。河北保留下来的几件重要碑石封龙山颂、白石神君碑等,由于涉及当时的祭祀礼制引起研究者的关注,法国学者吕敏发表了《地方祠祭的举行和升格——元氏县的六通东汉石碑》一文,对汉代的祭祀礼仪做了研究;还有王子今《封龙山颂及白石神君碑北岳考论》与文物出版社出版的专著《白石神君碑研究》②等。通过石刻资料对古代宗教进行研究是当前有关研究的热点,这类论文正在不断增多。1987年在青海海晏县发现一块残石,上有三行铭文,说明这是西海郡虎符石匮,造于始建国元年十月癸卯。李零曾就这些

---

① 王育成:《东汉肥致碑探索》,《中国历史博物馆馆刊》1996年2期;虞万里:《东汉肥致碑考释》,《中原文物》1997年4期;李训祥:《读肥致碑札记》,《大陆杂志》96卷6期;邢义田:《东汉的方士与求仙风气》,《大陆杂志》94卷2期。

② (法)吕敏:《地方祠祭的举行和升格——元氏县的六通东汉石碑》,《法国汉学》第七辑;王子今《封龙山颂及白石神君碑北岳考论》,《文物春秋》2004年4期。

石匣与当时的祭祀情况作过讨论①。也有对地方上留存的汉代石刻综合介绍的论文,如李军《芦山的东汉石刻》等②。

出土石刻中,含有大量可以与历史文献相互补证的史料。对它们逐件加以释读与考证,明晰其史料,应该是石刻研究的首要工作。近几十年来,一些新出土的重要石刻材料都有学者加以释读与考证说明,结合古代文献对其中涉及的历史人物和历史事件加以阐述与研究。涉及汉魏南北朝时期石刻的论文如:张传玺《东汉雁门太守鲜于璜碑铭考释》、李银德、陈永清《东汉永寿元年徐州从事墓志》、周晓陆《缪纡墓志读考》、古元忠《西晋杜稷墓门题刻探微》、李朝阳《吕他墓表考述》、郑君雷《刘贤墓志的若干问题》、杜葆仁等《华阴潼关出土的北魏杨氏墓志考证》、王银田《元淑墓志考释——附北魏高琨墓志小考》、张乃翥《北魏王温墓志记史勾沉》、严辉《北魏永宁寺建筑师郭安兴事迹的新发现及相关问题》、张利亚《磁县出土北齐愍悼王妃李尼墓志》、周铮《北齐封子绘及夫人王楚英墓志释文与笺证》、李朝阳《咸阳市郊北周独孤浑贞墓志考述》、侯灿《高昌建昌六年墓表考补》、罗新《中国国家博物馆藏北魏元则、元宥墓志疏解》、赵超《中国国家博物馆藏北朝封氏诸墓志汇考》、高然、范黎《大代持节豳州刺史山公寺碑考释》、马瑞、宗鸣安《新见郑孙买地券考略》③等,都是这样着重于历

① 李零:《王莽虎符石匣调查记》,《文物天地》2000 年第 4 期。

② 李军:《芦山的东汉石刻》,《四川文物》1994 年 6 期。

③ 张传玺:《东汉雁门太守鲜于璜碑铭考释》,《北京大学学报》(社会科学版) 1984 年第 2 期;李银德、陈永清:《东汉永寿元年徐州从事墓志》,《文物》1994 年 8 期;周晓陆:《缪纡墓志读考》,《文物》1995 年 4 期;古元忠:《西晋杜稷墓门题刻探微》《成都文物》1998 年 1 期;李朝阳:《吕他墓表考述》,《文物》1997 年 10 期;郑君雷:《刘贤墓志的若干问题》,《博物馆研究》1998 年 3 期;杜葆仁:《华阴潼关出土的北魏杨氏墓志考证》,《考古与文物》1984 年第 5 期;王银田:《元淑墓志考释——附北魏高琨墓志小考》,《文物》1989 年第 8 期;张乃翥:《北魏王温墓志记史勾沉》,《中原文物》1994 年 4 期;(转下页注)

史考证的论文。罗宗真《梁肖敷墓志的有关问题》对肖敷墓志的时代与真伪进行考证，并对其葬地与有关史实做了说明①。苏哲《元怿元叉墓志与北魏孝明帝朝的朋党政治》则利用墓志资料对北魏的政治运作进行了深入的分析探讨②。罗新《新出魏晋南北朝墓志疏证》与王其祎、周晓薇《隋代墓志铭汇考》、《片石千秋》等著作也对书中收录墓志的历史资料做了重要的考证。华人德《论东晋墓志兼及兰亭论辩》则着重于讨论晋代以后书法艺术的发展变化③。概括地看，对大量新出土的南北朝墓志所做的研究多为单篇铭文释读与有关的史事考证，将大量资料与考古资料、历史文献结合起来进行综合性研究或专题研究的成果较少。

魏晋南北朝时期的碑刻研究也集中在几件以往关注较多的碑石上，即：北魏文成帝南巡碑、郑文公碑等，主要进行对碑文的考释、有关历史考证等，补充前人所未及④。在吉林集安的高句丽好大王碑仍然

（接上页注）严辉：《北魏永宁寺建筑师郭安兴事迹的新发现及相关问题》，《中原文物》2004 年 5 期；张利亚：《磁县出土北齐愍悼王妃李尼墓志》，《文物春秋》1997 年 3 期；周铮：《北齐封子绘及夫人王楚英墓志释文与笺证》，《中国历史博物馆馆刊》1994 年 2 期；李朝阳：《咸阳市郊北周独孤浑贞墓志考述》，《文物》1997 年 5 期；侯灿：《高昌建昌六年墓表考补》，《西域研究》1993 年 4 期罗新《中国国家博物馆藏北魏元则、元宥墓志疏解》，《中国历史文物》2007 年第 2 期；赵超《中国国家博物馆藏北朝封氏诸墓志汇考》，《中国历史文物》2007 年第 2 期；高然、范黎：《大代持节幽州刺史山公寺碑考释》，《考古与文物》2010 年第 3 期；马瑞、宗鸣安：《新见郑孙买地券考略》，《中国历史文物》2010 年第 6 期。

① 罗宗真：《梁肖敷墓志的有关问题》，《考古》1986 年第 1 期。
② 苏哲：《元怿元叉墓志与北魏孝明帝朝的朋党政治》，《考古学研究（三）》。
③ 华人德：《论东晋墓志兼及兰亭论辩》，《故宫学术季刊》第 13 卷。
④ 山西省考古研究所、灵丘县文物局《山西灵邱北魏文成帝南巡碑》，《文物》1997 年 12 期；靳生禾等《北魏皇帝南巡之颂碑考察报告》，《山西（转下页注）

吸引着国内外学者的注意。有关研究除王健群《好大王碑研究》、耿铁华《好大王碑新考》等专著,还有大量论文①。李德山还就中外历来对好大王碑的研究成果做了归纳。其他像大金得胜陀颂碑、南诏德化碑等关系到边疆史与民族史研究重要碑刻也有一些新的研究成果问世。此外,还有荣新江、艾克热木·阿吾提、高自厚等对且渠安周碑、高昌王世勋碑和高昌历史的研究②。

　　隋唐时期的碑刻研究成果涉及面比较广,主要是对一些著名历史人物碑石的介绍考释,如刘友恒等《大唐开业寺李公之碑考述》、孙芬惠《渭南发现唐白敏中神道碑》、李浪涛《唐昭陵发现欧阳询书昭陵刻石文碑》、王建中《唐弘福寺首律师碑考释》、王翰章、魏勇娥《唐代国长公主碑考略》③。还有一些结合碑石对唐代社会生活、宗教进行介绍的论文,如陈叔侗《扬州中唐文献孑遗——元和八年球场山亭记残碑考辨》、赵灵芝、张体义《唐会昌六年道教度人经幢》、魏勇娥《两通

　　(接上页注)大学学报(哲社版)》1994 年 2 期);靳生禾、谢鸿喜《北魏皇帝南巡之碑考察清理报告》,《文物季刊》1995 年 3 期;张庆捷《北魏文成帝南巡碑碑文考证》,《考古》1998 年 4 期;周玉峰《郑文公碑综论》,《东南文化》1997年 3 期。

① 王健群:《好大王碑文中倭的实体》,《博物馆研究》1985 年第 3 期。方起东《好大王碑释文一得》,《博物馆研究》1995 年 1 期;傅郎云《好大王碑所载相关问题的思考》,《社会科学战线》1996 年 4 期;

② 荣新江:《且渠安周碑与高昌大凉政权》,《燕京学报》新 5 期;艾克热木·阿吾提、高自厚:《高昌王世勋碑和高昌王府》,《甘肃民族研究》1996 年 2 期。

③ 刘友恒等:《大唐开业寺李公之碑考述》,《文物春秋》2004 年 4 期);孙芬惠:《渭南发现唐白敏中神道碑》,《碑林集刊》十;李浪涛:《唐昭陵发现欧阳询书昭陵刻石文碑》,《碑林集刊》十、王建中:《唐弘福寺首律帅碑考释》,《碑林集刊》十;王翰章、魏勇娥:《唐代国长公主碑考略》,《陕西历史博物馆馆刊》第 4 辑。

记载唐代乐舞的珍贵碑石》等①。周祯祥、晓楚对著名的大秦景教流行中国碑内容又作了补充考证②。微山县文物管理所介绍了山东微山县出土的几件唐代残造像碑、造像、塔座等，其中开元二十五年碑上面刻写了一卷般若波罗密多心经③。颜娟英《唐长安七宝台石刻的再省思》一文结合台北中研院史语所藏拓片对现分存在中国西安、日本与美国等地的唐代长安七宝台石刻作了分析，考证了主要图像与造像主的身份等问题④。郑炳林对敦煌著名的索勋纪德碑内容与敦煌地区文化历史作了考证⑤。对新出土碑石做研究的还有古元忠《唐代临邛古氏墓碑考——兼论元明清四川大移民历史渊源》，从当地的一个家族墓碑中探讨四川移民的历史，视点比较新颖⑥。拜根兴介绍了韩国新发现的唐含资道总管柴将军精舍草堂之铭，有助于唐代边疆历史研究⑦。在陕西的唐临川公主墓中出土了两通诏书刻石，比较少见，它保留下了唐代诏书的原始形式。张沛《唐临川公主墓出土的两通诏书刻石——兼谈唐代前期的诏书形成过程》对其有关的唐代官方文书

---

① 陈叔侗《:扬州中唐文献孑遗——元和八年球场山亭记残碑考辨》，《福建历史文化与博物馆研究》;赵灵芝、张体义:《唐会昌六年道教度人经幢》，《中原文物》1995 年 1 期;魏勇娥:《两通记载唐代乐舞的珍贵碑石》，《陕西历史博物馆馆刊》1995 年 2 期。

② 周祯祥、晓楚:《大秦景教流行中国碑新考》《人文杂志》1997 年 6 期;《浅识景教碑几个叙利亚文字考释之歧异》《文博》1996 年 6 期。

③ 微山县文物管理所:《山东微山县出土唐代石刻》，《考古》2001 年 9 期。

④ 颜娟英:《唐长安七宝台石刻的再省思》，《远望集》,陕西人民美术出版社1998 版。

⑤ 郑炳林:《索勋纪德碑研究》，《敦煌学辑刊》1994 年第 2 期。

⑥ 古元忠:《唐代临邛古氏墓碑考——兼论元明清四川大移民历史渊源》，《成都文物》1997 年第 4 期。

⑦ 拜根兴:《韩国新发现的唐含资道总管柴将军精舍草堂之铭考释》，《唐研究》第八卷。

制度与政治历史作了研究①。其他还有贾麦明等《新发现的唐开元石幢及相关问题》、李浪涛《唐昭陵陪葬蒋王妃元氏墓发现题记石柱》所介绍的新石刻材料以及王仁富、赵德祥对现藏日本皇宫的唐鸿胪井刻石的研究②。这些论述从多方面加深了对隋唐历史的认识。

在西藏自治区吉隆县发现的唐显庆三年(658)大唐天竺使出铭，记录了唐朝显庆三年(658)王玄策出使天竺，经过此地的情况，反映了中原与西藏、天竺等地的交往情况与交通道路，是一次非常重要的唐代铭刻新发现。它对证实初唐时期王玄策出使印度，了解当时唐朝与西藏地区的关系以及有关历史地理情况具有重要价值。这件题记的发现与研究者霍巍结合考古调查的资料考察了王玄策出使天竺的道路，指出唐代使节出使天竺经由吉隆宗喀，然后由中尼边境拉苏瓦山口出境。他还论证了王玄策所在时小羊同国的具体位置在吉隆与拉萨之间。参照古代文献中有关王玄策西行的记录，可以更确切地了解唐代通向吐蕃、天竺的"唐蕃古道"位置。黄盛璋也从历史地理方面提出了一些对这件题记的看法③。

根据简报，在西藏洛扎县吉堆的吐蕃墓地还发现了两处文字相同

---

① 张沛：《唐临川公主墓出土的两通诏书刻石——兼谈唐代前期的诏书形成过程》，《文博》1994 年 5 期。

② 贾麦明等：《新发现的唐开元石幢及相关问题》，《考古与文物》2001 年 5 期；李浪涛：《唐昭陵陪葬蒋王妃元氏墓发现题记石柱》，《文物》2004 年 11 期；王仁富：《现藏日本皇宫的唐鸿胪井刻石探讨》《文物》1995 年 11 期；赵德祥：《鸿胪井石刻辨析》，《北方民族》1995 年 2 期。

③ 霍巍：《西藏吉隆人唐天竺使出铭与历史上的王玄策出使印度》，《中国文物报》1994 年 7 月 17 日；《"大唐天竺使出铭"及其相关问题研究》，(日)《东方学报》第 66 册，1994 年第 7 期；《从考古材料看吐蕃与中亚和西亚的古代交通》，《中国藏学》1995 年第 4 期；《从新出唐代碑铭论羊同与女国之地望》，《民族研究》1996 年第 1 期；黄盛璋：《西藏吉隆县新发现王玄策大唐天竺使出铭主要问题考辨》，《故宫学术季刊》15 卷 4 期。

的摩崖石刻,记载了吐蕃大臣得乌穷的墓地在附近,对于判断墓地的主人有一定的参考价值,从而对西藏吐蕃时期的考古编年研究具有重要意义;在雅鲁藏布江上游的穷结青娃达孜山,发现了大约从 13 世纪到 17 世纪的摩崖造像①。这些发现,反映出在边疆地区,少数民族也曾经普遍刊刻摩崖石刻,这应该是今后边疆地区的文物考古调查中值得注意的一个方面。

隋唐时期的墓志铭文内容具有很高的研究价值。由于现在存世的墓志多为贵族官员与名门大族的人士所有,其中很多人都在历史文献上有所记载,墓志中还往往记载有一些重要的历史事件,所以墓志内容多可与历史记载互为校正。有关考证论文众多,例如臧振《西安新出阎立德之子阎庄墓志铭》②、葛承雍《新出唐遂安王李世寿墓志考释》③等。特别是在西安碑林博物馆编辑的各期《碑林集刊》上发表了大量对新发现的唐代墓志的考释文章,都是对具体的墓志石刻铭文进行释读与史迹考证。如王其玮《西安灞桥出土唐周孟瑶墓志》④、张岩《张去奢、张去逸墓志考释》⑤、李献奇、周铮《北周、隋五方杨氏家族墓志综考》⑥、呼林贵《陕西潼关出土隋萧妙瑜墓志考释》⑦、焦南峰等《唐秋官尚书李晦墓志考释》⑧、穆小军《唐宗室宰相李岘墓志铭考》⑨等等。

① 何强:《西藏吉堆吐蕃墓地的调查与分析》,《文物》1993 年第 2 期;王望生:《西藏穷结青娃达孜山摩崖造像调查简报》,《文物》1993 年第 2 期。
② 臧振:《西安新出阎立德之子阎庄墓志铭》,《唐研究》第二卷。
③ 葛承雍:《新出唐遂安王李世寿墓志考释》,《唐研究》第三卷。
④ 王其玮:《西安灞桥出土唐周孟瑶墓志》,《碑林集刊》第五期。
⑤ 张岩:《张去奢、张去逸墓志考释》,《碑林集刊》第五期。
⑥ 李献奇、周铮:《北周、隋五方杨氏家族墓志综考》,《碑林集刊》第七期。
⑦ 呼林贵:《陕西潼关出土隋萧妙瑜墓志考释》,《碑林集刊》第九期。
⑧ 焦南峰等:《唐秋官尚书李晦墓志考释》,《碑林集刊》第十期。
⑨ 穆小军:《唐宗室宰相李岘墓志铭考》,《碑林集刊》第十期。

通过墓志,还可以考察隋唐时期的政治、经济、官吏制度、宗教以及社会风俗等等。如杨豪《岭南宁氏家族源流新证》根据对隋代宁赞碑、唐宁道务墓志等石刻的考证,认为宁氏远祖是在战国末年至南朝这段时间内途经福建、广东迁入广西的,宁氏原应为河南或山东人氏①。墓志中主要记录古代人物的家族世系情况,对这些材料的汇集与分析可以解决很多历史问题,从一个家族的历史演变、民族关系到关系当时社会政治的大族通婚、政治集团、民族迁徙等众多问题都有所涉及,有关论文也比较多。如姜波《豆卢氏世系及其汉化——以墓碑、墓志为线索》、赵超《从唐代墓志看士族大姓通婚》、王志高、王启斌《江苏南京市出土的唐代琅玡王氏家族墓志》、杜林渊《从出土墓志谈唐与吐谷浑的和亲关系》、林梅村《从考古发现看隋末唐初于阗与中原的关系——大唐毗沙郡将军叶和墓表考证》、刘礼堂《从唐代墓志汇编窥探唐代安史之乱后北人的南迁》等。②。

唐代是一个开放的社会,中外文化经济交流十分频繁。长期在中原居住的各国人士数以万计。出土的唐代墓志中,也有部分墓主属于这样的外国人士。另外,还有一些墓主属于定居中原,基本汉化的外来民族后裔。如在西安出土的咸通十五年(874)二月二十八日(卒)苏谅妻马氏墓志。苏谅就是来自波斯的阿拉伯人,祆教徒。该墓志由汉字与伊朗巴列维文两种字体写成。发表以后,引起国际伊朗学学术界的极大兴趣,并进行了深入研究,主要是讨论对巴列维文铭文的释

① 杨豪:《岭南宁氏家族源流新证》,《考古》1989 年第 3 期。

② 姜波:《豆卢氏世系及其汉化——以墓碑、墓志为线索》,《考古学报》2002 年3 期);赵超:《从唐代墓志看士族大姓通婚》,《周绍良先生欣开九秩庆寿文集》;王志高、王启斌:《江苏南京市出土的唐代琅玡王氏家族墓志》,《考古》2002 年 5 期;杜林渊:《从出土墓志谈唐与吐谷浑的和亲关系》,《考古》2002 年 8 期;林梅村:《从考古发现看隋末唐初于阗与中原的关系——大唐毗沙郡将军叶和墓表考证》,《西域研究》1999 年 2 期;刘礼堂《从唐代墓志汇编窥探唐代安史之乱后北人的南迁》,《江汉考古》2001 年 4 期。

读及有关考证。① 又如永贞元年（805）米继芬墓志，米氏为西域米国人；大和四年（830）何文哲墓志，何氏为西域何国人。甘肃出土了开元六年（718）慕容若妻李深墓志、乾元元年（758）慕容威墓志等，其墓主慕容氏为吐谷浑王族。洛阳出土有景龙三年（709）安菩墓志，是西域安国人。这些外国来华的人士都在中原定居，其墓志对于了解当时的中西交通情况与唐代社会民族状况都有一定参考价值。魏光《何文哲墓志考略》②与卢兆荫《何文哲墓志考略——兼谈隋唐时期在中国的中亚何国人》③均对 1956 年在西安出土的唐代何文哲墓志作了研究。卢文指出何文哲是目前发现的唯一有着明确记载的何国质子后裔，同时在对何文哲世系与仕历的考证基础上，就隋唐时期在中国的何国人情况和昭武九姓后裔相互联姻等问题做了深入研究。李鸿宾《论唐代宫廷内外的胡人侍卫——从何文哲墓志铭谈起》则扩展到讨论唐代宫廷使用胡人侍卫的历史现象④。又如贞观十六年（642）独孤开远墓志、显庆三年（658）执失奉节墓志、上元二年（675）阿史那忠墓志等突厥人的墓志，天宝二年（743）契苾李中郎墓志等反映契苾族人的墓志，垂拱元年（685）李谨行墓志等反映靺鞨史事的墓志等，都有论述指出其具有民族历史研究上的参考价值。陈志谦《安元寿及夫人翟氏墓志考述》研究了唐代安元寿的族系、履历，补证了《新唐书·宰相世系

① 陕西省文物管理委员会：《西安发现晚唐祆教徒的汉、婆罗钵文合璧墓志——唐苏谅妻马氏墓志》，《考古》1964 年第 9 期；作铭：《唐苏谅妻马氏墓志跋》，《考古》1964 年第 9 期；伊藤义教：《西安出土汉、婆合璧墓志婆文语言学的试释》，《考古学报》1964 年第 2 期；刘迎胜：《唐苏谅妻马氏汉、巴列维文墓志再研究》，《考古学报》1990 年第 3 期。

② 魏光：《何文哲墓志考略》，《西北史地》1984 年第 3 期。

③ 卢兆荫：《何文哲墓志考略——兼谈隋唐时期在中国的中亚何国人》，《考古》1986 年第 9 期。

④ 李鸿宾：《论唐代宫廷内外的胡人侍卫——从何文哲墓志铭谈起》，《中央民族大学学报》1996 年 6 期。

表》中的有关记载,同时还考证了昭陵陪葬墓的陪葬制度与唐代卜筮习俗等问题①。有些新发现的重要墓志材料还曾引起学术界的热烈关注,有过众多讨论文章。比较突出的例子如西北大学文博学院发现的唐代日本留学生井真成墓志,日本学者曾组织专门学术讨论会并出版有关论文集②。国内有关论文有贾麦明《新发现的唐日本人井真成墓志及初步研究》、王建新《西北大学博物馆收藏唐代日本留学生墓志考释》、王维坤《唐日本留学生井真成墓志的初步考释》、荣新江《从井真成墓志看唐朝对日本遣唐使的礼遇》等多篇论述③。宁夏固原出土的显庆三年(658)史索言墓志等定居中原的西域史国人后代史氏家族墓志,以及在太原、西安出土的隋代虞弘、北周安伽等粟特人墓志与墓中石刻画像,都有大量有关讨论文章,涉及西域考古、历史与中外交通等专题④。

此外,还有一些对某一地区的墓志或某一批墓志进行综合研究介

---

① 陈志谦:《安元寿及夫人翟氏墓志考述》,《文博》1989 年第 2 期。

② 如《特集:遣唐使墓志をめぐる日中交流史》,(日)大和书房,2005 年。专修大学、西北大学合编:《遣唐使の見た中国と日本:新发见"井真成墓志"から何がわかるか》,(日)朝日新闻社,2005 年。

③ 贾麦明:《新发现的唐日本人井真成墓志及初步研究》,《西北大学学报》2004 年第 6 期;王建新:《西北大学博物馆收藏唐代日本留学生墓志考释》,《西北大学学报哲学社会科学版》2004 年第 6 期;王维坤:《唐日本留学生井真成墓志的初步考释》,《西部考古》(第一辑);荣新江:《从井真成墓志看唐朝对日本遣唐使的礼遇》,《西北大学学报哲学社会科学版》2005 年第 4 期。

④ 罗丰:《固原南郊隋唐中亚史氏墓志考释》,《大陆杂志》第 90 卷 5 期;李鸿宾:《唐代墓志中的昭武九姓粟特人》,《文献》1997 年第 1 期;姜伯勤:《萨宝府制度源流论略——汉文粟特人墓志考释之一》,《华学》第 3 辑;杨晓春:《隋虞弘墓志所见史事系年考》,《文物》2004 年第 9 期;张庆捷:《虞弘墓志中的几个问题》,《文物》2001 年第 1 期;罗丰:《一件关于柔然民族的重要史料——隋虞弘墓志考》,《文物》2002 年第 6 期;李志敏:《稽胡史迹考——太原新出隋代虞弘墓志的几个问题》,《中国史研究》2002 年第 1 期等。

绍的论文,如李献奇《洛阳新发现唐志丛识》、李庆新《西安出土几方唐代墓志中之岭南资料》、吴炜《扬州唐五代墓志概述》、李慧《咸阳近年出土墓志述评》①等。将多种石刻材料中的有关史料汇集起来综合考证有关历史的论文占有一定比例。如陈长安《洛阳隋志史料浅释》对石刻中涉及的隋代樊邓讨蛮、藤越起兵、沙钵略犯塞等 27 件隋代史事加以考证②。陈安利等《西安新出唐志考释》对墓志记载所涉及的《新唐书·宰相世系表》、两唐书等文献中的一些史事和唐武宗灭佛的情况作了考证③。周绍良《唐志丛识》中也对两唐书和《新唐书·宰相世系表》记载中的讹误作了纠正④。在介绍新发现的唐代墓志时,很多论文也涉及到墓主有关的世系记载与《新唐书·宰相世系表》的补正。墓志中的家族世系详尽清晰,是了解隋唐社会中门阀世族状况的极好资料。通过对大量墓志中门阀世系记载的汇集与研究,不仅可以补充与校正《新唐书·宰相世系表》等古代文献记载的唐代门阀状况,而且可以深入了解唐代社会中各大门阀之间的相互关系,各大姓的兴衰,大姓与其他统治集团之间的矛盾与斗争等重要历史问题。墓志中反映的婚姻状况,如选择门第、姑舅连姻、冥婚、择偶条件、离婚、再娶等等,都对认识唐代社会生活颇有俾益,如台湾学者毛汉光利用唐代墓志对唐代著名大族之间联姻情况的研究⑤。刘礼堂通过大量墓志

---

① 李献奇:《洛阳新发现唐志丛识》,《中原文物》1996 年第 2 期;李庆新:《西安出土几方唐代墓志中之岭南资料》,《广东省博物馆集刊》1999 年;吴炜:《扬州唐五代墓志概述》,《东南文化》1995 年第 4 期;李慧:《咸阳近年出土墓志述评》,《文博》1996 年第 5 期。

② 陈长安:《洛阳隋志史料浅释》,《中原文物》1989 年第 2 期。

③ 陈安利等:《西安新出唐志考释》,《文博》1987 年第 5 期。

④ 周绍良:《唐志丛识》,《文博》1986 年第 4 期。

⑤ 赵超:《由墓志看唐代的婚姻状况》,《中华文史论丛》1987 年第 1 期;毛汉光:《中古大族著姓婚姻之研究——北魏高祖至唐中宗神龟年间五姓著房之婚姻关系》,《中央研究院历史语言研究所集刊》第五十六本第四分,等。

材料考察唐中期北人南迁的问题;贺梓城则摘集唐代墓志中的材料对唐代与边疆少数民族关系、社会习俗、长安历史、府兵制等问题作了研究,反映在他的《唐王朝与边疆民族和邻国的友好关系》、《唐长安城历史与唐人生活习俗》、《关于唐史中一些问题的补充与纠正》等文章中①。

　　五代与宋朝时期的石刻研究成果中仍以历史文献考证为主。新发现的宋碑多经释读与考证,揭示出其中可贵的史料,如戴应新《宋折克行神道碑考释》、蔡全法《冯京墓志考释》、林蔚起《宋南剑州重建州学记碑》、程如峰《北宋包令仪墓神道碑》、顾吉辰《阎充国生平事迹考——读宋耀州太守阎公奏封德应侯之碑》、苏健《宋中书令李昭神道碑调查》、吴建华《北宋石保兴兄弟神道碑及相关问题辨析》、蔡东洲《甘肃微县仙人关安丙生祠碑考述》、李晓斌、刘继涛《庄浪出土的大宋王家城新建城隍庙之记石碑考略》、曹发展《五代朔方军节度使冯晖墓志考》与李森《新见北宋李墓志考释》等,都是通过碑志材料对历史有关记载作了补充与对校;洛阳文物工作队《北宋王拱辰墓及墓志》一文对王拱辰墓志中反映的他出使辽国、澄汰冗兵、维持治安以及北宋与吐蕃、西夏的关系等问题做了梳理与证明,唐嘉弘通过宋墓志记载探讨了角厮罗民族的历史②。也有对一批石刻所做的综合研究,如邓

①　刘礼堂:《从唐代墓志汇编窥探唐代安史之乱后北人的南迁》,《江汉考古》
　　2001 年第 4 期;贺梓城:《唐王朝与边疆民族和邻国的友好关系》,《文博》
　　1984 年第 1 期;《唐长安城历史与唐人生活习俗》,《文博》1984 年第 2 期;
　　《关于唐史中一些问题的补充与纠正》,《文博》1984 年第 3 期。

②　戴应新:《宋折克行神道碑考释》,《文博》1987 年第 2 期;蔡全法:《冯京墓志
　　考释》,《中原文物》1987 年第 4 期;林蔚起:《宋南剑州重建州学记碑》,《文
　　物》1989 年第 5 期;程如峰:《北宋包令仪墓神道碑》,《故宫文物月刊》137
　　期;顾吉辰:《阎充国生平事迹考——读宋耀州太守阎公奏封德应侯之碑》,
　　《考古与文物》1990 年第 2 期;苏健:《宋中书令李昭神道碑调查》,《中原文
　　物》1995 年 2 期;吴建华:《北宋石保兴兄弟神道碑及相关问题辨(转下页注)

辉、白庆元《内蒙古乌审旗发现的五代至北宋夏州拓拔部李氏家族墓志铭考释》、陈光熙等《南宋石经考述》;张晓旭对宋元碑刻史料做了较广泛的考证,发表有《吴郡登科题名碑研究》、《宋代科技碑刻研究》与《宋元碑刻研究》等论文;四川发掘的南宋安丙墓出土了碑记等重要石刻,有关研究有:陶喻之《南宋安丙有关石刻索隐》等①。对四川新发现的石刻材料研究还有刘敏《嘉佑岩摩崖石刻题记》、胡昌健《皇宋中兴盛德颂夔门沕溪两摩崖考辨》等,以及胡昌健《川江水文石刻与巴渝修契习俗》中对水文石刻与民俗结合的研究②。对宋代题名、题记以及其他石刻进行研究介绍的论文还有汪志德《石门题刻与宋代的山河堰》、顾吉辰《宋神宗元丰六年杨景略等奉使高丽题名考释》、张勋燎、白彬《成都宋墓出土真文石刻与太上真元大道》、陈锽《浙江堇县东钱湖南宋神道石刻调查》、鲁西奇《宋代蕲州的乡里区画与组织——

(接上页注)析》,《河洛春秋》1996 年第 1 期;蔡东洲:《甘肃微县仙人关安丙生祠碑考述》,《四川文物》1998 年第 1 期;李晓斌、刘继涛:《庄浪出土的大宋王家城新建城隍庙之记石碑考略》,《陇右文博》2004 年第 1 期;曹发展:《五代朔方军节度使冯晖墓志考》,《文物考古论集——咸阳市文物考古研究所成立十周年纪念》,三秦出版社 2000 年;李森:《新见北宋李墓志考释》,《考古与文物》2010 年第 3 期;洛阳文物工作队:《北宋王拱辰墓及墓志》,《中原文物》1985 年第 4 期;唐嘉弘:《一个宋代墓志铭的研究——关于角厮罗的历史》,《青海社会科学》1983 年第 2 期。

① 邓辉、白庆元:《内蒙古乌审旗发现的五代至北宋夏州拓拔部李氏家族墓志铭考释》,《唐研究》第八卷;陈光熙等:《南宋石经考述》,《浙江学刊》1998 年第 1 期;张晓旭:《吴郡登科题名碑研究》,《东南文化》1988 年第 3、4 期,《宋代科技碑刻研究》,《故宫博物院院刊》2002 年第 1 期,《宋元碑刻研究》,《南方文物》2005 年第 2 期、2006 年第 1 期、2008 年第 3 期;陶喻之:《南宋安丙有关石刻索隐》,《四川文物》1998 年第 3 期。

② 刘敏:《嘉佑岩摩崖石刻题记》,《四川文物》1995 年第 3 期;胡昌健:《皇宋中兴盛德颂夔门沕溪两摩崖考辨》,《文物》1995 年第 12 期;胡昌健:《川江水文石刻与巴渝修契习俗》,《四川考古论文集》。

基于鄂东所见地券文的考察》,以及孙昌盛《西夏方塔塔心柱汉文题记考释》等。①

近年来新出土的辽、金、元时期石刻与在边疆地区出土的各种石刻材料大大推动了有关的历史考古研究。对这些碑刻大多仍作有传统的文字考释与有关历史内容考证,有关论文如:齐心《秦王发愿记事碑考——兼论辽代后族肖氏世系》、冯永谦《辽晋国夫人墓志考》、朱子方《跋法库叶茂台出土辽萧义墓志铭》与《辽耶律琮神道碑碑文校正与阐释》、杨卫东《辽朝梁颖墓志铭考释》、李龙彬等《辽代平原公主墓志考释》、盖之庸《近年庆陵出土辽代墓志补证》、许志国《金大定七年沈州双城县北范家庄西山道院宗主禅师石塔考略》、陈志健《彰武金代佑先院碑为复建藏经千人邑碑考》、穆崟臣、穆鸿利《金完颜希尹神道碑研究述略》、范玉琪《元初名臣刘秉忠书丹国朝重修鹊山神应王庙之碑考释》、任崇岳《元浚州达鲁花赤追封魏郡伯墓碑考释》、王大方《翁牛特旗元代张氏先茔碑与住童先德碑探讨》、王大方《元代竹温台碑初考》、刘化成《廊坊市永清县发现的史天泽家族墓地碑》、周晓薇《元代李圭墓志考》②等。

---

①　汪志德:《石门题刻与宋代的山河堰》,《成都大学学报》1989 年第 1 期;顾吉辰:《宋神宗元丰六年杨景略等奉使高丽题名考释》,《延边大学学报(哲社版)》1995 年第 1 期;张勋燎、白彬:《成都宋墓出土真文石刻与太上真元大道》,《考古》2004 年第 9 期;陈锽:《浙江董县东钱湖南宋神道石刻调查》,《南方文物》1998 年第 4 期;鲁西奇:《宋代蕲州的乡里区画与组织——基于鄂东所见地券文的考察》,《唐研究》第十一卷;孙昌盛《西夏方塔塔心柱汉文题记考释》,《考古与文物》1997 年第 1 期。

②　齐心:《秦王发愿记事碑考——兼论辽代后族肖氏世系》,《首都博物馆十五周年论文选》;冯永谦:《辽晋国夫人墓志考》,《辽宁大学学报》1983 年第 6 期;朱子方:《跋法库叶茂台出土辽萧义墓志铭》,《中国历史博物馆馆刊》第 7 期,1985 年;朱子方:《辽耶律琮神道碑碑文校正与阐释》,《辽海文物学刊》1996 年第 2 期;杨卫东:《辽朝梁颖墓志铭考释》,《文史》2011 年(转下页注)

有关历史考证中多有对辽金元历史文献的补正之处。如薛景平、冯永谦《辽代梁援墓志考》对辽代重要官员梁援的家世以及有关历史大事件,如宣懿皇后和太子濬被诬害、宋国河东割地等加以考证,纠正补充了《辽史》中大量的误漏,并且探讨了当时契丹民族与汉民族的关系、婚姻往来等问题;胡顺利也对这件墓志做了补充考证①。唐统天《由石刻补考辽代王府与公主邑司的官制》对石刻中反映出的辽代官制作了汇集,将其与唐宋官制加以对比,指出辽代大量采用汉族政治制度,同时又根据自身需要加以改动,使辽代官制显示出契丹民族的统治特点;张国庆、王家会《石刻所见辽代行政系统职官考——〈辽史百官志〉补遗之五》等也是类似的论述②。齐心《北京出土辽张嗣昌墓志考》对张嗣昌的家族世系加以考证,指出辽国政权逐步演变为契丹

(接上页注)第 1 期;李龙彬等:《辽代平原公主墓志考释》,《考古》2011 年第 8 期;盖之庸:《近年庆陵出土辽代墓志补证》,《内蒙古文物考古》2002 年第 1 期;许志国:《金大定七年沈州双城县北范家庄西山道院宗主禅师石塔考略》,《北方文物》2004 年第 3 期;陈志健:《彰武金代佑先院碑为复建藏经千人邑碑考》,《辽海文物学刊》1996 年第 1 期;穆鋆臣、穆鸿利:《金完颜希尹神道碑研究述略》,《北方文物》2010 年第 2 期;范玉琪:《元初名臣刘秉忠书丹国朝重修鹊山神应王庙之碑考释》,《文物春秋》1994 年第 4 期;任崇岳:《元浚州达鲁花赤追封魏郡伯墓碑考释》,《宁夏社会科学》1995 年第 2 期;王大方:《翁牛特旗元代张氏先茔碑与住童先德碑探讨》,《内蒙古文物考古文集》第 2 辑;王大方:《元代竹温台碑初考》,《文物》1997 年第 6 期;刘化成:《廊坊市永清县发现的史天泽家族墓地碑》,《文物春秋》1995 年第 3 期;周晓薇:《元代李圭墓志考》,《文物》1998 年第 6 期。

① 薛景平、冯永谦《辽代梁援墓志考》,《北方文物》1986 年第 2 期。胡顺利:《北方文物》1988 年第 3 期。

② 唐统天:《由石刻补考辽代王府与公主邑司的官制》,《北方文物》1987 年第 4 期。张国庆、王家会:《石刻所见辽代行政系统职官考——〈辽史百官志〉补遗之五》,《辽宁博物馆馆刊》2011 年。

贵族与汉族官僚地主相结合的形式①。她的《辽代韩诩墓志考》则对
墓志反映出的辽代韩延徽家族世系与金代右丞相刘筈的世系作了排
列与考证,补充了辽、金史载②。杨雨舒《辽代耶律羽之墓志所记东丹
国史事考》梳理了有关东丹国这样一个史载不详的小国历史③。冯永
谦《金刘元德墓志考》对该志作了详细考证④。马洪路《金信武将军刘
元德墓志考》对冯文作了补充,补证了刘元德父母兄弟子女及刘世恭
的世系⑤。此外,可以对辽史作出重要补证的石刻论文还有赵福生等
的《辽代乌古论窝论、乌古论元忠及鲁国大长公主墓志考释》与贾敬颜
《乌古论元忠等三墓志考略》⑥等。佟柱臣《成吉思皇帝赐丘处机圣旨
石刻考》对蒙古建国初期的史料加以整理,并且对成吉思皇帝与丘处
机的关系、丘处机对西北历史地理研究的贡献等问题进行了考证⑦。
孙继民、宗坤《元代西夏遗民踪迹的新发现——元重修鹿泉神应庙碑
考释》则通过石刻寻找到西夏民族迁徙至河北的记载⑧。其他如王勤
金《元"江淮营田提举司钱粮碑"》、刘凤翥《全辽文中部分碑刻校勘》、
毕素娟《从出土碑刻和文字资料看辽讳》、李逸友《元丰州甸城道路碑

---

① 齐心:《北京出土辽张嗣昌墓志考》《考古》1983 年第 11 期。

② 齐心:《辽代韩诩墓志考》,《考古》1984 年第 8 期。

③ 杨雨舒:《辽代耶律羽之墓志所记东丹国史事考》,《社会科学辑刊》1996 年第
　5 期。

④ 冯永谦:《金刘元德墓志考》,《黑龙江文物丛刊》。

⑤ 马洪路:《金信武将军刘元德墓志考》,《北方文物》1985 年第 3 期。

⑥ 赵福生等:《辽代乌古论窝论、乌古论元忠及鲁国大长公主墓志考释》,《北京
　文物与考古》第 1 期;贾敬颜:《乌古论元忠等三墓志考略》,《社会科学辑刊》
　1984 年第 2 期。

⑦ 佟柱臣:《成吉思皇帝赐丘处机圣旨石刻考》,《文物》1986 年第 5 期。

⑧ 孙继民、宗坤:《元代西夏遗民踪迹的新发现——元重修鹿泉神应庙碑考释》,
　《宁夏社会科学》2011 年第 2 期。

笺记》①等论文,都充分解析了有关石刻中的史料,有益于辽、金、元历史的研究。

唐代与辽金元等朝代的碑刻中,出现了新的外来文字与民族文字书体,如古叙利亚文、阿拉伯文、拉丁文、契丹文、西夏文、女真文、八思巴文字等。以往国内学术界对这些文字了解较少,往往借重于西方与日本学者的研究成果。随着专门从事有关文字语言研究的学者逐渐成长并加入有关石刻研究,这些文字被陆续释读考证,提供了越来越完善的译本,并获得了丰硕的研究成果。有关的文字释读文章主要有王静如《新见西夏文石刻和敦煌安西洞窟夏汉文题记考释》、龚方震《唐代大秦景教碑古叙利亚文字考释》、刘迎胜《唐苏谅妻马氏汉、巴列维文墓志再研究》、王弘力《契丹小字墓志研究》、刘凤翥《契丹小字解读再探》与《契丹大字"北大王墓志"考释》《契丹小字耶律宗教墓志铭考释》等、刘浦江《近20年出土契丹大小字石刻综录》与《内蒙古敖汉旗出土的金代契丹小字墓志残石考释》、蔡美彪《林州宝严寺八思巴字圣旨碑译释》与《元氏开化寺碑译释》、沈平《居庸关云台的西夏文》等。②

① 王勤金:《元"江淮营田提举司钱粮碑"》,《考古》1987年第7期;刘凤翥:《全辽文中部分碑刻校勘》,《黑龙江文物丛刊》1983年第2期;毕素娟:《从出土碑刻和文字资料看辽讳》,《文史》第22辑;李逸友:《元丰州甸城道路碑笺记》,《元史论丛》第2辑。

② 王静如:《新见西夏文石刻和敦煌安西洞窟夏汉文题记考释》,《王国维学术研究论集(一)》;龚方震:《唐代大秦景教碑古叙利亚文字考释》,《中华文史论丛》1983年第1期;刘迎胜:《唐苏谅妻马氏汉、巴列维文墓志再研究》,《考古学报》1990年第3期;王弘力:《契丹小字墓志研究》,《民族语文》1986年第4期;刘凤翥:《契丹小字解读再探》,《考古学报》1983年第2期,《契丹大字"北大王墓志"考释》,《文物》1983年第9期,《契丹小字耶律宗教墓志铭考释》,《文史》2010年第4期;刘浦江:《近20年出土契丹大小字石刻综录》,《文献》2003年第3期,《内蒙古敖汉旗出土的金代契丹小字墓(转下页注)

　　此外,还有更为稀少的回鹘文、突厥文以及彝文、藏文等民族文字碑刻的研究介绍文章,主要有:耿世民等《元回鹘文"重修文殊寺碑"初释》、耿世民《古代突厥文碑铭的发现与解读研究》、牟敏《河西地区元代回鹘文石刻初探》、中澍等《完颜娄室碑文译注议补》、鲍音《古松州古回鹘文瓷碑考补》、刘戈《关于古代突厥鲁尼文碑铭的一些问题》)、道布等《河南登封少林寺出土的回鹘式蒙古文和八思巴字圣旨碑考释》、乔吉《谈赤峰市出土的古回鹘文碑铭》、薛宗正《九姓回鹘可汗碑——回鹘阿跌汗朝崛兴的记功碑》、王明贵《贵州古彝文碑刻》、杰当·西饶江措《法王皇帝圣旨藏文石碑释略》、冯智《发现于滇西北的藏文石碑·格子石碑》、瑟格·苏郎甲楚《格子吐蕃藏文石碑之我见》等①。2012 年,又在西安民间发现一块刻有鲁尼突厥文的唐代葛

（接上页注）志残石考释》,《考古》1999 年第 5 期;蔡美彪:《林州宝严寺八思巴字圣旨碑译释》,《考古》1995 年 4 期,《元氏开化寺碑译释》,《考古》1988 年第 9 期;沈平:《居庸关云台的西夏文》,《首都博物馆十五周年论文选》。

① 耿世民等:《元回鹘文"重修文殊寺碑"初释》,《考古学报》1986 年第 2 期;耿世民:《古代突厥文碑铭的发现与解读研究》,《西北民族研究》2005 年第 1 期;牟敏:《河西地区元代回鹘文石刻初探》,《陇右文博》创刊号;中澍等:《完颜娄室碑文译注议补》,《北方民族》1993 年第 4 期与 1994 年第 1 期;鲍音:《古松州古回鹘文瓷碑考补》,《中国边疆史地研究》1996 年第 1 期;刘戈:《关于古代突厥鲁尼文碑铭的一些问题》,《西域研究》1996 年第 2 期;道布等:《河南登封少林寺出土的回鹘式蒙古文和八思巴字圣旨碑考释》,《民族语文》1993 年第 5 期;乔吉:《谈赤峰市出土的古回鹘文碑铭》,《蒙古学信息》1995 年第 2 期;薛宗正:《九姓回鹘可汗碑——回鹘阿跌汗朝崛兴的记功碑》,《新疆文物》1997 年第 4 期;王明贵:《贵州古彝文碑刻》,《民族艺术》1997 年第 4 期;杰当·西饶江措:《法王皇帝圣旨藏文石碑释略》,《西藏研究》1995 年第 4 期;冯智:《发现于滇西北的藏文石碑·格子石碑》,《西藏研究》1994 年第 3 期;瑟格·苏郎甲楚:《格子吐蕃藏文石碑之我见》,《西藏研究》1995 年第 4 期。

啜王子墓志。芮跋辞、罗新、王小甫、吴玉贵等以及土耳其等国学者对此进行了考释与讨论。①

这些考释成果不仅为研究者提供了可广泛应用的历史资料，还深入研究了这些语言文字的书写方法、读法、语法等有关语言学问题，使一些长久未得确解的疑难问题得到了解决。

研究明清时期石刻的文章中，大部分是对石刻内容的具体历史考证，此外主要讨论这些石刻内容中涉及当时社会经济、宗教文化状况等方面的历史资料，如：黄明兰《出土墓志与明藩洛阳王》、牛达生《元、明西夏遗民碑刻浅述》、杨榕榕《明清福建民间戏曲碑刻考略》、丁金龙等：《从河东出土墓志看明代中后期晋商活动》、程存洁《一件反映清初广州府教育制度的重要文物—读重修广州府学碑记》、王熙远《反映清雍乾以后桂西社会经济和阶级关系的几块石碑史料》与《清代北京颜料行会馆碑刻》、颜章炮《清代台湾寺庙的特殊社会功用——台湾清代寺庙碑文研究之一》、张玉茂、张瑞峰《敦煌清代崇教寺碑》②等。结合当前经济建设去注意古代有关石刻的论文也有出现，如倪根金的《明清护林碑知见录》、《明清护林碑研究》、《新见江西

---

① 见《唐研究》第十九卷"葛啜墓志研究专栏"，北京大学出版社，2013 年。

② 黄明兰：《出土墓志与明藩洛阳王》，《河洛春秋》2001 年第 4 期及 2002 年第 1 期；牛达生：《元、明西夏遗民碑刻浅述》，《陇右文博》2006 年第 1 期；杨榕榕：《明清福建民间戏曲碑刻考略》，《文献》2006 年第 3 期；丁金龙等：《从河东出土墓志看明代中后期晋商活动》，《文物世界》2005 年第 2 期；程存洁：《一件反映清初广州府教育制度的重要文物—读重修广州府学碑记》，《广东史志》1994 年第 1 期；王熙远：《反映清雍乾以后桂西社会经济和阶级关系的几块石碑史料》，《民族研究》1994 年第 1 期，《清代北京颜料行会馆碑刻》，《北京档案史料》1994 年第 1 期；颜章炮：《清代台湾寺庙的特殊社会功用——台湾清代寺庙碑文研究之一》，《厦门大学学报（哲社版）》1996 年第 1 期；张玉茂、张瑞峰：《敦煌清代崇教寺碑》《敦煌研究》1996 年第 3 期。

遂川两通清嘉庆时护林碑述论》①等。

历代有关宗教的石刻资料数量庞大,随着宗教史研究的发展,宗教石刻的研究成为石刻研究的又一个热点。首先是对佛教造像题记与佛教人物、寺院碑刻的有关研究。如丁明夷《北朝佛教史的重要补正——析安阳三处石窟的造像题材》对安阳三处石窟造像所反映的北齐地论宗大师慧光传承的佛教派系以及僧稠、灵裕等北朝名僧事迹加以考证,由此讨论北朝晚期的佛教宗派与佛教思想②。温玉成等《读"凤穴七组千峰白云禅院记"碑后》结合该碑探讨禅宗临济宗的世系传承情况③。又如丁明夷《从强独乐建周文王佛道造像碑看北朝道教造像》着重从造像布局上去讨论北朝时期佛、道二教的关系,研究当时道教造像的情况,在此基础上对中国古代道教造像产生的时间、造像内容,佛教对道教造像形式的影响等问题做了分析④。该文比较完全地介绍了北朝与隋代道教石刻造像的全貌。

石刻中存留有一些罕见的外来宗教资料,这是可以弥补传世文献中不足的,有关研究也很活跃。如温玉成《龙门天竺寺与摩尼教》认为在洛阳龙门寺沟发现的《龙门山天竺寺修殿记》石刻是"我国唯一的摩尼教文物"⑤。而后,林悟殊《龙门天竺寺非摩尼教寺辨》一文对温玉成的四点论证理由逐一加以批驳,结合摩尼教来华的发展过程、佛

---

① 倪根金:《明清护林碑知见录》,《农业考古》1997 年第 1 期;《明清护林碑研究》,《中国农史》1995 年 14 卷第 4 期;《新见江西遂川两通清嘉庆时护林碑述论》,《古今农业》1997 年第 3 期。

② 丁明夷:《北朝佛教史的重要补正——析安阳三处石窟的造像题材》,《文物》1988 年第 4 期。

③ 温玉成等:《读"凤穴七组千峰白云禅院记"碑后》,《中原文物》1984 年第 1 期。

④ 丁明夷:《从强独乐建周文王佛道造像碑看北朝道教造像》,《文物》1986 年第 3 期。

⑤ 温玉成:《龙门天竺寺与摩尼教》,《中原文物》1985 年第 4 期。

教与摩尼教的不同点等分析指出《龙门山天竺寺修殿记》并不是摩尼教的文物①。可见国内学者对于外来宗教的了解还有欠缺。姜纬堂《北京牛街礼拜寺阿拉伯文墓碑来历质疑》讨论了牛街礼拜寺中的几件墓碑，认为这些阿拉伯文墓碑是在后世才移入礼拜寺中的，现在位于礼拜寺中的"筛海坟"也是后世仿造的，由此提出前人认为牛街礼拜寺建于宋代或者元代初年的说法是错误的②。刘盛林则在《牛街礼拜寺的筛海坟及阿文墓碑无可置疑》一文中加以反驳，从筛海坟的形制、阿拉伯文墓碑的形制、有关文献记载及回族风俗等方面肯定墓碑等确实是原来礼拜寺的古物③。吴幼雄《福建泉州发现的也里可温（景教）碑》一文对泉州地区有代表性的景教徒墓碑形制、纹饰与内容做了研究，指出元代泉州的景教徒为数众多，其中有汪古部人、回鹘人等，他还认为在中国的景教徒受到了很深的佛教文化影响④。研究元代景教碑刻的文章还有《泉州新发现的元代也里可温碑述考》⑤、《元代延祐四年也里世八墓碑考释》⑥等。

随着学术研究和文物事业的发展，很多地方专门就本地的著名石刻举行过学术讨论会或专题研究。如有关陕西汉中石门摩崖石刻的石门学术讨论会，就发表了一批专题论文，如张仁《试论石门摩崖研究的历史意义》、王景元《浅谈石门摩崖石刻的传播》⑦等，另外还有郭荣

---

① 林悟殊：《龙门天竺寺非摩尼教寺辨》，《中原文物》1986 年第 2 期。
② 姜纬堂：《北京牛街礼拜寺阿拉伯文墓碑来历质疑》，《文物》1987 年第 11 期。
③ 刘盛林：《牛街礼拜寺的筛海坟及阿文墓碑无可置疑》，《文物》1988 年第 10 期。
④ 吴幼雄：《福建泉州发现的也里可温（景教）碑》，《考古》1988 年第 11 期。
⑤ 杨钦章、何高济：《泉州新发现的元代也里可温碑述考》，《世界宗教研究》1987 年第 1 期。
⑥ 王勤金：《元代延祐四年也里世八墓碑考释》，《考古》1989 年第 6 期。
⑦ 张仁：《试论石门摩崖研究的历史意义》，王景元：《浅谈石门摩崖石刻的传播》，均见《成都大学学报》1989 年第 1 期。

章《北魏石门铭考》、舟子《羊祉与石门铭初考三题》①等,这些文章从各个不同角度对石门的历史功绩、开凿时间,石门开通与堵塞的情况以及石门摩崖书法等问题做了论述。山东省石刻博物馆等单位主办北朝摩崖刻经书学研讨会及山东北朝摩崖刻经考察与学术研究讨会等活动。参加会议的中外学者提供大量有关研究论文,编成《北朝摩崖刻经研究》、《北朝摩崖刻经研究(续)》等论文集。从书体、内容、佛教史、有关历史人物及文物保护等多方面探讨了北朝摩崖刻经及房山石经等佛教石刻②。

　　近来还有一些对各地石刻保存情况的介绍与分析,有助于了解各地石刻的存留状况。如雒长安、李爽《山西碑版石刻及其分布特点》和《北京地区的摩崖石刻概述》、彭碧莲《于都古代碑刻选介》、卢慧杰《华山西岳庙石刻》、周良《通州今存石刻》、李银德《徐州历代碑刻综述》、杜彤华、傅山泉《原新乡市博物馆馆藏及市区散存石刻综述》、穆远等《唐山境内的长城碑刻资料》、孙待林《古莲池碑刻概述》、董苏宁《哈密地区碑刻述评》、王晓宁《湖北恩施现存重要碑刻简介》、黄荣春《福州摩崖石刻述略》、张虎生《浅析西藏石刻文化》等③。

---

①　郭荣章:《北魏石门铭考》,《考古与文物》1983 年第 4 期;舟子:《羊祉与石门铭初考三题》,《文博》1989 年第 3 期。

②　山东省石刻艺术博物馆等:《北朝摩崖刻经研究》,齐鲁书社,1990 年;《北朝摩崖刻经研究(续)》,香港天马图书有限公司,2003 年。

③　雒长安、李爽:《山西碑版石刻及其分布特点》,《文博》2004 年第 1 期,《北京地区的摩崖石刻概述》,《北京文博》2004 年第 2 期;彭碧莲:《于都古代碑刻选介》,《南方文物》2001 年第 4 期;卢慧杰:《华山西岳庙石刻》,《文博》2001 年第 6 期;周良:《通州今存石刻》,《北京文博》2001 年第 3 期;李银德:《徐州历代碑刻综述》,《书法丛刊》1998 年第 3 期;杜彤华,傅山泉:《原新乡市博物馆馆藏及市区散存石刻综述》,《平原大学学报(综合版)》1998 年第 1 期;穆远等:《唐山境内的长城碑刻资料》,《文物春秋》1998 年第 2 期;孙待林:《古莲池碑刻概述》,《文物春秋》1996 年第 3 期;董苏宁:《哈密地区(转下页注)

由于石刻类型众多,研究者关注到以前不大有人研究的一些石刻材料,如新发表的对刻石、题记、经幢等杂项石刻的考证论文。像在山西运城发现的一则北周刻石题记有助于了解当时漕运的路线与山西运城的食盐外运情况,就引起了学者的讨论①。

买地券与镇墓券是独特的一类石刻材料,对古代宗教思想的研究颇具价值。有关研究除上文涉及论文外,还有:曹岳森《买地券研究三题》、王志高、董庐《六朝买地券综述》、张驰《宁县境内出土的买地券综述》等②。在成都宋墓出土了大量镇墓券、卖地券等真文石刻,张勋燎、白彬对其中内容作过研究并编入了《道教考古》一书中。

另外选题比较新颖和有一定资料价值的论文还有:巴桑旺堆《宗嘎唐代汉文摩崖碑铭补考——兼述吐蕃古道》、陈永志《羊群庙元代石雕人像装饰考》、翁乾麟《广西回族穆斯林的几块石碑》、丁天锡《宜宾县石城山崖山平蛮碑考析》等③。

最后介绍一下有关石刻古文字铭文与图碑的几项重要研究。传

(接上页注)碑刻述评》,《西域研究》1998 年第 2 期;王晓宁:《湖北恩施现存重要碑刻简介》,《四川文物》1998 年第 2 期;黄荣春:《福州摩崖石刻述略》,《福建论坛》1997 年第 6 期;张虎生:《浅析西藏石刻文化》,《中国藏学》1998 年第 2 期。

① 见卫斯:《关于山西运城发现的北周刻石题记》,《文物》2002 年第 6 期;俞伟超:《也谈山西运城发现的北周刻石题记》,《文物》2002 年第 9 期;张荣强:《山西运城北周刻石补释》,《文物春秋》1997 年第 3 期。

② 曹岳森:《买地券研究三题》,《四川文物》2001 年第 1 期;王志高、董庐:《六朝买地券综述》,《东南文物》1996 年第 2 期;张驰:《宁县境内出土的买地券综述》,《陇右文博》2001 年第 1 期。

③ 巴桑旺堆:《宗嘎唐代汉文摩崖碑铭补考——兼述吐蕃古道》,《西藏研究》1996 年第 3 期;陈永志:《羊群庙元代石雕人像装饰考》,《内蒙古大学学报(人文社会科学版)》1997 年第 9 期;翁乾麟:《广西回族穆斯林的几块石碑》,《中国穆斯林》1995 年第 1 期;丁天锡:《宜宾县石城山崖山平蛮碑考析》,《四川文物》1998 年第 5 期。

世石刻岣嵝碑以它的奇特文字形体长期引人注目。它曾经被解释为道家符箓、巴蜀文字等，甚至被称作天书，但很难有令人信服的确解。曹锦炎《岣嵝碑研究》利用战国文字研究中的新成果，认为岣嵝碑是古越国的祭祀刻铭，并通过文字形体对比考释出碑文内容，提出这是越王朱勾为王太子时（前456年）刻在衡山碧云峰的刻石。这一成果被认为是战国文字研究的重大突破，如能确立，将会对越国历史研究有着特别重要的意义。陈炜湛《诅楚文献疑》和陈伟《诅楚文时代新证》都对战国石刻诅楚文做了新的探索，对它的时代和内容提出了新的看法。如陈伟认为诅楚文应该是楚怀王时期的作品。对石鼓文的时代判定、文字释读等课题也都有新的研究成果，如裘锡圭《关于石鼓文的时代问题》、李铁华《石鼓文十议》、朱家潓《石鼓撷闻》、胡建人《石鼓文历代拓本考》和《石鼓和石鼓文考略：简论郭沫若的襄公八年说》、高明《石鼓文新证》以及台湾学者陈昭容的《秦公簋的时代问题——兼论石鼓文相对年代》等；还有多种有关石鼓文的专著，如徐宝贵《石鼓文整理研究》、王美盛《石鼓文解读》等①，《石鼓文整理研究》一书比较完备地汇集了石鼓文研究资料与历来的各种研究情况。对早期秦刻石的探析，有林剑鸣《秦始皇会稽刻石辨析》一文②。赵超的《石刻古文字》一书作为文物出版社策划的中国古文字导读系列中的一种，

① 裘锡圭：《关于石鼓文的时代问题》，《传统文化与现代化》1995年第1期；李铁华：《石鼓文十议》，《传统文化与现代化》1995年第3期；朱家潓：《石鼓撷闻》，《故宫博物院院刊》1995年第4期；胡建人：《石鼓文历代拓本考》，《宝鸡文理学院学报（哲社版）》1995年第2期，《石鼓和石鼓文考略：简论郭沫若的襄公八年说》，《宝鸡文理学院学报（哲社版）》1994年第3期；高明：《石鼓文新证》，《考古学报》2010年第3期；陈昭容：《秦公簋的时代问题——兼论石鼓文相对年代》，《中央研究院历史语言研究所集刊》第66份1册；徐宝贵：《石鼓文整理研究》，中华书局，2008年；王美盛：《石鼓文解读》，齐鲁书社，2006年。

② 林剑鸣：《秦始皇会稽刻石辨析》，《学术月刊》1994年第7期。

选取历代 18 种用各种古文字形体刻写的石刻材料加以释读考证,并讲解了有关石刻古文字释读方法的基本知识。

传留至今的图碑中保存了很多古代地理与科技考古研究的重要资料,对它们的研究也在不断进展。如对重要的地理图碑——禹迹图的作者究竟是谁,就曾经有过一场讨论。曹婉如《论沈括在地理图学方面的贡献》一文首先提出沈括是禹迹图的作者,有人表示同意;而李裕民则在《"禹迹图"的作者不是沈括》一文中提出异议。然后曹婉如又发表《再论"禹迹图"的作者》,从禹迹图的石刻情况、古地名、地名正误、作者与制图时间等方面加以分析,坚持认定沈括是禹迹图的原作者①。其他如张维阴对宋《平江图》制作时代的考证、张晓旭对宋代地理图碑的研究;张家泰《"大金承安重修中岳庙图"碑试析》对该图碑反映的中岳庙建筑群从布局与具体营造式样上的深入分析,指出该图碑对于研究宋、金建筑的重要价值;陈昌远等《乾隆二十二至二十三年豫东治水述略——开、归、陈、汝〈水利图碑〉跋》通过该图碑分析清初大修水利的状况,进而介绍清代的水利政策等问题②。随着各学科横向联系的加强,这些图碑也将会起到更大的作用。

限于个人所见,以上介绍的研究成果或不尽完备,可能仍有重要论著未能涉及,但已充分表现出近几十年间石刻研究的繁荣景象。尽管如此,我们还得看到,虽然近年来介绍了不少新材料,发表了如此众多的研究文章,但是与现有的大量石刻资料相比,有关研究工作还是

---

① 曹婉如:《论沈括在地理图学方面的贡献》,《科技史文集》第 3 辑;李裕民:《"禹迹图"的作者不是沈括》,《晋阳学刊》1984 年第 1 期;曹婉如:《再论"禹迹图"的作者》,《文物》1987 年第 1 期。

② 张维明:《宋平江图碑年代考》,《东南文化》1987 年第 3 期;张晓旭:《宋代地理图碑研究》,《东南文化》1993 年第 6 期;张家泰:《"大金承安重修中岳庙图"碑试析》,《中原文物》1983 年第 1 期;陈昌远等:《乾隆二十二至二十三年豫东治水述略——开、归、陈、汝〈水利图碑〉跋》,《中原文物》1983 年第 1 期。

远远不足的。首先,需要对全国的现存石刻材料进行全面完整的搜集、整理与汇编工作。迄今为止,陆续有众多古代石刻的汇编与目录、图录等问世。但是它们都还不够完善,也没有形成完整的系统,有关的具体信息也不够完全,没有构成完备的目录与检索系统。这一方面,还有大量工作需要完成。其次,现在大多有关石刻的研究主要局限于解释具体的石刻内容与诠释文字,考证失于简单。而且现有的大多数石刻尚没有做过深入细致的研究考证。对于一些重要的石刻新发现也大多未能开展广泛的学术讨论。至于综合性的研究,进行得更为不足,对石刻史料的运用还不充分。这都需要有更多的人力、物力的投入,需要更深入的研究考察与新的学术研究思路。希望学术界与有关方面能对此予以更多的关注。

第四章　石刻铭文的释读与常见体例

数量如此浩繁的古代石刻资料为社会科学乃至自然科学的研究保存下了极其丰富的原始材料,是一个取之不尽的文史宝藏。但是,要想充分使用与正确理解这些原始资料还需要一定的基础知识,首先需要了解石刻文字的体例,正确地认识和释读石刻铭文。前人除了留下《隶辨》、《金石文字辨异》、《六朝别字记》、《碑别字》、《石刻篆文编》等有限的几部石刻文字书之外,很少有人专门研究与综合介绍石刻文字的具体释读方法。因此,为了完整准确地利用古代石刻,有必要对石刻文字的书体、字形变化概况,以及常见体例与常用释读手段择要加以叙述说明,通过一些典型的例证帮助初学者掌握石刻文字的有关释读方法与基本知识。

第一节　石刻文字的书体

清代学者项絪在康熙戊戌(1718)年为《隶辨》一书写的序言中说:"夫欲读书必先识字,欲识字必先察形。"①这句话说出了文字学的一个根本道理。即辨识字形、从而确识文字是读书的首要条件,特别是释读刻写在甲骨、铜器、简牍、石刻、陶砖等古代铭刻材料上的文字之首要条件。在释读不同书体、不同写法的历代文字材料时,释读过程就是一个研究的过程。因此需要文字学、语言学、古文献学、史学与考古学等方面的广博知识作为研究的基础。而各种不同的文字本身

---

① 清 项絪:《隶辨》,中华书局影印玉渊堂刊本,1986 年。下同。

也有其独特的内在规律,需要相应的科学释读方法。西方考古学、碑铭学中对于古埃及文字等图形文字、古苏美尔文等楔形文字的释读是这样。中国考古学中对于甲骨文、金文、简帛文字等古文字的释读也是这样。今天,释读中国先秦时期古文字的研究已经形成了专门的古文字学。它所研究的中国上古时期文字形体根据不同的使用时期及文字介质被分别称作:甲骨文、金文、陶文、战国古文、籀文等,其中也有一部分石刻文字。

中国古代使用的文字石刻前后延续了 3000 多年,是中国古代文化的重要载体。各个历史时期的不同文化特征都在石刻上面得以充分发挥表现。因此,中国文字的形体演变过程与各个时期文字的典型特征也都自然地在石刻上全面体现出来。这样,我们就可以在石刻材料中看到中国文字(这里主要指汉字)的各种不同书体形式。有些在文字演变历史上十分重要的书体,如小篆、古文等,在古代简牍材料没有大量出土之前,其本来面目还主要是依靠古代石刻才得以保存下来的。

需要说明的是,在中国古代的石刻中,不仅仅使用汉字,还存在有大量其他少数民族文字以及外国文字,如契丹文、女真文、西夏文、八思巴文、藏文、维吾尔文以及古叙利亚文、波斯文、佉卢文、梵文、阿拉伯文等。这些文字的释读,需要专门的语言学知识,不属于本章介绍的范畴。

纵观中国文字书体的演变历史,从大的发展阶段来看,石刻文字经历了秦代以前的篆书(大篆或籀文)、秦代的小篆、汉代与魏晋时期的隶书与草书、北朝的八分体与碑体、南朝及隋唐以来的楷书等几个大的书体变迁过程。在每一个变化阶段中,一种新的书体成为主要通用的书体。但由于中国文化具有好古的传统,所以新书体的产生与流行,并没有使旧书体完全消亡,在每一个历史时期,又根据文人书家的好尚,可能同时存在、使用着几种不同的字体。甚至会在同一件石刻上存在着几种不同的书体。例如曹魏时期的正始石经,就同时用隶书、小篆和古文书写；北齐至隋代的墓志中同时混用楷书、隶书与篆书；隋唐以后的墓志、碑铭，志盖或碑额常用篆文书写，而志文、碑文则用楷书、隶书等书体。只是这种用法不太普及而已。

根据不同时期石刻主要采取的书体形式，就可以把石刻文字形体的变化情况根据时代变迁与释读时的难易程度划分为四个阶段。这也是中国文字形体规范化发展过程中的四个主要阶段。

第一阶段，篆书时期：这时社会上日常使用的文字书体以大篆、小篆为主。时代包括商周以及秦代。这一时期的文字形体还属于古文字学所研究的范畴，象形意味较浓，今人释读比较困难，需要直接运用古文字学的知识与释读方法。石刻材料中，如秦公大墓石磬文、石鼓文、诅楚文、中山国守丘刻石、秦刻石等都属于这一个阶段。

第二阶段，隶书时期：隶书已经替代篆书成为普遍使用的书体。时代包括两汉及魏晋时期。现在所见的汉代隶书字形结构已经基本接近于至今仍通行的繁体汉字，转变为书写符号，但是还保留了大量脱胎于篆书、古文等古文字写法的异体结构，其中的部分结构不再被后代沿用。这种情况也给文字释读带来了一定困难。文字不完全定型、书家随手改动结构的作法也时有可见。当时异体字之多可以从现有的出土文字材料与石刻中反映出来。如西汉初年的马王堆汉墓帛书《老子》及古佚书甲乙本这一部分中的异体字即达 400 种之多。又如东汉建和二年（148）司隶校尉杨孟文石门颂，全文 586 个字中就有 132 个异体字。因此，释读这一阶段的石刻文字除需要运用古文字学的基本知识和古典文献常识外，还要掌握一些当时常见的异体变化规律。纪功性碑刻中的隶书一般书体规整美观，是后代书法家临摹的范本。实用性的石刻，如地界、墓记、建筑刻铭等书体相对比较草劣。草书、行书在这时虽然已经出现，但很少应用在石刻中。还有一些石刻完全采用篆书或带有篆意的隶书，如东汉永元四年（92）袁安碑、吴天玺元年（276）天发神谶碑等。

第三阶段，楷书的形成时期：包括南北朝时期、隋代与唐前期。这

是一个文字变化多样。异体写法纷呈的时期。依照时代演进,出现过
章草、八分书、碑体(俗称魏碑)、行书、楷书等多种书体,不断进化更
替。由于这时的文字中存在着各种不同书体的书写特点,加上文字不
够规范,社会上流行着大量异体字写法,具体文字的结构不断演变,很
多异体写法后代不再出现等原因,使得今人在释读这一时期的文字时
仍存在着一定阻碍。部分异体字由于比较罕见而无法确识的情况也
时有发生。在释读这一时期的石刻材料时,需要注意掌握异体字的变
化规律,了解当时常见的文体与铭刻体例,熟练运用古文字、古文献的
有关知识。这时隶书、篆书、古文等书体仍然有所使用,如唐总章三年
(670)碧落碑、大历二年(767)李氏三坟记、贞元十七年(801)轩辕黄
帝铸鼎原碑铭等。

　　第四阶段,楷书时期:包括唐代后期至近代。这一期间,社会上主
要使用楷书。汉字形体已经完全定型,常用字规范化。石刻的书体以
楷为主。文字的形体与现在通行繁体字大体相同。文字材料中的
别体字一般出现较少,而且大多是比较常见的异体写法。就大多数这
一时期的石刻文字而言,释读文字应该是不太困难的。但是也可能有
少量受好古之风或文字穿凿之风影响的书家写出一些变形的古文字,
或者写出夹杂古文与异体写法的铭文。有些明清文人也喜爱在文字
中夹杂篆体、古文写法。而且这些古文写法多所变异,很难释读。不
言而喻,就是在释读这一时期的石刻铭文时,了解一些古文字学的知
识仍是很有用处的。

第二节　释读石刻文字的基础——古文字学

　　通过上一节中对石刻文字书体变化阶段的分析,我们可以看出,
释读古代石刻文字中需要着重用力的在于前三个阶段,尤其是着重于
两汉至南北朝隋唐时期这一段。为了顺利释读这一时期乃至历代的
石刻文字,必须具有文字学、文献学的基本知识。特别需要了解和掌

握古文字学的有关知识,学习古文字学考释文字的基本方法。

有人会问:石刻中的古文字(包括篆书、战国古文以及后代书家刻写的篆书)并不很多,占全部石刻文字的比例更是微乎其微。为什么要先去了解古文字学呢? 对于这一点,我们可以用清代学者项絪在《隶辨》序言中那句非常正确的话来回答,即"不究于篆,无以晓隶"。中国文字是世界上唯一自上古社会延传至今的文字系统,像一条源远流长、首尾贯通的大川,不了解它的源头,就无法认识整条河流。历代文字形体的造字方法与上古文字基本相同,历来的变化也基本上没有超越古文字形体演变的规律。因此,掌握古文字学的文字考释方法后,就会看到后代文字形体的变体大多均有渊源可寻。而释读历代的异体文字,大体也是遵循着考释古文字的基本科学方法来进行的。在释读石刻铭文中强调了解古文字学,不仅仅是要认识一些古文字的形体与有关内容,更重要的就是要掌握古文字学的文字考释方法。

中国古文字学在长期的研究发展中逐步形成了一套科学的文字释读方法。前辈学者对此曾经做过多种不同角度的总结归纳。如唐兰在《古文字学导论》中对"怎样去认识古文字"提出了四种方法,从"怎样辨明古文字的形体"这一具体剖析入手,提出了"对照法"、"推勘法"、"偏旁分析法"和"历史考证法"[1]。杨树达在《积微居金文说》《新识字之由来》一文中将考释文字的方法归纳为 14 条,即"一曰据《说文》释字,二曰据甲文释字,三曰据甲文定偏旁释字,四曰据铭文释字,五曰据形体释字,六曰据文义释字,七曰据古礼俗释字,八曰义近形旁任作,九曰音近声旁任作,十曰古文形繁,十一曰古文形简,十二曰古文象形会意字加声旁,十三曰古文位置与篆书不同,十四曰二字形近混用云。"[2]这些方法都经过前辈学者反复运用验证,用它们解决了不少考释文字中的疑难问题,确认出很多古文字,甚至获得过开拓

---

[1]　唐兰:《古文字学导论》,齐鲁书社,1981 年。

[2]　杨树达:《积微居金文说》,科学出版社,1959 年。

性的研究成果,是行之有效的可靠研究手段。

　　高明对于以上方法又加以整理归纳,指出"他们所建立的条目中,有些属于汉字发展规律的问题。如唐兰在《历史的考证》中所讲:图形文字的简化,繁体字的省简,字体增繁,以及偏旁通转等,与杨树达所谓'义近形旁任作'、'音近声旁任作'以及'古文形繁'、'古文形简'等,皆属于古文字形体发展的规律和字体演变的通例,不单纯是一种考释古文字的方法。"①他在《中国古文字学通论》第三章《汉字的古形》第五节《古文字的考释方法》中介绍了常用的几种考释方法。现简要介绍于下:

　　1.因袭比较法

　　即从各个时代的文字形体因袭关系中进行综合比较,从中找出共同的字原与特点,从而达到辨识具体古文字的目的。例如利用金文资料去比较和认识甲骨文中未被识读出来的文字形体,利用简牍帛书资料去认识金文中未识文字等等。早期释读古文字时,多利用《说文解字》以及其他的古代字书来进行比较。这种比较方法现在还经常被首先采用。唐兰总结的"对照法",杨树达所说的"据《说文》释字,据甲文释字,"都属于这一类型的识字方法。现在更有了大量出土文字材料可资比较使用。石刻文字的释读中同样可以利用多种古代文字材料进行比较与确识。如利用各种古代字书、出土的简牍帛书、陶文、玺印、钱币、文书卷子,乃至金文、甲骨文资料等。将有关的历代文字形体综合排列加以对照比较,能够清晰地看出文字结构的变化情况,是一种常用的识字方法。

　　运用这种方法,除了要熟练掌握各种文字资料,还必须了解汉字发展变化的有关知识。如汉字各种结构的特点、各种形旁的历史变化、义近形旁之间的互用关系以及字体简化的基本形式、汉字规范化

---

① 高明:《中国古文字学通论》,文物出版社,1987 年。本小节中引用语句均出自此书,以下不一一注明。

的基本内容等等。此外,还需要了解一些非正常变化的情况,如由于误写错字、约定俗成而改变了文字结构形体的情况。

"运用这种方法释字,必须随时积累资料,掌握各种字体的基本特征,要以充分的证据予以实事求是地考证,而且要辨清形体,防止将两种不相干的字体放在一起比较,造成人为的混乱。"

2. 辞例推勘法

这种方法的具体使用上可以从两方面推勘,一是按照文献中的成语去推勘,二是依据铭文中本身的内容语句来推勘。

按照文献中的成语推勘是指利用古文献中常见的成语与常用词语辞例来核校铭文。根据古代人们习惯使用的语词与句式等来与铭文中的字词对比,进行推论。但是有时也会遇到一些铭文中的字与古文献中的字意义相同,却形体迥异,难以确定这些字是本字还是借字。如在楚、吴等国兵器铭文上看到的楚、吴国君名字就与在文献中记载的字体不同。根据文例内容推勘是通过铭文本身的语义、句式、辞例等来考定文字。这些推勘方法,对于一些形体比较特殊的文字尤为适用。"但是,根据辞例推勘,务求准确无误,应竭力避免牵强附会。"由于石刻铭文大多篇幅较长,文辞繁浩,可供比对的古文献也较多,这种方法在石刻文字释读中使用得更加广泛。例如东汉永康元年(167)济阴太守孟郁修尧庙碑中有"致璠瑚石闟二坐"一句,"闟"字,《类篇》释之为:"戟名,铤也。"又车名。《后汉舆服志》:闟猪车,亲校猎乘之。"这些词义显然与碑文语义不符。经考察,"璠瑚"二字应该是"璠瑚"二字缺笔造成的异体。璠、瑚都是美玉、美石的称呼。如《春秋左氏传》定公五年:"阳虎将以玙璠敛"一句注云:"璠,美玉。"该碑文中主要叙述的又是修建庙堂、门阙等事项。因此推断,"闟"字应该是"榻"改换了形旁,即习见之"榻"字。两汉时期文字中改换形旁、声旁的作法是十分常见的。从汉代画像石图像与文献中关于汉代礼仪与日常生活的记载可以了解到:汉代人已经非常普遍地使用榻这种家具。因此,东汉永康元年(167)济阴太守孟郁修尧庙碑中的这一句话意思应该是:"制作成两座石质美好的石椁。"这样,从铭文的语义、辞例、形体以及当时的礼仪习俗等方面都可以解释通达。在下面的具体石刻释例中我们还将补充一些实例来说明这种方法的具体运用。

3. 偏旁分析法

这种方法是通过分析文字形体中的偏旁结构来考释古文字。如清代学者孙诒让释读甲骨金文,是把先前已经认识的古文字按照偏旁分析为一个个单体,然后再把各个偏旁单体的不同形式收集起来,研究它们的发展变化,在认识偏旁的基础上再来认识每个文字。"等到遇见大众所不认识的字,也只要把它分析做若干单体,假使各个单体都认识了,再合起来认识那一个字。"①近代学者唐兰、于省吾等人都曾经用偏旁分析的方法系统地释读出一批古文字,表现出这一方法的实用性。

"此种方法主要是通过字体中的偏旁分析来考释古文字,因而首先要对过去已经认识的各种偏旁形体有所了解,同时还要知道各种形旁之间的通用关系。"

石刻文字中的异体写法同样可以通过偏旁分析互相推证,从而识读出来。例如:匚旁在南北朝隋唐时期经常写作"亡"。这一点,从当时佛教造像题记中常把"造某某佛像一区"的"区"字写作"逼"即可分析确定。而通过确认了这一偏旁的写法,就可以认定"还"(匹字,见北魏神龟三年〔520〕元晖墓志)、"迂"(匹字,见隋大业十一年〔615〕唐该墓志)、"迊"(匝字,见唐三门记)等有偏旁"亡"的异体字。

4. 据礼俗制度释字

各个文字往往与其要表达的思想文化意义相连。所以在释读文字中必须注意原来文词的整体意义,可以通过古代历史上存在过的各种礼乐、法律制度与民俗习惯来考察古文字的文义,确识一些不易辨别的形体。例如杨树达利用先秦礼制考释《徐王糧鼎》铭文中的"鬺"

① 唐兰:《古文字学导论》,齐鲁书社,1981 年。

字为"羹"。胡厚宣将甲骨卜辞中的"🔲"（《战后京津新见甲骨前编》7.10.1）释作"庖"，高明将《䣄侯之孙鼎》铭文中的"🔲"释作"镬"等，均是采用了这种方法。

石刻文字由于有大量同时代或早期的古文献资料作为旁证，因此同样可以利用这一手段解决大量释读中的难题。例如东汉永寿二年（156）鲁相韩敕造孔庙礼器碑中有一句写作："君于是造立礼器，乐之音符。钟磬瑟鼓，雷洗觞觚，爵鹿俎桓，遵桋禁壹。"[1]这段铭文中列举了16种祭祀时使用的礼器与乐器的名称，但是大多写作异体字。释读时容易出现误读。如果我们熟悉先秦文献中关于礼乐制度的记载，就可以在《周礼》、《仪礼》和《礼记·礼器》等篇章中找到有关器物的正确名称。如《仪礼·乡饮酒礼》中记载："尊两壶于房户间，斯禁。……设洗于阼阶东南。""乃设折俎……奠爵于荐西。"《仪礼·燕礼》中记载："罍水在东。""主人升，坐取觚"等等。由此可见上引碑文中涉及的礼器、乐器名称应该是："钟、磬、瑟、鼓、罍、洗、觞、觚、爵、荐、俎、豆、笾、桋、禁、壶。"其中"鼓"字从"皮"旁，是汉代至唐代常见的异体写法，变成了有以皮制鼓意思的新会意字。"罍"写作"雷"，取同音假借字。《武威汉简》中《仪礼·燕礼》一节也将"罍"字写作"雷"，可见是汉代常用的假借形式。"觞"、"笾"、"壶"等几个字都是将偏旁改换或将笔画增减而形成的异体字。"俎"、"桓"都是改换偏旁，取其为木制品之意而新造的异体字。"荐"字在汉代又写作"麚"，因为与"鹿"形体相近而误。如果不依靠古代文献中的记载，就很难确识这些文字。

但是在运用古代礼俗制度时，还要注意与铭文内容的契合，并佐之以文字形体、意义、语音等方面相通的有关证据，不能随意拼合。否则也会产生误释。宋人洪适在《隶释》中就将上引这件碑文望文生义

---

[1] 宋 洪适：《隶释》卷一，中华书局影印晦木斋本，1985年。

地误释了多个文字,如说"古爵三足而两柱,前若嚼,后若尾。……赵曰:青州近获一器,全为鹿形。此所谓鹿,岂非肖其形,因以名之乎?"把"荐"字误作是外形像鹿的酒器。可见失之毫厘,谬之千里。

此外,在运用以上这些文字考释方法时,还必须辅之以文字形体、音韵、训诂诸方面的基础,综合考证,以求确释。正如杨树达所总结的"每释一器,首求字形之无牾,终期文义之大安。初因字以求义,继复因义而定字。义有不合,则活用字形,借助于文法,乞灵于声韵,以假读通之。"①实际上,在对古代石刻的研究中,如果能对一件铭文读到文通字顺,彻底理解。那么,对它的研究已经可以说是"行百里者过九十"了。

对于古文字研究,王国维讲过一段十分精辟的话。同样,它对于古代石刻文字的释读也具有重要的指导意义。现转录于下,以供参考:

> 文无古今,未有不文从字顺者。今日通行文字,人人能读之能解之。《诗》、《书》、彝器亦古之通行文字,今日所以难读者,由今人之知古代不如现代之深之故也。苟考之史事与制度文物以知其时代之情状,本之《诗》、《书》以求其文之义例,考之古音以通其义之假借,参之彝器以验其文字之变化,由此而之彼,即甲以推乙,则于字之不可释义之不可通者,必间有获焉。然后阙其不可知者以俟后之君子,则庶乎其近之矣。②

第三节　汉唐之间异体字的流行状况

石刻中存在的大量异体字,出现最多的时期应该是从汉代到唐代

---

① 杨树达:《积微居金文说》自序,科学出版社,1959 年。
② 王国维:《毛公鼎考释序》,《观堂集林》,中华书局,1959 年。

前期这八百多年中。在这一阶段中，几乎现存的每件石刻上都能看到变化多端的众多异体文字。从官方的精致石刻到民间的随笔刻铭，异体字的使用可以说是社会的通行风气。在唐代以下，虽然石刻中还存在着异体字，但是出现频率已经逐渐减少，经常使用的异体字也大多近乎约定俗成，不仅为社会通用，形体也基本固定。那种一字多形，随时造出新的异体文字的状况慢慢地不存在了。由此看来，在汉字发展变化的历史上，汉唐之间可以说是异体字纷呈的时代。释读石刻文字时需要花费力气最大的也是在这一时期的石刻材料上。而这种现象的产生，有着它来自当时社会、文化上的根源。因此，下面简要地介绍一下汉唐之间文字学的演进与文字异体的变化情况。

有学者曾把汉字形体的几次重大变化分别称为："篆化，隶化，楷化"。而后两次大变均发生在汉魏六朝时期。接触到古代文字材料的人们都会看到，汉代至隋唐时期人们使用的文字中存在着大量与后代写法用法不同的文字形体，前人曾称之为"通俗字"，"古今字"，"别字"，"讹字"等等，现在则多统称为"异体字"。

根据文献记载，由于大一统国家的统治需要，早在汉代就已经开始整理与校正异体字。现知秦与西汉的字书，如李斯《仓颉篇》、胡毋敬《博学篇》、赵高《爰历篇》、司马相如《凡将篇》、史游《急就篇》、李长《元尚篇》、扬雄《训纂篇》等等，既是日常识字教学的课本，也是刊正统一字体的字书。《汉书·艺文志》称："汉兴，闾里书师合《仓颉》、《爰历》、《博学》三篇……并为《仓颉篇》。……《急就篇》……《元尚篇》，皆《仓颉》中正字也。"又记载有《别字十三篇》，所谓正字，当即相对别字而言。《汉书·艺文志》记载当时官方也十分重视正字，"吏民上书，字或不正，辄举劾。"《文心雕龙·练字篇》亦云："汉初草律，明著厥法，太史学童，教试六体。又吏民上书，字谬辄劾。是以马字缺画，而石建惧死。虽云性慎，亦时重文也。"[1]这些措施无疑是为纠正

---

① 梁 刘勰：《文心雕龙》，见范文澜《文心雕龙注》，人民文学出版社，1958年。

当时盛行的异体文字而实行的。由此也可以看出当时异体字的盛行情况。

现在可以见到的西汉简牍帛书及石刻文字中，处处可以发现各种异体字。除同音假借以外，还有各种不同的写法。如增减笔画、变换结构部位、改变部首等等。近代编集的《秦汉魏晋篆隶字形表》等字书中对此多有汇录。

直至东汉末年，文字异体仍然沿用不衰。《说文解字》是东汉学者许慎编写的重要字书，主要目的就是使文字规范化，并且校正当时的通行文字。如《说文解字》卷十五上所言："将以理群类，解谬误，晓学者，达神恉，分别部居，不相杂厕也。"①但是这本书中仍然收录进了不少俗体字和或体字。反映了当时文字异体并存的状况。汉灵帝熹平年间，写刻儒家石经树立于太学门外。这可以说是勘正异体字的一次空前盛举。但是在现存汉石经残文中，也还可以看到相当数量的异体字。仅《汉石经集存》一书中收集到的汉石经残石上就有 190 多个与今本经书不同的文字。如果把今本文字看作正字的话，那么这些不同的文字就都可以称作异体字了。其中如"求"写作"救"（《尚书·盘庚》"□求旧"206 号石）、"刺"写作"刾"（《毛诗·魏风·葛履》"是以为刺"37 号石）、"觢"写作"戀"（《仪礼·既夕礼》"觢木镳马不齐毛"398 号石）等等。又如东汉永康元年(167)冯绲碑"领荆州刺史"，建宁三年(170)夏承碑"轓轩六觢"，熹平三年(174)周憬功勋铭"若奔车失觢"②等，正与此相同。这些异体写法大多来自民间，便于书写，所以在一定时期内具有广泛的影响，即使当时书写的正经正史也不能避免。汉石经与《说文解字》就是极好的证据。

魏晋以降，更是文字形体变化万端的时代。在政治统一的汉朝仍无法阻止其流传的异体字，到了朝代屡更，国家南北分裂的动乱时期，

---

① 汉 许慎：《说文解字》，中华书局，1963 年。

② 均见宋 洪适：《隶释》，中华书局影印晦木斋本，1985 年。

缺乏了统一政府的正字规定,有了更利于其发展的条件,就层出不穷地被创造出来。《颜氏家训·书证篇》云:"晋宋以来,多能书者,故其时俗,迭相染尚。所有部帙,楷正可观,不无俗字,非为大损。至梁天监之间,斯风大变。大同之末,讹替滋生。萧子云改易字体,邵陵王颇行伪字。……朝野翕然,以为楷式。……北朝丧乱之余,书迹鄙陋,加以专辄造字,猥拙甚于江南。"①宋代宋祁《宋景文笔记》中云:"后魏北齐里俗作伪字最多,如巧言为辩,文子为学之比。"②清代顾炎武《金石文字记》卷二《孝文皇帝吊殷比干墓文》云:"今观此碑,则知别体之兴,自是当时风气。""盖文字之不同而人心之好异,莫甚于魏、齐、周、隋之世。"③郑业斆《独笑斋金石文考》一集四卷《书石鼓文后》云:"(魏)始光二年(425),始造新字千余,颁下远近,永为楷式。今虽所颁之字,不可得见。而《魏书·江式传》延昌三年表曰:皇魏承百王之季,世易风移,文字改变,篆形错谬,隶体失真。俗学鄙习,复加虚巧。乃曰追来为归,巧言为辩,小儿为貌,神虫为蚕,如斯甚众。"④

　　以上文献中记载与考证的情况正反映了南北朝时期文字形体多变的现实。据记载,当时的正字书也很多。《隋书·经籍志》载有小学类书籍108部、447卷。其中除部分音韵书以外,大多是关于文字形义方面的著录。可惜这些书中的大部分已经亡佚不存,无法了解更详细的内容。清代学者注重搜集佚书。在马国翰《玉函山房辑佚书》、黄奭《黄氏逸书考》、任大椿《小学钩沉》等丛书中就搜集了一些汉唐之间

①　北齐　颜之推著,王利器注:《颜氏家训集解》,中华书局,1993年。

②　宋　宋祁:《宋景文笔记》,学津讨源本。

③　清　顾炎武:《金石文字记》,见(台)新文丰出版公司《石刻史料新编》第一辑,1977年。

④　清　郑业斆:《独笑斋金石文考》,石印本,1929年。《魏书》引文原作"小儿",据北朝异体字作"貌",应以"小兔"为正。中华标点本《魏书》已改作"小兔"。

字书的佚文。包括汉服虔的《通俗文》、魏张揖的《埤苍》、晋葛洪的《字苑》、北魏杨承庆的《字统》、梁阮孝绪的《文字集略》以及在《说郛》（宛委山堂本）卷八五中收集的隋颜愍楚《俗书证误》等。从这些残存的字书内容中可以看出，它们都收录有大量的异体文字，应该是在当时起到了校正字体的作用。

南北朝时期字体混乱的状况如果长期持续下去，势必会影响到文化政治的发展，对社会经济与国家统治也会多有不利。因而，隋代统一后，延至初唐时期，就开始了逐渐统一字形的活动。这是在政治统一、社会安定后，经济文化迅速发展带来的必然结果。唐兰称之为"一种整齐划一的运动，这是字样之学。"[1]于是，出现了陆德明的《经典释文》，颜师古的《颜氏字样》、《匡谬正俗》，杜延业的《群书新定字样》，颜元孙的《干禄字书》，唐玄宗的《开元文字音义》，张参的《五经文字》以及唐玄度的《九经字样》等。

"字样之学"的主要目的就是要纠正当时通用的多种异体字，使文字规范统一。因此，我们看到在现有的古代文字资料中，唐代以下的异体字在逐渐减少，但是并没有完全消除。唐代、宋代甚至明清时期的写本、碑刻与刊本书籍中仍然会经常出现一些异体文字。在五代时期郭忠恕的《佩觿》、辽代僧行均的《龙龛手鉴》等字书中依旧要以纠正异体字为主，就可以证明这一点。

第四节　石刻异体字演变的基本规律

从中国古文字产生的时候开始，各种各样的异体字写法就产生出来。具体到每个文字都有它自身形成和发展的历史。每个文字都出现过多种不同时期的异体写法。有人统计，中国历史上创造与使用过的汉字总数超过 50000 个，但是比较常用的不过 5000 字左右，其余的

---

① 见唐兰《中国文字学》前论，上海古籍出版社，1979 年。

大部分是各个历史时期使用过的异体字。所以,识别异体字历来是中国文字学中的一个重要任务。而掌握异体字演变与形成的一般基本规律则对识别异体字具有重大的作用。

大体来看,古代文字形体的变化主要是"规范化"与"简化"两种手段在起作用。而从具体某一文字形体的发展来看,后来所认定的"正字"与前后产生的各种异体字相比,则不外乎将原来的字形"加繁"或"简化"。

简化是常见的,先秦时期,在把象形图画文字转变为符号的过程中首先进行着简化。例如古文字中的"车"、"犬"、"弓"、"卫"等。文字在变成抽象符号以后,还在不断地简化,删减多余重复的笔画偏旁,更换形旁(例如用意义相近的简单的形旁来代替复杂的形旁),截取原字的一部分来代替原字,用笔画简单的新字形取代笔画复杂的原字形等等。

加繁则是在文字不断完善定型,字义内容不断扩充外延的情况下,从原字分化出新的、结构更加复杂的字形。或者增添偏旁、笔画以适应新内容。如通过形声方式造成的文字,占据了汉字中大部分,而它们大都是在添加了新的声符或形符后形成的。初期文字偏旁笔画的不固定也会造成种种繁化的异体字。即使是在文字规范化的过程中,也会将一些文字增添偏旁笔画以求一致。

这只是基本的概括。现代文字学的研究者们已经详细具体地划分出多种具体的文字演变规律。我们也将在下面做一些具体的说明。

当然,很多文字形体的变化不是单纯一种文字变化的因素在起作用,而是经过多次形体演变,由多种因素共同作用造成的最后结果。

继先秦古文字之后,汉代至唐代之间这一中古文字发展阶段中,文字的演变规律仍然与古文字时期相近。简化与繁化两种因素仍在左右着文字面貌的变迁。通过对大量汉唐之间异体文字材料的分析,我们可以将这一时期异体字的成因做出以下的归纳与分类。

① 由于书体的变化而造成异体字

我们今天所见到的汉字,仍然具有各种书写形体,形成了丰富的书法艺术。而现在可以见到的真、草、隶、篆等各种书体,都曾经是一个历史时期中的通行书体。旧的书体随着社会发展而不断演变,生成新的书体。而新的书体也仍有保存使用。这种书体的变化,会造成一定的异体文字。

汉唐之间,是中国文字书体剧烈变化的时期。小篆变成隶书,隶书变成分书、草书,进而形成楷书。这些变化中,就形成了保留旧书体写法的异体文字。例如"徒",在隶书中写作"徔",见于东汉中元二年(57)何君阁道碑①、永兴二年(154)孔庙置守庙百石孔龢碑等②,致使在后代楷书中也保留有这样的写法,形成异体字。如东魏兴和二年(540)间伯升暨妻元仲英墓志③、唐写本《易经》④等。又如"微",异体字有写作"微",即源于汉代隶书,例如《银雀山汉墓竹简》《孙子兵法》109 简:"微与……","微"写作"𢼹"。《武威汉简》《仪礼·特牲》"用枯若薇","薇"省写作"𢼹"⑤。东汉汉安二年(143)北海相景君碑"微弱蒙恩"⑥与延熹八年(165)老子铭"讥时微喻"等亦作"𢼹"⑦。北魏铭刻中的"微"当为"𢼹"变体。如北魏正光四年(523)元引墓志⑧、孝昌三年(527)肃宗昭仪胡明相墓志⑨等。唐代楷书中则大量沿

①　宋　洪适:《隶释》卷四,中华书局影印晦木斋本,1985 年。
②　宋　洪适:《隶释》卷一,中华书局影印晦木斋本,1985 年。
③　赵万里:《汉魏南北朝墓志集释》六册,科学出版社,1956 年。
④　罗振玉:《鸣沙石室古籍丛残》,上虞罗氏影印本,1917 年。
⑤　银雀山汉墓竹简整理小组编:《银雀山汉墓竹简》(一),文物出版社,1975年。甘肃省博物馆、中国科学院考古研究所编著:《武威汉简》,文物出版社,1963 年。
⑥　宋　洪适:《隶释》卷六,中华书局影印晦木斋本,1985 年。
⑦　宋　洪适:《隶释》卷三,中华书局影印晦木斋本,1985 年。
⑧　赵万里:《汉魏南北朝墓志集释》三册,科学出版社,1956 年。
⑨　赵万里:《汉魏南北朝墓志集释》三册,科学出版社,1956 年。

用了这种异体。如上元二年（675）阿史那忠墓志铭"怨湘水之微澜"①、景云二年（711）独孤仁政碑"紫微膺爪牙之重"②、唐写本《老子道德经》"希微之旨"③、《大庄严论三论》十同帙十一卷音义"微笑"④等处均作此异体写法。再如"介"字的异体"尒"，是由于草书造成的异体字。见于东汉建宁二年（169）侯成碑⑤、晋太康十年（289）太公吕望表⑥、北魏孝昌二年（526）于景墓志⑦等。唐代亦常采用这种异体，如贞元十六年（800）李良墓志⑧、唐写本《礼记·檀弓下》"阳门之介夫"⑨等。类似这样的异体字都是由于不同的书体变化而造成，经过楷定遗存下来，成为后世流行的字体。

　　② 由于书写中的字形变化而造成异体字

　　由于书写习惯和书写中的具体情况，如力求书写快速，希图省力，或者标新立异等，造成了种种汉字形体上的微细变化，并从而产生了多种多样的异体字。这是汉字异体产生的一个重要原因。其中包括以下几种具体成因：

　　A. 增减笔画。例如"私"字，异体多写作"私"。这种写法产生于南北朝以降，例见于北魏熙平元年（516）内司吴光墓志⑩、唐麟德二年

---

① 　陕西省文物管理委员会等：《唐阿史那忠墓发掘简报》，《考古》1977 年 2 期。

② 　清　王昶：《金石萃编》卷一八，扫叶山房石印本，1921 年。

③ 　（日）神田喜一郎：《敦煌秘籍留真新编》下，台湾大学影印，1947 年。

④ 　许国霖：《敦煌石室写经题记与敦煌杂录》，商务印书馆，1936 年。

⑤ 　宋　洪适：《隶释》卷八，中华书局影印晦木斋本，1985 年。

⑥ 　清　王昶：《金石萃编》卷二五，扫叶山房石印本，1921 年。

⑦ 　赵万里：《汉魏南北朝墓志集释》四册，科学出版社，1956 年。

⑧ 　俞伟超：《西安白鹿原墓葬发掘报告》，《考古学报》1956 年 3 期。

⑨ 　罗振玉：《鸣沙石室古籍丛残》，上虞罗氏影印本，1917 年。

⑩ 　赵万里：《汉魏南北朝墓志集释》三册，科学出版社，1956 年。

(665)刘宝墓志①、唐写本《毛诗·卫风·硕人》、《文选·西京赋》②等。又如"旨",异体作"百"。首见于西汉时期,如《居延汉简甲编》1311简"诣官"、《武威汉简》《仪礼·特牲》17简"告诣"以及《流沙坠简》《屯戍丛残·簿书类》12简"问旨"等均作如此写法③。此外,魏黄初元年(226)大飨碑④、北魏正光二年(521)刘华仁墓志⑤、唐元和七年(812)杨氏墓志⑥以及大量唐写本中的"旨"也都采用这种写法。

　　B.增减偏旁。例如"泥"字,异体作"埿"。见于东汉熹平六年(177)费凤碑阴"埿而不缁"⑦、北魏正光五年(524)元平墓志"卫王埿之孙"⑧、唐写本道书残卷"可知埿丸之所从也"⑨等等。又如"舞"字,异体作"儛",见于东汉延熹三年(160)孙叔敖碑阴"倡优鼓儛"⑩、东汉光和二年(179)樊毅修华岳碑"鸟兽率儛"⑪、北魏熙平二年(517)元新成妃李氏墓志"悲风儛雪"⑫、隋大业十三年(617)宫人唐氏墓志⑬、唐写本《老子化胡经》⑭等也习用"儛"字。再如"荐",异体作

---

① 中国科学院考古研究所:《西安郊区隋唐墓》,科学出版社,1966年。

② 罗振玉:《鸣沙石室古籍丛残》,上虞罗氏影印本,1917年。

③ 中国科学院考古研究所:《居延汉简甲编》,科学出版社,1959年。《武威汉简》见前注。罗振玉、王国维:《流沙坠简》,上虞罗氏影印本,1914年。

④ 宋 洪适:《隶释》卷一九,中华书局影印晦木斋本,1985年。

⑤ 赵万里:《汉魏南北朝墓志集释》三册,科学出版社,1956年。

⑥ 中国科学院考古研究所:《西安郊区隋唐墓》,科学出版社,1966年。

⑦ 宋 洪适:《隶释》卷九,中华书局影印晦木斋本,1985年。

⑧ 赵万里:《汉魏南北朝墓志集释》三册,科学出版社,1956年。

⑨ 罗振玉:《吉石盦丛书》,罗氏影印本,1917年。

⑩ 宋 洪适:《隶释》卷三,中华书局影印晦木斋本,1985年。

⑪ 宋 洪适:《隶释》卷二,中华书局影印晦木斋本,1985年。

⑫ 赵万里:《汉魏南北朝墓志集释》三册,科学出版社,1956年。

⑬ 赵万里:《汉魏南北朝墓志集释》六册,科学出版社,1956年。

⑭ 罗振玉:《鸣沙石室古佚书续编》,东方学会石印本,1928年。

"薦"。见于北魏无年月元彧墓志"日薦双鲤"①、北齐天保六年(555)李清造报德像碑"传兰薦菊之财"②、唐写本《春秋左氏传》僖公五年"明德以薦馨香"③等等均作此写法。

C. 变换形符声符。例如"驱"字,异体写作"駈"。见于北魏建义元年(528)元信墓志"勒马风駈"④、六朝写本《诗经·卫风·硕人》"载驰载駈"⑤、唐写本《文选·西京赋》"为王前駈"⑥、唐写本《玉台新咏·石崇王明君辞》"前駈已枕旌"⑦、唐上元二年(675)阿史那忠墓志"元戎长驱"等⑧。《韵会举要》注云:"《曲礼》不嫌讳名,谓禹与禹,丘与区。禹宇二字其音不别,丘之与区今读则异,然寻古语,其声亦同。"又如今日通行的"猿"字,实际上也曾经是一种异体。从文字发展的过程中看,它和另一种异体"猨"都是"蝯"的别字。《说文解字》一三上虫部:"蝯,善援禺属,从虫爰声。"徐铉注云:"今俗别作猨,非是。"《玉篇》卷二五虫部:"蝯,蝯猴,或作猨。"可见其变化是蝯变换形旁为猨,又进一步改换声旁作猿,反而成为通行字。例见北魏普泰元年(531)元天穆墓志"白猨不得隐其层林"⑨、唐写本《类书》客游部"猨叫三声泪沾裳"⑩等。

D. 改换偏旁位置。在先秦古文字中,组成文字的部首偏旁往往没有确定的位置,亦左亦右,或上或下,但是都可视作同一个字。汉字进

---

① 赵万里:《汉魏南北朝墓志集释》三册,科学出版社,1956年。

② 陆增祥:《八琼室金石补正》卷二,文物出版社,1985年。

③ 罗振玉:《鸣沙石室古籍丛残》,上虞罗氏影印本,1917年。

④ 赵万里:《汉魏南北朝墓志集释》三册,科学出版社,1956年。

⑤ 罗振玉:《鸣沙石室古籍丛残》,上虞罗氏影印本,1917年。

⑥ 罗振玉:《鸣沙石室古籍丛残》,上虞罗氏影印本,1917年。

⑦ 罗振玉:《鸣沙石室古籍丛残》,上虞罗氏影印本,1917年。

⑧ 陕西省文物管理委员会等:《唐阿史那忠墓发掘简报》,《考古》1977年2期。

⑨ 赵万里:《汉魏南北朝墓志集释》三册,科学出版社,1956年。

⑩ 罗振玉:《鸣沙石室古籍丛残》,上虞罗氏影印本,1917年。

化到隶书阶段后,每个字的各个偏旁位置就基本上固定下来了。然而,汉唐之间仍然有些字的偏旁位置或有移换。从而造成了各种异体。例如"蘇",异体或作"蘓",渊源甚早,见于两汉印章,如"蘓步胜"印①,"蘓汤私印"②等,又如东汉光和元年(178)徐氏纪产碑"民咏来蘓"③,北魏砖铭"太和廿三年六月二日毕小妻蘓贯闺铭"④,北齐天统二年(566)公孙肱墓志"采蘓在物"⑤,高昌国延昌廿二年(582)蘓玄胜妻贾氏墓表⑥;以及日本传本唐抄本《新修本草》草木部上品卷一二"蘓合"⑦,唐写本《礼记·曲礼》"蘓忿生"⑧,唐写本《仁王般若实相记》卷末题名"安蘓藉记"⑨等。

又如"裔"字的异体作"襄",见于东汉建宁元年(168)张寿碑⑩、光和元年(178)太尉陈球碑⑪等汉碑,北魏正始四年(507)奚智墓志⑫、熙平元年(516)元广墓志⑬、隋大业八年(612)宫人萧氏墓志⑭等南北朝隋代墓志。这些都是文字部首偏旁的位置不确定造成的异体。

E. 变形声字为会意字。早期造字中的会意字,如汉代许慎《说文

---

①　陈介祺:《十钟山房印举》,商务印书馆,1922年。

②　丁仁:《鹤庐集印》,打印本。

③　宋　洪适:《隶释》卷一五,中华书局影印晦木斋本,1985年。

④　邹安:《广仓砖录》卷二。

⑤　赵万里:《汉魏南北朝墓志集释》四册,科学出版社,1956年。

⑥　黄文弼:《高昌砖集》,中国科学院,1951年。

⑦　傅云龙:《纂喜庐丛书》,清光绪十五年日本刊本。

⑧　(日)大阪美术馆编集:《唐钞本》,株式会社同朋舍,1981年。

⑨　(日)中村不折:《禹域出土墨宝书法源流考》,东京西东书房刊本。

⑩　宋　洪适:《隶释》卷七,中华书局影印晦木斋本,1985年。

⑪　宋　洪适:《隶释》卷十,中华书局影印晦木斋本,1985年。

⑫　赵万里:《汉魏南北朝墓志集释》三册,科学出版社,1956年。

⑬　赵万里:《汉魏南北朝墓志集释》六册,科学出版社,1956年。

⑭　赵万里:《汉魏南北朝墓志集释》三册,科学出版社,1956年。

解字》中所收入的会意字,基本上都是用图形文字的形体组合来表示一个文字的意义。例如许慎在《说文解字》叙中所列举的"武"、"信"之类。"武"是用脚掌(止)和戈两个图形表示士兵持兵器出征作战的意义。"信"是用人和言来表示言而有信的意义。又如"降"、"乡"等字,都是用直观的图形来表示字义。但是,在汉唐之间乃至后世的通行文字中,又出现一类新造的会意字,即通过隶定文字的字义组合,以其文字形体组成会意字。而且这类会意字往往是在原来作为形声字构成的文字基础上加以改变的,字形上有些近似。例如"窥"字,南北朝时常见的异体有"窥",就是把原字形中的声符"规"改成了可以表示字义的"视",形成了用从空穴中窥视来表达字义的新会意字。例见北魏普泰元年(531)穆绍墓志①、隋开皇六年(586)龙藏寺碑②、唐写本《三藏法师表启》③等。此外,"窥"的另一种异体字"闚"则完全新造了一个从门从视的会意字。例见北魏太和十八年(494)孝文帝吊比干文④、神龟三年(520)穆亮妻尉太妃墓志⑤以及唐写本《论语·子张》⑥等。又如"后"字,唐代有一种写法作"徬",把原字的右边改为"不及"两个字,外形与原右旁相似,但用文义表达了落在后边的意思。字例见唐麟德元年(664)梁秀墓志⑦及唐写本卷子。这种造字方法在南北朝时就普遍存在,前边引用过的《颜氏家训》等处所提"巧言为辩"、"文字为学"、"追来为归"等均属此类。

  F. 假借。假借字在汉代运用得非常普遍,以后也时有出现。尤其

---

① 赵万里:《汉魏南北朝墓志集释》六册,科学出版社,1956年。
② 清 王昶:《金石萃编》卷三十八,扫叶山房石印本,1921年。
③ 罗振玉:《吉石盦丛书》,自印本。
④ 清 王昶:《金石萃编》卷二七,扫叶山房石印本,1921年。
⑤ 赵万里:《汉魏南北朝墓志集释》四册,科学出版社,1956年。
⑥ 傅云龙:《纂喜庐丛书》,清光绪十五年日本刊本。
⑦ 开封博物馆藏石。

是一些实用性的需要书写迅速的文字资料,常在文词中使用同音字代替本字。现在可见的汉代简牍帛书中就存在着大量的假借字,在当时的异体字中占有较大比重。例如《马王堆汉墓帛书·老子》"乃分祸福之乡","乡"是"向"的假借字。《马王堆汉墓帛书·春秋事语》"齐桓公与蔡夫人乘周","周"是"舟"的假借字①。在《银雀山汉墓竹简·孙子兵法》中也把"舟"写作"周",见"当其同周而济也"②。汉碑中假借字也很多见。降至唐代,石刻中还可以见到使用假借字的情况。如唐贞观十三年(639)段元哲墓志"军中指撝"③一句,"撝"即"麾"之假借。《说文解字》卷一二上手部:"撝,指撝。"《周礼·春官·巾车》"建大麾以田"注云:"大麾,其色黑,夏后氏所建,以四时田猎者也。"《经典释文·毛诗音义·陈风·宛丘》:"指麾,字又作撝。"可知本字为"麾",唐代时常用假借字"撝"。

G.简化。即通用的简化形体文字。前人曾经总结过历史上出现过的简化字,可达数百字之多。例如"萬"的简体"万",早在战国时期的玺印中就已经出现。汉代已经比较常见,如汉印"张千万"④、汉代铜器铭文"千万镂"⑤等。汉代以后更是普遍使用。如吴甘露二年胡公辅圹砖铭文"寿万年"⑥、十六国姚秦写本《大云无想经》"一可以万"⑦、北齐宣政元年时珍墓志"才逾万顷"⑧、唐写本《易经释文》"袁万反"⑨、

① 马王堆汉墓帛书整理小组:《马王堆汉墓帛书》(一),文物出版社,1983年。
② 银雀山汉墓竹简整理小组:《银雀山汉墓竹简》(一),文物出版社,1985年。
③ 中国科学院考古研究所:《西安郊区隋唐墓》,1966年。
④ 湖南博物馆等:《湖南益阳战国两汉墓》,《考古学报》1981年4期。
⑤ 容庚:《秦汉金文录》卷四,中央研究院历史语言研究所石印本,1931年。
⑥ 陆心源:《千甓亭砖录》卷二,吴兴陆氏影印本,清光绪十七年。
⑦ 罗振玉:《鸣沙石室古佚书续编》,东方学会石印本,1928年。
⑧ 赵万里:《汉魏南北朝墓志集释》四册,科学出版社,1956年。
⑨ 罗振玉:《鸣沙石室古籍丛残》,上虞罗氏影印本,1917年。

唐武德八年李凤册书刻石"食邑一万户"①等。又如"冰"写作"氷"、"氣"写作"气"等，在北朝石刻中均有出现。

H. 由官方硬性规定的新字与避讳造成的异体字。前文已经提及北魏曾经有过官方颁布新字，命令民间改用的事例。史载类似这样由官方拟定一些新文字硬性颁布通用的现象曾多次发生。但是很多这类的新字不久就被原字替代，留存下来长期使用的不多。如北魏颁布过的新字就没有保存下来，现在我们也无法确定那时的新字究竟是那些形体。古代石刻中明确保留的这类官方改字主要是武周时期颁布的一批新字。这些文字是武则天改号大周后公布的，而且在极短的时间内就流行全国，从载初元年开始使用，至神龙元年停止使用，可以说是瞬现瞬止，具有极强的时代性，因而也就具有明显的断代意义，是判定这一时期石刻的重要根据。也是中国古代专制历史的明确见证。现在可以见到的武则天新造字共有 18 个，见下表：

本字	天	地	日	月	星	君	年	人	臣	正	照	载	国	初	圣	授	证	生
武后造字	而天	埊	〇	囝	〇	鸾畚	秊畚	匥	忠	迀	曌	歰	圀	圂	墾圛	稑稢	鑿稢	匜

此外，出于古代社会中严格的礼仪制度，在涉及皇帝、尊者与祖先的名讳时，必须要进行避讳。在书写中需要将原字改动。经常采用的方法有：借用同音字或近音字，改用同义字或近义字，采取缺笔等。用缺笔的方法，将原字故意少写一些笔画，形成异体字。这种作法在隋唐时期比较多见。如为了避唐太宗李世民的讳，将"民"字写成"氏"、将"世"字写成"卅"、"丗"等，例见唐乾封元年（666）赠太师孔宣公碑中的"泯"就写作"泒"②，乾封元年（666）于志宁碑中的"世"写

---

① 富平县文化馆等：《唐李凤墓发掘简报》，《考古》1977 年 5 期。

② 清 王昶：《金石萃编》卷五十五，扫叶山房石印本，1921 年。

作"卅"①,唐开元九年(721)裴撝墓志中"世"写作"卋"②等。关于唐代历代皇帝的避讳情况,可见下面的附表:

帝号	名	讳例
唐太祖	虎	虎作虍(唐开成石经)从虎字皆同,如虦、虓。虎改写鿒(李勣碑),或改写武(房彦谦碑)
唐世祖	昞	丙改写景(王礼墓志、浮图铭)
唐高祖	渊	渊作渊(唐开成石经)或作泈,娴亦作姢
唐太宗	世民	世作卋,棄作弃,葉作菜,泄作洩。民作㞢,珉作䂥。民在偏旁中皆改写氏,如昬、湣等(唐开成石经及其他唐碑、抄本)
唐高宗	治	治改写持(庞履温碑)治作㣭(石台孝经)
唐中宗	显	显改写明(乙速孤行俨碑)
唐睿宗	旦	旦作㫜,从旦字亦同,如坦作㘵(麓山寺碑)
唐玄宗	隆基	隆字缺不书(吴文碑)基作基(无垢净光塔)
唐肃宗	亨	亨作亯(唐开成石经)
唐代宗	豫	豫作豫(唐开成石经),或作预(周府君碑)
唐德宗	适	适作适(唐开成石经)
唐顺宗	诵	诵作诵(唐开成石经)
唐宪宗	纯	纯作纯(唐开成石经)
唐穆宗	恒	恒作恒(唐开成石经)
唐敬宗	湛	湛作湛,从甚之字均作甚,如湛作湛(唐开成石经)

---

① 清 王昶:《金石萃编》卷五十六,扫叶山房石印本,1921年。

② 河南省文物研究所等:《千唐志斋藏志》,文物出版社,1984年。

以上仅是大致列举了一些比较常见的异体字单纯变化原因，而在汉唐之间的常见字中还存在着一些由于多种原因综合作用而逐渐演化形成的异体文字。例如"牵"字，异体有写作"𢪇"。牵，《说文解字》二上牛部云："从牛，玄象引牛之縻也。"先秦古文字中多从此形。而在东汉光和六年（183）唐扶颂："捝牵君车"①一句中，"牵"字就已经改换了形符，从手会意。而后又添加笔画，将"玄"变成"厽"，把象征绳索的形符变成了"去"字。如北魏延昌年间（512—515）温泉颂②、隋大业六年（610）贾珉墓志③、唐垂拱二年（686）王征君临终口授铭④等均作"𢪇"。在唐写本《冥报记》下卷中又省写作"𢪇"⑤。此外，尚见曹魏甘露元年写本《譬喻经》中把"牵"字写作"𢪇"⑥，介乎于东汉与北魏两种写法之间。唐贞观二十三年（649）关英墓志⑦中仍然保留着这种写法。这种经过长期传习演变，由于多种变化因素造成的异体字，往往与原来的本字面貌迥异，如果不详细了解其变化过程的话，是十分难以释读的。如"衺"（裔，见唐贞观元年（627）关道爱墓志⑧）、"㣊"（修，见唐贞观九年（635）长孙家庆墓志⑨）、"𡥁"（号，见唐显庆四年（659）张安都墓志⑩）等。

① 宋 洪适：《隶释》卷五，中华书局影印晦木斋本，1985年。
② 清 王昶：《金石萃编》卷二十八，扫叶山房石印本，1921年。
③ 赵万里：《汉魏南北朝墓志集释》五册，科学出版社，1956年。
④ 国家图书馆藏拓，见《北京图书馆藏中国历代石刻拓本汇编》17册，中州古籍出版社，1989年。
⑤ 日本大阪美术馆编集：《唐钞本》，株式会社同朋舍，1981年。
⑥ （日）中村不折：《禹域出土墨宝书法源流考》，东京西东书房刊本。
⑦ 国家图书馆藏拓，见《北京图书馆藏中国历代石刻拓本汇编》11册，中州古籍出版社，1989年。
⑧ 河南省文物研究所等：《千唐志斋藏志》，文物出版社，1984年。
⑨ 同上。
⑩ 隋唐五代墓志汇编编辑委员会：《隋唐五代墓志汇编》，天津古籍出版社，1991年。

当然,在石刻材料中的异体字,也有相当部分是书写者文化水平不高而写的错字,或者是书写中笔误造成的错别字。但是在同时代的文字资料中大量频繁出现的别体则不能单纯地看作是错字,而是当时社会上流行的一种异体写法了。

实际上,这些字并不能简单地用今人的眼光一律视之为错别字。很多今人认为的异体字在当时曾经是普遍流行的通用写法。甚至文化水平很高的文人也要迁就使用。颜之推就曾自述:"若文章著述,犹择微相影响者行之。官曹文书,世间尺牍,幸不违俗也。"①这些现象应该是文字学研究的重点,因为它涉及到中国文字的造字理论,书写习惯,文字演变规律乃至文化思想背景等广泛而重要的课题。特别要注意到,在文字形成的过程中,"约定俗成"这一社会法则的重要作用。

在释读石刻文字的过程中,需要借鉴近年来汉语言文字界的研究成果。黄德宽、陈秉新在《汉语文字学史》一书中提出过:"俗字研究是一个有待进一步开拓的研究领域,需加强各历史阶段、各文书俗字整理研究。在界定、范围、类型研究等方面还可进一步完善。"②有鉴于此,近年来,汉语言文字学界众多研究者把视线转移到秦汉以下的文字形体研究上,并且陆续有重要的研究成果问世。除在多种关于汉字学的论著中涉及这一课题外,还有一些专门的研究著作,如陆明君的《汉魏南北朝碑别字研究》、郭瑞的《魏晋南北朝石刻文字》等,都对这一时期的石刻文字形体进行了广泛的搜集、比较与分析,并尝试归纳出一定的变化规律,从文字学理论上去加以说明。

毛远明的《汉魏六朝碑刻异体字研究》在一系列的文字学基本概念上做了深入的分析与明确界定。如对异体字的定义与其内涵的阐述就颇具新意。他将异体字定义为"同一文字系统中形体不同而所记

①　北齐　颜之推著,王利器注:《颜氏家训集解》,中华书局,1993年。
②　黄德宽、陈秉新:《汉语文字学史》,安徽教育出版社,1990年。

录的词音义完全相同的一组字。"①并且指出应该根据研究的需要对
异体字作不同的类分,便于显示异体字的类型、特征及其内部规律。
从这一基本思路出发,毛远明在大量搜集汉魏南北朝时期碑刻材料与
建立汉魏六朝碑刻数据库,编写《汉魏六朝碑刻异体字字典》的基础
上,对汉魏六朝碑刻异体字进行了全面的描写、分析、归纳,展示出碑
刻异体字的基本面貌、主要类型与基本特征。从而结合汉魏六朝时期
异体字的产生与演变过程,深入分析异体字的成因、造字理念与内部
规律。这些研究成果有助于我们确切地释读古代石刻资料,从而更好
地利用这批珍贵的历史文献。

　　以上所总结的一些异体字变化情况,可以帮助我们掌握释读异体
文字的途径。而要具体掌握异体字的变化规律并熟练运用,还需要多
接触实际材料,多了解有关历史文献。为了帮助初学者了解汉唐之间
的异体字常见变化,我们试总结了一些常用偏旁部首的异体写法,附
录于后。以求举一反三,有助于对异体字的了解。（见下附表）

---

① 　毛远明:《汉魏六朝碑刻异体字研究》,商务印书馆,2012 年。

肉 写作 宍	宍（肉）	北魏正光五年孙辽造浮图铭
兒 写作 皃	邈（邈）	北魏熙平元年内司吴光墓志
豕 写作 豙	琢（琢）	北魏建义元年元倰墓志
彖 写作 彖	掾（掾）	北魏永安二年元遒墓志
一 写作 灬	烝（丞）	唐显庆元年乐文义墓志
	橃（极）	唐显庆元年程隆墓志
正 写作 正 或 长	逛（延）	北齐宋敬业造像
	返（延）	北魏刘洛真造像
兀 写作 尧	坑（坑）	北魏太昌元年元延明墓志
刄 写作 冊 或 舟	邯（那）	北魏正光三年王僧男墓志
	舵（那）	北魏建义元年元诞墓志
丘 写作 丠	丠（丘）	隋开皇十五年谢丘墓志
	嵒（岳）	北齐天保六年高建墓志
因 写作 曰	囙（因）	北魏正光二年张安姬墓志
	炟（烟）	北魏延昌四年王祯墓志
叔 写作 汴	督（督）	北魏孝昌二年杨乾墓志
亞 写作 西	悪（恶）	唐麟德元年霍达墓志
缶 写作 垂	缺（缺）	北魏孝昌二年高广墓志
辰 写作 爪	派（派）	北魏孝昌二年侯刚墓志
步 写作 步	涉（涉）	北齐天保二年元贤墓志

兆	写作 兆	姚（姚）	唐总章二年袁弘毅墓志
巨	写作 臣	詎（詎）	唐麟德元年宋璋墓志
	或 臣	詎（詎）	唐麟德元年皇甫璧墓志
虫	写作 䖝	蛾（蛾）	唐麟德元年王才墓志
巠	写作 歪	洼（涇）	北齐天保四年崔頠墓志
束	写作 来	勑（勑）	北魏正始四年奚智墓志
	或 夹	筞（策）	北魏太和十八年吊比干文
屰	写作 弓	弔（朔）	北魏永平四年元保洛墓志
卒	写作 卆	卆（卒）	北魏正光二年刘华仁墓志
制	写作 耑	剬（制）	北魏孝昌二年寇治墓志
乏	写作 凡	沉（泛）	唐总章二年王德墓志
耒	写作 禾	耕（耕）	唐乾封二年张奭墓志
羽	写作 飛	鷭（翻）	唐麟德元年王君墓志
乡	写作 亥	郭（鄉）	北魏正光二年刘华仁墓志
	或 亍	鄉（鄉）	隋开皇十年元仁宗墓志
氐	写作 互	佢（低）	东魏武定二年元显墓志
氏	写作 互	祗（祇）	东魏兴和三年元鸷墓志
老	写作 耂	耂（老）	东汉延熹七年孔宙碑
	或 耂	耄（老）	东魏武定元年王偃墓志

乞 写作 乹	乹（乞）	东汉建安十年樊敏碑
匕 写作 工	屟（尼）	唐大中九年圭峰禅师碑
之 写作 疋 或 屮	疋（之） 屮（之）	北魏普泰元年元诲墓志 隋大业十一年潘善利墓志
疋 写作 之	定（定）	北魏太和二十三年元弼墓志
夭 写作 夭 或 夭 或 夭	天（天） 娞（妖） 夭（天）	隋大业十一年潘善利墓志 北魏建义元年元悌墓志 唐显庆元年王卿墓志
心 写作 止 或 巛	塑（慇） 馮（憑）	隋开皇三年梁坦墓志 隋开皇三年寇遵考墓志
斗 写作 升 或 纠	斛（斛） 科（科）	隋大业八年郭达墓志 东魏元象二年公孙略墓志
卅 写作 卌	带（带）	北魏正始元年元龙墓志
寸 写作 木	蓴（导）	北魏正始四年元鉴墓志
后 写作 舌	舌（后）	北魏正光二年王僧男墓志
竹 写作 艹	薄（簿）	唐永徽四年王协墓志
世 写作 云	葉（葉）	唐麟德二年房仁愍墓志
台 写作 公	沿（沿） 鈆（铅）	唐麟德元年王君墓志 唐咸亨三年陈恭墓志

昌	写作骨	絹	（缉）	东魏兴和三年元弻墓志
叒	写作声或卉	桼桼	（桑）（桑）	北周大象二年卢兰墓志 北齐天保六年元子邃墓志
夆	写作夅	峯	（峰）	唐显庆元年赵通墓志
犬	写作戈或戈	犹窔	（狀）（突）	北魏景明二年李氏墓志 北魏普泰元年元弼墓志
元	写作禾或禾	褪窥	（寇）（寇）	东魏天平三年王僧墓志 北齐高叡为亡姊造像
月	写作舟	翰	（朝）	隋大业六年杨秀墓志
束	写作来	柔棘	（枣）（棘）	晋永嘉元年华芳墓志 北魏建义元年元钦墓志
臼	写作田	毁滔	（毁）（滔）	北魏武泰元年元举墓志 北魏太昌元年元颢墓志
癶	写作业	叕	（發）	唐显庆四年安度墓志
正	写作心	憨	（整）	北魏正光五年李瑗华墓志
區	写作丘	駈	（驱）	北魏普泰元年元天穆墓志
害	写作容	馣	（馣）	北魏正光五年元平墓志
䍃	写作呈	諟	（谣）	北周保定三年贺屯植墓志
虎	写作帚或需	虢帬	（號）（虎）	唐麟德元年王才墓志 北魏延昌三年元珍墓志

朋	写作多	岃（崩）	唐乾封二年王延墓志
鱼	写作角	蓟（蓟）	唐总章二年范彦墓志
		鱗（鳞）	唐麟德二年田夫人墓志
弄	写作待 或亏	待（弄）	北魏孝昌二年高广墓志
		亏（弄）	北魏孝昌元年元诱墓志
戒	写作戒	誡（诫）	唐麟德元年王君墓志
攸	写作徟 或徟	徟（攸）	东魏元象二年高湛墓志
		徟（攸）	北魏正光五年冯季华墓志
		徟（攸）	隋开皇九年暴永墓志
辛	写作亲	亲（辛）	北魏太和十八年孝文帝吊比干文
杀	写作条	刹（刹）	东魏兴和二年敬史君碑
居	写作屈	屈（居）	北魏比丘道瓒题记
孤	写作孙	孙（孤）	北魏正始二年元鸾墓志
冈	写作崫	崫（岗）	北魏景明二年元羽墓志
所	写作所 或所	所（所）	北魏永熙二年王悦墓志
		所（所）	隋仁寿元年卢文构墓志
玩	写作瓹	瓹（玩）	北魏孝昌元年元瑛墓志
胥	写作骨 或胃	骨（胥）	北魏正光三年郑道忠墓志
		胃（胥）	北魏袁口等五十人造像
笑	写作咲	咲（笑）	北魏延昌二年元显儁墓志

皀	写作阝	陥	（師）	东汉熹平二年鲁峻碑
		薜	（薛）	北周大象二年卢兰墓志
席	写作廗	廗	（席）	北魏延昌三年元珍墓志
		廗	（席）	北魏建义元年王诵墓志
旅	写作挄 或袔	挄	（旅）	北魏元详造像
		袔	（旅）	北魏孝昌二年于景墓志
蜀	写作多 或昱	茤	（蜀）	北魏正光三年元氏墓志
		鄂	（鄏）	东魏武定二年元显墓志
原	写作貟	頢	（顾）	唐乾封二年许国墓志
商	写作啇	啇	（商）	东魏武定元年元憬墓志
商	写作啇	毃	（敵）	晋永嘉二年召勘墓志
寂	写作穼	穼	（寂）	北齐天保二年元贤墓志
崔	写作霍	鸖	（鶴）	北魏孝昌二年秦洪墓志
豪	写作虡	遽	（遽）	唐显庆元年贾统墓志
㬜	写作累 或㬜	漯	（濕）	东汉建宁五年郙阁颂
		顥	（显）	北魏正始二年元始和墓志
象	写作乌	乌	（象）	东魏武定二年元显墓志
需	写作需	濡	（濡）	东魏武定二年元显墓志
廛	写作厘	澶	（瀍）	北魏建义元年元悟墓志

斸	写作迷	断	（斸）	北魏延昌四年王绍墓志
蕘	写作蕘	邁	（遘）	北魏神龟三年元晖墓志
業	写作业	僕	（僕）	北魏延昌二年王普贤墓志
艮	写作曼	遏	（退）	东汉建宁三年夏承碑
國	写作囻	囻	（國）	东魏元象二年三级浮图颂
妻	写作妻	妻	（妻）	北魏延昌三年司马景和妻志
走	写作走	捷	（捷）	北魏建义元年元端墓志
曼	写作曼	晏	（曼）	隋大业九年豆卢寔墓志
甾	写作甾	淄	（淄）	隋大业五年宁赞碑
專	写作專	傳	（傅）	北魏正光二年王遗女墓志
萌	写作备	備	（備）	隋大业五年宁赞碑
奎	写作奎	達	（達）	隋大业五年宁赞碑
坴	写作坴	陸	（陸）	北齐牛景悦造像
差	写作差	嗟	（嗟）	北魏神龟二年元斑妻穆夫人墓志
光	写作岁	微	（微）	北魏安定王造像
商	写作受 或舌 或台	辟 乱 辞	（辭） （亂） （辭）	唐乾封元年田博墓志 北魏永平四年郑羲碑 唐乾封二年张爽墓志
妥	写作妥	綏	（綏）	北魏延昌四年皇甫驎墓志

葬	写作堃	堃	（葬）	唐麟德元年王才墓志
禺	写作禹	寓	（寓）	唐麟德二年权豹墓志
裔	写作襄	襄	（裔）	北魏孝昌二年于纂墓志
圖	写作畐	畐	（圖）	北魏永熙二年元霸墓志
寡	写作寏	寏	（寡）	东汉熹平二年鲁峻碑
离	写作禽	擒	（擒）	北魏延昌四年王绍墓志
咼	写作局 或扄 或弓	禍 褐 逼	（禍） （禍） （過）	唐赵郡庆陶县令墓志 隋开皇十五年谢岳墓志 东汉熹平二年鲁峻碑
赫	写作共	共	（赫）	北魏太昌元年元顼墓志
廟	写作庿 或庿	庿 庿	（廟） （廟）	北魏太昌元年元徽墓志 隋大业八年孔神通墓志
德	写作恵	恵	（德）	北周天和五年曹恪碑
桼	写作来 或枈	脒 脒	（膝） （膝）	东汉延熹元年郑固碑 北周天和五年曹恪碑
鼠	写作葛 或嵒	獦 獦	（獵） （獵）	北齐武平三年徐之才墓志 北齐天保六年高建墓志
要	写作舜 或粟 或零	遷 遷 遷	（遷） （遷） （遷）	北魏景明四年侯夫人墓志 北魏正光五年元璨墓志 北魏熙平二年刁遵墓志

窺	写作闚	闚	（窺）	北魏太和十八年孝文帝吊比干文
齊	写作叄	淎	（濟）	北魏孝昌元年元宝月墓志
炊	写作卌	甞	（甞）	东魏兴和三年李仲璇修孔庙碑
恖	写作怂 或愡 或愡	摐	（總）	隋大业五年宁赟碑
		摠	（總）	北魏孝昌三年元固墓志
		聰	（聰）	晋元康六年郭槐柩铭
啬	写作啬	廧	（牆）	东汉中平二年曹全碑
詹	写作詹	膽	（膽）	隋大业元年王善来墓志
隶	写作隶 或隶	隸	（隸）	北魏延昌二年王普贤墓志
		隸	（隸）	东汉建宁三年夏承碑
瀡	写作漦	漦	（瀡）	北魏永熙二年元爽墓志
齿	写作齿 或齿	齔	（齔）	北魏普泰元年元弼墓志
		龀	（齔）	郑开明二年王仲墓志
雙	写作叜	叜	（雙）	北魏永平四年刘双造像
龍	写作龍 或竜	龔	（龔）	东汉永寿二年韩勑碑
		竜	（龍）	隋开皇十七年董美人墓志
夐	写作瓊	瓊	（瓊）	北魏正光四年元敷墓志
雇	写作顧 或厄	顧	（顧）	北魏太和十八年孝文皇帝吊比干文

邊	写作邉 或邉 或邊 或邉	邉	（邊）	宋大明二年爨龍顏碑
		邉	（邊）	北魏熙平二年刁遵墓志
		邉	（邊）	唐貞元十三年济瀆庙器具记
		邊	（邊）	北齊天保十年道胐造像记
壹	写作壹	壹	（壹）	北魏建义元年元略墓志
恣	写作咨 或忩 或悤	咨	（恣）	隋开皇三年寇奉权墓志
		悤	（恣）	北魏景明三年穆亮墓志
		悤	（恣）	北魏太昌元年和丑仁墓志
權	写作㩲 或雚 或雈	㩲	（權）	北魏熙平二年元遥墓志
		歡	（歡）	北周天和五年曹恪碑
		歡	（歡）	北魏景明三年孙秋生造像
戀	写作戀 或䜌	戀	（戀）	东汉建宁三年夏承碑
		䜌	（戀）	北魏正光六年李超墓志
體	写作軆 或躰	軆	（體）	北魏正光四年王基墓志
		躰	（體）	北齊天保年间宗敬业造像
靈	写作靈 或霛 或霝	靈	（靈）	东汉建和二年石门颂
		霛	（靈）	唐永徽二年王府君墓志
		霝	（靈）	东魏天平三年王僧墓志
龜	写作龜	龜	（龜）	北齐天保二年元贤墓志
釁	写作釁 或豐	釁	（釁）	北魏太和十八年吊比干文
		豐	（釁）	北魏孝昌三年于景墓志

辵 写作 辶	遗（遺）	唐润州魏法师碑
	迒（迴）	北魏神龟三年元晖墓志
	迊（迺）	唐三门寺记
山 写作 止	仙（仙）	北齐陋赤齐造像
	崧（密）	隋大业七年礼氏墓志
止 写作 山	仚（企）	北魏孝昌二年于景墓志
斤 写作 片	栃（析）	北魏正光五年元昭墓志
木 写作 尒 或 参	藻（藻）	唐显庆元年王卿墓志
	操（操）	东魏兴和二年敬史君（显儁）碑
参 写作 木	杂（參）	隋仁寿元年雍长墓志
	憷（惨）	隋大业十一年明云腾墓志
亻 写作 彳	儀（儀）	隋开皇三年窆娥妻姜敬亲墓志
才 写作 示	财（財）	唐麟德元年边师墓志
氵 写作 丷	潔（潔）	唐麟德二年周夫人墓志
方 写作 扌 或 永	挨（族）	唐乾封元年颜仁楚墓志
	袘（施）	北魏永平五年封昕墓志
口 写作 厶	操（操）	宋大明二年爨龙颜碑
厶 写作 口	桑（參）	隋仁寿元年雍长墓志
	祐（私）	北魏正始四年奚智墓志

第五节　石刻文字的常用释读方法

　　仅从宏观上概括地了解古代石刻文字中的异体字情况,并不等于可以释读所有石刻材料中的异体字。古代石刻材料上出现的异体字千变万化。有些字已经经过多次变形,远非该字的本来面貌。例如"渊"字,在唐大和七年(833)崔蕃墓志中写作"㸤"①。左右两部分均已改变了形状。如果不结合铭文,不深入了解字形的变化,就很难确识。类似这样的异体字在石刻材料中比比皆是,是释读石刻铭文的重大障碍。因此,在释读石刻中的异体字时,还需要与此有关的文字学、文献学、考古学、历史学等专业知识,并采取多种手段。例如我们在第二节中提及的古文字学考释文字方法,都可以在考释石刻文字中应用。下面结合石刻文字的特点,将常用的几种释读方法进一步举例加以说明。

一、根据其他文字材料及字书释字

　　历代字书中都收录了大量的异体文字。专门涉及石刻文字的字书如:商承祚《石刻篆文编》、翟云升《隶篇》、刘球《隶韵》、顾蔼吉《隶辨》、邢澍《汉隶字源》、赵之谦《六朝别字记》、邢澍《金石文字辨异》、罗振玉《增订碑别字》、秦公《碑别字新编》及毛远明《汉魏六朝碑刻异体字典》等,都有益于石刻文字的释读。此外,自《说文解字》、《玉篇》、《广韵》直至《康熙字典》的历代字书也可以作为石刻文字释读的参考。大量出土文字资料也可以作为佐证。互相对照,从而协助我们释读出难于认识的文字。

　　例如东汉永康元年(167)孟郁修尧庙碑中"海内称之曰漙衕之

————————

① 隋唐五代墓志汇编编辑委员会:《隋唐五代墓志汇编》,天津古籍出版社,1991年。

宗"一句①，"濡"应释作"儒"。因为汉代隶书中常将"需"写作"雨"，即隶书雨(需)的变形。如《武威汉简·仪礼·泰射》第68简中"襦"写作"繻"②。因此根据简牍中的书体写法，可以确定"濡"即"濡"字，根据孟郁碑中碑文语义，此处当假借作"儒"。类似写法直至唐代仍然存在。

再如东汉光和四年(181)三公之碑中"愍俗陵迟"一句③，"迟"字应释作"迟(遲)"。根据《说文解字》二下辵部"遲"字别体作"迉"，《汗简》卷上之一"遲"字作"迟"及"迟"等，均可以证明。《尚书·盘庚》"迟任有言"，古文《尚书》写作"迉任有言"，也与此相同。东汉熹平二年(173)李翊碑"栖迟不就"一句④，"迟"字也写作"迉"。

又如东汉熹平石经易经中的"牵"字写作"牵"⑤，可以参照《居延汉简甲编》1966号简中"牵"字写作"牵"⑥，《汉晋西陲木简汇编》54·13简"牵"字写作"牵"⑦来确定。东汉建宁元年(168)衡方碑中"虎"字写作"虎"⑧，可以参照西汉定县竹简中"虎"字写作"虎"⑨，汉代铜镜"尚方镜"铭文中"虎"字写作"虎"⑩等来确定。

二、根据铭文本身前后语义释字

有些异体字变形较大，或与其他文字混同，无法遽定，则必须认真

---

① 宋　洪适：《隶释》卷一，中华书局影印晦木斋本，1985年。
② 甘肃省博物馆、中国科学院考古研究所：《武威汉简》，文物出版社，1963年。
③ 陆增祥：《八琼室金石补正》，文物出版社影印本，1985年。
④ 宋　洪适：《隶释》卷九，中华书局影印晦木斋本，1985年。
⑤ 马衡：《汉石经集存》，科学出版社，1957年。
⑥ 中国科学院考古研究所：《居延汉简甲编》，科学出版社，1959年。
⑦ 张凤：《汉晋西陲木简汇编》，有正书局，1931年。
⑧ 宋　洪适：《隶释》卷八，中华书局影印晦木斋本，1985年。
⑨ 河北省文物研究所：《河北定县40号汉墓发掘简报》，《文物》1981年8期。
⑩ 梁上椿：《岩窟藏镜》，1940年影印本。

品读原碑铭文,根据文义确定字的原形。

例如隋大业七年(611)宫人魏氏墓志中"狠犹桃李"一句①,"狠"字根据文义应该释作"貌"。"貌犹桃李"是古代用以形容女子面容姣好的常用词语。"貌"之所以变化成"狠",细审其变化由来,"豸"旁与"犭"旁相通,"皃"常写作异体"皀",从而讹变作"艮",致使"貌"写作"狠"。

又如北魏武泰元年(528)丘哲墓志中"而乾机运兆,迁鼎伊洛,万服归诚,千畿贬政"②,根据前后文义可以了解到这段铭文是在讲孝文帝迁都洛阳的情况。"伊"字写作"沶",改从水旁,是指伊水。而古代以鼎为国之重器,比喻首都与中央朝廷所在。迁鼎指首都迁移到新址。所以"鼏"字应当释作"鼎"。

再如东汉建安十年(205)樊敏碑中"歔嘑悇哉",根据古文中常见的文例应该是"呜呼哀哉"四字。字形变化较大。《八琼室金石补正》樊敏碑陆增祥跋语云:"《太玄经》'不濯釜而烹,则欧歔疾至'注云:'歔与呜同'。《淮南子》'歔唈流涕',《文选·拜中军记室辞隋王牋》'或以歔唈',字皆作歔。呼通作嘑。碑复变虍从雨。《孟子》'嘑尔而与之'注云:'嘑尔犹呼尔。'《书·洪范》'呜呼',《汉书·五行志》作'乌嘑'。……柳敏碑'呜呼悇哉'……仲秋下旬碑'歔呼悇哉',平舆令薛君碑'悇悇士儁',李翊碑'悇松柏而憔荆',字皆作悇。"③为这几个字的释读作了详细考证。

东魏兴和二年(540)刘懿墓志"抗足高鹜,理隔奋飞。"④从上下文义看,"隔"字显然是"翮"的异体假借字。《汉书·扬雄传》中引扬雄

---

① 赵万里:《汉魏南北朝墓志集释》六册,科学出版社,1956年。
② 赵万里:《汉魏南北朝墓志集释》四册,科学出版社,1956年。
③ 清 陆增祥:《八琼室金石补正》卷六,文物出版社影印本,1985年。
④ 赵万里:《汉魏南北朝墓志集释》五册,科学出版社,1956年。

《解嘲》文有"矫翼厉翮,恣意所存"一句,即与"理隔奋飞"语义相同。分析这种异体变化的由来,可能是由于古代"翮"字与"鬲"字相通。《史记·楚世家》:"吞三翮六翼,以高世主,非贪而何?"《索隐》云:"翮,亦作'瓹',同音历。三翮六翼,亦谓九鼎也。空足曰翮。"即将与"鬲"相同的"瓹"写作"翮"。而"鬲"又常与"隔"通用。如《汉书·五行志》:"鬲闭门户",颜师古注:"鬲与隔同"。《汉书·戾太子传》"鬲塞而不通",《汉书·南粤王传》"鬲绝器物"等均是如此。

三、根据古代文献记载释字

石刻铭文中经常大量引用古代文献,或者运用古代文献中出现过的专用名词、术语、成语以及在古代史传中记载过的人物与史实等。在这些情况下出现的异体字,均可以参照有关历史文献记载予以考释确认。

例如东汉永康元年(167)孟郁修尧庙碑中"据旋机之政"一句。"旋机"是"璇玑"的异体假借。"璇玑"又写作"琁玑"。《楚辞·九思》云:"上察兮璇玑"。宋代洪兴祖补注云:"北斗魁四星为璇玑。"[1]因为璇玑位于北斗中轴,所以用它比喻重要的职位。"据璇玑之政"意即在政府中占据了重要的官职。

再如东魏天平三年(536)王僧墓志"蔀符东夏"[2]一句,"蔀符"二字应该释作"剖符"。根据墓志记载,王僧显祖有功于汉室,任过高官。古代分封一方的诸侯或地方官员出任时,经常被授予竹使符。使符即将竹节分剖两半,由朝廷与地方官员各执一半作为凭证。如《战国策·秦策三》云:"决裂诸侯,剖符于天下。"[3]《史记·高祖本纪》载高祖六年"乃论功,与诸列侯剖符行封。"文献中的"剖符"已经成为专用

---

① 宋 洪兴祖:《楚辞补注》,中华书局,1983 年。
② 赵万里:《汉魏南北朝墓志集释》五册,科学出版社,1956 年。
③ 汉 刘向,范祥雍笺:《战国策笺证》,上海古籍出版社,2006 年。

名词。王僧墓志亦同。

又如东汉建安十年（205）樊敏碑中有"岁在汁洽"①一句。"汁洽"是古代太岁纪年法中"协洽"的别体。《尔雅·释天》"太岁……在未曰协洽。"《史记·天官书》中写作"叶洽"。汉代石刻文字中经常可以见到"汁"、"叶"二字相通用的情况。如东汉建宁二年（169）史晨碑中"汁光之精"②即以"汁"代替"叶"。汉代文献中也常用"汁"代替"叶"，如《文选·吴都赋》"皆谣俗汁协"注云："汁犹叶也。"《文选·西京赋》"五纬相汁"，五臣本《文选》则写作"五纬相叶"。《方言》载："协，汁也。自关而东曰协，关西曰汁。"③

东汉元初四年（117）祀三公山碑"蝗旱鬲并"④，隶定作"蝗旱鬲并"。以前曾经有人释作"蝗旱鬲我"，显然属于误释。这主要是由于不了解"鬲并"的词义。"鬲并"应读作"隔并"，是汉代特有的词语，指旱涝不调，阴阳隔绝。《后汉书·陈忠传》云："故天心未得，隔并屡臻。"注云："隔并谓水旱不节也"。《后汉书·郎𫖮传》云："若令雨可请降，水可攘止，则岁无隔并，太平可待。"鬲与隔同，前文已述。

唐贞观十年（636）汝南公主墓志"塭酪无嗞"⑤，"塭"、"嗞"二字都是不容易确认的异体字。但是原墓志铭中这一段语句是在讲守丧志哀的。根据《礼记·杂记》中的记载："功衰饮水浆，无盐酪不能食"，可以推断这里正是用此典"盐酪"，"塭"是"盐"的异体。盐字又写作"塩"（见唐永徽三年（652）杨伯陇墓志⑥），由此转写作"塭"。

①　宋　洪适：《隶释》卷十一，中华书局影印晦木斋本，1985年。

②　宋　洪适：《隶释》卷一，中华书局影印晦木斋本，1985年。

③　清　钱绎：《方言笺疏》，上海古籍出版社，1983年。

④　清　王昶：《金石萃编》卷六，扫叶山房石印本，1921年。

⑤　北京图书馆金石组：《北京图书馆藏中国历代石刻拓本汇编》第11册，中州古籍出版社，1989年。

⑥　北京图书馆金石组：《北京图书馆藏中国历代石刻拓本汇编》第12册，中州古籍出版社，1989年。

"齹"当即滋味之"滋",改从口旁,是新造会意字的作法。

隋开皇六年(586)龙藏寺碑"使持节左武卫将军上开府仪同三司恒州诸军事恒州刺史鄂国公金城王孝僊"①,根据《北周书·王杰传》,王杰子为"孝僊",即"孝仙","僊"又误作形体相近的"僄"。《北史·王杰传》中则误作"子孝遷"。又唐咸亨四年(673)王俭墓志中"仙鹤"二字写作"僄鹤"②,亦可为隋唐时代这种异体写法的旁证。

四、利用古代文史典故知识释字

古代流行的骈文、散文、诗歌等文学作品中大量运用文史典故。碑与墓志等歌功颂德为主的石刻铭文中也受到当时流行文风的影响。一些不好确认的异体字可以通过推寻有关文史典故予以确定。

例如东汉武梁祠石室画像题榜中有"屠颜购**孫**,诈抱他人"的语句。陆增祥注云:"**孫**即玠,《集韵》玠与孩同。"所读有误。根据画像内容和题榜其他文字"程婴杵臼,赵朔家臣,下宫之难,赵武始娠。"可以知道这些文字是在叙述晋国大夫屠岸贾诛杀赵氏的故事。《史记·赵世家》记载:"晋景公之三年,大夫屠岸贾欲诛赵氏,杀赵朔、赵同……皆灭其族。赵朔妻成公姊,有遗腹,走公宫匿。……生男。屠岸贾闻之,索于宫中。……然赵氏真孤乃反在。"由此可见,题榜铭文中"屠颜"二字为"屠岸"之讹,"**孫**"当释作"孤"。可能是因草书形近造成的讹误。以后的北魏正始二年(505)元鸾墓志中"孀孤"二字亦写作"霜玠"③。

---

①　北京图书馆金石组:《北京图书馆藏中国历代石刻拓本汇编》第 9 册,中州古籍出版社,1989 年。

②　北京图书馆金石组:《北京图书馆藏中国历代石刻拓本汇编》第 15 册,中州古籍出版社,1989 年。

③　赵万里:《汉魏南北朝墓志集释》四册,科学出版社,1956 年。

　　再如北周保定三年(563)贺屯植墓志"五袴之誩"①,"誩"一字在各种字书中均无法找到近似的字体,难以确识。但是有关五袴的典故在石刻铭文中多见,其典故源于《后汉书·廉范传》:"廉范字叔度……建初中迁蜀郡太守。旧制禁民夜作,以防火灾。……范乃毁削先令,但严使储水而已。……百姓为便,乃歌之曰:'廉叔度,来何暮。不禁火,民安作。平生无襦今五袴。'"后人便用"五袴之谣"来比喻对勤政爱民官员的歌颂。据此可以将"誩"释作"谣"字。

　　又如唐咸亨二年(671)张节墓志中"孟德之营,敏穷鸡勋"②。熟悉三国时期史事的人马上可以知道这是在引用杨修的典故。《三国志·魏书·武帝纪》中记载建安二十四年三月"王自长安出斜谷,……备因险拒守。"裴注引《九州春秋》云:"时王欲还,出令曰'鸡肋',官属不知所谓。主簿杨修便自严装。人惊问修:'何以知之?'修曰:'夫鸡肋,弃之如可惜,食之无所得,以比汉中,知王欲还也。'"由此可以确定"勋"即"肋"字。字左旁为肉部的篆体改写。同一墓志中还有"道亚皴枚,声骈景宋"的词句。这是一个对仗,后一句中"景宋"是战国时期楚国诗人景差、宋玉二人的省称,在古代辞赋中常可见到这一省称的出现。由此可以想见上一句中的"皴枚"两个字也是两个著名文学家的姓氏省称。从"皴"字右旁从"皮"左旁形体接近"刍"可以推测它应该是"皱"字的异体,假借作"邹",指邹阳。邹阳是西汉时期的著名文学家,所著《狱中上梁王书》脍炙人口。"枚"应指枚乘,西汉著名文学家,著有《七发》等传世文赋。

五、利用地名、官名以及具有时代特征的姓、名、字号等体例特点确认异体字

　　中国古代随着历史朝代与朝廷政令的变更,地理名称与官职名称

①　赵万里:《汉魏南北朝墓志集释》四册,科学出版社,1956年。
②　河南省文物研究所等:《千唐志斋藏志》,文物出版社,1984年。

曾多次改变。因而,很多地名与官名都具有明确的历史时代性。而人们的姓氏、名字、名号等很多也具有不同的时代文化特征。因此可以在熟悉历史文献的基础上,通过有关的文献记载来对铭刻内容予以对证,从而确释一些难于认识的异体字。

例如北魏延昌四年(515)皇甫驎墓志中称其为"渡濚之琼胤"①。其意为皇甫驎是某人的杰出后代。查皇甫驎的祖先中,东汉时的皇甫规曾任职"度辽将军"。"渡"与"度"通,可见"濚"字应该释为"辽"。这一变形较大、比较罕见的异体字据此可得确释。

又如北魏普泰元年(531)张玄墓志"妻河北陈进寿女,寿为巨禄太守"②。查史书,北魏时期并无以"巨禄"为名的府郡。可见它是"钜鹿"的假借字。

又如隋大业七年(611)廉平县君礼氏墓志"高崯胶西人"③一句。根据《隋书·地理志中》"高密郡,旧置胶州,开皇五年改为密州。属县有诸城⋯⋯胶西。"由此可以确定"崯"字是"密"的异体。其中"止"与"山"因为形近相讹,汉唐之间经常混用,"必"则误写作"公"。

唐调露元年(679)马珍墓志有"(隋开皇九年)任余慌郡守"④一句。"慌"字很难确释。但是根据《隋书·地理志下》可见"余杭郡,⋯⋯大业三年置余杭郡"的记载,而在隋代并没有其他称作"余某郡"的郡府,可知这里说的是"余杭郡守"。细审该字讹变过程,当时"杭"曾有异体写作"梳",可能是由此异体再次讹变而成。

历史上各个时代流行的姓、名、字、号等往往具有显著的时代特征。如汉代人多起单字为名,而且很多人名字义与礼义道德有关,如

---

① 赵万里:《汉魏南北朝墓志集释》四册,科学出版社,1956年。

② 赵万里:《汉魏南北朝墓志集释》五册,科学山版社,1956年。

③ 赵万里:《汉魏南北朝墓志集释》六册,科学出版社,1956年。

④ 北京图书馆金石组:《北京图书馆藏中国历代石刻拓本汇编》第16册,中州古籍出版社,1989年。

纯、衡、雍、烈、昭、敬、顺、贤等等。北朝时期常见胡人姓氏，如拓跋、宇文、步六孤、独孤、贺拔、厍狄、弥姐等等。在南北朝隋唐时期多有以佛教名称作名，如菩萨、罗汉、僧等。类似的时代特征颇多。掌握这些独特的习俗时尚与其变化规律，可以很好地为释读异体字以及考证时代等学术研究服务。

例如东魏王双怜等人题名，"双"字在石刻中写作"𣔌"。实际上是一种新造的会意字，以"两"与"隻"表示一双的意义。简化了原来由两个"隻"组成的"双"字。北朝时期人名中以"双某"为名是十分常见的。见于石刻铭文中的就可以举出北魏景明三年(502)赵双哲造像题记中的"赵双哲"①，东魏比丘僧巘弥勒造像中的"魏双虎"②，比丘慧敢造像题名中的"王双凤"③，东魏元象二年(539)凝禅寺三级浮图颂碑中的"赵双和"④等。

再如北魏造像题名中有"弟子䰠斯洪立仰为七世父母……造像"⑤。北朝时期常见有胡姓斛斯氏，见《古今姓氏书辩证》卷三五"斛斯，或云本代北斛律氏改焉。后魏有刺史斛斯丞"⑥。根据北朝时期"斗"字常写作"𣁭"或"𣁬"，类似"升"字，可以断定"䰠"即"斛"字。《北齐书·斛律光传》记载："周将军韦孝宽忌光英勇，乃作谣言，令间谍漏其文于邺，曰：'百升飞上天，明月照长安。'"文中'百升'乃影射"斛"字。可见当时的"斛"字就是由"百"和"升"两个字组合成的。直至唐代，仍然有这种异体写法存在，例如天授二年(691)格善义妻斛斯

---

① 清 陆增祥：《八琼室金石补正》卷一七，文物出版社影印本，1985 年。
② 清 陆增祥：《八琼室金石补正》卷一二，文物出版社影印本，1985 年。
③ 清 陆增祥：《八琼室金石补正》卷一七，文物出版社影印本，1985 年。
④ 同上。
⑤ 清 端方：《匋斋藏石记》，商务印书馆石印本，1909 年。
⑥ 宋 邓名世：《古今姓氏书辩证》，守山阁丛书本。

氏墓志仍然写作"䏈斯"①。

又如东魏兴和二年(540)安东将军郗盖族题记中的"族"字写作"袄"②。端方曾经把它释作"秩"。而高庆龄在端方题跋上加附注时,已经怀疑这个字应该读作"族"。根据北朝时期人们起名字时常用"盖族"、"盖宗"、"安族"、"映族"等词语的常例,可以判断这个字就是"族"。"疒"旁与"礻"旁在当时经常互相通用。族的异体字有写作"袄",简省作"袄"。而以"盖族"等为名,正反映了北朝时期社会动荡,民间家族势力林立,地方豪强兴起的状况。石刻中此类例证甚多,如北魏王贰郎等造佛菩萨像题名中有"扈盖族"、"王盖宗"③;北魏张畅之等造像题名中有"乐盖宗"④;北魏正始二年(505)杨安族题记中的"杨安族"⑤;东魏王双怜等人题名中有"东堪(龛)主陈智族"⑥等。

六、结合石刻铭文本身的常见格式与体例等特征来释读文字

石刻铭文中具有很多属于实用性文体的材料,因而也就在其实用中形成了一些独特的格式、套语、具有时代特征的常用词语与文例等。这些石刻铭文本身的常见格式与体例可以协助确定一些特殊的异体字,并由此了解一些异体字变化的过程。

例如北齐天保二年(566)李雅晕造像题记铭文中有一句话:"上为皇帝牀下"⑦,"牀"字如何解释? 即可以从当时造像题记中常见的套

---

① 北京图书馆金石组:《北京图书馆藏中国历代石刻拓本汇编》第17册,中州古籍出版社,1989年。

② 清 端方:《匋斋藏石记》,商务印书馆石印本,1909年。

③ 同上。

④ 同上。

⑤ 清 陆增祥:《八琼室金石补正》卷一三,文物出版社影印本,1985年。

⑥ 清 陆增祥:《八琼室金石补正》卷一七,文物出版社影印本,1985年。

⑦ 清 端方:《匋斋藏石记》,商务印书馆石印本,1909年。

语格式入手,根据北齐天保七年(571)残造像题记:"上为皇帝陛下"①、北齐皇建二年(561)建中寺比丘尼员空造像题记:"上为皇帝陛下、师僧父母、普及法界边地众生"②、北齐河清二年(563)上官僧度等造像碑"仰为皇帝陛下"③以及北魏正始元年(504)高洛周七十人等造像碑"上为皇帝陛下"④等铭文套语,可以知道在北朝的造像题记中往往首先要为皇帝、国主或者主要的执政者祈福,把造像的目的首先定为"为皇帝陛下"制作佛像。李雅晕造像题记铭文中的"陡"字,自然应该释作"陛"字。推测它的字形变化由来,可能是改作从"卞"得声的新字。而"卞"字在南北朝时期大多写作"卡",如当时流行把"算"写作"筭",见北齐天保六年(570)李清造报德像碑⑤,又有写作"筙",见北魏正光五年(524)元平墓志⑥。

又如东魏武定七年(549)张伏安妻阿胡造像中有"七世先亥"、"忑夫"、"忑息"⑦等词语,这些异体字也可以套用当时造像题记中常见的文体辞例释读出来。造像的目的主要是向神佛祈求福佑。而为之祈福的对象则主要是已经去世的各位亲属以及健在的亲属。已经去世的亲人统称"先亡",具体包括的有"亡父"、"亡夫"、"亡息"、"亡妻"、"亡女"等等。在造像题名中普遍出现这些名称。如东魏曹敬容题记:"为亡夫"⑧、程黑退妻题记:"为亡息程石生"⑨、东魏武定四年

---

① 程纪中:《河北藁城县发现一批北齐石造像》,《考古》1980 年 3 期。
② 据艺风堂藏石,北京大学图书馆藏拓。
③ 韩自强:《安徽亳县咸平寺发现北齐石刻造像碑》,《文物》1980 年 9 期。
④ 清 端方:《匋斋藏石记》,商务印书馆石印本,1909 年。
⑤ 清 陆增祥:《八琼室金石补正》卷二十,文物出版社影印本,1985 年。
⑥ 赵万里:《汉魏南北朝墓志集释》三册,科学出版社,1956 年。
⑦ 北京大学图书馆藏拓。
⑧ 清 陆增祥:《八琼室金石补正》卷十七,文物出版社影印本,1985 年。
⑨ 清 陆增祥:《八琼室金石补正》卷二十,文物出版社影印本,1985 年。

（546）李□虎造像："为先亡眷属"①、北齐河清三年（564）程黄犊造观音像题记："为亡女"②等等。这里用反写的"忘"字假借"亡"字，而这种写法在东汉的熹平石经中已经可以见到，如汉石经《诗经·邶风·绿衣》"□惟其忘"③，"忘"字在今通行本毛诗中写作"亡"。由此可见，张伏安妻阿胡造像中的"亥"、"怨"、"志"等字均是"忘（亡）"的异体写法。

又如北魏神龟元年（518）高宗嫔耿寿姬墓志中有"以神龜元年岁次乇式三月八日"④一句。这些异体字形体变化较大。而我们知道，从汉代以来，在石刻中记录时间的形式已经基本形成了一些固定格式，最常见的是"某某（年号）某（数字）年、岁次某某（干支）、某（数字）月某某（干支）朔、某某（数字）日某某（干支）"这样一种格套。在看到当时石刻中记录年月日的话语时，就可以根据这个常见体例来补充其中脱落或错漏的文字，释读出难以辨识的异体字，甚至可以通过这一特征来判断石刻年代与真伪。那么，高宗嫔耿寿姬墓志中的"龜"字应该是"龟"的异体，不必分析异体字的变形由来，就可以通过北魏只有一个以"神"字开头的年号"神龟"来确定。而"乇式"两字应该是表示干支，从接近的字形来看，以"戊戌"最为合适，而查对古代历史年表可以看到神龟元年正是戊戌年。

第六节　石刻铭文中常见的基本文体写作体例

上面，我们在释读石刻铭文中的异体字时，曾经从各方面利用了

① 河北省临漳县文物保管所：《河北邺南城附近出土北朝石造像》，《文物》1980年9期。
② 《黄伯川造像集拓》，中国社会科学院考古研究所藏拓本。
③ 马衡：《汉石经集存》，科学出版社，1957年。
④ 赵万里：《汉魏南北朝墓志集释》七册，科学出版社，1956年。

石刻铭文本身的固有体例。从中可以看到,各种不同类型的石刻铭
文,如各类碑、墓志、题记、塔铭、地券等等都有其独特的固定文体格式
与写作套路。这是由它们适用的范围与实用性所决定的。即使是属
于同一类型的石刻,也还会由于时代演进、文化变化而表现出不同的
格式与体例,从而反映出不同时代的文化特征。

因此,对于各种类型的石刻铭文加以了解,总结与掌握其类型特
征与时代特征,必然有助于研究石刻时所要进行的正确释读石刻铭
文、考释理解石刻内容、对于石刻材料进行辨伪与断代等方面的工作。
当然,各种类型的石刻铭文体例特征与时代特征主要应通过对于大量
石刻铭文内容的归纳与排比分析而得出。古代的金石学者在其著录
中也曾经从不同角度注意过对于石刻铭文体例的研究。例如从元代
学者潘昂霄的《金石例》开创的石刻文例类著作,它们主要是从归纳石
刻铭文义例格式的角度对古代石刻进行研究,其本义是迎合当时科举
考试与将文体范例程式化,与文物考古研究的方法有所差别。但它能
从文学写作的角度出发,对各类石刻的原始由来、制度、形式与文体等
方面加以分析,有一定的借鉴作用。

象明代黄宗羲的《金石要例》中也分析归纳了石刻中的种种特例,
可以参考。后来,清代王昶在《金石萃编》,陆增祥在《八琼室金石补
正》,叶昌炽在《语石》中都就石刻体例与格式等问题做了很多有益的
归纳总结。如叶昌炽《语石》卷六中所总结的"唐人刻经多不署款",
"元时国书碑书蒙古文者亦往往署名于碑阴","唐人应制碑文书撰皆
称臣,称奉敕","唐宋以下石刻勒碑刻字往往列名不一"等诸多特征,
就是对古代石刻中不易被人注意的时代特点体例加以分析的结果。
这些研究对于了解古代石刻的体例均有所裨益。

在这一节里,我们拟对古代石刻主要类型中常见的一些文体撰写
格式与文词格套等体例做一些简单的介绍与归纳,以供石刻研究中
参考。

碑是古代石刻中运用最广泛的一个类型,根据其使用的场合与作

用而采用了多种不同的文体。在前边我们曾经把碑分为 8 大类,在这些类型中,经典及书籍文献刻碑(如儒家石经、佛经等)全部是把原来的简帛及纸质文本上石,无所谓独特的文体;造像碑是以图像为主,发愿铭文和题名体例与造像题记基本相似,可以参见造像题记的常见体例;题名碑主要是记录人名;图碑也是以图像为主,上面的文字铭刻大多是简要的说明和题榜,没有统一的体例可言;宗教碑多以称颂功德及记录具体寺庙事务为主,文体不一,很多地方参照当时的功德碑铭写法。所以,讨论碑刻中铭文体例主要看墓碑、功德碑与纪事碑这 3 种类型的碑刻。

墓碑以及仿效墓碑的墓志铭具有比较固定的程式,一般包括碑文(志文)与铭文颂词两大部分。从东汉时期兴起的墓碑,延续至今仍在使用。其文体虽然随着时代变化而有着具体词语文句的不同,但是它的结构程式基本没有变化。这是由于墓碑的使用目的非常明确,主要要达到以下三方面的作用:一、标志墓地的所在;二、标明死者的姓名、籍贯、去世与下葬的时间;三、赞颂死者的生平业绩,表达怀念的悲哀心情与子女的孝心。所以历代墓碑的文字内容都是围绕着这三个方面撰写。早期碑文多为四字韵文,而后变化成骈文乃至散文。铭文则基本上都是韵文,有四字、七字诗以及骚体、长歌体等。

墓碑碑文常见的基本文体格式,一类是起首明言墓主名字等,如君讳某,字某某,某某郡某某县人也。其先出自(以下叙述其家族姓氏的世系渊源),祖某,父某等等。例如东汉延熹三年(160)中常侍樊安碑:"君讳安,字子仲,南阳湖阳人也。厥祖曰仲山父,翼佐周宣,出纳王命,为之喉舌,食采于樊,子孙氏焉。……"①这类铭文在起首后,接下去叙述死者本身的生平仕历与功德人品,然后记录死因和卒日、卒地、葬日、葬地等,有些还记述死者的妻子子女姓名年龄与官职等。最后以韵文碑铭赞颂死者并表达悼念之情。例如上引樊安碑的碑文:

① 宋　洪适:《隶释》卷六,中华书局影印晦木斋本,1985 年。

"君幼以好学,治《韩诗》、《论语》、《孝经》,兼通纪传古今异义。甘贫乐约,意不回贰。天姿淑慎,秉性有直,秉操不移,不以觊贵。世政促峻,邑宰寡识,慢贤役德,被以劳事。然后慷慨激愤,宦于王室。历中黄门、冗从假史,拜小黄门、小黄门右史,迁臧府令、中常侍。其事上也,贞固密慎,矜矜战战,作主股肱,助国视听,外职不诬,内言不泄,为近臣楷模。是以兄弟并盛,双据二郡,宗亲赖荣。年五十有六,以永寿四年二月甲辰卒。……勒之碑石,俾不失隧。其辞曰:肃肃我君,帝躬是翼,王事多难,我君是力。……"

另一类墓碑的格式是:起首记述墓主去世的时间,并用一段颂词来表达悼念,或在墓主去世时间后开始赞颂墓主的道德与行迹,交代墓主去世的经过。例如:东汉汉安二年(143)北海相景君铭:"惟汉安二年仲秋□□,故北海相任城景君卒。歖歔哀哉。国□□宝,英彦失畴,列宿亏精,晚学后时。于何穹仓,布命授期,有生有死,天实为之。……"又如东汉熹平元年(172)故民吴仲山碑:"熹平元年十二月上旬,吴公仲山,少立名迹,约身割己,节度无双,不贪仕进,隐匿世间。府县请召,未曾窥城,守鲜贫苦,不豫辉荣。兄弟三人,居其中央,事长接幼,出入敖详,元少不幸,弃世早亡,乾坤盖载,八十有长,年寿未究,而遭祸央。"①

这类铭文在下面继续说明墓主的名讳、字、籍贯、世系等等。有的也略过这些不记。以下就具体记述死者的仕历、功绩、表达人们的哀悼怀念之情,记录葬地与立碑人情况等。最后也要以韵文碑铭赞颂死者并表达悼念之情。例如上引北海相景君铭在说明景君去世的事件后,附加了故史群生撰写的诔文:"伏惟明府,受质自天。孝弟渊懿,帅礼蹈仁。根道核艺,抱淑守真。晶白清方,尅己治身。实深实刚,乃武乃文。遵考孝谒,假阶司农。流德元城,兴利惠民。……帝嘉厥功,授以符命,守郡益州。……"最后以楚辞的形式撰写碑铭为:"乱曰:孝积

---

① 宋 洪适:《隶释》卷六、卷九,中华书局影印晦木斋本,1985 年。

幽岁,□□□兮。□□□□,翔议郎兮。……□石勒铭,□不亡兮。"

东汉时期的有些墓碑还在碑阴刻写墓主的入门弟子以及下属官吏的姓名籍贯,有些还有属吏等人捐钱帮助办理丧事的记录,甚至一些墓碑由门人故吏集资刊刻树立。这说明当时官员或者豪强富贵人士的丧礼举办得十分盛大隆重,同时也是东汉时期门生故吏与师傅长官之间密切依附关系的实证。这与东汉社会政治格局中特有的党锢之风有关,即儒士官员之间通过官属关系及儒学传授关系形成一定的政治势力。而在汉代以后的墓碑、墓志中就很少见到这种现象了。例如东汉元初元年(114)谒者景君墓表碑阴上刻写了"诸生服义者:义士北海剧张敏,字公辅。弟子济北茌平宁尊,字伯尊。弟子山阳南平阳方京,字孟平……"共计15人①。东汉延熹七年(164)孔宙碑则更在碑文中就说明,是"故吏门人乃共陟名山,采嘉石勒铭。"②在碑阴刻写了这些故吏门人的姓名籍贯,共计门生四十二人、门童一人、弟子十人、故吏八人、故民一人。《隶释》卷七洪适注云:"汉儒开门受徒,著录有盈万人。其亲受业则曰弟子,以久次相传授则曰门生,未冠则曰门童,总而称之亦曰门生。旧所治官府其掾属则称故,占籍者则曰故民,非吏非民则曰处士,素非所莅则曰义士、义民,亦有称议民、贱民者。"正可以反映出大儒官员与其门下和治下各类人员的密切关系。

北魏以降,墓碑与墓志大量出现,除去极少数散文体的诔文以外,绝大多数的墓碑与墓志铭文中继承着上述第一类铭文格式。但是由于在南北朝时期极度盛行的门阀士族思想意识,社会上普遍注重出身门第,所以在碑志中也加重了对于祖先世系、姓氏地望的记述与夸耀。对于列祖,尤其是二代以内的先人名字、官职、仕历、功勋等都列举得十分详细。现在所见一些门阀大家人物的碑志中,对于祖先世系的叙述甚至可以达到全文的三分之一以上。宋代以后的墓碑则对墓主履

---

① 宋 洪适:《隶释》卷六,中华书局影印晦木斋本,1985 年。
② 宋 洪适:《隶释》卷七,中华书局影印晦木斋本,1985 年。

历、事迹及家庭情况作越来越详细的记述。

功德碑，以赞颂圣贤神灵帝王官员为目的，所以碑文完全是一篇礼赞的颂词。文体可参见《文选》等古文献中收录的颂赞箴铭等。从汉代开始，大多采用四字韵文或有韵的骈文，唐宋以后才逐渐出现有以散文叙事的文体，但在这种铭文最后也往往要加上一段赞颂的韵文用以结尾。汉代为官员建造的功德碑上经常附有门人故吏等捐资立碑人的姓名以及所捐钱数。这种作法与中国古代民间始终存在的民间社邑活动类似，所以在后代的各种功德碑中，尤其是记录集资进行功德活动的碑铭中，往往详细记录参与捐资的人名与钱数，多者可达数百人。

纪事碑则比较平白，采用简明的记事文体，叙述所要记载的事项，间或有些赞颂语句。汉碑中出于当时的习惯文风，仍以四字句为主。南北朝隋唐时期的碑铭习惯采用骈文，多引用典故与成语。唐宋以后则以散文为主。

中国古代的墓志铭文体从汉晋时期开始形成，而后在社会上延续使用了近 2000 年，逐渐成为中国古代文学作品中的一种重要文体与写作程式，留下了大量不同时代与不同风格的作品。梁代昭明太子萧统在编辑《文选》时，按照赋、诗、骚、七、诏、册、令、教、文、表、上书、启、弹事、牋、书(信)、檄、对问、设论、辞、序、颂、赞、符命、史论、史述赞、论、连珠、箴、铭、诔、哀、碑文、墓志、行状、吊文、祭文等分类收集排列。说明当时已经把墓志铭作为一类单独的文体与各种实用文体并列，并有了要求它做到真实可靠的特点。以后在编辑历代著名文人的文集与历代文选时，都要把碑文与墓志铭作为一个单独的门类来加以编集。直至清代，著名古文学家姚鼐还在他的《古文辞类纂》中把所有的文章划分为：论辩、序跋、奏议、书说、赠序、诏令、传状、碑志、杂记、箴铭、颂赞、辞赋、哀祭等十三大类①。这里要说明的是：唐代以来，墓碑

---

① 清 姚鼐:《古文辞类纂》,上海古籍出版社,1998 年。

与墓志铭同时存在,其文体内容大致相同,只是墓志铭限于志石体积,文字数量有限,一般比墓碑内容多所省略,其叙事的主要内容基本不变,而赞颂之词相对较少。

那么,墓志的文体具体有那些特点呢? 早在明代,金石学者们便开始概括总结石刻,特别是碑与墓志的文体特征,并撰写了一系列的有关金石文例方面的著录。如明代文人王行的《墓铭举例》中已经指出:"凡墓志铭书法有例,其大要十有三事焉。曰讳,曰字,曰姓氏,曰乡邑,曰族出,曰行治,曰履历,曰卒日,曰寿年,曰妻,曰子,曰葬日,曰葬地。……其他虽序次或有先后,要不越此十余事而已。此正例也。"①由此我们可以看出:古代的墓志铭主要以记录墓主的生平事迹与家庭情况为主,属于一种记实的实用文体。

但在纵观上千年的中国古代墓志时,需要看到它具有产生、完善、直至定型的漫长历程。其间墓志铭的文体产生了很大的变化,内容不断丰富,文体格式不断完善。王行所总结的墓志铭书写体例,已经是墓志铭定型多年以后的情况了。

同时,对中国古代文学史有所了解的人都会知道,中国古代的文风有过多次重大的改变。例如从《尚书》那种简练深奥的上古语言转变为《春秋左传》一类简明流畅的记述文体;从《诗经》那样的整齐韵文发展成汉代乐府歌辞那样的自由诗;南北朝至唐代早期流行的骈体文被唐代后期兴起的"古文"散文代替;汉晋时期盛行的四字韵文被七字韵文乃至长短句取代等等。这些重大的文体变化,大部分也会影响到历代墓志铭的文体中来,给不同时期的墓志造成了具有不同表现特征的时代特色。这种文体上的变化,不仅对于古代文学研究具有参考意义,就是对于墓志本身的断代与辨伪工作,也具有一定的参考价值。即使是在同一历史朝代的墓志中,也存在着　些文体程式上的不同,一些著名文人在撰写墓志铭时对于文体所做的改动与创新,往往会影

---

① 　明 王行:《墓铭举例》,雅雨堂本。

响到同时期的其他文人，改变了墓志铭的写作程式。这些具体的变化情况，也是值得我们了解与掌握的。这一变化自然也适用于碑类的文体。

在元代文人潘昂霄的《金石例》一书中，就详细地列举了很多不同的墓志铭写法。例如他列举了不少实例作标准，将墓志的写法分为"志式、墓志式、葬志式、殡志式、权厝志式、归祔志式、墓版文式、墓铭式、墓志铭式、墓碣铭、墓砖铭、圹铭式"等多种类型来逐一介绍其具体写法。但是这些分类似乎过于琐碎，所举的例证往往只是侧重于它们称谓上的不同，或举出一些在内容安排上顺序、句式不同的例证，依靠这些表面现象加以过细的分类，并没有从时代及文风的演变上去予以更多的分析。因此，我们看到的只是一些形式上的区别，缺乏深入的比较研究。它们基本上都是从引用碑志的原文出发，加以按语，分析指出其例证的写作特点，确定为典型的文例。在与典型文例的对比下，展现出古人撰写墓志时的各种变体与墓志中常见的典型词句。其目的往往有指导时人写作古文或规范墓志格式的成分。如《金石例》杨本序中称："凡碑碣之制，始作之本，铭志之式，辞义之要，莫不放古以为准。以其可法于天下后世，故曰例。""先生世居中州，以文学鸣。国初，士之为文者犹袭纤巧，其气萎尔不振。先生患其久而难变也。乃述是书以授学者，使其知古之为文如此。"所以它们注重的是文章的写法与格式，而不是古代墓志中的历史材料与时代特点。这是今天人们使用它时必然感觉到的一个严重不足之处。这些金石义例著作的条目划分得过于琐碎，而且不很严谨，缺乏科学性，今人自然不宜套用。

因此，我们在这里就不能仅仅简单地介绍与借用古代金石义例之学的成果。需要结合考古文物研究的特点与基本需要，从新的角度来分析古代墓志中的文体。这是因为，在墓志铭中有关叙述墓主履历与家族情况的文辞里，往往包含着丰富的重要史料。熟悉它们，掌握常用的墓志格式，是正确释读古代墓志铭的基础。而且，通过掌握各个不同时代墓志铭的不同文体,我们可以对残缺不全的墓志加以时代确定,辨别真伪。它是古代石刻鉴定中的一种必要手段。

　　上文中提到,南北朝以来,碑志中加重了对于祖先世系、姓氏地望的记述与夸耀,这一点在墓志中表现得非常明显。例如北魏正光四年(523)十一月二十七日魏故威烈将军元尚之墓志记载:"高祖明元皇帝。曾祖乐安王范,太武皇帝第二弟,使持节侍中都督秦雍泾梁益五州诸军事卫大将军开府仪同三司长安镇都大将雍州刺史,谥曰宣王。祖乐安王良,使持节侍中都督秦雍泾梁益五州诸军事卫大将军开府仪同三司长安镇都大将雍州刺史,又征为中都大官,薨,赐使持节侍中都督冀定幽相四州诸军事开府仪同三司卫大将军定州刺史,谥曰简王。父仙,简王之季子,为员外散骑常侍镇远将军前军将军,薨,赠冠军将军正平太守。"①

　　南北朝时期的墓志中有一些还把家族中的子孙情况以及女性成员姓名家世列举出来,还有把子女亲家的官职姓名也列举出来,附在志末或志阴,与正文中的世系结合起来,就是一部完整的家庭名籍了。这种风气在隋唐时逐渐减弱,但是偶尔还有孑遗。

　　例如东魏元象元年(538)十二月二十四日李宪墓志在铭文末尾附有:"夫人河间邢氏,父肃,州主簿。长子希远,字景冲,州主簿,少丧。子长均,字孝友,开府参军事。第二子希宗,字景玄,散骑常侍中军大将军出(下残)。第三子希仁,字景山,辅国将军中书侍郎。第四子骞,字景让,散骑常侍中军将军殷州大中正。第五子希礼,字景节,征虏将军司空咨议,修起居注。长女长辉,适龙骧将军营州刺史安平男博陵崔仲哲;父秉,司徒静穆公。第一女仲仪,适冀州司马渤海高(下残)侍御史。第三女叔婉,适兖州刺史渔阳县开国男博陵崔巨;父逸,廷尉卿。第四女季嫔,适司空公安乐王(下残)铨尚书左仆射武康王。第五女稚媛,适骠骑将军左光禄大夫荥阳郑道邕;父琼,青州刺史。希远妻

－－－－－－－－－－－

①　赵万里:《汉魏南北朝墓志集释》五册,科学出版社,1956 年。

广平宋氏，父弁，吏部尚书；孙祖牧，字翁伯，太尉外兵参军。长钧妻河南元氏，父孟和，司空公（下残）孙谭亮，开府参军事；第二孙谭德；第三孙毗罗；孙女迎男。希宗妻博陵崔氏，父楷，仪同三司；孙祖升，字孝举，司徒参军事；第二孙祖勋，字孝谋；孙女祖猗，适安（下残）。希仁妻博陵崔氏，父孝芬，仪同三司；孙伽利；第二孙黄父。骞妻范阳卢氏，父文翼，开府咨议；孙女宝信。希礼妻范阳卢氏，父文符，正员郎；孙僧藏。祖牧息白石、僧德，女阿范。"①

在这些世系名籍记录的姓氏联姻关系与官职谱系等信息中，可以反映出当时社会政治的众多具体状况，如社会上崇尚的门阀观念、大姓婚姻情况、子孙袭荫、官职迁变等等。有些是历史研究所看重的重要问题，如大姓联姻、门阀制度等。有些记载对于石刻本身的断代与辨伪具有重要价值。因此需要对有关碑志中记载的类似资料予以充分注意。

由于碑志铭文具有固定的格式，铭文内容程式化的现象越来越严重，尤其是铭文中的赞颂词语、典故对仗等经常互相套用，逐渐形成了一种套语。这种现象在东汉以及北朝的碑志中已经有所表现。到了隋唐时期，类似套语在墓志中使用得更加普遍。谀墓之风愈演愈烈。文人撰文陈陈相因，思想囿于程式，文辞大多相似。正如清人叶昌炽所批评过的："如世系之后辄云：'载在简牒，可略言焉。'即稍变其词，亦不过字句之间小有增损。刘氏必云斩蛇，董氏皆云豢龙，太原则多引子晋缑岭之事。""其铭词曰白杨青松，千秋万古之类，亦复千篇一律。"②

例如唐咸亨三年（672）正月三日故游击将军刘盛墓志："原夫潜龙

<hr/>

① 赵万里：《汉魏南北朝墓志集释》三册，科学出版社，1956 年。

② 叶昌炽：《语石》，见叶昌炽撰，柯昌泗评：《语石　语石异同评》，中华书局1994 年。

膺运,族茂斩蛇之墟。"①为了标榜刘姓氏族,援引汉高祖刘邦斩白蛇的故事,说明自己是帝王英雄的后代。又如隋(阙年月)王成墓志:"周成康之苗裔,王子晋之后也"②。唐咸亨元年(670)十月四日相州汤阴县故令王(君德)君墓志称:"若夫周储鹤引,叶令凫逝"③。这些都是在引用周代王子晋和后代仙人王子乔的典故。《姓觿》卷三云:"王姓所出不一,有出周灵王太子晋之后。"④《风俗通义·正失》记载:"《周书》称:'灵王太子晋,幼有盛德,聪明博达,师旷与言,弗能尚也。晋年十五……曰:然,吾后三年将上宾于天,女慎无言,祸将及女。'其后太子果死。……后世以其自豫知其死,传称王子乔仙。"⑤类似现象非常多见,这从当时文风流行用典,使用多种用来作文的类书,如《初学记》、《艺文类聚》等就可以看出来。

在古代墓碑与墓志中,尤其是在宋代以前的墓碑与墓志中,这种千人一面的雷同写法十分常见。它不但表现在对墓主籍贯、祖先、世系、道德等情况的陈述与夸耀中,也表现在铭文颂词的固定程式上,特别是引用各种文学典故与词语时屡见不鲜。甚至出现了除去姓名不同之外,其他的铭文内容几乎一字不差地雷同这样奇怪的现象。如岑仲勉《金石论丛》《安师志与康达志》一文中所比较的这两件唐墓志。岑仲勉认为"尤怪者,……安、康当不同出,何姓源犹复抄袭。今如蜀府改为勋校,执笔之人,似非绝不谙文义者,而字与先系,竟任其完全

---

① 北京图书馆金石组:《北京图书馆藏中国历代石刻拓本汇编》第 15 册,中州古籍出版社,1989 年。

② 赵万里:《汉魏南北朝墓志集释》六册,科学出版社,1956 年。

③ 北京图书馆金石组:《北京图书馆藏中国历代石刻拓本汇编》第 15 册,中州古籍出版社,1989 年。

④ 明 陈士元:《姓觿》,商务印书馆丛书集成本,1936 年。

⑤ 汉 应劭撰,吴树平校释:《风俗通义校释》,天津人民出版社,1980 年。

雷同，是可怪也。"①类似这样的墓志，在已经出土的材料中略加检索，便可以发现不少例证。如唐贞观十二年（638）闰二月二十七日大唐护军魏王府唐逊故夫人柳（婆归）氏墓志铭与唐贞观十四年（640）正月十七日故张君夫人秦（详儿）氏之铭两志的文句就基本相同，全部志文中不同之处仅在于各自祖、父的名号、职官。此外，柳（婆归）氏墓志铭中大略增添了几句夸饰词语。又如唐显庆二年（657）十二月十九日大唐故支（怀，字信）墓志与唐显庆四年（659）七月九日大唐故支君（怀，字通）墓志也是基本一致，只有对各自祖、父的记载有所不同，说明这是毫无关系的两家人。再如唐总章二年（669）三月十九日唐故李夫人墓志铭、唐总章二年（669）五月十四日唐故赵夫人墓志铭以及唐总章三年（670）正月二十一日大唐故王夫人墓志铭三件墓志的志文均十分相似，只有各自的氏族地望与亲属名字不同而已②。

在排除这些墓志是后人伪造的可能后，根据这些层出不穷的例证不难推定，凡属互相雷同的铭文当时均应出自同一作者、同一作坊或同一模本。造成这种情况的原因是唐代及其以后墓志铭文的商品化，是鬻志文者转抄前人文章或将自己一篇文章多次改用，粗制滥造的结果。

文人接受酬金，为人撰写碑、志文字，此风由来已久。早在东汉，就有请托著名文人撰写碑文的风气，如《后汉书·郭太传》载："同志者乃共刻石立碑，蔡邕为其文，既而谓涿郡卢植曰：'吾为碑铭多矣，皆有惭德，惟郭有道无愧色耳。'"到了唐代，则有对于鬻文的明确记载。如《封氏闻见记》卷六记载："近代碑稍众，有力之家，多辇金帛以祈作

---

① 岑仲勉：《金石论丛》，上海古籍出版社，1981年。二志铭文见周绍良主编：《唐代墓志汇编》，上海古籍出版社，1992年。

② 本段以上所引唐代墓志均见周绍良主编《唐代墓志汇编》，上海古籍出版社，1992年。

者,虽人子罔极之心,顺情虚饰,遂成风俗。"①《太平广记》卷二五五、王维条云:"唐丞相王玙好与人作碑志,有送润毫者,误扣王维门。"又《唐人说荟》中收录唐代李肇《国史补》云:"王仲舒为郎官,与马逢友善,每责逢曰:'贫不可堪,何不求碑志相救。'"②由此可见,碑志文字早就成了一种商品,而且价值不菲。文人以文易金,丧家以金购文。《唐语林》卷一载:"长安中争为碑志,若市贾然。大官薨,其门如市,至有喧竟构致,不由丧家者③"就是十分生动地描述了碑志作为商品进行交易的情景。《容斋续笔》卷六文字润笔条中,多罗列事例,说明唐代作碑志文者受钱之风。其中援引杜甫的《送斛斯六官诗》云:"故人南郡去,去索作碑钱。本卖文为活,翻令室倒悬。"④将一班落魄文人的窘状形诸纸上,颇能说明唐代文人与下层官员的境遇。

志文已经成为商品,制造者自然求之于省工得利。沿袭传抄就成为最常用的手段。一般多在铭文中套用一些常见的谀辞媚语,如曾任地方官则必称避蝗、飞雉、佩弦、蒲鞭等,无从仕经历则必称性尚冲简、志好虚玄、遨游丘园、寄情琴瑟等。更为简便的方法是转抄前文。于是就出现了众多的雷同墓志铭,其实这种转抄旧文的手法并不只见于墓志。唐代官方文书以及其他实用文牍中也经常使用。《太平广记》卷二五九阳滔条:"唐阳滔为中书舍人,时促命制敕,令史持库钥他适,无旧本检寻,乃斫窗取得之。"⑤中书官员为皇帝起草诏书,尚需检寻旧本,日常的文书与文章可想而知。实际例证可见《吐鲁番出土文书》册一所收录的哈拉和卓88号墓出土北凉义熙五年(409)道人弘度举锦券、北凉承平八年(450)翟绍远买婢券与册二所收阿斯塔那153号

① 唐 封演:《封氏闻见记》,雅雨堂本。
② 清 莲塘居士纂:《唐人说荟》,扫叶山房,1930年。
③ 宋 王谠:《唐语林》,守山阁本。
④ 宋 洪迈:《容斋续笔》,上海进步书局石印本,1912年。
⑤ 宋 李昉等:《太平广记》,中华书局,1961年。

墓出土高昌延昌三十六年（596）宋某夏田券等文书的形式、惯用词语等亦基本一致①。可见是在沿袭一个范本传抄下来的。这种范本竟沿传几百年之久，古代文书中的传抄现象该有多么悠久普遍。这也提醒我们对于古代碑志中的文辞孰真孰假需要认真地分析考证。

　　归纳对比以上所列举的内容相同的墓志材料，可以发现其每组墓志的各位墓主还是有着一定的相近之处。如安师与康达二人，同为西域胡姓，又同字文则。可能就是撰志者根据他们同样的胡人身份找一份同样的范本来抄写，甚至同样的字也是撰志者按上去的。因为按照中国古代传统，名与字在文义上是有所联系的，而"达"与"文则"在词义上毫无关联。"师"字"文则"倒还可通。而安师墓志刻于唐龙朔三年（663），康达墓志则刻于唐总章二年（669），那么显然是康达墓志抄自安师墓志了。柳婆归与秦详儿二人也同字尼子，二件支怀墓志则同名同姓，只是字不同。如非巧合，很可能就是同一鬻文者根据死者的姓氏、名、字等来检用旧日的志文底稿或范本了。

　　由此我们也可以对唐代大城市丧葬业的情况有所推测。上文所引二件支怀墓志，均葬于"洛城之北，长岗之隈。"柳婆归与秦详儿二墓志也记载同葬于"千金乡千金里"。李夫人、赵夫人墓志也同葬于"清风乡北邙平原"。据此推测，可能这些雷同的墓志每一组都是由同一个凶肆制造出来的，其丧事应亦由同一个凶肆承办。唐人笔记、小说中记载：唐代都市中有凶肆，以承办丧事。如《唐人说荟》中载白行简《李娃传》："徙之于凶肆之中。……初，二肆之佣凶器者，互争胜负。……其二肆长相谓曰：'我欲各阅所佣之器于天门街，以较优劣。……'二肆许诺，乃邀立符契，署以保证，然后阅之。士女大和会，聚至数万。"这里记录了当时长安城中二凶肆竞争比赛的场面。文中所称二肆名为东肆、西肆。据《唐两京城坊考》卷一，长安外郭城有两

————————

① 国家文物局古文献研究室等：《吐鲁番出土文书》第一册、第二册，文物出版社，1981 年

市,曰东市、西市。又"有南北大街曰承天门街。"张穆补云:"东西广百步,南出皇城之朱雀门。"①《李娃传》中所称天门街当即此承天门街,为南北向中分长安外郭城的大街。二肆定于承天门大街上比赛斗胜,似可认为其各居一市,各以其市为名。《唐两京城坊考》卷五洛阳、长夏门之东第二街:"南市……其中一百二十行,三千余肆。"其中应该也有一家或多家凶肆。从其居住之地来看,安师志云:"终于洛阳之嘉善里第。合葬于北芒之坂。"康达志云:"终于河南思顺里之第。葬于北邙之坂。"据《唐两京城坊考》卷五,南市以南第一坊即嘉善坊,南市以西即思顺坊。此二坊(里)相邻近,又均傍南市。推测此二志应该是出自同一家洛阳南市的凶肆。

　　审阅此类墓志的墓主身份,多为中下层官吏或市民。秩位较高,家产较大者的墓志就不会出现这种现象。这也可以说明它们应该是出自凶肆的低廉产品。这些社会地位较低,经济力量不足的墓主既无关系,也无财力去求得名人或文士的志文,只能委托凶肆办理。而凶肆撰刻时便抄录现成的范本或前人志文来塞责。这就形成了唐代墓志中明显的一种奇特现象。自然这类墓志的有关史料也就多不可信,研究者需加以注意。

　　此外,唐代宫人墓志中的雷同现象更为多见。如麟德二年(665)闰四月、六月、七月等三则亡宫九品墓志,除去死者的年岁外,文字完全一致。这样的墓志显为后宫中官司统一刻制,格式完全相同,临有丧事即沿用一篇而已。

　　有鉴于此,我们在有关研究中使用石刻材料时,必须对其内容认真加以分析,区分出哪些是惯用的套语或夸饰,对于习见的套语和铭文中的常见体例加以掌握。同时对相关史料进行核对。虽然这样做要花费很大气力,但是在掌握了有关的习见套语与体例后,不但可以极大地便利石刻铭文的释读与考证工作,同时对于石刻的辨伪与断代

---

① 清 徐松:《唐两京城坊考》,中华书局,1985 年。

也具有重要的参考价值。

宋代以后，碑志的文体有了改变，大量采用了平铺直叙的散文。韵文、骈体逐渐较少。或许与唐代后期开始的古文改革文风有关。我们看到宋以后的碑志篇幅增大，字数最多可达数千字，并且以叙事为主，华丽的颂词开始减少。甚至很多日常琐事也进入碑文。这样就使得宋代以下的碑志中包含了更加丰富的史料。但是碑志的行文格套并没有大的改变。一般仍然以记述墓主姓名、籍贯、官职等基本情况开始，继以祖先世系、墓主的生平履历和品德功绩等记载。后边记载墓主的去世情况、卒年、葬年、葬地与丧事办理情况等。最后仍然多以韵文铭颂结尾。

造像题记是比较重要的文字石刻之一，现存数量较大，主要流行于北朝以及隋、唐时期。宋代以后，尤其是在北方，民间大规模的开凿石窟与雕造石像活动逐渐减少，造像题记也随之式微。造像题记多附着于石窟与单座造像、造像碑等处，有简略与详细两大类文体。简略者一般只记录造像者的姓名籍贯、造像缘由以及造像时间等要点，字数在 50 字上下。例如洛阳龙门石窟中的一弗造像题记："太和廿年，步辇郎张元祖不幸丧亡。妻一弗为造像一区。愿令亡夫直生佛国。"[1]再如洛阳龙门石窟中的尼惠智造像题记："永平三年十一月廿九日，比丘尼惠智为七世父母、所生父母造释迦像一躯。愿使托生西方妙乐国土。下生人间为公主长者。永离三途。又愿身平安，遇□弥勒，俱生莲华树下三会说法。一切众生，普同斯愿。"[2]最简单的甚至只有一句话。如洛阳龙门石窟王永安题记："佛弟子王永安造观世音像一区，为父母。"[3]很多单座造像，尤其是金铜佛像会在造像座上刻写这样简单的题记。其他如石窟、摩崖造像的小型造像龛周侧与造像

---

① 龙门石窟保管所：《龙门二十品》，文物出版社，1983 年。

② 清 陆增祥：《八琼室金石补正》卷一三，文物出版社影印本，1985 年。

③ 同上。

碑的题记中都会出现这样简单的题记。

　　而在比较大型的石窟造像龛旁、大型造像碑上、具有较高基座的大型造像上,则往往刻写篇幅较大的详细造像题记及发愿文。这样的题记开始大多有大段的颂词,歌颂佛教的博大精微、仁慈普济、无上神力等,然后叙述造像的原因、经过,以及造像人(主持者)的姓名、身份、造像时间,所造佛像名义等。后面附有发愿的祷语,有些还在最后也附加一段韵文颂词,不亚于一篇碑文。例如东魏天平二年(535)比丘洪宝造像铭:

　　　　夫灵真玄廓,妙绝难测,非言莫能宣其旨,非像无以表其状。言宣二六之教,像迹四八之璃。岂不渊玄冲漠,魏巍惟极者哉。是以务圣寺檀主张法寿能于五盖重罗之下,契断恩爱尘劳之缯网,于熙平二年舍宅造寺,宿愿鎣像。福不止已,规度法界。寻其罗络,情苞圣境。自非藉因积劫英贵累世者,孰能发兹宏阔愿行焉。息荣迁、修和,行慈仁孝,世习精懿,志慕幽寂,妙真退愿。刊石建像释迦文佛、观音、文殊。仰述亡考平康旧愿,复于像侧隐出无量寿佛。福含法界。考妣等神,舍兹质形,悉禀净境,同晓萨云,觉道成佛。大魏天平二年岁次乙卯四月十一日比丘洪宝铭。①

　　造像题记中占有大量篇幅的往往是集体造像的供养人名,以及负责集资结社造像的人物姓名身份等。在这些造像供养人名中,有很多当时专用的社邑头领名称以及佛教信徒名称。这是北朝至隋唐时期造像中常有的特殊现象。下面挑选一件包含较多专用名称的造像题记作为代表来看一下。

　　北周武成二年(559)王妙晖等造像记:

　　　　善大范攸寂,非一念无以显其原;妙理澄湛,非表像何以畅其

①　清　王昶:《金石萃编》卷三十,扫叶山房石印本,1921 年。据铭文应定名“张法寿息荣迁、修和造像”。

旨。是故影寂双林,□苍生离合;□蚁□沙,知善可崇。邑子五十
人等,宿树兰柯,同兹明世,爰托乡亲,义存香火。识十恶之徒
(涂)炭,体五道之亲苦。既沉处娑婆,实思宏愿。仚渴(竭)家
资,共成良福。遂于长安城北渭水之阳造释迦石像一区。永光圣
宅。愿周皇帝延祚,常登安乐;晋国公忠孝,庆算无穷。又邑子
者,值佛闻法;见在眷属,恒与善居;将来道俗,世世同修。使如来
福业不坠于今。奕(亦)藉因之感终美于去在。武成二年岁次庚
辰二月癸未八日辛丑。

像主王妙晖。	天宫主豆石客。
塔主曹妃。	钟主韦宜□。
天宫主吴香女。	邑师比丘尼□光。
塔主杜娘	□主王显女。
化主窦迁。	像主□萨姜。
像主王元婴。	邑主刘女。
典坐	邑主延蛮獠。
邑主施英光。	典坐韩社资
邑主杜资客。	登主王舍。
化主马白女。	登(灯)主袁征女。
化主□春。	邑谞(胥)□磨尼
邑谞(胥)陆敬客	都唯那□资。
都唯那高阿香。	典坐何阿妃
行唯那赵□男。	典录曹道女。
香火杜香映。	香火窦贵。
登(灯)明主王阿舍。	登(灯)明主袁□女。
邑子王伏光。	邑子阳女。
邑子王五。	唯那贺□胜。
邑子□妃。	邑子□妃。
邑子	典坐高□。

典坐王恩姬。　　　　　香火孙女赐。

邑子孙黄头。　　　　　邑子杨须磨。

邑子兰买女。　　　　　邑子高合女。

邑子袁保姬。　　　　　邑子李妃。

邑子王始蛮。　　　　　香火张孟晖。

邑子冯□。　　　　　　邑子杜香映。

邑子陈娘。　　　　　　邑子闻獠是。

邑子成令□。　　　　　邑子于阿□。

邑子张阿。　　　　　　香火张僧晖。

香火张荣资。　　　　　登(灯)明主王康□

登(灯)明主阎□　　　　行唯那高□。

行唯那　　　　　　　　邑谞(胥)贺□。

邑谞(胥)　　　　　　　典录

典录胡□。　　　　　　化主宋□。

化主丁香□。　　　　　都唯那王洪晖。

都唯那王妙资。　　　　典坐刘伏香。

典坐秦处丑。　　　　　都化主杜香映。

都化主潘石妃。　　　　邑主陆阿休。

邑主审客资。　　　　　像主陈资客。

□主王□。①

关于这些专用名称,王昶在《金石萃编》卷三十九"北朝造像诸碑总论"中做了具体解释:

　　凡造像人自称曰:佛弟子、正信佛弟子、清信士、清信女、优婆塞、优婆夷。

　　凡出资造像者曰:像主、副像主、东西南北四面像主、发心主、

———————

① 清 王昶:《金石萃编》卷三十六,扫叶山房石印本,1921 年。

都开光明主、光明主、天宫主、南面北面上堪（龛）下堪（龛）像主、檀越主、大像主、释迦像主、开明像主、弥勒像主、弥勒开明主、观世音像主、无量寿佛主、都大檀越、都像主、像斋主、左右箱斋主。

造塔者曰塔主。造钟者曰钟主。造浮图者曰东面西面南面浮图主。造灯者曰灯主、灯明主。

劝化者曰：化主、都化主、大都化主、大化主、都录主、坐主、高坐主。

邑中助缘者曰：邑主、大都邑主、都邑主、东西面邑主、邑子、邑师、邑正、左右箱邑正、邑老、邑胥、邑谞、邑政、邑日、都邑忠正、邑中正、邑长、乡正、邑平正、乡党、治律。

其寺职之称曰：和上、比丘、比丘尼、都维那、维那、典录、典坐、香火、沙弥、门师、都邑维那、邑维那、行维那、左右箱维那、左右箱香火。

王昶收集的北朝造像题记中人物名称比较全面，我们在北朝造像题记中常见到的供养人名称基本上总结在这里了。它们清晰地反映出了当时社会上集社供奉佛事的组织形式。大多数名称可以由字面上体会到它的意义。如乡邑组织中的邑主、邑正、邑老等就是中国古代基层公社组织——社邑的传统组织者名称，邑子、邑胥等则是参加社邑的基本群众。平正、中正等也是社邑中执掌事务的组织者。这些名称由来已久，在古代社会基层始终存在。像主则是捐钱制作某一种具体佛像的供养者，等于说这种佛像由像主捐献。塔主、灯主、钟主等与此类似，是出资捐献佛塔、佛灯及灯油、铜钟等的供养者。这些名称与佛教徒的一些专用名称都是随着佛教普及，信佛之风浸入中国基层社会后新产生的。佛教徒专用名称中如优婆塞是梵语 Upasaka 的音译，意译为清信士。这种汉译名称在造像题记中也有出现。印度佛教中对受五戒的善男都称作优婆塞，也就是指男性的佛教徒。优婆夷，是梵语 Upasika 的音译，意译为清信女，指女性佛教徒。造像题记中也可以见到清信女的名称。维那是梵语 Karmadana 的音意结合的译名，指掌管寺庙中事务的人，又译为纲维、授事、知事等。后代称为知事僧，是寺院中的三纲之一。三纲是寺院中设立的主事职务，包括上座、维那、典座三位。

唐代以后，这样的造像题记逐渐减少，这些特定的名称以及在北朝造像题记中常见的套语也就不大常见了。

再如买地券中，大多都是虚拟性的带有宗教色彩的套语。前文介绍石刻的分类时已经引用了不同时代的典型例证。这里就不再重复。而现在可见宋元时期的一些地券中加入很多墓志成分的记述，成为墓志、墓记一类记事文体与宗教方术词语的合成品。至于经幢，基本上刻写佛教经咒以及其他经文，并附加简单的供养人题记。画像石铭文与其他各种建筑物上的刻铭则根据其用途目的而随意变化，以实用记事为主，没有一定的规律，但多简明直接，比较容易理解。

以上概括，仅仅是从石刻材料中较常见的文体格式、体例等方面做了一些简单的归纳。石刻材料包容广博，题材多样，也富于变化。因此，我们在研究石刻材料时会经常遇到新的文体，也就需要不断进行总结探索，寻找新的规律与特点。尤其是多留意往往不为人所注意的细节。如《语石》卷六中就总结出："石刻诗文，有不经见之体。……行状为上史馆之辞。唐宋以后，神道传志之属无不有，惟行状则若专归于释家。所见于著录者，唐永昌元年沙门释法如禅师行状……余所见僧塔，有所谓行迹记、状迹记，或改而为勤迹碑，此皆行状之变文。……释家之文有三种，多见于石刻。一为成道记，唐王勃释迦如来成道记……。一为开堂疏，唐以前无有也。宋黄涪翁黄龙晦庵和尚一刻，著录最先。……一为遗嘱，亦宗门之语录，但出自涅槃时末命。如后周玉兔寺禅师遗嘱。……以上诸体，皆所希见，惟石刻时时有之。此文体之异也。"这一分析，就指出了由古代公文行状演变来的僧人碑记特点以及其他三种僧人特有的石刻文体。当然，限于篇幅及该书体例，《语石》中没有详细分析它们的文体特征。这正提醒我们,有关石刻材料的文体归纳分析也还有大量的工作有待完成。例如通过现代研究角度与科技手段去对石刻文字资料进行全面整理汇集,梳理出各类文体,总结出它们的特征,并寻找出它们各自的演变过程及相互之间的影响,对比它们与各自所在时代文献材料中存在的各种文体的关系……。这些工作不但有助于石刻本身的研究与断代辨伪工作,对于古代文学、语言文字学的研究也会大有裨益。

第七节　碑志中涉及的古人
世系、记时方式与用典

古代石刻中的铭文形式多种多样,包含了大多历代使用的实用文体。而其中文字量最大也最为多见的还是碑与墓志这两大类石刻。很多碑志铭文都是长篇巨制的文学作品。上面在介绍碑志的常见体例特点时已经提到了它们在行文中大量运用套语、典故等。这就给使用这些资料时提出了一个如何理解与选择其铭文内容的问题。由于时代文风的变化,以及各类石刻常有特定的惯用词语义例。所以我们需要在释读与考证这些碑志资料时,注意它们的这些特点,善于去区分哪些文辞是文学渲染夸饰,哪些词语是惯用的套语,哪些内容才是真实可信的史料。尤其是唐代及其之前的石刻铭文,由于文学夸饰语言过多,成为所谓"谀墓之词",往往给使用及理解造成困难。因此,这里特别把在释读碑志中最常遇到,也最需要认真加以诠释的一些内容归纳一下,主要有叙述姓氏世系、职官履历、记录年代等必要成分时常用的一些典故、套语,还有一些在骈体文中经常使用的典故、对仗等。

一、关于姓氏族系

推崇门阀世系、姓氏大族的风气从东汉兴起,魏晋南北朝隋唐时期都极为盛行。自官方至士人,都由此决定选官任人乃至婚姻交友。夸耀门阀家世成为当时社会政治中的一件大事。比附大姓望族,以姓氏评比门第高下,成为人们的普遍心理。唐代初年,山东大姓甚至不屑与帝王联姻。唐太宗曾被迫干预姓氏评定,亲自品定氏族名次地位。这些都是门阀之风盛行的典型反映。《新唐书·柳冲传》中记载有柳芳评论氏族源起的一段话,对此作了详尽的说明。

> 汉高帝兴徒步,有天下,命官以贤,诏爵以功。……先王公卿之胄,才则用,不才弃之,不辨士与庶族。然则始尚官矣。然犹徙山东豪杰以实京师。齐诸田,楚屈、景,皆右姓也。其后进拔豪英,论而录之。盖七相、五公之所由兴也。

> 魏氏立九品,置中正,尊世胄,卑寒士,权归右姓已。其州大中正、主簿、郡中正、功曹,皆取著姓士族为之,以定门胄,品藻人物。晋、宋因之,始尚姓已。然其别贵贱,分士庶,不可易也。于时有司选举,必稽谱籍,而考其真伪。故官有世胄,谱有世官。贾氏、王氏谱学出焉。由是有谱局,令史职皆具。过江则为"侨姓",王、谢、袁、萧为大;东南则为"吴姓",朱、张、顾、陆为大;山东则为"郡姓",王、崔、卢、李、郑为大;关中亦号"郡姓",韦、裴、柳、薛、杨、杜首之;代北则为"虏姓",元、长孙、宇文、于、陆、源、窦首之。"虏姓"者,魏孝文帝迁洛,有八氏十姓,三十六族九十二姓。八氏十姓出于帝宗属或诸国从魏者,三十六族九十二姓世为部落大人,并号河南洛阳人。"郡姓"者,以中国士人差第阀阅为之制。凡三世有三公者曰"膏粱",有令、仆者曰"华腴",尚书、领、护而上者为"甲姓",九卿若方伯者为"乙姓",散骑常侍、太中大夫者为"丙姓",吏部正员郎为"丁姓"。凡得入者,谓之"四姓"。又诏代人诸胄,初无族姓,其穆、陆、奚、于,下吏部勿充猥官,得视"四姓"。北齐因仍,举秀才、州主簿、郡功曹,非"四姓"不在选。故江左定氏族,凡郡上姓第一,则为右姓;大和以郡四姓为右姓;齐浮屠昙刚类例凡甲门为右姓;周建德氏族以四海通望为右姓;隋开皇氏族以上品、茂姓则为右姓;唐贞观《氏族志》凡第一等则为

右姓;路氏著《姓略》,以盛门为右姓;柳冲《姓族系录》凡四海望族则为右姓。不通历代之说,不可与言谱也。今流俗独以崔、卢、李、郑为四姓,加太原王氏号五姓,盖不经也。

由此可以看出,南朝的大姓主要有王、谢、袁、萧、朱、张、顾、陆等。北朝的著名族姓则有王、崔、卢、李、郑、韦、裴、柳、薛、杨、杜以及源于鲜卑民族的元、长孙、宇文、于、陆、源、窦等。延及隋唐时期,以上这些大姓大多仍保持着崇高的社会地位,其中崔、卢、李、郑、王等尤为显赫。当时任用官员时十分重视依据姓氏门第加以推荐品评,豪族乃至民间婚姻也要互相考察门第出身,所以这些大姓家族的成员中出现了很多当时政治、文化方面的重要人物。历代的很多石刻材料也与这些高门大姓有关。尤其是在墓碑与墓志两类石刻中,必定要叙及世系家族,除了说明某一姓氏特有的地望族源之外,还要涉及这一姓氏之中的历史人物、功勋逸事等等。这些叙述经常是采用一套固定的惯用词语,使得光凭族望与某些人物事迹就可以断定墓主的姓氏出身。例如:

南朝时期:

萧氏,地望兰陵郡兰陵县。见梁天监元年(502)十一月一日萧融墓志铭:"兰陵郡兰陵县都乡中都里人"。①

王氏,地望琅琊郡临沂县。见梁天监十三年(514)十一月十日梁桂阳国太妃王纂韶墓志铭:"南徐州琅琊郡临沂县都乡南仁里人也"②。

北朝时期:

元氏,地望河南郡洛阳县。见北魏太和二十三年(499)元简墓志:"司州河南郡洛阳县都乡洛阳里人"。③

---

① 南京市博物馆:《南京北郊郭家山东晋墓葬发掘简报》,《文物》1981 年 12 期。
② 同上。
③ 赵万里:《汉魏南北朝墓志集释》三册,科学出版社,1956 年。

长孙氏,地望河南郡洛阳县。见北魏永熙三年(534)三月二十七日长孙子泽墓志:"河南洛阳人也"。①

陆氏,地望河南郡河阴县。见北魏建义元年(528)七月十七日故司空城局参军陆绍墓志:"河南河阴人也。"②北朝的大姓陆氏与南朝陆氏不是同一个族源,所以也不是同一个地望。据《古今姓氏书辩证》卷三五入声陆氏载:"出自妫姓,……子孙遂为吴郡吴县人。……后魏大将军陆俟,封惠平王;子丽封平原王;子定国封东都王。陆氏三世封王。唐初定河南陆氏,旧在乙门。"③后边一段说的北朝陆氏,则以河南河阴为族望,其先出自鲜卑步六孤氏,改为汉姓称作陆氏。见《魏书·官氏志》"步六孤氏,后改为陆氏。"上引陆绍墓志中叙及祖先时亦称:"其先盖轩辕之裔胄。"这种说法是北朝鲜卑民族人物自述祖先渊源时常用的引语,以表明自己与中原民族同出一系。陆绍墓志中又称:"曾祖大羽真南部尚书,……祖冠军将军俟勤地可,……",足可证北朝陆氏为鲜卑人之后。

于氏,地望河南郡河阴县。见北魏孝昌三年(527)五月十一日魏故假节征虏将军岐州刺史富平伯于纂墓志:"河南郡河阴县景泰乡熙宁里人。"④北朝于氏同样为鲜卑族。见《魏书·官氏志》"勿忸于氏,后改为于氏。"上引于纂墓志中称:"使持节安西大将军燕州刺史混泥之孙,持节后将军朔州刺史染干之子也。"

窦氏,地望清河郡。见北齐天保六年(555)二月九日窦泰墓志:"清河灌津人。"⑤《魏书·官氏志》载:"次南有纥豆陵氏,后改为窦氏。"这里的窦泰仍是沿用了汉族大姓窦氏的族望。《古今姓氏书辩

---

① 　赵万里:《汉魏南北朝墓志集释》五册,科学出版社,1956年。
② 　同上。
③ 　宋　邓名世:《古今姓氏书辩证》,守山阁丛书本。
④ 　赵万里:《汉魏南北朝墓志集释》五册,科学出版社,1956年。
⑤ 　赵万里:《汉魏南北朝墓志集释》五册,科学出版社,1956年。

证》卷三十四去声窦氏载:"(窦充)避秦之难,徙居清河。……宣帝时以吏二千石,徙扶风平陵。"①《新唐书·宰相世系表》一下载"窦岩从孝武徙洛阳,自是遂为河南洛阳人。"可知在南北朝隋唐时期窦氏还有扶风平陵与洛阳两处地望,表示两个分支。其中河南洛阳一支的门第最高。

以上这些是常见的"虏姓",即北方民族改用的汉姓。北方当地汉族的大姓则有:

王氏,地望琅琊郡临沂县,见北魏建义元年(528)七月二十七日王诵墓志:"徐州琅琊临沂人。"②又有一支地望为太原郡晋阳县,见东魏武定元年(543)十月二十八日魏故渤海太守王偃墓志:"太原晋阳人也。"③王氏子孙的墓志中经常引用周代王子晋、王子城父等人的史迹来夸耀自己的姓氏来源,说自己是姬周王室的后代。如北魏延昌四年(515)闰十月二十二日王绍墓志中称:"姬文以大圣启源,子晋资储仙命氏。"④上引王偃墓志称:"其先盖隆周之遐裔。当春秋时,王子城父自周适齐,有败狄之勋。遂赐王氏焉。"这些涉及到姬周王族的词语是王氏子孙碑志中经常使用的。太原王氏一支的碑志中还经常引用秦将王翦、王离的事迹,应该是其氏族祖先。

崔氏,地望清河郡俞县(或称清河东武城),见东魏天平四年(537)二月十九日崔鹔墓志:"清河俞县人也"。⑤又如北魏延昌元年(512)十一月二十八日崔猷墓志:"东清河东俞人"。⑥另一支崔氏地望博陵郡安平县,见北齐天统二年(566)二月十日崔昂墓志:"博陵安

① 宋 邓名世:《古今姓氏书辩证》,守山阁丛书本。
② 赵万里:《汉魏南北朝墓志集释》四册,科学出版社,1956年。
③ 赵万里:《汉魏南北朝墓志集释》五册,科学出版社,1956年。
④ 赵万里:《汉魏南北朝墓志集释》四册,科学出版社,1956年。
⑤ 山东省文物考古研究所:《临淄北朝崔氏墓》,《考古学报》1984年2期。
⑥ 临淄市博物馆等:《临淄北朝崔氏墓地第二次清理简报》,《考古》1985年3期。

平人也"。①《古今姓氏书辩证》卷五上平声崔氏载:"出自姜姓。齐丁公伋嫡子季子逊国叔乙,食采于崔,遂以为氏。(崔业)汉东莱侯,居清河东武城。(崔仲牟)为汉汶阳侯,始居博陵安平。……魏太和中,定清河崔为山东五姓甲门,……旧定博陵为次甲门。"②在崔氏碑志中,经常引用源于姜姓,食采于崔的典故。如上引崔猷墓志云:"少典诞炎,德感火瑞,营都于鲁,王有天下,历八世五百余年。伯夷为尧秩礼,四岳佐禹治洪,太师以翼周建国,穆伯因分封命氏。"就是这类常用的套语。

卢姓,地望范阳郡涿县。见东魏武定四年(546)十一月二十二日章武王妃卢贵兰墓志:"范阳涿人也"③。卢氏叙及先世时经常引用汉初燕王卢绾等历史典故。如北周大象二年(580)十一月二十日卢兰墓志:"燕王卢绾,汉祖共书;侍中卢毓,魏君同乘。挺(卢挺)称英彦,既与张华乡里;谌(卢谌)有文词,乃是刘琨中外。"④所引卢绾、卢毓、卢挺、卢谌,以及东汉卢植等人都是在卢氏子孙碑志中常见的先祖名人。

李氏,地望陇西郡狄道县。见北魏正光六年(525)五月二日李遵墓志:"陇西狄道人也"⑤。《古今姓氏书辩证》卷二一上声李氏载:"出自嬴姓。颛帝高阳氏生大业。大业生女华。女华生皋陶,字庭坚,为尧大理,……以官命氏为理氏。……(纣时)利正逃难于伊侯之墟,食木子得全,遂改理为李氏。……生耳,字伯阳,一字聃,周平王时为太史,著道德经八十一章。……伯阳后有李宗,字尊祖,魏封于段,为干木大夫。(汉代,李仲翔)河东太守征西将军,讨叛羌于素昌,战没,赠

① 河北省博物馆等:《河北平山北齐崔昂墓调查报告》,《文物》1973 年 11 期。
② 宋 邓名世:《古今姓氏书辩证》,守山阁丛书本。
③ 赵万里:《汉魏南北朝墓志集释》五册,科学出版社,1956 年。
④ 同上。
⑤ 同上。

太尉,葬陇西狄道东川,因家焉。"①这是总结了古代传说的李氏主要祖先世系与族望来源。

现在可见的碑志中叙及李氏先世时,基本上涉及这些史迹。如东魏兴和三年(541)十二月二十三日李挺墓志云:"陇西狄道人也。盖理官兴祭,事祖老坚,道家命氏,咸推藏室。将军树功易水,卫尉拟德成蹊。"②最后两句是指汉代将军李广。这也是李氏经常引以为荣的祖先典范。李氏由于曾有支系融入游牧民族,兼以唐代为帝姓,分支较多,如赵郡李氏、辽东李氏、江夏李氏、汉中李氏等。唐代还有一些少数民族附姓李氏,如柳城李氏、代北李氏、鸡曲李氏、西域李氏等。这些族望也在碑志中有所反应,但出现不多。在唐代,即使是陇西李氏这一正支,也分成陇西房、赵郡房、范阳房、顿丘房、渤海房、申公房、安邑房、姑臧房等数十房分支。所以在有些碑志中记录李氏地望时出现陇西成纪人、辽东襄平人、南阳孝建人、赵郡人等不同说法。总起来看,仍以陇西狄道之说为主。

薛氏,地望河东郡汾阴县。见北魏孝昌元年(525)十一月二十日薛伯徽墓志:"河东汾阴人"③。《古今姓氏书辩证》卷三八入声薛氏载:"出自任姓,黄帝孙颛帝少子阳封于任,十二世孙奚仲为夏车正,禹封为薛侯。……(汉)巴蜀太守齐又徙河东汾阴。……隋唐定河东薛为乙门。"④

杨氏,地望弘农郡华阴县。见北魏永平四年(511)十一月十七日魏故华州别驾杨颖墓志:"弘农华阴潼乡习仙里人也。"⑤《古今姓氏书辩证》卷一三下平声杨氏:"(羊舌)肸,字叔向,晋太傅,食采杨氏,生

---

① 宋 邓名世:《古今姓氏书辩证》,守山阁丛书本。
② 赵万里:《汉魏南北朝墓志集释》五册,科学出版社,1956 年。
③ 同上。
④ 宋 邓名世:《古今姓氏书辩证》,守山阁丛书本。
⑤ 杜葆仁等:《华阴潼关出土的北魏杨氏墓志考证》,《考古与文物》1984 年 5 期。

伯石,字食我,以邑为号,曰阳石。……叔向子孙逃于华山桃谷,遂居华阴。"①后汉时期,这里诞生有被世人尊称为"关西夫子"的著名大儒杨震。杨氏墓志中经常引用他的事迹。如上引杨颖墓志中就自称"汉太尉震之十二世孙。"

司马氏,地望河内郡温县,见北魏太和八年(484)司马金龙墓表:"河内郡温县肥乡孝敬里。"②

张氏,地望南阳郡白水县,见北魏普泰元年(531)十月一日张玄墓志:"南阳白水人也。"③张氏出自姬姓。张氏墓志中叙及先世时经常引用黄帝少昊青阳氏第五子挥曾任官弓正,始造弓矢,实张罗以猎取禽兽,后来主祀弧星,世掌其职,赐姓张氏等关于张氏起源的传说。常引用的历史人物还有周宣王时期的大臣张仲,以及汉代功臣张良、晋代文士张华等人的典故。例如东魏天平四年(537)张玉怜墓志云:"深源峻远,胄自炎皇。子房处汉,秩穷衮命;茂先在晋,位实台铉。"④

高氏,地望渤海郡脩县(又写作蓨县)。见北齐天保六年(555)十月十四日高建墓志:"勃海脩人也。"⑤《古今姓氏书辩证》卷一一下平声高氏:"高氏出自姜氏,齐太公六世孙文公赤,生公子高。……又十世孙洪,后汉渤海太守,因居渤海蓨县。"⑥

封氏,地望渤海郡脩县。见北魏正光二年(521)封魔奴墓志:"勃海脩人也"。⑦《新唐书宰相世系表》一下载:"封氏出自姜姓,……至周失国,子孙为齐大夫,遂居渤海蓨县。"

①　宋 邓名世:《古今姓氏书辩证》,守山阁丛书本。

②　山西省大同市博物馆:《山西大同石家寨北魏司马金龙墓》,《文物》1972年3期。

③　赵万里:《汉魏南北朝墓志集释》四册,科学出版社,1956年。

④　山东省文物考古研究所:《临淄北朝崔氏墓》,《考古学报》1984年2期。

⑤　赵万里:《汉魏南北朝墓志集释》五册,科学出版社,1956年。

⑥　宋 邓名世:《古今姓氏书辩证》,守山阁丛书本。

⑦　张季:《河北景县封氏墓群调查记》,《考古通讯》1957年3期。

寇氏,地望上谷郡昌平县,见北魏永安三年(522)寇霄墓志:"上谷昌平人也"①。北魏神龟二年(519)二月二十三日寇凭墓志中"后稷之苗裔,周文之裔胄,氏族康叔,远祖威侯"②等词语是寇氏碑志中经常引用的套语,叙述了寇氏祖先的源起。

胡氏,地望安定郡临泾县,见于北魏孝昌三年(527)五月二十三日胡明相墓志:"安定临泾人也"③。提及胡氏祖先时,则大多引用胡公满的典故。如上引墓志中称:"虞帝以应历奉乾,胡公以资灵祚土。"又如唐代贞观六年(632)九月四日胡俨墓志中云:"重华以慎徽受历,妫满以器用启邦。"④与胡明相墓志的说法相同。

韩氏,地望昌黎郡棘城县。见北魏太和二十三年(499)十二月二十六日韩显宗墓志:"昌黎棘城人也"⑤。《古今姓氏书辩证》卷八上平声韩氏载:"后魏给事中郎颖,生播,徙昌黎棘城。"⑥

郑氏,地望荥阳郡开封县。见北齐武平五年(574)十二月二十三日郑子尚墓志:"荥阳开封人也"⑦。《新唐书·宰相世系表》五上郑氏条下载:"郑氏出自姬姓,周厉王少子友封于郑,是为桓公。……十三世孙幽公为韩所灭,子孙播迁陈、宋间,以国为氏。幽公生公子鲁。鲁六世孙荣,号郑君,生当时,汉大司农,居荥阳开封。"在郑氏后人的墓志中经常引用有关姬周的典故与汉代名儒郑玄等人的事迹。例如上引郑子尚墓志中称:"自牛羊不践,鸑鷟来鸣,跃素鳞以启业,咏缁衣而改弊。"就是引用了周朝姬氏先祖后稷诞生后被扔在路上而牛羊都不

① 赵万里:《汉魏南北朝墓志集释》四册,科学出版社,1956年。

② 同上。

③ 同上。

④ 河南省文物研究所等:《千唐志斋藏志》,文物出版社,1984年。

⑤ 赵万里:《汉魏南北朝墓志集释》四册,科学出版社,1956年。

⑥ 宋 邓名世:《古今姓氏书辩证》,守山阁丛书本。

⑦ 赵万里:《汉魏南北朝墓志集释》五册,科学出版社,1956年。

去践踏他和凤鸣岐山的神迹,还有周武王伐纣时白鱼跃入战船中以及《诗经》中歌颂郑武公的《缁衣》诗篇等历史典故。后代墓志中依然大量采用这些古代历史传说,如唐开元二年(714)十二月二十九日郑元杲墓志中称:"逮宣王母弟,俾侯于郑,然后有诸侯邦国焉。武公父子,匡政王室,然后有周郑交质焉。及其河洛归民,虢郐献邑。羔裘所以润色鸿业,鸡鸣所以国讽诘训。而后门见蛇斗,鼎尝龟立。阳城入晋,员綦添韩。俗泯时移,姓因国号。"①即比较详细地全面追溯了周代与郑国的历史变化。

隋唐时期,上述的各个大姓大多仍然是显赫高贵的门阀世家。各地郡姓中大多还保存着上代的世系谱牒,所以各姓的地望与叙述先世所用的惯用套语、历史典故等基本上没有改变。在唐代,除去上面介绍的一些著名大姓外,比较多见的大姓宗族地望还有:

裴姓,地望河东郡闻喜县。见唐咸亨四年(673)二月二十九日裴可久墓志:"河东闻喜人也"②。《新唐书·宰相世系表》一上叙述裴氏先世云:"裴氏出自风姓,颛顼裔孙大业生女华,……大骆生非子。……非子之支孙封非乡,因以为氏。"唐开元十四年(726)二月二十三日尚舍直长薛府君夫人裴氏墓志称:"高阳肇裔,非子受封。汉宠侍中,晋称吏部。"③就是引用了上述传统说法。

韦氏,地望京兆杜陵县。见唐永隆二年(681)八月十八日幽州范阳县令杨政本夫人韦氏墓志:"京兆杜陵人也"④。唐天宝十四载(755)五月十三日武部常选韦琼墓志称:"汉业崇盛,丞相乃擅其名;唐业克昌,逍遥遂因其号。"⑤分别引用汉代曾任丞相的韦贤与北周被封

①　清　陆增祥:《八琼室金石补正》卷五,文物出版社影印本,1985年。
②　清　陆增祥:《八琼室金石补正》卷三七,文物出版社影印本,1985年。
③　清　陆增祥:《八琼室金石补正》卷五三,文物出版社影印本,1985年。
④　河南省文物研究所等:《千唐志斋藏志》,文物出版社,1984年。
⑤　清　陆增祥:《八琼室金石补正》卷五八,文物出版社影印本,1985年。

为逍遥公的韦夐二人事迹。这也是韦氏经常提到的祖先人物。

杜氏，地望京兆杜陵县。见武周天授二年（691）二月七日杜举墓志："京兆杜陵人也"①。《古今姓氏书辩证》卷二四上声杜氏条载："《西京杂记》杜陵杜夫子善棋，……即徙家者也。……至隋唐都京兆，杜氏、韦氏皆以衣冠名位显。……自汉至唐，未尝不为大族。"②《新唐书·宰相世系表》则称："在周为唐杜氏，成王灭唐，以封弟叔虞，改封唐氏子孙于杜城，京兆杜陵县是也。"杜氏碑志中经常提及的先世人物有汉代御史大夫杜延年、晋征南大将军杜预等人。杜预注释《春秋左氏传》是流传至今的重要古籍注本。

柳氏，地望河东郡。见唐乾元二年（759）十二月二十九日柳真召墓志："其先河东人也"。③

薛氏，上文已述地望河东郡汾阴县。唐代多简称河东。见唐显庆三年（658）十二月一日薛瑶华墓志："河东人也"④。《新唐书·宰相世系表》三下薛氏中对起源河东的史迹有较详细的说明："永生齐，字夷甫，巴、蜀二郡太守。蜀亡，率户五千降魏，拜光禄大夫，徙河东汾阴。"

长孙氏，地望河南洛阳，或简称河南。见武周长安三年（703）王美畅妻长孙氏墓志："河南人也"。《新唐书·宰相世系表》二上长孙氏："出自拓跋郁律。……太和中，诏自代北而徙者皆为河南洛阳人。"

此外常见的隋唐姓氏地望还有：孙氏，吴郡富春人；刘氏，沛郡丰人或彭城彭城人；皇甫氏，安定朝那人；潘氏，清河广宗人；范氏，魏郡人等。

由于古代对于氏族姓氏血缘亲属关系的高度看重，世代流传有大量各种姓氏宗族的谱牒与氏族谱录等文献资料。除地方志、宗谱等有

---

①　河南省文物研究所等：《千唐志斋藏志》，文物出版社，1984年。

②　宋 邓名世：《古今姓氏书辩证》，守山阁丛书本。

③　清 陆增祥：《八琼室金石补正》卷五，文物出版社影印本，1985年。

④　河南省文物研究所等：《千唐志斋藏志》，文物出版社，1984年。

关记载外,比较常见的记述早期姓氏起源和族系地望的著录有:《风俗通·姓氏篇》、《魏书·氏族志》、《新唐书·宰相世系表》、《元和姓纂》(今有岑仲勉考证校对的《元和姓纂四校记》)、《通志·氏族略》、《古今姓氏书辩证》、《姓觿》、《魏氏补正》等等,可以在释读研究石刻铭文时作为参考。

二、关于记时

在各类石刻材料中,有关时间年代的记录都是一个十分重要的组成部分。它对于证明一件石刻的确切刊刻时间以及分辨石刻的真伪(即一般所说的断代与辨伪)都具有十分重要的作用。又由于古代石刻材料往往因为其具有确切的刊刻时间而成为有关考古遗迹、古代墓葬等文化遗存的断代依据,在考古发掘与研究中颇为重要。所以石刻材料中的记时记录就具有格外珍贵的研究价值。

但是,石刻材料中的记时方法多种多样,真伪并存,各个时代采用的格式有所不同。而且,近代人由于采用公元纪年,对于古代的常用纪年方法也缺乏了解。因此,这里将古代石刻中经常采用的主要纪年方法与有关常识简要介绍于下,以供在对具体石刻材料进行研究时参考。

在大多数古代石刻中,主要采取的是年号纪年与干支纪年相结合的方式,这与我们现在看到的古代文献资料中使用的记时方法相同。这样,对于一个时日的记载方式为以下格式:"某朝代——某年号——某(序数)年——干支——某(序数)月——干支日朔——某(序数)日——干支"。

例如:"以开元十年岁次壬戌正月癸卯朔卅日壬申终于河南府河南县劝善坊之私第。……即以其年二月癸酉朔十日甲申权殡于河南县北邙之礼也。"

比较简略一点的,则只记载年号、年、月、日,而省略干支。如"乾祐三年三月廿一日郭张记之"。

　　有些石刻，用干支来代替年的序数，或者用干支代替日的序数。这种写法在宋以后的石刻中比较多见。如："提点刑狱李师中……会此岩下。嘉祐辛丑正月十九日"。又如："嘉定十三年冬十月甲子"等。

　　宋代以下的石刻中大多不记录每月朔日的干支以及具体日的干支，仅记录年的干支。如："大宋天圣四年丙寅三月二十六日，裕书"等。

　　由于中国古代历史悠久，而自西汉时期开始就采用了年号纪年，历代帝王设立的年号就有所重复。如果没有朝代的记录，这样的年号就需要结合其他方面的信息加以分辨，确实属于哪一个朝代。

　　干支纪年法是中国最古老的纪年方法之一。在殷商时期的甲骨文中就已经发现了成熟的干支纪日，由此推测，这种用干支来纪时的方法之起源必定比商代更早。文献中传说起源于黄帝轩辕氏之时。干支纪年，又称甲子纪年。它是将每一天，乃至每一个月和每一年都用两个文字组成的序号来表示。这两个文字中，前一个字叫做天干，第二个字叫做地支。天干共十个字，即：甲、乙、丙、丁、戊、己、庚、辛、壬、癸。地支共十二个字，即：子、丑、寅、卯、辰、巳、午、未、申、酉、戌、亥。将天干的十个字与地支的十二个字依次配合，顺序下去，每六十个组合轮满一周。每一周六十个组合，称为一个甲子。这样从开始用干支纪年那一日起，每甲子六十日的顺序就是：

　　　　甲子、乙丑、丙寅、丁卯、戊辰、己巳、庚午、辛未、壬申、癸酉、甲戌、乙亥、丙子、丁丑、戊寅、己卯、庚辰、辛巳、壬午、癸未、甲申、乙酉、丙戌、丁亥、戊子、己丑、庚寅、辛卯、壬辰、癸巳、甲午、乙未、丙申、丁酉、戊戌、己亥、庚子、辛丑、壬寅、癸卯、甲辰、乙巳、丙午、丁未、戊申、己酉、庚戌、辛亥、壬子、癸丑、甲寅、乙卯、丙辰、丁巳、戊午、己未、庚申、辛酉、壬戌、癸亥。

　　周而复始，可以无限地记录时日，将每一日、每一月、每一年都顺序排列起来。所以，中国古代的历史，自现在尚有明确历法记载的西汉高皇帝元年以下,可以逐日精确地排列下来。而西汉以前的日、月、年情况,虽然由于文献记载与出土文字材料尚不十分完备,曾产生了多种不同的推算结果,但是仍然可以基本上清楚地排列出一个顺序来。近年来开展的夏商周断代工程,已经比较准确地推算出来夏商周历史的基本年代顺序。前人多认为干支纪年法始自东汉,也有人认为在汉代初年就已经使用了干支纪年,而在东汉元和二年(85)才由政府颁行正式使用。不论哪种看法,至少在汉代以后,各个朝代的干支纪年历史没有中断。现在在多处汉代墓葬中出土了汉代的历书等纪时文献,说明在汉代也是普遍使用干支纪时的。就是对于汉代以前的年代时日,我们也可以通过干支逆推去确定有关年份、月、日的干支情况。

年号纪年开始于西汉武帝。汉武帝以前都是使用国王即位的年次来纪年。例如史书中使用的周平王元年(前770)、鲁桓公十八年(前694)之类。改换一个国王,就从元年开始重新纪年。而汉武帝开始确立年号称呼,他使用的年号就有建元、元光、元朔等十一个,以及后元年。改换年号也成为历代君主的重大礼仪事件。实际上,在汉武帝之前,汉文帝也设过后元年,汉景帝有过中元年、后元年等改换纪年的情况,已经开创了改元的先例。汉武帝设年号以后,历代皇帝都会在即位时确定自己的年号,以区别于前代皇帝。有些皇帝从登基到去世只使用一个年号,也有些皇帝则要更改多个年号。一般来说,元代以前的皇帝在位时多变换年号,而明代和清代的皇帝就基本上自始至终都使用一个年号。以至于后人用年号替代了帝王的名称,如洪武、嘉靖、康熙、光绪等等称呼,都是以年号替代了皇帝的名称。年号纪年是中国历史中常用的方法。

比干支纪年更早采用的还有岁星纪年与太岁纪年两种方法。这两种方法在后代民间不普及使用,但是文人中仍有沿习,所以在石刻材料中也经常出现。

岁星纪年法基于古代天文学,古人在观察天象时,发现木星在按照一定的规律围绕天穹旋转。古人认为太阳是在天空中运转的,并且设立了一个假想的太阳运动轨道,即太阳视运动的轨迹。古人将这一轨道称作黄道。木星则在黄道附近的一周天中运转。古人推算的木星运转一周时间为十二年(现代天文学测算实际为11.8622年),所以古人就把黄道周围的一周天距离划分为十二等份。木星每年正好移动过其中的一等份。按照这个规律,古人将木星称作"岁星",或简称作"岁",将黄道周围的一周天划分的十二等份叫作"十二次"。为了明确划分,古人将每个次中所存在的特定星宿作为标志,并将这十二次由西向东顺序定名为:星纪、玄枵、诹訾、降娄、大梁、实沈、鹑首、鹑火、鹑尾、寿星、大火、析木。当岁星运行到哪一次的位置时,就用这一次的名称来纪年,如称:岁在星纪、岁在大梁、岁在鹑火,或称星纪之次、大梁之次等。

石刻中可以见到"天统元年岁次大梁"、"开皇十一年陬(诹)訾之次"等例子。这里采用大梁与地支的酉对应,北齐天统元年(565)为乙酉年,所以用大梁替代。诹訾与地支的亥对应,隋开皇十一年(591)为辛亥年,所以称"诹訾之次"。关于古人使用十二次与十二地支的对应关系,请见下面的附表。

古代人们观测天象时还有十二辰的概念。它是将黄道周围的一周天划分为十二个等份,由东向西顺序与十二地支相配。这一顺序恰好与十二次相反,其对应关系如下:

十二次 (由西向东)	星纪	玄枵	诹訾	降娄	大梁	实沈	鹑首	鹑火	鹑尾	寿星	大火	析木
十二辰 (由东向西)	丑	子	亥	戌	酉	申	未	午	巳	辰	卯	寅

在实际的天穹中,岁星是由西向东运行的。而人们习惯使用的十二辰则由东向西排列,这使得岁星纪年在实际使用中不是很方便。因此,古代的天文学家们就设立了一个假想的岁星,假定它在天穹中由

东向西运行,也是每年运行一等份,这样就可以与十二辰的方向一致了。这个假想星称作太岁。利用太岁纪年,可以与十二辰直接配合。古代人又给用太岁纪年的一周十二年分别起了专用的名称,叫做太岁年。太岁年名与十二辰的对应关系如下表:

太岁年名	摄提格	单阏	执徐	大荒落	敦牂	协洽	涒滩	作噩	阉茂	大渊献	困敦	赤奋若①
十二辰	寅	卯	辰	巳	午	未	申	酉	戌	亥	子	丑

在使用太岁纪年时,一般就直接引用太岁年名。例如东汉永寿二年(156)鲁相韩敕造孔庙礼器碑称:"惟永寿二年青龙在涒滩",从上表中可以看出,涒滩即对应申。永寿二年是丙申年,所以用涒滩表示。

太岁年名与太岁(假设星)运行的所在位置以及岁星的实际所在位置之间,存在着下列表格所显示的对应关系:

太岁年名		摄提格	单阏	执徐	大荒落	敦牂	协洽	涒滩	作噩	阉茂	大渊献	困敦
太岁所在位置	十二辰	寅	卯	辰	巳	午	未	申	酉	戌	亥	子
太岁所在位置	十二次	析木	大火	寿星	鹑尾	鹑火	鹑首	实沈	大梁	降娄	诹訾	玄枵
岁星实际位置	十二辰	丑	子	亥	戌	酉	申	未	午	巳	辰	卯
岁星实际位置	十二次	星纪	玄枵	诹訾	降娄	大梁	实沈	鹑首	鹑尾	鹑火	寿星	大火

所以平常使用的太岁纪年法实际上是在岁星纪年法的基础上发

---

① 这里的太岁年名根据《尔雅·释天》,其他古文献中的记载有所不同。如《史记·历书》中"作噩"作"作鄂","大荒落"作"大芒落","协洽"作"汁洽","阉茂"作"淹茂";《史记·天官书》中"大荒落"作"大荒骆","协洽"作"叶洽";《汉书·天文志》中"作噩"作"作詻","阉茂"作"掩茂"等。但在后代石刻中所见者多从《尔雅》。

展而来的,由于它比岁星纪年推算起来方便,运用就比较广泛。

大约在西汉初年,天文历法家们又设定了阏逢、旃蒙等十个名称,叫做岁阳。相当于天干的十个名称,依次与上述的十二个太岁年名相配合,也组成六十个年名。组合方式与甲子纪年的天干地支配合方法相同。这六十个年名可以与六十个甲子年名相对应,周而复始排列下去。如第一年称作阏逢摄提格,即甲子年,第二年称作旃蒙单阏,即乙丑年等等。在《史记·历书》中记载西汉自太初元年（104）开始就用这种纪年方法来纪年。十个岁阳名称与天干名称的对应关系如下表:

岁阳	阏逢	旃蒙	柔兆	强圉	著雍	屠维	上章	重光	玄默	昭阳
天干	甲	乙	丙	丁	戊	己	庚	辛	壬	癸

需要注意的是:这些年名的使用本来是为了反映岁星逐年在天穹中所在的方位的,但是由于岁星在天穹中的运动并不是完整地用十二年绕行一周,每年经过的不是一个完整的星次。这样经过若干年积累,便会出现岁星所在的星次与年名反映的星次不相符合的情况,需要在历法上加以修订。所以后来便将这种纪年方法废除,直接使用干支的甲子纪年了。后代人使用这些名称时是用当时的干支与太岁年名对照拟定的,并不反映真实的天象和岁星状况,纯粹是一种文人好古的文字现象。

除去以上介绍的几种常用纪年方法之外,在石刻中还可以见到生肖纪年与大事纪年等现象,在佛教、基督教、伊斯兰教等宗教石刻中还可以见到一些外来的纪年方式,如佛历、西方的儒略历、伊斯兰教历等。

十二生肖的起源很早,在现在新发现的秦汉简牍中已经出现了相关的材料。在南北朝隋唐时期,十二生肖就已经定型而且被社会普遍使用,流传至今。古人把它与十二地支配合起来,所以又可以用它来纪年。同样以每十二年为一个周期。地支与生肖的配合如下表:

地支	子	丑	寅	卯	辰	巳	午	未	申	酉	戌	亥
生肖	鼠	牛	虎	兔	龙	蛇	马	羊	猴	鸡	狗	猪

在元代，曾经直接使用生肖名来纪年，可能是蒙古人为了便于理解采用的方法，如称鼠儿年、牛儿年等等。例如在元延祐元年（1314）少林寺圣旨碑上记录的元代圣旨三件，一件写作"鸡儿年"，一件写作"龙儿年"，一件写作"鼠儿年"①。实际上就是指"酉年"、"辰年"与"子年"。

大事纪年，是以这一年中曾经发生过的重大事件来代表这一年。早在战国时期的简牍中就出现了这种纪年方式。如河南新蔡葛陵楚简中有"王徙于鄩郢之岁"的纪年②。这种习俗在中国民间记忆中始终存在，如现在人们还惯用的"抗战爆发那一年"、"大跃进那一年"等等。有时也以特殊的事件来表示所发生事件的那一特定时日，如明万历三十年（1602）明钦依道公无言禅师行实碑即称"四月佛诞日立"③。佛教传说释迦牟尼诞生于四月八日。

古代人们对于纪月使用的方法也是多种多样的。在石刻中反映尤为明显。早期的石刻纪月有时会涉及到月建问题。古代历法有过多种不同的计算方法，随着时代的演进而逐渐完善，所以现在所知古代历法中有着夏历、殷历与周历的区别。它们的区别主要在于岁首的月建不同，故又称作"三正"，即夏正、殷正与周正。通常根据节气确定冬至所在的月为建子，以下的月份以此类推。周正是把建子月作为岁首，即一年的元月。而殷历以建丑月作为岁首，夏历以建寅月作为岁首。三种历法不同，四季的安排和各月在一年中的位置也不同。秦代以建亥之月为岁首。汉武帝元封七年（104）改为太初历，以建寅之月

---

① 蔡美彪：《元代白话碑集录》，科学出版社，1955年。

② 河南省文物研究所：《新蔡葛陵楚墓》，大象出版社，2003年。

③ 见北京大学图书馆藏拓。

作为岁首，采用夏正。以后的近2000年中，除王莽新朝与魏明帝曾经一度使用过殷正，武周武后与唐代肃宗时一度改用周正外，基本上都是使用夏正，以建寅月为岁首。所以，在涉及到月份的推算考证时，需要注意到这种变化。

如隋开皇二十年（600）十一月马穉墓志中记载："以大隋开皇二十年岁次涒滩，月居困敦，日在摄提，合葬于洛阳三市之西南八里。"其中使用太岁名纪时，可知是在说明岁为申年，月为建子，日为寅日。根据当时使用夏正，岁首建寅，可以推出该建子月为十一月。

古代文人笔下，还有很多月的别名，时有采用。在石刻中也经常可以见到。例如在《尔雅·释天》中就有各个月比较古老的别名，即：陬、如、寎、余、皋、且、相、壮、玄、阳、辜、涂。它们依次代表正月至十二月。

又如古代通行用乐律纪月的方法，以乐律名代替月名。古代人是用十二个不同长短的律管确定出十二个标准音。这些音每一个都有固定的音高，并且有固定的名称，即：黄钟、大吕、太簇、夹钟、姑洗、中吕、蕤宾、林钟、夷则、南吕、无射、应钟。古人将十二律与十二个月配合起来，并且认为随着季节气象的变化，律管可以吹灰候气。即将葭莩的灰塞到律管中，每到一个月，与这个月相对应的律管中的灰就会飞扬出来。《礼记·月令》中记载的十二个月与十二律相配情况如下表：

月份	正月	二月	三月	四月	五月	六月	七月	八月	九月	十月	十一月	十二月
乐律名	太簇	夹钟	姑洗	中吕	蕤宾	林钟	夷则	南吕	无射	应钟	黄钟	大吕

由于中国所处的地理环境气候特点与农业生产的需要，古人习惯把一年划分为四季，以正月至三月为春季，四月至六月为夏季，七月至九月为秋季，十月至十二月为冬季。又把每个季节中的三个月依次排列为孟、仲、季，作为代称。如元月称孟春、二月称仲春、三月称季春等。

又如用古代方术中的十二月将名来代替十二个月,即登明、神后、大吉、功曹、太冲、天罡、大乙、胜光、小吉、传送、从魁、河魁。它们依次表示元月至十二月。

除去这些系统的十二个月名代称外,在古代文学典籍与民间日常生活中,还有很多对四季与每个月的代称,虽然它们在石刻中出现得相对较少,但是也时有使用,特别是在一些文人撰写的记事碑文中。参照郭太松《浅谈碑刻纪时》文中总结,将这些代称简要汇集于下,以供参考。

春季,又称作:阳春、芳春、青阳、艳阳、阳中、青春、三春、九春、苍天等。

夏季,又称作:朱夏、朱明、长嬴、昊天、三夏、九夏等。

秋季,又称作:商秋、商节、素节、素商、素秋、高商、金天、三秋、九秋、旻天、白藏、金秋等。

冬季,又称作:玄英、安宁、寒冬、三冬、九冬、上天等。

正月的代称有开岁(又称开春)、献岁(也叫献春、春岁)、肇岁。还可以称作:春王、肇春、端春、早春、初春、上春、初月、泰月、孟阳、三微月、三之日、春阳、初阳、首阳、杨月、十三月、新正、月正、芳岁、华岁、岁岁、岁首、春至、冠月、开发、元月、寅月、首月、首春、年首、初月等。

二月,又可以称作:酣春、卯月、杏月、仲阳、丽月、令月、中春、四之日、花朝、竹秋、大壮、仲钟、花月、清明时节等。

三月的代称有:杪春①、暮春(又称作末春、晚春、三春)、禊月②、辰

---

① 杪月指时节之末,见《礼记·王制》:"冢宰制国用,必于岁之杪。"同样杪夏指六月,杪秋指九月,杪冬为十二月。

② 古人为消除不祥,在每年三月举行祓祭,在三月上巳日(后固定为三日)到水边洗浴采兰,去除邪祟,称修禊,所以将三月又称作禊月。

月①、桃月、嘉月、蚕月、花月、夫月、桐月、桃浪、雩风、迎梅雨、小清明、樱笋时、制咀罗月、茑时、烟花时节等。

四月的代称有:麦秋(又称作麦月、麦候、麦序)、清和、巳月②、首夏、初夏、维夏、槐夏、仲月、梅月、阴月、乏月、槐月、正阳、纯阳、柳印、春秋等。

五月的代称有:小刑、郁蒸、蒲月③、超夏、恶月、天中、鸣蜩、榴月、端阳、端月、人脱、麦信、鸣蛙等。

六月可以称作:溽暑、徂暑、荷月④、未月、且月、伏月、暮夏、晚夏、杪夏、暑月、极暑、焦月、精阳、大暑、长夏、盛夏、征暑等。

七月的代称有:兰秋⑤、开秋、上秋、早秋、新秋、兰月、巧月⑥、申月、霜月⑦、肇秋、瓜秋、凉秋、瓜月、初商、凉月、瓜时等。

八月的代称有:正秋、仲秋、仲商、桂月、桂秋、南宫、竹小春、大清明、获月、酉月等。

九月的代称有:青女月、末秋、朽月⑧、杪秋、杪商、三秋、梢秋、季秋、穷秋、暮秋、菊月、戌月、深秋、暮商、柯月、授衣节、季商、霜序等。

十月的代称有:良月、小阳春、初冬、孟冬、上冬、开冬、立冬、吉月、

---

① 古人以为地支中的辰、未、戌、丑与四季的最后一个月即季春、季夏、季秋、季冬均属五行中的土,所以也用这四个地支为季春、季夏、季秋、季冬的代称。

② 古人以为十二地支中的巳、午属火,与孟夏、仲夏同属,所以作为该月的代称。

③ 民俗五月端午节时经常要用菖蒲叶做成宝剑式样悬挂在门上,用以辟邪。故称蒲月。

④ 江南旧日风俗以六月二十四日为观莲节,故名。

⑤ 因七月兰花吐芳称为兰秋,或兰月。

⑥ 旧俗以七月七日夜为七夕乞巧,女子比赛手工。故称巧月,或巧夕。

⑦ 古称七月为相月,东汉韩敕碑中写作"霜月"。后因袭。

⑧ 四川夔州九月多雨,物易朽坏。杨慎诗云:"九月不虚为朽月,今年赖得是丰年。"见氏著《丹铅总录》卷二一。

亥月、坤月、正阳月、大腊、魁冈①等。

十一月的代称有：畅月、子月、葭月、龙潜、冬月、一之日、雪月等。

十二月的代称有：腊月（也作蜡月）、嘉平、清祀、星回月、暮节、暮冬、穷冬、杪冬、晚冬、末冬、残冬、三冬、穷纪、丑月、严月、严冬、冰月、土牛、岁尾、岁杪、季冬、二之日等。

记日的方法在文人笔下也是多种多样。在一般的实用场合，主要以序数与干支配合来记日。如写作"十一月三日甲子"、"十二月十四日乙酉"等等。宋代以前的石刻中还经常见到把每个月的朔日（一日）干支写出来，以便于推算每天的干支。如写作"五月丁巳朔四日庚申"等。

此外，还可以见到用月相来表示日期的作法。如用朔、初吉、哉生明、既生魄（又写作既生霸）、哉生魄（又写作哉生霸）、望、既死魄（又写作既死霸）、哉死魄（又写作哉死霸）、晦等名词来表示一定的日期。这些名词始见于西周金文中。对于它们的含义，古代学者聚讼不已，历来有定点说与四分说两类。汉代刘歆开始持定点说，认为每个词代表一个月中的具体一天。所对应日期可参见下面的附表。近人王国维在其《生霸死霸说》一文中提出了四分说，认为每个名词代表一个月中的具体一段日期，即将一个月分为四份，初吉代表月初无月亮的日子直到新月初生，既生霸指月亮出现后到月圆之间的日子，既望指月圆到转入残月的日子，既死霸指残月到月亮消失后的日子②。古人在实际使用中可能这两种说法同时存在，要看具体使用这些名词的人想表示什么日子。秦汉以来使用这些月相名词的情况不多，主要是在一些大儒文士撰写的记事碑文中有时出现。

古代官员每十天放假一天，供其沐浴更衣。所以古人习惯把一个

---

① 《资治通鉴》二二六唐建中元年："十月魁冈，"注："史炤曰：魁冈者，北斗魁星之气，十月在戌，为魁冈。"

② 王国维：《观堂集林》，中华书局，1959年。

月分为三个十天,称作上浣、中浣、下浣,又称作上旬、中旬、下旬,有时也称作上翰、中翰、下翰。

唐代中期后,在石刻中出现有使用佛教中的三元说来代替中国传统历法中将每个月分为三旬的现象。即将上旬、中旬、下旬改称作上元、中元与下元。如唐天宝元年(742)七月玄元灵应颂中称:"天宝元年七月中元"①。

宋代后,还时兴采用二十四节气与其他特定节日来记日。如称:"清明后二日"、"浴佛节前一日"等。

在古文献和古代石刻中可以见到古人习惯采用的一些日期专用名称,有些是固定的,有些是特定的,现分别列表如下:

每月固定的日名:

一日	吉、朔、旦、额、始苏	十五日	望、三五、月半、满月
二日	既朔	十六日	既望、哉生魄、生魄、望后
三日	哉生明	十九日	阳会
四日	既生明	二十三日	下弦
五日	腹日	二十九日	几晦
七日(或八日)	上弦	月末一日	晦、提月
十四日	几望	初五、十四日及二十三日	月忌

每年中特定的日名:

---

① 北京图书馆金石组:《北京图书馆藏中国历代石刻拓本汇编》第25册,中州古籍出版社,1989年。

正月一日	上日、元正、元辰、三始、天腊、历头、元日、元旦、三元、改旦、元朔、元春、三朝、正朝、五熏、桃汤
正月二日	犬日(民间传说正月一日为鸡日,二日为犬日,三日为猪日,四日为羊日,五日为牛日,六日为马日。)
正月三日	田木命、田生日等
正月七日	人日
正月十五日	上元、元宵、元夜、元夕、灯节
二月一日	中和日
二月二日	挑菜节、迎富、龙抬头
二月八日	释迦牟尼出家日
二月十二日	花朝日、百花生日
二月十五日	释迦牟尼涅槃日
二月十九日	普贤菩萨诞生日
二月二十一日	观世音菩萨诞生日
三月三日	上巳、重三、三巳、上除、令节、禊日、踏青
四月四日	文殊菩萨诞生日、宣圣
四月八日	佛诞生日、浴佛节
四月十九日	浣花日
五月一日	钱财日
五月五日	端午节、午日、蒲节、端阳节、合欢节、艾人、竞渡日
五月十三日	伽蓝菩萨诞生日
六月三日	韦驮菩萨诞生日
六月六日	天贶节、六六福
七月七日	七夕、星节、乞巧节、九光灯、双七、乌鹊桥、安公、巧月
七月十三日	大势至菩萨诞生日
七月十五日	中元日、佛欢喜日、鬼节、盂兰盆节
七月三十日	地藏王菩萨诞生日

八月一日	天医节
八月五日	锁院
八月十五日	中秋节
九月九日	九日、息日、簪菊、重阳日、重九、重阳节
九月十九日	药师琉璃光佛诞生日
九月三十日	观世音菩萨涅槃日
十月一日	番代
十月十五日	下元日
十月十七日	阿弥陀佛涅槃日
十一月二十二日	人马日
十二月八日	腊日、佛成道日
十二月末一日	岁除（该夜称除夕）

另外还有一些日期不固定的节日，如：

上丁，为二月和八月上旬的丁日。

寒食，为清明节的前两天，又称一百五，见于《荆楚岁时记》所载："冬至后一百五日谓之寒食"。

社日，为立春后第五个戊日和立秋后第五个戊日，分别称作春社与秋社。

伏日，从夏至后第三个庚日初伏，第四个庚日称中伏，到立秋后第一个庚日称末伏（终伏）。一般所说的伏日是指初伏。

守日，为春季的辰日、夏季的未日、秋季的戊日、冬季的丑日。

官日，为春季的卯日、夏季的午日、秋季的酉日、冬季的子日。

由于古代纪年、纪时中经历了很多历法、年号的变化，干支推算中也比较繁复，今人编写了多种专门查对古代年月时日的工具书，是我们在涉及石刻纪时中经常需要使用的。如方诗铭《中国历史纪年表》、翦伯赞《中外历史年表》、陈垣《二十史朔闰表》等等。

三、石刻中常见的文史典故

在上面已经提到,现在见到的汉魏南北朝时期的碑、墓志等石刻铭文文体多以骈体文、韵文等为主,大量使用的赞颂词语逐渐形成了一种套语。尤其是在魏晋时期以后,骈体文盛行,要求行文博雅,形成满篇典故。"诗人只说西昆好,可惜无人做郑笺"。我们要想读懂铭文,就必须了解其中典故的出处。才可以知道铭文中"据事以类义,援古以证今"的内涵。

古代文人用典,有引用古语古事,把古语古事融化在语言中,正用典故,反用典故等多种方法,并且要特别注意语言整齐、文辞对偶。音韵协和等技巧。所以,在铭文中有很多典故含义比较隐晦,很难确解;也有很多典故的意义明确,甚至成为一些事物的普遍代称。下面将唐代碑志及其前代的碑志中经常出现的一些含义较明确的词语典故简单做些介绍。

① 隐喻死亡,叙述死因以及表示对死者的哀悼:

逝川:唐永徽六年(655)十二月六日郭夫人墓志:"逝川不驻,二鼠争催。"①"逝川",见《论语·子罕》:"子在川上曰:'逝者如斯夫,不舍昼夜。'"原是孔子见到流水不返时,对于时光流逝所发出的感叹。后人用以比喻时间不停地流逝,生命走到尽头。

二竖:唐咸亨三年(672)三月二十九日王逸墓志:"俄逢二竖之灾。"原出自《春秋左氏传》成公十年:"晋侯(晋景公)有疾,……求医于秦。秦侯使医缓为之。未至,公梦疾为二竖子曰:'彼良医也,惧伤我。焉逃之。'其一曰:'居肓之上,膏之下,若我何?'医至,曰:'疾不可为也。'"后人常引用来说明病情危重,无法医救。"病入膏肓"的成语也来源于此。这一典故还被称作"梦竖"、"竖妖"、"秦竖"、"秦医"

---

① 周绍良主编:《唐代墓志汇编》,上海古籍出版社,1991年。以下本节中未注明出处墓志均同此。

等。如唐显庆五年（660）八月四日张怀文墓志中称："既而梦监（竖）成妖，虽秦医而莫愈"。

两楹、梦奠：唐咸亨三年（672）三月二十九日王逸墓志："奄及两楹之梦"。原见于《礼记·檀弓上》："夫子曰：'夏后氏殡于东阶之上，殷人殡于两楹之间，周人殡于西阶之上。……而丘也殷人也。予畴昔之夜，梦坐奠于两楹之间。'"是说孔子认为自己将要死亡的梦兆。后人便引用来作死亡的代名词。又作"梦奠"等。如唐永徽元年（650）七月九日曹谅墓志："两楹梦奠。"

崦嵫已迫：唐贞观六年（632）十一月五日张浚墓志："桑榆不居，崦嵫已迫"。原见于《楚辞·离骚》："望崦嵫而勿迫"①。崦嵫山在古代神话中是日落之处，见《山海经·西山经》。这里用来比喻时光已经接近日暮，即人生到了尽头。

朝菌：唐贞观十三年（639）十一月四日张骚墓志："空希大椿，甫从朝菌。"原见于《庄子·逍遥游》："朝菌不知晦朔"②。用来比喻极为短促的生命，即叹息生命很快的灭亡。

止座：唐永徽元年（650）八月七日张宝墓志："贾谊将终，止座之妖先兆"。原见于《史记·屈原贾生列传》："有鸮飞入贾生舍，止于坐隅。楚人命鸮曰：'服'。贾生既以谪居长沙，长沙卑湿，自以为寿不得长，伤悼之，乃为赋以自广。"后人引用来比喻死亡将至。又作"栖鹏"等。

巢门：同样是以异物来作为死亡先兆的古代史事。如上引张宝墓志："张骑垂没，巢门之怪已形。"原见于《三国志·魏书·袁张凉国田王邴管传》："正始元年，戴鵀之鸟巢骑门阴。骑告门人曰：'夫戴鵀阳鸟，而巢门阴，此凶祥也。'乃援琴歌咏，作诗二篇，旬日而卒。时年一百五岁。"后人也用作"栖鵀"等。

---

① 宋 朱熹撰：《楚辞集注》，上海古籍出版社，2003 年。
② 晋 郭象注，唐 成玄英疏：《庄子注疏》，中华书局，2011 年。

武库:唐永徽六年(655)六月二十四日王惠墓志:"武库将构,先逼樗李(里)之坂"。用武库作为坟墓的代称。原见《史记·樗里子甘茂列传》:"昭王七年,樗里子卒,葬于渭南章台之东。曰:'后百岁,是当有天子之宫夹我墓。'……至汉兴,长乐宫在其东,未央宫在其西,武库正直其墓。"

吴剑:唐永徽二年(651)八月二十三日张义墓志:"吴江之剑,永绝分形之悲"。原见于《晋书·张华传》:"初,吴之未灭也,斗牛之间常有紫气,……华闻豫章人雷焕妙达纬象,乃要焕宿,……焕曰:'仆察之久矣,惟斗牛之间颇有异气。'华曰:'是何祥也?'焕曰:'宝剑之精,上彻于天耳。'……因问曰:'在何郡?'焕曰:'在豫章丰城。'……华大喜,即补焕为丰城令。焕到县,掘狱屋基,入地四丈余,得一石函,光气非常,中有双剑,并刻题,一曰龙泉,一曰太阿。……(焕)遣使送一剑并土与华,留一自佩。……华诛,失剑所在。焕卒,子华为州从事,持剑行经延平津。剑忽于腰间跃出堕水。使人没水取之,不见剑,但见两龙各长数丈。"《豫章记》所载称孔章望气,而非雷焕,其他均雷同。宋鲍昭诗作:"双剑将别离,先在匣中鸣。雌深吴江里,雄飞入楚城。"[1]后人以此典故比喻夫妇同亡,合葬一处,该词语多出现在夫妻合葬墓志上。又作"延津之剑"、"匣中之剑"等。如唐永徽二年(651)九月二日赵夫人姚洁墓志:"延津之上,两剑俱沉,叶县之间,双凫齐去"。

双凫:见上引赵夫人姚洁墓志。原见于《后汉书·方术列传》:"(王乔)有神术,每月朔望,常自县诣台朝。帝怪其来数,而不见车骑,密令太史伺望之。言其临至,辄有双凫从东南飞来。于是候凫至,举罗张之,但得一只舄焉。"后人引用此典故比喻夫妇双飞,亦即死后同归一处。

滕公表墓:唐贞观二十二年(648)六月二十三日丘蕴墓志:"滕公

---

① 南朝宋 鲍照:《鲍参军集》,四部丛刊影印本。

表墓"。原见于《博物志》："汉滕公夏侯婴死,送葬至东都门外,驷马不行,掊地悲鸣。即掘马蹄下,得石椁。其铭云:'佳城郁郁,三千年见白日,于嗟滕公居此室。'乃葬斯地。"①后人借作坟墓所在地的代称,又作"滕公之庐"、"驷马不行"等。如东魏武定五年(547)十一月十六日陆顺华墓志:"时历三千,滕公之庐重启"②。

里息巷歌:唐永徽二年(651)六月四日李敬墓志:"里息巷歌"。原见于《礼记·曲礼上》:"里有殡,不巷歌。"用以表示对于死者的哀悼与崇敬。

辍舂、罢相:上引李敬墓志"舂停相杵"。原见《礼记·曲礼上》:"邻有丧,舂不相。"又《史记·商君列传》"五羖大夫死,秦国男女流涕,童子不歌谣,舂者不相杵。"隋开皇十二年(592)十一月七日李则墓志:"于是相杵停音,邻歌断曲。"③唐龙朔元年(661)十月十一日房宝子墓志:"岂止辍舂掩泣,固亦罢祖兴哀。"④都是用以表达哀悼之情。

罢社:见上引房宝子墓志。原见于《三国志·魏书·袁张凉国田王邴管传》:"(王脩)年七岁丧母。母以社日亡。来岁邻里社。脩感念母,哀甚。邻里闻之,为之罢社。"此外,在碑志中还常可以见到"罢市"一词,也是用来表示对于死者的哀悼以及怀念之情。如北齐天保六年(555)十月十四日高建墓志:"乡悲罢市"⑤。原见于《晋书·羊祜传》:"南州人征市日闻祜丧,莫不号恸罢市,巷哭者声相接。"又作"市哭"。如北魏永熙二年(533)十一月二十五日元钻远墓志:"感如市哭。⑥"

① 宋 李昉等:《太平御览》,中华书局影印本,1960年。
② 赵万里:《汉魏南北朝墓志集释》四册,科学出版社,1956年。
③ 赵万里:《汉魏南北朝墓志集释》六册,科学出版社,1956年。
④ "罢祖"当即"罢社"之误。
⑤ 赵万里:《汉魏南北朝墓志集释》六册,科学出版社,1956年。
⑥ 赵万里:《汉魏南北朝墓志集释》四册,科学出版社,1956年。

② 称誉官吏的功德善政：

蒲鞭：唐永徽三年(652)十月一日王则墓志："齐之以礼,岂假蒲鞭之威;示之以信,无违竹马之契"。蒲鞭是用柔软的蒲草作鞭子,用以表示官吏行政时温仁爱民。原见于《东观汉记》："刘宽迁南阳太守,温仁多恕,吏民有过,但用蒲鞭罚之,示辱而已。"[①]

竹马：见上引王则墓志,用以表示民众百姓对于地方官员的欢迎与热爱。原见于《续汉书》："郭汲拜并州刺史,行部至西河美稷,百小儿各骑竹马,迎汲拜。汲问:'儿何自远来?'对曰:'闻使君到,喜。故来迎。'"[②]

制锦：上引王则墓志称："宣风百里,制锦一同"。原见于《春秋左氏传·襄公三十一年》："子皮欲使尹何为邑。子产曰:'少,未知可否?'子皮曰:'愿,吾爱之,不吾叛也。使夫往而学焉,夫亦愈知治矣。'子产曰:'不可,……子有美锦,不使人学制焉。大官、大邑,身之所庇也,而使学者制焉,其为美锦,不亦多乎?'"后人反用其意,用"制锦"一词代称管理国家地方。

移蝗、渡兽：上引王则墓志："化美移蝗,清歌渡兽。"同样是有关古代官吏行善政的传说。"移蝗"指闹蝗灾时,飞蝗不入一些官员所辖的地区,在古代史籍中有过多处记载,如《后汉书》记载徐栩为小黄县令,当时小黄所在的陈留郡遭遇蝗灾,蝗虫飞过小黄而不停留为害。徐栩弃官后,蝗虫却应声而至。又有许季长为寿张令,蝗虫过寿张县界,飞逝不集。《续汉书》及《资治通鉴》等记载卓茂任密县令,河南二十县蝗灾,单独不飞入密县县界[③]。"渡兽"指虎豹野兽等伤人害虫渡河避走。原见于《后汉书·儒林列传》："先是崤、黾驿道多虎灾,行旅不通。昆(刘昆)为政三年,仁化大行,虎皆负子渡河。"

---

① 东汉 刘珍:《东观汉记》,见吴树平校注:《东观汉记校注》,中华书局,2008 年。
② 唐 欧阳询:《艺文类聚》卷五〇引文,中华书局,1965 年。
③ 宋 司马光:《资治通鉴》卷一三六,上海古籍出版社,1987 年。

来晚之歌:唐永徽五年(654)五月十六日王宽墓志:"部内有来晚之歌,邑中建珠还之颂"。来晚之歌,又作来暮之颂、五袴之谣等,均指《后汉书·廉范传》中记载蜀郡人民歌颂廉范的歌谣:"廉叔度,来何暮。不禁火,民安作。平生无襦今五袴。"用以表达民间对爱护民力,富民有方之循吏的感念赞颂之情,后来就成为颂扬好官的套语。

珠还之颂:见上引王宽墓志,又作还珠、合浦珠还等。原见于《后汉书·循吏列传》:"(孟尝)迁合浦太守。……先时宰守并多贪秽,诡人采求,不知纪极,珠遂渐徙于交阯郡界。……尝到官,革易前弊,求民病利。曾未踰岁,去珠复还。"

③ 对军人武士勇猛强力与武功的赞颂:

没羽:唐总章元年(668)十月十日李政墓志:"没羽呈奇"。这是借用李氏祖先西汉飞将军李广的事迹。《史记·李将军列传》载:"广出猎,见草中石,以为虎而射之,中石没镞。""羽"即羽箭,这里指射入石中的羽箭。

猿臂:唐麟德二年(665)十月二十二日程知节墓志:"彰异表于猿臂"[1]。同样是借用李广的故事来比喻武将的体魄卓异,武功高超。原见于《史记·李将军列传》:"广为人长,猨(猿)臂,其善射亦天性也。"

登布、蒙轮:唐永徽六年(655)四月十日王孝瑜墓志:"系桑登布,拔戟蒙轮"。原见于《春秋左氏传·襄公十年》:"狄虒弥建大车之轮而蒙之以甲以为橹,左执之,右拔戟,以成一队。孟献子曰:'《诗》所谓有力如虎者也。'主人县布,堇父登之,及堞而绝之。队则又县之,苏而复上者三。"登布即指此役中秦堇父利用城上悬挂的布多次攀登攻城的勇猛事迹。蒙轮则指狄虒弥用车轮作盾牌攻战的强壮有力。

此外,在有关军人武将的碑志中经常会引用古代著名将领和军事家的典故。吴起、孙子、廉颇、韩信、周亚夫、赵充国、马援、邓艾等人的

---

[1] 周绍良、赵超主编:《唐代墓志汇编续集》,上海古籍出版社,2001年。

事迹都是比较常见、反复使用的。如唐显庆四年(659)四月十四日尉迟敬德墓志中称:"昔邓艾之游山泽,规置军容;孙武之试宫闱,准绳兵法"等。

④ 对于文人优良品行和文才的赞颂:

长卿均才,巨原埒器:见北魏延昌四年(515)闰十月二十二日王绍墓志:"长卿均才,巨原埒器"①。所比喻的文人为司马相如,字长卿,是汉代著名才子文士;山涛,字巨源,为晋代著名贤臣,品德高尚,名列"竹林七贤"之中。类似这样借用古代名人作为比附的对仗典故在碑志中时时可见。例如北魏太昌元年(532)八月二十三日元顼墓志:"昔张华振声于京洛,王导羽仪于杨都,山涛以清猷而后结,周顗以素德而来践。"②就引用了晋代文人中的张华、王导、山涛、周顗等著名人物。

又如北魏神龟二年(519)二月二十三日寇凭墓志:"孝性曾参,志尚晏平"③。则是用孔子弟子、著名孝子曾参的孝心与春秋时期著名政治家晏子(晏平仲)的志向来比拟与赞美墓志的主人。

东魏元象元年(539)十二月二十四日李宪墓志:"慕程婴之高范,怀李善之忠节"④。为了赞誉墓主而引用了两个古代忠义之士的典故。程婴是历代盛传的赵氏孤儿故事中的主人公,赵朔门人,详见《史记·赵世家》。他甘愿背负叛主卖友的恶名,不仅用自己的儿子为赵朔的孤儿赵武替死,而且艰辛抚育赵武成人。待赵武为赵氏报仇后,程婴却从容自杀,"下报赵宣孟与公孙杵臼"。李善是东汉李元家中的仆人。李元死后,仅留下一个孤儿李续。奴婢们商量要杀死李续,瓜分他的财产。李善听到后,偷偷带着李续逃走,抚养他长大,到李续长到十岁时才回来给他接收祖产。后曾任日南太守。见于《后汉书·独

① 赵超:《汉魏南北朝墓志汇编》,天津古籍出版社,1992年。
② 同上。
③ 同上。
④ 同上。

行列传》。

东魏武定八年(550)五月十三日穆子岩墓志:"蔡邕可以致书,卫瓘宜其命子"①,则是借用古代两位著名书法家蔡邕与卫瓘的书法成就来称颂穆子岩的文采。

石刻铭文中援引古代人物时,除去引用原名外,有时会采用他们的字、号,如上面例证中引用的"长卿"、"巨原"等;但更常见的是采用省称和代称,这时对于理解文义就比较困难了。象北魏熙平元年(516)十一月十日元彦墓志中称:"文蔼游夏,策猛张韩。②""游"指"子游",其名为言偃。"夏"指"子夏",其名为卜商。这两个人都是孔子的门生,是孔门七十二贤人中擅长文学的。《史记·仲尼弟子列传》中记载:"孔子以为子游习于文学。……孔子曰:'商始可与言诗已矣。'"所以上引墓志中用这二人的事迹来赞美元彦富有文采。这是采用表字中的后一字,还比较好判断。而历史上姓张、姓韩的名人就很多了。结合墓志中是讲运用谋策的情况判断,可能"张"指"张良","韩"指韩信。这两个人都是汉初著名的谋臣与军事家。所以上引墓志中用这二人的事迹来赞美元彦能谋善算。象这类仅用姓氏省称或代称的人物,判断时都要寻找一下相近的史事。如北魏永安二年(529)二月二十七日王夬墓志"至如贾父北临,羊公南抚"③。可能"贾父"、"羊公"二人是指东汉时期的贾琮与晋代的羊祜,据史载,这二人都是善于治理,宽厚待人的贤臣,且曾分别治理过北方与南方地区。

也有些碑志中直接引用文史典故而不指明人物名字。如北周大象二年(580)十一月十日宇文常神道碑中用"青衿智勇,即埋云梦之

---

① 赵超:《汉魏南北朝墓志汇编》,天津古籍出版社,1992 年。

② 同上。

③ 同上。

蛇；童子仁心,已爱中牟之雉"①来赞扬宇文常的仁爱之心。引用的是
春秋时期孙叔敖埋蛇与东汉时鲁恭治理中牟的典故。《列女传》载:
"孙叔敖为儿时,出游,见两头蛇,杀而埋之。归见其母,泣。问其故。
曰:'吾闻见两头蛇者死,恐他人见,杀而埋之矣。'"②《后汉书·鲁恭
传》载:"拜中牟令。……郡国螟伤稼,犬牙缘界,不入中牟。河南尹袁
安闻之,疑其不实,使仁恕掾肥亲往廉之。恭随行阡陌,俱坐桑下,有
雉过,止其旁。旁有童儿,亲曰:'儿何不捕之?'儿言:'雉方将雏。'"

南金、东箭:北魏永安二年(529)二月二十七日王夆墓志:"雅号南
金,盛传东箭"③。"南金"指南方出产的铜,商周时期铜矿多出自南
方,以此比喻优秀的人才。原出自《诗经·鲁颂·泮水》:"大赂南
金"。"东箭"则是东方制作的箭矢,质量优良。上古时期,东夷以制
作箭矢出名,以此比喻可贵的人品。又见于《晋书·虞潭顾众传》:
"顾实南金,虞惟东箭。"

黄陂:唐贞观元年(627)二月十九日关道爱墓志:"黄陂之巨澄",
又作"黄宪之陂"。见唐贞观十七年(643)十一月十四日王宾墓志:
"汪汪澄黄宪之陂"。陂与波同。原见于《后汉书·黄宪传》"郭泰谓:
'叔度(即黄宪字)汪汪若干顷陂,澄之不清,淆之不浊,不可量也。'"

⑤ 对于妇女品德的颂词:

姜水、黄鹄:北魏永安二年(529)十一月七日元纯陀墓志:"思姜水
之节,起黄鹄之歌"④。这是常用来称颂女子固守贞节的。"姜水"指
春秋时期楚昭王夫人贞姜被留在渐台上,因来迎接的使者未持符节,
与原约定不合,所以守约不离开渐台,被大水淹死的典故。原见于《列

---

① 北周　庾信:《周兖州刺史广饶公宇文公神道碑》,见《文苑英华》卷九一九,中
　华书局,1966 年。
② 汉　刘向:《古列女传》,中华书局,1985 年。
③ 赵超:《汉魏南北朝墓志汇编》,天津古籍出版社,1992 年。
④ 同上。

女传》。"黄鹄"则指鲁国陶婴寡居后不再出嫁,并作《黄鹄曲》来表示自己决心的事迹。亦见于《列女传》。

断机:同见上引元纯陀墓志:"言若断机"。指孟子幼年废学,孟母正在纺织,便用刀割断所织布匹,说:"子之废学,若吾断斯织也。"原见于《列女传》。又《后汉书·乐羊子妻传》记载:乐羊子求学外出,一年即归。其妻引刀趋机曰:"夫子积学,当日知其所亡,以就懿德。若中道而归,何异断斯织乎?"后人则以"断机"或"断织"来赞颂妇女明义善教的德行。

莱妇、梁妻:唐永徽二年(651)九月二日赵夫人墓志:"莱妇未俦,梁妻讵拟"。"莱妇"指春秋时期老莱子的夫人。据《列女传》记载:"楚老莱子隐耕。楚王聘之。其妻曰:'可食以酒肉者,可随以鞭捶;可授以官禄者,可随以鈇钺。今先生食人酒肉,受人官禄,为人制也。能免于患乎?'于是离去,迁于江南。"后代用她作为贤良明识的妻子的代称。梁妇则是大家都很熟悉的东汉贫士梁鸿妻子孟光。现在常用的成语"举案齐眉"、"相敬如宾"都是来源于他们的生活典故。梁妇也就成为文人标准的贤妻形象。所以古代碑志中也常用"捧案"、"举案"等词语来赞颂妇女的美德。如唐永徽三年(652)十月十三日赵安墓志:"承夫弘捧案之礼。"

曹妇、伯姬:北魏永兴二年(533)正月三十日宋灵妃墓志:"齐芳曹妇,等美伯姬"①。曹妇当指东汉曹世叔之妻班昭,是著名的才女,曾为其兄班固续成《后汉书》,并曾在皇宫中教授皇后与贵人,撰写《女诫》,被称作曹大家。伯姬指春秋时鲁宣公女儿伯姬,出嫁宋恭公,在宫中遇到火灾,因保傅未至,守义不出,被火烧死。二者均见《列女传》。唐上元三年(676)十月二十日尔朱氏墓志即作:"用曹大家之明训,守宋伯姬之贞节。"

摽梅、夭桃:原见于《诗经·召南·摽有梅》:"摽有梅,其实三兮,

① 赵超:《汉魏南北朝墓志汇编》,天津古籍出版社,1992年。

求我庶士,迨其今兮。"《诗经·周南·桃夭》:"桃之夭夭,灼灼其华。之子于归,宜其室家。"均是歌唱男女婚姻和美的歌谣。后人经常用之代称婚姻和谐美好。如北周建德三年(574)十一月十五日尉迟氏墓志:"摽梅三实,无阙其时;夭桃九华,能修其政"①。

蠡斯:北周天和四年(569)三月二十日元安墓志:"譬以蠡斯"②。出自《诗经·周南·蠡斯》:"蠡斯羽,诜诜兮,宜尔子孙振振兮。"是在借蠡斯(蝗虫)比喻多子多孙。碑志中常用以称颂女子多产,家族子孙兴旺。

樊姬、郑袖:北魏永安二年(528)八月十一日冯夫人墓志:"修家理阁,樊姬莫与其量;恭夫阃忌,郑袖不二其怀"③。樊姬是春秋时期楚庄王的夫人,曾经劝谏楚王不要外出游猎,并且举荐贤臣孙叔敖,使国家强盛,被称作贤妃。见《列女传》。郑袖是战国时期楚怀王的宠后,能歌善舞。见于《战国策·楚策三》。这里使用樊姬来比喻冯夫人的贤能,用郑袖的美貌反衬冯夫人的尊重丈夫,不妒忌,即使有郑袖这样美貌的宠妃也不会改变她对丈夫的忠诚。

其他如姮娥(嫦娥)、神女、四德、三从、巫山瑶姬、弄玉乘凤等等大家都很熟悉的典故,也是经常运用于妇女碑志中的,这里就不逐一详细介绍了。

查找与核对有关的文史典故,除去需要在日常阅读中多积累有关知识以外,还可以利用各种古代字书词典与类书。如现在常见的《初学记》、《艺文类聚》、《太平御览》、《骈字类编》、《连绵词典》、《辞通》、《古今人名词典》等。一些固定的成语名词在《辞源》中收录较多,使用它也很方便。但是遇到词义比较隐晦的词语,或者引用名号、别字的人物事迹,则需要比较深厚的古典历史文学基础。

---

① 　赵超:《汉魏南北朝墓志汇编》,天津古籍出版社,1992 年。
② 　同上。
③ 　同上。

有些词义出处非一，更需要认真考证，切忌匆忙下断语。而且这些典故，除少量与碑志主人身世相近同之外，很多是溢美之辞。千万不可处处硬性与碑志主人有关的史事套在一起解释。以免出现对于铭刻本身内容的误解。

第五章　石刻及其拓本的辨伪鉴定与编目整理

第一节　辨伪与断代

迄今为止,中国历代学者研究、收集石刻的历史已经有 2000 多年。自宋代金石学兴起,古代石刻及其拓本成为具有市场价值的商品,进入流通领域,也有 1000 多年了。由于商品价值的增高,以及后人仰慕古代石刻精品的心理,使得社会上出现了一批古代石刻的伪刻、翻刻品。兼以日月迭替、风雨侵蚀和人为破坏,造成了大量古代石刻残泐不清,失去原貌。这就给古代石刻的研究与著录造成了一定的困难。

为了保证石刻材料的可靠性与科学性,对于每一件石刻,尤其是残泐不清的石刻,必须予以认真地辨别、分清真伪,清除赝品,并进行年代考察,确定其始刻年代。这是对于石刻材料,尤其是传世石刻材料进行研究的首要工作。近年以来,随着科技手段的发展,石刻造假也越来越严重,字迹、纹饰越来越逼真,给石刻的辨伪提出了新的挑战。

平常所说的伪刻,是指后人伪造的古代石刻。根据这些伪刻的文字内容,又可以概括为两大类。

第一类伪刻,伪造的是原来确实曾经存在过,内容文辞有所保留,但是原石早已经亡佚或者毁坏,后人对于原石的形制与书体都不能确知的石刻。由于比较重要,受到世人关注,后代就有人根据古代历史文献或古代石刻著录记载重新刻石。这类伪刻,有些上面明确标注重刻的时间,有些不注明,可能要冒充原刻。但是它们的内容基本上是可靠的。当然,这些伪刻的文物价值是无法与原刻相比的,可是有些制作较早的这类伪刻也已经具有一定的文物价值。例如宋代人郑文宝依据徐铉写本仿制的秦代峄山刻石,现存陕西西安碑林博物馆。清代学者黄易怀疑是唐、宋时人刻写的汉高祖大风歌碑,现存江苏省徐州市。都被看作是古代的文物予以保存。

第二类是后人纯粹的伪造。伪造者套用古代石刻的文体、形制或妄加杜撰编造成文,刻写上石以牟利。这种伪刻毫无根据,也没有任何价值。它们多出于古董商人雇佣工匠之手,而且多被编造出出土时间与地点,似乎言之凿凿。但是以往的这种伪刻很难与古代石刻的文体、书法、刻工完全相符。坊间常说的包浆,即石刻的外部风化、磨蚀痕迹,也存在问题。只要认真比较,还是可以区分的。笔者曾经见到河南文物研究所藏北魏神廱元年(428)桓猷墓志的拓片。这就是一件伪造者自行拼凑成文的伪刻。墓志文字不伦不类,缺漏比比皆是,又硬行把刻石时间提早到神廱,以显示其古老珍贵。可是我们至今为止从没有见到过考古出土中有这样文体格式完备的北魏早期墓志。可见作伪者弄巧成拙。河南文物研究所藏的另一件晋咸和元年(326)黄淳墓表,文字整齐,字口俨如新发于硎。其书体完全模仿著名的二爨碑。内容也是拼凑碑文所成。作伪的痕迹十分明显,一望可知。

这样伪刻还有不少,如汉朱博残碑、汉营陵置社碑、北魏元虔墓志、北魏周哲墓志、梁陶弘景墓志、唐黄叶和尚墓志等。马子云《碑帖鉴定浅说》一书中列举了他所见到的新旧伪造各代石刻 120 余种。现附引于本章第四节,可为参考。

由于在 20 世纪之前,中国古代石刻的收藏与鉴定主要依靠私人收藏家个人力量。收藏界的见识受到时代条件限制,又没有比较全面的鉴定方法,造成众多伪刻流传。有些伪刻甚至瞒过了颇有经验的收藏家。如汉朱博残碑,伪造于清末,伪造者称之为山东出土。流入坊间后就有人提出怀疑。而当时收藏石刻的大家方若,却对此深信不疑,并且批评那些怀疑朱博残碑为伪刻的人是由于没有见到过原石[1]。致使朱博残石名气大长,甚至有人把它重刻了来宣扬[2]。后来罗振玉在《石交录》一书中记录:"朱博残碑乃尹竹年广文所伪造。广文晚年亦不讳言。余曾以书质广文。复书谓少年戏为之,不图当世金石家竟不辨为叶公之龙也。"[3]这才揭穿了伪刻的真相。实际上如果对于汉碑有一定了解的话,就可以看出这件伪刻的书体与汉代隶书写法颇具差别,气韵不足,笔画软弱无力,是可以辨别出来的。方若只是由于误信有确切出土情况的传说,才造成误判。后来至今的造假者更是会编出绘声绘色的出土情况和流传历史来。当今收藏界的人都知道,这些话是绝不可相信的。

　　有些作伪者则采用翻刻加以改动的作法,利用某一件真正的古代石刻作为底本,模仿它重刻一石,保留了原石的内容与书体,仅是改动姓名、年号等处。如现可见北京图书馆(今国家图书馆)藏北魏正光四年(523)段峻德墓志拓本,就是一件这样的伪刻,是正光四年(523)鞠彦云墓志的翻版,只是改换了墓主的人名。(图 185)又如所见北京大学图书馆藏北魏孝昌三年(527)元恂墓志拓本,与延昌二年(513)元演墓志的书体、内容、格式完全一致,仅是改动了墓主名字与年月干支而已。近年河南文物商贩卖的很多伪志也是采取类似做法。曾见一件翻刻东魏墓志,完全是仿自东魏天平四年(537)张玉怜墓志,只是改换了墓主的姓名,却不改动其有关内容,造成明显的漏洞。

　　此外,我们今天还可以看到一些作伪者将古代石刻上的一些关键字样加以凿刻涂抹,进行修改,以冒充其他朝代的石刻。用这种伪刻制作的拓片流行更多。例如北朝碑志价值较高,有人便将唐宋墓志题

---

① 方若:《校碑随笔》,西泠印社聚珍本,1914 年版。

② 见民国二十四年(1935 年)《云阳县志》卷二二。

③ 罗振玉:《石交录》,见《贞松老人遗稿》石印本,1941 年。

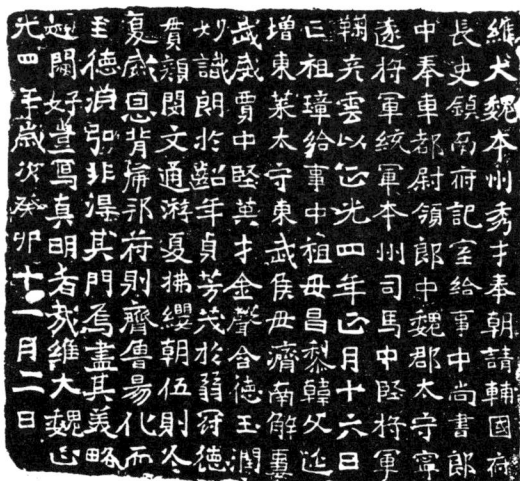

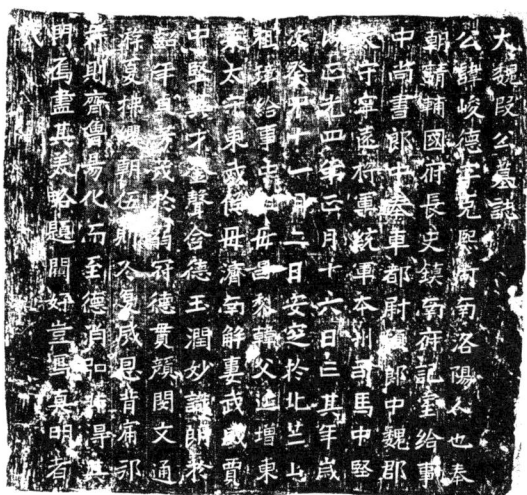

图 185　北魏鞠彦云墓志与伪刻段峻德墓志

记等修改成北朝的年号来冒充北朝碑志。如现可见北京图书馆（今国家图书馆）藏北魏神龟三年（520）孔闰生墓碣拓本，其书体明显为唐人风格，与北朝碑志书体风韵不类；而墓主名字称"闰生"也是唐代人的常见习惯，北朝人名中则为罕见。细审铭文中的"神龟"两字，可见

"龟"字有明显的修改痕迹,似为"龙"字改刻。由此可以判断它是后人用唐代石刻改作的伪北朝石刻。(图 186)

图 186　改为北魏神龟三年的唐神龙三年孔闰生墓志

除去伪刻以外,现存的古代石刻中还有相当数量的翻刻存在。所谓翻刻(或重刻),是指原来的石刻现在仍然存在,而后人依据石刻拓本仿照原样重新刻一件新的碑石。这类石刻经常会与原来的古代石刻混同。这是自唐宋以来经常出现的作法,尤其宋代翻刻名碑的风气为盛。翻刻的主要是一些书法价值较高,历代著名的古代石刻,如秦刻石、汉魏石经、汉碑和汉画像石等。之所以会经常产生翻刻的古代作品,大致原因有以下几点:

首先,这些古代石刻远在异地他乡。由于无法搬运移动,各地的文人，尤其是文化经济比较发达的地区的文人官员，为了观摩、临拓的便利，便使用一些私人所有的旧拓本翻刻上石。如唐代大书法家欧阳询书写的唐贞观六年（632）九成宫醴泉铭，深受书家喜爱，于是在宋代、元代、明代与清代都有各地的翻刻。其他的一些书法名碑也多有翻刻本。甚至有用木版翻刻用来制作拓本谋利的作法。所以对于这样的石刻拓本还需要考察它是否为原刻，甚至是否为石刻。

其次，有些原有的石刻残泐过多，无法椎拓，或者原石所在的地点偏僻险峻，难于登攀椎拓。碑贾则为了谋利出售拓本，便利用旧拓本翻刻成石，冒充原刻，制作拓本出卖。这种作法早在宋代就是碑贾的常用手段。清人汪士鋐曾指出："宋时碑贾因路途遥远，原石不易致拓，或以木或以石重刻之。此后人所谓榷场本，往往充塞于市。"①榷场本应该是指宋代与北方辽金进行贸易交往的商品，可见当时石刻拓本需求量十分可观，而且伪造的拓本已经流散到北方各地。

第三，碑贾将体积较小而且价值较高的古代石刻进行仿照原貌的翻刻，冒充原石出售。这样的翻刻比较多，是近代石刻作伪的主要手段。如汉魏石经的残石、北朝墓志等，都有很多翻刻本。近来随着工具与技术发展，甚至一些较大的碑刻也有翻刻。自清末以来，北朝墓志的书法价值日益增高。搜求者也自国内扩展至海外。新出土的北朝墓志更是奇货可居。因此翻刻者也屡试不止。王壮弘《碑帖鉴别常识》一书中谈到："民国间洛阳有个碑商名叫郭玉堂的，凡出土一石就翻刻一石，时间长了，刀法也熟练了，如果不以原本细细校勘，确实难以辨认。"②此事不知王壮弘是否亲见。郭玉堂曾受张钫、马衡等多位收藏家委托在洛阳收购墓志，对于洛阳墓志出土情况多所了解，并著有《洛阳出土金石时地记》一书，对于洛阳石刻的保存有一定作用。洛阳地区的出土墓志确实存在大量翻刻，但是否出自郭玉堂之手，尚须

---

① 清 汪士鋐：《瘗鹤铭考》，粤雅堂丛书本。
② 王壮弘：《碑帖鉴定常识》，上海书画出版社，1985 年。

核证。现在可见的北魏著名墓志,如延昌二年(513)元显儁墓志、延昌三年(514)元珍墓志、正光四年(523)元倪墓志、正光四年(523)元祐妃常季繁墓志、孝昌元年(525)元显魏墓志等等,都有多件翻刻本存世。时至今日,仍然翻刻不断,据说洛阳等地的一些新出墓志都有多件同样的志石流传,显然其中混有翻刻,甚至可能都是翻刻,而原石秘而不宣。但是这种作法已经比较拙劣,如果原石问世,就比较容易辨识。多年前,中国历史博物馆史树青曾嘱笔者代为鉴定一件晋代石志,据称是民间收藏家送到历史博物馆求售的。实际上它就是将东晋永和四年(348)王兴之墓志的部分内容翻刻成石。该志原石是20世纪60年代在南京出土的,并立即由南京博物馆收藏。如何能流入民间呢?翻刻者将该志的背面一半铭文翻刻上石,冒充晋代石刻谋利。令人啼笑皆非。

这些翻刻本的字体与内容与原石基本一致,仅仅是由于摹刻技术的优劣不同以及刻工文化水平的差异而造成书法艺术风格上的一些差异。其艺术价值与文物价值自然远远无法与原石相比。所以也需要认真地加以区分。

宋代以后,盛行将历代书法作品汇集摹刻上石,形成丛帖。很多著名的丛帖保存了历代著名书法家的代表作品,对于普及书法艺术极具价值,也因此受到历代文人的关注,其拓本大量留存在世。著名的如《大观帖》、《汝帖》、《绛帖》等,现在已知的历代丛帖可达数百种。容庚有《丛帖目》等专门研究成果,可以参考。这些丛帖也有翻刻本。由于它们与史料研究无关,除部分早期原刻石之外,文物价值也不很大,所以以往研究者只看重其翻刻技术的优劣,而对是否翻刻并不在意。

在以上所列举的种种伪造翻刻情况中,最为严重的是近午来的自行编造作伪现象,由于电子技术等新科技手段的运用,当前可以很好地模仿古代的书体文字,摘选原石铭刻字体来组成伪刻文字,加上一些具有一定文化水平的作伪者编写仿照古代文体的铭文,造出来的古代石刻很难进行辨识。如果铭文完全是一些套话，不涉及已知的历史人物，就更是无从查核内容真伪。现在只能从刻工与原石形制、外表状态等方面具体考察，如果作伪者再对古代石刻有比较深入的了解，其作伪成果就更难以判断。至少我们不能轻易否定它是原装的古代石刻。所以，对于现在坊间流传的新出土古代石刻，必须持有高度的怀疑与警惕。

这里举一个例子。如一件碑林博物馆新收集的唐常昌墓志，就有一些疑点值得考虑。

据该墓志铭文所记，它葬于调露元年（679）十一月七日，当属初唐政局稳定以后，政治礼制文化风俗均已步入正轨之时。初唐时期文化昌明，教育兴盛，儒家思想教育比较普及。因此，当时的墓志文体内容也显得比较规范而有文采。特别是流行的骈体志文中，大量用典，对仗规整。从唐代流行的《初学记》、《略出赢金》、《艺文类聚》、《六帖》等各种大小类书中可以看到，文中用典均有来源根据，符合历史文献的记载。这样一来，我们看到这件铭文所言常昌为弘农人，在追述其祖先世系时，称："昔祚融黄德，伯夷掌三礼之宗；运启青光，太公疏四履之域。"又在最后的颂铭中再次重申："炎衡履运，姜水疏澜。虞载司礼，周图效官。"不由得就给我们造成了一个疑问，这样的墓志铭文所描述的墓主人应该姓常吗？

《新唐书·宰相世系表》关于常姓世系渊源的记载是："常氏出自姬姓，卫康叔支孙食采常邑，因以为氏"。《元和姓纂》与《通志·氏族略》也同采此说。可见在唐代通行的对常氏族系来源的说法应该是"出自姬姓"。我们知道，唐代人非常讲究氏族谱系，对于其姓氏的由来都形成了明确的固定说法。因此，常氏渊出姬姓，从现有材料来看，可以说是确凿无疑的。

现有的一些唐代常氏人物墓志中的铭文记载也可以作为佐证。例如：《唐代墓志汇编》收录万岁通天二年（697）八月二十七日大周故常（德）府君志铭，述及祖先起源时说"虢邑胜壤，辟晋野而开基。"虢，晋都是西周王室分封的诸侯,同属姬姓。显庆五年(660)七月唐故常(玉)夫人墓志铭称:"爰自周土,聿来豫地。"也是采用其族源出自西周姬姓的说法。《唐代墓志汇编续集》收录咸通六年(865)十月十二日大唐河内故常(克谋)府君墓志铭:称"后稷之苗,文武之裔。"更是直接说明常姓为后稷与周文王,周武王之后,确系姬姓所出。

但是,据常昌墓志的铭文所言,常姓则成了姜姓之后。"昔祚融黄德,伯夷掌三礼之宗;运启青光,太公疏四履之域"一句中,伯夷指传说中的帝尧时期太岳之官,《史记·五帝本纪》:"帝曰咨伯。"《古今姓氏书辩证》卷六上平声十七真申部:"伯夷为尧太岳之官"①。太公指周文王的大臣姜尚,佐周灭商,被封于齐国。均为姜姓祖先。"炎衡履运,姜水疏澜。虞载司礼,周图效官"几句颂词,也是在隐喻地赞颂伯夷与姜尚等人物。"炎衡"与"姜水"则是在说姜姓的由来。《古今姓氏书辩证》卷十三下平声十阳,姜姓:"姜,出自炎帝,生于姜水,因以为姓。裔孙佐禹治水,为尧四岳之官,以其主山岳之祭尊之,谓之太岳。命为侯伯。复赐祖姓。以绍炎帝之后。"则已经把其来源说得十分清楚。可见墓志中出现的这些词语所要说明的正是姜姓氏族。姬姓与姜姓是古代历史悠久的两个大姓,在周代世代通婚,族系明显不同,不可能混为一说。唐代文人不应该犯这样的错误。那么我们得出的结果只能是:这件墓志原本不是写给常姓人士的。也就是说,很可能是借用其他姓氏的墓志内容新造的伪志,为此而改换墓主姓名。这是近代墓志造假的常见作法。

此外,墓志铭文中的一些词语也让人感到不尽可信。例如墓志记载:祖毅,周任八柱国大将军。父,隋左十六骠骑大将军。常昌曾任隋文皇帝挽郎,易州易且令。其大人之父刘顺任隋并州刺史,营州都督。

而参照文献记载比对,这些官名都是存在错误的。《隋书·地理志中》载"太原郡,后齐并州,置省,立别宫。后周置并州六府,后置总

---

① 宋 邓名世:《古今姓氏书辩证》,江西人民出版社,2006 年。下同。

管,废六府。开皇二年置河北道行台,九年改为总管府。大业初府废。……上谷郡,开皇元年置易州。易,开皇初置黎郡。寻废。十六年置县。大业初置上谷郡。……辽西郡,旧置营州,开皇初置总管府,大业初府废。"

《旧唐书·地理志二》也记载:"北京太原府,隋为太原郡。武德元年,改为并州总管。……七年,改为大都督府。……易州中,隋上谷郡。武德四年,讨平窦建德,改为易州。……营州上都督府,隋柳城郡。武德元年,改为营州总管府。……七年,改为都督府,管营、辽二州。"

隋唐之间地理区划名称有过多次变动,这些变化正可以帮助我们对考古文物资料予以断代和区别真伪。《旧唐书·地理志二》记载"及隋氏平陈,寰区一统,大业三年,改州为郡。……(唐)高祖受命之初,改郡为州,太守并称刺史。其缘边镇守及襟带之地,置总管府,以统军戎。至武德七年,改总管府为都督府。"

由此可见,称刘顺为隋并州刺史,营州都督的说法与历史事实不符。隋代只可能有并州总管或者太原郡太守,以及营州总管。同样,称墓主为易州易县令也存在着类似的问题。据志文记载墓主卒于贞观十八年(644年),卒年六十五岁。则其出生于北周大象二年(580年)。以此推算,他曾任易州易县令的时间应该是在隋代大业年间。而这时易州应该称作上谷郡了。

以上问题,除非把它解释成唐代人用唐代的职官去记录相当的隋代官职。否则就可能是后人的杜撰了。

而八柱国大将军一说更为可疑。关于北周官制中的柱国大将军,《隋书·百官志下》记载:"高祖又采后周之制,置上柱国,柱国,上大将军,大将军,上开府仪同三司……总十一等,以酬勤劳。"是说隋代仍采用北周的十一等勋级。那么这十一等级就是北周晚期实行的官阶名称。而柱国大将军的称呼则早于这一体系。据《周书·卢辩传》记载,"辩所述六官,太祖以魏恭帝三年始命行之。……柱国大将军,大将军,右正九命。"可见柱国大将军是在西魏就正式确定的最高一级官位(后来才有上柱国大将军之说)。就《周书》中所见,北周曾经被授予柱国大将军的并不止八人。也没有八柱国大将军一职。"八柱国"一说,见于《周书·侯莫陈崇传》。为详细对照,具引有关记载如下:

> 初,魏孝庄帝以尔朱荣有翊戴之功,拜荣柱国大将军,位在丞相上。荣败后,此官遂废。大统三年,魏文帝复以太祖建中兴之业,始命为之。其后功参佐命,望实俱重者,亦居此职。自大统十六年以前,任者凡有八人。太祖位总百揆,督中外军。魏广陵王欣,元氏懿戚,从容禁闱而已。此外六人,各督二大将军,分掌禁旅,当爪牙御侮之寄。当时荣盛,莫与为比。故今之称门阀者,咸推八柱国家云。……此后功臣,位至柱国及大将军者众矣,咸是散秩,无所统御。

由此可见,所谓八柱国,只是对西魏大统十六年前掌管中枢军事的八位权臣的统称。北周时期根本不会有着八柱国大将军这样的官职存在。上引文献中还详细列举了当时的八柱国及十二大将军姓名官职。自然,其中找不到这位常毅的存在。同样,据《隋书·百官志》记载,骠骑将军是隋代官制中居于正四品的军将实职,炀帝时改为鹰扬郎将,正五品。也不会有左十六骠骑大将军这样的官职存在。这样一件姓氏出处,官职名称都存在着明显常识性错误的墓志,实在是值得怀疑。如果细细考究,在文辞中还可能找到值得怀疑,存在拼凑痕迹的地方。

有鉴于此,如果没有确切可靠的证据,对于现在流散在民间、来源不明的墓志等古代石刻最好还是先不要轻易肯定,先置之存疑待考更好一点。

由于现在文物市场的混乱,造假现象的猖獗,古代石刻的辨伪鉴定也越来越困难,自然就越来越重要。这除了加强对石刻本身的了解之外,还需要相应的学术规范与研究手段,如编写完善的石刻目录与石刻图像资料库,统一编制石刻保护管理制度,制定严格的鉴定标准等。

与石刻辨伪同时进行的是对古代石刻材料年代的确定。一般的石刻,尤其是较大形制的碑、墓志、摩崖、造像题记乃至题名等等,基本上都会在铭文内容中记录有撰写铭文与制作石刻的具体年代日月。有些没有具体的日月,但是也有朝代、年号、太岁年、干支等可以佐证具体年代日月的文字。这样,如果可以确认这些石刻并非伪刻,那么其本身的年代就可以同时确定。另外有很多石刻的内容中并没有包括任何可以佐证具体年代日月的文字,也有一些石刻由于年代久远,残损严重而失掉了有关年代日月的记载。对于这样的石刻,就很有必要认真考察确定它的朝代、年月日等具体数据。这种断代工作在很大程度上是与辨伪工作的作法相同的。

石刻的辨伪与断代工作,自金石学兴起以后就已经存在,是石刻研究中的一个重要学术组成部分,并且迄今已经积累了一定的经验与习惯作法。但是这些方法,仅散见于历代学者各自的题跋与笔记中,不易查考。而文物商贾的传统方法多属于个人经验,未成体系,也不见公开。所以说现在还没有多少现成的文字材料可以介绍。从笔者了解到的常用方法与个人的摸索体会来看,对于一件石刻的辨伪与断代,主要要从实物与文献两方面来综合研究,即对石刻本身的形制、质地、所在地、文字书体、纹饰雕刻、铭文内容等方面作全面的分析考查。这与日常文物商所谈的碑帖鉴定不同。所谓碑帖鉴定,往往并不针对石刻本身,而仅仅是对拓本的考查分析,其鉴定另有特点。在下文中将另行介绍。

概括地说,一件古代石刻的辨伪与断代,必须从以下几个方面进行考查与研究。

① 石刻的形制特征、纹饰雕刻应该符合铭文中所记载的时代(如石刻具体刊立年代、或内容中可以界定的所在历史时代)。从现有材料可以看出,不同历史时代的石刻具有不同的形制特点。现在可以看

到比较明显的是在各个朝代改换时,或改换朝代前后的一段时间内产生了这种形制上的变化。如石刻的外部造型、碑额及碑身上的纹饰、装饰图案的内容形式、雕刻工艺等都随着朝代变更有所变化,甚至在某些持续较长的朝代中也曾产生过多次这样的变化,形成几个阶段。如唐代就可以划分为初唐、盛唐、中唐、晚唐等变化阶段。

② 石刻的文字书体要和所在时代的流行书体相符。从现有石刻中可以看出,不同的历史阶段所流行的文字书体风格也有所不同,如汉代通行隶书,南北朝时期流行八分、魏碑体,唐代流行楷书等。甚至同一种书体在不同时代表现出的风格也不一样,如西汉的隶书与东汉的隶书就体现出不同的意味,要是和盛唐时期的隶书相比,则区别更加明显。

③ 石刻铭文中使用的异体文字写法应该与所在年代相适应。中国古代使用过极其大量的异体文字,有些沿用时间较长,而有些使用时间就很短暂,具有明确的时代性,可以作为断代的标准之一。如果在某一年代的石刻中出现不曾在同时期出现过的异体文字,或当时普遍使用异体写法的某些字改用了正体,这些石刻的年代与真伪就都值得怀疑了。

④ 石刻铭文的文体与内容特征应该与所在年代流行的文体相符。这一点上文中已有叙述。

⑤ 石刻中所反映出的重大历史事件、人物、年号、干支、地名、官职乃至风俗习惯等细节应该与历史文献的记载相比较而基本无误。

⑥ 如果有确切出土情况记载或传说的,对于出土情况要考察落实。出土地点要与石刻铭文中的记载相符合,或有合理的解释。

⑦ 对于一些比较著名的传世石刻,需要了解以往的金石著录等文献记载中是否记载有翻刻本。并了解有关翻刻本的特征、所在地、拓本流传情况等。有条件的可将多种拓本加以比较,用以做出合理的判断。

⑧ 对于曾断裂破碎后拼接的石刻,以及一些由多个部件组合起

来的石刻,也要考察其每个组成部分是否均为同一原石,是否存在后来的补刻,或者存在不同石刻的部件拼接一起的情况。

有关这些考察的具体内容,我们在前面的介绍中已经或多或少地引用一些例证做了一些说明。为了更深入理解与实际运用有关知识,并且尽力避免重复。以下拟结合一些具体的石刻材料,对有关石刻辨伪与断代的铭刻特点做一些具体的讨论。

关于石刻形制、纹饰、加工方式等外形变化上的不同时代特点,我们在上面介绍各类石刻的基本形制时已经有所涉及。通过大量历代石刻的外部形制、雕刻纹饰等细部特征比较,我们可以看到基本上每件古代石刻都表现出很明显的时代文化特征,可以通过详细认真的梳理排列总结出分期特征与变化情况,并且划分出清晰的分期。

例如古代石碑的螭首。它应该是起源于古代方术思想中的四象概念。当时将四方与四时等归结于四象来表现。东汉鲜于璜碑上出

图 187　汉碑螭首

现的青龙、白虎与朱雀等纹饰就是其早期的范本。在东汉建安十四年（209）高颐碑、建安十年（205）樊敏碑等碑石的碑首上就已经雕刻了蟠龙纹饰。在半圆形的碑首上线雕或浅浮雕出缠绕的蛟龙纹样。（图187）在两晋南北朝时期的碑首上，这种蟠龙纹饰比较多见，并且演变成对称性的交龙纹，即两条蛟龙对称相向交缠，龙头分别在左右外侧垂下。南朝碑刻形制多与此相类。如作为南朝碑石突出代表的梁代诸王墓碑，至今保存基本完好。现在南京甘家巷的萧憺墓前东侧碑石，为圆首，有穿，碑额顶部雕刻交龙纹饰，龙身多被刻画得细长虬曲。北朝碑刻螭首与此类似。但是要显得窄长。龙头雕刻较简单，鳞片也较粗略。（图188）唐代以降，由蟠龙缠绕组成的螭首多雕刻成一件单独的碑首，与碑身明显地区分开来。螭首的外形也逐渐向椭圆形甚至方形过渡。龙身逐渐粗壮，鳞片、须髯、爪甲等细部都刻画得十分精细逼真，气势十足。（图189、190）明清时期的螭首就基本上接近方形，蛟龙的形象刻画上也与唐宋时期的龙明显不同，显得较为板滞、

图188 北齐碑螭首

图 189　唐碑螭首

图 190　宋金碑螭首

图 191　明碑螭首

图 192　清碑螭首

僵化。(图 191、192)近年美术界有人专门汇集了各个时代的龙纹图样,可以对照比较。近年坊间曾见一件所谓汉冀州从事许君碑,显系伪刻。其他问题不提,仅其碑首采用了北朝的螭首一点就可以辨伪。

又如古代墓志中占有较大比例的盝顶式墓志,从南北朝时期开始就在墓志盖上的四杀与志侧等处雕刻纹饰。而历代墓志上的纹饰情况都有所不同。南北朝时期在墓志上的装饰纹样不是太多,少量出现有神兽、莲花、缠枝纹乃至有祆教色彩的纹饰等。而唐代以团花纹、缠枝纹、四象与十二生肖纹等为主。晚唐和宋代则简化为牡丹纹、折线纹、回环纹等比较简单平板的纹饰。关于墓志纹饰的变化，可以参看上面对于墓志类型的概述。陕西长安西市博物馆藏唐王玄德及夫人邰氏墓志，在志文四周加一圈纹饰，志侧纹饰则是马球图、宴乐图、出行图等，与唐代墓志纹饰惯例截然不同，十分可疑。

石刻中侧重于艺术雕刻的一些类型，如画像石、石窟造像、经幢、石棺、床、屏风等，则具有丰富的时代造型特征，可以参照同时期的其他艺术品造型与纹饰特点去分析。在有关方面的研究中已经获得了丰富的研究成果，对其断代与辨伪有着很多明确的判断方法，如衣纹变化，纹样变化等。限于篇幅，这里不作详细的介绍，可以参考有关石窟考古、佛教艺术考古、古代艺术史与艺术考古方面的有关著作，如《中国石窟》丛书、《龙门石窟》、《云冈石窟》、《大足石窟》、《中国古代佛教图像汇编》等。通过实物对照予以判断。

由于本书侧重于文字铭刻，所以着重于介绍从铭刻文字本身的特征上去进行辨伪、断代的工作方法，除在上面通过异体文字的发展变化等情况来区分时代之外，还可以通过铭刻本身的书体特征与雕刻技艺特征等方面来协助进行辨伪与断代。下面就补充一些关于历代书体变化的情况。

古代石刻文字材料中包含的书体十分丰富，而且随着其书者、刻工的文化水平不同显现出不同的风貌。但是从时代变化的角度去看，就可以发现在中国历史上的每一个时代都存在着与其文化发展相应的特殊书体风格。并且这些书体风格在石刻中会有充分的体现与明显的时代变化。因此，在熟悉了中国古代文字书体变化过程的基础上，就很容易从一件铭刻的书体与书写风格上分辨出它的大致刻写年代。

中国的汉字可以列入世界上起源最古老的文字之中，而且是唯一一种使用至今从未间断的文字。仅从现有考古资料的证据来看，汉字就有三千余年的历史。通过大量有关不同时期汉字的考古发现材料，特别是商周时期以及更早时期的考古资料，我们已经可以比较清晰地勾画出汉字产生与发展的历史脉络。概括地讲，中国的古代文字起源于图画，是一种象形文字，这一点和世界上其他古代文字的起源是相同的。以后，汉字的形体在发展过程中逐渐符号化，成为带有表音成分的表意文字。在商代甲骨文中已经体现出这种变化。以后在两周至秦代的各种文字材料中都表现出丰富多样的文字写法，具备了象形、会意、指事、形声、假借等多种造字原则。但是由于汉语言的语音特点，汉字迟迟未能走到拼音文字这一步。这样，由于中国文字发展的历史从未间断，又长期是带有表音成分的表意文字。所以古文字中的象形图画成分始终保存在文字结构中，成为中国文字的一大特点。象形结构的符号化过程、文字的形体特征都与这种象形文字的图画性质密不可分。中国特有的汉字书法艺术也得益于这种文字的图画性质。

这样，汉字的书写中就带有很大成分的个人艺术创造因素。如何把字体书写得美观成为书写者的一个重要目标。而社会也需要一些将字体书写得符合大众的审美需求，并供众多书写者模仿学习的样板，这就是历代书法家产生的根源。不同社会时期、不同文化素养的文化统治者们对于书法的欣赏品味自然会有所不同，这应该是各个时代流行开不同书体的原因。

过去一般把使用古文字的下限划分在先秦时期，即秦隶书定型之前。那么秦汉以降时期，流行隶书与后起的楷书、行书、草书等书体，就可以算作今文字时期。而汉代，作为古文字向今文字转变的重要过渡时期，文字形体的变化是很大的，这一阶段的文字书体与字词内容很丰富，在中国文字学的历史上具有十分重要的实证价值。（图193）

图193　篆书、秦石鼓文

　　在汉代流行的文字书体主要是隶书。另外我们还可以看到小篆和章草书等书体的使用情况。这些书体的起源必须追溯到秦代乃至秦代以前。汉代著名的文字书《说文解字》叙中记载："秦书有八体：一曰大篆，二曰小篆，三曰刻符，四曰虫书，五曰摹印，六曰署书，七曰殳书，八曰隶书。"①这就是后人经常讲的"秦书八体"。有研究者认为，上述八体中只有大篆、小篆、虫书、隶书为真正的书体，而刻符、摹印、署书、殳书则是因其用途或材料不同所定的名称。篆书在秦代属于官方字体，用于比较庄重的场合。隶书也是秦代规定的通用字体，多用于文书及民间。古代历史学者们都认为："秦承汉制。"也就是说汉代国家政治系统与礼仪文化系统基本上是继承了在秦代统一中国后形成的固定制度，例如中央官署管理体系、地方郡县制度、交通馆驿制度、军事制度、祭祀制度，以及有关的文书档案制度等等，都是在秦代社会形成的一套体系上加以修改和继承。汉代使用的文字书体也是这样，是在秦代文字的基础上继续发展完善的。

　　汉字在秦汉之间的演化情况就是中国文字演变历史上非常重要的一个转折点——篆书向隶书的转化。

　　从秦到汉，现在见到的出土简帛文字材料上的用字多为隶书，虽然有些字的结构还保留着浓厚的篆意。但总的来说这些都是自秦篆走向成熟汉隶的过渡形态。从西汉武帝时的银雀山汉墓竹简来看，这些文字字体在书法风格上有结体方整、重心平稳、规整秀丽、笔法古雅的特点。也有的草率急就、自由奔放、波桀显著。当时书写的简帛中，多为规整的汉代隶书，少部分为较草率的隶书（草隶）。有学者认为：隶书的出现是汉字形体由繁变简的一大发展，它解散了篆体，使文字形体完全改变了原始的图画性质，成为便于交流书写的符号。此后汉字的结构基本上没有再发生大的变化。而石刻中的书体则以小篆与带有篆意的隶书为主。西汉的隶书看起来行笔圆润，随意性较大，很

---

① 　许慎：《说文解字》十五上，中华书局影印本，1963 年。

少有明显的波磔,如笔画中的捺、撇、掠等尾部一般不特意加重,竖钩也是顺着笔势掠出,不作钩起。整个字体仍然是呈现长方形或接近正方形,结构舒展,不像东汉的隶书那样严谨规整,而是带有较多的篆意。尤其是在西汉石刻中的字体,很像是简化了的艺术篆书。而在王莽短暂的新朝时期,曾经实行过明显的复古措施,书体以小篆为主。但是与秦小篆相比,则更加艺术化,显得规整,笔画较少曲折。

东汉时期的隶书与西汉隶书比起来,有了一些改变。字体扁方规整,结构严谨端正,大小均匀。行笔以直笔为主,具有明显的波磔。近代书法界人士形容这种书体时,常说它的笔法是一笔三折、蚕头燕尾等,就很形象地说明了它的用笔特点。特别是东汉的大型碑刻,字体工整,加工精细,有明显的章法。东汉的摩崖、实用题记、建筑物刻铭等一些实用性较强的石刻,书写得比较草率,字体相对不那么规整,笔画中的波磔也不太明显,但是

图 194　隶书、汉石门颂

在整体结构上仍然会保持着统一的平稳气韵,表现出一种端庄大方又舒放自如的特有风貌。(图 194)

这一时期留下的碑刻材料很多,可以生动地体现当时隶书的多种书写风格。但是总起来看,东汉石刻的隶书中独具一种浑厚朴质的凝重美感,结构严谨而不板滞,特别是在章法上体现出统一的气势,正如康有为所言:"有拙厚之形,而气态浓深,笔颇而骏。"①这应该与东汉文人的风习有关,所以虽然此后历代都有隶书作品传世,但是那些隶书均与东汉石刻隶书风貌不可类同。也就是说,后代石刻中的隶书,无论如何也写不出汉隶的味道来。这种特色,多品味一下东汉石刻作品就可以

---

① 康有为:《广艺舟双楫》,上海书画出版社,1981 年。

领会到。如常可见到的东汉永兴元年（153）乙瑛碑、永寿二年（156）鲁相韩敕造孔庙礼器碑、延熹八年（165）鲜于璜碑、建宁元年（168）史晨飨孔子庙碑、建宁二年（169）史晨祀孔子奏铭、建宁五年（172）郙阁颂、中平二年（185）曹全碑，以及新发现的建宁二年（169）肥致碑、熹平二年（173）景云碑等，体现出汉隶的各种典型风格。而东汉的篆书石刻也有自己的特点，如行笔圆润、呈比较规则的长方形，注重笔画修饰等。例见光和四年（181）祀三公山碑、永元四年（92）袁安碑等。（图 195）

魏晋时期的文字应该是以隶书与行草为主。现在见到的这一时期石刻隶书在东汉隶书的基础上向着更便于书写的方向演化，即将文字的形体结构进一步规整，显得外形整齐划一，笔画圭角分明，字形看

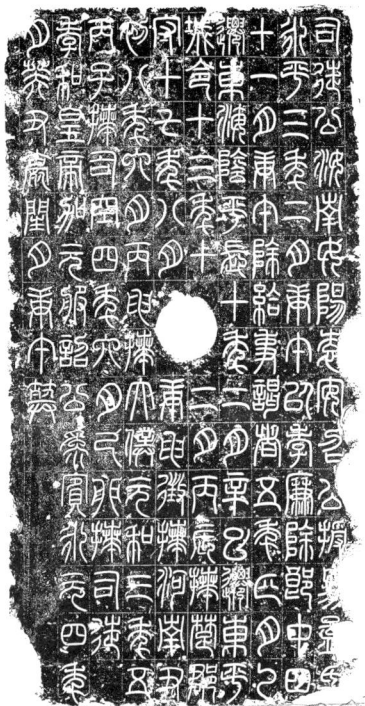

图 195　篆书、汉袁安碑

起来比汉代隶书更显方正,不那么扁平,波磔也不如汉隶那么明显突出。但是在书写上却显得稍微草率一些,字形结构比较松散,有些字的写法已经接近正书,表现出了正在向楷书过渡的迹象。如果从气势风貌上看,魏晋时期的隶书就要比汉隶软一些,显得柔媚松弛,流畅工巧,笔画由瘦硬转向肥厚,在庄重严谨上远不如汉代隶书。如魏三体石经、魏黄初元年(220)孔羡碑、晋泰始六年(270)任城太守孙夫人碑、晋咸宁四年(278)三临辟雍碑、晋永康元年(300)左棻墓志等石刻的书体都体现出这些特点。吴天玺元年(276)天发神谶碑则表现出当时的篆书写法,行笔方头尖尾,结体均匀,但转折方硬,对文字进行了明显的艺术加工。后代所谓的垂针篆可能就源于这种写法。它在明清时期也曾流行,对碑额、题榜以及篆刻玺印的刻写产生过一定影响。(图196)

图196　篆书、吴天发神谶碑

南北朝时期，文字书体的变化很大，早期十六国时期，还存有魏晋隶书的遗风，而后流行开被后人称作魏碑体的正书。这种书体从隶书中脱胎而来，带有一些隶书的痕迹，但是笔画均显得方整刚硬，渐现肥厚，每笔棱角分明，特别是捺笔明显加重。可能这里也有石刻工匠刻工手法所造成的因素。而从文字结构上看，整体现扁方形，上小下大，重心低稳，具有独特的艺术风格。汉字书体的楷化就在这时逐渐完善。（图197）从其他文字材料中可以得知，这时已经流行开行书、草书等书体，但在石刻中还没有见到。由于使用场合各异、刻写者的水平高下不同，各种石刻中的书体差异很大。在摩崖、造像题记等石刻中，文字较为草率，异体字非常多，行笔与章法也不甚讲究。但是在墓志与碑刻中，尤其是一些贵族官员的墓志中则可以见到非常秀美的文字书体。字形谨严端庄，结构匀称，章法分明，逐渐向着后来流行的楷书接近。出于当时文化政治中心地区的石刻文字一般书体比较考究

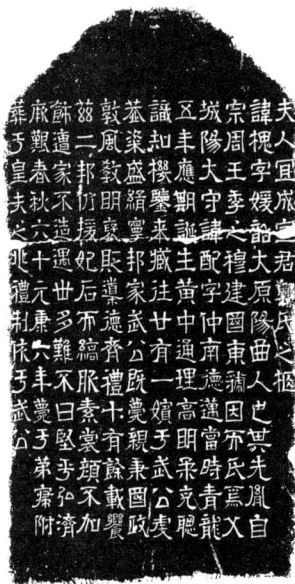

图197　隶书、晋郭槐柩铭

规整,显示出较高的文化水平。而出于偏远地区及乡间的石刻书体相对较差,结构章法都不甚讲究,异体较多,有些甚至像初学蒙童的涂鸦之作。

由于北朝石刻类型多样,文字形体写法丰富多变,所以要想了解北朝石刻的书法特点,需要接触从碑志摩崖到造像题记等各类石刻材料,掌握它的不同面貌。可以参阅前秦建元四年(368)广武将军□产碑,后秦弘始四年(402)吕宪墓表,北魏太安二年(456)中岳嵩高灵庙碑、太和十二年(488)宕昌公晖福寺碑、永平二年(509)石门铭、北魏龙门造像题记(龙门二十品)、太和二十年(496)元桢墓志、神龟三年(520)元晖墓志,东魏元象二年(539)高翻碑、武定七年(549)义桥石像碑,北齐天保八年(557)刘碑造像记、河清三年(564)乐陵王墓志等。(图198)

南朝的石刻文字也有类似的由隶书向楷书转化的变化过程。但是南朝文字书法似乎受晋代隶书的影响较大,存在着更多的章草与行草的痕迹,所以向楷书变化的时间也更早一些。在南京一带出土的东晋墓志上可以看到当时的书体带有十分浓厚的章草遗风,形成方整凝重的字体,并逐渐向端正的楷书过渡。但是与北朝流行的魏碑体相比,南朝的书体显得清秀婉丽,力度不足,在文字结构上则显得严谨一些,特别是异体字的变化上相对较少。

如欲了解南朝的石刻书体特点,可以参看东晋太宁元年(323)谢鲲墓志、升平二年(358)王闽之墓志,宋大明八年(464)刘怀民墓志,南齐永明元年(483)刘岱墓志,梁天监元年(502)萧融墓志、天监十三年(514)桂阳国太妃墓志、瘗鹤铭等,从中可以梳理出这一时期汉字书体的演变过程。而书体别具特色、颇受书法界看重的东晋太亨四年(405)爨宝子碑与宋大明二年(457)爨龙颜碑等,则带有较多的隶书气息,显得古拙,与江南当时流行的字体不尽相同,可能是边陲地区文化发展变化晚于中原的反映。

楷书在南北朝时期逐渐定型并且流行开来。这一阶段中书体的

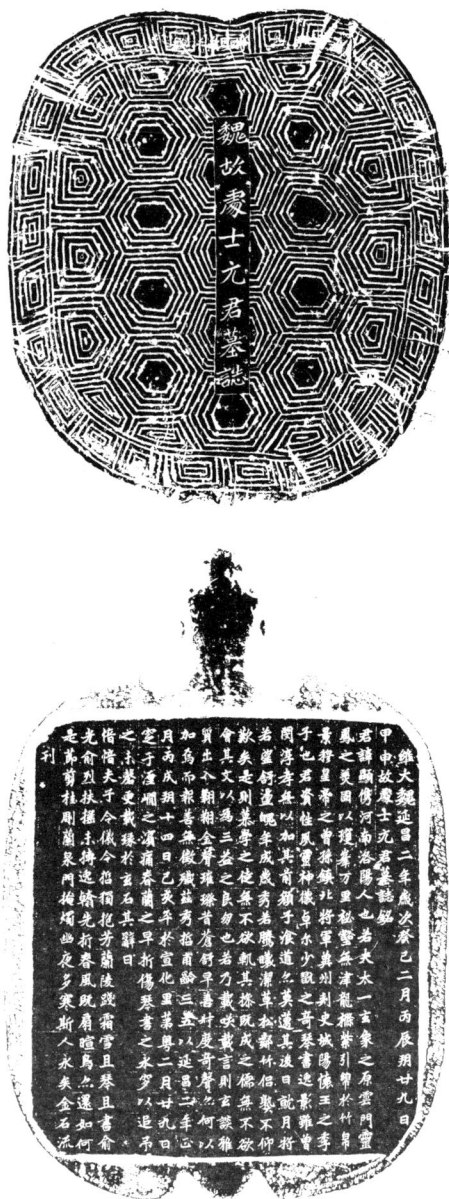

图 198　魏碑、北魏元显僬墓志

变化较大,书写中表现出来的气韵也与后代书法大为不同,有所浏览后就会感到,从而辨别出南北朝书体与后代书体的不同。清末文人推崇北碑,主要是欣赏它的雄劲粗犷之气,力图通过学习北碑改变清代书体中的奢靡华媚与呆板无力。康有为在《广艺舟双楫》一书中曾大力推崇南北朝这一阶段的石刻书体,认为:"古今之书,惟南碑与魏碑可宗。可宗者何? 曰有十美:一曰魄力雄强,二曰气象浑穆,三曰笔法跳越,四曰点画峻厚,五曰意态奇逸,六曰精神飞动,七曰兴趣酣足,八曰骨法洞达,九曰结构天成,十曰血肉丰美。"他又说:"六朝笔法,所以过绝后世者,结体之密,用笔之厚,最为显著。而其笔画意势舒长,虽极小字,严整之中,无不从笔势之宕往;自唐以后,局促褊急,若有不终日之势,此真古今人之不相及也。约而论之,自唐为界:唐以前之书密,唐以后之书疏;唐以前之书茂,唐以后之书凋;唐以前之书舒,唐以后之书迫;唐以前之书厚,唐以后之书薄;唐以前之书和,唐以后之书争;唐以前之书涩,唐以后之书滑;唐以前之书曲,唐以后之书直;唐以前之书纵,唐以后之书敛。"这些说法,可能包含有康有为对于清代时势的抨击态度,所以过分贬低唐代以后的书法,失之偏颇。但是它所分析对比,得出南北朝书体不同于唐代以后书体的风格气韵特点还是基本可信。可以作为我们认识与掌握南北朝书体特征的参考。

在北齐、北周与隋代的石刻书体中,可以看到一种比较特殊的写法,即在隶书中夹杂进去几个篆书文字,或者在楷书中夹杂上部分隶书及篆书文字,形成多种书体并存,具有变化美感的一种书法作品。这可能是当时对于书法艺术美感的新认识。由此而发,这一时期的篆、隶书体更加强修饰,字形端庄,笔画圆润,显示出书体的艺术化新风气。同时,这时的楷书已经定型,隶书的痕迹越来越少。如果从书写中的行笔方式与结构章法等方面上来深入比较,还可以从北齐、北周的楷书与隋代的楷书中找出很多细微的区别,从而将它们具体区分开来。例如,北周的楷书比起北齐楷书来显得朴拙粗壮,结构也不特别严谨。而隋代楷书比起北周楷书来,行笔更加潇洒自如,不那么拘谨,常使用回锋;字体的结构也更加疏松开朗,显得清秀匀称。同时,隋代石刻中也出现了全部用隶书书刻的墓志、碑石等。这是与南北朝及唐代前期石刻不同的时代特点。

隋代遗留下来大批墓志与一些著名的碑刻,可以从中感受到当时的书法格调。如受到书法界重视的隋开皇十七年(597)董美人墓志、仁寿三年(603)苏孝慈墓志、大业元年(605)常丑奴墓志、大业十一年(615)尉富娘墓志等。此外,开皇六年(586)龙藏寺碑、开皇十三年(593)诸葛子恒平陈颂、开皇十三年(593)曹植碑以及仁寿元年(601)青州舍利塔下铭等名碑也可作为参考。如仁寿元年(601)青州舍利塔下铭是当时皇帝下诏统一建塔安放舍利的标记,可能是全国统一的官方题记,代表了当时官方文书书写的标准书体。所以,类似这种书体的墓志,如马穉及夫人张氏墓志等的出现,就是很普遍的情况了。而远在岭南的大业五年(609)宁赞碑,书体仍显得古拙简朴,比较随意,是当时民间书法的风貌体现。

唐代是楷书普遍流行的时代,一些著名书法家的作品流传至今,为后人楷模,对于后代书法的影响极大。此外,行书、草书等书体在石刻中也十分常见。隶书则主要出现在初唐至盛唐玄宗期间,尤其是在玄宗时期随着唐玄宗的喜好流行一时,也出现过几位著名的隶书书家。但是唐代的隶书比起前代来则显得过于矫饰,装饰意味较浓,活力不足。在初唐时期的一些碑刻中还出现飞白书等特殊书体。尤以武则天时期多见。在现存的石刻中,以上各类书体都有所反映。(图199、200)

从唐代石刻中,我们还可以看到当时著名书法家的书体普遍影响社会的现象。在唐代近300年历史中,不同历史阶段曾出现过若干批当时以及后世都十分推崇的书法大家。这些书法家的书体不但代表当时社会文化的好尚,而且得到时人的普遍学习模仿,影响了当时的书法风貌,具有明显的代表性。同一时期的石刻书体中很多都是在仿效该时期的著名书法家书风。所以要认识唐代各个阶段的书法特征,

图 199　篆书、唐三坟记

图 200　隶书、唐大智禅师碑

从而区分石刻的时代分期,就可以在了解当时重要书法家作品风格的基础上举一反三。推而广之,唐以下的历代书法都存在着类似的现象。

初唐时期,书体讲究法度,对于世人影响较大的书家有褚遂良、虞世南、薛稷、欧阳询与其子欧阳通等人。又由于唐太宗喜好王羲之的书体,使以王羲之为代表的六朝书风影响始终存在。造成这一时期的书体很多继承六朝余韵,清秀俊逸,端庄挺劲。现存石刻中如褚遂良的代表作贞观十五年(641)伊阙佛龛碑、贞观二十二年(648)房玄龄碑、永徽四年（653）三藏圣教序记等，虞世南的代表作武德九年（626）孔子庙堂碑等，欧阳询的代表作贞观六年（632）九成宫醴泉铭、贞观五年（631）化度寺邕禅师舍利塔铭、贞观五年（631）房彦谦碑等，都可以作为这一时期石刻常见书体的对照。当时仿褚遂良的佳品如显庆三年（658）王居士砖塔铭、开元二十二年（734）代国长公主碑等。模仿王羲之书法的如贞观二十一年（647）晋祠铭、天宝二年（743）隆阐大法师怀晖碑等，都是受到后人推崇的书法范本。

盛唐时期影响较广的有钟绍京、苏灵芝、李邕等人的楷书、行书，唐玄宗、韩择木、史惟则等人的隶书，张旭的草书等。这一时期的书法形式多样，可参见苏灵芝书写的开元二十七年（739）易州铁像颂、李邕书写的开元八年（720）云麾将军李思训碑、开元十八年（730）麓山寺碑，唐玄宗书开元十四年（726）纪泰山铭、天宝四载（745）孝经，韩择木书天宝元年（742）告华岳文（在开元十三年（725）述圣颂碑阴）等。钟绍京所书的灵飞经原文已佚，可见明人所刻渤海藏真帖刻本。张旭书写的草书千字文在宋代被刻成石碑，现在仍保存在西安碑林中。宋人还刻了张旭书写的肚痛帖。张旭的楷书也很有名，开元二十九年（741）郎官石柱题名即其所书。近年在河南省偃师市出土有署名张旭书写的天宝元年（742）严仁墓志，书风却与张旭的传世作品明显不同。

中晚唐时期影响较大的书法家如颜真卿、柳公权、徐浩等人。特别是颜真卿与柳公权的楷书，有"颜筋柳骨"之称。颜真卿的书法风格独特，具有雍容厚重、刚劲沉稳的大家风范，被后人赞为"楷书正宗"。（图201）篆书以李阳

图201　楷书、郭虚己墓志

冰最为有名,草书则首推僧人怀素。颜真卿与柳公权的书法作品当代人都很熟悉。如颜真卿书天宝十一载(752)多宝塔感应碑、天宝十三载(754)东方先生画赞碑、大历六年(771)麻姑仙坛记、大历十四年(779)颜勤礼碑、建中元年(780)颜氏家庙碑等;柳公权书长庆四年(824)金刚经、会昌元年(841)玄秘塔碑、会昌三年(843)皇帝巡幸左神策军纪圣德碑等。李阳冰的作品有大历二年(767)栖(迁)先茔记、大历二年(767)李氏三坟记、大历五年(770)庾公德政碑等。(图202)

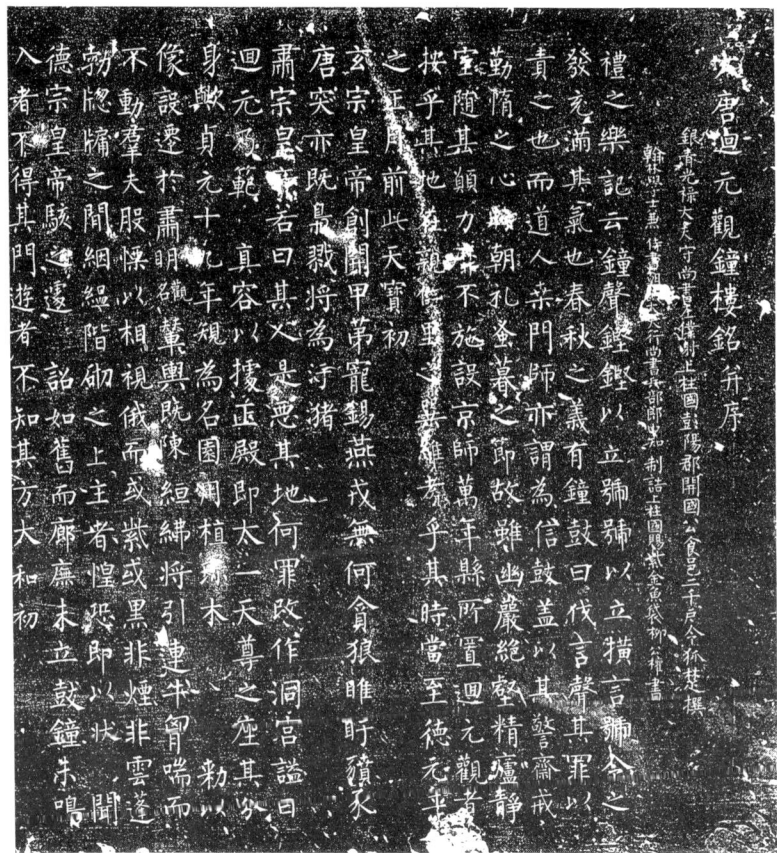

图202　楷书、回元观钟楼铭

晚唐时期与五代,应该是由于社会动乱、经济文化衰退所造成的石刻书法水平大幅下降。现存这一时期的石刻文字大多显得草率粗劣,缺乏章法,更谈不上艺术气韵。与唐代初期与中期的石刻相比起来,很容易辨别。而在后来的宋代石刻中,大部分书体比较平庸,仅以工整示人,虽然铭文书写得都比较匀整端正,但缺乏生气与个性,好一些的可能是当时所说的"院体",即官方文牍习用的书风。此外,还常有方正规整的宋体艺术字出现,很像今天印刷使用的老宋体,可能是随着版刻印刷的发展而形成的书风。这种写法多出现于石刻中的官衔署名上,也是宋代石刻中的一个特点。

当然,宋代一些书法名家,如苏轼、蔡襄、米芾、黄庭坚、蔡京等人书写的碑志,仍然风格独特,反映出他们的书法成就,与一般人书写的碑志不可同日而语。但是模仿这些大家书风的石刻相对比较少。而从书法角度来看,有人认为宋代苏、黄、米、蔡四家中除米芾之外,其余三家的书法仍是宗法颜真卿。从整体来看,宋代文人中流行的还是模仿颜真卿与欧阳询的书体。由于是模仿前人,兼以时代不同,大多数石刻的书体与唐代相比,在书法风韵、结构章法与艺术内涵等方面都存在着很大的差异。这也是我们区分唐宋石刻材料时可以依据的有力证据。

宋代石刻书法的特点,可以参看常见的碑志,如宋嘉祐五年(1060)万安桥记、元丰元年(1078)表忠观碑、元丰六年(1083)方圆庵记、元祐六年(1091)七佛偈摩崖、大观二年(1108)大观圣作碑、及嘉祐七年(1062)包拯墓志、元丰八年(1085)王拱辰墓志、元祐九年(1094)冯京墓志、绍定四年(1231)赵汝适墓志等近年出土的大量宋代墓志。

辽、金、元时期在社会上影响较大的书法家有党怀英、王庭筠、鲜于枢、赵孟頫等人。尤其是赵孟頫,现存石刻中可以见到多件由他书写的碑石。元代文人模仿他的书体也比较普遍。行书、草书等书体在当时的碑刻中也比较常见。大致来看,这一时期一般石刻的书体风格与宋代石刻比较接近。书写得都比较熟练、整齐。但是在书体气韵生动上不如前代书法家的作品。书体较好并有代表性的石刻,可以参见金贞元元年(1153)定林园通法塔铭、大定二十七年(1187)檀特山修释迦殿记、承安四年(1199)重修蜀先主庙碑,元延祐三年(1316)龙兴寺帝师胆巴碑、延祐七年(1320)少林寺裕公碑、天历二年(1329)张留孙碑以及近代以来在北京、辽宁等地出土的辽金墓志等。

明清时期的石刻书体已经十分成熟。随着大一统王朝的稳定与儒家教育的普及,文字书写上的地方差异与文化差异已经大大缩小。这时在中国各地的石刻文字都显得比较规整端重,但是从书法艺术角度来看则良莠不一。位于政治文化中心地区、出自社会地位与文化水平比较高的人物笔下的石刻,书体多沿承王羲之、颜真卿、柳公权、赵孟頫、苏轼等前代名家的书风,碑刻工艺亦可传神。而一般的文人之作以及府县以下的乡野石刻,字体就缺乏功力,多无艺术可言,仅是清楚工整而已。明清时期石刻适用范围较大,社会上下多方应用,真草隶篆等多种书体都曾普遍出现。而且由于这时石刻铭文一般篇幅较长,内容丰富,多可以通过内容分析去确定年代及真伪。书体的作用相对较小。清代还出现有多种文字并刻一石的现象,尤其是一些皇帝及政府刊刻的大型碑石,满汉乃至满、汉、蒙、维吾尔等文字同时上石的现象经常出现。这自然也是一个明显的时代特征。

石刻中异体文字的使用情况,总起来看,大致也可以以宋代为界划分为两个阶段。在宋代以前,石刻中出现异体文字的情况较普遍。秦汉时期,基本上在每种石刻中都可以见到今天人们不易释读的异体文字,南北朝时期石刻中的异体字尤为繁多,特别是北朝民间石刻,如造像题记,别字随处可见。在唐代初期,异体字还有使用,但逐渐减少,常见的一些异体写法也比较固定化,新造异体字写法的现象也比较少见了。可以说唐代从早期到晚期之间,异体字的数量呈现一个逐渐下降的趋势。在宋代以后,石刻中的异体文字就越来越少,写法也比较统一了。但是在一些好古文人撰写的碑文中,有时还能见到一些前代流行过的异体字写法，或者古文、篆字等。此外，宋代以下的各个朝代中也还存在着一些与今天标准繁体字不同的异体写法，但是它们与唐以前的异体字写法不尽相同，有些是新兴起的写法，或称为俗体、通行字等。实际上，如果我们详细地汇集一下古代的异体文字就可以看到，每个时代都会出现一些当时特有的异体字写法。有些后代仍然沿用，有些则时间性特别强，仅在一段时间内使用过，而后就基本不使用了。这样的文字对于石刻断代的价值比较大。应该予以注意。例如"筆"写作"笔"，就仅仅在北齐皇建元年（560）隽敬碑等有限的一些北朝末期石刻中见到。那么，具有这种字体的古代文字材料就不可能是北魏以前或者隋唐以后的作品。同时，也有很多异体写法会延续较长时间，如将"旨"省写成"㫖"的写法，就从汉代一直使用到唐代。这时就需要将异体写法与书体、内容等方面的时代特点结合起来共同考证，才可以得出准确的结论。切忌根据石刻中的一、两个异体字写法就去轻易下结论。

石刻铭文中的避讳字与避讳现象可以协助我们比较准确地进行断代。古代的文字避讳现象源远流长，口头与书面上都有所表现。对于父母、祖先、尊长、尤其是帝王的名字都要注意避讳。在书面上的表现主要有：将要避讳的字改动笔画或缺笔。将要避讳的字改成其他的同音字或同义字。将要避讳的字空缺不写等。根据历史文献记载，这种避讳的作法在秦代就已经存在。以后各代一直被官方注重，在书面使用上特别加以注意，尤其是明清以来封建禁网日益严重的情况下，因避讳而蒙受罪罚的例子史不绝载。

但是在古代石刻中，特别是早期的石刻中，这种避讳的情况并不是很严格，所见材料也不很多。《金石萃编》卷四二《等慈寺碑》的跋语中就曾总结道：

> 今汉碑中有开母庙石阙铭，因避景帝讳，改启为开。汉讳之见于碑文者只此。余碑皆不见有避讳之文。魏晋而下至于北朝，

所录诸碑,字多别体,不能勘定其何为避讳字。……故避讳至唐宋碑文始确有可按。……宋一代帝讳,……诸讳之见于宋人墨迹、宋刻书籍、碑文法帖及说部杂家叙论者,惟匡、允、敬、宏、殷、恒、祯、曙、桓、眘等字最为显著。近世有宋迹宋椠流传,往往以此数字有无缺笔定其真赝。当时避讳之法不一,本字、缺笔或改用他字,固无论已。至于偏旁嫌名,无不缺画。如因敬字连及竟、境、镜等字,或改用恭字。……然碑文所录却无多字。①

唐代石刻中避讳现象比较多见。上文已述。宋代石刻中虽然也存在着通过改字、缺笔等方式来表现避讳的作法,但是并不太普遍,似乎还没有非常严格的限定。元代时期不太讲究避讳。明代起初对于文字中的避讳可能也没有过于严苛的限制,而到了明万历年之后,这种文字上的避讳就逐渐严格起来。据清初顾炎武《日知录》卷二三记载:"崇祯三年,奉旨颁行天下,避太祖、成祖庙讳及孝、武、世、穆、神、光、熹七宗庙讳,正依唐人之式。"②这种正式发布命令进行避讳的作法已经在明季末期了。清代避讳十分严格,现知清室避讳始自康熙年间,对康熙的汉名玄烨二字一律避讳,书面上的玄、烨二字均改为他字,如用元代替玄、用煜代替烨等。以后历代清帝均是如此,甚至有在科考中因忘记避讳而被淘汰乃至获罪者。所以,在清代石刻中这些避讳的文字是处处可见的。

由于历代帝王数量众多,历代避讳情况无法在此详细列举,好在陈垣曾专门著有《史讳举例》一书,对历代避讳情况有详细归纳排列,可以在石刻考证中随时参考。

这里要说明的是,石刻铭文的书写中往往不会规避历代的帝讳。有时甚至对本朝的帝讳也没有规避,而有时又会把前一朝代中由于避

---

① 清 王昶:《金石萃编》,中国书店影印扫叶山房本,1985 年。
② 清 顾炎武:《日知录集释》,武昌局刻本。

讳而形成的异体写法也当做俗体沿用下来。例如在北宋时期的石刻、抄本等文字材料中，经常沿用唐代避李世民讳形成的异体字，如将"世"写作"卋"，将"民"的一勾缺笔等。在宋开宝八年（975）仓颉祠颂碑中就是如此写法，更有意思的是在这件宋代碑刻中却不避宋太祖赵匡胤的名讳，碑文中的"匡"字写法毫无变动。致使清代学者陆增祥在《八琼室金石补正》中收录该碑后题跋称：如果这件碑上没有纪年，就会被后人误认作唐碑了。因此，考察避讳字也不是断代及辨伪唯一的根据，需要与石刻的其他各方面内容，如形制、字形、文体、史实等加以结合来进行全面的辨证。仅凭一两个字是不宜匆忙定论的。

除去以上所涉及的石刻形制、纹饰、文字形体、书法、避讳等各方面要素之外，还应该特别注意石刻铭文内容中所反映出的时代特征。只要认真留意。反复细读，我们可以从一件石刻的字里行间、遣词用句等处发现很多可以协助断代与辨伪的时代特点。铭文内容中可为时代佐证的地方很多，以下列举一些比较突出的例证作为引玉之砖。

① 各个时代都有其特有的一些常用姓、名、字、号等人物称谓。它们往往仅在一个朝代或一段历史时期中使用，颇具时代特点。例如西汉人取名常用二字名，如卓长孙、李广汉等，而东汉人则多取一字名，二字名就比较罕见了。到了魏晋以下，又以二字名比较多见。在常见名字中，有些具有明显的时代性。如西汉至东汉早期平民中常见起名"破胡"、"灭胡"、"胜胡"、"正戎"、"广汉"等，反映了当时北方与匈奴等游牧民族战争不断，期望战胜敌人。扩大国土的社会心理。同样，在南北朝对峙时，北方有"胜蛮"、"平吴"、"南征"一类的名字。唐代与吐蕃交战时，有"定番"这样的名字。这种名字仅见于特定的历史时期，断代作用就很大。还有很多反映不同时期民俗的名字，有些相对粗浅直接的名字在某一段时期会特别流行。如从北魏到隋代初期石刻题名中常见到"杀鬼"、"唊鬼"、"青头"、"黑头"、"黄头"、"钵头"、"万岁"、"万寿"等名字。北朝至唐代都常有以"盆生"、"甑生"、"瓮生"等为名的现象。南朝以来，民间也开始经常采用与佛教有关的

名字,如在名字中加"僧"、"昙"、"慧"等字,例如"王昙首"、"王僧达"、"明慧照"①等,更有直接用佛教专用名词作名字的,如"元菩萨"②、"张宝积"③,以及名为"舍利"、"文殊"、"菩提"、"达摩"、"罗睺"、"如来"、"罗汉"、"多宝"、"婆罗门"等的,多见于南北朝至隋唐时期的石刻材料,尤其是在反映民间结社建造佛教造像的有关题名中,说明类似命名的现象在下层社会中是十分普遍的,正所谓一时风气。又比如以"妃"作为女子名,在东汉至隋唐时期曾经很盛行,石刻中多有所见,如"李仲妃"、"孙贵妃"、"马太妃"等,需要注意的是这些以"妃"为名的女子并不是帝王的配偶,只是平民女子,与皇家毫无关系。还可以提出在北朝时期以"洛"为名的典型现象。现在所见北朝石刻及文献中以"洛"为名的人物很多,其中有些是出现于北魏孝文帝迁洛定都之后,如"洛生"、"洛都"、"洛儿"、"洛真"、"太洛"、"伊洛"、"丰洛"等等。但是以这些名字命名的人物均应该出生于北魏时期,即孝文帝迁洛至北魏分裂为东西两魏之间。北魏分裂为东魏、西魏以后,东魏、西魏各自迁都,伊洛一带成为边陲战场,荒废不堪。时人杨衒之的《洛阳伽蓝记》中就记载了这时的惨状:"城郭崩毁,宫室倾覆,寺观灰烬,庙塔丘墟。④"以后,北齐、北周替代了东魏、西魏,继续了分裂对峙的局面。这时出生的人起名时就成了"还洛"、"定洛"、"怀洛"、"回洛"等等,充分表达了他们的思乡之情。如果我们在石刻中见到有这样的人名,应该毫无疑问地确定其为东、西魏以后的产物。甚至可以确定这些人祖籍是来自洛阳地区。可见人物姓名在石刻断代与辨伪中的重要意义。

　　类似的现象还可以找出很多。例如在南北朝隋唐时期常可以见

① 　均见唐 李延寿:《南史》,中华书局,1975年。
② 　见北齐 魏收:《魏书》。中华书局,1974年。
③ 　见唐 李延寿:《南史》,中华书局,1975年。
④ 　见杨勇校笺:《洛阳伽蓝记校笺》,中华书局,2006年。

到人们以"丑"、"黑"、"郎"、"桃""双"等为名。南朝人物多以"之"为名,如"何佟之"、"严植之"等①。唐代亦有此风。另外唐代还常有以"客"为名,如"宗楚客"、"牛仙客"等②,亦为前朝所不多见。姓氏也是如此,在不同时代中有一些其他时代不多见的姓氏,尤其是一些胡姓,如北朝时常见的"乙弗"、"尔朱"、"同蹄"、"赫连"、"宇文",隋唐时出现过的"长孙"、"黑齿"、"扶余"、"豆卢"、"哥舒"、"阿史那"等,都颇具时代特色。随着朝代更替、氏族升黜,各个时代经常出现的一些大姓也会有所不同。总之,只要认真加以留意,可以在石刻中的人物姓氏名称中找出很多可以佐证时代的特点来。

② 各个时代具有一些不同的职官名称,行政地理区划名称也经常变更。有一些名称会仅在一个朝代或某一历史时期中使用,这就给我们判断石刻铭文的时代及其真伪提供了一个重要的依据。掌握了这些名称的常见变化,可以极大地帮助石刻断代与辨伪的工作。而这些方面的变化情况是非常繁多的,需要认真核对史籍加以比对。这里简单地举几个例子。

例如:洛阳,古称洛邑,战国时开始称为洛阳,见《战国策·秦策一》"(苏秦)将说楚王,路过洛阳。"秦代设三川郡,西汉改河南郡,东汉建都,称雒阳。曹魏又改回洛阳。西晋以后一直称洛阳。唐代时又曾称东都、神都。北宋称西京。金末称中京。北宋初年,曾将弘农改称恒农,到宋真宗时因避讳又改叫虢略。这些名称中,有些就具有特定的时间段,也就具有明显的断代意义。再如州郡的行政区划名称,隋代以前多称州,隋代曾改郡,唐代建立后改称州,到了唐玄宗开元、天宝年间又改称郡,唐肃宗后又改回州。类似情况,也有助于石刻的断代。职官上面也是如此,如北魏帝室中枢设中书省,隋代因避讳曾将中书省改称内史省或内书省,唐代武后时期则改称西台、凤阁、紫微

---

① 均见唐 李延寿:《南史·儒林传》,中华书局,1975 年。
② 均见后晋 刘昫等:《旧唐书》,中华书局,1975 年。

省等,武周以后又改回中书省。至于在不同朝代中新设立的官职名称就更多了,可以详细对比历代官制记载,如正史中的《职官志》《百官志》等。

在民间使用的一些实用石刻上会出现一些地方基层官员、社团组织、宗教职司等专用名称,这些名称也有很多具有特定的使用时期,表现出一定的时代性。例如汉代乡里间存在的"三老"、"乡老"、"掾吏"、"亭长"、"弹"等,在魏晋以后的历史时期中就很少使用。魏晋南北朝时期常见的"中正"、"大中正"之类职称后代也没有再设置。"萨保(宝)"是来自域外及西域民族的商队首领与宗教官员之名称,习见于北朝至唐代,后代也不再出现。而"乡司"、"保正"一类的地方小吏名称,则是宋代以后的情况了。

③　各个历史时期中都会产生过一些重大历史事件,例如对外战争、内乱、朝代更迭、灾荒、地震、天象、重大法令公布等。这些情况如果能在石刻资料中见到端倪,便可以协助判断有关石刻的时代。例如唐代阙年月白庆先墓志,铭文中没有明确记录年月,但是从铭文中的记载"御史中丞兼幽府长史张守珪知君诚恳,奏充判官。……今年二月廿二日使差给熟奚粮,奚叛遇害"这些史料中就可以找到有关年代的线索。如通过查找张守珪的履历与奚族叛乱的记载来核对。据《旧唐书·张守珪传》记载,可知张守珪在唐开元二十一年(733)转任幽州长史,开元二十三年(735)廷拜为辅国大将军。而《旧唐书·玄宗纪上》记载:"开元二十二年十二月乙巳幽州长史张守珪发兵讨契丹……余叛奚散走山谷。"据此推定,该墓志主人白庆先是在开元二十二年底幽州军队讨伐契丹以后,前去安抚归降的奚族,发放粮食时遇害的。则其卒年为开元二十三年二月廿二日,墓志也是制作于该年。结合该墓志的书体、格式等方面来看,属于唐开元年间的刻石应属无疑。

此外,在上面介绍石刻铭文的常见体例时所谈及的各个时期各类不同文体的特征、各个时期不同的风俗习惯、礼仪制度、文章中的习用典故等等也是在对石刻进行辨伪与断代时不可忽视的重要参考因素。

特别需要注重对原石的考察与鉴定,不能仅凭拓本、照片或文献记载来做结论。

第二节　石刻拓本的鉴定

　　由于石刻的体积庞大、质量沉重,一般不易移动。所以,散处各地的石刻原貌,常人不易亲睹。自古以来,人们所能看到的石刻文字与图像,大体上都是通过椎拓方式得到拓本后才能流行开。制作拓本是中国古代文化中一件重要的发明创造,并且也正是它直接促成了印刷术的发明。现在保存的历代拓本基本上以中国传统纸张与墨汁通过椎拓方式得来,黑地白字,清晰醒目,能够较逼真地反映出石刻的原貌,从而成为历代文人汇集研究石刻的直接资料,并且随着金石学的兴盛而成为重要的收藏对象。由于拓本比石刻本身更便于保存携带与复制流传,所以很多石刻的早期拓本仍能够在历经灾难后保留下来,而石刻本身却已经被毁坏或者严重残损。现在存世的拓本中,所知最早可产自唐代。宋代拓本也有不少传世,至于明清拓本则不可胜数。这样丰富的石刻拓本资料不仅给世人使用与了解古代石刻提供了便利,在保存古代石刻原貌上的功绩也是无以替代的。特别是由于年代悠久,数量稀少,早期的拓本本身也成为珍贵的古代文物。有些稀有的早期拓本往往价值连城。(图 203)

　　根据文献记载,中国最早对于石刻文字的复制,应该还是进行摹写。纸张流行开后,可以把纸张覆盖在石刻铭文上,用笔墨先描出文字的边缘,然后涂实笔画,即后来所说的双钩摹写,叫作摹拓。直至唐代初年,复制石刻铭文还是以这种摹拓为主。唐太宗时还设有专门拓书的匠人。而后才逐渐被更加省工并更忠实于原貌的椎拓方式所取代。在敦煌石窟的藏经洞中曾经发现有原拓于唐代永徽四年(653)的唐太宗书温泉铭,以及欧阳询书化度寺碑和柳公权书金刚经的石刻拓本。温泉铭与金刚经唐拓本现存法国巴黎图书馆,化度寺碑拓存英国

图 203　故宫藏唐拓九成宫碑

大英博物馆，是现在可以见到的最早的石刻拓本。此外在上海博物馆、北京图书馆以及日本等处还保存有一些唐代的拓本。从拓制这些石刻拓本的纯熟工艺来看，椎拓石刻的作法应该远在唐代以前就已经流行了。有人推测可能在汉魏时期就出现了椎拓工艺，但是还缺乏实物的证明。

拓制石刻拓本时，要先将石刻表面清理干净，一般采用清水刷洗，然后用水蜡涂在碑上，近代拓碑多采用白芨水涂碑，也有的人为简便直接上纸，不涂任何液体。将润好的纸平铺在石刻上面，用刷子刷平整，使之紧贴石面。然后加以椎打，将纸打入下陷的铭刻文字笔画中。但是如果用木槌直接椎打纸张，会把纸打破，同时会损坏石刻，所以要隔着一张薄毡来椎打。也可以用棕刷直接拍打。将文字笔画上面的纸张全部打入后，等待纸张干透，再用蘸了墨的布包扑子依次扑打，下陷的笔画处不会受墨，就显出白色的字迹来。这就是石刻拓本。古代人为了防止拓本霉烂和虫蛀，还会在拓本表面涂上一层薄蜡。

现存的古代石刻拓本一般可以分为全拓本，即未曾加工处理的原大整拓本，与进行过加工处理的剪裱本两大类。剪裱本多制作成折页本册，有些还加上木制的版封，在清代至民国期间多采取这种形式处理拓本。而近代拓本大多采用整拓本。整拓本的优点是保存了石刻原貌，不易作假，缺点是不易收存浏览。剪裱本则正相反，只是使用方便。由于拓本（尤其是早期拓本）的文物价值一度很高，造成很多对拓本本身进行加工作伪的现象。剪裱本在作伪上面比较方便，造假的情况也更多见。这里说的作伪，并不是制造完全的伪刻，主要是在涉及到拓本年代鉴定的关键部位作假，使晚期的拓本冒充早期拓本，提高身价。所以历代坊间鉴定拓本的重点在于其年代的考据判定上。与我们在上面谈到的石刻本身的辨伪问题有所不同。

关于拓本的鉴定方法，具有多年鉴定实践经验的碑帖鉴定专家马子云曾著有《碑帖鉴定浅说》一书，以后又与施安昌合著《碑帖鉴定》，王壮弘著有《碑帖鉴定常识》一书，近年仲威著有《碑帖鉴定概论》等。这些著作都详细介绍了他们的经验与鉴定方法，可供参考。在此基础上，结合笔者向其他碑帖鉴定者学习得来的经验与实践所得，试将古代石刻拓本的鉴定方法简要总结为以下几个方面：

① 判断纸质

唐代拓本，一般人无缘得见，即使能见，也无法细审其纸质。而宋代拓本则多使用白麻纸。纸浆比较粗，纤维长，并且夹有小颗粒。纸张的色泽白中带有青灰，抄纸形成的竖帘纹距离不均匀，自三、四分至五、六分不等。这是当时社会上一般使用的粗麻纸。另外还在现存宋拓中发现过颜色白润，质量较好的澄心堂纸（细麻纸），颜色发黄但纸质坚韧厚实的构皮纸，黄色有光、薄而结实的金箔纸，黄色的越竹纸，颜色发暗、质地不匀的桑麻纸等。由于年代久远，纸张颜色会普遍显得陈旧。一般来说，宋代纸的帘纹会比较宽。

明代的造纸技术有所改进。常见的拓本用纸有黄棉纸、白棉皮、陕西皮纸、连史纸、红筋罗纹纸等。大致特点是纸张的质地变得较粗，较疏松,纤维较短,帘纹变细,纹间的距离变窄。明代中期以后,竹纸被广泛使用。明代还出现了白棉纸,使用破布、棉絮等作为原料,造成的纸纤维短、薄厚均匀。这种纸在明代末期质量降低,纸质变粗,颜色也显得微黄。

清代的拓本用纸就比较精细了。除了沿用陕西皮纸、白棉纸、连史纸和竹纸等传统纸张外,还有新出产的棉连、夹连、料半、粉连等各种宣纸,纸质细腻,纸面均匀。后来又加入了进口的朝鲜皮纸、东洋皮纸等新种类。

自然,这些不同纸张的形状特征都需要多看实际的样本,加以比较才能有所认识。特别是由于保管条件的因素,同一时代的纸可能有不同的陈旧程度,需要认真分别。

② 判断墨色与拓制技法

中国古代使用的墨是独特的文化创造。由于其以炭黑为主,不易褪色,所以拓本的字迹可以保存至今不变。但是历代造墨成分不同,随着年代远近,也会有细微变化。现在可以见到的唐宋拓本,多用佳墨。墨色沉着。明清时拓本使用的墨就优劣不一,还有用煤烟、锅底灰等调胶拓制的。所呈现出的墨色浓淡润涩就是变化多样了。

马子云曾指出:"如何分辨时代不同拓本之墨色问题,全凭多观察,多比较,积累经验。墨色皆为黑物,所以难用文字描述其差别。一般而言,新拓者墨色有亮光,时间越久,其亮光越差。另外有些拓本经前人反复考证,其所拓时代已经明确,则应牢记此种拓本墨色,如此则可知不同时代拓本墨色标准。"如"武梁祠画像石为黄小松在乾隆年访得,其初拓本墨色则是乾隆年标准墨色。'元公'与'姬氏'二志,是清嘉庆年出土,初拓未损本为嘉庆年拓,此即嘉庆标准墨色。未刻阮跋之爨龙颜碑,其拓本即道光年墨色。以此类推,即可得各时代不同墨色。"①说明需要多见多记历代代表性的拓本墨色,建立对比标准。这

---

① 马子云:《碑帖鉴定浅说》,紫禁城出版社,1986 年。

种作法全凭个人经验及社会条件。除图书文博管理人员外，现在大多人无法亲自反复摩挲历代拓本，要有类似经验比较困难。在当前科技发达的情况下，是否可以通过科技手段来确定墨色程度，并建立有关资料库协助鉴定。这应该是拓本鉴定中有待解决的新课题。

拓制方法也各具特色。在宋代拓本中已经有了重墨拓与淡墨拓两种主要拓法。制作拓片时采用薄纸淡墨，显得清淡雅洁，尤其是石面平整，残泐较少的石刻适于采用。用厚纸重墨，则显得凝重清晰，字口明显。后代拓片时经常沿用这两种方法。在清代更将拓制技法予以发展，极致拓制方法被称为蝉翼拓与乌金拓两大类。蝉翼拓多用于小件物品，墨色匀淡，层次分明，除甲骨金文、砖瓦钱镜等铭刻之外，在石刻中多见于造像、墓志等，在大型碑刻中运用较少。乌金拓则是用油烟浓墨多层拓制，墨色厚重，乌黑发亮，字口清晰，黑白对比强烈。上面说过，明代就有了用煤烟调胶制作的拓片，煤烟制作的拓片颜色较暗淡，也不匀称，甚至可以用手摸出黑烟灰末。据说四川石刻制作的明清拓片中煤拓比较多见。清代偶尔也有煤烟或锅底灰拓片的，主要是在一些偏远地区，限于条件的权宜之计。如吉林集安的高句丽好大王碑，位于当时是人迹罕见的边陲深山，其早期拓本都是当地人用锅底灰拓制的。颜色灰暗。但是在北宋末、南宋初以及明末清初时期的一些法帖传本，在拓制时，采用擦拓的方法，特意把字上的墨擦淡，字外的行间擦浓，显得十分好看。这也是法帖中的特有的一种拓法。在传世的《太清楼帖》、《群玉堂帖》、《快雪堂帖》涿拓本等法帖拓本中都可以见到这种拓法制作的拓本。

③ 考据

对拓本本身铭刻内容的审查鉴定，前人称之为考据。实际上这种考据并非历史考证，而是对拓本上铭刻文字的书体、气韵、字形及残缺情况等加以审视。一般翻刻本等的字体与原刻必然存在着一定的差异。而同一件石刻的不同时期拓本则会随着石刻的不断残损漫漶而出现字形肥瘦等方面的不同。由于石刻的残损程度会随着时间渐进而日益增大,特别是一些著名的碑刻经常被人椎拓,伤残破坏的地方会增大得更厉害。所以以往的鉴藏者们会把一些著名石刻上明显的残损之处作为鉴定年代时的一个重要标准。例如张彦生在《善本碑帖录》一书中介绍其所见东汉永寿二年(156)汉鲁相韩敕造孔庙礼器碑的各种不同时代拓本时就指出:

> 明中拓本一行"古"字下右石花渐粗,四行"于"字下端有石花未泐,粗加长,第十行"逴越绝思","逴"字中左不损,"绝"字末笔泐粗未连下石花。……明末拓本一行"古"字右下不损,但石花粗裂,四行"于"字末笔下端与石花连加长,五行"庙"字右下损,十行"逴"字中不损,"绝"字下连石花,"思"字不连石花,十二行"牟"字右不连石花,十四、五行末"二百"字中石花较小。……清初康熙拓本一行"古"字右下有石花,可见,四行"于"字第二横笔与末笔钩处有圆石花如指顶,上下不损连笔道,此钩处如豆如指顶,自元明至清初逐渐大,到乾隆初,"于"字中间上下连损,与五行二字泐连。……乾嘉拓本一行"古"字下全连石花。四行"于"字连及五行二字,称于二连,不连拓本。……又嘉道拓本九行"不世","世"字完好,中笔下不粗。①

这里说的石花,就是碑面上经敲击、腐蚀、残断等破坏所留下的痕迹。可见随着时代演进,石刻的破坏程度日益严重,而这恰恰就形成了判断年代的依据。

考据是传统碑帖鉴定的主要手段。为此需要熟悉并掌握主要石刻历代拓本的重要特征。比较确定主要的残损情况及其演变结果。介绍有关拓本特征的前人著作有清代学者方若的《校碑随笔》一书,近人王壮弘对该书作了补充,形成《增订校碑随笔》一书。上面提到在北京琉璃厂长期作拓本鉴定的张彦生有《善本碑帖录》一书。另外还有

---

① 张彦生:《善本碑帖录》,中华书局,1984 年。

故宫博物院马子云、施安昌等所作的《碑帖鉴定》、仲威所作《碑帖鉴定概论》及《中国碑拓鉴定图典》等，图文并茂，可为比对参考。这些均是进行拓本考据的重要参考书，所谈考据特点为作者多年经验所得。当然，在学习这些书中介绍的知识时必须结合实际拓本来对照理解，加强感性认识。由于考据经验多为具体细致的介绍，主要针对碑拓中文字形体与石花的形状，限于篇幅，不在这里过多引用了。

考据虽然是碑帖鉴定的重要依据，但是在具体鉴定时不可偏执，不可仅凭它来作结论。因为有些作伪者也会依照已有的考据知识去涂改和修补拓本，使之符合早期拓本的考据结果，以此来冒充早期善拓，特别是剪裱本，更容易作假。所以需要对此类拓本认真审视，凡在有考据处的字形显得笔力可疑、石花僵硬不自然、有涂改痕迹的，以及纸墨不够年代、纸张颜色不对的，都要予以注意。（图204、205）

图204　九成宫碑初拓本　　　　图205　九成宫碑清拓本

④ 审视题跋图章

以往的金石收藏家们大都会在自己收藏的拓本或过眼的拓本上加上题跋与个人的印章。题跋有在拓本的空白处直接题写的,也有另外写一个签条附加在拓本上的。剪裱本由于装帧时前后都会留有空白页,所以有关题跋就写在前、后面的空页上,经手人多的剪裱本册页会附加很多题跋与印章,形成一个具有丰富历史文化价值的收藏品。现存传世拓本中,大多是清代文人留下的题跋印章。如果在拓本上出现了宋、元时期人物的题跋,必然是珍稀的宋、元时期乃至唐代的拓本。具有宋、元、明各时期人物收藏印的拓本也十分珍贵。因此,有些古玩商便会伪造古人的题跋印章附加到晚期拓本上,或者把其他字画文卷上的名人题跋、印章移接到晚期拓本上来,借以提前拓本的年代,抬高其价格。所以,对于附有题跋、印章的拓本,需要结合古代字画鉴定的知识,去考查其笔迹、印章是否为伪造。如果属于真迹,还要看题跋的内容与这件拓本是否相关,判断它是否是从别处移来。最后还要再次审视拓本本身的情况。切不可迷信古人名人,认为有他们肯定的题记就可以保证这件拓本的真实性。因为古人在鉴定时也有真伪不分、人云亦云之事。例如罗振玉曾将碑贾伪造的隋开皇十三年(503)董美人墓志当做是真实的文物。王元美收藏的唐代张旭书郎官厅壁记上附有重重叠叠的名家题记,而这件石刻却是伪造的赝品。笔者曾见一件有徐悲鸿题记的北魏正光三年(522)张猛龙碑拓本,徐氏称赞其为珍本,但这件拓本却是拓自明显的后代翻刻伪石。在上述马子云《碑帖鉴定浅说》与王壮弘《碑帖鉴定常识》二书以及《启功丛稿》中都介绍有多件类似情况。

鉴定名人笔迹,自然需要对照这些人的其他书迹,如古代字画上留下的书体,同时考察书写的气韵与笔力,辨识其是否有模仿或描绘的情况。鉴定印章则要熟悉有关人物使用的印章样式。文物出版社出版有上海博物馆编辑的《中国书画家印鉴款识》可资参考。同时需要注意印章的印色、刻法以及印章所加盖的位置。名家的印章往往加盖在重要的考据位置以及碑拓的首尾部分。顺序为先四角而后中央。时代越早的人,其印章所盖的位置越显得恰当舒适,而后经手的人再盖章,位置就不会太合适,显得局促一些。历代名家的印章,多看有关字画上的印记就会熟悉,掌握其特色。后人的仿刻总有与之气韵不合之处。不过现在电子科技发展的情况下,伪造印章会越来越逼真,就需要更注重印色与拓本本身其他方面的特征。

⑤ 查看装裱情况,注意拓本上有无刮、补、涂改等情况

早期拓本大多会做过装裱,成品有卷轴、托裱折叠、剪裱本等多种形式。装裱有纸裱、绢裱等不同方式。装帧成册后,还会用绢、锦缎、楠木板等制作封面及封套。由于各个历史时期的装裱工艺与材料都有所不同,所以可通过审视各种装裱拓本的原料与装裱工艺来判定其年代、真伪。王壮弘称:"名碑佳帖迭经名家收藏,装裱必定讲究。虽有年久破损者,但工料细腻熨贴,年时愈久纸色愈沉静雅驯,自非粗劣者可比。"①装裱的石刻拓本中,工艺精良者可以保存较好,所用纸张精细纯洁,锦缎花纹具有时代特色,可以通过了解古代纺织品的情况,如参照中国古代服装、纺织纹样的实物与图册去佐证。

上面已经说到对拓本加工以力图改变其年代的作法。剪裱本在拓本上加工时,会有将几种不同拓片上的文字剪下来拼凑成一件的情况。在整拓本上以及剪裱本上,都会出现将关键部位刮出白地或者用墨笔涂改等现象。如东汉中平三年(186)张迁碑的早期拓本笔画较肥,而后来的拓本显得笔画细瘦,有人就用刀把新拓本的字口刮粗,冒充早期拓本。有些碑的重要考据处有残泐与未残泐之分,早期拓本这些地方还没有残泐,后来的拓本就有了残泐的大小石花。伪造者就会把新拓本的残泐处用墨涂黑,冒充旧拓本。甚至有时会为了弥补涂抹造成的痕迹,干脆把整幅拓本都用墨描涂一遍。这些情况都应该在审视碑拓时予以留意。

---

① 王壮弘:《碑帖鉴定常识》,上海书画出版社,1985年。

⑥ 多方对比

一些比较著名的碑刻及其拓本已经过鉴定,确认为善本真迹,并有近代以来的影印本流传。对于这样石刻的其他拓本,就可以通过与善本的对比来判断真伪及时代。这是比较直接的方法。但是仅限于已经被前辈学者认真鉴定过、并得到公认的善本碑帖,由于善本拓总量比较稀少,可以进行对比的石刻拓本种类也极有限。至于其他的石刻拓本,如果有同一件石刻的多种拓本存世,也可以将它们互相进行比对,从而判断是否存在翻刻、伪刻或伪造的拓本。

很多碑帖鉴定者特别强调个人感觉。这种感觉实际上是由多年摩挲大量碑拓的经验融汇而成的。多见多辨,自然会对伪造品产生一种比较敏锐的辨别力。但是真正加以确定,成为铁案,还是需要从以上各方面综合认真考察,才能得出合理的结论。总之,碑帖鉴定与其他文物鉴定一样,除了具备丰富的专业文化知识,认真深入的观察思考,更重要的还是要多实践,多看实物,多作比较,总结经验。不能光靠背一些书本知识及前人的考据经验,那样是无法做出正确的鉴定结论的。还要提及,当前更需要加大新科技手段来协助文物鉴定,这有待于今人的努力。

第三节　石刻与拓本的编目整理

众所周知,中国古代典籍的整理编目工作历来是国家与学术界十分重视的一项工作。近来更是花费了大量人力物力去长期进行这一工作,并且已经集全国图书馆、大学等方面的学术力量陆续完成了《中国善本书总目》、《中国古籍总目》等重要的大型目录。其目的就是为了能保护好现存的各类古籍,了解传统文献遗产的全貌,从而为学术研究提供更完善的古籍编目服务,保存与弘扬中国传统文化。

同样,面对着现存数以万计、散布各地的古代石刻资料,在感叹其内容丰富,数量庞大的同时,自然会感到我们也需要有一个完善全面的全国石刻总目。这种编目整理工作的重要性自不待言。我们觉得,在某种程度上来说,石刻总目的编纂比起古籍的编目工作更为重要,更加迫切。因为迄今为止,我们还没有过任何一种比较全面的石刻目录,更不用说全国性的总目。甚至很多地区乃至有些地方博物馆的馆藏石刻都没有一个完善的目录。最令人担心的就是由于石刻体积庞大,不易保护保存,全国各地现存的石刻都普遍面临着被风雨侵蚀与各种外力破坏的危险。大量暴露野外的石刻铭文由尚可辨识变成模糊一片,很多石刻就这样无声无息地消失了。从这一方面来讲,石刻编目同时也是掌握全国石刻状况,摸清家底,从而加强文物抢救与保护的必要工作。

对于研究石刻的人来说,一种完整可靠的石刻目录应该是必备的重要工具书。而现在却不存在这种条件。如果需要了解某一种石刻的存世主要情况,查找某一类型或某一时代的某些石刻,就必须从多种石刻著录与一些不完全的现有目录中去搜寻。在实际使用中没有一种全面的、体例完善的石刻目录,会令人深感不便。

实际上,在石刻研究的历史中,也存在着石刻目录书这样一类著作。我们在介绍历代石刻研究情况时,已经把主要的一些石刻目录列举出来。但这些目录的局限性也是很明显的。在清代编写的,也可以说是至 20 世纪末为止收录最丰富的石刻目录《寰宇访碑录》一书,所收录的石刻名目只有 8000 件左右,而且由于条件所限,它对原石的外部形制、所在地、流传情况等有关记载与实际情况多有出入,已经不能很好地反映这些石刻目前的存世情况了。近年出版的《北京图书馆藏历代石刻拓本汇编》一书,是在中国收藏石刻拓本最多的北京图书馆(现国家图书馆)馆藏基础上选编的历代石刻拓本著录,共收录 10000 余件先秦至清代与民国初年的石刻拓本,其目录也可以视作一种石刻目录书。然而,各地没有被北京图书馆收藏拓本的石刻材料还有很多。现知的石刻数量已经远远超出了历代学者所编集的金石目录书中收录石刻的总和。近年来致力于收集石刻拓本的北京大学图书馆所藏石刻拓本已经超过 40000 种。而当前中国境内所存有的古代石刻究竟有多少？它们的各自现存情况又是如何？恐怕没有人能说得出来。

自然，古代石刻处于一个动态的变化环境中，其数量会随着新的出土发现而增加，也可能随着原有石刻的被破坏、被风化剥蚀而减少，但是一直没有一个完整的全国石刻目录，甚至连一个省的现存石刻总目都不完备，却是我们始终心中无底的根源所在。这不能不说是一个非常值得重视的问题。不论是从石刻文献的整理汇集方面，还是从石刻文物的保护利用方面来看，对国内现存的全部石刻逐一加以普查登记，统一编写中国石刻总目的工作应该是一件势在必行，迟早要做的必要工作。即使限于条件，一时无法开展全面的编目工作，也应该积极推进各地、各图书文博单位收藏的石刻与拓片的编目工作。这些具体的藏品目录，从大的意义上讲，是在部分地完成着全国石刻编目这一重大工程，从而会推动着全国石刻总目的完成。

从我们提出编辑全国石刻总目的意见至今，已经二十多年了。在此期间，陆续编辑出版了一些各地的石刻目录与资料汇编，前文在介绍有关石刻的研究成果时已经提及。最近，在国家图书馆的协调下，全国图书馆藏石刻拓本目录的编集工作开始进行。这使我们对文物部门也来开展统一编集存世石刻总目的工作充满了希望。

未雨绸缪，为了将石刻编目的工作进行得规范顺利，得到一种内容翔实可靠，收录全面，便于使用并具有学术价值的全国石刻总目。首先必须对于中国古代石刻有一个全面、科学的认识，建立规范化的统一编写体例。同时对于以往存在着不同习惯作法，造成种种岐误的情况寻找出科学合理的解决方法。为此，我们先来看一下已有的几种主要石刻目录的编写方法。

①《寰宇访碑录》

《寰宇访碑录》为清代学者孙星衍编纂的一部内容比较丰富的石刻目录，可以说是清代石刻目录书籍的代表作。这本目录中所收录石刻时采用按照年代顺序分条依次排列的形式。每一种石刻的条目内容如下例：

> 汉
>
> 鲁孝王刻石　　八分书　　　五凤二年六月　　山东曲阜

可见它主要记录了该件石刻的名称、书体、年月以及所在地点。

此外，对于原石已经亡佚，或者为后人摹刻本，碑上附有后人题名以及石刻保存地点产生变动或时代年月有关考证等情况，都会在具体条目中附加说明。如：

> "武都太守李翕西狭颂　　八分书　　建宁四年六月　　后列扶风吕国等十二人题名　　甘肃成县"
>
> "咸阳灵台碑　　八分书　　建宁五年五月　　按石已佚，旧在山东濮州　　浙江钱塘黄氏藏本"
>
> "汉残碑　　八分书　　首云百春秋博览云云，凡十四行　　岁在辛酉三月　　赵渭川大令考为刘公干之祖刘梁碑，辛酉是光和四年也　　河南安阳"
>
> "养奋碑　　八分书　　初平四年　　何梦华云：此刻疑是伪作　　广西郁林"

②《石刻题跋索引》

《石刻题跋索引》为当代学者杨殿珣所编纂，主要是供学者查找有关具体石刻的考证文章与题跋、跋尾的出处。因此，它将石刻划分为7个门类，在每个门类中将有关石刻按照年代顺序排列，年代不详的石刻则分别附在有关朝代的最后，所收录每种石刻的各家题跋汇集一起，按照题跋著录者的年代先后顺序排列，并注明各家著录的书名与卷、页数目。各家著录中或有引用前人著作的跋语，也在该著录后予以注明。由于直接摘引各家著录中的题跋名称，所以同一种石刻的名称叫法存在着一些不同。其具体条目的内容如下例：

> 杂刻

汉　　　后元

汉群臣上寿刻石　文帝后元六年　杨铎函　青阁金石记
(二)1上

　群臣上寿刻石　汪鋆　十二砚斋金石过眼录(一)6上　1.
赵之谦补寰宇访碑录　2.按语

　群臣上醻刻石　陆增祥　八琼室金石补正(二)1上　1.张
德容二铭草堂金石聚　2.陆增祥按语

以上三条记录的是同一件石刻,分列了三种金石著作题跋,石刻
名称依照各家原文叫法。

这种目录着重于题跋考证材料,所收石刻数量有限,而且所收著
录书籍限于孤行单本与各省通志金石志,府县一级的金石志仅择取了
一些比较有名的著录。所以还不能包括完全。但是它有助于对石刻
本身情况的了解与研究,是单纯的石刻目录所不能相比的。

③《北京大学图书馆藏金石拓片草目》

《北京大学图书馆藏金石拓片草目》为当代学者孙贯文所编纂。
该书在20世纪60年代已经有油印本流传,但是由于种种原因一直未
能正式出版。20世纪末才在徐苹芳关注下由《考古学集刊》陆续分期
发表,但仍未能全部公布。这一草目依据北京大学图书馆的丰富收藏
编集,吸收了各种石刻目录的特点并将其融为一体,是目前各种石刻
目录中内容最为完备的一种。它在综合考证的基础上对所收录每一
种石刻的形制特点、名称、所在年代、存留情况、附着铭刻以及有关考
证著录的出处等都详细做了记录,从而具有极高的实用价值。所收石
刻也是按照年代顺序分朝代排列,某一朝代中年代不详的石刻一并排
列在该朝代的最后。其具体条目的内容如下例:

　汉代

　群臣上寿刻石　　又名娄山石刻　篆书　赵二十二年八月
丙寅(清刘位坦考为汉文帝后元六年)

原石在河北永年临洺关西十五里堵山西峰摩崖(一作永年西南七十里猪山,又作永年西南六十里娄山),今属永年县永合公社吴庄村。清道光中广平守杨兆璜访得。左上方有唐郁久间明达题名,左下方有唐郗士美等题名。

函二·一　萃一·四　砚一·五　琼二·一　畿二·二　揩五·四一　汇三之二·六七　求一··　畿志一四八·一　增图一·八　梅　赵录一·三　聚一·四四　广平府志三五·一　俞樾春在堂随笔·二

目录中条目前面一部分为石刻本身情况的记录。后一部分则相当于题跋著录索引。由于篇幅的限制,作者将主要参考的基本金石著录用简称代替,并编写有书名简称表。如本条目中的"函"是指《函青阁金石记》,"萃"是指《金石萃编》等等。在书名简称的后边用数字表示出该题跋在书中的卷数与页数。

④《1949——1989四十年出土墓志目录》

《1949——1989四十年出土墓志目录》为当代学者王世民等人编集,近年出版。该书内容限于新近出土的墓志材料,编目体例比较完备,能将有关墓志的基本情况反映清楚,但是在排列墓志顺序时采用了与习惯作法不同的选取点,即以墓志记载中墓主的卒年作为排列标准,而不是像大多数著录中那样以葬年为排列标准。似有不妥。因为有些葬年要晚于卒年数年之久,而且墓志镌刻的时间应该是以葬年为准。该书具体条目的内容如下例:

0005　徐义墓志

碑形

首题:晋贾皇后乳母美人徐氏之铭

元康八年(208)四月二十四日卒　九年二月葬

志石尺寸未详

志文两面,正面22行,满行33字。背面10行,满行23字。

1953 年河南洛阳老城北五股路铁路小学发掘

《考古学报》1957 年 1 期 182——185 页,有图。

　　注:志主为晋惠帝贾后河韩寿妻贾午的乳母。贾后,《晋书》卷三一有传。

　　⑤ 北京图书馆石刻拓本著录规则

　　这是北京图书馆(现国家图书馆)收藏石刻拓本时,根据新提出的国家标准《文献著录总则》的基本原则所制定的一个编目草案,在 20 世纪 90 年代起试用。它主要是从图书馆收藏管理的要求出发,为了适应《文献著录总则》的规定,适应计算机输入与管理而研定的。所以该规则与传统的石刻目录有明显的不同,特别强调图书馆收藏、检索、查阅等方面的功能。其具体的每一件石刻所需记录的各项编目内容包括有:

　　1. 题名及责任者项:其中分为正题名(即石刻的正式名称)、并列题名(即石刻资料存在着两种以上文字名称时,第二种及第二种以上的文字名称内容)、副题名(即解释或说明正题名的另一题名)、文献类型标示符、第一责任者(即石刻文字的撰写者)、其他责任者(包括石刻的书写者、刻工或其他制造者)。

　　2. 版本项:其中分为版次和其他版本形式以及与版本有关的责任者。

　　3. 文献特殊细节项。

　　4. 刻立年代及地区项:其中分为刻立年代(指原石制作的时间)、刻立地区(即原石刻刊立及存放的地点)。

　　5. 载体形态项:其中分为:张数、册数、页数、轴数、尺寸或者开本、额、阴、侧、座、盖等。

　　6. 丛编项:其中分为正丛编名(指该件石刻被收入的主要石刻丛编书名)、并列丛编名(指其他石刻丛编名)、副丛编名及说明丛编名的文字(指上述丛编以外的其他丛编名和有关说明)、丛编责任者(指编辑丛编的作者姓名)、附属丛编名。

7. 附注项。

8. 标准书号及有关记载项：内分为标准书号（指印刷出版的石刻书籍书号）、装潢形式（指裱本、卷、轴、剪装等）、获得方式（指拓本或书籍的来源、如购入、赠品等）。

9. 提要项。

10. 排检项。

⑥ 北京大学图书馆石刻拓本编目条例

这是北京大学图书馆近年来在整理馆藏石刻拓片时试用的编目体例。它与上述北京图书馆的著录编目体例相近，都是为了力图适应图书馆的实际管理需要与国家标准规定，便于计算机管理检索。但是它与北京图书馆的编目条例相比比较简约，更接近石刻拓本本身的特点。其目录中每件石刻的著录内容包括有：

1. 石刻名称项：如标题、石刻全称、别名等。

2. 责任者项：指撰者、书人、刻工等。

3. 刻立年代及石刻所在地项。

4. 版本项：包括有关版本的名称及说明。

5. 石刻记载项：介绍石刻的类型、刻制方式、数量、从属于该石刻的局部不同铭刻以及石刻上的题名、书体、行款、尺寸及其他特征。

6. 载体形态项：指拓本的现存形式，如制成卷、轴、托裱本、剪装本等，还有装订后的尺寸、获得该拓本的方式（购、受赠等）、价格等情况。

7. 附注项：记录有关的注解、所属丛拓名称或子目等。

8. 图书馆业务项：包括图书馆编辑的索书号、查询索引符号、管理情况等。

通过分析比较以上各种目录的编写体例，加以综合，我们就可以总结出一种专门适用于古代石刻名目整理汇编的编写体例了。为了适用于文博考古系统主要针对实物的编目情况，我们省略了专门适用于图书馆收藏中针对拓片与管理收存的一些编目内容，主要突出了对石刻本身文化信息的记录。

一种比较完全的石刻名目著录中,对于每一件石刻,都应该包括以下主要信息内容。

1. 石刻的名称:

除按照一般作法记录一件石刻的通用简称(如"鲜于璜碑")之外,需要将一般用来记述碑石名称的石刻额题(主要是碑的碑额刻铭)与首题(即铭文第一行)予以著录,藉以确定该石刻的唯一性,并与通用名称对照。此外,还应该著录该石刻曾经有过的其他名称,即各个别称、俗称等。以便于了解、检索有关这件石刻的全面信息。

2. 石刻的撰、书人,刻写者及立石人等。

3. 石刻的所在年代(刊立日,或墓碑、墓志等丧葬石刻的葬日等)。

4. 石刻的形态特征,包括该石刻的所属种类、外部形状、装饰纹样图案、长宽高等具体尺寸、书体、行款、碑阴碑侧的铭刻与纹饰、同一碑石上的不同时代刻铭以及后人的题刻等。属于附属性铭刻的,需要注明附着的石材形制,如石磬、石棺、石柱等。

5. 石刻的有关文化信息与说明,包括该石刻的出土地、现所在地、流传情况、相关遗迹文物、文物等级、保存状况,以及有关的金石著录、题跋、索引、考古报告等。

如果能够准确完整地记录以上各项内容,收录石刻的范围又比较广泛全面,就会形成一部相当实用可靠的古代石刻目录。但是由于石刻种类繁多、形态多样,在具体整理编目的过程中还会遇到很多实际问题。在参与北京大学图书馆石刻拓片目录整理的过程中,以及对一些实物石刻资料整理编目的过程中,我们就发现,在编目工作中还需要特别注意一些具体原则。这也是亟待学术界在编写石刻目录时统一规范的一些原则。

首先是要考虑编目时的排列顺序问题。以往的石刻目录中,有过按照石刻种类排列,按照石刻所在地域排列、按照石刻年代排列等多种形式。其中最常见的是按照石刻刊立年代顺序排列这一种方式。说明它是一种比较科学实用,查找也比较便利的排序方法。在使用这种方法时,需要注意的是:必须对所采用的石刻刊立时间确定统一的选择标准。否则就会给使用者的查找与各种不同著录之间的互相对校造成不便。因为在同一件石刻铭文中常会存在着多个不同记时。如墓碑、墓志中会有卒日、葬日、甚至刻石日。记事碑中可能有多个不同的事件发生日与刻石日等。现在可见的各种石刻著录中,对时间的选择没有统一标准,如墓志目录就有采用葬日与卒日两种作法,使同一件墓志在不同的目录中就编入不同的时间段。给互相核对造成不便。因此,建议应该采用统一的选择时间标准,以铭刻中所有记时中排在最后的一个年月日作为石刻刊立的时间。为详细起见,可加以区分,在年月日后面附加"卒"、"葬"、"刻石"等字样。

如果在同一件石材上刻写了几段不同时期的铭刻,或者碑阴在后代另行刻写了新的碑文,那么就应该把它们分别归入不同的时代去,并且在各段铭文下面加以说明,介绍清楚该件碑石上所共有的多条铭文情况。例如北周华岳庙碑,该石的阳面刻写华岳庙碑文,碑阴刻写唐开元年间华岳精享碑,碑左侧刻唐开元、大历年间人物题名,碑右侧刻写唐代颜真卿的题名,碑身上还附有宋熙宁年间的游人题名。这些内容就应该分条著录,每一种铭刻作为一条目录,列入相应时代中,但是均应该附注说明刻于北周华岳庙碑一石上面,因为该碑石成型于北周时期,后代的刻铭都是利用北周的碑石刻成。

由于原石残泐而造成无法确定其时代年月的石刻,以及原本就没有刻写确切年月的石刻都是经常可见的。现在编辑石刻著录时,对于这样的石刻,只能根据其本身的时代特征及内容去大致判定这件石刻的所在朝代,然后在所收录的这一朝代石刻末尾设立一个"无年月"的部分,把这些无法确定年月的石刻收录进去。至于限于本身条件连朝代也无法确定的石刻,就只好把它们放在全部收录内容的最后来处理了。如果可能,最好能在目录中写明判断这些石刻朝代的依据或者有关考证的出处。

以往的金石著录中还有一种作法,就是把出自同一个地点的一批石刻作为一个大条目来处理。这种作法常见于著录造像题记与摩崖题名等类型的石刻。如《八琼室金石补正》等著录中就把龙门造像分为不同朝代的几个大条目来记录,一条"龙门石窟造像"中可以收录多达 100 多条具体的题记。缪荃孙的《艺风堂金石文字目》一书中也采用了类似的作法。这样做对于使用者来说,有利有弊。利是容易由此了解某一地点石刻的全部情况,尤其是这些字数少,体积小的题记,汇聚在一起可以统观全貌。弊则是把年月日都不相同的石刻混在一起,与整个著录目录的体例不合,而且不容易查找与比对。相比之下,还是具体分开逐一成条进行编辑为好。以往图书馆存放时可能会将同一地点的石刻拓片汇总一起装入一个袋中保管,这样就会采取上述的合并成大条目的作法。如果石刻的编目方式与编辑体例能够统一,图书馆存放的这种作法也应该相应有所改变。为了查找方便,可以考虑在无年月的石刻名称排列上采取统一的查询顺序,比如采用将无年月的石刻按照铭刻保存的起首文字笔画数排序,或者采用汉语拼音、四角号码等排序方法。

其次是关于具体一件石刻的定名。关于石刻的定名,以往没有一个统一的标准,也没有正确严谨的分类,所以往往同一种石刻出现众多不同的名称,造成误解与混乱。如汉永寿二年(156)鲁相韩敕造孔庙礼器碑,就有"礼器碑"、"韩敕碑"、"韩敕复颜氏徭役碑"等多个常见名称。又如唐开元三年(715)叶有道碑,又叫做"叶国重碑"。俗名"追魂碑"等。至于碑、碣、表等互相混用,碑、志、塔铭等不加区分,同一碑石上的几件不同时期铭刻合并一起立目等等,都是在石刻定名中常见的杂乱现象。造成这种历史现象的原因,主要是历来对于石刻的命名没有过一个统一严谨的规范标准。此外,历代收藏者们为求简便随意另取俗名也是很重要的一个因素。曾经有学者在收录时,为了准确完备,将碑志等石刻的首题或额题全部收录作为一件石刻的名称,称作"全称"。但是由于首题或额题往往字数较多,就很容易产生另拟简称的情况。如唐代建中元年(780)刊立的"唐故通议大夫行薛王友柱国赠秘书少监国子祭酒太子少保颜君庙碑铭"，由于首题过长，常用的是其简称"颜氏家庙碑"。这些简称往往比全称流行得更普遍，使用得更多。尤其是南北朝以后的历代记事碑、墓碑、墓志等大型石刻，首题比较冗长，墓碑、墓志往往记录了墓主的全部职衔，可达数十字。如北魏孝昌元年（525）制作的"魏故使持节侍中假黄铖太师丞相大将军都督中外诸军事录尚书事太尉公清河文献王之志铭"，上引文字就是原志的首题，作为全称实在太长，所以一般仅简称其为"元怿墓志"。可是我们会看到在原石首题中并没有"元怿"二字，这一名称还是根据墓志铭文中的内容摘集出来的。所以如果不十分熟悉有关石刻与历史记载，就不大容易把这两个名称对应到一起。这是使用简称的不便之处。然而，为了简便起见，一般在记录石刻名称时还是经常使用简称。因此，特别需要提出，一件石刻的通用简称在最初拟定时，要按照一定的规则去定名，尽量做到严谨正确。确定后，使用者要统一采用，不要另行起名，避免造成混乱。由于传世的大量石刻命名随意性较大，现在很多著录及引用时还是使用以往习惯的名称，如何将其更改统一，是一个需要各方取得共识的问题。

我们觉得，一部石刻目录中收录的石刻所用名称，既应该让使用者根据这一目录查找到有关石刻的内容，也应该能让使用者很方便正确地将自己手中的石刻（或石刻拓本、图录等）与目录中的记载相印证。所以需要我们在石刻编目中采用一些统一规范的标准，将现有石刻的名称逐步加以统一。但为了使石刻目录中采用的石刻名称既能照顾到既成现实，反映出以往的习惯叫法，又能趋向科学合理，则需要把石刻目录做得尽量完备一些。所以我们在上面提出在石刻目录中的名称一项中要把简称、全称（如首题与额题等）、别称、俗名等都加以收集记录。而在查询索引中为了便利，则还是以简称为主。

我们建议，一般石刻的简称定名中可以考虑遵循以下原则：

总起来说。简称只包括以下两部分：石刻主题（石刻主人姓名，或立石地点，或记事的事件名等）与石刻类型名称。

墓碑、墓志等,采用墓主的姓名和碑、志等石刻类型名称,例如"韩敕碑"、"元怿墓志"。

功德碑、记事碑等可以截取首题(额题)中的部分内容加以石刻类型名称。如大唐西京千福寺多宝塔感应碑简称为"多宝塔碑"。或者根据碑中叙事内容的主题拟定,如"一千人造九级浮图碑"。

造像题记与题名可以选取为首的人物姓名与石刻类型名称,为首的人物有时在长篇造像发愿文中记载,有时通过人物职名或位置表现出来,如"造像主"、"都维那"、"都邑主"等等。如果不能确定何人为首时,可以选取题记右上方的第一个人名(四面造像题记可选取正面即碑阳的右上方第一人名)。如果在造像题记中写明了是哪一种佛的造像,如"释迦"、"弥勒"、"阿弥陀"、"如来"、"药师"等,则要将具体的佛名写入。如"比丘郭昙胜造像记"。

画像石数量较大,而且是以图象为主,所以其定名往往是对画像内容的说明。如"宴乐图"、"出行图"、"荆轲刺秦王图"等等。如果在画像石上面刻有题记或题榜,可以使用题记中的人名、年号等来命名。现在有时使用该石刻的出土地点协助命名,如"苍山元嘉元年画像石",但是这种作法对于传世品以及同一出土地出土大量画像石的情况则不能适用,所以还是不要沿用为好。

买地券、镇墓券等也应该采用铭文中记载的有关人物姓名来定名。如果没有人名的可以采用上面记录的年号定名。如"东汉延熹四年(161)买地券"等。

阙、神道柱等建筑石刻可以采用铭刻中的人名定名。如果没有人名,可以借用上面刻写的地名、建筑名或有关的地名、建筑名等。如"幽州书佐秦君神道铭"、"少室阙铭"等。至于残缺不全或漫漶不清的石刻,由于不易确定有关的全称或人物姓名,可以考虑统一采用残存铭文中最前面的4个字作为名称,以便统一查核与检索。

第三点是要注意对于伪刻、翻刻、重刻等石刻材料的处理。在石刻中存在着一部分后人的伪造品。其中大多数已经被历代学者加以考证辨识，确定为伪刻。在后人编辑石刻目录时，对于这些伪刻，是完全删除不予收录，还是一律收录并存，历来就没有统一，两种作法都有所存在。对此，我们则建议在目录中予以收录，但是应该单独归为一类"伪刻"，与真正的各朝代石刻区分开。伪刻一类中所有石刻的排列顺序也应该与正目中的排列顺序相同。如同样采用历史年代排序。但是应该在具体条目中写明判断其为伪刻的原因及有关考证出处，以备参考。这样做的好处是可以提供对比参照，避免后人再把伪刻误认为真品。

翻刻与重刻，我们是把它和伪刻区分开的，因为其内容还是可信的。但是在已有的石刻著录中，对于翻刻与重刻的处理也并不一致。有的把一件翻刻或重刻排入原刻内容记录的年代中，与原石同等看待，有些就把它排入翻刻制作的后世年月中。虽然这两种作法都有自己的理由，但是为了便于统一查找，还是应该采用一种共同的处理方式。我们建议仍然采用按照原刻石的刊立年月排序，放在原刻朝代之中，但是必须在条目中注明这件石刻是翻刻，并注明何时何人的翻刻（或重刻）。如唐东林寺碑，其原石已毁坏，但是存有元代至元三年（1337）丁信可的重刻碑石。编目时则排入原刻记录的唐代开元十九年（731）七月十五日，而不是排入元代至元三年。并且要在下面注明是元代至元三年丁信可重刻。

第四点是关于石刻的尺寸、出土地及所在地记录中需要注意的问题。历代石刻著录中对于这些内容也有所著录，并且往往能对了解一些石刻的由来起到重要的参考作用。但是限于时代条件，以往的著录中这些内容并不是十分科学准确，而且由于历史变迁，尺度的大小有过多次变化，地名与行政区划更是变化无定，与今日的情况差异很大。所以在今日重新编排石刻目录和著录石刻信息时，需要对以往的记载加以核对及考证注释。外形尺寸的计量单位也应该统一改变为现在通用的公尺、公分（米、厘米）。清代石刻著录中对于石刻的尺寸多采用营造尺，如果无法重新测量原石，则应按照比例加以换算，并注明资料的来源。出土地与现在所在地的名称，也应该改用现在的行政区划与地名。对于原历史地名与现在地名无法具体对应的则使用原地名，但应注明为某朝代的地名。如果能够核实，确定现在所在地的，应注明现在所在地点。对于根据以往金石著录记录引文，而现状不明者，应该注明这些说法的来源与其依据。总之，力求做到全面、科学、可靠地反映出一件石刻的有关信息。

虽然石刻编目是十分重要的学术基础工作，但是当今学界对于石刻的编目还没有足够的重视。其实这是一件十分繁重、学术性很强的工作。由于石刻的内容十分庞杂，在具体的编目工作中会不断遇到新的各种问题，考验着我们的整体设计与具体编辑过程。以上只是总结了一些比较明显的基本原则。我们希望并多年来一直在呼吁着进行全国石刻的全面整理与编目工作，更希望能在具体工作中通过石刻研究者与各方面学者的共同努力形成一个科学完备的编目体例，形成一套统一的石刻著录标准。这对于利用与保护古代石刻这一宝贵文化资源所起的作用将是十分重要的。

第四节　附录

（附录一）新旧伪造各代石刻　马子云（摘自氏著《碑帖鉴定浅说》）

商

比干墓刻石

比干铜盘铭刻石　　篆书。

周

延陵季子墓刻石　　孔子书。为唐代伪造，下有张从申题。

坛山刻石　　即"吉日癸巳"四字篆书。

汉

朱博残石　　光绪尹广文造，首行"惟汉河"三字。

广川令高峻残碑　　元封三年七月三日。

君讳达残碑　　元凤元年。

水衡都尉边达碑　　永元二年。

治三郡等字残碑　　河平元年。

遭白茅等字残碑　　河平九年。摹曹全碑字。

造署含题字　　河平四年十月六日。

惟斯新政刻石　　俗名铁钱碑，又名楼君卿碑。

琴亭侯为夫人李义买山券　　建武二年三月。

永平八年十二月六日造像

持节校尉关内侯季坛神道　　建初三年八月五日。

兰台令孔僖碑　　元和三年。

处士房子孟残石　　永元十年。

阳三老颂词　　永初元年二月二日。

李昭碑　　篆书，元初五年三月。康熙年褚千峰造。

永和买房券　　永和九年三月。山东泰安。

太尉李固铭残石　　永和六年。

又太尉李固碑，民国廿年左右，山东宋某在天津造。

延熹残石　　存七行半。延熹六年正月。

□临为父通作封记刻石　　延熹六年二月。

李农墓志　　建宁三年二月。

陈德残碑　　建宁四年三月，为清康熙年褚千峰造。

宜晓墓志　　熹平元年十二月。

李氏盘铭刻石　　熹平二年六月上旬。

营陵置社碑　　熹平三年十月二十三日。阴、侧亦刻字，民国廿年山
　东宋某造于天津，藏处不详。

任君墓题字　　大隶书字。光和□年。

议郎赵相刘君墓门刻石　　阳文隶书。中平四年三月。

司徒政墓石题字　　建安二年。

魏王造宝记刻石　　子建书。建安□年。

曹参墓志

夫人令弟门画像题字

汉高祖大风歌　　又名歌风台碑。篆书。元罗士学伪刻。黄易疑唐宋人刻之。

破张郃勒马铭刻石

孔融残碑　　断为二。上4行，下6行。

王公祷神残石　　4行，行5字。

金城司马羊柯太守等字刻石

孙有后等字残石　　4行15字。

乌丸散王鲁政妻许国胜刻石

登国等字残石　　存12字。

于礼上公等字残石　　4行15字。

君令等字残石　　6行14字。

窦泰等字残石　　4行9字。

司马等字残石　　3行11字。

□屋等字残石　　9行约50字。（□木已土。）

戌亥云岁等字残石　　2行8字全。

元气等字残石　　7行。

精宁等字残石　　6行。

年不一等字残石　　2行7字。

思字明余等字残石　　6行。

珪璋等字残石　　3行。

河源等字残石　　5行。

权意等字残石　　4行12字。

中郎将卫坚等字残石3行。

五年掾等字残石　　圆形2面,16行,15行。

校尉蔡君神道阙残石

丰年等字残石　　3行,行4字。

梁父吟残石　　4行。

霜月等字残石　　3 行 12 字。

熹平石经鲁诗　　11 石。民国廿年左右，山东宋某在天津刻，方若藏。

熹平石经尚书　　4 石。民国廿年左右，山东宋某在天津刻，方若藏。

周易　　7 石。民国廿年左右，山东宋某在天津刻，方若藏。

仪礼　　5 石。民国廿年左右，山东宋某在天津刻，方若藏。

春秋　　7 石。民国廿年左右，山东宋某在天津刻，方若藏。

公羊　　9 石。民国廿年左右，山东宋某在天津刻，方若藏。

论语　　10 石。民国廿年左右，山东宋某在天津刻，方若藏。

鲁诗　　3 石。民国廿年左右，山东宋某在天津刻，藏处不明。

周易　　2 石。民国廿年左右，山东宋某在天津刻，藏处不明。

论语　　1 石。民国廿年左右，山东宋某在天津刻，藏处不明。

先生乘马时画像题字　　下 14 行，行 10 余字至 20 余字不等。

戎臣奋威等字砖　　篆书阳文。作 4 砖，每砖 3 行，行 3 字。是集校
　尉法蔡君神道阙、石峰山刻石等字而成。

天有吉鸟等字砖　　隶书。6 行，行 6 字。

魏

孙二娘等题名　　黄初元年三月。

王五娘等题名　　黄初元年三月。

部曹侍郎史张辅国墓志铭　　正书。咸熙元年九月。

晋

镇东将军军司关中侯房玄墓版　　太康三年二月。

王浚墓志铭　　永平七年十月。

李子忠残志　　年月泐。

管夫人碑　　以徐君夫人管洛小碑之形式及书法造之。

陈

宣城太守列仲举墓志　　正书。太建十年。

北魏

周君砖志　　正书。天安二年三月二日。此志文字是伪品中最不通

者。其首行作："大魏墓故之民显考周府君之墓之灵位"。

处士源喜墓志　　正书。一作 11 行,一作 12 行。天安丙午八月。

汝南主簿周哲墓志　　正书。太和十年十月。

秘书丞晋阳王雍墓志　　正书。太和十一年十月。

逸人陈峻岩墓志　　正书。正始五年八月。

孙辽墓志　　正书。正光五年七月,以孙辽浮图铭造之,此志与前周
　哲墓志书法同,似出一人之手。

秀才卜文墓志　　正书。正光七年二月。

宁远将军陈延贵墓志　　正书。普泰元年九月。普泰作普太。

高植墓志正书兼隶。高植墓志本为正书,已残,此乃妄凿之。

元虔墓志　　正书。为民国十年左右洛阳某伪造。

东魏

僧人普惠塔铭　　正书。兴和二年。

北齐

题化成寺宝塔造像记　　正书。武平元年三月。

渤海太守赵通墓志　　隶书。武平二年六月。此志与隋杨松墓志志
　文相同,如出一人之手。

讳通墓志　　正书。天和二年。此志与北魏陈峻岩、北周刘桂二志书
　法相同,如出一人之手。

大督杨林伯长孙夫人罗氏墓志铭　　正书。天和二年八月。

魏镇国将军刘桂墓志　　正书。天和三年七月。

安昌公夫人郑氏墓志　　正书。天和八年十一月。

诸禄兀墓志　　正书。建德元年。

隋

卢陵太守杨松墓志　　隶书。开皇二年三月,与赵通墓志为一人
　所书。

姚恭公讳辨砖志　　欧阳询正书。虞世基撰文。大业七年十月二
　十日。

女子谢青莲墓志铭　　正书。大业九年四月。

宋门王氏砖志　　正书。义宁四年。此志一望而知为伪品。如首行
　　作"隋故墓之民"，又作"宋门王氏"，又作"老太君"。文不成文，字
　　不成字。"义宁"作"仪宁"。不可卒读。

伪许

成丙生砖志　　正书。天寿元年二月。此志既作天寿而上冠大隋，与
　　陈丙南志前行作大隋保天同，实为可笑。

唐

陈丙墓志　　正书。大唐元年，此志与魏周君志、伪许成丙生等志，如
　　出一人之手。

女子苏玉华墓志　　正书。武德二年五月。

黄叶和尚墓志　　正书。武德三年九月。

凉州刺史郭云墓志　　正书。贞观五年十月。

隋清娱墓志　　正书。永徽十年。

梁夫人成氏墓志　　正书。麟德元年十二月。

都督上柱国□□郡开国公孙管真墓志　　正书。调露元年十月。

杭州刺史剑南节度使杜济墓志　　正书。大历十二年十一月。此志
　　是托颜书中有"真卿忝居友胥"句而成，尤令人绝倒。其学问可知。

李术墓志　　正书。元和九年正月。

卢士琼墓志　　正书。太和元年九月。

仇婆姨段省塔铭　　正书。天宝三载。

柳氏墓志　　正书。

左监门卫副率哥舒季通葬马铭　　正书。

（附录二）《八琼室金石祛伪》所收伪石刻目录　陆增祥
秦

秦诏版

汉

汉会仙左坛题字	元光二年十月。
嘉禾纪瑞刻石	元守（狩）二年秋。
麃孝禹阙	河平三年八月。
琴亭国李夫人墓门题字	
琴亭侯买山题记	建武二年三月。
刘熊残碑	

魏晋南北朝

张翔碑	咸熙元年。
泰始砖文	泰始三年六月。
高植墓志	正光元年三月。
朱氏女姜瑞云造像	天保四年正月。
房周陀墓志	天统元年。
房仁墓志铭	
陈垲造像	天统四年二月。
郭贤造像	保定四年三月。
冯长孙造像	天和元年二月。

隋唐

樊尚造像	开皇元年正月。
王胄妻孙氏造像	开皇八年。
韦载造像	仁寿四年四月。
苏玉华墓志	武德二年五月。
黄叶和尚墓志	武德三年九月。
褚遂良造像	贞观二年四月。
郭云墓志铭	贞观五年十月。
萧胜墓志	永徽二年八月。
瘗琴铭	
般若波罗蜜多心经	显庆二年八月。

海禅师方坟记	显庆三年五月。
雷大岑造像记	龙朔元年。
刘智妻孙氏合葬墓志	
净善和尚塔铭	乾元元年。
裴复墓志	元和三年四月。
李术墓志	元和九年正月。
李观墓志	
福林寺戒塔铭	会昌六年正月。
哥舒季通葬马铭	

（附录三）《汉魏南北朝墓志汇编》附伪志（包括疑伪者）目录

汉

章灿墓志	建宁四年二月。
刘君墓碣	中平四年三月。
虞陟墓志	建兴四年五月。

魏晋

任达墓志	景初二年十一月。
高堂隆墓志	景初二年。
讳填墓志	嘉平元年三月。
王绳武墓志	甘露五年。
陈璟墓志	景元三年九月。
王兴墓志	元熙元年。
周章墓志	太康十五年五月。
刘遽墓志	元康六年四月。
刘氏墓志	建兴三年。
侯达墓志	泰宁二年三月。
蔡冲墓志	太元二年。
张君永昌之神枢	阙年月。

永安侯墓石	阙年月。
闻景墓志	元嘉二十六年九月。
司马娄墓志	天监十八年十月。
陶隐居墓志	阙年月。
杨公则墓志	阙年月。

北魏

蕲英墓志	始光二年八月。
垣猷墓志	神䴥元年二月。
李氏墓志	神䴥五年九月
游明根墓志	延兴元年正月。
鲁普墓志	太和二年九月。
李端墓志	太和八年正月。
陶超墓志	太和十年二月。
杜懋墓志	太和十七年七月。
刘先生夫人墓志	正始三年五月。
侯氏张夫人墓志	正始四年。
元瑛墓志	正始四年十月。
郭达墓志	正始八年正月。
陆章墓志	永平三年十月。
王蕃墓志	永平五年十月。
孟夫人墓志	延昌元年二月。
秦夫人墓志	延昌元年三月。
何卓墓志	延昌元年五月。
严震墓志	延昌二年四月。
陈歔墓志	延昌二年十月。
元通墓志	熙平元年七月。
元容墓志	熙平二年八月。
杨旭墓志	神龟初年七月。

张澈墓志	神龟元年八月。
王迁墓志	神龟二年二月。
孔闰生墓志	神龟二年四月。
颜迁墓志	神龟四年十月。
何彦咏墓志	正光元年四月。
唐云墓志	正光元年九月。
于高头墓记	正光二年四月。
秦龙标墓志	正光二年十二月。
刘惠芳墓志	正光三年四月。
尼慈云墓志	正光三年八月。
康健墓志	正光三年十月。
綦儁墓志	正光四年十月。
段峻德墓志	正光四年十一月。
吴方墓志	正光五年六月。
谭棻墓志	正光五年六月。
薛孝通墓志	孝昌元年二月。
吴瑱墓志	孝昌元年二月。
元飘墓志	孝昌二年十月。
朱奇墓志	孝昌二年十月。
元恂墓志	孝昌三年三月。
张敬墓志	孝昌三年九月。
彭忠墓志	建义元年九月。
元广墓志	建义元年十月。
杨逸墓志	永安元年五月。
郑黑墓志	普泰二年三月。
高珪墓志	永熙三年十月。

东魏

孙彦同墓志	天平三年正月。

南宗和尚之塔	元象元年五月。
王尉墓志	兴和六年。
李祈年墓志	武定元年十一月。
王子贵墓志	武定二年正月。
杨凤翔墓志	武定五年五月。
□韶墓志	武定八年正月。

北齐

王早墓志	武平四年二月。

北周

王君墓志	天和二年十月。

增订本后记

　　这本小书原由文物出版社在 1997 年出版,至今已经 20 年。我也从一个正当壮年的学界后生变成年过古稀的老者。这时候才能浮生偷闲,重新修改旧稿。心中真是百感交集,五味杂陈,一时竟不知说什么才好。

　　原版的前言中已经说过,这本书源于上世纪 80 年代我在北京大学考古系为本科生讲授的《古代石刻》课程讲稿。初次整理出版时已经过很多补充与修改。而经过此次增订,又是面貌大异,不啻一本新著。所费时间精力,不在原版书写作以下。这一情况,正是近 20 年间有关考古发现大量问世,学界对于古代石刻的研究不断发展的体现。回想起来,中国古代石刻研究在上世纪末还是比较冷僻的学问,近百年间的有关研究著录屈指可数。现在,古代石刻则得到学术界越来越多的关注。在近 20 年中,各地陆续出版了上百种的石刻图录、选集、汇编等资料专集,还有多种研究论著成书,并在各种学术刊物上发表了数以千计的有关论文。从以往少量历史、文物学者的专题研究发展到现在文史哲各个学科学者普遍涉入的盛况。从以往国外主要是日本学者研究发展到现在东西方各国主要汉学研究单位都有所参与。这是以前很难想象的。这本小书问世于这一发展兴起之初,侥幸得到学界认同,并得以补充修订,也是仰赖于考古文物研究事业的发展与学术的进步。

　　近些年来,由于对于古代石刻的研究日益受到关注,学界同好有关成果也不断涌现,出版有多种研究古代石刻以及石刻文献的专著,特别是对石刻语言文字与有关历史内容进行广泛研究的著作多所问世。与之相比,本书则不仅仅限于文字文献与历史考证的范畴,而是从考古文物研究的角度出发,对石刻的形制、纹饰、文字内容及时代演变进行归纳与研究,梳理各种石刻形制的产生与发展过程,借以努力展示中国古代石刻的全貌,试图为中国古代石刻学的学科构建作一些基础工作。对于已在其他著述中深入探讨过的问题,除在有关石刻研究的回顾中简要介绍之外,一般不多涉及,以免赘复。由于个人所见所识有限,遗漏不足及错误之处在所难免,敬请识者不吝指正。石刻研究也受到海外学者的关注,港、台、日本、韩国及欧美学者都有相当数量的有关著作发表。本书除有部分涉及论述者外,均未予以介绍,留待以后的专门总结,尚祈见谅。

鉴于中国古代石刻的庞大数量与重大研究价值,我们衷心希望中国古代石刻的研究能够更加深入发展,希望能够建立起完善、科学的中国古代石刻学学科体系,特别是希望为学界提供更多更好的石刻研究基础,如完备便利的资料信息系统、公认的研究体例、标准化的类型名称、客观的研究历史等等。因此,我们不仅通过本书原版提出过自己的一些构想,而且在以往多年中通过平时的论文探讨一些新的研究视角,提出一些值得关注的问题与亟待完成的工作。这次增订中,把历来有关的观点与想法也结合进来。如果这些观点与想法能够对推动中国古代石刻的保护与利用,对石刻学术研究有所帮助,从而光大中国传统历史文化,是为至愿。

本书修订工作曾得到中国社会科学院离退休人员科研项目经费资助,谨此致谢。

这次修订与出版小书,承中华书局徐俊总编、俞国林先生多所关照,责任编辑朱兆虎先生审读书稿并做了大量工作。在此衷心感谢他们的帮助与努力。并感谢连劭名师弟书赠题名。

还要表示深切歉意的是,福建人民出版社赖炳伟总编、上海书画出版社王立翔社长与冯磊先生都曾关心本书出版,并表示愿意承担出版事宜。由于个人考虑与中华书局同在北京,联系较便利,不得已辜负了诸位友人的好意。特在这里向诸位道歉,并深表感谢。

"嘤其鸣矣，求其友声。"在几十年寂寞的石刻研究与学术生涯中，所幸结识了众多予以我指教和帮助的国内外学界老朋友。他们的友情是最珍贵的人生财富，相伴终生。借此书出版之际，我要感谢郝本性、卢连成、吴树平、李零、陈平、王仁湘、熊存瑞、连劭名、魏光、路远、杨爱国、顾森、张总、霍巍、刘玉才、胡海帆、罗丰、余扶危、张继红、骈宇骞、赵丽雅、邢义田、刘淑芬、罗森、杜德桥、吕敏、杜德兰、雷德厚、罗泰、黑田彰、气贺泽保规以及其他学界同好们。感谢一路走来，你们的理解、交流与关心。

原版前言中，已经对长期关心帮助我的宿白、高明、严文明、徐苹芳、周绍良、傅璇琮、王去非等师长们表达了衷心的感谢。这里再次深表谢忱。不幸的是，20 年后，诸位先生大多逐渐仙去，特别是今年宿白、高明先生相继辞世。令人沉痛不已，深感尘世无常，报德难再。只能在此无比深切地怀念逝去的宿白、高明、徐苹芳、周绍良、傅璇琮先生和我的老师孙贯文先生。希望能以此小书，告慰已故先师，作为学术薪火中的一点微光。

2016 年 4 月一校过后草拟

2018 年 4 月修改